江苏省精品年鉴
Excellent Yearbook in Jiangsu Province

常熟年鉴

CHANGSHU YEARBOOK

常熟市地方志编纂委员会办公室 编

2022

方志出版社
Publishing House of Local Records

图书在版编目（CIP）数据

常熟年鉴. 2022 / 常熟市地方志编纂委员会办公室编. —北京 : 方志出版社, 2022.12

ISBN 978-7-5144-5319-5

Ⅰ. ①常… Ⅱ. ①常… Ⅲ. ①常熟－2022－年鉴 Ⅳ. ①Z525.33

中国版本图书馆CIP数据核字（2022）第240974号

责任编辑：丛　珺
责任校对：刘玉霞
责任印刷：梅中英
出 版 者：方志出版社
地　　址：北京市朝阳区潘家园东里 9 号（国家方志馆 4 层）
邮　　编：100021
网　　址：http://www.zgfzcb.cn
发　　行：方志出版社图书营销中心（010-67110500）
印　　刷：南京凯德印刷有限公司
开　　本：889 毫米 ×1194 毫米　1/16
印　　张：24
字　　数：1010 千字
版　　次：2022 年 12 月第 1 版
印　　次：2022 年 12 月第 1 次印刷
定　　价：258.00 元

常熟市地方志编纂委员会

《常熟年鉴》编辑部

◆2021年，常熟市围绕“六美集大美、幸福新常熟”主轴主线，抢抓长三角区域一体化、沪苏同城化战略机遇，统筹推进空间美图、时尚美城、创新美业、清新美景、精品美游、文明美德建设，推动常熟高质量发展。

2021年，常熟高新区昆承湖区域空间规划以“一湖两湾三轴十岛”为总体布局，打造创新智慧低碳湖区、科技产城融合高地　　（王　健 摄）

2021年，常熟市统筹规划全域土地要素，加快形成资源高效配置、产业集聚增效的国土空间布局　　（顾君磊 摄）

2021年，中国声学创新谷纳入《长三角一体化发展规划“十四五”实施方案》和《苏南国家自主创新示范区发展规划纲要》。苏州 · 中国声学创新谷核心区总规划面积1.6平方千米，总体形成“一带一环连五片”（经开区 提供）

2021年，海虞镇调整完善全镇工业用地布局，分类推进“一图一表”拆旧复垦工作，实现建设用地“总量锁定、增量递减、存量优化、流量增效、质量提高”（刘文忠 摄）

2021年，琴湖片区按照"一心一带、四轴五片区"的空间布局，重点环绕琴湖建设城市综合服务核心　（顾君磊 摄）

1月18日,第二批氢燃料电池公交车在常熟国际展览中心交付
(市融媒体中心 提供)

4月,市民在“有书空间”内“充电” (刘文忠 摄)

6月12日,苏州古里红豆山庄品牌发布会暨白茆山歌馆、钱柳纪念馆落成仪式在红豆山庄景区举行 (古里镇 提供)

6月18日，山前坊文旅创意街区开街　　（虞山街道 提供）

7月1日，大浜公园正式开放　　（市融媒体中心 提供）

9月29日，天虹购物中心开业　　（虞山街道 提供）

10月31日，524国道苏常快速路、新世纪快速路通车暨342省道常熟东段（青墩塘路）快速化工程开工　（朱　琪 摄）

2021年秋季开学，全市21所新学校投用。图为高新区启文学校（幼儿园、小学）（市融媒体中心 提供）

2021年，北环高架黄河路互通夜景
（王　健 摄）

2021年，建设中的南沿江铁路
（刘文忠 摄）

3月26日，长三角轨道交通产业园落户虞山高新区　　（市融媒体中心　提供）

5月19日，2021中日（常熟）智能制造和新材料产业对接会在常熟举行　　（谢　健　摄）

5月20日，2021伦敦时装周FASHION SCOUT中国行暨第二十二届中国江苏（常熟）服装服饰博览会开幕

（朱 琪 摄）

5月27日，来自全国各地的近20家媒体聚焦奇瑞捷豹路虎汽车有限公司，参观智能制造车间，了解企业在"智改数转"方面的最新举措和成效。图为记者们参观国内首个专制全铝车身车间

（市融媒体中心 提供）

7月11日，“智惠常熟 创业天堂”——2021年（第十三届）苏州（常熟）国际精英创业周开幕式在常熟会议中心举行

（市融媒体中心 提供）

2021年，世茂商圈高楼林立 （刘文忠 摄）

2021年，常熟直播电商区域发展指数列全国第十二、苏南地区第一。图为“双十一”电商主播介绍大闸蟹

（市融媒体中心 提供）

7月15日，2021长三角（常熟）产业数字化创新峰会在常熟会议中心举行　　（莫城街道 提供）

10月22日，2021常熟金秋经贸洽谈会在常熟国际展览中心举行　　（李　献 摄）

虞山秋韵　　（虞山街道 提供）

沙家浜国家湿地公园　　（沙家浜镇 提供）

方塔园夜景 （王　健 摄）

尚湖晨雾 （顾君磊 摄）

8月23日，《人民日报》以“江苏常熟通过联动联促推进‘千村美居’工程 乡村治理大家管一年一个新变化”为题，报道常熟市“千村美居”工程。图为碧溪街道留下村 （李　献 摄）

2021年初秋，市民在万达广场健身休闲　　（市融媒体中心 提供）

2021年，市民在铁黄沙生态岛开展自行车骑行活动，宣传绿色低碳出行　（刘文忠 摄）

2021年，海虞镇七峰村入选美丽中国休闲乡村。图为七峰村铜官山景区（刘文忠 摄）

2021年，常熟市获评“太湖流域片县域节水型社会达标建设十佳案例”。图为望虞河水利枢纽全景（刘文忠 摄）

3月6日，“点亮横泾，点靓未来”沙家浜“横泾不夜天”亮灯仪式暨第四届沙家浜湿地蓝花节开幕。图为夜间文旅项目“打铁花”
（市融媒体中心 提供）

4月2日，2021第30届江苏（常熟）尚湖牡丹花会开幕　（虞山街道 提供）

2021年，常熟市在第四届苏州市群众文化“繁星奖”评选中获6金5银13铜。图为9月25日，第四届苏州市群众文化“繁星奖”舞台艺术类作品决赛上，古里镇选送的表演唱《书香江南》获金奖　　　　（古里镇 提供）

6月12日，2021常熟虞山文化暨沙家浜旅游节开幕　　　　（市融媒体中心 提供）

11月，游客在沙家浜芦苇荡泛舟赏景（高 岳 摄）

2021年，常熟市丰富夜间文化产品供给，推出塔弄夜巷、方塔夜秀、尚湖遇尚夜宴、虞山公园喷泉等。图为塔弄夜景

（虞山街道 提供）

10月，海虞镇平巷里花海吸引众多市民前往观赏

（顾君磊 摄）

10月17日，2021第六届常熟尚湖铁人三项赛在尚湖风景区举行 （李 献 摄）

10月31日，2021年江苏省龙舟精英赛（常熟站）在尚湖风景区举行

（虞山街道 提供）

7月5日，"智荟'益'夏 快乐暑假"海虞镇爱心公益暑托班开班　　（刘文忠 摄）

8月13日，常熟市支援南京核酸采样工作的20名队员完成任务返回常熟　　（市卫健委 提供）

10月14日，由残障人士制作的重阳糕，在志愿者帮助下被送到阳光护理院老人们的手中　（朱　琪 摄）

10月16日，海虞镇原创方言喜剧《好来围圆》在海虞文化大礼堂首演　（刘文忠 摄）

8月，社区党员志愿者、疫情防控志愿者走进小区宣传疫情防控知识　　（市融媒体中心 提供）

12月2日，中南南苑社区、琴川街道司法所联合开展“国家宪法日”入户宣传活动　　（市融媒体中心 提供）

2021年，市民政局、市慈善总会联合江苏新合作常客隆连锁超市有限公司推出“慈善关爱 · 超市券”项目，向全市困难家庭送上党和政府的温暖及社会各界的关爱　　（市融媒体中心 提供）

◆2021年是中国共产党成立100周年，常熟市以党史学习教育为重点，开展了常熟市庆祝中国共产党成立100周年座谈会、“我为群众办实事”等一系列庆祝活动。

4月15日，“追寻——庆祝中国共产党成立100周年‘红色故事会’走进江苏常熟”活动举行（市委组织部 提供）

5月24日，中共常熟市委员会与中共上海音乐学院党委开展中心组联组党史学习，在常熟市新时代文明实践中心举办新时代版《长征组歌》音乐会全国巡演江苏省首演（市融媒体中心 提供）

6月18日，“百年潮 美丽兴”庆祝中国共产党成立100周年主题活动举行
（市委组织部 提供）

6月24日，沙家浜革命历史纪念馆改陈布展后开馆
（市委宣传部 提供）

7月2日，常熟市庆祝中国共产党成立100周年座谈会在常熟会议中心举行 （市融媒体中心 提供）

7月5日，辛庄镇党史学习教育“书记讲党课”活动举行

（市委宣传部 提供）

3月，党史学习教育特色宣讲团在沙家浜开展名师宣讲

（市委宣传部 提供）

5月，“童心向党百年礼赞”——福山中心小学铜官山研学暨党、团、队共讲红色故事活动在海虞镇七峰村铜官山乡村乐园举行

（刘文忠 摄）

6月18日，绿源社区党总支与市人社局党委、颜港小学师生共同放飞和平鸽，庆祝中国共产党成立100周年

（李　献　摄）

6月，枫泾社区举办“奋斗百年路 启航新征程”《人民日报》百年党史展　　（市融媒体中心 提供）

6月，梅李镇塘桥村老党员参观常熟人民抗日自卫队成立旧址　（市融媒体中心 提供）

2021年，董浜镇党史宣讲团队开展“红色读书亭 红色故事村村行”宣讲活动　（市委宣传部 提供）

9月15日，“中国革命史上不可多得的复合型奇才——李强生平展”举行（市委宣传部 提供）

2021年，市委党史工办与常熟电信公司联合打造智慧党史场馆，图为参观者在李强革命历程展示馆进行VR体验（市委宣传部 提供）

2021年，常福街道光明村创新学习模式，将党史学习教育课堂、村民议事课堂“双堂融合”，利用“香樟树下”生动活泼的开放式空间，推动党史学习教育更加深入（市委宣传部 提供）

◆2021年，常熟市被住房和城乡建设部列为江苏省唯一的既有建筑改造利用消防设计审查验收试点城市。年内，全市分7批新增试点项目27个、竣工26个，试点总规模达147个，竣工101个，盘活提优存量土地资源54.13公顷，更新改造建筑面积119万平方米。

历史街道整理更新——山前坊文化创意产业街区　（虞山街道 提供）

云裳小镇对既有建筑更新改造，打造以时尚创业产业为引领的现代服务业集聚区　　（莫城街道 提供）

由原虞山茶厂的办公用房和部分厂房改建的国创三峰二级游客中心

（虞山街道 提供）

市图书馆功能提升和整体更新工程　　（钱 伟 摄）

白茆山歌馆　　（王　健 摄）

云裳摄影基地　　（莫城街道　提供）

金诚护理院　　（市融媒体中心　提

尚湖风景区林木更新整理 (朱　琪 摄)

红豆山庄游客服务中心、民宿区、白茆山歌展示馆、市政配套等既有建筑更新改造 （顾君磊 摄）

马宅既有建筑更新改造　　（虞山街道 提供）

唐宅既有建筑更新改造 （虞山街道 提供）

绣衣厂文创园 （王 健 摄）

整体改造仓储、小作坊及低端小餐饮的建筑物后打造的传统产业转型升级示范基地——金剪刀艺术坊 （王 健 摄）

数字常熟 2021

◎ 行政区域面积	平方千米	1276.32
◎ 土地总面积	平方千米	1094
◎ 年末户籍人口	万人	106.10
◎ 地区生产总值	亿元	2672.04
◎ 第一产业增加值	亿元	39.68
◎ 第二产业增加值	亿元	1341.71
◎ 第三产业增加值	亿元	1290.65
◎ 三次产业比例	—	1.49∶50.21∶48.30
◎ 一般公共预算收入	亿元	230.75
◎ 一般公共预算支出	亿元	273.39
◎ 农林牧渔业总产值	亿元	71.08
◎ 粮食总产量	万吨	23.47
◎ 规模以上工业总产值	亿元	4632.12
◎ 全社会固定资产投资	亿元	704.09
◎ 社会消费品零售总额	亿元	1214.22
◎ 新增注册外资及港澳台资	亿美元	11.35
◎ 进出口总额	亿美元	237.84
◎ 旅客运输量	万人次	661
◎ 货物运输量	万吨	2063
◎ 常熟港货物吞吐量	万吨	6536

虞山尚湖风景区

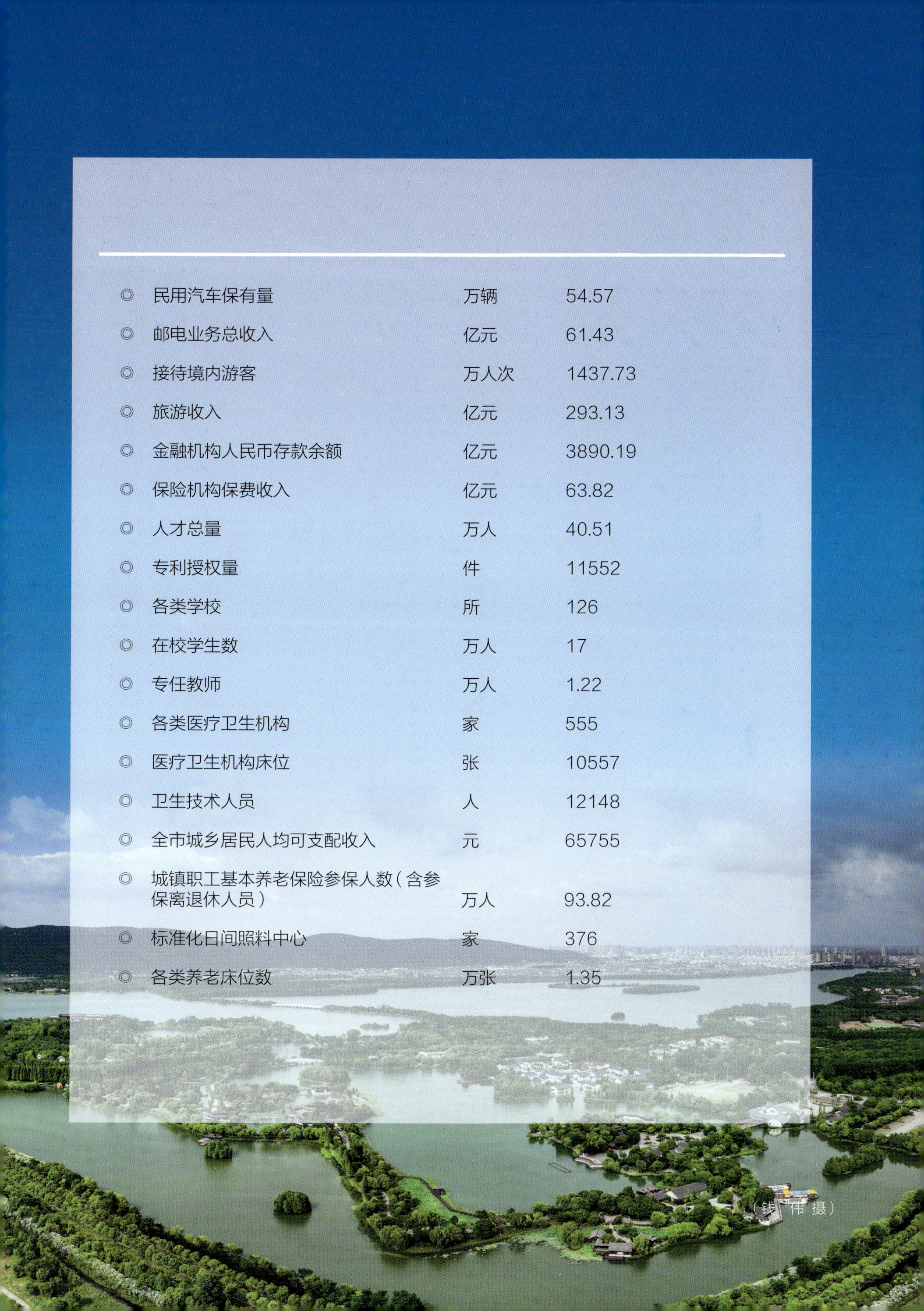

◎ 民用汽车保有量	万辆	54.57
◎ 邮电业务总收入	亿元	61.43
◎ 接待境内游客	万人次	1437.73
◎ 旅游收入	亿元	293.13
◎ 金融机构人民币存款余额	亿元	3890.19
◎ 保险机构保费收入	亿元	63.82
◎ 人才总量	万人	40.51
◎ 专利授权量	件	11552
◎ 各类学校	所	126
◎ 在校学生数	万人	17
◎ 专任教师	万人	1.22
◎ 各类医疗卫生机构	家	555
◎ 医疗卫生机构床位	张	10557
◎ 卫生技术人员	人	12148
◎ 全市城乡居民人均可支配收入	元	65755
◎ 城镇职工基本养老保险参保人数（含参保离退休人员）	万人	93.82
◎ 标准化日间照料中心	家	376
◎ 各类养老床位数	万张	1.35

（钱伟 摄）

编辑说明

一、《常熟年鉴》是由常熟市地方志编纂委员会办公室承编的年度资料性文献，创刊于1996年，每年公开出版1卷，本卷为第27卷。

二、本卷年鉴以马克思列宁主义、毛泽东思想、邓小平理论、"三个代表"重要思想、科学发展观、习近平新时代中国特色社会主义思想为指导，坚持辩证唯物主义和历史唯物主义的立场、观点和方法，系统记述2021年常熟市自然、政治、经济、文化、社会和生态建设基本情况和发展情况，旨在为社会各界和海内外人士了解常熟提供基本信息、为宣传常熟提供基本资料、为研究常熟提供基本素材。

三、本卷年鉴记述起讫时间原则上为2021年1月1日至2021年12月31日。

四、本卷年鉴依据本行政区域经济社会发展特点，参照有关分类标准，采用分类编排法，设类目、分目、副分目、条目4个层次，条目为记述的基本层次，条目标题加【 】标识。与2021卷年鉴相比，2022卷年鉴在类目上有部分调整，原"建筑业・房地产业"类目拆分为"建筑业""房地产业"；原"服务业"类目更名为"商贸服务业"；原"生态环境"类目更名为"生态建设"；原"交通""水利水务"类目合并为"交通・水利"；原"人物・荣誉"类目将荣誉内容移入附录后，更名为"人物"；取消"人力资源""人民生活"类目，原相关分目位置做了调整；新增"开发园区""收入与消费""社会事务"类目；调整"经济管理""农业""信息服务业""城市建设与管理"等类目下的部分分目，新增民生实事、数字政府、仲裁、参与"一带一路"建设、商务服务业、居民服务业、跨境贸易、旅游接待、其他非银行金融机构、片区建设、乡村治理、保护规划等分目。

五、本卷年鉴在彩页部分设"六美"系列、建党百年活动集锦、城市更新3个专题。全卷设专记、大事记、城市概览、中国共产党常熟市委员会、常熟市人民代表大会、常熟市人民政府、中国人民政治协商会议常熟市委员会、中共常熟市纪律检查委员会 常熟市监察委员会、民主党派・工商联、群众团体、法治、军事、经济管理、开发园区、口岸、开放型经济、区域合作、农业、工业、建筑业、商贸服务业、常熟服装城、房地产业、信息服务业、旅游业、金融业、城市建设与管理、乡村振兴、交通・水利、生态建设、科学技术、教育、历史文化名城保护、文化、卫生健康、体育、收入与消费、社会保障、社会事务、应急管理、街道・镇、人物、附录43个类目。设分目281个、副分目10个，收入条目1331条、随文图照121幅、表格88张。

六、本卷年鉴中的全市综合性统计资料，由市统计局提供。

七、本卷年鉴数字用法、标点符号用法分别采用国家标准《出版物上数字用法》（GB/T 15835—2011）、《标点符号用法》（GB/T 15834—2011），计量单位采用国家技术监督局1993年12月发布的《量和单位》系列国家标准。一次文献中数字、计量单位等保持原貌。

八、本卷年鉴稿件资料按照常熟市地方志编纂委员会审定的纲目，由全市各有关部门、单位和镇、街道专人撰写，并经各单位负责人审阅。为全面反映相关领域的发展情况，《常熟年鉴》编辑部采编和补充了部分内容，并以"年鉴编辑部"署名。

九、本卷年鉴的检索方法有目录和索引两种。目录在卷首，编排至条目；索引在卷末，设主题索引和表格索引2种。

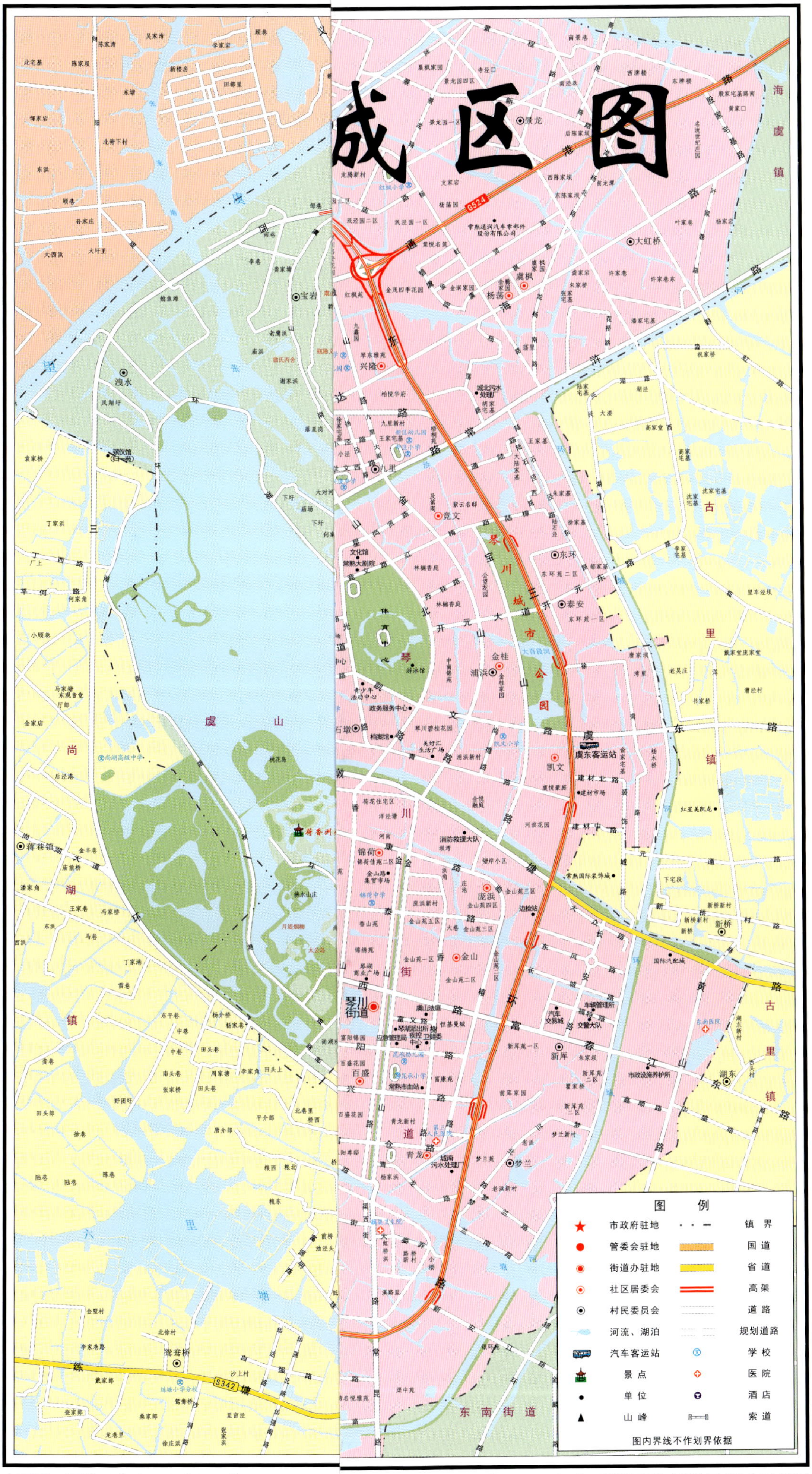

审图号：图苏E审（2022）049号

江苏智慧城市数字科技有限公司 江苏图博地理信息科技有限公司 编制

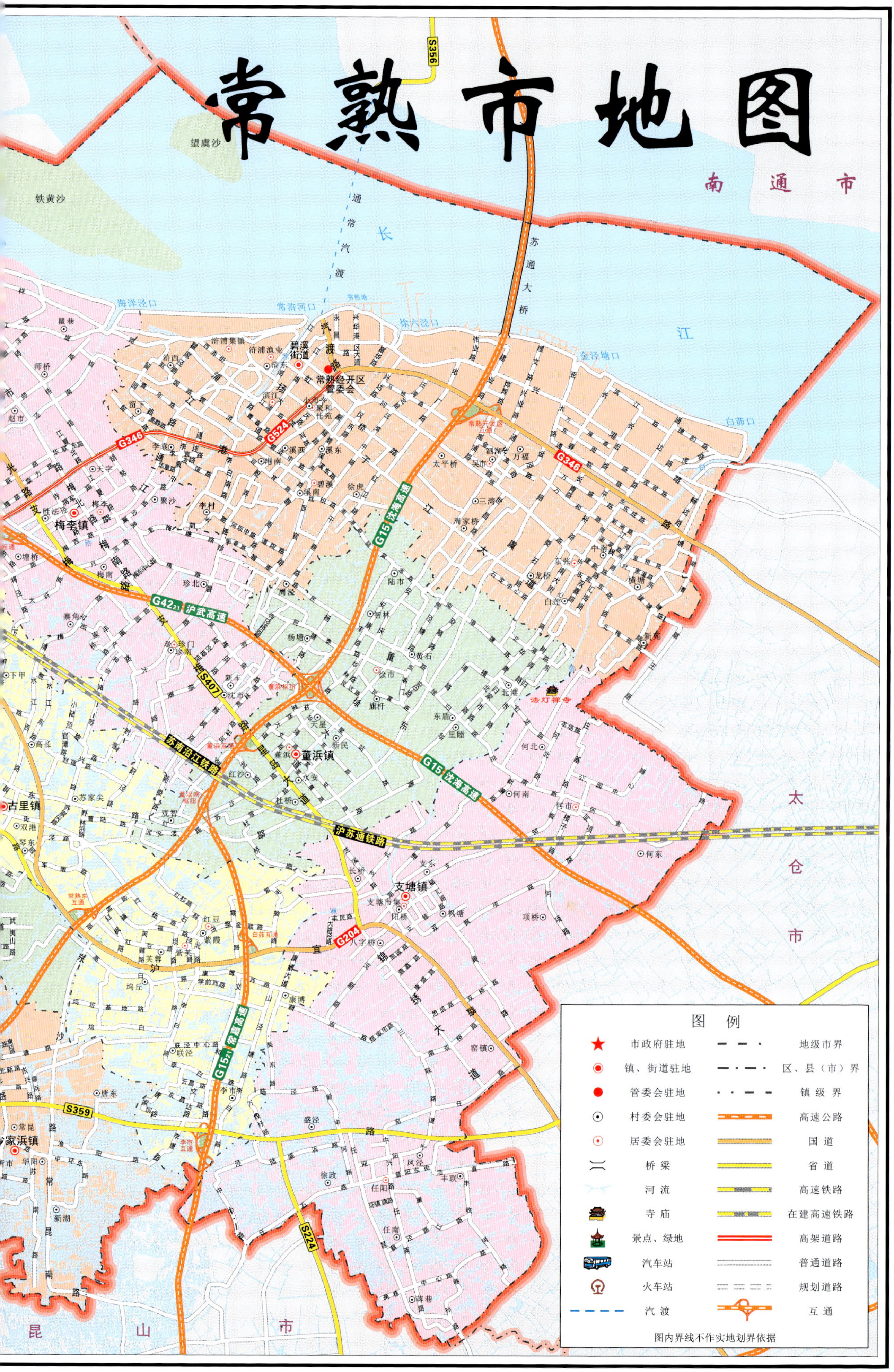

江苏智慧城市数字科技有限公司 江苏图博地理信息科技有限公司 编制

总　　目

目 录

专 记

大 事 记

城市概览

中国共产党常熟市委员会

常熟市人民代表大会

常熟市人民政府

中国人民政治协商会议常熟市委员会

中共常熟市纪律检查委员会 常熟市监察委员会

民主党派·工商联

群众团体

法　　治

军　事

经济管理

开发园区

口 岸

开放型经济

区域合作

建筑业

商贸服务业

常熟服装城

房地产业

信息服务业

旅游业

金融业

城市建设与管理

乡村振兴

交通·水利

生态建设

教　育

历史文化名城保护

文　化

卫生健康

体　育

收入与消费

社会保障

社会事务

应急管理

街道·镇

人　物

附　录

索　引

专 记

2021年美丽常熟建设纪实

【概况】 1月4日，市委、市政府印发《关于推进美丽常熟建设的实施意见》，就空间美图、时尚美城、创新美业、清新美景、精品美游、文明美德、督查落实7个方面作出部署，同时，成立美丽常熟建设领导小组，领导小组由市委书记任第一组长，市长任组长，领导小组办公室设在市发改委，并建立7个专项工作组。2月21日，全市召开美丽常熟建设动员部署大会。会后，7个专项小组研究制定三年行动计划，"计划"于3月中旬由市委办、政府办发文。将美丽常熟建设纳入年度综合考核，研究制定美丽常熟建设指标体系和评价体系，同步建立工作简报、项目清单、工作督查等机制。在推进过程中，每季度对当年重点任务清单开展跟踪分析，及时掌握指标完成进度、重点任务落实情况。市委主要领导两次带队对24个载体项目现场督查，市纪委会同"两办"督查室和发改委不定期开展督查，针对进度落后的工作任务以及推进中遇到的困难和问题，通过反馈单的形式交办，推动美丽常熟落实落细。加强美丽常熟建设宣传推介，市发改委主要领导参加"美丽常熟行"融媒体12小时直播活动，阐述美丽常熟建设的背景和推进情况，年内编发10期《"美丽常熟"工作简报》和4期微信公众号推送文章，发布《美丽常熟》城市宣传片。

【空间美图】 2021年，空间美图专项小组立足区位优势、资源禀赋，融入国家和区域发展战略，优化全域空间布局，促进城乡协调融合发展，为美丽常熟建设提供集约高效的空间承载。

年内，常熟市完成国土空间规划近期实施方案编制和报批，支持板块重点项目建设，争取到266.67公顷流量空间和73.33公顷新增空间。市国土空间总体规划成果基本完备，生态保护红线、永久基本农田、城镇开发边界初步划定并上报省自然资源厅，镇国土空间规划基本启动编制。结合城市重要片区发展诉求完成控规修改编制，强化项目要素保障。推进水务基础设施、林地保护等各类专项规划，完成2021年省级生态管控区域调整并获批。常熟市被列入省级水域保护规划编制和示范区建设"双试点"县。

年内，常熟市制定资源利用"一图一表"（"一图"指生产、生活、生态三大空间现状图和规划图，"一表"指生产、生活、生态三大空间涉及的相关资源要素指标表）实施方案，确定"一主两副、双轴五片"的全域规划格局，划定板块资源"输入、平衡、输出"分配类型，明确"十四五"期间资源投放计划。下达2021—2022年完成666.67公顷的拆旧复垦任务和1000公顷的原地提升盘活任务，促进全市土地资源要素向高效益、高产出的优势地区集中集聚。

年内，常熟市健全完善出台建新指标有偿调剂、工业用地地价、土地二级市场转让、新增制造业项目用地、市级储备土地管理等配套政策。截至

2021年，常福街道在全市率先完成"一图一表"区块链公证。图为常福街道常福村 （常福街道 提供）

12月30日，全市完成拆旧复垦入库222.27公顷，完成“退二还一”162.8公顷，原地提升盘活646.2公顷。

【时尚美城】 2021年，时尚美城专项小组按照“更新与建新并举、历史与现代融合”的总要求，系统谋划城市功能空间，改善城乡环境品质，提升现代治理能力，不断提升城市能级和人文魅力。

年内，常熟市完成城铁片区站北区域产业规划及城市设计，建成站南区域道路框架；西站片区城市设计完成，开工建设UWC+创新岛，完成琴湖公园景观绿化一期、水系调整一期工程。建设高等级城市载体，琴湖希尔顿酒店抓紧施工，波司登凯悦酒店、日航酒店主体结构封顶，万德福雅高美居酒店投用，哈佛BI医学创新中心桩基完成，招商力宝医院主体竣工验收。南沿江铁路常熟段桥梁贯通，通苏嘉甬铁路线位稳定；新世纪大道北延常昭路至人民路、G524莫城至辛庄段通车，快速路通车里程达70千米，13条城区既有道路改造完成。日处理能力12万吨的城东水质净化厂建成投用，徐六泾江边枢纽工程水下工程完成，城区防汛能力提升三期工程完工，近年来首次实现中心城区汛期无内涝。

年内，常熟市历史街区整理纳入省“美丽宜居城市建设试点”，山前坊、唐宅等一批城市遗存重焕生机。既有建筑消防设计审验纳入全国试点，年内新增改造项目27个、竣工26个，分别完成年度目标的135%和173%。城中村自主更新完成199户，烟雨路西示范单元32户业主完成不动产权证申领。老旧小区改造完成泰安新村等5个片区、17.37万平方米，启动南沙片区等4个片区、17万平方米，扩面既有多层住宅增设电梯，启动施工15台，验收完工10台。全市完成琴川花溪片区（一至五期）、莫城三塘片区综合改造项目、辛庄白鹤滩800千伏特高压工程等住宅房屋征收搬迁项目32个、签约1649户。

年内，常熟市大数据基础平台一期运营良好、二期进入测试，为数字政务提供硬件、网络和存储支撑。推进“一件事一次办”等改革，实现开办企业“0.5天、零成本”完成。垃圾分类片区实现全覆盖。融入苏州“两湖两线”特色田园乡村示范区建设，1055个村（组）通过“千村美居”工程验收，新增省、苏州特色田园乡村9个，海虞镇七峰村获评“中国美丽休闲乡村”，“千村美居”生态建设入选省农业标准化试点。

6月18日晚，山前坊文旅创意街区开街。山前坊文旅创意街区项目占地2万平方米，曾是水运码头、货运集散地。建设遵循修旧如旧的理念，打造集文化创意、精品民宿、生活美学、休闲娱乐等业态于一体的综合文创产业街区

（市融媒体中心　提供）

年内，常熟市成功创建省义务教育阶段优质均衡发展县（市）。市二院完成三甲医院创建现场评审，市中医院通过三级中医医院复评。做好基本医疗保险苏州市级统筹工作，与上海门诊医疗费用双向直接结算。启动建设2家区域性养老服务中心，“乐龄助餐”实现城区全覆盖。

【创新美业】 2021年，创新美业专项小组坚持创新驱动、绿色发展理念，引进培育战略性新兴产业，做优做强高端现代服务业，坚定推动传统产业转型升级，着力构建先进智造集群。

年内，常熟市加快“苏州·中国声学创新谷”建设，组建国际声学产业技术研究院，强化创新资源和产业需求对接，推动声学项目集聚，累计签约落户产创项目57个，总投资超115亿元。推进科创企业矩阵式培育，新认定高新技术企业290家、科技型中小企业1007家、“瞪羚”企业47家、省级潜在“独角兽”企业4家、苏州“独角兽”培育企业8家。精准开展“双招双引”，新增科技双创人才160人。

2021年，全市完成智能化改造和数字化转型项目1732个，新增省级示范智能车间10家、累计建成智能工厂10家，均居苏州市第一。新增工业机器人5500台（套）。

2021年，常熟市建立市领导挂钩联系重点产业链制度，围绕关键领域、关键环节强链补链。参与国家燃料电池汽车示范应用城市群创建，支持整车企业奇瑞捷豹路虎推出首款国产新能源车型。完成诚志AP商用加氢站建设，投运一条氢燃料电池公交线路。印染行（企）业高质量发展取得突破，65家企业“改建印染项目”方案进入依法审批程序。11家企业入选江苏省品牌服装产业链重点跟踪培育企业（平台）名单。

【清新美景】 2021年，清新美景专项小组坚持以人民为中心，牢固树立新发展理念，系统推进生态保护修复，全力维护公共安全，让绿色成为常熟高质量发展最鲜明的底色。

2021年，常熟市持续加大气、水、土等污染防治力度，扎实推进建筑工地扬尘防治，2021年年底，全市空气质量优良率83%，$PM_{2.5}$平均浓度28微克/立方米，国省考断面水质达标率和优Ⅲ率分别为100%、93.3%，获评国家生态文明建设示范区。城镇建成区94平方千米全面建成“污水处理提质增效达标区”，农村生活污水治理完成6663户，治理率达到97.5%。建成生态美丽河湖272条，消除劣Ⅴ类水体109条，城区实现劣Ⅴ类水体动态清零。组建长江大保护党建联盟，编制《铁黄沙生态岛概念性规划》，大力推进“一岛一湾一江滩”等长江保护修复工程，打造“江海交汇七彩洲”生态旅游景观，累计接待游客超过22万人次。

海虞镇平巷里花海　　（刘文忠　摄）

2021年，常熟市启动国土空间生态保护和修复规划编制，推动“沙家浜—昆承湖重要湿地”省级生态空间管控区优化调整工作。推进海绵城市建设，大力推行绿色建筑。完成城西污水处理厂生态安全缓冲区项目，新增成片造林面积66.53公顷，自然湿地保护率高于65%。提档升级城区绿地2.8万平方米，建成“口袋公园”5个。

2021年，常熟市系统排查和防控城市安全风险，完成安全发展示范城市省级评议。推动苏州市级重大隐患挂牌整改项目11个、常熟市级70个（含年中增挂20个），两级重点挂牌项目完成79个。生产安全事故起数和亡人数实现双下降。深化“智慧应急”系统建设，城市应急管理综合应用一期平台通过验收。

【精品美游】2021年，精品美游专项小组聚焦“江南文化”品牌塑造，精心谋划“四色旅游”建设，全面推广城市营销，推动文旅深度融合发展。

2021年，常熟市融入“江南文化”品牌塑造，启动文化产业三年倍增计划，出版《常熟文库》《台北故宫里的虞山》等书籍，成立常熟市仲雍文化研究会。组织第四届苏州市“繁星奖”参赛工作，常熟市斩获6金、5银、13铜，金牌总数位列苏州大市第三，奖牌总数创历届“繁星奖”最好成绩。编制古城区空间塑造规划，推进古城历史片区“3+3”开发，加强文化遗迹和历史建筑保护利用，推广古建工艺，打造虞山文旅综合业态。组织虞山文化暨沙家浜旅游节、“虞歌畅晚”夏季嘉年华、首届董浜农文旅节等活动。举办中国农民丰收节和首届中国新农民故事会，完成国际饭店弦歌厅等5个江南小书场建设，海虞镇铜官山乡村振兴学院等3家小剧场成为苏州首批认定江南小剧场。图书馆、评弹馆、博物馆改造提升完成。

2021年，常熟市推出沙家浜“横泾不夜天”夜间文旅项目，举办长三角红色旅游发展峰会。尚湖环湖景观全线更新，红豆山庄正式开园，山湾里、蓝·原葺森林等重点项目有序推进。打造望虞河水情教育基地，长江大保护红色水情教育线串点成线。完成昆承湖小鲨鱼水上滑板基地建设，组织水上滑板培训，打造蓝色游新IP。省队县办效果显著，残奥会、全运会常熟健儿斩获5金、5银、4铜，再创历史佳绩。铁黄沙生态岛、海虞铜官山、平巷花海、古里坞坵等成为乡村旅游打卡热点，2家获评苏州市共享农庄（乡村民宿）。完成旅游民宿备案登记10家，2家获评苏州市精品民宿。

2021年，常熟市拍摄《美丽常熟》城市宣传片，开播“无常熟不江南”系列短视频，依托京沪两地资源，先后举办常熟文旅走进北京、上海两场推介会，打造长三角重要旅游目的地。

【文明美德】2021年，文明美德专项小组探索基层社会治理机制创新做法，高质量推进“小城大爱”文明美德行动，不断增强人民群众的获得感、幸福感、安全感。

2021年，常熟市聚焦网格治理难点问题，将基层组织建设与美丽常熟建设目标深度融合，基层网格党建覆盖率100%。以搭建监督平台为驱动，释放长治长效的治理效能，实现城市社区廉勤监督体系和有党组织建制的社会组织纪律监督工作100%全覆盖。

2021年，常熟市巩固文明城市创建成果，建立常态长效管理机制，社会文明程度测评指数保持90以上。持续提升市民健康素养水平，推进中小学环境保护和生态文明建设教育，东南幼儿园先后获评“全国垃圾分类样板学校”“全国生态文明教育特色学校”“全国资源节约型绿色校园”。

2021年，常熟市群众安全感调查达99.67%，创历史最好成绩，在全省所有县（市、区）中年终排名第一。发挥“大数据+网格化+铁脚板”机制优势，创新建设“纠纷前哨”工程，构建110非警务类矛盾纠纷排查化解、跟踪督办新流程，网格规范达标率、服务满意度分别达到98%和97.82%。平安（村）社区建设覆盖率、智慧安防校园一级标准建设达标率、无讼村居乡镇（街道）共建率均达100%，公共法律服务体系实现100%全覆盖。中央、省、苏州市级交办件化解率分别达99.47%、100%、100%。创新工作方式

保障农民工权益，线索处置率并列苏州大市第一。（曹　昊）

常熟创建国家生态文明示范区纪实

【概况】 2012年以来，常熟主要经济指标以每年8%左右的速度递增，而主要污染物排放量以每年约5%的幅度递减，2020年底空气质量优良率提高到85.0%，水功能区达标率达到100%，林草覆盖率达到18.36%。9月22日，常熟高质量通过国家级考核，进入第五批国家生态文明建设示范区和“绿水青山就是金山银山”实践创新基地拟命名名单。10月14日，在云南昆明举办的联合国生物多样性生态文明论坛上，常熟市被生态环境部授予第五批“国家生态文明示范区”称号。

【规划】 常熟市成立由市委书记、市长任双组长、67个部门和16个乡镇板块为成员单位的生态文明建设领导小组，构建“党政同责、人大监督、政协建言、环保牵头、部门共管、市镇联动、公众参与”的组织体系。2013年在全国率先通过环保部组织的《常熟市生态文明建设规划》中期评估，开展生态文明建设规划两轮修编，制定出台《常熟市生态文明建设规划（2020—2025）》《关于加强推进生态文明建设的实施意见》《常熟市生态文明建设年度目标任务书》，分解落实《常熟市生态文明建设三年行动计划》，累计投入300多亿元，实施超百项重点生态建设工程。

常熟市编制《常熟市生态布局规划研究》，打造以铁黄沙为主的沿江生态经济圈，以虞山尚湖为主的生态核心圈，以昆承湖、沙家浜、南湖为主的生态涵养圈布局，同步推进望虞河、海洋泾、常浒河三条绿色廊道建设，打造由三大生态圈和三条绿色廊道组成的“三横三纵”大生态格局。划定4大类、14个生态空间保护区域，总面积217.36平方千米，探索研究生态空间管控区域监督管理考核办法，投资15亿元实施南湖湿地生态修复工程，截至2021年年底，全市拥有1处国家森林公园、2处国家级湿地公园，全市自然湿地保护率达65.3%。

常熟市出台《常熟市生态环境保护责任清单》，厘清各党委工作机构、政府职能部门、法院、检察院、驻常熟有关单位的生态环境保护工作责任。制定《常熟市生态文明建设绩效考核实施办法》《常熟市生态环境保护“一票否决”办法》等制度。

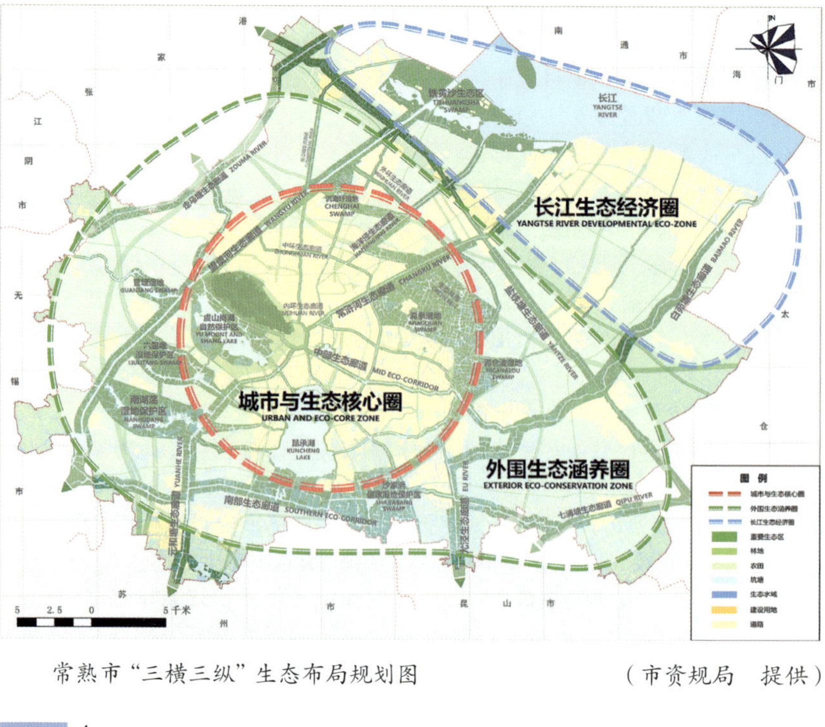

常熟市“三横三纵”生态布局规划图（市资规局　提供）

【建设】 常熟市划定长江经济带“三线一单”管控单元，严守城市开发边界、耕地保护和生态保护三条红线，持续优化生态空间布局。以“354”产业格局为主攻方向，三大支柱产业占规上产值结构持续优化，从2016年纺织服装占比20.7%、装备制造占比15.4%、汽车占比14.7%，到2021年上半年装备制造占比23.5%、汽车占比20.5％、纺织服装占比10.2%；大力发展信息技术、生命健康、物流物贸、数字经济、氢燃料电池等新兴产业，2021年上半年新兴产业占规上产值比重达到57.5%；以“331”、“散乱污”、化工、印染等专项整治为抓手，加快淘汰低端落后产能，累计劝停拒批总投资超过20亿元的“三高一资”（高成本、高污染、高能耗、资源型）项目100多个；常熟经济开发区建成国家生态工业示范园区，其他工业集中区全部建成省级生态工业示范园区。

常熟落实长江经济带“共抓大保护、不搞大开发”战略，扎实推进长江“三化五治”专项行动，13条主要入江支流水质优于Ⅲ类比例保持100%。通过大规模“增绿”“复绿”，推动长江沿线环境大提升，构建了铁黄沙生态保护区、螺蛳湾原生态芦苇区、福山水道南岸边滩整治工程为一体的沿江绿色生态廊道，沿江区域110个村庄全部改造完毕。

2020年起常熟市在全省率先实施重点村（社区）污染防治专项帮扶行动，分三年完成全市域170个“驻村帮、整村治”任务，截至2021年年底完成2批、106个村（社区）帮扶任务，累计排查工业企业、村级河道等点位9403个，督促整改环境问题2991个。

【管理】 常熟市全力打好蓝天保卫战，构建大气污染联防联控体系，实施燃煤总量控制、扬尘污染整治、重点行业挥发性有机物治理等八大重点工程，推进集中供热、天然气供气等基础工程，到2021年上半年，累计淘汰燃煤锅炉2000多台，所有电力、热电、钢铁企业完成超低排放改造，淘汰黄标车2万多辆，开展“天地一体”大气精准分析和治理管控，落实大气环境质量“点位长”等制度。

常熟市推进实施太湖、阳澄湖等重点流域水环境综合治理项目超过3000个，实施两轮城乡生活污水综合治理三年行动计划，到2021年上半年生活污水治理投入超过45亿元，污水管网总里程超4800千米，城镇生活污水处理率达到97.9%。到2021年年底各级河长累计巡河超4万次，完成41条市级河湖1095个“两违”整治任务，拆除违建面积约45.16万平方米、退让岸线长度约3.43万米。

常熟市印发实施《常熟市土壤污染防治工作方案》《常熟市污染地块环境管理联动方案》，建立土壤污染防治工作联席会议制度，编制《常熟市土壤污染治理与修复规划》，全市土壤环境质量总体保持稳定。全面推进固体废物规范化利用处置，危险废物规范利用处置率100%、一般工业固废综合利用率94.97%。大力推进生活垃圾分类工作，分类设施覆盖率超过95%，日处理能力达到3300吨，到2021年年底城乡其他垃圾已实现全量焚烧处置。

常熟市全面完成第一轮中央环保督察及“回头看”、省环保督察等各级各类上级交办环境问题整改任务。以江苏省镇域综合执法改革试点为契机，下放39项环保行政执法权，实施网格化环境监管体系，2019—2021年查处环境违法案件超过1300起、处罚金额超过1.04亿元，办理环境污染涉刑涉拘案件27起30人。开展“1+5+N”生态环境领域安全专项整治和三年整治行动，创新建立“1+4+4”安全环保联动工作机制，推进环境信访积案化解专项行动，全市环境信访总数逐年减少，2021年比上年下降27.4%。

常熟市应用大数据、云计算、物联网等新一代信息技术，打造“常熟市智慧环保云平台”，先后建成95个水环境质量自动监测站、19个空气环境质量自动监测站、3套固定式尾气遥测系统以及环境质量动态监控、污染源自动监控等20多个环境管理信息化系统，督促300多家重点企业安装污染源自动监控设施、190多家重点废水排放单位安装废水总量控制设施，形成天地一体环境监测监控网络。常熟与生态环境部规划院和江苏省环保集团分别签订战略合作协议，广泛依托卫星遥感、5G、无人机等先进技术手段，建立精准监管和智慧监管模式。

常熟市一体推进美丽城市、美丽城镇、美丽乡村建设，实施绿色细胞工程，建成省级生态文明镇9个、省级生态文明村12个、省级以上绿色学校49所、省级以上绿色社区51个。全市组建1.2万人规模的环保志愿者队伍，所有村（社区）聘请环保义务监督员，每年举办生态环保“进社区、进学校、进企业、进机关、进农村”等各类宣讲活动超过500场次，结合“世界环境日”“世界低碳日”等重要节点开展绿色宣传活动超过1000场次，在沙家浜革命历史纪念馆、海虞铜官山景区等地融入生态文明元素，2021年开展的测评显示到2020年底，公众生态文明建设参与度和满意度分别达到98.1%和91.6%。

（章　阅）

2021年，虞山街道试点先行，做优林木修整“加减法”，对尚湖区域林木进行更新，进一步做好“显山露水”美丽文章。图为修整完成的尚湖堤岸

（李　献　摄）

2021年常熟市实施“千村美居”工程纪实

2021年，常熟市继续以“千村美居”工程（即用三年时间实施全域美丽宜居村庄优化提升工程）作为乡村振兴和美丽常熟建设的重要抓手，把全域提升农村人居环境作为率先基本实现农业农村现代化的一个标志性工程，把乡村振兴作为常熟发展的最大潜力，把城乡融合作为常熟发展的最高境界，全力出战、精准施策，聚全力抓攻坚、以实干促振兴，着力描绘高品质“江南福地”水墨画。

2021年，全市完成1055个自然村组的优化提升项目，“美丽乡村”实施村组累计达2890个（其中已建成2634个），实施覆盖面达61%。2021年完成道路铺设519.2千米，河道清淤疏浚183.5千米，河塘驳岸建设276.3千米，新（改）建公厕918座，共计投资13.5亿元。提前完成2020年市委确定的创建1750个自然村组的任务要求。同时，加快美丽乡村提档升级，250个村庄获“苏州市特色康居乡村”命名，董浜镇“乐享田园 大美智林”示范区、尚湖镇“和美雅境 · 灵韵尚湖”示范区获“苏州市特色康居示范区”

命名。至年底，全市累计有苏州市特色康居乡村1100个，苏州市特色康居示范区6个。

2021年，全市新增苏州市级农村人居环境整治工作“示范镇”2个，苏州市级农村人居环境整治工作“示范村”17个。常熟市“千村美居”工程领导小组办公室、长效管理工作领导小组办公室对1109个自然村组开展各类督查，发动各级党政干部、党员群众、青年志愿者参与村庄环境整治18万人次，投入各级各类资金13.4亿元，清理乱堆乱放12.6万处，规范养殖行为1.1万处，新增各级美丽庭院658户。

“千村美居”工程入选2021年江苏省农业标准化试点项目，是全省唯一农村建设类标准化试点；常熟市探索农村人居环境整治“村庄管家”长效管护机制改革试验方案入选第四轮省农村改革试验任务；《“小线杆”破解大难题 亮出农村“无线美”》入选第三批全国农村公共服务典型案例。《组合式协商 参与式监督——常熟市政协“有事好商量”“千村美居”长效管理创新实践》获得中共中央政治局常委、全国政协主席汪洋批示肯定；《人民日报》《农民日报》聚焦点赞常熟“千村美居”工程，《常熟市探索开展农村强弱电线路整理的做法及建议》获江苏省委书记吴政隆同志批示。“千村美居”工程连续2年获评“苏州市十大民心工程”。

（一）广覆盖、突亮点，持续深化“千村美居”工程，打造新时代美丽乡村样本

根据苏州市特色田园乡村目标任务和“千村美居”工程年度计划，指导各板块精准制定年度实施方案，排出目标任务、推进计划和工作措施，以“限额规划设计为主，必要项目适当增加投入为辅”为指导理念，坚持普惠性、广覆盖、全市域推进。根据村庄区位、整体风貌、文化历史等因素，参照村庄规划类型，做细做优规划设计方案，引导不同类型村庄差别化发展，构建具有村落肌理之美、建筑形态之美、文化内涵之美、生态环境之美、乡风文明之美的现代化新农村。

常熟市选取一批文化历史、村庄肌理、乡风人文、产业特色、自然资源较好的村庄深度挖掘、重点建设，适度打造亮点特色点位，争创苏州市特色精品乡村、康居乡村、宜居乡村，启动特色康居示范区试点工作，连点成线，以线带面，打造示范带、示范区。探索推行“组团式”翻建，落实“带方案审批”、“双签约管理”举措，开展连片翻建试点工作，对具备条件的零星农宅，进行归并、移位，提升土地节约集约利用水平更好满足广大农民多层次、差异化、个性化的需求。

结合苏州市违建整治行动，市“千村美居”工程领导小组办公室下发《关于加强对“千村美居”村（组）违章建（构）筑物进行整治的通知》，对村庄建设中和后期长效管理工作中的违章建筑加强整治力度，拆除后的裸地按照面积大小、地理位置和地块性质等进行修复和升级改造。大地块用于补充耕地，建设用地指标每年还可换取“挂账结息”补贴；小地块用于建设公共配套设施，变成健身步道、健康游园、议事阵地、美丽菜园和停车位等，实现拆、建“无缝衔接”，力促“疤点”成“亮点”。

常熟市坚持以“一条河、一条路、一片田、一个村落”为抓手，聚焦农民群众最关心的生产生活问题，大力推进农村基础设施提升。扎实推进污水治理，把农村生活污水治理作为改善区域生态环境的重点和难点。通过实施农路改造计划，打通农村与城镇、村庄内部的交通血脉。坚持以高标准农田（池塘）改造作为推动农业高质量发展、实施产业转型升级的重要目标，通过进一步优化区域内部道路、沟渠林网、农业产业与文化特色，使田容田貌与自然村庄相得益彰，打造出“远看是风景，近看是公园，体验是农业，回味是乡愁”的“田美乡村”新风貌。

常福街道小义村“千村美居”工程　　（市融媒体中心　提供）

（二）拓内涵、强引领，不断发展乡村治理模式，构建人居环境长效管护机制

针对“千村美居”工程建设中土地资源浪费的情况，市委办、市府办印发《关于千村美居实施过程中农村宅基地归并移位的指导意见（试行）》，指导各村将农宅定位方案作为“千村美居”工程建设的前提条件，强化“带方案审批”“双签约管理”举措，探索推行“组团式”翻建，在前期拆除违建、打开村庄内部空间的基础上，针对犬牙交错、零星杂乱及紧小宅基地开展腾挪归并，既保障村民住房的合理需求，也让邻里关系更加和睦，进一步提升土地节约集约利用水平，优化村庄风貌和土地资源空间布局。

市领导小组办公室制定下发《常熟市2021年度农村人居环境整治提升综合评价办法》，将“千村美居”工程长效管理、整治提升村庄长效管理和一般村庄暗访三项工作相结合，以“全域覆盖、全面发动、全力保障、全民参与”的“四全”模式，开展环境卫生整治。建立市领导、市级机关部门、各镇（街道）联动联促体制机制，进一步健全市领导挂钩联系制度常态化开展“人人参与，净美家园”专项行动。市级机关各部门（单位）每月由主要领导带班参加联系村的人居环境整治，同时以“四不两直”方式对联系村开展随机检查督导。建立销号制度，各镇（街道）党政主要负责人每月组织开展村庄清洁专项行动和自然村随机暗访活动，通过发现—交办—整治—销号，形成工作闭环，推动点位完成整村整改，确保环境整治取得实效。

常熟市探索乡村治理“积分制”，将农村人居环境整治提升中经常存在的问题纳入村民积分考核范围，落实环境卫生“村规民约”、签订“门前三包”责任书、村民“轮值”等举措。根据考核结果，村民可以获取相应积分，至新合作常客隆公司或村级合作社等积分换购点，换取米、面、油、牛奶等日常生活用品。试行“宅基管家”“裸地园丁”等制度，组建起包括指导员、保洁、河道、设施、绿化、安全、文化等在内的村民代表队伍，促使维护村庄环境干净整洁成为群众的自觉行动。同时，探索“村两委+乡贤”议事模式，引导退休党员、优秀企业、工匠能手等共同为“千村美居”建设出谋划策，引导乡贤资金的回归。

常熟市下发《关于进一步加强“千村美居”长效管理工作的实施意见》，进一步落实村庄长效管理制度，由市政协总牵头，政府部门、群团组织、政协委员合力配合开展“千村美居”工程长效管理常态化考核，实施“红黑榜”制度。发挥政协民主监督特色优势，结合“有事好商量”品牌，引导“两代表一委员”参与村庄环境管理，建立“组合式协商，参与式监督”“千村美居”工程长效管理机制，广泛收集意见、凝聚共识。总结前期各镇（街道）先进经验和优秀做法，印制《常熟“千村美居”长效管理典型案例》手册，形成一批可借鉴、可复制、可推广的经验做法。

（李雯雯）

表 1　2021 年常熟市“千村美居”工程建设一览表

镇（街道）	应创建自然村庄（个）	2019 年完成数（个）	2020 年完成数（个）	2021 年创建任务数（个）	2021 年验收数（个）	2019—2021 累计验收点位（个）	2012—2021 累计创建点位（含“三星级康居乡村”）（个）	剩余应创建自然村庄（个）
海虞镇	452	30	81	80	83	194	226	226
梅李镇	466	30	78	85	89	197	240	226
辛庄镇	512	37	97	100	108	242	275	237
古里镇	310	28	90	65	73	191	217	93
董浜镇	395	22	61	60	105	188	258	137
尚湖镇	586	43	65	100	130	238	263	323
支塘镇	563	26	82	65	135	243	290	273
沙家浜镇	174	13	39	25	28	80	96	78
碧溪街道	467	59	121	80	121	301	357	110
虞山街道	125	6	8	14	20	34	42	83
琴川街道	50	3	4	5	15	22	25	25
常福街道	461	37	87	77	84	208	238	223
莫城街道	153	2	25	40	60	87	99	54
合计	4714	336	838	796	1051	2225	2626	2088

说明：1.“千村美居”点位统计截止时间 2021 年 12 月 22 日

2. 东南街道 2021 年纳入“千村美居”工程实施范围，当年计划实施 645 户，实际验收 645 户

（资料来源：市农业农村局）

责任编辑　归岳嵚

大事记

1月

5日　“聚焦产城一体，共绘高新未来——2021常熟国家高新区产城一体化发展暨昆承湖国际生活区·金茂智慧科学城签约动工仪式”在常熟金茂智慧科学城城市会客厅举行。

6日　中国人民政治协商会议江苏省常熟市第十四届委员会第五次会议在常熟会议中心开幕。

△　高铁新城快速路连接线工程主线高架桥建成通车。

7日　常熟市第十五届人民代表大会第五次会议在常熟会议中心开幕。

△　省人大常委会副主任、党组副书记王燕文一行赴波司登集团，专题调研品牌服装产业强链工作。

14日　“匠心筑梦，技能成才”2020年度全市高技能人才表彰大会举行。

21日　江苏体彩“7位数”第21012期开奖，常熟1名购彩者获特等奖5注，奖金2500万元。

30日　琴川塔弄老字号集聚街区开街暨“江南中华老字号总汇”开业活动举行。

2月

3日　全市智能化改造和数字化转型“三年行动”启动。

5日　省委宣传部到支塘镇蒋巷村，慰问蒋巷村党委第一书记、全国道德模范常德盛。

9日　苏州市科技局与常熟市政府建设声学技术创新中心专题会议举行。

25日　常熟港首开直达日本集装箱班轮航线。

3月

3日　省委常委、苏州市委书记许昆林到常熟调研“三农”工作。

9日　常熟市首个全智能地下立体车库——绿源公园智能立体车库启用。

20—21日　常熟市全面开展第十二届村民委员会换届选举工作和第七届居民委员会换届选举工作。

22日　2021常熟市数字经济产业推介会在北京举行。

24日　2021全省农业农村重大项目建设现场推进会举行，苏州市在常熟市现代种业工程项目现场设立分会场，参加项目集中开工仪式视频直播活动。

25日　国际声学产业技术研究院首批研发团队集中入驻仪式在经开区举行。

26日　“虞歌畅晚”·2021常熟樱花季暨方塔夜秀启幕仪式在方塔园举行。

28日　省委常委、苏州市委书记许昆林到常熟调研。

30日　常熟（深圳）特色产业园招商说明会在深圳市举行。

△　曹楚南院士学术思想与学科建设发展座谈会在常熟会议中心举行。

△　黄公望像在黄公望故土原址——江苏常熟国家农业科技园区落成揭幕。

31日　由中交天和机械设备制造有限公司自主研发的国内首台超大直径掘进同步拼装盾构机“兴业号”下线。

4月

2日　2021第30届江苏（常熟）尚湖牡丹花会开幕。

△　全市首个标准化方舱接种点新冠病毒疫苗体育中心接种点启用。

3日　青云瑞晶项目启动会暨新药发现创新论坛在北京大学分子工程苏南研究院举行，全国人大外事委员会副主任委员、北京大学原校长林建华等应邀出席。

9日　创建全国禁毒示范城市——“云赏牡丹，青春无毒”2021年度苏州市“青盾计划”启动仪式暨“我为群众办实事”党建志愿实践活动在尚湖风景区举办。

10日　2021年全市重点产业项目二季度集中开工（竣工）仪式举行。总投资294.5亿元的90个重点产业项目开工。

15日　全市党史学习教育专题宣讲动员部署会召开。

17日　全市文化产业高质量发展大会发布《“江南文化”品牌塑造常熟行动计划》及两项关于促进常熟市文体旅产业高质量发展政策。

20日 江苏省文化和旅游厅（省文物局）公布《江苏省革命文物名录（第一批）》，常熟博物馆42件（套）可移动革命文物入选。

22日 长三角地区七地人大工作联席会议开幕式暨全域旅游合作框架协议签约仪式在常熟举行。

23日 “投资常熟，发现之旅”长三角产业融合外企圆桌会议在常熟高新区平谦产业园（北欧产业园）举行。11个国家的24家企业和3家外国政府驻华经济机构的30多名嘉宾参加活动。

△ “融媒已来，相信未来”——2021春季·常熟融媒推介会暨《常熟新闻》改版上线仪式在琴湖之畔举行。

24—30日 第十四届全运会篮球资格赛男子U19组C组在市体育中心举行。

24日 第20回亚洲美学创思会“大美中国色”美学分享会在古里镇铁琴铜剑楼知旅文化街区举行。

5月

5日 2021年常熟市级耕地安全利用项目实施方案通过省级评审。

6日 市委十三届十三次全体会议召开，市委书记周勤第作《关于召开中国共产党常熟市第十四次代表大会决议（草案）》的说明。

7日 苏州市委副书记、市长李亚平率队走访常熟市部分民营企业。

11日 省委常委、苏州市委书记许昆林到常熟理工学院调研。

19日 以“智造常熟，携手未来”为主题的2021中日（常熟）智能制造和新材料产业对接会在常熟举行。14个产业类、载体平台类、中日企业合作类项目签约落地常熟经开区，总投资40亿元。

20日 2021伦敦时装周FASHION SCOUT中国行暨第二十二届中国江苏（常熟）服装服饰博览会在常熟国际展览中心开幕。

△ 数字&潮——2021年度中国服装成长型品牌发布会暨中国服装品牌数字经济发展论坛在常熟举行。

21日 中国纺织品进出口商会服装分会第六届理事会成立大会暨常熟服装产业带跨境贸易发展论坛举行。

△ 第六届中国·常熟昆承湖互联网创新创业大会在常熟会议中心召开。

23日 “百年风华·美丽滨江”2021中国摄影报全国摄影训练营在常熟经开区开营。

△ 登山爱好者徐忠礼登顶珠穆朗玛峰，成为首位登顶世界最高峰的常熟人。

24日 常熟市人民政府与上海音乐学院签署战略合作协议，上海音乐学院·长三角数字声音研究院和“长三角区域音乐教育与艺术产业发展联盟”江苏基地揭牌，上海音乐学院实验幼儿园落户，新时代版《长征组歌》音乐会全国巡演江苏首演签约。

△ 市农业农村局、市公安局、市市场监督管理局等部门联合举办长江十年禁渔普法宣传村村行启动仪式暨《长江保护法》广场宣传活动。

27日 江苏常熟、上海金山、浙江平湖、安徽黟县、浙江青田五地融媒体中心共同推出“勿忘来时路——长三角地区探寻红色足迹”五地联合直播活动。

31日 第二届中国（常熟）国际商业设备博览会在常熟国际展览中心开幕。

△ 第十一届苏州市农民读书节启动仪式暨常熟市新时代乡村阅读季专场活动在海虞镇举行。

6月

1日 常熟市启动实施大陆居民婚姻登记“跨省通办”“市域通办”试点。

△ 常熟市和苏州相城区联合河长制深度合作启动仪式在常熟市辛庄镇举行。

2日 2021江苏省品牌服装产业强链工作推进会在常熟召开。

6日 “鱼米之乡美丽常熟”2021年“放鱼日”暨常熟市水生生物增殖放流活动启动仪式在沙家浜国家湿地公园举行。

7日 市工人文化宫项目开工奠基仪式在常福街道举行。

8日 《常熟文库》发布会暨学术座谈会在国家图书馆举行。

△ 常熟文旅产业（北京）推介会在国家图书馆举行。

12日 2021常熟虞山文化暨沙家浜旅游节开幕。

△ “虞你共赴美丽之约”2021常熟精英创业联盟大会举行。

△ 由中核集团、中国核学会牵头策划拍摄的王淦昌大型人物纪录片《以身许国 后人楷模》在常熟开机。

△ 常熟激光产业研究院（筹）揭牌仪式暨常熟（尚湖）激光产业园推介会在常熟会议中心举行。

△ 古里红豆山庄品牌发布会暨白茆山歌馆、钱柳纪念馆落成仪式举行。

14日 第18届江苏常熟森林旅游生态观光节暨第23届虞山宝岩杨梅节在虞山宝岩湾开幕。

15日 常熟市乡村振兴局挂牌成立。

△ 沪虞国有企业党建合作联盟启动仪式暨苏州国企“1+10”项目合作签约仪式在常熟举行。

16日 2021长三角红色旅游发展峰会在常熟举行。

18日 “聚焦数字经济·助力绿色发展”国际机器人产业合作高峰论坛在常举行。

△ 山前坊文旅创意街区开街。

19日 2021年常熟市职工技能竞赛暨第二届常熟市网络安全技能大赛决赛举行。

22日 中国电信江苏公司党性教育基地揭牌仪式在李强革命历程展示馆举行。

23日 2021年长江下游深水航道综合应急演练在长江常熟段举行。

△ 全省首个标准化长江禁渔联合执法检查站——常熟市长江禁渔联合执法梅李检查站启用。

24日 2021常熟“沙家浜大舞

台”红色文艺精品展演周在市新时代文明实践中心开幕。

25日　常熟首次开行至北京双向直达动车。

26日　2020年度中国“书法风云榜”评选活动在常熟会议中心举行。

28日　中欧氢能创新研究院项目落户常熟高新区签约仪式举行。

△　“百年辉煌，艺心向党”常熟市美术作品展在新峰美术馆启动。

29日　百度智能云“AI+工业互联网”苏州产业基地落户签约仪式在常熟举行。

△　庆祝建党100周年“红色经典·情景再现、美丽乡村·寻访呈现”画家采风——新闻技联融媒直播活动在沙家浜风景区启动。

7月

1日　“爱在百年”常熟市百名新人婚姻登记集体颁证仪式在宝岩观光生态园举行。

2日　常熟举行庆祝中国共产党成立100周年座谈会，号召全市党员进一步传承红色基因，弘扬伟大建党精神，汲取前行力量，高水平推进美丽常熟建设，为谱写“争当表率、争做示范、走在前列”的常熟篇章作出新的更大贡献。

3日　全市领导干部会议召开，传达省委、苏州市委关于常熟市政府主要领导调整决定：省委决定，提名秦猛为常熟市市长候选人，焦亚飞不再担任常熟市市长职务，免去常熟经济技术开发区管委会主任职务，保留副厅级。苏州市委决定，秦猛任常熟市委副书记，免去焦亚飞常熟市委副书记、常委、委员和常熟经济技术开发区党工委副书记、委员职务（另有任用）。

6日　“相约上海常来常熟”2021常熟文化和旅游（上海）推介会在上海举行。

△　海虞园党史主题公园开园暨城建发展教育线启动仪式举行。

9日　常熟市“一村一交通辅警+专职网格巡查员”交通安全多元共治启动仪式举行。

10日　2021长三角（常熟）人力资源服务产业峰会举行。

11日　2021年（第十三届）苏州（常熟）国际精英创业周在常熟会议中心开幕。300多名海内外人才嘉宾携项目参与对接。

12日　在第十四届全运会竞技项目跳水青年组女子双人跳台决赛中，常熟跳水运动员吴心怡和搭档以311.7分获得第一名，为江苏代表团拿下首枚金牌。

15日　海太过江通道水上勘察作业开工仪式在常熟举行。

△　苏州（常熟）国际精英创业周系列活动之一的2021长三角（常熟）产业数字化创新峰会举行。

16日　第八届古琴艺术节长三角古琴名家音乐会在方塔公园举行。

△　常熟市科技创新创业企业联合会成立大会在常熟会议中心召开。

17日　漕河泾绿洲芯城项目奠基仪式在辛庄镇举行。江苏省委常委、苏州市委书记许昆林，上海临港集团党委书记、董事长，上海临港控股董事长袁国华出席活动。

20日　由民进江苏省委主办，民进常熟市委、江苏民进江海书画会承办的“在正道上行——庆祝中国共产党成立100周年暨江苏民进第三届书画精品巡展（常熟站）”在海虞镇新峰美术馆开幕。

△　阿里集团在江苏省首家属地服务中心——淘宝天猫常熟商家运营中心开业。

21日　全市陆续启用临时核酸采样点。

25—28日　中国共产党常熟市第十四次代表大会在常熟会议中心召开。

31日　第十四届“三菱电机杯”全国大学生电气与自动化大赛决赛开幕式在常熟理工学院举行。

8月

1日　游6路——常熟客运北站至红豆山庄旅游专线开通。

3日　东南街道开展核酸检测应急演练。

11日　沙家浜镇管理体制调整情况通报会召开，通报沙家浜镇管理体制调整有关情况。

23日　《人民日报》以《江苏常熟通过联动联促推进“千村美居”工程乡村治理大家管，一年一个新变化》为题，报道常熟“千村美居”工程。

24日—9月5日　第16届夏季残疾人奥林匹克运动会在日本东京举行。常熟运动员周影、曹宁宁、谷晓丹、李桂芝共获4金、2银、2铜。

25日　常熟市开展新冠肺炎疫情综合处置工作实战演练。

9月

8日　全省经济运行座谈会在常熟召开。省委常委、常务副省长樊金龙出席会议。

△　第九届“创业江苏”科技创业大赛暨第十届中国创新创业大赛江苏赛区新能源/新能源汽车行业赛在常熟开赛。

9日　苏州市乡镇党委书记专题研讨班学员论坛暨“海棠讲坛——书记说”乡村振兴专题活动在常熟举行。

△　常熟市“虞城智造贷”合作协议签约暨启动仪式举行。

10日　全市“数字法人”工作推进会召开。

17日　苏州市政协主席周伟强组织各市（区）政协、苏州工业园区政协工委负责人，到常熟观摩政协委员读书活动，并召开座谈会。

△　世界首创超大直径硬岩竖向掘进机“首创号”在常熟下线。

19日　常熟2021夜经济启动仪式暨“花好月圆”八佰伴中秋典礼在方塔东街八佰伴举行。

20日　第22届沙家浜大闸蟹美食文化节暨千蟹宴启动。

21日　长江常熟段海太过江通道水上勘察工程第7分区主航道开始施工。

23日　2021年常熟市“中国农

民丰收节”在古里镇坞坵村开幕。

△ 由中国钢铁工业协会、中国船舶工业行业协会主办的船舶用钢供需座谈会在常熟举行。

10月

12日 常熟市获评第五批国家生态文明示范区。

14日 2021年常熟市中小学生田径运动会开幕。

16日 常熟市第八届体育运动会在市体育中心开幕。

△ 中国国际经济交流中心常务副理事长、执行局主任张晓强带领调研组到常熟，实地了解“苏州·中国声学创新谷”规划建设情况，并召开战略规划研讨座谈会。

17日 2021第六届常熟尚湖铁人三项赛举行。

△ 江苏省与日本石川县“少年之翼”青少年在线交流活动在常熟举行。

20日 江苏省委党史学习教育第二巡回指导组到常熟指导，常熟市举行党史学习教育工作汇报会。

22日 2021年江苏省晚稻品种展示观摩暨品种综合性测试培训会的与会人员到常熟市农业科学研究所水稻试验基地，观摩全省35个早熟晚粳稻新品种。

△ 2021常熟金秋经贸洽谈会在常熟国际展览中心举行。

26日 全省慈善工作交流会在常熟会议中心举行。

27日 省委常委、宣传部部长张爱军到常熟调研。

△ 中国在酒泉卫星发射中心用“快舟一号甲”运载火箭发射“航天星云·常熟一号”卫星，卫星进入预定轨道。

28日 “云起东方创艺无界”第二届黄公望主题两岸高校文创论坛在市融媒体中心5G云客厅举行。

29日 “匠心演绎·创意东方”第四届黄公望两岸文创设计大赛颁奖典礼在常熟会议中心举行。

△ 江苏农业绿色高质量发展研讨会暨常熟农产品品牌建设活动在常熟举办。

△ 由江苏省人民对外友好协会主办的千名外国友人“体验江苏·读懂中国”活动启动仪式在常熟开幕。

31日 2021年江苏省龙舟精英赛（常熟站）开幕式在尚湖风景区举行。

△ 524国道苏常快速路、新世纪快速路通车暨342省道常熟东段（青墩塘路）快速化工程开工。

11月

8日 “苏陕协作”产学研合作成果交付及口罩捐赠仪式在尚湖镇举行。

10日 常熟市欧美同学会（常熟市留学人员联谊会）成立大会在常熟会议中心召开。

16日 中国常熟市与日本萨摩川内市结好三十周年市长视频会晤举行。常熟市委副书记、代市长秦猛，萨摩川内市市长田中良二参加会晤。

△ 苏州市委副书记、代市长吴庆文带队到常熟调研望虞河河长制工作。

18日 2021年两院院士增选结果揭晓，矿冶科技集团有限公司首席科学家常熟籍沈政昌入选中国工程院院士。

19日 《常熟日报》复刊后第10000期出版。

23日 524国道通常汽渡至常熟三环段改扩建工程（G524通港段）通过交通运输部绿色公路示范创建验收。

12月

2日 “乡村振兴，法治同行”活动暨全省首个法治护航千村美居律师服务团成立仪式在古里镇康博村举行。

7日 红十字会建会110周年纪念活动举行。

8日 市镇两级人大代表统一选举日，全市94万选民参与投票。

△ 由省法治宣传教育工作领导小组办公室指导、省农业农村厅主办的第五届“情暖三农·送法下乡”普法宣传活动在海虞镇七峰村举办。

10日 第二届“双12苏州购物节”常熟会场启动仪式在天虹购物中心举行。

△ “苏州·中国声学创新谷”双创服务中心落成仪式举行，常熟市瑞思知识产权服务有限公司等首批19家专业服务机构入驻。

15日 省委常委、苏州市委书记曹路宝到常熟调研长江大保护工作。

21日 常熟泗洪南北挂钩合作联席会在常熟召开。

24日 苏州市高标准农田暨农村水利建设现场推进会在常熟召开。

25日 凤凰城商业中心开业。

25—28日 江苏省职业院校技能大赛中职加工制造类模具设计与制造技术赛项在常熟中等专业学校举行，全省16所职业院校的13组中职团队及9组教师团队参加比赛。

29日 南京大学党委书记胡金波一行到常熟调研并考察“苏州·中国声学创新谷”建设情况。

31日 江苏省教育厅发文，认定常熟市为江苏省义务教育优质均衡发展县（市、区）。

责任编辑 汤 涵

城市概览

自然地理

【地理位置】 常熟市境域地处北纬31°31′—31°50′、东经120°33′—121°03′，南北最大距离为37千米，东西最大宽度为49千米，位于江苏省东南部，北濒长江，与南通市隔江相望，东邻太仓市，南接苏州市相城区和昆山市，西连无锡市锡山区和江阴市，西北与张家港市接壤。总面积1276.32平方千米（含所属长江水域面积）。

（年鉴编辑部）

【地形地貌】 常熟境域地层归属江南地层区，依时代先后，已知有古生界、中生界与新生界。境域所在地区属于扬子准地台，属地壳相对较稳定的构造单元。在扬子准地台范围内，包孕常熟及其邻近区域的次一级构造单元，为下扬子—钱塘褶皱带，是曾经历地壳运动较显著的地带，在下扬子—钱塘褶皱带的东部，发育有一系列中生代的断褶凹陷与隆起，均属更次一级的构造单元。

常熟境域南部偏低，属太湖水网平原，为阳澄湖、昆承湖等浅水湖群的分布区域；西北部与东北部略高，属长江冲积平原，为江口段南岸冲积物的覆盖区域，其中西北部地面多分布老冲积物，东北部地面多分布新冲积物。境域的平原为长江三角洲的一部分，土地平旷，地势低洼，水网交织。地势大致由西北向东南微倾，海拔多在3—7米，少数低洼区域为2.5米左右，局部高亢地段可达8米，地面几乎全部为第四系沉积物所覆盖。依地表结构，常熟境内平原通常析为沿江平原、昆承平原和虞西平原3片。境域内山丘有虞山、顾山、殿山、铜官山和西山等，依其形态，虞山属低山类型，余者形体矮小，属零星散布的孤丘。虞山略呈长条状，大致由西北向东南延伸，山脊线长约6400米，主峰为锦峰，峰顶海拔261.1米。

（徐　勉）

【气候水文】 常熟位于北亚热带湿润地区东部，四季分明，气候温和，雨量充沛。2021年，常熟市平均气温18.1摄氏度，比常年值（1991—2020年）偏高1.38摄氏度；全年降水量1231.4毫米，比常年值偏多9.31毫米；全年平均风速为1.9米/秒，较常年值偏小0.5米/秒。

气温　全年最热月份为7月，月平均气温为29.1摄氏度，年极端最高气温为38摄氏度，出现在7月12日；1月为全年最冷月份，月平均气温为5.1摄氏度，年极端最低气温为零下8摄氏度，出现在1月8日。年平均气温日较差为8摄氏度，比常年值高0.5摄氏度。

降水　全年月降水量最多的是7月，为368.1毫米，月降水量最少的是12月，为3.3毫米。常熟市年降水日数为127天，与常年值持平。常熟市6月10日入梅，比常年偏早6天，7月11日出梅，比常年偏晚1天，梅长31天，较常年偏长7天，常熟市梅雨总量218.4毫米，比常年梅雨量少13%。

风速　年极大风速出现在5月1日，为19.1米/秒。

相对湿度　全年平均相对湿度为73%，较常年值偏低3%。

日照　年日照时数为1841.5小时，比常年值偏多51.9小时，年日照百分率为43%，偏多2%。

（钱琦雯）

水文　常熟市地处太湖流域下游，属长江、太湖水系。境内水网密布，湖荡较多，是典型的江南水乡。2021年，市域内有流域性河道2条：长江、望虞河，总长62.69千米，水域面积110.48平方千米；区域性河道8条：张家港、锡北运河、常浒河、元和塘、白茆塘、七浦塘、盐铁塘和走马塘，总长176.4千米，水域面积11.35平方千

2021年常熟市月平均气温与常年值对比示意图

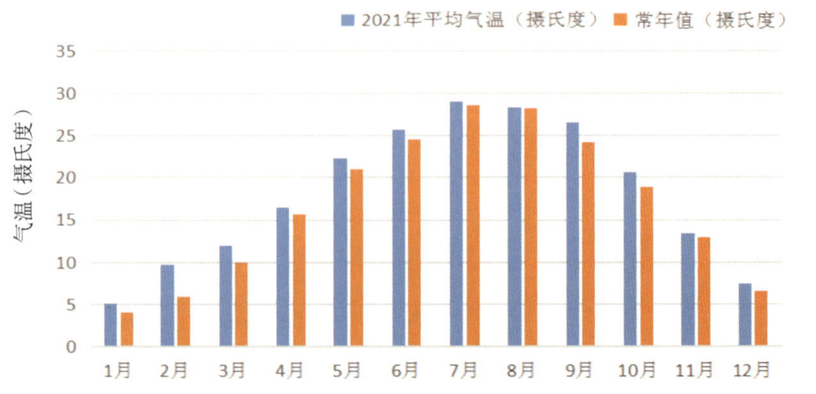

2021年常熟市月降水量与常年值对比示意图

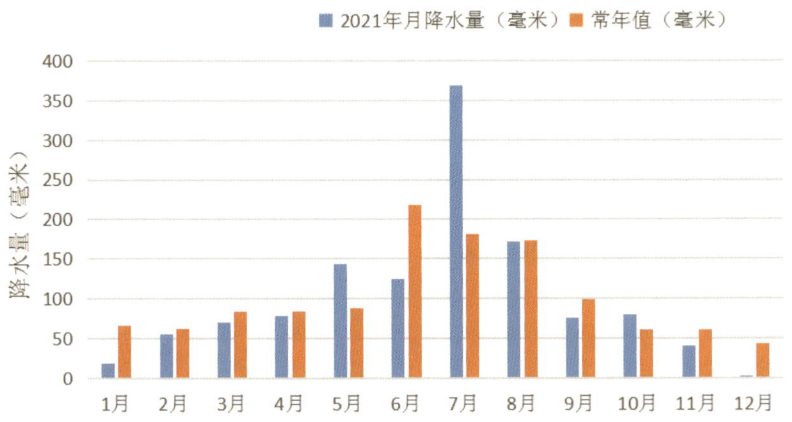

2021年常熟市月日照时间与常年值对比示意图

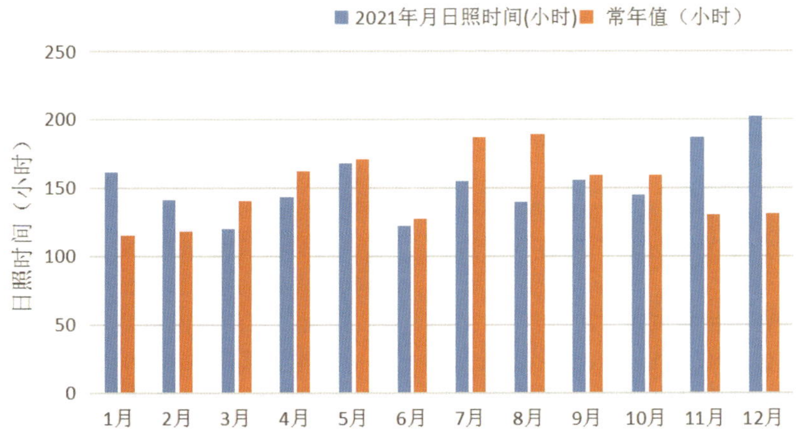

米；市级河道18条：尤泾、济民塘、辛安塘、北福山塘、海洋泾、徐六泾、金泾、护城河、南福山塘、青墩塘、大滃、三泾、耿泾、环城河、苏家滃、蛇泾、花板塘和东环河，总长183.29千米，水域面积7.6平方千米；镇级河道92条，总长457.44千米，水域面积11.62平方千米；村级河道777条，总长1333.14千米，水域面积31.91平方千米；村庄河塘（生产河）4423条（含5个村庄小湖荡），总长2426.54千米，水域面积51.48平方千米；较大湖荡（水域面积5.33公顷以上）21个，水域总面积29.41平方千米，湖周长143.79千米。全市六级大小河道5341条（含湖荡），总长4639.5千米，河网密度为3.98千米/平方千米（不含长江界属长度和面积），水域总面积253.86平方千米，陆域部分水面率12.8%。

水资源　常熟水资源时空分布不均，地产水量不足，多年平均当地水资源总量4.532亿立方米，其中地表水资源量3.983亿立方米，地下水不重复水资源量0.549亿立方米，人均占有水资源量仅为全国的八分之一。2021年常熟平均降水量1061.1毫米，蒸发量861毫米，地表水资源量3.525亿立方米，浅层地下水资源量1.933亿立方米，重复计算量1.259亿立方米，水资源总量4.199亿立方米，属平水年。

（陆小祥）

表2　2021年常熟市部分气象数据一览表

月份	最高气温（摄氏度）	最低气温（摄氏度）	日照百分率（%）	平均相对湿度（%）	平均风力（米/秒）
1	19.2	−8	50	64	1.8
2	25.6	−0.3	45	71	2
3	25.6	2.1	32	77	1.9
4	31.4	6.8	37	69	2
5	34.6	14.7	39	70	2.1
6	34.6	17.9	29	78	1.9
7	38	22.9	36	81	2.5
8	35.6	21.9	34	82	1.7
9	37.1	20.1	42	79	2.1
10	32.5	10.3	42	75	1.9
11	23.8	2.6	60	69	1.8
12	18	−3.5	65	65	1.6

（资料来源：市气象局）

【自然资源】 常熟市的典型地带性植被为亚热带常绿落叶阔叶混交林，是由中亚热带常绿阔叶林向温带落叶阔叶林的过渡类型。野生植物资源有乔木、灌木、药材、草、蕈菌5大类，200多种；野生乔木主要有紫檀、柘树；野生灌木主要有山楂、金樱子；野生药材有何首乌、蒲公英等765种；草类繁多，有芦苇、野燕麦等20多种；蕈菌类有松树蕈等。野生动物主要有哺乳类、鸟类800余种。（徐 勉）

【自然灾害】 2021年，常熟境内未发生地质灾害、森林生物灾害及洪水灾害。

灾害性天气 2021年常熟市灾害性天气主要有台风、寒潮、高温、大雾、冰雹、连阴雨和强对流天气等，对常熟市造成一定影响。

台风 7月，受台风“烟花”影响，常熟市23日夜里至28日早晨连续5天出现7级以上大风；25—26日出现大雨、局部暴雨，27日出现暴雨、局部大暴雨。陆上最大风速7—8级，水面9—10级，自动站瞬时极大风速25.5米/秒（10级），于25日21时17分出现在苏通桥南。常熟市累积降水量132.8—241.1毫米，最大降水量出现在支塘镇蒋巷村站，为241.1毫米；最大小时雨强为29.2毫米，于27日21—22时，出现在虞山街道东环村站。

强对流天气 常熟市汛期强对流天气（雷雨大风、短时强降水、冰雹）频发，其中5月15日下午碧溪街道碧溪、浒浦、吴市区域发生短时强降水和大风等强对流天气，最大小时雨强出现在碧溪新区站，为22.9毫米，部分区域出现直径10毫米左右的冰雹，造成部分农户房屋屋顶受损、围墙倒塌、树木和路灯倒伏等情况。

高温 常熟市汛期高温日数12天，7月11—15日出现持续高温天气，37摄氏度以上高温日数1天。

寒潮 1月和11—12月常熟市发生多次寒潮天气过程，其中1月7—10日，连续4天最低气温持续在零下5摄氏度以下，常熟国家气象站最低气温为零下8摄氏度。（钱琦雯）

地质灾害 2021年，常熟市未发生地质灾害。年内，市资规局完成常熟经济技术开发区、常熟高新技术产业开发区地质灾害危险性区域评估。

森林生物灾害 2021年，常熟市未发生森林生物灾害。全年实施无公害防治面积85.47公顷，市资规局针对马尾松毛虫、樟巢螟、杨树舟蛾、黄杨绢野螟、重阳木锦斑蛾等林业虫害开展专题调查25次、调查里程600千米、踏查面积41公顷。（徐 勉）

1月15日，常熟市鸟类观测人员在铁黄沙区域发现疣鼻天鹅，这是苏州地区首次观测到该种鸟类（市融媒体中心 提供）

历史人文

【建置】 常熟古称琴川、海虞、南沙等，简称虞、虞城。6700多年前常熟境内就有人类活动。商末为勾吴北境。周朝初，常熟地方属吴国。春秋战国时，先后属越、楚、秦。秦代常熟属会稽郡吴县。西汉时期，常熟仍属会稽郡吴县，设有虞乡。东汉时属吴郡吴县，境内有虞乡、南沙乡，在南沙乡设司盐都尉，为地方设吏治的开始。三国时期，在虞乡设虞农都尉。西晋太康四年（283），以虞乡设置海虞县，县治设海虞城（今虞山街道古城区），隶于吴郡，为常熟境域有县治之始。东晋咸康七年（341），撤司盐都尉署，以南沙乡建立南沙县，隶于晋陵郡。南朝齐永泰元年（498），海虞县北境设置海阳县，隶于晋陵郡。南朝梁大同六年（540），于南沙之地置常熟县，县治设南沙城（今海虞镇福山），隶于信义郡，是为常熟县名之始。隋朝建立后变州、郡、县三级制为州、县两级，废信义郡，以海阳、前京、兴国、海虞、南沙等县并入常熟县，县治设南沙城，隶属于吴州（今苏州）。隋开皇九年（589），以常熟县置常州，设常州理。不久，又移常州理于晋陵县，常熟复为县，隶于苏州。元代元贞元年（1295）常熟县升为常熟州，明代洪武二年（1369）常熟州复为县。弘治十年（1497），设立太仓州，将常熟双凤的5个都划给太仓。清代雍正四年（1726），析常熟县东境置昭文县，两县同城分治。1911年辛亥革命后，两县重新合并为常熟县。1949年4月27日，常熟解放。5月，以常熟县城区及近郊设市，市、县合署办公。1958年4月，撤销常熟市，常熟市境归常熟县管辖。1961年11月18日，根据国务院文件，常熟县划出大义公社以北的14个公社和常阴沙农场近3.33万公顷耕地、34万人口归属新设置的沙洲县（现张家港市）。1983年1月18日，撤销常熟县建置，以常熟全境设立常熟市（县级），归苏州市管理。现市人民政府所在地为虞山街道金沙江路8号。

（年鉴编辑部）

【区划】 2021年，常熟市有镇（街道）14个、村民委员会214个、社区居民委员会131个，比上年新增社区5个（陈家市社区、景华社区、海洲社区、丽都社区、金麟社区），原东张市镇社区更名为东张社区。（徐之佼）

【人口】 2021年，全市总户数为31.98万户，户籍人口为1060994人，其中男性为513747人，占48.4%；女性为547247人，占51.6%。全市外来人口实有数为804050人，比上年下降7.1%。全年出生4470人，出生率4.21‰，死亡9533人，人口死亡率8.98‰，人口自然增长率-4.77‰。

（范炟奇）

【民族】 2021年，全市有户籍少数民族人口2527人，族别36个，其中人口数量较多的有壮族、土家族、回族、苗族、满族等；外来流动少数民族人口16569人，族别48个。

【宗教】 常熟市是江苏省宗教工作重点县（市），境内有佛教、道教、天主教、基督教等。2021年，全市依法登记的宗教活动场所50处，其中佛教32处、道教2处、天主教9处、基督教7处。（黄　婷）

【人文】 常熟是吴文化的发祥地之一，1986年被国务院公布为国家历史文化名城。常熟境内尚存约5500年前的崧泽文化时期的钱底巷遗址、距今约5000年的良渚文化时期的罗墩遗址，最新考古又在常熟发现距今7000多年的马家浜文化时期的遗址。常熟拥有宋代方塔、翁同龢故居綵衣堂、清代中国四大藏书楼之一的“铁琴铜剑楼”和曾赵园、燕园等一批文物古迹。常熟被誉为“人文昌盛之邦，文物著于江南”，涌现出孔子南方弟子、兴东吴文教的先驱言偃，清代“两朝帝师”、史称“状元宰相”的翁同龢等一大批名贤，“虞山派”的诗、琴、画、印享誉华夏，历史上涌现过8名状元、10名宰相及486名进士，至2021年年底有两院院士（中国科学院院士、中国工程院院士）26人。

【习俗】 常熟岁时习俗有：立春（又名逢春）、二月二、花朝、观音生日、上巳日、轧神仙、立夏、看杨梅、夏至、七夕、立秋、中元节，以及十月朝、冬至、过廿四夜等。礼仪习俗有：婚嫁、丧葬、取名、寿庆、造房、待客、忌讳等。饮食习俗有：春饼、撑腰糕（煎年糕）、粽子、巧果、糖芋艿、月饼、重阳糕、腊八粥、冬酿酒、团子等。祈年成方面习俗有：打春牛、祭土地、做青苗、祭田神、加田财、看参星、照田蚕等；生育习俗有：催生、吃满肚饭、吊宿姆、坐月子、开奶、做三朝、剃胎发、去娘舅家、做期果、寄命等。社会习俗有：伦理与公德、开业、析产、承嗣、祭祖、谢灶、祀神等。

【方言】 常熟方言为吴语方言的一种，属吴语太湖片苏沪嘉小片，和北吴其他方言如苏州话、上海话等基本能互通。常熟方言是吴方言中保留古音最完整的方言，有33个声母、50个韵母，清浊、尖团音、平翘判然有别，有整齐的八声调，接近中古发音，和唐朝语言较为接近，是一种较为独特而又颇具代表性的吴语次方言。

【特产】 常熟阳澄湖大闸蟹　阳澄湖是常熟渔民的传统渔场。常熟阳澄湖大闸蟹以“青壳、白肚、黄毛、金爪”为其特征，将其置于平滑玻璃上也能悬空撑立，爬行自如。这种蟹不仅健壮有力，而且肉质鲜嫩，脂厚膏盈，蟹黄凝结成块，尤以“九月团脐十月尖”为珍，即农历九月要食雌蟹，农历十月要食雄蟹。螃蟹的食用方法很多，有清蒸、水煮、酒醉、油炸、面拖、红烧等，各具风味。

常熟叫化鸡　又称“叫花鸡”。民国初期，常熟城区山景园饭店推出名肴“叫化鸡”。其主材选常熟“三黄”（黄羽、黄嘴、黄脚）母鸡，配以鸡肫、鲜肉、干贝、火腿、香菇等作填料，然后用猪网油紧包鸡身，外加荷叶包扎，再用细草绳扎紧呈枕形，整鸡外面涂上揉黏黄泥，最后在火上烘烤4—6小时即成。打开泥壳，满屋飘香，入口酥烂肥嫩，风味独特。此菜是常熟地区传统名菜，也是苏州三鸡（叫化鸡、西瓜童鸡和早红橘酪鸡）之一。此菜1957年被江苏省商业厅编入《江苏菜谱》，1960年被商业部编入《中国名菜谱》。2008年，叫化鸡制作工艺被列入苏州市第三批非物质文化遗产名录。

常熟鸭血糯　常熟鸭血糯又名红莲糯，为名贵水稻品种。因米粒外表殷红如鸭血，故名。该品种由清康熙年间栽培的稻种变异而来，曾作为朝廷贡米。经常熟农业科研单位多年培育改良，于1983年定型，称矮鸭血糯，并开始推广种植。鸭血糯富含蛋白质，有强身补血之功效，营养价值很高。民间视鸭血糯为补食，饭店常用其制作点心，鸭血糯八宝饭、炒鸭血糯因色泽美观、香甜可口而成为筵席上的特色食品。

王四桂花酒　王四桂花酒又称常熟桂花酒，为常熟著名特产。其酿制工艺独特，制法科学，用料精细，工序复杂，原材料全部取自本土。所酿之酒，一般要陈伏3年以上才可上堂供饮。酿成的桂花酒，色呈琥珀晶莹，酒质味甜香醇，品质优，酒度低，上口带桂花香，微甜。100多年来，王四桂花酒已成为常熟市民送礼和到访客人饮用的佳品。

虞山绿茶　虞山（古称乌目山）种植茶树始于明清之际。民国时期，虞山祖师庙后、兴福寺两侧山地均有种植。1958年建立虞山茶场，从闽、浙、皖引进茶苗，初植于山麓平地，继向山坡、山脊扩展。每年清明至谷雨期间采摘嫩芽，加工成品质上乘的绿茶，尤以“剑毫”“茗毫”“珍毫”为珍品，誉为“乌目三毫”。还有用白叶茶树新生叶片制作的珍品——“剑门太白”“虞山白茶”。虞山绿茶香气浓、

3月10日常熟市入春。3月12日，采茶工在虞山脚下采摘春茶，这是常熟新引种的中国农业科学院茶叶研究所选育的“中茶108” （李献 摄）

汤色绿、滋味醇。1996年，剑门绿茶获评苏州市第一批绿色食品。

桂花栗子　常熟虞山兴福一带的村民有将栗子树与桂花树混栽的传统。每至中秋时节，桂花盛开，浓香扑鼻，这时大批的栗子逐渐成熟，一树桂花香，一树栗子黄。其出产的桂花栗子以色白、肉厚而闻名。有“顶山之栗，质而香囊，自古著名，其嫩时剥而食之，犹带有桂花香也”的说法。

常熟花边　常熟花边又称常熟雕绣，有100多年的制作传统，它以精巧的手工技艺在布料上绣制各式图案，然后在一定部位剪去底布，使之镂空，使图案形成明暗对比，具有立体感。中华人民共和国成立后，常熟花边增加棉麻交织、化纤等原料，有被套、床罩、窗帘、围裙、钢琴罩、沙发套等260多个品种、2300多个花色。20世纪70年代常熟县花边厂先后绣制北京人民大会堂窗帘、沙发套，为毛主席纪念堂绣制16米×18米巨幅窗帘和室内陈设品花边台布，还有国家领导人专机门帘、首都国际机场窗帘等。常熟花边曾获国家金质奖。

红木家具　明清时期，常熟已有红木家具制作，常熟红木家具属中国古典家具三大流派中的苏式家具，风格清秀文雅。中华人民共和国成立特别是改革开放后，常熟红木家具产业快速发展，产品被上海、南京、西安等地大型宾馆采用，销往港澳台地区，并出口美国、日本、新加坡、澳大利亚、英国、法国等国。其代表作有江苏省赠香港、澳门回归的礼品“归程”“花好月圆”；为扎伊尔总统府、日本皇宫制作的收藏品“百狮台”、圆桌椅“清明上河图”及海峡两岸雕刻大师联手用整块缅甸花梨木雕刻成的黄公望《富春山居图》等。 （年鉴编辑部）

经济社会发展

【古代经济】　常熟地理位置、气候条件、土壤水系均适宜农耕养殖，自古以农为本。6700多年前常熟境内就有人类活动，出现了原始农业。5000年前，常熟已种植水稻。常熟境内湖荡密布，每遇洪涝，东南低区常成为泽国。春秋时期，常熟境内即围垦洼地。南朝梁大同六年（540）设常熟县，当时北方士族的南下加速了太湖流域的开发，经过多年治理，常熟一带水利达到较高的水平，旱涝无忧，“常熟其田”。唐代，常熟商业逐步发展，征收茶、盐、酒等税收。北宋时常熟已是“县庭无讼乡闾富，岁岁加收常熟田”的丰饶之区，商业已遍布城乡。朝廷在城区及福山、庆安、梅李、浒浦等地设务，征收商税。南宋时期，国家政权重心南移，江南开发加快，农业经济发展迅速，常熟成为全国粳稻的主要产区之一。南宋晚期，境内浒浦港成为重要的渔、盐集散地。元末明初，常熟沿江高乡开始引种棉花，形成棉麦两熟制。随着棉花的引种，纺织品交易形成市集。“陆海盐絺鍜冶之饶，闻于东南”，明清时期，常熟成为国家粮赋重地、财税渊薮。明朝建立后，大量荒地得到开垦，水稻种植面积扩大。常熟商业活动渐趋繁荣，市集增多，县城商业初具规模，且多数与农副产品有关。

【近代经济】　清代中期后，受西方影响及上海工商业辐射，外地到常熟开店经营的商人增多，常熟工商业得到快速发展。清末，常熟开始出现近代工业。宣统年间，常熟有商贸服务行业近40种。20世纪30年代中期，苏常公路与锡沪公路建成通车，常熟餐饮业、旅馆业一度繁荣。后受日本侵华战争影响，常熟诸业凋敝。抗战胜利后，常熟商业一度复兴。后因通货膨胀，物价上涨，美国剩余物资倾销，商业遭受灾难性打击。中华人民共和国成立前夕，常熟多数行业处于萧条状态，全县有纺织、机械加工等工业企业近600家。

【现代经济】　中华人民共和国成立后，常熟农业生产力获得解放，工业发展较快，逐步建立起工业体系和国民经济体系。中共十一届三中全会后，常熟抓住改革开放契机，经济社会开始突飞猛进，常熟农村面貌迅速发生巨变，农民生活大为改善，被誉为“苏南四小龙”之一。1979年，常熟预算内财政收入超过1亿元。1980年，常熟工业产值占工农业总产值的比例上升至76.8%，成为常熟经济的主体产业。1983年，常熟成为全省首个农村储蓄超1亿元的县。20世纪80年代，常熟大力发展乡镇企业，“碧溪之路”成为苏南模式的代表。1986年，全市第一家中外合资企业建成投产，揭开常熟外向型经济发展的序幕。20世纪末，常熟民营经济突飞猛进，形成了民营经济、外贸经济、品牌经济“三驾马车”齐头并进的格局。2002年，常熟财政收入首次超过40亿元。至21世纪初，地处苏南的常熟已全部达到省定全面小康指标，逐步形成基本实现现代化的初步形态。

中共十八大以后，常熟坚持推动经济高质量发展，经济发展继续保持全国前列，连续多年跻身全国县级市前五。2021年，在全国县域经济与县域发展专业研究机构、社会智库北京中郡研究所完成并发布《2021县域经济与县域发展监测评价报告》中，常熟名列全国县域经济与县域综合发展第二。在竞争力智库、中国经济导报、北京中新城市规划设计研究院等机构发布的首届《中国城市基本现代化监测报告》中，常熟基本现代化指数达89.89，列全国县级市第四位。

2021年，常熟市实现地区生产总值2672.04亿元，比上年增长9.2%，人均地区生产总值158889元。

（年鉴编辑部）

【社会事业年度发展】 城镇建设 2021年，常熟市“六大更新”（既有建筑改造更新、城中村自主更新、历史街区整理更新、老旧工业区更新、农民住房翻建更新、农村基础设施完善更新）扩面提质，既有建筑消防设计审验纳入全国试点，历史街区整理更新入选省“美丽宜居城市建设综合类试点”，完成城中村自主更新199户，综合改造老旧小区17万平方米，整理提升城区绿地2.8万平方米，建成“口袋公园”5个。市容环境、户外广告、违法建设等专项整治持续推进，拆除违建超400万平方米。垃圾分类片区建设实现全覆盖。实施停车综合治理，新增停车泊位2.3万个，部分区域“停车难”有效缓解。创新城区易涝点“微改造”治理模式，中心城区实现汛期无内涝。新增省、苏州特色田园乡村9个，海虞镇七峰村获评中国美丽休闲乡村，农村分散式污水治理项目运维、“千村美居”生态建设入选省农业标准化试点。

社会治理 2021年，常熟市深化安全生产三年专项整治，工业企业安全风险报告完成率100%，事故起数下降38.10%，死亡人数下降28.60%。完成“331”机制改革，升级“安居超市”平台，出租房屋合规备案率保持在98%以上。开展扫黑除恶斗争，推进“虞城无诈”专项行动，涉诈警情、案件“双下降”。

社会保障 2021年，常熟市开展职业技能培训2.4万人次，全年城镇新增就业30873人，高校毕业生就业率达98.6%。新增稳定就业外来务工参保人数3.9万人，基本医疗保险参保率99%以上，大病保险支付比例61.43%，城乡低保标准提升至1095元/月，发放各类救助帮扶资金2.5亿元，优租房安置233套、260人。

科技事业 2021年，常熟市攻关“卡脖子”技术难题27项。新认定高新技术企业290家、企业工程技术研究中心51家、科技型中小企业1007家、“瞪羚”企业47家、省潜在“独角兽”企业4家、苏州“独角兽”培育库企业8家，新增国家级人才5名、科技创新创业领军人才160名。建成“苏州·中国声学创新谷”，声学产业技术创新中心登记为省级事业单位，获评省级新型研发机构，累计签约落地产创项目57个，投资超115亿元。氢燃料电池产业创新生态初步形成，集聚项目超40个。深化与常熟理工学院在声学、新能源汽车、服装电商三大方向的校地融合发展。

教育事业 2021年，常熟市王淦昌高级中学、游文中学等20个学校建成投用。落实“双减”政策，规范校外培训行为，推动课后延时服务“5+2”模式。获评江苏省义务教育优质均衡发展县（市、区），2021年新模式高考主要指标领跑苏州，本科上线人数上线比例达91.38%。全市拥有各类学校126所，在校学生数169963人，高等教育毛入学率达75.3%。

文体旅事业 2021年，常熟市完成市图书馆、评弹馆提升改造，建成江南小书场5个、江南小剧场3个。常熟市建成综合性文化服务中心803个，覆盖率达87.1%。举办群众性展演展映活动2万余场次。常熟慈善文化“五个一”工程获得“中华慈善品牌”项目奖。举办市第八届体育运动会。常熟运动员在东京残奥会、第十四届全运会取得金牌5枚、银牌5枚、铜牌4枚。年内，常熟市获评省全民健身示范基地、首批长三角高铁旅游小城。

卫生事业 2021年，常熟市第二人民医院完成三甲医院创建现场评审，常熟市中医院通过三级中医院复评和三甲中医院省级专家组现场调研。建成市级核酸检测基地和4家规范化发热门诊。全市累计接种新冠肺炎疫苗360万剂次。（张倩倩）

古城一隅（市住建局 提供）

责任编辑 归岳嵚

中国共产党常熟市委员会

综　述

【经济社会发展布局】 2021年，常熟市委围绕“六美集大美、幸福新常熟”，制定“十四五”规划，部署“五个前列（重点产业链发展水平和竞争力攀升至同行业前列、创新引领发展的水平走在全国县级市前列、城市能级和竞争力保持长三角同类城市前列、群众生活水平和幸福指数稳居全国前列、市域社会治理现代化走在前列）”奋斗目标。聚焦更高品质“江南福地”建设，制定30项具体任务。强化规划引领，全域实施“一图一表一方案”，推动五年拆旧复垦任务落图落表，调剂用地指标、加快调优“三生”空间（生产空间、生活空间和生态空间），常熟市获评省自然资源节约集约利用模范县。谋划六大片区，明确定位昆承湖沪苏协同创新发展示范区，“苏州·中国声学创新谷”、漕河泾绿洲芯城、长三角时尚供应链纳入上位规划，实施高新区“扩容提质”。

【全面从严治党责任落实】 2021年，常熟市委深入学习贯彻中共十九届六中全会和省市党代会精神，组织庆祝建党百年系列活动，开展党史学习教育。落实意识形态工作责任，沙家浜革命历史纪念馆改陈布展，常熟市融媒体中心通过省级验收，“两中心一平台”建设水平进一步提升，常熟市获评省基层党员冬训工作示范市。完成市镇两级党委、村（社区）“两委”换届；实施“三池六制”（“三池”即干部源头池、干部资源池和干部调配池，“六制”即健全编制审核工作机制、科学选录工作机制、精准发现工作机制、综合培养工作机制、常态提拔工作机制、交流轮岗工作机制），选派81名年轻干部联动挂职。在苏州率先建立“廉”通企业机制，实施“五位一体”激励保护71例，十三届市委巡察全覆盖，立案查处违纪违法案件427件，市纪委监委获评全省纪检监察系统先进集体。

12月30日，市委十四届二次全体（扩大）会议在市会议中心举行

（市融媒体中心　提供）

【“美丽常熟”建设】 1月4日，市委、市政府印发《关于推进美丽常熟建设的实施意见》，就空间美图、时尚美城、创新美业、清新美景、精品美游、文明美德、督查落实7个方面作出部署，成立美丽常熟建设领导小组。2月21日，全市召开美丽常熟建设动员部署大会。会后，7个专项小组研究制定三年行动计划，“计划”于3月中旬由市委办、政府办发文。市委将美丽常熟建设纳入年度综合考核，研究制定美丽常熟建设指标体系和评价体系，同步建立工作简报、项目清单、工作督查等机制。市委主要领导2次带队对24个载体项目现场督查，市纪委会同“两办”督查室和发改委不定期开展督查，针对进度落后的工作任务以及推进中遇到的困难和问题，通过反馈单的形式交办，推动美丽常熟落实落细。

重要会议与活动

【党史学习教育】 2021年，常熟市根据党中央部署，组织开展党史学习教育。3月10日，苏州市党史学习教育动员会召开，常熟设分会场收听教育会议并召开会议，统筹安排全市党史学习教育工作。市委宣传部紧扣“六专题一实践”制订《党史学习教育实施方案》。组建14个巡回指导组对16个镇、街道、开发区，67个部门和119所中小学实现巡回指导全覆盖，推进青少年、国企、“两新”组织等重点对象的党史学习教育。组建市委宣讲团、虞燕名师、虞青说、菁优宣讲团以及道德模范志愿宣讲队伍等，到基层围绕党史学习教育和中共十九届六中全会、省及苏州市党代会精神开展宣讲超2000场次，受众达8万多人次。发挥红色资源优势，完成沙家浜革命历史纪念馆改陈布展工作，讲好李强、王淦昌等著名人物背后的“常熟故事”。创新“联组学习”模式，常熟市委与上海音乐学院党委开展《长征组歌》文艺党课联组学，东南街道党工委与常熟教育工委现场推进联组学、支塘镇党委与梅李镇党委开展“支梅连理”联组学，实现各类党组织间优势资源融通互补。开展群众宣教活动，在“9·30”烈士纪念日、国庆节等重要时间节点开展新婚夫妇向革命烈士献花、“同吃国庆面”等活动。举办红色故事宣讲大赛，推出10条特色学习体验路线和精品红色旅游线路。加强线上宣传，开展“百年辉煌 e心向党”“虞城红果果”等党史学习教育网上宣传教育活动。开展“我为群众办实事”实践活动，推出334项重点项目，常熟市四套班子领导挂钩联系58个项目，其中30个为重点项目。将实践活动与经济发展、项目建设、资源盘活、民生实事等中心工作紧密结合，通过“红色骑手”等项目服务企业，通过“微心愿”“微民意”等形式服务群众，组织“人人参与，净美家园”“五一面对面，文明来敲门”等文明实践活动。年内，常熟开展党史学习教育的经验和做法被中央主要媒体刊发报道355篇，被省媒刊发178篇；被中央党史学习教育简报录用信息2篇，省简报录用信息10篇，苏州简报录用信息46篇。

【市第十四次党代会】 7月25—28日，中国共产党常熟市第十四次代表大会在常熟会议中心召开。会议的主要任务是：高举中国特色社会主义伟大旗帜，坚持以习近平新时代中国特色社会主义思想为指导，全面贯彻中共十九大和十九届二中、三中、四中、五中全会精神，深入贯彻习近平总书记在庆祝中国共产党成立100周年大会上的重要讲话精神，以及视察江苏重要讲话指示精神，立足新发展阶段、贯彻新发展理念、融入新发展格局，按照省委、苏州市委工作部署，以推动高质量发展为主题，以供给侧结构性改革为主线，注重需求侧管理，以改革创新为根本动力，以开放为路径，以人民为中心，始终聚焦美丽常熟建设，在稳增长中实现经济转型升级和城市能级提升，深度融入长三角区域一体化发展，统筹推进空间美图、时尚美城、创新美业、清新美景、精品美游、文明美德建设，推动各项事业和党的建设再上新台阶，人民群众共同富裕迈出坚实步伐，以“争当表率、争做示范、走在前列”的使命担当，奋力开启全面建设社会主义现代化新征程。会议听取审查周勤第代表中共常熟市第十三届委员会向大会所作的题为《高起点 启新程 高质量开新局 为建设美丽幸福新常熟而奋斗》的报告，审议中共常熟市第十三届纪律检查委员会题为《以高质量政治监督护航奋斗新征程，为建设美丽幸福新常熟提供坚强保障》的工作报告。选举产生中共常熟市第十四届委员会、市第十四届纪律检查委员会。

【市委十四届二次全体（扩大）会议】 12月30日，市委十四届二次全体（扩大）会议召开。会议主要任务是以习近平新时代中国特色社会主义思想为指导，全面贯彻中共十九大和十九届历次全会、中央、省委和苏州市委经济工作会议精神，认真落实省市党代会部署和苏州市委全会要求，回顾总结全年工作，研究部署2022年任务，动员全市上下鼓足干劲、奋勇前行，不懈推进美丽常熟建设，加快打造更高品质“江南福地”，以优异成绩迎接中共二十大胜利召开。市委常委会主持会议。市委书记周勤第代表市委常委会向大会作题为《锚定新方位 起航新征程 加快建设更高品质“江南福地”》的工作报告。会议审议通过《中共常熟市委十四届二次全体（扩大）会议决议》。

【市委深改委第七次会议】 4月9日，市委深改委第七次会议召开，市委书记周勤第主持会议，学习贯彻中央、省委和苏州市委深改委最新会议精神，审议市委深改委2021年工作要点及有关改革文件，研究部署全年改革工作。会议强调要立足新起点，有“开好局、起好步”的责任和担当；要把握新要求，有“走在前、干在先”的决心和勇气；要推动新发展，有“抓落实、出成效”的力度和韧劲。

【市委深改委第八次会议】 8月25日，市委深改革第八次会议召开，市委书记周勤第主持会议，学习传达中央以及省委、苏州市委深改委会议精神，听取创建省级农业高新技术产业示范区、打造数字经济发展高地、推进常熟精英联系服务机制、城区历史街区整理更新、解决企业用工难问题等改革工作推进情况，研究部署下一步改革工作。

【2020年度综合考核工作总结暨作风建设大会】 2月19日，常熟市2020年度综合考核工作总结暨作风建设大会召开。市委书记周勤第出席会议并讲话。会议强调，要抢抓重大战略机遇，进一步放大优势，继续发扬好抗疫精神，实现常熟“十四五”的精彩开局。会议指出，各地各部门要在条块融合中彰显“C位担当”，突破各自为政的部门思维，并肩作战推动大发展；要在自我加压中实现撑竿跨越，突破得过且过的求稳思维，逆流而上冲上最前沿；要在落实工作中学会换位思考，突破以我为主的甲方思维，脚踏实地做好手边事；要在改革创新中做到求思求变，突破因循守旧的惰性思维，啃下改革发展硬骨头；要在提升本领中展现更大作为，突破亦步亦趋的啃老思维，苦练内功干出“新业绩”。会

议表彰抗击新冠肺炎疫情先进集体和个人，通报2020年度综合考核结果，表彰纳税百强企业、亩均税收50强工业企业、纳税10强金融企业。

【美丽常熟建设动员大会】 2月21日，美丽常熟建设动员部署大会召开，动员全市广大干部群众以最大的决心、最坚决的态度、最有力的举措，积极投身到美丽常熟建设的火热实践中去。市委书记周勤第出席会议，强调要深刻领会美丽常熟建设的内涵实质，以更强的责任感和紧迫感，在打造“最美窗口”“四高城市”中展现作为、提升地位；要准确把握美丽常熟建设的方向原则，坚持科学施策、精准施策，统筹推进美丽常熟建设各项工作；要汇聚推进美丽常熟建设的最大合力，进一步树牢大抓落实的工作导向，确保美丽常熟建设取得实效。

【市委务虚会】 10月23日，市委书记周勤第主持召开市委务虚会，会议要求以高的站位、高的标准、足的激情，全力落实好苏州、常熟两级党代会目标任务，在“高品质江南福地”建设的新征程上迈出更大步伐。（李 宵）

组织工作

【概况】 2021年，全市有基层党组织5795个，其中党委246个、党总支313个、支部5236个；全年新发展党员1701人，转入党员2907人，转出党员2090人，有党员人数77473人。年内，组建14个市委党史学习教育巡回指导组，确定12项巡回指导任务，分类制定巡回指导清单。全市评选表彰100个“两优一先”，命名5个“优秀共产党员楷模”、10个“新时代共产党员标兵”，为全市9500余名党员颁发“光荣在党50年”纪念章。年内，首次开展组织工作“登峯奖”评选，64个单位79个项目参加评比。

【干部队伍建设】 2021年，全市有市管干部1393人，其中女干部241人，占比17.30%；非中共党员47人，占比3.37%。市委组织部组织中共十九届五中全会精神轮训、六中全会精神宣贯。开展“两在两同”建新功行动，结合“我为群众办实事”实践活动，开展“一把手办业务”一线流程体验活动，组织全市1400多名党员领导干部开展走访调研。做好市党代表、人大代表推选工作，完成市委换届。制定出台《关于做好镇领导班子换届工作的实施意见》，完成乡镇党委换届工作，新一届镇党委领导班子实现“三升一降（本科及以上学历占比上升5.1个百分点，35岁以下年轻干部占比上升18.8个百分点，有两年以上镇工作经历的占比上升12.1个百分点，平均年龄下降3岁）”。上线年轻干部成长全流程“云”监测平台，首批50名优秀年轻干部纳入平台管理。优化领导干部作风建设评价系统，明确资产水平、配偶及子女经商办企业、移居国外等8项重点监测指标，综合评估干部廉政风险等级，提前干预主要监督对象。

【人才工作】 2021年，常熟市新增上级领军人才46人，常熟市“昆承英才”领军人才共114人。柔性引进超20名高校教授入职常熟市科研院所，全年新增提供紧缺人才、青年人才岗位3224个，新增参保本科以上毕业生数超2.6万人。组建举荐专家委员会，全年收到24个举荐申请，评选出电商直播、文化传承、职业技能等“非共识性”人才3名，相关做法被《中国组织人事报》人才版头条推介。针对数字经济、金融、规划建设等紧缺专业人才，建立300多人的“发展尖兵”专业人才库。新增33家人才企业获知名机构投资。出台《常熟市领军人才项目财政资金管理办法》。实施“海棠无忧·虞才同行”昆承英才伙伴计划，推动苏州市“创·无忧”才富顾问团在常熟先试推广，建立服务清单和“一企一档”。推进“双招双引”工作，赴上海、杭州、深圳等地组织举办引才活动20余场次，组织对接优质人才项目超500个。举办第十三届苏州（常熟）国际精英创业周活动，发布“常熟市王淦昌科学技术奖”、重大项目科技攻关“揭榜挂帅”，IDG、红杉等知名创投机构与常熟市人才企业签约超100亿元，落户项目总数超260个。对接瑞典、德国、韩国等海外育成中心，与上海欧美同学会共建常熟（上海）引才工作站，成立常熟市欧美同学会。常熟（虹桥）国际人才港建成投用，常春藤国际人才创“芯”港加速推进。开设6场科技创新创业人才实践课程、3场投融资对接会。升级打造高层次人才一站式服务平台，涵盖双创服务、人

4月1日，“海棠无忧·虞才同行”昆承英才伙伴计划启动仪式举行
（市委组织部 提供）

才安居优租、英才卡申领、人才项目管理等功能模块，实现“一网申报”“一网通办”，累计受理各类业务4300多人次。完善人才就医绿色通道建设，累计879名高层次人才录入人才就医信息系统，畅通14家沪宁苏知名医院重点专科的就医转诊通道合作。在全省首推人才子女入学“一件事”线上申报审核平台，全年统筹安排688名人才子女入（转）学，比上年增长68.2%。

【公务员管理】 2021年，全市编制公务员考录职位计划181个，其中市级机关（含参公管理）113个，乡镇（街道）机关68个；录用177个。实施“一线工程”，选派81名年轻干部“上下内外”联动挂职，开展“最美窗口，最强担当”公务员主题实践活动。市委组织部在全省县市中率先开展聘任制公务员工作，公开招聘招商引资、数字应用、规划建设等10个岗位12名专业化人才。

【综合考核】 2021年，市委组织部聚焦“美丽常熟”建设目标任务，制定出台2021年度综合考核“1+4+N”系列文件，设置24项经济发展高质量考核指标，指标数量一次性缩减25项，压降率达50%。加强过程管理，深化对标找差工作，精准反馈上年度72项内容超350个问题，细化分解年度指标序时进度，做深做实季度监测和半年评估制度，定期编印经济发展高质量监测专报和板块高质量发展龙虎榜，通过“完成情况反馈函”“整改提升提醒函”等形式对短板弱项指标实行跟踪督办。开展5项专项考核和改革创新特别奖评选，将上级考核指标排名情况与责任部门绩效奖励相挂钩，将考核等次与领导班子等次评定和领导干部优秀比例挂钩，加强担当作为好干部选拔使用。

【基层党组织建设】 2021年，市委组织部持续推进党支部“标准+示范”建设，深入实施“5355”基层党支部“创星”工程，评选五星级支部310个。完成330个村（社区）“两委”换届工作，村书记、主任“一肩挑”比例达100%。组织新一届228个村（涉农社区）党组织领导班子开展任期规划承诺。推动实施村（社区）书记编制化管理，15名书记通过选聘进入事业编制。2人新入选省“百名示范”村（社区）书记，13人入选苏州“千名领先”，6名村书记进入乡镇党政班子。沙家浜镇芦荡村被中组部确定为苏州唯一全国“红色美丽村庄”试点村，“五突出五示范”推进举措得到中组部、省委组织部肯定。开展主题党日活动5万余次，集中轮训各领域党支部书记4000余人。持续深化村（社区）党组织“先锋指数+”考评激励机制。探索构建“一核双联三会四治”治理模式和工作路径，在全市成立120多个小区党支部，建立小区“大支委”，探索选聘专职“海棠管家”队伍。在全省率先探索金融机构选派干部进基层网格跨界挂职，遴选259名金融人才下沉一线。提炼形成“党建+自治”“宅基管家”“毗邻党建联合治理”“先锋领治”等基层治理特色做法。开展农村发展党员违规违纪问题排查整顿，完成对全市3900余名农村发展党员的全面排查。

【机关党组织建设】 2021年，常熟市市级机关党组织53个，其中机关党委10个、党总支15个、党支部28个；有党员3609人，其中女党员1160人，具有大专以上学历党员3096人。全年新发展预备党员68人，预备党员转正36人。市委组织部上线“政治三力”体检测试平台，近1.2万名党员干部参与体检。召开市级机关党代表会议，选举产生54名参加市党代会代表。开展新一轮星级评定工作，实现市级机关185个党支部全面“创星”。制定下发机关党建十项重点任务清单，“揭榜挂帅”51个党组（党委）“书记项目”，督促“一把手”增强带头抓党建责任意识和示范效应。成立“六美·海棠尖兵营”，建立尖兵营“六项职责三项制度”，形成尖兵营绘美成绩单30项亮点成果，评选产生30个“六美·标兵行动支部”。组织市级机关“红色代办员”赴板块和重点领域开展10次“海棠有约·党建惠企”专项行动，为210家企业解决问题433个。组织“一把手办业务”一线流程体验活动，发布派单任务11个、自选任务51个。将“在职党员进社区”深化为“进小区”，开展“先锋领治”实践，开发“先锋领治·码上到”小程序，推动12689名机关企事业单位在职党员通过小程序“云端报到”、亮明身份；社区发布828个治理岗位和2025个服务项目，党员参与志愿服务活动34708人次。组织开展“在职党员统一服务日”活动34场次，完成“我为群众办实事”结对共建项目130个。

【国有企业党组织建设】 2021年，常熟市有国有企业党组织165个，其中党委14个、党总支8个、党支部143个；有党员2021人，其中女党员570人，具有大专以上学历党员1693人。全年新发展预备党员123人，预备党员转正58人。年内，常熟市成立国有企业党工委，全面加强党对国有企业的领导，推进国企党建“六大行动（‘红色铸魂’‘融合发展’‘固本强基’‘培优育强’‘初心礼赞’‘清廉国企’）”，探索常熟国企党建新路径。统筹抓好党史学习教育，制定“四强四推动”任务清单，开展“庆百年红色行”“退休不褪色，红心永向党”座谈会等活动，各市属国企党委书记带头上好“党史第一课”，实施41项为民实事。制订国有企业基层党建工作暂行办法、党委前置研究讨论重大事项规程、国企党工委议事决策规则、加强国企统战工作的实施意见等制度，建立国企党建工作例会机制。首次对国企经营业绩考核中的党建部分单独进行考核，研究制定国企党建工作考核细则，半年度对基层党组织开展政治体检。6月成立沪虞国有企业党建合作联盟，由6家常熟市属国有企业和11家上海在常熟国有企业组成，规划制定“沪企链接”等4个发展框架，举办国有企业区域化党建工作研讨会、“党建引领·沪虞合作”讲坛、合作联盟座谈会、城市定向徒步等活动，促进国企间对话交流,推动市属国企与上海国企打造老城更新改造、虹桥人才创"芯"港等项目。

【"两新"党组织建设】 2021年,常熟市有"两新"党组织2901个,其中新建"两新"党组织100个;有党员19317人,其中女党员7004人。新发展预备党员609人,预备党员转正284人。年内开展"两新"组织"赓续奋斗主题年"活动,完成第三轮"两新"专项排查。成立常熟市装备制造产业党建联盟、纺织服装产业党建联盟,组建常熟市物业行业党委、智能货架行业党委、互联网行业党委、常熟服装城直播产业党委。选派党建指导员74名,85名"两新"党务工作者获专业资格认证。启动"海棠薪传"新生代企业培育"常新计划",组织开展全市"两新"组织暨高层次人才和市级机关专场宣讲活动,打造沉浸式"四大课堂(即以景引学的'初心课堂'、善学强思的'移动课堂'、躬身实践的'身边课堂'、寓教于悟的'先锋课堂')",相关做法被共产党员网宣传推介。

【"海棠"党建品牌打造】 2021年,市委组织部持续打造"海棠"党建品牌。深化"海棠蓓蕾"培育,实施年轻干部"优质拓面"工程,完善年轻干部成长成才路径"三池六制"若干措施,全年招录公务员、事业单位、定岗特选387人。举办12期"海棠讲坛·六美专题"系列活动,联合常熟理工学院开办"海棠讲坛·WEB课堂"(乡村振兴专题)暨第八期年轻干部能力素养提升班,举办第二期"海棠尖兵"实训营。以实施党建引领基层治理"根系工程"试点工作为牵引,打造"海棠管家"服务品牌,开发"先锋领治·码上到"小程序,以数智赋能推动1.2万多名在职党员参与小区治理。围绕美丽常熟建设重点任务,吹响"六美·海棠尖兵营"集结号,组建"六美·行动支部"347个,实施"六强六聚六在前"支部提升行动,建立尖兵营"六项职责三项制度"。围绕推动重点产业发展,聚焦常熟"354"产业布局和新兴领域,创新党组织设置和活动方式,成立装备制造产业、纺织服装产业2个千亿级党建联盟,组建物业、智能货架、互联网、直播等行业党委。深化新生代企业家培养,启动"海棠薪传"新生代企业培育"常新计划"。注册"海棠铺子"商标推动品牌迭代升级,链接各方资源开展近200场约"惠"嗨购活动,依托"线上小程序+线下实体化站点"打造兼具便捷性、文化性的沉浸式消费空间,带动消费超3200万元。围绕党建引领基层治理,探索"一核双联三会四治"党建引领小区治理新模式,相关做法被省委组织部《组工研究》专刊推介。深化"海棠有约"长效机制,街道"吹哨"召开协调会10场,协商解决停车难、外墙剥落等烦心事揪心事12件。深化金融机构与村、社区党建结对共建,开展"海棠予你·融汇虞城"为民办实事行动,募集社区治理发展基金800万元,首期实施惠民实事工程29个。

【党的建设学会成立】 8月20日,常熟市党的建设学会成立暨第一次会员大会召开。会议审议通过常熟市党的建设学会《章程》,选举产生市党的建设学会第一届理事会。常熟市党的建设学会是从事党的建设理论与实践研究的全市性、学术性、非营利性的社会团体组织,是苏州各县区首家成立的党的建设学会,学会会员来自全市党建理论工作者、党务工作者。

(郑　桦)

宣传工作

【概况】 2021年,常熟市始终坚持以习近平新时代中国特色社会主义思想为指导,担起举旗帜、聚民心、育新人、兴文化、展形象的使命任务,紧紧围绕建设美丽常熟和更高品质"江南福地"的目标任务,组织开展党史学习教育、不断深化思想理论武装、巩固壮大主流舆论声音、持续打响"江南文化"品牌、常态长效推进文明建设、切实守好意识形态底线,为经济社会高质量发展提供坚强的思想保证、舆论支持、精神动力和文化条件。

【理论武装】 2021年,常熟市制订下发《2021年全市党委(党组)理论学习中心组专题学习计划》,强化党委(党组)中心组领学。年内,市委理论学习中心组开展各类集体学习25次、专题学习报告会4次、集中研讨6次。在常熟县处级以上领导干部中部署开展专题读书调研活动。创新打造"虞燕送理"品牌,做好系列子品牌活动,开展"春来茶馆"直播活动17场,观看人数达105.9万人次;在"'留学'常熟"基层党员冬训赋能行动中实施"虞理益企"特色行动,首场活动观看超12万人次;开展"青'新'进青企"宣讲活动17场,线上线下累计覆盖青年1万余人次。基层党员冬训工作实现镇(街道)覆盖率100%。开展"争当表率、争做示范、走在前列"主题大讨论活动,形成1031篇成果,录制冬训微课视频254个。成立苏州市新时代基层理论宣讲名师(常熟)工作站,创新推出"理论学习、实境研学、云端融媒、实践应用"4个特色理论宣讲课堂,赴基层宣讲230多场,受众近2万人次。常熟获评全省基层党员冬训工作示范县(市、区),东南街道获评示范乡(镇、街道)、"虞燕送理·'留学'常熟"基层党员冬训赋能行动获评创新项目。

【重大主题报道】 2021年,常熟市围绕党史学习教育、美丽常熟、全面建成小康社会等重大主题,精心开展策划宣传,开设《奋斗百年路,启航新征程》《美丽常熟精彩开局》《建设更高品质的"江南福地"》等专题专栏进行全媒体宣传。开展"常熟解放日主题活动""美丽常熟行12小时大直播"等融媒体直播行动,做好中共十九届六中全会、省党代会和苏州党代会宣传工作,开设"学习贯彻党的十九届六中全会精神"等专题专栏,围绕常熟贯彻会议精神在全媒体平台发表推文90余篇。

【对外宣传】 2021年,市委宣传部加强与上级媒体合作,在新华社江苏内参《人民日报》《光明日报》等中央媒体的重要版面刊发《常熟实施"千村美居"率先探路农村现代化观察》《江苏常熟蒋巷村的变迁》等文章近20篇，围绕庆祝中国共产党成立100周年主题的外发稿数量位列苏州市前四。通过上海虹桥枢纽"乡愁小栈"城市客厅、上海常熟路地铁站常熟城市展厅等项目宣传"小城大爱，常来常熟"城市品牌。制作并对外投放《美丽常熟》城市外宣片。在苏州市首推城市文创旗舰店，"虞小主"天猫旗舰店和"物语常熟"城市文创集成店在线上线下同步启动，对接上海优质文创企业举办城市主题文创大赛。与三联书店合作推出的《风雅物语》图书，获评2021年度中国"最美的书"称号，并参评世界最美图书。全网上线"小城大爱，常来常熟"系列短视频，组织开展常熟网络文化季季红活动，其中《虞城12种温暖人生》获评2021年苏州网络文化季季红"苏美奖"。

【"江南文化"品牌塑造】 2021年，常熟市发布《"江南文化"品牌塑造常熟行动计划（2021—2023）》，出台《常熟市文艺精品创作生产扶持奖励办法（试行）》《关于推动常熟市文体旅产业高质量发展的实施意见》《关于促进常熟市文体旅产业高质量发展的若干政策意见》等相关政策，成立"江南文化"品牌建设工作领导小组及办公室。举办虞山文化暨沙家浜旅游节，在北京组织开展《常熟文库》首发式及文旅产业推荐等活动。组织演出《长征组歌》音乐会和沙家浜系列文艺作品"三部曲"。电视纪录片《幸存者》获江苏省优秀文艺成果奖。扶持常熟本地团体创作锡剧《青石鉴》、沪剧《常德盛》、纪录片《奋斗百年，共铸辉煌》、表演唱《书香江南》、图书《为新时代塑像》等，音乐剧《南方夫子》等5个项目获苏州艺术基金项目扶持。推进江南小剧场建设，首批认定国际饭店弦歌厅等3家小剧场。

【版权管理】 2021年，常熟市加强版权管理，片刻文化"天宫商殿"系列产品入选省2020年优秀版权作品转化重点培育项目，波司登"海岸线系列图案"等产品转化项目入选省2021年优秀版权产业转化重点培育项目，成易彩印数字印刷项目系苏州地区唯一获得省级现代服务业（新闻出版）发展专项资金资助的产业升级引领项目（除计划单列市外）。

【网络舆情管理】 2021年，常熟市深化网络综合治理体系建设，组织召开网信委第三次（扩大）会议，建立网络安全官体系，出台《常熟市互联网信息服务监督管理联合执法协作机制》。持续强化协调联动机制，推进"清朗""净网"等专项行动，清理网上不良信息3300多条。深入推进网络安全协同机制，组织"网安2021"行动，举办第二届网络安全技能大赛，组织网络安全攻防演练，开展网络安全宣传周暨网信普法"五进"活动。实施城市"网安云脑"项目，首创网络安全漏洞市委书记督办机制，市委督查室牵头会同网信、国资等部门开展安全漏洞整改督查，2021年未发生重大网络安全事故。实施数字安全三年行动计划和数字乡村省级试点工作。开展"绿色阅读，健康成长"护苗绿书签活动，引导青少年绿色阅读，文明上网。

（陈雪莲）

【新时代文明实践】 2021年，常熟市有新时代文明实践中心1个，新时代文明实践所14个，新时代文明实践站340个，市级新时代文明实践点100个，年内新命名市新时代文明实践点40个。常熟市常态化推进新时代文明实践，召开2次新时代文明实践现场推进会，探索文明实践"积分制"，推广实践站长"擂台赛"。评选32个新时代文明实践创新案例，培育40个新时代文明实践示范所（站、点）。组织"五一面对面"文明实践活动。董浜镇智林村实践站打造"家门口的文明实践圈"入选《建设新时代文明实践中心怎么干》全国案例。

表3 2021年度常熟市新增新时代文明实践示范所（站、点）一览表

	序号	镇（街道）	名称
示范所	1	沙家浜镇	沙家浜镇"邂逅芦花"新时代文明实践所
	2	莫城街道	莫城街道新时代文明实践所
示范站	1	海虞镇	南塘社区新时代文明实践站
	2	海虞镇	里泾村新时代文明实践站
	3	梅李镇	天宇村新时代文明实践站
	4	梅李镇	赵市村新时代文明实践站
	5	辛庄镇	朱家桥村新时代文明实践站
	6	辛庄镇	张家桥村新时代文明实践站
	7	古里镇	陈塘村新时代文明实践站
	8	支塘镇	任阳社区新时代文明实践站
	9	支塘镇	任南村新时代文明实践站
	10	沙家浜镇	常昆村新时代文明实践站
	11	董浜镇	永安村新时代文明实践站
	12	董浜镇	新民村新时代文明实践站
	13	尚湖镇	东桥村新时代文明实践站
	14	尚湖镇	新裕村新时代文明实践站

续表3

	序 号	镇(街道)	名 称
示范站	15	碧溪街道	万福村新时代文明实践站
	16	碧溪街道	中南村新时代文明实践站
	17	东南街道	湖畔社区新时代文明实践站
	18	虞山街道	星海社区新时代文明实践站
	19	虞山街道	南沙社区新时代文明实践站
	20	常福街道	中泾村新时代文明实践站
	21	常福街道	珠海社区新时代文明实践站
	22	莫城街道	聆湖社区新时代文明实践站
	23	莫城街道	言里村新时代文明实践站
	24	琴川街道	衡山社区新时代文明实践站
	25	琴川街道	虞枫社区新时代文 明实践站
	26	琴川街道	兴隆社区新时代文明实践站
示范点	1	海虞镇	铜官山乡村振兴学院
	2	梅李镇	常熟人民抗日自卫队成立旧址
	3	梅李镇	龙腾红色熔炉钢铁堡垒党建馆
	4	辛庄镇	张瑞林收藏馆
	5	古里镇	坞坵村乡村振兴馆
	6	沙家浜镇	沙家浜革命历史纪念馆
	7	沙家浜镇	江抗东路司令部筹备会议旧址
	8	董浜镇	常熟县人民抗日自卫会纪念馆
	9	尚湖镇	河全村黄草荡革命旧址
	10	东南街道	常熟市应急志愿者培训学院
	11	琴川街道	琴川书房
	12	教育局	报慈小学旧山楼

【文明创建】 2021年，市委市政府出台《关于推进文明城市常态长效建设，彰显小城大爱文明美德的行动纲要(2021—2023)》(以下简称《纲要》)，组织实施居民小区管理等7大整治提升行动、集贸市场综合提升工程等10大重点实事项目和美丽乡村铸魂工程等14个重点督办项目。常熟市以创建文明城市、文明村镇、文明单位、文明家庭、文明校园为主要形式，开展各类精神文明创建活动。年内，34家单位、8个镇、24个村、8个社区、4所学校获得2019—2021年江苏省级文明单位；82家单位、8个镇、38个村、27个社区、33所学校获评2018—2020年苏州市级文明单位。组织开展2021年度常熟市级文明村创建评比工作，实现常熟市级以上文明村占比98.13%，文明镇占比100%，持续推进"文明楼道""美丽庭院"评比奖励。

(范易成)

【志愿服务】 2021年，常熟市深化志愿服务工作，开展"为爱添薪"重点志愿项目保障行动，对33个重点志愿服务项目提供扶持资金。培育"芦荡薪火""银发先锋""飞燕有约"等宣讲品牌，开展志愿宣讲400多场，相关事迹被人民网等中央媒体网站报道。组建"红色放映室"联盟并开展"观红色影像 忆百年初心"电影党史课500余场。常熟市招募1300多名志愿者开设211个"家门口的暑托班"；成立常熟市应急志愿者培训学院，常态化开展社区、青少年应急技能培训；流水琴川义工协会获评2020年度全国学雷锋志愿服务"四个100"最佳志愿服务组织。团市委发布"小城大爱 虞青有志"青年志愿服务项目，组织青年志愿者为2021年苏州(常熟)国际精英创业周、2021第六届常熟尚湖铁人三项赛等赛会提供志愿服务。常熟市公安局组建蓝盾志愿者，注册蓝盾志愿者18.8万人，开展活动1.52万次，志愿者参与9.6万人次，贡献总服务时长26万余小时。"常熟市百姓城管志愿者协会"会员单位98个，组织600名"百姓城管"志愿者参与"文明城市管家"志愿行动，上报城市管理问题2.1万个，及时处置率超99%，"百姓城管"参与志愿服务超4.3万人次，活动时长13万小时。

(范易成　徐鉴棠　范炟奇　沈心舟)

【未成年人思想道德建设】 2021年，常熟市连续16年组织开展"七彩的夏日"暑期社区未成年人教育实践活动，全市各单位、村、社区、爱国主义教育基地组织开展各类活动1032项，30多万人次参与活动。印发《关于开展"童心向党"主题教育实践活动的通知》，在全市青少年中广泛开展"童心向党""请党放心，强国有我"主题实践活动。利用清明、"六一"、"七一"、开学等重要时间节点，开展"清明祭英烈""童心向党""开学第一课""向国旗敬礼"等主题教育活动。上线"文明常熟·快乐成长"常熟市未成年人社会实践活动平台，印制2万份《未成年人社会实践手册》，参与未成年人超5万人次。建立市、镇两级新时代好少年评选模式，举办2021年"新时代常熟好少年"发布活动暨好少年故事分享会，评选出市级"新时代好少年"21名和镇级"新时代好少年"100多名，常熟市新时代好少年评选表彰活动参与率达100%。年内，2人获评"新时代江苏好少年"。

表 4　　第五届常熟市道德模范一览表

类　型	姓　名
敬业奉献模范	谷晓丹　赵苗苗　季丙元　王　群
见义勇为模范	何　陈　殷祖泉
诚实守信模范	苏建琼
助人为乐模范	周晓东　朱　及
孝老爱亲模范	沈月宝

【文明典型选树】 2021年，常熟市有“中国好人”17人，“江苏省道德模范”5人，“江苏省最美人物”6人，“江苏好人”25人，“苏州新时代新人”24人。年内，常熟1人获评“中国好人”、1人获评“江苏省道德模范”、2人获评江苏省“最美人物”，4人获评“江苏好人”，6人获评“苏州时代新人”。年内，市委宣传部深入实施公民道德建设工程，承办江苏省道德模范与身边好人现场交流活动（苏州常熟）暨第五届常熟市道德模范分享会，组织开展“文明常熟，美德之城”常熟第十九个“公民道德宣传日”活动。

（范易成）

统战工作

【概况】 2021年，市委统战部组织学习贯彻《中国共产党统一战线工作条例》，依托“同心云讲堂”，开设在线课程10期，举办民主党派、无党派人士骨干培训班2期，新阶层骨干培训班1期，1600余人次党外人士参加网上授课。召开市委统战工作领导小组、市委民宗工作领导小组会议各1次，专题会议1次，协调组会议6场次。新设立民营经济、港澳、新的社会阶层人士3个协调组，年内召开各级各类民主协商会30余场次。举办全市统一战线工作专题培训班1期，实施常熟精英创业联盟、“服务民企360”等一批服务项目，指导4个民主党派市委完成换届。

【民主党派和无党派人士工作】 2021年，常熟市委统战部制定年度市委双月座谈会及联合调研计划，召开双月座谈会6次，组织开展专题调研20余场次，编报双月座谈会简报6期。市委常委与党外代表人士开展联谊交友活动30余次。市各民主党派、知联会与对口联系单位加强联系和合作。市委统战部与市政府有关部门开展对口联系活动50余场次。组织党外人士开展各类专题调研50余场次，组织民主党派申报市社会科学应用课题8个，联合申报2021年江苏省社会主义学院招标课题1个，形成联合调研报告2篇。持续开展“同心献智”活动，择优收录37篇调研成果编印《同心献智——2021常熟市统一战线调查研究成果选编》。依托“同心公益”平台整合民主党派社会服务，支持引导民主党派、知联会依托“同心公益”推动“一党派一品牌”社会服务特色创建工作。组织各民主党派、统战团体开展同心拥军、助残、助学以及送医下乡、送书画进校园等特色品牌社会服务活动100余场次。结合纪念“五一口号”发布73周年开展系列社会服务5次。

【党外知识分子工作】 2021年，常熟市加强归国留学人员工作，围绕“海纳归雁、同创美业”主题，成立常熟市欧美同学会（常熟市留学人员联谊会）。建立常熟籍精英信息常态化更新机制，市委统战部与教育系统常态化做好在外常熟精英信息梳理更新工作。2021年新增入库精英179人，累计入库常熟精英近800人，其中“80后”126人。完善在外常熟籍精英日常维护以及标准化联系服务机制。组织统战成员全方位学习上海、对接上海，赴上海开展各类调研、培训活动30余场次。举办“沪虞创想・从容有常”海外高层次人才上海对接交流会暨2021长三角创新创业项目路演活动，促成5个项目与常熟达成初步合作意向并签约。成立市科技创新创业企业联合会，打造助推双创新载体，引领常熟科创企业融入长三角。

【民族宗教工作】 2021年，常熟市制定《常熟市宗教活动场所安全工作专项整治三年行动方案》，编制《全市宗教活动场所安全防范手册》，会同第三方专业机构开展宗教活动场所安全检查。指导宗教活动场所建立“一个安全工作专班、一个小型应急队伍、一名

9月6日，全省首家市属国企党外知识分子联谊会成立

（市委统战部　提供）

兼职安全员”工作队伍。常态化做好宗教场所疫情防控工作。开展“宗教政策法规学习月”活动，推进宗教活动场所“四进”和星级宗教活动场所认定工作，创建2家星级场所。举办中青年僧才培训班1期。为少数民族考生办理中考加分74人。慰问少数民族困难学生（家庭）50人次（户）。推进“红石榴家园”培育工作，指导3家单位成功创建苏州市民族团结进步示范基地。

【非公有制经济领域统一战线工作】2021年，市委统战部用好“虞商讲堂”平台，开设虞商讲堂4期。持续做好民营经济代表人士综合评价工作，印发《关于加强和改进民营经济代表人士综合评价工作的实施意见》，完成综合评价13批、290人次。引导民营企业家投身光彩事业，继续推进“百企帮百村”精准扶贫活动。组织印染商会等为思南县贫困学生捐赠爱心包裹。推进工商联及其所属商会建设。

【新的社会阶层人士统一战线工作】2021年，常熟市印发《新联会分会管理办法（试行）》，完善新联会总分会模式和运行机制。推进新阶层创新实践基地规范建设，举办新阶层实践创新示范基地工作现场会，命名首批5家实践创新基地。创融滨江驿站入选第三批苏州市新的社会阶层人士统战工作实践创新示范基地。建立新媒体负责人、党外网络评论员和网络宣传员3支队伍。组建自媒体联盟，推出“网络公e+”行动项目，打造“E连虞城 畅享虞城”工作品牌，开创从自媒体“独立发声”到“合体发声”的新模式。开展“寻美铜官山，大V家乡行”网络代表人士采风活动，成立全市首个网络人士统战实践创新基地。

【侨务工作】2021年，市侨联完成换届工作，指导6家基层侨联完成换届，协助琴川街道、虞山街道等8家单位建成“双五有”侨联。建成琴川街道“枫泾侨胞之家”、高新区“新侨之家”等基层侨务工作阵地。探索出“乐亲侨心”五线谱工作法、“孝润侨心”345工作法等基层侨务工作经验做法，相关工作经验在《新华日报》等平台推荐。加强与上海欧美同学会、上海海创园联系，拓展侨务引智渠道，与上海海创园达成“服务新侨、功能互补、实现共赢”的“1+N”合作意向，成立上海海创园常熟人才工作站。启动“暖心惠侨”健康服务项目，上下联动组织开展侨界法制宣传月、侨界文化月等活动。运用微信平台、手机报等，扩大宣传交流，传播常熟声音，通过各类微信群，保持与海外重点侨胞的常态化联系。在俄罗斯《龙报》、哈萨克斯坦《今日丝路》刊发常熟宣传专版。

（黄　婷）

【常熟市无党派知识分子联谊会】2021年，知联会有会员73名，年内发展新会员4名，会员平均年龄45岁，来自全市各机关事业单位、规模型和创新型企业，以及医卫、法律、文化等不同领域的党外知识分子和专业人才。会员中有苏州市人大代表1名，市人大代表3名，市政协委员19名（其中7名为政协常委）。2021年，知联会组织会员学习贯彻习近平总书记在庆祝中国共产党成立100周年大会重要讲话精神，深入开展党史学习教育。围绕公园城市建设、电商赋能地方经济发展等重点课题开展调研，《古城“微改造”让历史街区焕发新活力》被评为2021年市政协优秀提案，被市委主要领导作为1号提案予以领办。多位会员参加政协协商建言和双月座谈会等活动，形成《强化规划设计，确保“千村美居”工程质量》《以智改数转推进我市传统产业高质量发展》《加强数据共享和互通，加速推进常熟数字政府建设步伐》等一系列调研报告。年内会员向市慈善总会“同心基金”捐款10万元。

（芦美月）

【常熟精英创业联盟大会】6月12日，常熟市举办2021常熟精英创业联盟大会，200余名常熟精英和嘉宾参会。大会实现集中签约总金额427.23亿元。大会聘任首批26名常熟高质量发展顾问。制定《常熟精英创业联盟大会执行机制（试行）》，明确精英创业联盟秘书处工作职责、大会举办流程以及各分区召集人职责及激励机制等。

（黄　婷）

巡察工作

【概况】2021年，市委巡察机构在完成市直属单位、镇（街道）巡察全覆盖基础上，对东南街道等所辖59个村（社区）党组织开展政治巡察，实现村（社区）巡察全覆盖，完成十三届市委巡察全覆盖任务。谋划新一届市委巡察规划，对6个党组织开展首轮常规巡察。配合苏州上下联动巡察试点工作。

【党组织巡察】2021年上半年，市委巡察机构对东南街道等所辖59个村（社区）党组织开展政治巡察，查找问题662个，提前实现全市村（社区）巡察全覆盖。将“做亮做实对村（社区）巡察工作”作为年度工作重点项目，立足“我为群众办实事”实践活动，发放问卷1829套，走访村（居）民1568人次，踏勘现场359个，形成村（社）情民意调查表55套，对小区车辆乱停放堵塞消防通道、电梯运行故障率高等问题督促立行立改，推动解决一批群众身边操心事、烦心事。按十四届市委巡察规划，下半年对东南街道、辛庄镇、董浜镇、市民政局、市统计局和市工商联6个党组织开展首轮常规巡察，发现问题130个。全年共移交问题线索14条。

【巡察“回头看”】2021年，市委巡察机构制定《关于健全完善市委巡察整改督查督办协作联动机制的工作规程》，将巡察整改质效纳入党的建设考核体系。落实提醒机制，向被巡察党组织新任负责人发送提醒函。对市城市管理局、市水务投资发展有限公司、市退役军人事务管理局、市医疗保障局、市发展投资有限公司、常熟文旅发展有限责任公司和市审计局7家被巡察党组织集中开展巡察整改“回头看”，指出巡察整改各类问题35条探索实施巡察整改“133”工作模式（即围绕试点工作核心，统筹做好“整改+治理”的巡察后半篇文章；共性问题专项整治、重点问题专项督办、巡察整改问责问效3项工作机制；配套3张流程图，将工作机制图表化、可视化、固定化），做实巡察“整改+治理”后半篇文章。

【巡察问题整改】 2021年，市委巡察机构完善巡察情况向分管联系市领导通报制度，巡察发现重点突出问题向巡察工作领导小组、书记专题会汇报，同步向分管联系市领导通报，夯实党政领导“一岗双责”政治责任，高位推动巡察整改见底清零。根据巡察发现重点突出问题专报，推动开展农村集体资产资源违规出租（发包）问题、基层环卫领域专项治理、千村美居建设等6个小切口专项治理，对36名党员干部违纪违法行为进行立案查处。

【联动巡察试点】 2021年，市委巡察机构配合苏州市委巡察机构开展上下联动巡察试点工作，围绕承接的2项重点任务，成立试点工作专班，研究制定配套方案并抓好实施运用，为试点工作贡献常熟力量。配合涉粮问题专项联动巡察、开发区高质量发展专项巡察、苏州巡察工作指导督导3项重点工作，加强对接联络，做好沟通协调保障工作。（张文静）

调查督查

【调研工作】 2021年，市委研究室围绕产业转型、“一图一表”、老旧更新等市委中心工作，先后赴经开区、虞山街道、辛庄镇、尚湖镇、董浜镇等地调研，掌握重点工作进度，分析热点难点问题，针对性提出意见建议。形成《让土地要素流动起来》《常熟市创新驱动高质量发展调研报告》等高质量调研报告8篇。（李　宵）

【督查工作】 2021年，市委督查室根据市委市政府年度重点工作，结合苏州市委12项重点督查督办工作，分解细化形成48项任务清单，逐项落实牵头市领导和责任单位，坚持每月序时跟踪问效。对市委主要领导批示件坚持实行“一天一梳理、一月一反馈”的工作机制，全年办理市委领导批示258件，刊发《常办简报（督查）》13期、《领导批示办理动态（督查）》10期。创新开展专项工作交办，采取“一事一交办”的工作模式，发放市委专项工作交办单57件。办理“苏州市委书记信箱”来信140件，办结率100%，受理完成苏州市委交办件10件。（刘尊祎）

机构编制

【概况】 2021年，市委编办紧扣美丽常熟建设主轴主线，稳步推进基层“三整合”改革、综合行政执法改革，做好事业单位登记管理，调整机构编制资源配置，健全综合考核机制办法，不断提升机构编制工作质效。全年审核批准公务员（含参公）调动77人、事业人员调动划200人。批准事业人员（含备案制）招录898人。全年召开编委会会议3次，审议机构编制事项44项。开展全市机关事业单位第二次机构编制核查工作。落实机构编制实名制管理和科级领导职数预审等制度，及时更新维护有关数据信息。推进常熟经开区和碧溪街道融合发展，建立“统分结合，以统为主、各有侧重”的一体化管理模式。强化常熟高新区“扩容提质”机构编制保障。明确司法行政部门统一行使行政复议职能，完成工信、水务、农业农村等领域部分下属事业单位整合。调整市扶贫机构设置，成立市乡村振兴局。

【事业单位登记管理】 2021年，市委编办在“常熟市人民政府”网站上对全市552个事业单位法人2020年度报告进行公示，完成事业单位法人新设立登记17个、登记变更203个、注销登记24个、证书补领3个，完成机关、编办直接管理机构编制的群众团体的统一社会信用代码赋新设及变更登记32个。开展公办中小学和公立医院信用等级评价试点工作，探索建立以信用为基础的新型监管机制。

【基层“三整合”改革】 2021年，常熟市在完成第一批6个镇、1个街道改革任务的基础上，实施城区4个街道和东南街道“三整合”改革，实现“三整合”改革市域全覆盖。9月，制定印发涉改街道“三定”规定，优化机构设置、职能配置和人员编制。统筹街道党政机构和事业单位职责，综合设置8个职能机构（东南街道6个），事业单位整合为每个街道2至3个，精简事业单位19家；将市虞山水利管理服务站24个编制划转至城区四街道，下划编内人员23人。赋予常福街道、莫城街道32项经济社会管理权限和公共服务事项。建立各镇（街道）股级职数库，规范镇（街道）中层人员管理。指导辛庄镇、支塘镇、沙家浜镇、碧溪镇街道就上年改革评估中存在的短板进行优化提升，指导古里镇和琴川街道分别进行省级“三整合”示范镇创建和苏州市基层综合行政执法局标准化建设试点。

【综合行政执法改革】 2021年，常熟市整合国土和规划领域执法工作资源，组建自然资源和规划领域综合执法大队，落实“一支队伍管执法”要求。深化交通领域综合执法改革，明确“一大队四中心”内设机构及中层职数配置。在农业综合执法大队落实专门负责长江禁捕执法的“长江中队”，并增配阶段性领导职数。出台《关于常熟市镇（街道）综合执法下沉人员规范管理的操作口径》，跨层级调剂277个事业编制至各镇（街道）。

【市级机关绩效管理】 2021年，市委编办围绕高质量发展目标，紧扣中心工作，优化考核指标体系，健全考核机制办法，完善组织实施流程，推动市级机关绩效工作。修订出台《2021年度考核指标体系与实施办法》《考核评价细则》《部门“10件事”考核实施方案》，配合考核办组建3个集中考核组，完成“10件事”的定格与赋分，协调责任考核部门完成各项责任指标的综合评价，并做好考核结果的统计分析，提出等次评定建议。

【编外用工规范】 2021年，市委编办按照“总量控制、分类管理、提升效益”的总体原则，对市级机关、镇（街道）、村（涉农社区）等分级分类开展编外用工规范管理。调整市级部门公益性岗位设置，做好全市机关事业单位编外人员专项统计，清理规范公益性岗位超龄人员40人。建立完善镇（街道）编外人员实名制库，下达镇（街道）机关、社区、辅警、消防4类编外人员控制数，指导落实镇（街道）编外人员日常管理、薪酬分配、超额人员压减等相关办法，建立市镇两级编外人员管理网络。 （冯　剑）

老干部工作

【概况】 2021年，常熟市委老干部局召开全市离退休干部大会、上半年工作情况老干部通报会，组织离退休干部赴常熟市及周边县市参观考察经济社会发展成果。与市委组织部、市公务员局、市人社局举办2021年新退休公务员荣誉退休仪式2场。开展“我们的节日”主题活动20场次，举办第七届“彩虹韵”老干部文化体育节，承办苏州市“晚霞生辉——开启新征程，银发再出发”主题活动启动仪式暨“我心向党”全市离退休干部歌咏会。全年刊印《彩虹桥》简报4期和《回望百年路 助力新征程——常熟市离退休干部庆祝中国共产党成立100周年》特刊，制作《不忘初心砥砺前行，牢记使命接续奋斗，推动全市老干部工作迈上新台阶》电视专题片，编印《回望百年路，助力新征程——2021年常熟市老干部工作掠影》。

【离退休干部党建工作】 2021年，市委老干部局召开党史学习教育动员会议，结合离退休干部工委工作职能，研究部署离退休干部党史学习教育。在常熟党史馆挂牌成立离退休干部“四史”教育馆。常熟“银发先锋”红色宣讲团全年赴机关、社区、学校开展各类党史知识宣讲32场次，受众近3000人次。举办全市离退休干部党支部书记培训班、全市离退休干部党员骨干暨老干部工作者培训班。开展“心中的话儿献给党”百名老党员心声寻访、“我看建党百年新成就”各界人士座谈会、“我心向党”常昆太三地老干部百幅书画展等大型活动10多场次，开展“诵读红色家书，讲述红色故事”活动。制作学习中共十九届五中全会精神、《习近平谈治国理政（第三卷）》等专题“云党课”，组织开展“云学习”“云观摩”“云热议”10多场次。举办“回望百年路，助力新征程”离退休干部党员主题党日活动、全市党史学习教育离退休干部专场宣讲会、开展全市离退休干部党史知识线上竞赛、网上专题学习报告会等10多场次，1万多人次参与。

9月16日，常熟市离退休干部先进集体和首届“最美老干部”发布会举行

（市委老干部局　提供）

【离退休干部服务保障】 2021年，市委老干部局打造“虞城金秋情·五色花”老干部服务品牌。开展“致敬·赓续”离休干部大走访大调研大落实，全覆盖走访慰问169名离休干部，抢救性挖掘和采集离休干部影像及口述历史资料14篇。落实提高抗战时期参加革命工作的22名离休干部医疗待遇，召开离休干部“三有一落实”工作专题会，113名离休干部签约家庭医生。实施“健康·关爱”科普志愿服务8次，在惠民医院挂牌增设“老干部病区”，编印《常熟市老干部医养资源手册》。实施“金乡邻·银相帮”结对帮扶离休干部102人，试点开展“智慧养老”居家服务项目，做好居家养老上门和适老化改造服务，累计服务时长5544小时。与市中医院（新区医院）市老干部活动中心设立“共建诊所”，共建诊所开设的专家门诊和中医特色门诊全年服务3900多人次。老干部大学全年开设11个兴趣班，参与老干部427人次。全年探望住院老干部50多人次，协助处理20名老干部丧事。持续开展“情暖九〇后、关爱送到家”活动，为15名90岁老干部上门祝寿，组织开展离退休干部健康体检、义诊咨询活动。组织老干部阅读文件10余次，为离退休干部发放政治理论读本、征订报刊。

【首届“最美老干部”评选】 9月16日，常熟市离退休干部先进集体和首届“最美老干部”发布会在常熟广播电视塔举办。市慈善总会“彩虹桥”党支部等10个单位获离退休干部先进集体，市文体旅局陈玫等10名离退休干部获首届“最美老干部”称号，市委组织部顾叙保等12名离退休干部获“最美老干部”提名奖。 （吴静君）

党校工作

【概况】2021年，市委党校举办市内培训班46期，培训6042人次。党校教师全年赴基层理论宣讲757场次，受众86161人次。新增言子旧宅、王淦昌故居、古里镇坞坵村3个现场教学基地。承担全市党史学习教育简报编发工作，全年编发简报167期。与市委党史工办开展庆祝中国共产党成立100周年征文活动，党校2人获优胜奖，3人获优秀奖。发布3项“我为群众办实事”重点项目，开展“虞城先声进基层”理论宣讲行动和“党建惠企·党校相伴”专项行动，建成党校图书馆并定时向周边居民开放。2021年，全校有教师22名，其中10人获评高级讲师，1人入选省委组织部首批党课名师培育对象，6人入选全省党校（行政学院）系统“三个一批”人才培养对象；年内新增高级讲师2人，获评常熟“最美人物”（最美教师）1人。2人分别被遴选为苏州市首批新时代基层理论宣讲名师、苏州市新时代基层理论宣讲名师培育对象，5人获苏州市党校系统精品课大赛一等奖。

【教育培训】2021年，市委党校开设主体班11期，培训873人次；联办班35期，培训5169人次。全年承接云南、山东、安徽、上海等省市培训班27期，培训1059人次。完善党校4大教育培训内容体系，更新教学专题菜单102门课程，登记汇总全校教师123门课程目录，教学专题更新率达36%以上。

【智库建设】2021年，市委党校编辑《市情研究》4期；报送《信息专报》7期，获市委主要领导批示1次。完成“江苏省社科应用研究精品工程”市县专项课题1项、江苏省委党校中共十九届五中全会专项课题1项（结项优秀）、2020—2021年度环太湖研究中心课题1项、苏州市委党校协作课题2项、市社科联课题14项、市委党校校内课题17项。全校教师公开发表文章34篇，其中省级以上刊物11篇，《苏州日报》2篇。在《常熟日报》开辟“奋斗百年路，启航新征程——学党史悟思想办实事开新局”每月理论专版。

【党的理论宣讲】2021年，市委党校推出由党员教师主讲的冬训系列微党课6讲和《中国共产党简史》系列微党课10讲，打造党员理论学习云课堂，助力全市党员冬训和党史学习教育。7人获聘成为市委宣讲团成员，成立由校领导和全体教师参加的市委党校宣讲团，挂牌成立苏州市新时代基层理论宣讲名师工作站（常熟市），在全市基层理论宣讲队伍中遴选7名成员和10名孵化对象。全年组织教师赴基层开展党史宣讲450场次，受众51099人次。推出“讲百年党史，庆百年华诞”“看百年党史，悟初心使命”“听百年党史，建美丽常熟”三大系列宣讲专题20门相关课程；面向基层发布构建“模块—主题—课程”理论宣讲体系的宣讲菜单，涵盖“初心使命”“理论力量”“实践征程”“榜样模范”4个模块，推出7门系列党课；推出“一五一十颂百年”系列线上红色课程，即5期“‘声’入人心”红色家书诵读和10期“十分记忆·年党史”微访谈。

（胡敏玉）

党史工作

【概况】2021年，市委党史工办聚焦“建党百年”时间节点，编印庆祝建党百年党史系列丛书；探索党史宣传教育新途径，注重于开发建设好五朵“云”（即党史视频“云上看”、红色故事“云上听”、党史图书“云书库”、红色场馆“云观展”、红色地图“云上游”）；承办中央党史和文献研究院主办的江苏独家“追寻——庆祝中国共产党成立100周年红色故事会”走进江苏常熟活动，承办苏州市党史理论研讨会，组织开展常熟市庆祝中国共产党成立100周年党史研讨活动，获奖文章汇编成《庆祝中国共产党成立100周年常熟市党史研究征文选编》等。组织全市“红色故事宣讲大赛”，推出《伟大开端——中国共产党创建历史图片展》《李强生平图片》巡展，先后在市委党校、塔前小学、市老干部活动中心等地展出。年内，市委党史工办获评苏州党史学界庆祝中国共产党成立100周年理论研讨会优秀组织奖。

【党史书籍编印】2021年，市委党史工办编印一套庆祝中国共产党成立100周年党史系列丛书：《春动江南——常熟党史专题集（1978—2012）》《芦荡烽火——沙家浜（苏南东路）抗战课题研究》《光辉历程——中国共产党百年常熟纪事》《红色印迹——常熟市党史教育阵地巡礼》。完成《中国共产党常熟历史第三卷（1978—2012）》初稿。

【党史学习教育平台建设】2021年，市委党史工办开发党史宣教五朵“云”，与市委组织部、市融媒体中心拍摄“虞你一起学党史”视频9期、“百年记忆”音视频37期、“常熟红色印迹巡礼”12期，通过“常熟党建”“常熟史志”微信公众号、“看常熟”App等新媒体平台发布；开展党史直播，在“亦爱庐”进行线上直播，给全市党员讲述红色历史。近5000人次通过“常熟党建”视频号进行收看，收获2.6万点击量。在“喜马拉雅”App上线“视听苏州百年党史——常熟的红色故事”有声书31期，累计播放量1.8万次。开发上线常熟“智慧党史”掌上图书馆，建立党史图书“云书库”，一期上线常熟地方党史电子书62本，数千人次实现网上浏览。该项目入选省社科联社科普及资助项目。上线中共常熟党史馆暨李强革命历程展示馆“VR展馆”。将全市27个党史学习教育阵地浓缩于一张“电子地图”，提供线上导航、解说、视频和实景展示，并上传“虞政通”App等平台。

【中共常熟党史馆】2021年，中共常熟党史馆接待参观团队743个，参观人员21342人次，调整完善部分层室功能，组织李强生平图片展巡展。年内，中共常熟党史馆获评江苏省首批机要密码系统革命传统教育基地、苏州市爱国主义教育基地。“亦爱淬火”系列主题项目活动获评常熟市优秀主题活动项目。

【“飞燕有约”红色场馆志愿讲解】2021年，市委党史工办启动实施“飞燕有约”红色场馆志愿讲解项目，招募近百名红色场馆讲解志愿者，组织集中业务培训交流2次。年内，各场馆讲解志愿者服务时长超过3.1万小时，为2.5万多人次游客提供志愿讲解服务。

（狄惠华）

4月28日，“颂百年党恩，扬先锋精神”常熟市青少年“聆听常德盛故事，励志奋斗开创未来”教育实践活动在支塘镇蒋巷村举行　（蒋巷村　提供）

关心下一代工作

【概况】2021年，常熟市关工委坚持认真学习贯彻习近平新时代中国特色社会主义思想、中共十九大精神和习近平对做好关心下一代工作的系列重要指示精神，贯彻落实中关工委、省关工委提出的年度工作目标和任务，牢牢把握“立足新发展阶段，贯彻新发展理念，构建新发展格局”的服务主线，强化党建带关工委建设，实现关心下一代工作优质发展。部署开展全市青少年党史学习教育。年内，常熟市关工委主任俞惠良被省关工委授予“江苏最美关工人”称号，沙家浜镇关工委、常福街道关工委获“全省关心下一代工作优秀集体”称号，常德盛、沈秋农、王国琳、张丽新、高荣林获“全省关心下一代工作优秀个人”称号，14个关工委获“苏州市关心下一代工作优秀集体”称号；25名“五老”获“苏州市关心下一代工作优秀个人”称号。

【青少年党史学习教育】2021年，市关工委按照《中共中央关于在全党开展党史学习教育的通知》精神，部署开展全市青少年党史学习教育。市关工委与市文明办、市教育局、市委党史工办在报慈小学举办常熟市青少年党史学习教育校园行活动启动仪式。市关工委发动各镇（街道）关工委和“五老”参与青少年党史学习教育，常福街道、琴川街道等地关工委组织开展讲红色故事、看红色影视、绘红色书画、唱红色歌曲、访红色遗迹等活动，引导广大青少年学党史、知党史，感党恩、跟党走。根据时间节点组织开展清明网上祭英烈、“庆六一颂党恩”老少同乐联欢会、“党是阳光我是花”书画展等活动。

【“托起明天的太阳”社团联盟成立】2月26日，“托起明天的太阳”社团联盟成立。“托起明天的太阳”社团联盟由市关工委牵头组建，21个社团加入，联盟旨在发挥“自我组合、自我管理、自我教育、自我服务、互助联动”的功能作用和各社团的特长、优势，组织引导广大“五老”同志参与青少年教育实践等活动，发挥“五老”优势作用，增进老少情谊，为关心下一代事业发展注入正能量。

（吴静君）

责任编辑　姚永林

常熟市人民代表大会

综　述

【概况】 2021年，常熟市人大常委会召开常委会会议7次、主任会议7次，听取和审议“一府一委两院”专项工作报告39项，组织开展执法检查5次、专题询问1次、专项视察7次、集体调研11次，作出决定、决议13项，任免国家机关工作人员115人次。年内组织市镇两级人大换届选举，选民参选率达到96.3%。

【人大代表及组织机构】 2021年，常熟市第十五届人民代表大会代表371人。其中党员274人，占73.9%；民主党派人士10人，占2.7%；妇女99人，占26.7%。下设社会建设委员会、法制委员会、监察和司法委员会、财政经济委员会4个专门委员会；其常设机构常务委员会由32人组成，设人事代表联络工作委员会、监察和司法工作委员会、财政经济工作委员会、农业农村工作委员会、城建环保工作委员会、教科文卫（民宗侨台）工作委员会6个工作机构。

【市人大代表选举】 2021年，常熟市实行市镇两级人大换届选举，12月8日为市、镇两级人民代表大会代表选举日，常熟市第十六届人民代表大会代表总名额为414个，分配到166个选区进行选举。各选区依法选举产生常熟市第十六届人民代表大会代表409人。其中，党政领导干部代表111人，占27.1%，与上届基本持平；一线工人、农民、专业技术人员代表216人，占52.8%，比上届提高13.1个百分点；企业负责人代表48人，占11.7%，比上届减少6.5个百分点；其他类型代表34人，占8.3%；妇女代表131人，占32%，比上届提高5.5个百分点；非中共党员代表147人，占35.9%，比上届提高6个百分点；新的社会阶层人士代表15人，占3.7%。代表平均年龄45.3岁，45岁以下代表213人，占52.1%；45至60岁代表180人，占44%；60岁以上代表16人，占3.9%。连任代表116人，占28.4%。自选举日以后，2人因工作变动调离常熟市行政区域，代表资格自然终止。至2021年年底，常熟市第十六届人民代表大会实有代表407人。

【镇人大代表选举】 2021年，各镇人大与市人大同步进行换届，共选举产生镇人大代表786人，包括海虞镇人大代表113人、梅李镇人大代表107人、辛庄镇人大代表105人、古里镇人大代表100人、支塘镇人大代表94人、沙家浜镇人大代表82人、董浜镇人大代表80人、尚湖镇人大代表105人。

表5　　2021年常熟市人大常委会任免“一府一委两院”及人大常委会机关人员情况一览表

日期	会议	任免情况
2月24日	市第十五届人大常委会第三十二次会议	免去薛建伟市监察委员会委员职务。高栋明任市人民法院审判委员会委员、立案庭（诉讼服务中心）庭长，免去市人民法院虞山人民法庭副庭长职务；赵丽丹任市人民法院审判委员会委员、清算与破产审判庭（执行裁判庭）庭长，免去市人民法院古里人民法庭副庭长（副股职）职务；唐海山任市人民法院尚湖人民法庭副庭长；李远任市人民法院辛庄人民法庭副庭长；翟艳伟任市人民法院虞山人民法庭副庭长；唐慕君任市人民法院刑事审判庭副庭长；孙秀芹任市人民法院民事审判第一庭（少年及家事审判庭）副庭长；李丽任市人民法院民事审判第二庭（金融审判庭）副庭长；许标任市人民法院海虞人民法庭副庭长，免去市人民法院速裁审判庭副庭长职务；刘丽杰任市人民法院刑事审判庭副庭长，免去市人民法院民事审判第一庭（少年及家事审判庭）副庭长职务；刘允枫任市人民法院古里人民法庭副庭长；蒋君伟任市人民法院民事审判第一庭（少年及家事审判庭）副庭长，免去经济开发区人民法庭副庭长（副股职）职务；免去金连涛市人民法院刑事审判庭副庭长职务；免去钱国平市人民法院审判委员会委员、立案庭庭长职务；免去浦小宝市人民法院审判委员会委员、民事审判第四庭庭长职务；免去邵卫刚市人民法院环境资源审判庭庭长职务；免去卢跃明市人民法院民事审判第二庭副庭长职务；免去徐宇红市人民法院少年案件审判庭副庭长职务；免去杨金琼市人民法院审判员职务；免去江彩英市人民法院审判员职务；免去马会市人民法院审判员职务。免去李平市人民检察院检委会委员职务

续表5

日期	会议	任免情况
3月24日	市第十五届人大常委会第三十三次会议	尤静任市人民法院审判员
5月28日	市第十五届人大常委会第三十四次会议	于腾飞任市人民政府副市长（挂职）；温献民任市发展和改革委员会主任；唐剑锋任市司法局局长；陈义任市交通运输局局长；瞿文明任市水务局局长；乔小力任市农业农村局局长，免去市水务局局长职务；免去阚国良市发展和改革委员会主任职务；免去金健峰市司法局局长职务；免去钱敏磊市交通运输局局长职务；免去邓国华市农业农村局局长职务。邹捷任常福街道人大工委副主任；徐建良任常福街道人大工委副主任；免去钱丽萍虞山街道人大工委副主任职务。万晓峰任市监察委员会委员；廖旭晖任市监察委员会委员。免去高小刚市人民法院副院长、审判委员会委员、审判员职务；免去邵钧市人民法院尚湖人民法庭副庭长职务；免去钱俊华市人民法院海虞人民法庭副庭长职务。姜兆军任市人民检察院副检察长、检察委员会委员
7月5日	市第十五届人大常委会第三十五次会议	秦猛任市人民政府副市长，代理市人民政府市长职务
7月29日	市第十五届人大常委会第三十六次会议	张灵原任市人民检察院检察员；平晓娴任市人民检察院检察员；陈晶任市人民检察院检察员；王萌任市人民检察院检察员；张杰任市人民检察院检察员
9月28日	市第十五届人大常委会第三十七次会议	李汉中任市人民政府副市长（挂职）。免去陈飞市人大常委会财政经济工作委员会主任职务。免去张传龙市人民法院审判员职务；免去张建华市人民法院审判员职务
11月30日	市第十五届人大常委会第三十八次会议	须亚军任市政府办公室主任；杨俊达任市教育局局长；陈晓宇任市人力资源和社会保障局局长；徐国强任市商务局局长；钱强任市文体广电和旅游局局长，免去市市场监督管理局局长职务；潘健任市市场监督管理局局长；施珉珏任市退役军人事务局局长；桑国成任市行政审批局局长；免去马维刚市政府办公室主任职务；免去陈邵东市教育局局长职务；免去沈军市人力资源和社会保障局局长职务；免去陶俊明市商务局局长职务；免去顾玉芬市文体广电和旅游局局长职务；免去沈靖波市退役军人事务局局长职务；免去费卫东市行政审批局局长职务；免去李志刚市统计局局长职务。陆益斌任市人大常委会办公室主任；梁盾任市人大常委会办公室副主任、研究室主任（兼）；费卫东任市人大常委会人事代表联络工作委员会主任；沈军任市人大常委会财政经济工作委员会主任；王维任市人大常委会城建环保工作委员会主任；浦明霞任市人大常委会教科文卫工作委员会（外事民宗侨台工作委员会）主任，免去市人大常委会办公室副主任、研究室主任（兼）职务；卜蕾蕾任市人大常委会办公室副主任；张英任市人大常委会监察和司法工作委员会副主任；顾军明任市人大常委会财政经济工作委员会副主任；章伟东任市人大常委会城建环保工作委员会副主任；邹捷任常福街道人大工委主任；袁建军任碧溪街道人大工委主任；郭晓峰任东南街道人大工委主任；免去支立新市人大常委会办公室主任职务；免去须建国市人大常委会人事代表联络工作委员会主任职务；免去杨坚红市人大常委会城建环保工作委员会主任职务；免去周一凡市人大常委会教科文卫工作委员会（外事民宗侨台工作委员会）主任职务；免去顾群益市人大常委会办公室副主任职务；免去黄立新市人大常委会监察和司法工作委员会副主任职务；免去邓美英市人大常委会财政经济工作委员会副主任职务；免去霍惠明市人大常委会城建环保工作委员会副主任职务；免去庞凤琴常福街道人大工委主任职务；免去王向东碧溪街道人大工委主任职务。于涵任市人民法院审判员；孙照勇任市人民法院审判员；李浩然任市人民法院审判员；胡越任市人民法院审判员；高奇任市人民法院审判员。免去丁建华市人民检察院检察员职务；免去曲虹市人民检察院检察员职务
12月31日	市十五届人大常委会第三十九次会议	吴晓红任市人民政府副市长；王志军任市人民政府副市长、市公安局局长；徐正任市人民政府副市长；免去吴建伟市公安局局长职务。祁锋任市人民法院副院长；免去顾海斌市人民法院审判委员会委员、审判员职务；免去方立峰市人民法院人民陪审员职务。明文建任市人民检察院副检察长

【人大任免】 2021年，常熟市人大常委会依法开展国家机关工作人员任免115人次，其中包括代理市长1人次，副市长5人次，人大、政府工作人员56人次，市监委工作人员3人次，市人民法院工作人员40人次、市人民检察院工作人员10人次。

【《常熟市人民代表大会志》发行】 12月17日，《常熟市人民代表大会志》发行仪式举行。《常熟市人民代表大会志》是常熟市记载人民代表大会制度建设发展史的首部独立专业志书。编纂工作于2019年10月启动，2021年11月完成，历时2年。全书11章、53节、68万余字，记述1949年以来常熟市推进社会主义民主政治建设的发展进步之路。

重要会议

【常熟市第十五届人民代表大会第五次会议】 1月8—10日，常熟市第十五届人民代表大会第五次会议在常熟会议中心举行。会议审议并表决通过《关于常熟市人民政府工作报告的决议》《关于常熟市国民经济和社会发展第十四个五年规划纲要的决议》《关于常熟市2020年国民经济和社会发展计划执行情况与2021年国民经济和社会发展计划的决议》《关于常熟市2020年财政预算执行情况和2021年财政预算的决议》《关于常熟市人大常委会工作报告的决议》《关于常熟市人民法院工作报告的决议》《关于常熟市人民检察院工作报告的决

1月8—10日，常熟市第十五届人民代表大会第五次会议在常熟会议中心举行（市人大 提供）

议》以及《关于实施“加快推进传统制造业智能化改造和数字化转型，推动经济高质量发展”代表议案的决议》。大会表决通过有关职务辞呈的决定和选举工作人员名单，以无记名投票方式，依法选举浦梅萍为市第十五届人民代表大会常务委员会副主任，并表决通过市第十五届人民代表大会财政经济委员会主任委员、社会建设委员会主任委员人选。根据《江苏省实施宪法宣誓制度办法》，当选人员进行宪法宣誓仪式。大会还票决确定10项2021年民生实事项目。

【市人大常委会会议】 2月24日，常熟市十五届人大常委会举行第三十二次会议。会议审议通过市人大常委会2021年工作要点和工作安排，听取审议关于常熟市2020年度环境质量状况及生态环境保护目标完成情况与依法打好污染防治攻坚战情况的汇报，听取审议关于常熟市退役军人安置和优抚工作情况的汇报，并以无记名投票方式表决通过有关人事任免事项。

3月24日，常熟市十五届人大常委会举行第三十三次会议。会议听取审议关于全市乡村振兴工作情况的汇报，关于落实长江十年禁渔计划工作情况的汇报，关于常熟市创建国家级旅游度假区工作情况的汇报，并以无记名投票方式表决通过有关人事任免事项。

5月28日，常熟市十五届人大常委会举行第三十四次会议。会议听取审议关于常熟市预算绩效管理情况的汇报；分别听取市科技局、卫健委、应急管理局、统计局、医保局、信访局、地方金融监管局工作情况汇报并开展评议；审议通过《常熟市人大常委会关于对法官检察官开展履职评议的规定（试行）（草案）》，并作出有关决定；以无记名投票方式表决通过有关人事任免事项。

7月5日，常熟市十五届人大常委会举行第三十五次会议。会议听取关于市政府主要领导人事调整的事项说明，表决通过《常熟市人民代表大会常务委员会关于接受焦亚飞辞去常熟市人民政府市长职务请求的决定》，以无记名投票方式任命秦猛为常熟市人民政府副市长，并决定秦猛代理常熟市人民政府市长职务。

7月29日，常熟市十五届人大常委会举行第三十六次会议。会议听取审议《关于常熟市2021年上半年经济社会发展情况和下半年重点工作安排的报告》《关于加强“僵尸车”管理工作情况的汇报》《关于常熟市2020年财政决算（草案）的报告》《关于常熟市2020年度市级财政预算执行和其他财政收支的审计工作报告》《关于常熟市推进乡村公共空间治理情况的汇报》《关于〈苏州市残疾人保障条例〉贯彻实施情况的执法检查报告关于》《〈中华人民共和国固体废物污染环境防治法〉贯彻实施情况的执法检查报告》《关于〈常熟市人民代表大会常务委员会关于加强“僵尸车”管理的决定（草案）〉的说明》会议审议《关于2021年上半年国民经济和社会发展计划执行情况的报告》《关于常熟市2021年1—6月份财政预算执行情况的报告》作出有关决定、决议，并以无记名投票方式表决通过有关人事任免事项。

9月28日，常熟市十五届人大常委会举行第三十七次会议。会议听取审议《关于市十五届人大五次会议代表书面建议和重点督办建议办理情况的汇报》《关于常熟市“七五”普法实施情况和“八五”普法规划的汇报》《关于常熟市2020年度国有资产管理情况的综合报告》《关于常熟市美丽河湖建设情况的汇报》听取《关于法官检察官履职情况的报告》表决通过市、镇两级人大换届选举等有关决定、决议、文件草案和建议名单；以无记名投票方式表决通过有关人事任免事项。

11月30日，常熟市十五届人大常委会举行第三十八次会议。会议听取审议《关于2020年度常熟市级财政预算执行和其他财政收支审计查出问题整改情况的报告》，听取审议《关于常熟市2021年市级预算调整方案的报告》并表决通过有关决议；审议并原则通过《关于〈中华人民共和国食品安全法〉贯彻实施情况的执法检查报告》《关于〈中华人民共和国渔业法〉〈江苏省渔业管理条例〉贯彻实施情况的执法检查报告》审议《关于本届以来规范性文件备案审查工作情况的报告》；以无记名投票方式表决通过有关人事任免事项。

12月31日，常熟市十五届人大常委会举行第三十九次会议。会议听取审议关于《2021年市级政府投资（5000万元及以上）新开工项目完成情况及2022年新开工项目计划草案的报告》并进行表决；听取《关于

2021年度民生实事项目实施情况和2022年度民生实事候选项目安排的汇报》并进行测评和初审；听取《关于常熟市2021年财政预算执行情况和2022年财政预算草案的报告》，并进行初审；听取《关于街道人大工委工作情况的汇报》；审议通过各街道人大工委委员名单、关于代表资格审查和个别代表变动情况的报告；讨论提请市十六届人大一次会议审议通过的各项文件草案和建议名单；决定市十六届人大一次会议列席人员名单；讨论市人大常委会工作报告。会议决定，市第十六届人民代表大会第一次会议于2022年1月7日至10日举行，会期4天。会议以无记名投票方式表决通过有关人事任免事项，并作出有关人事方面的决定。

【长三角地区七地人大工作联席会议】4月21—23日，由江苏省常熟市人大常委会主办，上海市奉贤区，浙江省舟山市、台州市、建德市、嵊泗县，安徽省六安市六地人大常委会共同协办的“长三角地区七地人大工作联席会议”在常熟举行。会议期间，长三角地区七地人大工作联席会议开幕式暨全域旅游合作框架协议签约仪式、七地人大创新工作交流会、七地全域旅游推介会、“东方山水韵·大美长三角”摄影作品展、虞山古琴鉴赏会等活动举行。七地人大就深化长三角地区三省一市七地全域旅游合作，推动长三角更高质量一体化发展达成共识，并表决通过会议纪要。

【市委人大工作会议暨纪念市人大设立常委会40周年大会】10月26日，常熟市召开市委人大工作会议暨纪念市人大设立常委会40周年大会。周勤第代表中共常熟市委，对市人大设立常委会40周年表示热烈祝贺。就做好新时代人大工作，周勤第提出，坚定制度自信，切实增强做好新时代地方人大工作的政治自觉；把握职能定位，在服务改革发展中展现奋发有为的人大担当；持续强基固本，合力开创全市人大事业发展的崭新局面。

表6　2021年常熟市人大常委会主任会议情况一览表

会议名称	会议时间	会议内容
常熟市十五届人大常委会第四十二次主任会议	2月20日	讨论市人大常委会2021年工作要点和工作安排（草案）、数字门牌智慧赋能社会治理工作情况的视察活动方案、市十五届人大五次会议重点督办建议名单及四次会议提出优秀建议先进个人和议案、建议办理先进单位名单
常熟市十五届人大常委会第四十三次主任会议	4月12日	听取关于“加快推进传统制造业智能化改造和数字化转型，推动经济高质量发展”代表议案实施方案的汇报、关于“加快实施老旧工业区（点）更新改造，推进经济高质量发展”代表议案实施情况视察报告、《苏州市河道管理条例》贯彻实施情况执法检查报告办理情况的汇报、部门工作评议调研情况的汇报；讨论《关于法官检察官报告履职情况的规定》（草案）、关于人大代表联系监督2021年度市政府民生实事项目实施的工作方案、讨论关于《苏州市残疾人保障条例》贯彻实施情况的执法检查活动方案、关于《固体废物污染环境防治法》贯彻实施情况的执法检查活动方案、关于全市工业重点项目推进情况的视察活动方案、关于常熟市菜篮子工程建设情况的视察活动方案
常熟市十五届人大常委会第四十四次主任会议	6月18日	讨论关于对法官检察官开展履职评议的实施方案、关于《苏州市残疾人保障条例》贯彻实施情况的执法检查报告、关于《固体废物污染环境防治法》贯彻实施情况的执法检查报告、关于常熟市“千村美居”工作推进情况的专题询问工作方案、关于常熟市精神卫生工作情况的视察活动方案、关于常熟市千亿级产业（汽车及零部件）发展情况的集体调研活动方案
常熟市十五届人大常委会第四十五次主任会议	8月13日	听取被评议部门关于评议整改落实情况的汇报，讨论关于《食品安全法》贯彻实施情况的执法检查活动方案、关于《渔业法》《江苏省渔业管理条例》贯彻实施情况的执法检查活动方案
常熟市十五届人大常委会第四十六次主任会议	10月19日	听取关于菜篮子工程建设情况的视察报告，常熟市2020年度环境质量状况及生态环境保护目标完成情况与依法打好污染防治攻坚战情况、推进乡村公共空间治理情况的审议意见办理情况的汇报；讨论关于《食品安全法》贯彻实施情况的执法检查报告、关于《渔业法》《江苏省渔业管理条例》贯彻实施情况的执法检查报告、关于政府重大投资项目推进情况的视察活动方案、关于历史街区整理更新试点工作情况的视察活动方案
常熟市十五届人大常委会第四十七次主任会议	11月18日	讨论2022年市级政府投资（5000万元及以上）新开工项目计划草案、关于开展“加快推进传统制造业智能化改造和数字化转型，推动经济高质量发展”代表议案实施情况视察活动的方案、关于2021年度民生实事项目完成情况的视察活动方案
常熟市十五届人大常委会第四十八次主任会议	12月29日	听取关于2022年常熟市政府民生实事候选项目安排的汇报，讨论通过各街道人大工委委员名单，讨论提请市十六届人大一次会议审议通过的议程、日程（草案），《常熟市第十六届人民代表大会第一次会议民生实事项目票决办法》（草案），《关于常熟市第十六届人民代表大会设立法制委员会、财政经济委员会、监察和司法委员会、社会建设委员会及其组成人员人选的通过办法》（草案），《常熟市第十六届人民代表大会第一次会议选举办法》（草案）和提请市十六届人大一次会议审议通过的建议名单，市人大常委会工作报告（讨论稿）

人大监督

【预决算审查监督】 2021年，市十五届人大常委会做好预算编制、调整、执行、绩效管理和审计工作监督，分别于第三十四次会议听取常熟市预算绩效管理情况的汇报，第三十六次会议听取审议《常熟市2020年财政决算草案的报告》《常熟市2020年度市级财政预算执行和其他财政收支的审计工作报告》。要求进一步完善常熟市全面推进预算绩效管理一系列制度办法，健全“1+N”制度体系；突出重点，循序推进全面绩效管理，进一步扩大预算绩效管理评价范围，不断修正优化指标体系以及组织管理方式；聚焦发力，有效应用绩效评价结果，将部门整体绩效、项目支出绩效等与部门预算安排挂钩，逐步建立健全绩效问责机制。不断增强财政收入的稳定性和可持续性；加强审计监督，让发展路径更加清晰，多措并举促进经济高质量发展、促进全面深化改革、促进权力规范运行；发挥财政职能，让发展视野更加开阔，持续提高财政资金使用效率，有效防范化解重大风险。

【视察调研】 2021年，市人大常委会组织专项视察7次、集体调研11次，视察调研内容包括全市数字门牌智慧赋能社会治理工作情况、全市工业重点项目推进情况、全市菜篮子工程建设情况、全市精神卫生工作情况、历史街区整理更新试点工作情况、市政府重大投资项目推进情况、2021年民生实事项目推进情况、白鹤滩入苏工程（虞城换流站）建设情况、常熟经济技术开发区和常熟高新技术产业开发区工作、尚湖镇货架企业转型升级工作、常熟市新的社会阶层人士联谊会工作情况、全市学前教育工作情况、常熟市汽车及零部件产业发展情况、城乡垃圾分类工作、市融媒体中心（传媒集团）成立以来的总体工作情况、常熟市养老服务事业发展情况、江苏常熟国家农业科技园区发展情况以及市人民法院、市人民检察院工作情况。

【执法检查】 2021年，市人大常委会先后4次组织执法检查组，对《中华人民共和国固体废物污染环境防治法》《江苏省残疾人保障条例》《中华人民共和国食品安全法》以及《中华人民共和国渔业法》《江苏省渔业管理条例》在常熟市的实施情况进行执法检查。

【“千村美居”工程推进情况监督】 9月17日，市人大常委会举行“千村美居”工程推进情况专题询问，听取市政府关于“千村美居”工程推进情况的专题汇报。市人大常委会组成人员、部分人大代表就农村房屋翻建规范、基础设施配套、生活垃圾分类等问题进行询问，市政府相关职能部门负责人现场应询。专题询问首次采取“网络直播+在线互动”的方式接受市民线上提问，线上关注人数超过8万人次。

【政府部门工作评议】 3—8月，常熟市人大常委会组织代表对市科技局、市卫健委、市应急管理局、市统计局、市医保局、市信访局、市地方金融监管局7个部门开展工作评议。常委会组成评议调研组，通过广泛动员、个别谈话、召开各类座谈会、开展问卷调查等形式，就被评议部门在依法行政、政务公开、建议办理、行政效能、队伍建设、问题整改等方面情况，听取代表、基层群众和服务对象的意见，在此基础上形成客观公正的评议意见，由市十五届人大常委会第三十四次会议审议通过，送交市政府及被评议部门予以整改，并对各被评议部门整改落实情况进行跟踪督查，市十五届人大常委会举行第四十五次主任会议听取受评议部门关于评议整改落实情况的汇报。

【法官、检察官履职评议】 2021年，苏州市人大常委会部署开展法官和检察官履职评议工作，并指定常熟市人大常委会作为两家试点单位之一。常熟市人大常委会与法院、检察院制定《关于对法官检察官开展履职评议的规定（试行）》和《关于对法官检察官开展履职评议的实施方案》，根据方案，按不同类型随机抽取6名员额法官和6名员额检察官作为被评议对象，通过旁听庭审、案卷评查、民主测评、走访座谈、征集意见等方式开展调研。组织评审旁听8场、100余人次。抽调专家组成案卷评查小组2组，评查案件60件。在常委会会议上专题听取12名被评议法官、检察官履职情况报告并进行满意度测评。2名员额法官、2名员额检察官获评“优秀”等次，4

11月23日，常熟市人大常委会调研组到常熟法院开展集体视察调研

（市法院　提供）

名员额法官、4名员额检察官获评“合格”等次。

决定决议

【加强“僵尸车”管理的决定】 7月29日，常熟市十五届人大常委会第三十六次会议通过关于加强“僵尸车”管理的决定，要求市政府及有关部门提高政治站位、强化制度保障、形成工作合力、确保规范有据，扎实推进“僵尸车”管理工作，以更安全、更舒适、更有品质的人居环境，全力助推全国文明典范城市建设，为“美丽常熟”建设添砖加瓦、增光添彩。

【开展“八五”普法的决议】 9月28日，常熟市十五届人大常委会第三十七次会议通过关于开展第八个五年法治宣传教育的决议，提出要提高站位，以习近平法治思想引领全民普法工作；强化宣传，大力弘扬社会主义法治精神；突出重点，持续提升公民法治素养；普治融合，全力推进社会治理法治化水平；打造品牌，深化社会主义法治文化建设；创新创优，着力提高普法工作的针对性和实效性；夯实责任，完善组织领导和保障机制；狠抓落实，加强组织实施和监督检查。

代表工作

【代表联络】 2021年，市人大常委会构建以常委会、人代联工委、镇街人大、代表小组、镇（行业）级代表之家、村级联络站为主体的组织网络和以五级代表和选民代表为六个主体的传输网络，形成“六横六纵”联络蓝图。在市人大常委会机关建成首个市级“人大代表之家”，建成镇、村（社区）两级人大代表之家220个。全覆盖设立“人民法庭代表联络站”，配套建立“十项工作制度”，细化“十项工作内容”，明确“十项工作要求”。常委会在各法庭设立专门的代表议事室，引导人大代表参与矛盾纠纷化解。

【代表履职】 2021年，市人大常委会邀请140余人次代表参加监督活动。对地方金融监管局等7个政府工作部门开展工作评议，组织五级人大代表和街道议政代表970余人次参与评议，并把对部门主要领导的测评同步纳入其中。组织开展苏州、常熟两级代表小组活动，组织苏州代表小组活动12次，指导市各代表小组开展活动56次，收集意见建议40余条。分2批组织镇（街道）人大主席（主任）、人大常委会办公室和各工委、不驻会的人大常委会委员以及部分人大代表100余人，分赴红旗渠、金寨开展7天的专题教育培训。市人大常委会举行新一届市、镇两级人大代表和街道议政代表初任培训会，对新选出的400余名市人大代表，700余名镇人大代表，200余名街道议政代表进行培训。全国人大代表王嘉鹏参加第十三届全国人民代表大会第四次会议期间，提出“在国际化教育中增强中国学生的文化自觉和文化自信”“关于设立市级出行无障碍综合服务平台”“关于推广代表之光公益会模式”“全面放开生育”等建议。

【议案建议办理】 2021年，市十五届人大五次会议期间，收到人大代表建议131件，其中，党群口建议8件、人大口建议1件、城建环资类建议28件、教科文卫类建议17件、综合管理类建议28件、农业农村类建议25件、财政经济类建议7件、其他17件。建议按时办结率100%，其中采纳（问题已解决或基本解决）89件，占67.4%；纳入计划（正在解决或已列入计划）35件，占26.5%；解释（不符合法律、政策规定或受条件限制暂时解决不了）5件，占3.8%；留作参考的3件，占2.3%；代表反馈的满意和基本满意率达到100%。

【代表之光公益会】 2021年，市人大常委会出台《常熟市代表之光公益会会员管理办法》《常熟市代表之光公益基金管理办法》。开展“代表之光复明行动”，与熹微（苏州）生物医药科技有限公司举行人工眼角膜捐赠签约仪式；发起“同享阳光共圆星梦”自闭症儿童关爱行动，建立首家“常熟市自闭症儿童关爱基地”，联合发起电台江苏省首家“常熟市孤独症关爱协会”；支持多所学校开展帮扶助学活动，为近百名贫困学生发放助学金；组织人大代表中的医护工作者，为5000多户居民进行现场咨询和健康体检；在常熟市范围内开展“90岁以上老人免费爱心送餐”活动，助力适老化产品深度应用的花园浜日间照料中心建成投用；深化“老代表关爱行动”，联合“波司登公益基金会”慰问历届人大代表、议政代表中的困难群体，送上春节祝福。年内，实现全市镇（街道）分会实现全覆盖，累计吸纳会员985名，选举产生理事会成员210名，正、副会长66名，各位会员捐献善款117.55万元。各分会组织开展各种形式的老代表慰问、帮扶助学、爱心捐赠、结对共建等各类公益活动，发放善款23.7万元。

（陈传法）

责任编辑　姚永林

常熟市人民政府

综　述

【经济转型】 2021年，常熟市地区生产总值增速高于苏州平均；规上工业总产值增速位列苏州四县一区第一。年内，180个重点产业项目竣工投产，工业投资连续三年位列苏州市第一。完成“智改数转”项目数、新增省级智能车间数、累计建成智能工厂数，均居苏州首位。“苏州·中国声学创新谷”应运而起，声学产业技术创新中心登记为省级事业单位、获评省级新型研发机构，声学产业实现从无到有的聚变发展。氢燃料电池产业创新生态初步形成，10个项目在行业细分领域排名国内前三。围绕声学、新能源汽车、服装电商3大方向，深化与常熟理工学院校地融合发展。

【能级提升】 2021年，常熟市“两个一小时、四个半小时”交通圈持续推进，道路交通综合评分排名苏州四县一区首位，获评省交通运输信息化综合应用示范县。天虹购物中心、江南美好汇新装开业，日航国际主体结构封顶。“六大更新”扩面提质，既有建筑消防设计审验纳入全国试点，历史街区整理更新入选省“美丽宜居城市建设综合类试点”。市容环境、户外广告、违法建设等专项整治持续推进。垃圾分类片区建设实现全覆盖。实施停车综合治理，部分区域“停车难”有效缓解。创新城区易涝点“微改造”治理模式，中心城区实现汛期无内涝。农村分散式污水治理项目运维、“千村美居”生态建设入选省农业标准化试点。

【民生改善】 2021年，常熟市竣工学校项目20个。市二院完成三甲医院创建现场评审，市中医院通过三级中医院复评和三甲中医院省级专家组现场调研。市图书馆、评弹馆完成提升改造。慈善文化“五个一”工程获得“中华慈善品牌”项目奖。年内常熟市获评省内唯一的省全民健身示范基地。新增就业2.4万人，常熟市籍高校毕业生就业率达98.6%。深化安全生产三年专项整治，工业企业安全风险报告完成率100%，事故起数、死亡人数分别下降38.1%和28.6%。完成“331”机制改革，升级“安居超市”平台，出租房屋合规备案率保持在98%以上。常态化开展扫黑除恶斗争，推进“虞城无诈”专项行动，涉诈警情、案件双下降。做好第二轮省生态环境保护例行督察迎检，开展工业群租企业安全环保消防专项整治，坚决淘汰低端低效产能。常熟市获评国家生态文明建设示范区。

会议活动

【市政府全体（扩大）会议】 2月22日，市政府召开市政府全体（扩大）会议。会议回顾上年奋斗历程，总结提炼优良作风，激励政府系统以良好精神状态推动“十四五”和美丽常熟建设开好局、起好步。会议指出，过去一年，各板块、各部门全力夺取疫情防控和经济社会发展“双战双胜”，交出了一份振奋人心的“常熟答卷”，这归功于“敢出

国际声学产业技术研究院　　（经开区　提供）

风头”的争先作风、“敢接烫手山芋”的担当作风、“敢第一个吃螃蟹”的创新作风、“敢啃硬骨头”的攻坚作风。会议强调，各地各部门要继续发扬“四敢作风”，以一流作风推动一流发展，保持定力抓落实、凝聚合力抓落实、精准发力抓落实、提升能力抓落实。会议由市委副书记、市长焦亚飞主持。

【市政府常务会议】 1月27日，市长焦亚飞主持召开市政府第58次常务会议，传达苏州市研究确保经济运行实现首季开门红会议精神、部署当前重点工作，听取2021年《政府工作报告》工作任务分工情况，审议《常熟市土地储备统筹管理工作方案》《关于调整农村住宅拆搬迁项目选择高层公寓房安置涉及基本重置价结算标准》《关于推进制造业智能化改造和数字化转型的若干措施》，学习《中华人民共和国长江保护法》。

2月8日，市长焦亚飞主持召开市政府第59次常务会议，专题学习习近平法治思想及宪法相关内容，通报市政府党组班子2020年度民主生活会召开情况，听取关于政府系统承办市十五届人大五次会议代表建议和市政协十四届五次会议提案工作、赋予常福街道市级经济社会管理权限的汇报，研究交通运输、港口危险化学品领域及水上交通运输领域、铁路运输领域安全生产专项整治相关工作。

3月27日，市长焦亚飞主持召开市政府第60次常务会议，学习《中华人民共和国长江保护法》，听取危险化学品安全生产专项整治、冶金等工贸安全生产专项整治、校园和校车安全专项整治相关工作汇报，审议关于《常熟市生态文明建设规划》《常熟市新冠病毒疫苗接种实施方案》《关于建立常熟市“331”整治突出火灾隐患常态长效机制的实施意见》。

4月15日，市长焦亚飞主持召开市政府第61次常务会议，研究农业机械安全生产专项整治、渔业安全专项整治、文化和旅游行业安全生产专项整治相关工作，听取工业企业自建自用LNG设施安全管理阶段性工作情况、常熟“五五购物节”活动方案、常熟市和常熟理工学院校地融合发展工作情况的汇报，审议《常熟市文体旅产业高质量发展实施意见》《关于促进常熟市文体旅产业高质量发展的若干政策意见》《关于推进苏州市“环阳澄湖”和“长江沿线”特色田园乡村跨域示范区建设的实施方案》。

5月13日，市长焦亚飞主持召开市政府第62次常务会议，研究道路交通、特种设备安全生产专项整治相关工作，听取常熟市推进数字经济和数字化发展相关工作方案、进一步完善生态环境质量通报考核机制、压实“两长”责任意见以及修订水气环境质量补偿办法、2021年度重大行政决策项目初审情况的汇报，审议《进一步加强全市安全生产制度建设的实施意见》《加快推进国家级全域旅游示范区创建工作的实施方案》，专题学习《政府督查工作条例》《中华人民共和国未成年人保护法》。

6月15日，市长焦亚飞主持召开市政府第63次常务会议，学习传达习近平总书记、李克强总理关于湖北十堰市燃气爆炸事故的重要指示批示精神，传达省、苏州主要领导批示精神及省、市相关会议精神，听取今年以来全市安全生产工作和危化品及工贸、化工企业、城镇燃气、“两客一危”、防汛抗洪、夏季火灾防控等领域安全生产相关情况汇报。

7月9日，代市长秦猛主持召开市政府第64次常务会议，学习贯彻习近平总书记系列重要讲话和指示批示精神，会议专题研究全市安全生产半年度工作，听取常熟市开展基层消防委托执法试点工作、调整公办幼儿园保育费标准、防止耕地“非粮化”阶段性工作情况的汇报，审议《加快建立以社会保障卡为载体的居民服务“一卡通”服务管理模式的实施方案》《常熟“十四五”文体旅发展规划》《常熟市城镇燃气使用安全提升行动实施方案》《煤热价格联动管理办法》《关于促进生产性服务业高质量发展的政策》《常熟市氢燃料电池产业发展规划（2021—2030年）》，专题学习《中华人民共和国退役军人保障法》。

7月22日，代市长秦猛主持召开市政府第65次常务会议，专题学习新修订的《中华人民共和国行政处罚法》，通报市疫情防控情况和防台防汛相关情况，专题研究既有房屋使用安全排查整治和“两违”清查工作，听取行政规范性文件清理情况的汇报，审议《常熟市生态环境保护责任清单》《常熟市市长质量奖评定管理办法》《常熟市电梯智慧监管平台项目实施方案》《常熟市全面推行农村公路“路长制”的实施意见》《常熟市深化农村公路管理养护体制改革实施方案》《常熟市历史建筑保护办法》《加快推动无纺、货架、玻璃模具行业高质量发展指导意见》《关于做好集体经济相对薄弱村巩固提升工作的实施意见》。

8月26日，代市长秦猛主持召开市政府第66次常务会议，专题研究化工行业领域安全生产专项整治工作、建筑施工安全生产专项整治工作，听取关于首届中国声学产业创新发展大会筹备工作、常熟市农村集体经营性建设用地入市配套办法的汇报，审议《关于开展法治宣传教育的第八个五年规划（2021—2025年）》《关于健全公共卫生应急物资保障体系的实施方案》《常熟市老旧工业区（点）联合自主更新操作意见（试行）》《常熟市开展镇域（街道）相对集中行政处罚权调整工作实施意见》《常熟市贯彻落实深化农村公共基础设施管护体制改革工作方案》《常熟市“昆承英才”教育人才计划实施细则》。

9月16日，代市长秦猛主持召开市政府第67次常务会议，听取关于创建全国法治政府建设示范市县工作、实行建筑装修垃圾处置收费建议方案、常熟市处非工作运行情况、常熟市居民医保、大病保险政策筹资调整、疫情防控工作相关情况的汇报，审议《常熟市工业群租企业安全环保消防专项整治工作方案》，专题学习《江苏省防范和惩治统计造假、弄虚作假督察工作规定》。

10月12日，代市长秦猛主持召开市政府第68次常务会议，听取关于新增义务教育学校运转项目及幼儿园生均公用经费提标、修改《常熟市居民社会养老保险实施办法》的汇报、加强未成年人思想道德建设工作的汇报，审议《关于进一步深化工业企业资源集约利用综合评价工作的实施方案》《关于进一步深入推进“千村美居”工程的补充意见》《常熟市集贸市场长效管理考核办法》《关于推进常熟市基层社会工作站（室）建设的实施方案》《关于常熟市政府购买公交服务的实施建议》《常熟市“十四五”人防建设发展规划（2021—2025年）》《常熟市“十四五”城镇住房发展规划（2021—2025）》，专题研究城镇燃气、危废固废安全生产专项整治工作，专题学习《江苏省粮食流通条例》《江苏省地方政府储备粮管理办法》。

11月18日，代市长秦猛主持召开市政府第69次常务会议，听取调整划定常熟市禁止使用高排放非道路转移机械区域有关情况、城乡建设领域信访问题专项整治工作进展情况、2021年第二批常熟市“昆承英才”科技创新创业领军人才项目综合评审情况的汇报，审议《常熟市应急管理体系建设“十四五”规划》《常熟市综合防灾减灾“十四五”规划》《常熟市消防救援事业发展“十四五”规划》《常熟市“十四五”数字政府建设发展规划》《常熟市农业农村发展“十四五”规划》《关于全面推行林长制的工作方案》《〈长江三角洲区域一体化发展规划纲要〉常熟行动方案（2021—2025）》《常熟市市级财政专项资金管理办法》《常熟市电子证照管理暂行办法》《常熟历史文化名城保护提升总体方案》《关于进一步加强停车治理工作实施方案》《第二届“双12苏州购物节”常熟会场方案》，专题学习《江苏省行政处罚听证程序规定》《中华人民共和国消防法》。

12月9日，代市长秦猛主持召开市政府第70次常务会议，听取2021年和2022年重点产业项目、市级投资（含国企）项目和民生实事项目、当前常熟市疫情防控工作、常熟市2021年财政预算执行和2022年财政预算草案编制、2021年主要经济指标完成及2022年预期目标、镇级政府投资项目（100万元及以上）2021年进展情况及2022年征集情况的汇报，研究全市安全生产形势及下阶段打算、燃气安全及既有建筑安全整顿工作，审议《常熟市上市公司高质量发展三年行动计划（2021—2023年）》《常熟市上市公司高质量发展三年行动计划奖励实施细则》《常熟市“十四五”现代物流业发展规划》《常熟市“十四五”服务业发展规划》《常熟市“十四五”工业经济发展规划》《常熟市交通运输“十四五”发展规划》《常熟市“昆承英才”卫生人才计划实施细则》，专题学习《江苏省禁毒条例》。

12月18日，代市长秦猛主持召开市政府第71次常务会议，传达《关于广州市大规模迁移砍伐树木有关问题的通报》相关精神，听取《政府工作报告（征求意见稿）》起草工作、新冠疫苗接种工作、2020年常熟市工业企业资源集约利用综合评价结果、2022年度常熟市房屋征收搬迁计划情况的汇报，审议《常熟市2021年国民经济和社会发展计划执行情况与2022年国民经济和社会发展计划草案》《常熟市居民天然气阶梯气价政策调整优化方案》。

民生实事

【概况】 2021年，常熟市确定实施民生实事项目10项，至年底都已全面完成或超过年度目标进度。

【交通出行便利提升工程项目】 项目包括启动并完成2021年农村公路（市道）大中修工程；完成266个8年以上老旧候车亭维修及46个老旧电子站牌设备更新，由市交通局牵头实施。至2021年年底，农村公路（市道）大中修工程于10月底完工交付，266个老旧候车亭维修及46个老旧电子站牌设备更新全部完工验收。

【美丽宜居家园建设工程项目】 项目包括实施“千村美居”工程，完成600个村（组）优化提升；完成5个老小区改造，建筑面积约17.37万平方米，涉及房屋102幢、居民1890户，设计新增停车位164个，预留增设电梯点位20个。项目由市农业农村局、市住建局牵头实施，至2021年年底，完成1055个村（组）“千村美居”工程市级验收，完成泰安新村、昭文公寓等5个老小区改造17.37万平方米，涉及房屋102幢、居民1890户。

【就业服务能力提升工程项目】 项目包括新增就业人数2.1万人，城镇登记失业率控制在2.5%以内，常熟籍大中专毕业生就业率95%以上；开展就业技能培训1.4万人。项目由市人社局牵头实施，至2021年年底，新增就业人数2.4万人，城镇登记失业率控制在1.75%，开展就业技能培训2.4万人，常熟籍大中专毕业生就业率98.6%。

【冷链食品安全建设工程项目】 项目包括建成投用冷链食品集中监管仓，对进入常熟市储存、加工、销售的进口冷链食品进行集中消毒和核酸抽样检测，实现疫情防控无盲区。由市市场监管局牵头实施，至2021年年底，冷链食品集中监管仓建成投用，对储存、加工、销售的进口冷链食品集中消毒和核酸抽样检测，全年安全无“疫”。

【民政综合服务体建设工程项目】 项目包括改造建成集婚姻登记处、养老服务信息管理中心和社会组织培育中心、社会救助中心为一体的民政综合服务体，方便市民群众。由市民政局牵头实施，至2021年年底，改造建成集婚姻登记处、养老服务信息管理中心和社会组织培育中心、社会救助中心为一体的民政综合服务体。

【学校布局优化完善工程项目】 项目包括新建红梅小学、开元小学、静海幼儿园、云海幼儿园4所学校。由市教育局、文旅公司牵头实施，开元小学于9月1日正式开学投用，静海幼儿园、云海幼儿园、红梅小学年内全面竣工验收。

12月，江南·美好汇生活广场竣工　　（钱伟　摄）

【“菜篮子”保障工程项目】 项目包括做好非洲猪瘟防控和生猪养殖扶持奖补政策落实，推进新改扩建猪场增养补栏，实现年末生猪存栏8万头、全年出栏14万头；建成并部分投用“江南美好汇”项目；新增创建10家示范集贸市场。市农业农村局、江南集团、市市场监管局牵头实施，至2021年年底，生猪养殖扶持奖补资金全部发放到位；德康生态健康养殖基地新建项目、新良养殖场改扩建工程竣工投用，生猪存栏10.3万头、出栏17.4万头；“江南美好汇”项目竣工验收并完成权证办理，常客隆生鲜超市试运行；珠江路、周行等4家重点集贸市场改造完工，全年评出33家示范集贸市场。

【养老医疗服务能力提升工程项目】 项目包括完成城区居家老人四级助餐配送服务网络体系建设；完成常熟市医学中心实验室工程建设；提升全民应急急救能力，完成应急指挥车配置、AED市区布点100台、培训基层医务人员900人及急救志愿者1000人，开展初级救护员培训和普及性培训1.8万人次。由市民政局、市卫健委牵头实施，至2021年年底，基本建成城区居家老人四级助餐配送服务网络体系；推进医学中心实验室工程分区建设，市医学检验所中心实验室、市一院专科实验室装修改造完成，PCR实验室改扩建工程完工，市二院专科实验室完成省生物安全备案并投入使用；配置8辆负压车、3辆普通型救护车，完成AED市区布点100台，培训基层医务人员1005人、急救志愿者1210人，开展初级救护员培训和普及性培训18374人。

【防洪能力和水环境质量提升工程项目】 项目包括完成长江路（衡山路—泰山北路）、碧虞路雨水管网改造；完成蛇泾河、辛安塘除险加固工程；完成15条城区河道清淤整治工程；完成城东水质净化厂二期设备安装并投入试运行；铺设DN500口径以上主管道7千米，完成农村老旧管网和压力偏低地区供水管网改造5000户。由市水务局牵头实施，至2021年年底，长江路（衡山路—泰山北路）、碧虞路雨水管网改造项目完工验收，蛇泾河、辛安塘除险加固工程完工验收，长湊河等15条城区河道清淤整治工程全面完工，城东水质净化厂项目整体于10月投入试运行；完成城乡铺设主管道7.3千米，农村管网改造5408户。

【文化场馆升级改造工程项目】 项目包括完成常熟市图书馆功能提升和整体更新；完成评弹团场馆升级改造；完成常熟博物馆游客服务提升。由市文体旅局牵头实施，年内，图书馆功能提升和整体更新项目工程完工；评弹团场馆完成升级改造，12月开馆演出。博物馆游客服务提升项目完工验收。（张倩倩）

政务服务

【行政审批工作】 2021年，常熟市行政审批局聚焦美丽常熟建设主轴主线，统筹推进疫情防控和政务服务，持续深化审批制度改革，加快推进政务服务创新。全市市镇两级政务服务大厅办件176.4万件，服务满意率在苏州市保持领先。“中介超市”入驻中介机构548家，提供中介服务116

项，全年成交1696个项目，比上年增长11.65%，成交金额6436.28万元，比上年增长73.13%，"中介超市"成交量位列全省县级市第一。全年完成规划方案审查项目483个，建筑面积1167.39万平方米；发放施工许可证653张，建筑面积944.33万平方米。全年核准、备案意向投资项目3223个，比上年增长20%。在全省首创工业建设项目远程"不见面"规划验收，较现场验收提速90%以上，累计服务项目64个，占全年验收项目总数的28%。推出"引进人才子女入学""残疾人补贴""婚姻生育"等14个"一件事"，累计落地80个，66个实现"掌上办理"，全年办件16.3万件，申报材料减少34%，审批时间压缩90%。"'一件事'改革向基层延伸"工作经验获得全省推广。

【"放管服"改革】 2021年，常熟市工程建设项目审批总时限分类压缩到"653"（政府投资项目从立项到竣工验收，审批时间控制在60个工作日内；一般社会投资项目从立项到竣工验收，审批时间控制在50个工作日内；带方案出让用地的社会投资项目及小型社会投资项目，从立项到竣工验收，审批时间控制在30个工作日内）。分布式光伏发电项目备案手续全面推行无纸化网上申报。落实企业投资告知性备案制度，企业提交完整项目信息即完成备案。智改数转项目推出"1+3"服务（"1个目标"即"聚焦智改数转"；"3项服务"即预先沟通、迎前服务，精细服务、精准对接，开展培训、精准代办）。实施建设项目立项与编制水土保持方案的联动审批。推出"预先审+容缺办+承诺制"的审批新模式，重点工业项目从投资备案到施工许可，累计审批时间从40个工作日压缩到17个工作日。22个工业项目实现"拿地即开工"，洪洞水质净化厂PPP项目一天之内四证齐发。实现企业开办涉及的营业执照、公章刻制、银行开户（含预开户）、涉税事项、社保登记、公积金开户等环节"六合一"，线上"全链通"、线下"一窗式"并联办理、一次办结，全流程0.5日办结比例达95.44%，"零成本"刻章惠及企业5000余家。梳理首批129个"两个免于提交（市政府部门核发的材料原则上一律免于提交，能够提供电子证照的原则上一律免于提交实体证照）"事项清单，通过调用电子证照实现证照免提交。市级电子证照库接入14类上级证照，入库52种电子证照1.6万张，累计调用1.24万次。7个事项可通过"无证明系统"核验证明，实现证明材料免提交。"出生一件事"全流程网办，全省首创"引进人才子女入学E网通办"。在苏州首创"身后待遇一件事"，"出生一件事""身后一件事"向基层延伸的经验做法由江苏省优化营商环境联席会议办公室向全省推广。32项政务服务事项和169项公共服务事项实现"全城通办"。与上海宝山区、浙江仙居县等6省、12地签订跨地域通办协议，通办88项事项，一窗申请、属地办结、结果快递送达，已办结2400余件。39个工改涉审中介事项入驻常熟市"中介超市"，覆盖可研报告编制、环评文件编制、水土保持方案编制等9个领域。

【政务公开】 2021年，常熟市更新完成11个试点领域市级政务公开事项和政务公开事项标准目录。加强全市政务新媒体常态化监管和清理，做好政务新媒体全生命周期管理，共排查政务新媒体336个，注销272个，清理率81%。"常熟市人民政府"网站发布信息2.16万条，其中政务公开信息5440条；解读信息32条；回应公众关注热点或重大舆情16次；收到在线咨询3298条；可全程在线办理政务服务事项1517项，全年办理25.26万件；发布征集调查13期，开设在线访谈44期。各行政机关办结政府信息依申请公开242件。 （赵瑜梦）

【"12345"热线】 2021年，常熟市社会治理现代化综合指挥中心（常熟市便民服务中心）受理各类诉求387.41万件，同比增长25.61%。其中，"12345"热线平台受理群众诉求177.41万件，由话务员直接答复154.31万件，占86.98%；流转联动单位办理23.1万件，占13.02%，其中派发任务单24.31万件，涉及105个联动单位（部门），及时办理率99.25%，回访满意率99.50%。按诉求来源统计，包括常熟"12345"政务服务便民热线来源173.66万件，国务院"互联网+督查"、人民网领导留言板、省政风热线、省"12345"热线平台、苏州"12345"热线平台、"寒山闻钟"论坛、"苏周到"App等上级平台来源工单2.52万件，其他来源工单1.23万件。数字城管平台上报工单23.32万件。涉及34个联动单位（部门），处置率99.83%，按期处置率98.77%。乡镇网格化平台上报186.68万件，其中服务走访120.69万件，综合上报44.54万件，单位巡查12.35万件，三合一、群租房4.29万件，企业监管3.44万件，专项工作6618件，党建工作5327件，多元共治1829件。 （潘 辰）

数字政府

【概况】 2021年，市政府遵循"一体化、一盘棋、一张网"建设思路，围绕"大数据赋能政府治理能力提升"这一改革主线，发布《常熟市"十四五"数字政府建设发展规划》，全面融入苏州市域一体化建设，全力推进数字政府"一网通用"建设，助力数字政府"一网通办"和"一网统管"相关工作有效开展，统筹推进整体工作，夯实基础底座，推动数字化转型。启动大数据中心载体建设，成立大数据协会，与南京大学建筑与城市规划学院及常熟理工学院开展战略合作。

【大数据基础设施建设】 2021年，常熟市大数据基础平台一期项目建成投用，进入正式运营阶段。一期平台围绕数据的采、存、算、管、用流程闭环，开展5平台和2网站建设，形成数据管控中心和数据资源中心。截至2021年12月，进行79个部门的数据调研、梳理74个委办局的数据资源目录1760

项、落地归集数据4.06亿条、接入视频43423路、提供216个时空地理图层。人口库汇聚数据4261万条、法人库汇聚数据301万条、时空地理库汇聚数据9514万条。全市数据管控总量超180亿条，基础平台完成数据治理2.26亿条。公共信用、数字门牌、工业企业等相关专题应用数据库建立完善，城市智脑平台建设进入模型数据封装期。在数据共享应用方面，提供各部门接口调用超404.97万次，调用数据318类，支撑42个部门的96个业务应用，常熟市级政务数据共享交换枢纽能力加快成形。

【政务云资源中心基础建设】 2021年，常熟市集约建设政务云资源中心基础设施，47家单位的146个项目入驻政务云资源中心，分配725台虚拟云主机，全市电子政务外网体系内村级接入点达464个；常熟全市镇村三级电子政务外网体系带宽较大幅度提升，市镇两级全部升至1000兆，村级全部升至100兆，并实现政务外网万兆核心接入和互联网3000兆统一出口。

【大数据应用】 2021年，市政府运用大数据手段赋能政府治理。建成投用全市统一的标准地址、电子底图、电子证照应用服务平台；建成投用常熟城市服务总入口“看常熟”App、常熟法人服务总入口“常熟投资指南”应用、常熟政府端移动办公统一门户“虞政通”平台启动常熟市“1+1+N”数字法人项目，建立“法人—地址—人”的数据互联共享机制。探索建设常熟市市场主体的全生命周期管理平台，持续推进“一网通办、一网统管”数字政府示范应用。开发部署外客到访登记系统“访易安”系统，用于疫情防控指挥工作。 （张倩倩）

表7　2021年常熟市外事活动一览表

时　间	活动内容
3月18日	邀请在常熟外籍人士出席由全国友协举办的“两会”精神解读座谈会
5月7日	举办首次“爱上常熟”在常熟外商代表联谊活动
5月7—8日	组织在常熟外籍人士参加由江苏省人民对外友好协会、江苏省文学艺术界联合会主办的“聚焦美好江苏”系列活动——在江苏外国人唱中文歌曲大赛
5月27日	组织推荐在常熟外籍人士参加由全国友协举办的“汉字缘”2021国际故事大会
10月17日	举办江苏省与日本石川县“少年之翼”青少年在线交流活动
10月29日	举办江苏省千名外国友人“体验江苏・读懂中国”常熟专场活动暨“爱上常熟”在常外国友人第二次联谊活动
11月16日	与日本友城萨摩川内市举行结好三十周年系列活动（市长视频会晤活动，残奥会参赛选手交流活动，第35次青少年文化交流活动）
12月10—16日	与日本友城绫部市联合举办摄影展
12月15日	参加德国友好交流城市弗莱堡市举办的“绿色城市对话2.0活动”之“可持续流动性和交通”，德国、英国、日本、韩国、乌克兰等多个国家的城市共同参与

外事工作

【概况】 2021年，常熟市人民政府外事办公室（以下简称外事办）举办、承办或参与外事活动9场次，接待或协助接待外宾11批、151人次，申办因公出国（境）团组护照、签证2批、5人次，全年完成APEC商务旅行卡申报9批、12人次，授予10名涉外人士2021年“常熟之友”称号。

【涉外接待】 2021年，常熟市接待外宾11批、151人次。到访人员主要来自日本三井住友银行、日本大福中国自动化有限公司、日本东京电视台上海办事处、日本驻上海总领事馆、瑞士驻上海总领事馆、奥地利驻上海总领事馆等。

【因公出国（境）管理】 2021年，外事办申办因公出国（境）团组2批、5人次，其中自组团1批、4人次，上组团1批、1人次。 （李　丹）

港澳台工作

【港澳台统一战线工作】 2021年，市委统战部组织开展“云起东方・创艺无界”第二届黄公望主题两岸高校文创论坛、“匠心演绎・创意东方”第四届黄公望主题两岸文创设计大赛、“跨疫五洲共云春”2021常熟海内外侨胞春节大拜年直播、“最美不过家乡月”侨界金秋联谊等一批高质量有影响的海内外联络联谊和文化交流活动，增进港澳台爱国人士、海内外侨界人士的文化认同、情感认同。建立常熟香港同胞联谊会，设立会员之家，用心用情开展内地港人工作。发布“聚爱常熟”香港同胞专享服务礼包等。持续推进“缘来常熟”对台工作品牌建设。

【黄公望文创产业园获评省优秀对台交流基地】 江苏省台办公布2020年度江苏省对台交流基地评估结果，黄公望文创产业园获评优秀对台交流基地。黄公望文创产业园于2018年1月获批“江苏省对台交流基地”，成为全省唯一一家以民营企业为载体的省级对台交流基地。2021年2月，黄公望像在黄公望故土原址——江苏常熟国家农业科技园区落成揭幕。黄公望文创产业园以“海峡两岸校企合作交流中心”“东方红木家俱艺术馆”“黄公望《富春山居图》木雕合璧主题馆”及“东方木雕博物馆”；为框架的“一中心三馆”格局。基地以黄公望美学思想为依托，融合两岸高校师生、文创大师，以文创产业实践和交流合作为切

入点，共同传承和创新两岸传统文化，从而实现两岸民众特别是两岸青年的互融互信。（黄　婷）

信访工作

【概况】 2021年，市信访部门受理信访事项2775件次，信访事项及时受理率和按期办结率均为100%，网信占比77%，全市信访事项办理质效持续提升、信访结构持续优化、信访形势平稳向好。全年市党政领导接访下访170次；征集高质量优秀人民建议报告29篇；全市获评“江苏省最美信访干部”1人，苏州市信访系统“岗位之星”7人，常熟市担当作为好干部1人，常熟市最美退役军人1人；市人民来访接待中心被评为常熟市“青年文明号”。

【信访积案化解处理】 2021年，市信访局深入推进治理重复信访、化解信访积案专项工作。坚持对重点案件落实目标管理，按照时序进度推动矛盾攻坚，全年收到中央、省、苏州交办第一批重复信访治理件405件，化解398件，化解率98%。（汪瑶瑶）

机关事务

【概况】 2021年，常熟市市级机关事务管理中心建立健全机关事务集中统一管理体系机制，加强公车日常管理和专项督查。深化节能和垃圾分类工作，推进行政事业单位内部停车位错时开放，新增开放单位22个、停车位659个。健全财务服务集中核算模式，做好会务、车辆、安保、餐饮、医疗等后勤服务保障工作。年内，机关医务室获评“苏州市2020年度医保工作先进单位”。

【办公用房管理】 2021年，市级机关事务管理中心推进办公用房集中统一管理工作，做好43处办公用房的权证交接和资产调拨工作、6处办公用房的调配工作，完成2个政府投资项目和14个大中修专项维修项目。开展年度办公用房清理整改“回头看”专项督查，牵头完成256处市级行政事业单位及其下属事业单位闲置房地产处置。市机关事务中心、市财政局制定市级党政机关经营性用房统一管理方案及考核细则，委托城投公司全权管理，实现市级党政机关经营性用房的集中统一出租管理。完成“常熟办公用房管理系统”的软件开发和基础数据的录入工作，做好“常熟市党政机关办公用房管理信息系统”的日常维护工作。

【公务车管理】 2021年，市级机关事务管理中心与市财政局下发《关于印发〈公务用车处置操作流程〉的通知》，年内处置公务旧车15辆，拍卖溢价率达69.1%。全年完成公车购置审批161辆。与市纪委监委对全市58家单位开展公车专项督查，下发督查情况反馈函5份。完成公车改革遗留加油卡清理，涉及单位28家，处理金额近15万元。

【公共机构垃圾分类】 2021年，市级机关事务管理中心围绕公共机构垃圾分类“5个100%”（干部职工垃圾分类知晓率100%、垃圾分类台账普及率100%、分类投放设施配置率100%、分类投放准确率100%、9月底前综合考核评价优秀率100%）目标任务，加强公共机构垃圾分类指导工作。召开全市公共机构（公共场所）垃圾分类工作推进会，在抓好84家一级公共机构垃圾分类工作的基础上，重点对二级公共机构进行月度督查。

【公共机构节能管理】 2021年，市级机关事务管理中心牵头推动市级党政机关集中办公区内24家单位成功创建为全国第一批节约型机关，推进市政府机关大院集中办公区“省公共机构节能示范单位”创建工作。通过公开招标方式与国网江苏综合能源服务有限公司合作，在苏州地区行政中心集中办公区中首个实行能源托管项目。抓住节能宣传周、世界粮食日等重要时间节点开展宣传工作，在“看常熟”App首页上开展公益宣传，组织线上节能有奖知识竞赛活动，吸引近9000人次参与。向全市公共机构下发《关于加强公共机构节能减排工作的通知》和“节约用电助力绿色发展”倡议书，举办2021年公共机构节能管理工作培训班。

【机关财务集中核算】 2021年，市级机关事务管理中心依托机关财务服务中心，构建起辐射16家市级主管部门、33家市级预算单位的集中核算管理模式，为11个预算主管部门开通智慧财政信息平台。（唐凯雯）

责任编辑　姚永林

中国人民政治协商会议常熟市委员会

综　述

【概况】 2021年，市政协完成委员换届工作。全年召开3次议政性常委会会议，5次主席（扩大）会议，5次主席专题视察，4次政情通报会，5次主席集体调研，撰写调研报告和建议案10余件。巩固提升“有事好商量”协商议事项目，开展民主监督专项评议活动和民主评议“回头看”3次，全年办复民生类提案133件；反映社情民意信息320条。组织委员开展党史专题学习12次、外出培训3批次，召开“常熟政协讲堂”5期，发动委员依托“有事好商量”协商议事平台开展习近平总书记“七一”重要讲话精神专题宣讲100多场次。召开庆祝常熟地方政协成立65周年座谈会，举办“百年荣光翰墨颂”庆祝中国共产党成立100周年书画展、《常熟文史》发刊60周年成果展。组织“我为群众办实事”实践活动和“两在两同”建新功行动。“悦读虞城·书香政协”委员读书活动，得到中共中央政治局常委、全国政协主席汪洋的批示肯定。

【政协委员及组织机构】 2021年，政协常熟市第十四届委员会有23个界别，委员371人，其中，中共界别17人、民盟界别11人、民建界别13人、民进界别11人、农工界别15人、无党派人士界别9人、共青团界别10人、总工会界别15人、妇联界别12人、工商联界别20人、科协界别12人、台胞台属界别11人、归侨侨眷港澳同胞家属界界别12人、文化艺术界界别15人、科学技术界界别23人、社会科学界界别9人、新闻体育界界别10人、经济界界别41人、农业和农村界界别18人、教育界界别18人、医药卫生界界别16人、民族宗教界界别11人、特邀人士界界别42人。市政协机关设1个办公室（研究室、委员联络工作办公室）和6个专委会〔提案委员会、经济科技和农业农村委员会、城乡建设委员会、社会事业委员会、港澳台侨（民族宗教）委员会、文化文史委员会〕。

【文史工作】 2021年，市政协文史专辑《汲古流芳》首发，举办“百年荣光翰墨颂”庆祝中国共产党成立100周年书画展，《人民政协报》《中国政协》等中央媒体先后18次报道常熟市政协。在《新华日报》《江苏政协》、“江苏政协”公众号刊登信息32篇，在苏州市级媒体、常熟市级媒体刊发文章近200篇。“悦读虞城·书香政协”委员读书活动在《苏州日报》专版宣传1次，在《常熟日报》专版宣传4次。

【“书香政协”建设】 2021年，市政协深化委员读书活动，启动“悦读虞城·书城政协”第二季活动。重点打造1个市级政协委员图书室、14个镇（街道）委员读书吧，联建多处界别特色读书点，依托“有事好商量”载体在村（社区）、企事业单位开辟委员读书角。年内共开展各类委员读书活动近200次，其中举办“常熟政协讲堂”5期，举行线下分享交流会120多场次，组

10月9日，“悦读虞城·书香政协”常熟市政协委员读书活动启动

（市政协　提供）

织党史学习教育专题读书12场次，开展读书研学活动59场次，委员撰写读书心得体会178篇。年内，市政协举办“悦读虞城·书香政协”政协委员读书活动第二季启动仪式和“悦读虞城·书香政协”第二季总结表彰暨《常熟文史》60年成果展开幕式。苏州市政协在常熟召开各市区读书活动现场观摩。《人民政协报》和《中国政协》杂志分别刊登《让阅读成为政协委员鲜明标记》和《“悦读虞城·书香政协”——常熟市政协以“四高”推进政协委员读书活动》等多篇文章。常熟市政协委员读书活动作为县级政协唯一的经验入选政协全国委员会办公厅编发的政协读书活动简报。国家清史编纂委员会主任戴逸为常熟市“悦读虞城·书香政协”委员读书活动题词——“书香常熟，文脉永续”。全国政协主席汪洋对常熟市政协委员读书活动作出重要批示，并给予肯定。

1月6—8日，中国人民政治协商会议常熟市第十四届委员会第五次会议在常熟会议中心召开 （市融媒体中心　提供）

重要会议

【政协常熟市第十四届委员会第五次会议】 1月6—8日，中国人民政治协商会议常熟市第十四届委员会第五次会议在常熟会议中心召开。全体政协委员学习和讨论市委书记周勤第在开幕式上的讲话。全体政协委员听取并赞同市长焦亚飞所作的《政府工作报告》，讨论“十四五”规划纲要和其他报告。会议期间，委员们围绕历史街区更新、“千村美居”长效管理、推动企业上市、参与长三角产业分工协作、早餐工程等课题，以及进一步做好新时代人民政协工作，通过分组讨论、大会发言、撰写提案等形式，深入协商议政。会议补选邓国华、阚国良、金健峰为政协常熟市第十四届委员会副主席。

【市政协常委会会议】 2021年，市政协召开4次常委会会议。

4月26日，市政协召开十四届十六次常委会会议。会议通报协商“加强‘千村美居’长效管理，推动乡村治理现代化”议题，3位政协委员分别从统筹规划建设管理、创新长效管理举措、推动“三治融合”等角度进行建言，展现前期充分调研的成果。会议还协商通过撤销个别政协委员资格的决定。

8月3日，市政协十四届十七次常委会会议召开，听取市政府关于常熟市上半年经济社会发展情况的通报，开展协商。

10月22日，市政协十四届十八次常委会会议召开，围绕“推动传统产业智能化改造和数字化转型”开展专题协商。会议听取市工信局的专题情况通报，3位政协委员分别从激发企业内生动力、发挥政府引导作用、强化技术服务支撑等角度进行建言。会上书面通报市政府提案办理情况。

12月2日，市政协十四届十九次常委会会议召开。会议传达学习中国共产党第十九届中央委员会第六次全体会议精神和中国共产党江苏省第十四次代表大会精神。会议协商决定市政协有关人事事项。

表8　2021年常熟市政协十四届主席（扩大）会议情况一览表

会议名称	时间	会议内容
市政协十四届十八次主席（扩大）会议	3月24日	围绕“培育高新技术企业”听取市科技局专题通报，3位政协委员分别从企业入库培育、打造优质载体、厚植创新生态等方面进行建言
市政协十四届十九次主席（扩大）会议	5月25日	围绕“抢抓直播电商风口，培育新零售、新业态、新产业”进行专题协商。政协委员分别从线上线下市场渠道互补、纺织服装直播发展、直播电商人才队伍建设等方面进行建言
市政协十四届二十次主席（扩大）会议	7月23日	围绕“历史街区更新改造”议题进行专题协商。政协委员分别从历史街区更新改造中的文化传承与创新、民生设施配套建设、文商旅协调发展等方面进行建言
市政协十四届二十一次主席（扩大）会议	8月26日	围绕“推进‘四个半小时’通道建设，构建现代化综合交通体系”议题进行专题协商。3位政协委员分别围绕现代化交通体系构建、轨道交通建设、城乡交通统筹等主题进行了建言。会议还审议通过《政协常熟市委员会提案审查工作细则》

续表8

会议名称	时间	会议内容
市政协十四届二十二次主席（扩大）会议	10月28日	围绕“以打造重点科室为突破，积极创建三甲医院”听取市卫健委专题情况通报，3位政协委员分别从着力打造重点专科、强化医疗人才建设、完善卫生信息系统等方面进行建言献策
市政协十四届二十三次主席（扩大）会议	12月17日	讨论、研究、部署召开市政协十五届一次会议工作。会议听取市政协十五届一次会议筹备工作情况的汇报，协商讨论《常委会工作报告（讨论稿）》《提案工作情况报告（讨论稿）》、市政协十五届一次会议议程（草案）和日程（草案），协商讨论了市政协十五届一次会议大会发言、十四届各专委会工作报告等

政治协商

【概况】 2021年，市政协推动各党派深入开展中共党史学习教育、庆祝中国共产党成立100周年、纪念“辛亥革命”110周年等重要活动。坚持和完善新型政党制度，加强同各民主党派、工商联、无党派人士和各人民团体的联系与合作，健全市政协领导分工联系民主党派制度，定期通报情况。年内，市各党派团体参加各类协商会议发言125次，占发言总人数的78%；提交集体提案74件，占总提案数的38%；通过政协平台提出的各类意见建议360多条，提交社情民意信息240多条。

【政情通报会】 2021年，市政协举行4次政情通报会。

4月15日，市政协举行政情通报会，通报河湖长制进展情况。市水务局通报河湖长制推进情况，3名政协委员分别围绕河湖长制的信息化建设、农村河道环境治理长效管护、水资源生态价值转化等内容进行提问咨询，市水务局、农业农村局、文体旅局相关负责人作解答。

6月25日，市政协举行政情通报会，通报推动本土企业融入上海制造产业链开展情况。市工信局通报常熟市推动本土企业融入上海制造产业链相关情况，3名政协委员分别围绕如何有针对性地选择上海的相关产业链和龙头企业、推进常熟主导产业深度融入上海产业链、创新平台培育和引进等内容进行提问咨询，市工信局、发改委、科技局相关负责人作解答。

10月21日，市政协召开政情通报会，通报“苏州·中国声学创新谷”建设推进情况。会议听取“苏州·中国声学创新谷”建设情况专题汇报，政协委员进行提问咨询。与会人员现场调研声谷展示中心、声谷大剧院（艺体中心）和国际声学产业技术研究院。

11月24日，市政协举行政情通报会，通报省级安全发展示范城市创建情况。会议听取省级安全发展示范城市创建情况及下一步工作设想。3名政协委员、民主党派代表分别围绕应急场所设置、消防救援能力、加大创建宣传力度等内容进行提问咨询，相关部门作现场解答。

【主席专题视察】 2021年，市政协组织主席专题视察5次。

6月1日，市政协就“打造最有比较优势的县域人才培育高地”开展主席专题视察。视察组现场视察江苏集萃先进金属材料研究所有限公司、江苏集萃智能液晶科技有限公司、雅博尼西医疗科技（苏州）有限公司。市人才办通报常熟市人才工作情况，3名政协委员就引育优秀专业人才、发挥人才竞争比较优势、推动人才培养和产业创新有效融合等内容进行协商建言。

6月17日，市政协就“促进合作办学健康发展”开展主席专题视察。与会人士实地考察苏州德威国际学校、领科海外教育学校等。会议听取市教育局专题情况通报。政协委员分别从民办教育完善规划布局、促进优质均衡发展、深化“放管服”改革等方面开展协商建言。

8月19日，市政协围绕“生命健康产业发展”举行主席专题视察活动。与会人员视察江苏费森尤斯医药用品有限公司、江苏华益科技有限公司。会议听取专题情况通报。政协委员分别围绕加强招商选资、增强创新能力、强化规划引领、加大政策扶持等主题进行深入探讨。

9月29日，市政协围绕“养老服务能力提升”开展主席专题视察活动。与会人员实地视察市敬老院和九如城护理院。会议听取市民政局作的专题情况通报。政协委员分别围绕健全养老服务体系、推进居家医疗服务、建设养老人才队伍等内容进行深入探讨。

12月14日，市政协围绕“以数字化撬动市域治理现代化”，开展主席专题视察。与会人员实地视察市社会治理现代化综合指挥中心和董浜镇集成指挥中心。会议听取市委政法委作的专题情况通报和董浜镇关于“数字乡镇”建设情况的汇报。委员们围绕课题进行协商建言。

【主席集体调研】 2021年，市政协组织主席集体调研5次。

3月11日，市政协对常熟市进口冷链食品安全工作开展主席集体调研。调研组实地调研常熟市进口冷链食品集中监管仓及麦德龙超市。会议听取常熟市进口冷链食品监管工作情况汇报并就下阶段工作提出提高站位，保持高度防控意识、压实责任，持续加强监管、多措并举，筑牢基层防控监管防线等建议。

4月9日，市政协对环境基础设施重点项目推进情况开展主席集体调研。调研组实地调研常熟市建筑材料再生资源利用中心、新建城东水质净化厂二期工程、中电国际常熟燃气热电项目等重点项目建设情况。会议听取常熟市环境基础设施重点项目建设情况汇报并对下阶段工作提出突出问题导向、坚持统筹规划、保障资金投入、强化组织领导、压实工作责任等建议。

8月12日，市政协对常熟市特色产业园建设情况开展主席集体调研。与会人员现场调研苏州（常熟）智车城、美好生活选品中心、嘉地常熟国际产业园等特色产业园建设情况。会议听取常熟市发改委关于常熟市特色产业园建设的情况汇报，并就下阶段工作提出加强规划引领、突出产业培育、注重集聚集约、坚持服务优先等意见建议。

8月18日，市政协对常熟市城铁片区建设情况开展主席集体调研。调研组实地考察航天海鹰卫星应用协同创新中心、沃创智能制造产业中心。会议听取关于城铁片区建设、专委会相关工作，以及"数字科技新城"总体定位、开发建设、产业导入等方面的汇报并就进一步加快推进城铁片区建设提出深化研究片区功能、弹性规划数字产业、注重招商引资实效等意见建议。

11月17日，市政协对常熟市特色民宿建设情况开展主席集体调研。与会人员现场调研"悦三居""云游山涧""日斜林西""虞见唐宅"等民宿。会上，常熟市资规局、住建局、消防大队、市场监管局、常熟文旅公司、虞山街道、古里镇、沙家浜镇等部门和板块负责人就特色民宿建设作交流发言，并就下阶段工作提出加强规划布局、强化要素保障、集聚多方合力、激发市场活力等意见建议。

【"有事好商量"协商载体】 2021年，常熟市339个村（社区）实现"有事好商量"协商载体全覆盖，市政协各界别活动组通过联建、合用15个协商议事室，依托委员企业、民生部门建立一批企事业协商议事室，市镇村（社区）三级联动、界别融合互补、企事业单位有益补充的多层次协商平台基本形成。2021年，市政协和各界别、各镇、街道政协工委开展"有事好商量"协商议事活动425场次，参与6500人次，其中政协委员参与680多人次，推动解决民生问题650项。年内，市政协举行"千村美居"长效管理巩固提升远程协商、网络议政会暨"有事好商量"民生专题协商议事月启动仪式。

民主监督

【民主监督专项评议】 2021年，市政协对市卫健委、市水务局行风、效能开展民主监督专项评议活动，并对市交通运输局开展民主评议"回头看"。

市政协于5—7月和9—10月分别对市卫健委、市水务局开展民主监督专项评议。围绕行风效能，通过座谈、调研、通报等形式，广泛听取意见，并就提高行风效能建设和加强全市卫生健康、夯实水务事业基础提出具体建议。召开专题座谈会80多次，收集意见建议400多条。

10月15日，市政协对市交通运输局开展民主监督专项评议"回头看"活动。2020年4—5月，市政协对市交通运输局进行为期一个多月的民主监督专项评议，针对评议中提出的问题与不足，市交通运输局深入开展自查自纠，落实各项整改任务。座谈会上，市交通运输局针对上年民主监督专项评议情况，汇报《推进全市交运工作建议表》的落实情况，并介绍2021年度政协提案的办理情况。

【社情民意信息】 2021年，市政协收集社情民意信息320篇，较2020年增长25%；向苏州政协报送180篇，较2022年增长50%；其中87篇被苏州政协转送省政协，较2022年增长74%；《扛起新时代协商民主共同体的历史重任》等9篇被省政协转送全国政协，较2022年增长29%；整理转送市级相关部门和板块办理社情民意104篇，办理满意率达99%以上。

2021年，古里镇政协工委组织开展苏常两地书画家采风笔会活动
（市政协　提供）

委员工作

【在常熟的省、苏州市政协委员活动】 5月12日，市政协组织在常熟的江苏省、苏州市政协委员围绕"古城'微改造'让历史街区焕发新活力"课题，开展"有事好商量"协商议事活动。委员们实地调研虞山街道山前坊文旅创意街区和古里镇铁琴铜剑楼知旅文化街区。住建局、虞山街道、古里镇结合自身职责，汇报历史街区更新改造推进情况。委员们围绕历史街区更新改造的规划定位、宣传推广、道路和停车位建设等内容开展协商讨论。针对委员提出的问题，相关职能部门负责人现场进行解答。

【政协委员全员视察】 12月14日，市政协组织委员集中视察2021年民生实事项目推进情况。政协委员们分组实地视察建筑材料再生资源利用中心、开元小学、莫城街道和甸村毛家廊和虞山颐养山庄4个民生实事项目现场，随车视察常熟德康生态健康养殖基地、新世纪大道北延建设工程和G524苏常快速路3个民生实事项目。视察活动中，政协委员们仔细听取项目情况介绍，察看在建项目建设进度、已完成项目运转情况。

【提案办理】 2021年，市政协收到以提案形式反映的书面意见和建议272件，其中集体提案75件、联名提案98件、个人提案99件。经提案委审查，立案190件，并案23件，转为社情民意20件，转为意见建议39件。遴选重点提案16件，190件提案交由53个承办单位办理，其中，所提问题已经解决或基本解决的127件，占66.8%；列入计划拟解决的60件，占31.6%；因条件所限，暂时难以解决，留作参考的3件，占1.6%。委员反馈总体满意率100%。年内，收到民生类提案133件，占提案总数的70%，16件重点提案中民生类提案占56%。全年表彰优秀提案16件、提案承办先进单位15个。

（解　嘉）

表9　2021年常熟市政协十四届五次会议以来优秀提案一览表

序号	主提案人	案由及案号
1	无党派知识分子联谊会	古城“微改造”让历史街区焕发新活力（1号）
2	民建市委	智能化改造数字化转型赋能高质量发展（2号）
3	民进市委	提升社会工作水平，激发社区治理活力（3号）
4	民革基层委	推进人才战略，推动常理工与地方互惠共赢（4号）
5	民盟市委	“千村美居”贵在长效管理（5号）
6	农工党市委	补齐公共卫生应急体系短板，筑牢生命健康安全防线（7号）
7	工商联	关于加快我市特色产业转型升级的若干建议（9号）
8	秦建海等3位委员	关于我市既有建筑更新改造的相关建议（12号）
9	农业和农村界别	关于做好虞山尚湖林木质态提升的建议（14号）
10	政协沙家浜镇工委	“大数据”背景下的网格化社会综合治理建议（26号）
11	团市委	关于我市主动参与长三角一体化产业分工协作的建议（42号）
12	王卫刚、邹东明等3位委员	关于完善西部片区交通体系建设的建议（105号）
13	政协琴川街道工委	关于深挖消费潜能，促进夜经济发展的提案（135号）
14	陈颖等8位委员	启动言子旧宅配套工程，进一步打造言子品牌（148号）
15	邹惠国等7位委员	关于促进我市中药饮片行业健康发展的几点建议（167号）
16	屈建龙等4位委员	关注我市存量企业发展的建议（181号）

责任编辑　姚永林

中共常熟市纪律检查委员会
常熟市监察委员会

综　述

【概况】 2021年，中共常熟市纪律检查委员会、常熟市监察委员会坚持正风肃纪反腐，发挥监督保障执行、促进完善发展作用，推进党风廉政建设和反腐败斗争。年内，完成市、镇两级纪委换届，推进党史学习教育和“我为群众办实事”实践活动。制定《关于建立“廉”通企业机制，助力优化营商环境护航高质量发展的实施方案》，推动解决企业反映诉求604件，相关制度入选苏州市域社会治理现代化规范性文件汇编。市纪委监委1人获评“全省纪检监察系统先进工作者”，市纪委监委机关连续第五次获评“全省纪检监察系统先进集体”。

【市镇两级纪委换届】 7月25—28日，中国共产党常熟市第十四次代表大会在常熟会议中心召开，会议审查、批准市第十三届纪律检查委员会关于《以高质量政治监督护航奋斗新征程，为建设美丽幸福新常熟提供坚强保障》的工作报告，选举产生中国共产党常熟市第十四届纪律检查委员会委员17名，批准中共常熟市第十四届纪律检查委员会第一次全体会议选举产生的中共常熟市第十四届纪律检查委员会常委、书记、副书记。年内，各镇党委开展换届工作，选举产生新一届镇纪委班子。市纪委加强换届纪律督导检查，全年审核党风廉政意见127批、6737人次。

【纪检监察队伍建设】 2021年，市纪委监委持续深化纪检监察体制改革，建设规范化、法治化、正规化纪检监察队伍。举办村（社区）纪委书记培训班和市直属国有企事业单位纪检人员培训班，实现换届后培训全覆盖。开展“碧水琴川”微讲堂9期，参加上级组织的各类业务视频培训10期，全年培训干部1650人次。制定《关于关心关爱纪检监察干部激励干部担当作为的办法》，组织开展竞争上岗活动。开展个人有关事项报告，完善干部电子廉政档案156份。印发《关于加强和改进市纪委委员履职工作的意见》，明确10项工作职责，建立6项工作机制。

【市第十三届纪律检查委员会第六次全会】 2月7日，中共常熟市第十三届纪律检查委员会第六次全体会议召开。全会认真学习贯彻中央纪委五次全会、省纪委六次全会、苏州市纪委六次全会精神，审议通过市纪委常委会题为《推动新时代常熟纪检监察工作高质量发展，为实现美丽常熟建设精彩开局提供坚强保障》的工作报告，研究部署党风廉政建设和反腐败工作重点任务。市纪委委员20人出席会议，275人列席会议。

党风廉政建设

【廉政教育】 2021年，市纪委监委加强个案和类案剖析，做好典型案例通报曝光，拍摄基层行政执法辅助人员专题警示教育片《被围猎的微权》及年度警示教育片《越界之殇》，协助市委召开全市领导干部警示教育大会，全年各地各部门借阅警示片113批次，观看人数达7000余人。开展第十三个“5·10”训廉日主题教育活动，围绕“勤廉敢为，当好美丽常熟建设领跑者”主题，以新提任市管领导干部为重点进行集中训廉，分类分层开展党风廉政宣传教育，组织发动全市各地各部门开展优秀家风涵养、集中教育警示、参观学习提升等主题活动，同步进行集中宣传展示。党风廉政宣讲团全年宣讲60余场次，覆盖党员干部6000余人次。升级改造沙家浜廉政教育馆，推出《红军骨干黄烽》《芦苇荡里的后方医院》等互动故事，打造廉政情景教育课堂《那一棵梧桐树》。依托新媒体开设《漫画说纪》栏目及“纪法微考场”，下发《纪委提醒你》口袋书。组织推荐纪检监察干部参加苏州市纪检监察干部学党史主题演讲比赛，获三等奖。

【政治生态监测评估】 2021年，市纪委监委更新全面从严治党4张“责任清单”，协助市委召开2021年度履行全面从严治党主体责任述职会，推动“四责协同”整体联动。做好政治生态监测和动态分析研判，建立领导干部个人“政治画像”、履责记实“一月一督查”、政治生态“研评改看”3项补充机制，对20个地区、单位开展全年政治生态分析研判。发挥信访举报政治生态“晴雨表”功效，报送综合分析报告及信息16篇。向责任部门反馈薄弱指标并督促整改提升23项，向市委呈报专题报告3份。对全面从严治党履责不力的2个党组织、23名干部实施问责。

【“五位一体”干部激励保护机制】 2021年，市纪委监委落实“三个区分开来”要求，深化运用“五位一体”干部激励保护机制，拓展“一把手”综合型容错免责，全年实施容错免责14例，容错备案23例，改革创新风险备案13例，澄清正名20例、21人，严管厚爱鼓励干部担当作为。坚持抓早抓小，科学运用监督执纪“四种形态”，开展诫勉谈话104次，提醒谈话218次，发挥预警、监督、纠错和保护作用。

【“1+X”作风建设】 2021年，市纪委监委深化运用“1+X”作风建设协调协同机制，严肃查处私车公养、“不吃公款吃老板”、收受电子红包等享乐主义、奢靡之风的隐形变异问题，纠治贯彻上级决策部署只表态不落实、维护群众利益不担当不作为等形式主义、官僚主义问题，查处“四风”问题55起，处分68人，通报典型案例38起；严明作风建设“十严禁”规定，督促整改问题67个；推动职能部门加强源头管控，全市“三公”经费支出持续下降；联合开展公车改革遗留加油卡清理，督查58家单位公车使用情况，巩固私车公养专项治理成效；开展违规挂证取酬专项整治，立案7人，整治工程建设领域资质证书挂靠乱象。

【“碧水琴川”廉政文化品牌】 2021年，市纪委监委一体打造“碧水琴川”廉政文化品牌，推出IP形象“虞小纪”，上线微信表情包及配套文创产品，拍摄清廉印象微视频《山水清晖美丽常熟》，开展廉政灯谜云竞猜、“潋滟碧波润琴川”廉政诗会活动，参与“最美窗口廉石新蕴”廉洁文化成果展演，“廉看·我书我话”传家风书画故事大赛，编印出版《虞山惠风——常熟历史上的清官廉吏》。

【常熟市政德教育基地启用】 10月9日，常熟市政德教育基地启用。该基地位于言子旧宅（东言子巷17号），占地面积约1800平方米，由东、西两条轴线组成。东轴线包含系园堂、学道堂、世恩堂，分别以“文开吴会”“道启东南”“诗礼传家”“德馨流芳”4个关键词，展示言子的生平事迹、思想成就、家风家训和政德精神，以及历史上常熟清官廉吏一脉相承的政德修养；西轴线包含宝翰楼和弦歌馆，用于建设政德讲堂、展示言子赞语和遗存。至年底，基地接待团队61个，参观人数5567人次。

10月9日，常熟市政德教育基地启用　　（市纪委　提供）

监督检查

【监督制度建设】 2021年，市纪委监委制定《关于深化标本兼治推进以案促改制度化常态化的实施办法》《纪检监察建议落实情况监督评估办法》，推动出台安全生产专职网格员、综合行政执法辅助人员管理办法等，制定《关于统筹推动镇（街道、开发区）纪（工）委深入开展专项监督工作的通知》《关于监督推动全市违法建设治理工作的实施方案》《“室组”联动监督和“室组地”联合办案实施办法》，出台《关于党风类问题线索报备的工作规程》《关于进一步做好“走读式”谈话安全工作的意见》。联合审计部门构建“纪审同步”案件查办、定期纪审联席会议、定期纪审线索移送等机制，制定《常熟市审计整改工作实施办法》，全年处置审计部门移送问题线索13条，形成留置案件5件。

【派驻监督】 2021年，全市派驻纪检监察机构16个，处置问题线索26条，下发意见建议书21份，纪检监察建议1份，通报4份，运用“第一种形态”处置23人次，党纪政务立案64起。市纪委监委建立派驻“1+16+4”工作机制，深化跨组协作配合，对18家单位开展驻点监督，派驻机构自办案件数比上年增长17.6%。聚焦行业性、系统性、领域性制度漏洞和廉政风险，结合派驻纪检监察组、国有企事业单位纪委日常监督情况，实施供销领域、粮食购销领域、医保基金、教辅教材领域立项监督20项。

【派出监察员办公室监督】 2021年，市纪委监委下设派出监察员办公室4个，专职监察员8个。年内，监察员办公室制度围绕《市纪委监委2021年专项监督工作实施意见》开展“4+N”专项监督，会同乡镇、板块纪委同步跟进安全生产、环境保护、农村“三资”监管、“千村美居”、疫情防控专项监督。依托“巡察+监察”联动机制，全程参与巡察整改质效评估工作，对其中发现的突出问题开展专项监督，立案13人，制发纪检监察建议1份，推动出台完善制度56项。组织交叉式、“推磨式”督查150次，成功办理苏州市首例派出监察员办公室主办留置案件，私车公养专项治理经验入选省纪委典型案例汇编。

【“美丽常熟”建设专项监督】 2021年，市纪委监委开展“美丽常熟”建设专项监督，围绕老旧工业园区更新改造、企业智转数改等重点，督查点位84个，下发提醒反馈单43件，跟进监督苏州市级重点建设项目50个，协调解决项目审批、开工清障、竣工验收等方面问题70个。

【综合执法人员及执法辅助人员专项监督】 2021年，市纪委监委聚焦安全生产、污染防治等问题易发多发领域，坚决惩治综合执法、编外执法辅助人员吃拿卡要、索贿受贿、利益输送等利用职务便利谋取私利的行为，立案查处36人。会同市司法局起草《关于加强镇域（街道）综合行政执法人员及执法辅助人员监督管理的实施意见》，制定综合行政执法“八严禁”负面清单。

【青年见习补贴发放专项监督】 2021年，市纪委监委建立青年见习补贴资金发放专项监督模型，搭建补贴领取与社保缴纳互斥、补贴领取与个税缴纳互斥、补贴领取与暂住登记一致等3个数据碰撞规则，严查审核把关不严、虚构冒领多领、串通骗取补贴等问题，立案11人，移送检察机关3人，追缴财政资金100多万元，青年见习补贴发放监督数据模型获评苏州市纪委精品建模案例。

【公共停车收费管理专项监督】 2021年，市纪委监委开展公共停车收费管理专项整治，建立3个检查小组，对176个国有停车场土地产权、经营方式、经营收入等情况进行起底，重点关注国有停车场电子抬杆数量较多、月度收费差异较大、车位较多但实际收费较少等异常数据，立案10人，挽回经济损失3.8万元。

【涉农保险领域专项监督】 2021年，市纪委监委紧盯建房险、福地惠民险、家财险等涉农险种，构建“投保数量”“代办密度”“业务垄断”等问题模型，严查村干部违规强行推销、收受“回扣”、侵占理赔款等问题，立案29人，涉案金额45万元。

【教辅教材领域专项监督】 2021年，市纪委监委创新“组组”联动监督模式，紧盯“问题教材”入校、收受指定教材“回扣”等问题，开展教辅教材领域专项监督，立案5人，推动教育局制定《关于进一步加强中小学教辅材料管理工作的实施意见》，建立教辅材料管理负面清单等机制。

【农村集体“三资”监管】 2021年，市纪委监委推进农村集体“三资”监管“四网融合”，推动建成农村集体“三资”监管平台，实现资产资源交易、资金收支、财务核算等监管数据“汇”起来、“活”起来。设置14个重点风险监测点，对租金收缴逾期、交易应进未进、违规报支费用、村干部违纪被查处等问题及时预警，监督推动镇、村对预警事项及时处理、动态销号，有效阻断资产“体外循环”、避免资金截留挪用。紧盯宕欠款、历史遗留长期合同、私自转租转包等问题靶向纠治，立案6人，挽回经济损失59万余元。

【社会组织党的纪律监督】 2021年，市纪委监委出台《关于开展社会组织领域专项治理的实施方案》，率先在苏州大市开展社会组织纪律监督工作，全市168家有党组织建制的社会组织实现纪律监督全覆盖。开展社会组织领域专项治理，制定2张“负面清单”，对45家社会组织、54个政府购买服务项目进行专项督查，查处38人，采取留置措施2人，相关经验被《中国纪检监察报》专题报道。

调查审查

【腐败案件查办】 2021年，市纪委监委始终保持严的主基调，实践拓展“系统查、查系统”工作法。全市各级纪检监察组织立案427件，给予党纪政务处分316人，办理自办案件342件、自办率超80%，办理“一把手”案件24件，查处科级干部35人，办理行贿案件10件，18人因严重违纪违法被移送检察机关，为国家和集体挽回直接经济损失近700万元。

【信访举报工作及问题线索管控】 2021年，市纪委监委深化纪检监察综合业务检举举报平台基层版的运用，实现“基层版”使用率100%。组织参加省纪委、苏州市纪委组织的信访办结件评比活动，分别获全省纪检监察优质信访交办精品件、苏州市纪检监察“我为群众办实事”信访举报优质办结件二等奖。市纪委监委强化线索管理，优化考核机制，通过每月通报、召开案件工作座谈会等方式督促提升各级纪检监察组织的线索意识和办案成效。出台《关于党风类问题线索报备的工作规程》《关于进一步做好“走读式”谈话安全工作的意见》。

【纪审协作工作机制】 2021年，市纪委监委构建“纪审同步”案件查办、定期纪审联席会议、定期纪审线索移送等机制，实现监督检查和审计监督优势互补。制定《常熟市审计整改工作实施办法》，全年处置审计部门移送问题线索13条，形成留置案件5件。

（张文静）

责任编辑 姚永林

民主党派·工商联

中国国民党革命委员会常熟市基层委员会

【概况】 2021年，民革常熟基层委下属7个支部，有党员103人，退休人员18人，年内新发展党员6人，党员以政府机关、文教、经济和社会组织等单位为主，党员平均年龄47.7岁，在职党员中100%为大专以上学历（其中博士10人，硕士15人），副高级以上职称26人，女党员39人，1人任苏州市人大代表，1人任苏州市政协委员，2人任市人大代表，14人任市政协委员。2021年，民革常熟基层委全年组织各项专题学习36次。开展中共党史学习教育，组织党员赴长沙、南京等地开展党史实景教学75人次。组织党员开展庆祝中国共产党成立100周年、纪念辛亥革命110周年专题征文活动。

【组织建设】 2021年，民革常熟基层委修订完善《民革常熟市基层委员会工作规范》《民革常熟基层委员会内部监督制度（试行）》《民革常熟市基层委员会优秀党员评比实施办法（试行）》。内部监督委员会对基层委及支部各项重大决策部署和贯彻落实情况开展督查32次。基层委第一支部、第四支部获评省级示范支部，并被民革苏州市委表彰为先进支部。

【参政议政】 2021年，民革常熟基层委参加市委组织召开的双月座谈会、专题协商会、通报会等各项会议10次，围绕“农业农村现代化建设”“传统产业智能化改造和数字化转型推进情况”“市域社会治理现代化建设”等专题建言献策。2021年常熟市政协十四届五次会议上，民革常熟基层委提交提案27件，其中基层委集体提案《推进人才战略，推动常理工与地方互惠共赢》被列为常熟市政府主要领导领办提案。年内，各支部开展“一支部一调研”活动，报送的调研课题获民革苏州市委2021中山议政会特等奖。与农业农村局、司法局、生态环境局等对口联系单位开展走访座谈5次，加强信息互通，建立常态化联系机制。

【社会服务】 2021年，民革常熟基层委利用常熟民革社会服务品牌“绿色公益团”和百姓城管志愿服务总队民革志愿服务大队等载体，组织党员开展各类社会服务和公益活动计12次，参与党员162人次。组织党员赴高新技术产业开发区、梅李镇等地开展绿色公益知识宣讲活动，向群众倡导绿色环保低碳生活理念。 （王　韵）

中国民主同盟常熟市委员会

【概况】 2021年，民盟常熟市委设有参政议政、社会服务、青年工作、老年工作、妇女工作5个工作委员会，新拆分科技三支部，有16个基层支部。有盟员334人，年内发展盟员10人，转入3人，转出1人，去世2人，盟员分布在教育、科技、文化、医卫、法律、经济等界别，平均年龄55岁，在职盟员229人，占69%；本科以上学历263人，占79%，博士8人、硕士31人；女盟员141人，占42%；中高级职称330人，占99%；有苏州市人大代表2人，常熟市人大代表3人（其中市人大常委会委员1人）；江苏省政协委员1人，常熟市政协委员23人（其中副主席1人，常委3人）。年内，举行民盟常熟市第六次代表大会，召开纪念中国民主同盟成立80周年暨常熟民盟地方组织成立60周年座谈会。2021年常熟盟员获得国家级奖项7项、省部级奖项18项、地市级奖项74项、其他奖项60项。民盟常熟市委获得民盟中央群言杂志社2021年度优秀发行单位奖、民盟江苏省委宣传工作先进集体二等奖、纪念中国民主同盟成立80周年先进集体，民盟苏州市委思想宣传工作先进集体、社情民意工作先进集体、中共常熟市委统战部全市统一战线信息工作先进单位三等奖，《发挥民盟优势，助力脱贫攻坚》获常熟统一战线“助力小康，奋斗有我”微视频评比三等奖。

【组织建设】 2021年，民盟常熟市委举行基层支部集中换届。通过基层支部换届，民盟常熟市委16个支部产生64名支部委员，平均年龄44岁，本科以上学历占95%，中高级职称占98%。

【参政议政】 2021年，民盟常熟市委有10多位盟员担任党风联络员、特约监察员及发改、人社、公安、城管等部

10月，民盟常熟市委"同心公益 爱心助学"走进甘肃活动

（民盟常熟市委　提供）

门的行风监督员。在常熟市政协十四届五次会议上，民盟常熟市委向大会提交集体提案15件，盟内23位政协委员提交个人提案7件，联名提案12件，3位人大代表提交建议4件，内容涉及推进乡村振兴、四史教育、人工智能等。《"千村美居"重在建设，贵在管理》《聚焦常熟地域特色，促进文旅融合发展》2件集体提案列为市委领导、市长领办提案，胡立军等的《加快常熟三甲医院建设》联名提案列为市政协领导督办提案。范黎被评为常熟市十五届人大四次会议提出优秀建议先进个人。民盟常熟市委参加统战部举行的"同心献智"活动，上报8篇调研报告。开展"一支部一调研"活动，撰写《探索适应"十四五"发展的常熟职业教育》《深化"一网统管"为高品质"江南福地"提供优良发展环境》等19个调研报告。盟员参加民盟省委举办的研讨会和论坛，报送7篇论文。年内，上报各类社情民意23条。盟员丁力进提交的"关于长江流域下游城市纺织品微塑料污染"社情民意被全国政协单篇录用。1名盟员获民盟中央反映社情民意信息工作先进个人，1名盟员获民盟省委参政议政先进个人，3名盟员获民盟苏州市委参政议政工作先进个人、9名盟员获论坛研讨先进个人，6名盟员获民盟苏州市委社情民意信息特等奖、二等奖和优秀奖。

【社会服务】 2021年，民盟常熟市委参加中共常熟市委统战部组织的纪念"五一口号"发布73周年社会服务活动，选派5位医生为村民提供医疗卫生咨询。联合市政协港澳台侨委员会、辛庄镇政协工委开展"新时代文明实践·同心义诊"——庆祝中国共产党成立100周年服务百姓健康行动，组织民盟19名专家医生在辛庄镇潭荡村新时代文明实践所设点开展义诊，为150名居民进行B超和血糖测量，80名居民进行健康咨询。开展"同心公益　爱心助学"走进甘肃活动，与民盟礼县基层委员会开展互助帮扶，共同开展爱心助学活动。民盟常熟市委为礼县西城小学捐助500套学习用品，盟员周皞为礼县一中10名品学兼优的贫困学生发放30000元"光明奖学金"，民盟常熟市委携手常熟市体育彩票管理中心为大山深处的礼县白河镇中心小学捐助价值3万元的体育活动器材和学习用品。

【民盟常熟市第六次代表大会】 9月27日，民盟常熟市第六次代表大会在常熟市会议中心开幕，75名盟员代表出席会议。会议听取和审议通过中国民主同盟常熟市第七届委员会工作报告，选举产生中国民主同盟常熟市第八届委员会，俞翔当选为主任委员，唐佩军、徐丽娟、金振飞当选为副主任委员，金振飞兼任秘书长；选举产生出席中国民主同盟苏州市第十一次代表大会的11位代表；选举产生民盟常熟市第八届委员会内部监督委员会成员，通过大会决议。 （殷依群）

中国民主建国会常熟市委员会

【概况】 2021年，民建常熟市委设有参政议政、社会服务、青年、老年、妇女5个工作委员会，有18个支部。有会员438名，全年发展会员18人、转出2人、去世1人，会员年净增3.1%。会员以经济界为主延伸至机关、水农、建设、交通、文教、医卫界等。会员平均年龄52.8岁。其中在职会员306人，占69.9%；本科以上学历288人，占65.8%，其中博士10人、硕士43人；女会员116人，占总数的26.5%；中高级职称250人，占57.1%；有苏州市人大代表6人、政协委员3人，常熟市人大代表11人（市人大常委会委员1人）、政协委员37名（常委7人）。新成立工商、机关两个支部的"会员之家"，"会员之家"总数达7家，与上海、常州、昆山、江阴等地民建组织开展会务交流。出版《常熟民建（2016—2021）工作特刊》，总结归纳过去五年的全面工作，微信公众号全年发布196期，对外宣传报道全年被各类媒体采用152篇次。民建常熟市委信息工作、宣传工作获2020年度常熟市统一战线信息工作、宣传工作先进单位一等奖。民建常熟市委还获2021年度民建江苏省委社情民意信息工作优秀直报点，短视频《我是一支笔——常熟民建携手共绘小康之路》获常熟统一战线"助力小康·奋斗有我"微视频评比二等奖。

【组织建设】 9月18日，民建常熟市第十次代表大会举行，90名民建会员代表出席会议。会议听取并审议通过民建常熟市第九届委员会所作的工作报告《坚守合作初心　凝聚奋进力量　为建设"美丽常熟"再建新功》，选举产生民建常熟市第十届委员会，17人当选为委员；选举产生民建常熟市委出席民建苏州市第十五次代表大会的代表。选举张月明为主任委员，屈建龙、胡益梅、陈梅为副主任委员，胡益梅兼任秘书长；选举产生民建常熟市第十届委员会内部监督委员会成员，通过大会决议。年内，民建常熟市委对参政议政、社会服务、老年、青年、妇女5个工作委进行换届，出台《民建常熟市委关于支部调整和换届工作的意见》，4月底前18个支部换届工作全面完成。东南综合、交通综合、金融3个支部分别更名为东南、交通、经济支部，新组建综合支部。18个支部全年活动145次。

【参政议政】 2021年，民建常熟市委在政协常熟市第十四届委员会第五次会议上分别作《关于推动企业上市的几点建议》《夯实数字门牌基础，提升社会治理效能》2篇大会发言和《智能化改造数字化转型赋能高质量发展》的书面发言，提交10篇集体提案、36件个人（联名）提案。7名会员被评选为“2020年‘为常熟高质量发展作贡献，为新时代人民政协添光彩’双岗尽责先进委员”，占先进委员总数的20.6%；4篇提案荣获“市政协十四届四次会议以来优秀提案”，占优秀提案数的26.7%。在常熟市第十五届人民代表大会第五次会议上，民建常熟市委3名市人大代表提交《完善政策保障，促进人口导入》等3篇建议案。全年开展6次市委双月座谈会调研，形成6篇调研报告；有序推进“一支部一调研”，14个在职支部完成18篇调研报告；民建代表调研组撰写《以产业创新为切入深度接轨上海的建议》供市委市政府决策参考；与民建上海电气、上海嘉定、上海师范大学、上海大学委员会开展座谈交流；分别与市法院、工信局、财政局、人社局、交通运输局、统计局和城投公司举行多个调研活动。

【社会服务】 2021年，民建常熟市委规范运作“常熟民建爱心慈善基金”，开展4次“关爱未来成就梦想”爱心助学活动，分别向尚湖镇、碧溪街道20位受助学生送上助学金和礼物；到市儿童福利院开展“让爱飞扬，你我同在”爱心公益活动；开展慰问失独困难家庭活动，6个支部结对6户失独困难家庭，全年开展慰问活动40多次，并帮助老人解决房屋维修等生活困难；对口帮扶河北丰宁县光伏扶贫2万元、胡麻营镇胡麻营村爱心超市2万元，与宿迁市花园村铜官集镇贫困户结对助学帮扶，动员会员在花园村开展梨树认养；连续三年开展“关爱老兵，祝拜新年”活动，向参加过解放战争、抗美援朝、抗美援越、对越自卫反击战的12名老兵送上慰问品；向尚湖镇慈善会捐赠9辆“爱心轮椅”用于镇村两级的助老、助残公益事业；开展“书韵新春——走近常熟年味”系列公益活动，分为“法制常熟年”“韵味常熟年”和“文化常熟年”，与留常熟员工们一起感知常熟历史文化，品味常熟年味；新春前后前往辛庄镇慰问特警、民警，送上防疫物品和慰问品；开展森林防火志愿服务活动，劝阻吸烟、乱扔垃圾等不文明行为；开展科技下乡，普及绿化执法、野生动物保护、法律服务及房屋装饰知识；开展“青山绿水，虞山福地靠你我守护”主题环保活动，在虞山森林公园捡拾垃圾；资助大别山、常熟职教中心、尚湖镇贫困孩子开展助学帮扶工作。（盛　晔）

中国民主促进会常熟市委员会

【概况】 2021年，民进常熟市委有16个支部。有会员375人，全年发展会员16人。会员平均年龄56.2岁。其中在职会员230人，占61.3%；本科以上学历224人，占59.7%；女会员167人，占总数44.5%；中高级职称234人，占62.4%；有苏州市人大代表1人、政协委员2人，常熟市人大代表4人（市人大常委会委员1人）、政协委员35名（副主席1人，常委3人）。年内，民进常熟市委获“民进全国社会服务暨脱贫攻坚工作先进集体”“民进中央反映社情民意信息先进集体”称号。

【组织建设】 2021年，民进常熟市第七次代表大会召开，近90名民进会员代表出席会议。会议听取并审议通过民进常熟市第七届委员会所作的五年工作报告，选举产生以金健峰为主委，缪晓东、王筱虹、朱震为副主委的新一届领导班子成员；选举出席中国民主促进会苏州市第十二次代表大会的代表；选举产生新一届市委委员和以邹科惠为主任的第一届内部监督委员会；通过大会决议。年内，民进常熟

7月20日，由民进江苏省委主办，民进常熟市委、江苏民进江海书画会承办的“在正道上行——庆祝中国共产党成立100周年暨江苏民进第三届书画精品巡展（常熟站）”在新峰美术馆开幕　（民进常熟市委　提供）

市委职教支部、联一支部、经济联合支部完成换届，小教支部调整为小教一支部、小教二支部，新成立教育综合支部、医卫支部。在原有参政议政委员会、妇女工作委员会等基础上新成立信息工作委员会、青年工作委员会、教育工作委员会。建设常熟民进"会员之家"，民进江苏省委副主委朱毅民为"会员之家"揭牌。

【参政议政】 2021年，民进常熟市委落实民进中央"社情民意信息主题年"工作要求，深化会员"全议政活动"，在常熟市政协十五届五次会议上提交发言2篇，集体提案15件，其中《提升社会工作水平，激发社区治理活力》集体提案被列为2021年度政协第3号提案。政协十四届三次会议上提交的《关于在常熟建立遗体（器官）捐献者纪念园和设立遗体（器官）捐献者纪念日的建议》成为现实，年内，绿色殡葬纪念园、遗体（器官）捐献纪念园揭碑。民进常熟市委会报送社情民意信息160条，被民进省委录用并报民进中央75条，被民进省委录用并报省委统战部21条，被民进中央录用4条，被苏州市政协录用并报省政协48条。

【社会服务】 2021年，民进常熟市委推进"同心彩虹"精准帮扶"三年行动"计划，贵州省毕节市金沙县沙土镇来自常熟希望小学、新华小学、新爱小学6位老师来常熟培训。结合庆祝中国共产党成立100周年，举办"同心向党翰墨抒怀"——庆祝中国共产党成立100周年书画巡展，走进常熟理工学院、常熟市人民检察院、常熟市行政审批局、常熟市实验中学、常熟市世茂实验小学、常熟市琴湖小学6个单位，展出作品30多幅。 （俞丹洁）

中国农工民主党常熟市委员会

【概况】 2021年，农工党常熟市委下设参政议政、青年工作、社会服务、老龄妇女4个工作委员会和农工党常熟书画院5个内设工作机构，1个总支、16个支部。2021年，常熟农工党党员数为414人，是全国农工党党员人数最多的县级基层组织。全年发展党员17人，平均年龄36.3岁，其中主界别6人。党员平均年龄57.4岁，主界别占55.10%，教育界占22%，城市建设与规划界占5.8%。党员中有苏州市人大代表2人（其中常委会委员1人），苏州市政协委员2人（其中常委1人）；常熟市人大代表9人（市人大常委会委员1人），常熟市政协委员27人（其中常委6人）。

【组织建设】 2021年，农工党常熟市委做好十一届市委会的换届工作。9月16日召开农工党常熟市第七次代表大会，选举产生以钱向前为主委，韩冷、徐醒尉、王俊良为副主委的新一届领导班子成员，并选举产生新一届市委委员和监督委员会成员。

【参政议政】 2021年，农工党市委向政协市十四届五次会议提交集体提案9件，全部列入协商议题。《补齐公共卫生应急体系短板，筑牢生命健康安全防线》作为大会发言，2件提案为书面发言。集体提案《补齐公共卫生应急体系短板，筑牢生命健康安全防线》、秦建清委员提案《关于我市既有建筑更新改造的相关建议》被列为市委、市政府领导领办提案，范波委员个人联名提案《提升医疗卫生服务能级，推进创建三级甲等医院》被列为政协主席专题督办提案。全年完成各类调研报告8篇，党员张静涵加入农工党江苏省生态院和省农工论坛活动获得二等奖。报送100多篇社情民意信息，有80多篇被上级农工和政协组织录用。

【社会服务】 2021年，农工党常熟市委组织党内医疗专家结合"五一口号"发布等关键节点与市政协港澳台侨（民宗）委、市委统战部等部门，联合开展医疗咨询20多次，惠及群众1000多人次。在全市农工党党员中开展"党费一月捐"，善款纳入"苏州市前进慈善基金"统一管理。农工党常熟市委向常熟理工学院大学生、梅李镇9名贫困学生颁发助学金3.8万元。2021年农工党常熟市委2个集体被农工党中央表彰为脱贫攻坚先进集体。年内，有100多名医卫界农工党党员先后参与疫情防控。

【《中国农工民主党常熟市委员会志》编纂出版】 7月，《中国农工民主党常熟市委员会志》由广陵书社出版发行，该志于2019年8月启动编纂，2020年底通过终审，全书62万字、159幅图片，记录中国农工民主党常熟地方组织的历史演变与现状，是江苏省内首部县级农工党志。 （陈敏新）

九三学社常熟市支社

【概况】 2021年，九三学社常熟市支社有高教、科技、医卫3个小组，社员44人，年内发展社员4人。社员平均年龄48.7岁；其中博士研究生18人，硕士研究生9人，高级职称社员33人，占75%；社内主界别31人。社员中有江苏省人大代表1人，常熟市政协委员3人（其中常委1人）、常熟市人大代表2人、苏州市政府研究室特约研究员2人，九三学社苏州市青工委委员1人。九三学社常熟市支社被九三学社江苏省委评为宣传工作先进集体，被九三学社苏州市委评为参政议政先进集体和社会服务先进集体，6人被九三学社苏州市委表彰为先进个人。

【组织建设】 2021年，九三学社常熟市支社以"组织建设年"为抓手，全面加强支社组织建设。制定出台《九三学社常熟市支社工作规范》《九三学社常熟市支社内部监督制度（试行）》《"虚拟机关"建设方案（草案）》等文件。推荐选派骨干社员参加省、市各类学习和培训5次，同心讲堂学习8次。按照《九三学社苏州市委发展社员工作规程》，年内，发展4名社员，分别为科技、教育、医卫界人士，均具有副高级以上职称或博士学位。加强与全国各地兄弟单位交流联谊。2021年,先后与九三学社南通市基层委员会、九三学社苏州大学独墅湖三支社等开展联合调研学习活动。深化对口联系工作,加强与市科技局的合作联系,开展联合调研2次。

【参政议政】 2021年,九三学社常熟市支社根据中共常熟市委、市政府中心工作,结合"双月座谈会"的课题要求,围绕农业农村现代化、智改数转、市域社会治理、科技体制改革、安全生产管理等专题,提交高质量调研报告。发挥人大代表、政协委员、骨干成员在参政议政工作中的中坚作用,深入农村、企业、社区开展社会调研。获九三学社省委培育课题1项、九三学社苏州市委参政议政课题3项、常熟市社科课题2项。向九三学社省委提交建议3件,向常熟政协提交社情民意及建议8件,施杨、童举希、杨秀云的调研报告被苏州市政府研究室内参采用,以社省委名义提交省政协十二届五次会议提案"关于长三角一体化背景下区域人才一体化联动机制研究的建议"。参加科技局、民政局关于长三角区域创新一体化、养老服务等提案的答复座谈会。

【社会服务】 2021年,九三学社常熟市支社社员围绕"五一口号"发布、"科技工作者日""国际科学与和平周"等主题,开展科普宣传、同心义诊、文化普及等活动,参加社会服务5次。医卫小组组织社员到海虞镇龙墩村开展义诊。社员利用专业知识,在"国家反诈中心"App上举报诈骗电话和诈骗广告。选派社员参加"两弹元勋"王淦昌事迹宣讲暨常熟市科技人员创新争先事迹报告会。组织社员观摩王淦昌书画纪念展,协助相关部门发布"常熟市王淦昌科学技术奖"。在2021年江苏省科技工作者状况调查站点工作培训会上,选派骨干社员为全省科技工作者宣讲"两弹一星功勋王淦昌"。

(杨秀云)

常熟市工商业联合会

【概况】 2021年,市工商联有会员企业6840家,新发展企业会员232家,所属商会54家,新成立商会4家。3家企业进入全国民营企业500强;14家民营企业入选苏州市百强,比上年增加3家。年内,市工商联被确认为2020—2021年度全国"五好"县级工商联。

【组织建设】 2021年,市工商联召开常熟市工商联(总商会)第十三次代表大会,选举产生第十三届执行委员会、常务委员会、工商联领导班子和总商会领导班子;与统战部联合下发《关于做好基层商会集中换届的指导意见》,对全市基层商会集中换届。新成立常熟市高新技术产业开发区商会、常熟市科技创新创业企业联合会和新一代企业家商会,董浜镇、梅李镇青年企业家商会,新发展企业会员232家。建成各级"四好"商会40家。打造"虞商红锋"党建品牌,推进商会党建与商会会建融合,建立9个实体型商会党组织、33个功能型商会党组织、搭建3个商会党建联盟平台,在全省工商联系统率先实现商会党建"两个全面覆盖"。

【参政议政】 2021年,市工商联向政协市十四届五次会议提交集体提案5篇、联名提案2篇,1名工商联界别委员以《迎变育新破茧出,凤凰涅槃浴新生——关于加快我市四大特色产业转型升级的几点思考》为题作政协会议发言。开展"书香政协·虞城悦读"工商联界别委员读书活动。做好市委双月座谈会课题调研,围绕全市农业农村现代化、智能化改造和数字化转型等主题,撰写调研报告。落实全市促进全市特色产业发展的工作要求,赴市货架、无纺、服装、玻璃模具等传统行业的商会,开展重点企业走访调研。推进"民营企业大走访",制定工商联走访活动实施方案,对工商联常执委企业、新经济新业态、纳税大户企业196家,进行3个月集中走访。开展2020年度上规模民营企业调研和民营企业履行社会责任调研,37家民营企业申报,比上年增加10家。开展2021年助力小微企业发展"春雨润苗"专项行动,同常熟市法院联合签署《关于建立健全人民法院与工商联沟通联系机制的实施意见》和《关于建立商会商事纠纷诉调对接工作机制的办法》,8名商会工作者被法院聘请为特邀调解员;同市人民检察院召开建立涉案企业合规第三方机制工作推进会,设立工作机构。加强与浙江、上海、安徽等地工商联组织联系,配合开展招商引资;与江阴市、常州新北区、苏州高新区、浙江海宁市、长兴市、余姚市、安徽黄山市屯溪区、合肥包河区、上海崇明堡镇、黄浦外滩街道10家工商联或商会结成友好商会,并联合启动"长三角友好商会联络合作服务平台",成立长三角区域首个基层商会间联络合作服务平台。

【社会服务】 2021年,市工商联设立慈善工作联络处。扩容光彩基金,收到河南商会、高新区商会、跨境电商等5.8万元捐款。继续推进"百企帮百村"精准扶贫活动,参加南北挂钩工作推进会。继续开展2021年"爱邮梦想,快乐成长"爱心包裹定向思南捐赠活动。

(吴学明)

【"服务民企360"主题活动】 2021年,常熟市坚持开展"服务民企360"主题活动,将活动范围拓展到港澳台侨资企业中,听取企业家意见和诉求,全方位了解企业发展动态。全年举办企业家360圆桌会议(红色代办员活动)14期,参会企业家286人,参加部门板块数109家次,新建企业家微信联系群2个,收集意见建议301条,当场回复解决279条,后续跟进22条,编写民营企业信息直报4期。

(黄　婷)

责任编辑　姚永林

群众团体

常熟市总工会

【概况】 2021年，常熟市有独立工会4063家，年内新建独立工会138家，其中规上企业工会75家。有实名制会员42.5万人。至年底，市工人文化宫进入全面施工阶段。

【基层工会建设】 2021年，市总工会以经开区、高新区为重点区域，以规模以上未建会企业为重点对象，开展建会攻坚行动，走访未建会规模以上企业129家，完成规上企业建会75家。年内，各板块总工会基本完成换届。市总工会深化企业民主管理，全市规模以上建会企业建制率超过85%，全市国有、集体及其控股企事业单位厂务公开、职代会全覆盖。市总工会完善非公企业工会干部津补贴制度，发放补贴8.42万元。开展工会系统作风建设“1+X”协调协同专项督查。做好小微企业工会经费返还工作，全年返还经费5696.9万元。

【职工思想引领】 2021年，市总工会命名市“文明职工”100人、“五一文明岗”50个。开展“中共十九届五中全会精神”“学习习近平总书记‘七一’重要讲话精神”等线上有奖知识竞答，参与职工超3万人次。开展“双进”活动28场次，参与职工近1.3万人次。深化“职工书屋”示范点创建，举办“职工读书节”。挖掘职工文体骨干，推动成立职工文化艺术团。组织开展职工美术展、书法展等各类文体活动，其中常熟职工合唱团、职工龙舟队均在苏州市级比赛中获得佳绩。

6月29日，新时代常熟产业工人队伍建设改革联席会议暨现场推进会举行
（市总工会　提供）

【工会先进选树】 2021年，常熟市推荐评选江苏省劳动模范11人、苏州市劳动模范29人；推荐评选各级“五一”劳动奖章65个、“五一”劳动奖状18个、“工人先锋号”22个，其中天银机电公司葛玲莉获全国“五一”劳动奖章；评选苏州市“最美劳动者”806名。通过《常熟日报》、“常熟工会”微信公众号等开展劳模事迹集中宣传，并编写出版《新时代最美奋斗者》。

【职工技能教育】 2021年，市总工会深化劳动技能竞赛，组织开展职业技能竞赛17项，参与职工近千人。依托“常熟工会”微信公众号，开展职工才艺、技能培训46场次、会员普惠活动14场次。评选产生“五小”（即小发明、小创造、小革新、小设计、小建议）微创新成果奖50个，科技创新成果、先进操作法各10个。搭建创新创造平台，创建劳模（工匠）创新工作室10个。围绕“五个一”（即一个创新项目，一个调研课题，一本案例汇编，一次专题培训，一个现场推进会或经验交流会）工作思路，深入推进产改工作，征集产改优秀案例36篇。依托“工会创业贷”，助力小微企业和职工创新创业，发放贷款1010万元。开展“培训送企业”活动32场次，参训职工1500人次。开展安全生产有奖问答活动，参与职工近万名。以“安康杯”为抓手，开展各类职工安全生产教育、培训活动。

【职工帮扶关爱】 2021年，常熟市关心关爱特殊职工群体，向54户困难职工家庭发放慰问金及物资18.56

万元；做好第八期职工互助会入会工作，吸纳507个单位的4.4万名职工参保。开展夏季高温"三送"活动，慰问一线职工5400多人次。开展"妈妈驿站""安康驿站"扩容项目，年内建成"妈妈驿站"示范点118家、"安康驿站"131家。组织一线职工疗养休养，37名劳模、532名职工参加活动。开辟线上招聘专栏，推出职业介绍23期，提供147家企业的岗位588个。

【职工维权服务】 2021年，市总工会实现建会企业工资集体协商全覆盖，推动"薪酬激励"纳入集体协商，举办集体协商实务培训班8期。运用微信公众号、网站等多种形式，加强普法宣传。强化劳动争议预警和调解工作，构筑劳动仲裁—工会调解—法律援助—帮困救助的"锁链式"维权体系，接待来信来访100多人次。

（顾　卓）

共青团常熟市委员会

【概况】 2021年，全市共有团员40616人、基层团干部5418人、基层团组织3707个。年内，新发展团员1780人，在实现全市14个乡镇、街道"青年之家"全覆盖的基础上，推动5个"青年之家"新增入驻云平台，全年云平台发布活动331场次，参与8206人次。2021年，团市委获国家级"节约型机关"称号，常熟市"河小青"助力河湖"两违"专项行动获第五届江苏省"母亲河奖"绿色项目奖。

【共青团组织建设】 2021年，团市委落实团组织集中换届工作制度，规范换届程序，做好全市镇、村（社区）团组织换届指导工作，指导全市8个镇团委、316个村（社区）团组织完成换届工作。落实《团支部工作清单制度》，开展团支部书记"双述双评"、团支部（总支）对标定级等工作。推进社会领域特别是非公企业团建工作，新增社会领域团组织300个，实施"团建助企"项目。开展"青新进青企""蓝色游"青春潮玩会等活动。年内，团市委组织团干部培训，提高团干部基础团务工作能力，覆盖机关事业单位、中学中职、村（社区）、非公企业，以及社会组织团组织书记284人次。加强团代表联络站与联青服务站建设，每月一个"集中服务日"、每次一主题下沉村（社区）开展联系服务青年工作。

【青少年思想引领】 2021年，团市委在"五四""六一""七一""十一"等重要时间节点，举办"学党史、强信念、跟党走"主题团（队）日活动，动员全市100余所中小学校少先队员集中观看"红领巾爱学习"网上主题队课，组织全市各级20名团干部面向团员青年宣讲党史主题团课；组建"红领巾巡讲团"，将"党的故事我来讲"活动与少先队员形象大使选拔活动相结合；开设"虞燕送理虞青共学"新浪微博超话，组织常熟团员青年参与"青年大学习"线上主题团课学习，每周参与学习3万—5万人，参学率达到100%；组织全市团员青年围绕"争当表率、争做示范、走在前列"主题开展大讨论；评选"常熟好青年"及提名奖80名，及时发布"好青年"等优秀青年事迹。常熟青年宣传片《五四·虞青》获得最高单篇阅读量32.8万次。

【青少年关爱】 2021年，团市委实施"梦想改造+"关爱计划，聚焦全市6—16周岁事实无人抚养儿童，推进38户"梦想小屋"建设，建立常态化结对机制，利用春节、端午等时间节点，开展走访慰问，为事实无人抚养儿童等困境青少年群体提供切实服务。开展"中高考减压行动""模拟法庭进校园""法治公开课"等品牌工作，维护青少年正当权益。全市各级团干部开展"青年议事会"30余场，通过实地走访调研、面对面交流宣讲等方式，联系青年，收集困境青少年"微心愿"，采集青年意见，为青年解决实际困难。实施"立体关护·成长护航"工程，"智慧检+立体式护航"项目获2021年度苏州市"立体关护成长护航"工程项目一等奖。开设"非常假期青春作伴"爱心公益暑托班。

【青年人才培养】 2021年，团市委与市委组织部开展"最美窗口最强担当"常熟市年轻公务员主题演讲比赛。举办"虞青建功·精品美游"虞青说讲坛、"虞青建功·空间美图"虞青说讲坛。评选2021年常熟市"青年文明号"31个，"青年安全生产示范岗"20个，"青年岗位能手"77个。开展"飞"常精英——高校大学生暑期实践系列活动，围绕百名"名校优生"大学生暑

3月21日，"小城大爱 虞青有志"启动仪式在永旺梦乐广场举行

（团市委　提供）

期实习、知名高校大学生到苏实习、上海交大文创学院研究生暑期见习实训、常理工大学生金融岗位实习4个模块，拓宽引才渠道，吸引优秀学生回家乡参与美丽常熟建设。

【青联、青企协工作】 2021年，团市委举办市青联第二次常委会，组织多界别青联委员走访常熟国际学校、市属国企等活动。落实“领航工程”“聚能工程”“数字工程”和“强基工程”四大工程，引领青年企业家投身美丽常熟建设。打造“虞青企业家论坛”，以“智能化改造”“数字化转型”“创新驱动”为主题开展季度交流，吸收15名新成员入会。开展“走基层听青声”活动，走进6个镇（街道）、22家青企，访需求、听建议、增情感。团市委书记室常态化走访青创协会员单位，依托“虞青+”创新创业平台，开展“众创门诊”“大咖来了”等主题活动12次。举办常熟市青年创业者协会会员沙龙暨科技政策解读会，推报10个项目参加第九届中国江苏人才创新创业大赛创新创业赛、23个项目参加“赢在苏州创赢未来”第十三届苏州青年精英创业大赛，获二等奖1个、三等奖2个、优秀奖1个。（徐鉴棠）

3月5日，“美丽常熟·巾帼芳华”常熟市纪念“三八”国际妇女节111周年暨巾帼风采展示活动举行（市妇联　提供）

常熟市妇女联合会

【概况】 2021年，常熟市有镇（街道）妇联14个，板块妇工委2个，市妇联直属系统妇联、妇委会（妇工委）22个，村（社区）妇联330个。年内，市妇联围绕中心，聚焦奋斗美图、创新美业、乡村美景、文明美德、关爱美城、温暖美家“六美”，着力打造“美丽常熟·巾帼芳华”工作品牌，团结引领广大女性为推动美丽常熟建设贡献巾帼智慧和力量。

【妇女组织建设】 2021年，全市各镇（街道）村（社区）妇联完成集中换届，村（社区）妇联主席100%进村（社区）“两委”。市妇联指导成立企业服务产业园妇联，全年新建新兴领域妇联组织13个。引导开展妇女微家和新时代文明实践结对展示活动70多次。召开新时代苏州儿童“幸福港湾”常熟实践项目推进会。实施第六届妇女儿童家庭公益微创投项目，“巾帼向党盛世花开”妇女成长计划等4个项目，开展活动66场次，覆盖人群1220人次。“新时代亲子共融计划”作为苏州市基层妇联组织示范服务项目乡镇街道的唯一试点。

【巾帼建功活动】 2021年，市妇联开展“巾帼建功30周年”巾帼文明岗风采展示。选树常熟市优秀巾帼文明岗21个、巾帼文明岗55个，命名常熟市巾帼示范基地7个。常熟市新合作常客隆购物广场有限公司海虞北路店获评全国巾帼文明岗，辛庄镇行政审批局（为民服务中心）获评省级巾帼文明岗。赵苗苗、朱琴芬分别获评省、苏州市巾帼建功标兵。举办“美丽常熟·巾帼芳华”常熟市纪念“三八”国际妇女节111周年暨巾帼风采展示活动。周丽娟当选2020年度省“三八”红旗手标兵，沈岚等7名女性获评苏州市“最美巾帼奋斗者”。开展“建党百年风华正茂，双拥共建巾帼花开”“常熟妈妈”双拥行动，组织三八红旗手、女企协会员等女性代表参与“辉煌足迹·火炬传承”火炬传承跑。

【妇女宣传教育】 2021年，市妇联实施女性素质提升工程，建立虞城巾帼学堂347家，实现市、镇（街道）、村（社区）全覆盖。围绕思想引领、能力提升、美好生活3个主题，举办女干部素质提升专题培训、学习贯彻习近平总书记“七一”重要讲话精神专题讲座、服饰穿搭沙龙、女子防身术培训等。推出“巾帼翰墨”等“云学堂”栏目37期，新时代下的数化招聘与运营、“悦读+”美丽庭院现场沙龙、“四史”读书会、维权辅导等线下学堂30场。围绕庆祝中国共产党成立100周年，市妇联开展“巾帼心向党·建功新征程”系列活动，重点打造“虞城巾帼学堂·巾帼心向党”宣讲品牌，举办党史学习教育市妇联专场宣讲报告会，微信开设“建党百年”“芳华百年”党史学习课程，讲述38个常熟党史故事和100名巾帼英雄人物事迹。年内，开展线上+线下宣讲522场次，覆盖人群37839人次。制定红色研学地图，打造沙家浜革命纪念馆、支塘镇蒋巷村、朱爱秾烈士纪念馆等巾帼党性教育基地。

【妇女创业就业】 2021年，市妇联搭建平台、完善服务，提升女性发展动能，瞄准新技术、新业态等“六新”（即新基建、新技术、新材料、新装备、新产品、新业态）风口，打造“益企”品牌，拓展女性发展空间。联合经开区、高新区分别举办“情满滨江·一‘路’幸福”首届集体婚礼、“菁聚高新·筑梦芳华”精英人才交流活动，成立“益企同行”巾帼志愿服务队。依托常熟企业服务产业园女性创客空间，开展育婴师、面点师等技能培训课程7个，受益妇女近千人。

【家风家教建设】 2021年，市妇联举办“凝聚家庭力量·共建美丽常熟”常熟市第十一届家庭文化节。举办青年人才集体婚礼。组织《习近平关于注重家庭家教家风建设论述摘编》专题学习，开展“四史”学习教育进家庭“微感言”征集，举办“童心里的诗篇”家庭原创诗会。开展“沐书香·伴成长”线上亲子绘本共读活动，征集微视频227个。苏洁、侯慕容家庭获评江苏省最美家庭，贺倩等10户家庭获评苏州市最美家庭，王颂华等20户家庭获评苏州市健康家庭。常熟市文庙言氏家教家风实践基地、翁同龢纪念馆被命名为首批“苏州市新时代家教家风实践基地”。（谢　燕）

常熟市科学技术协会

【概况】 2021年，市科协有学会（协会）30个，镇（街道）科协15个，年内新增企业科协15个。举办第二十九届科普宣传周、2021年全国科普日等活动；促成中国核学会苏州科技经济融合工作站和范滇元院士工作站落户常熟。经市政府批准，设立“常熟青少年科技创新市长奖”。市科协被中国科协评为“2016—2020年度全国科普示范市总结评估工作优秀单位”，被江苏省科协表彰为“县级科协科技创新能力提升计划”优秀单位，获2021年中国创新方法大赛江苏赛区优秀组织奖、首届江苏省流动科技馆“小小科普讲解员”大赛优秀组织奖、“长三角地区科普漫画大赛”优秀组织单位。王淦昌故居获首批“江苏省科学家精神教育基地”称号。2021年，常熟市有10个“科技创新团队”和10名“科技创新标兵”获得2020年度科技人员创新行动“双十佳”评选表彰奖励。常熟理工学院姚喜霞博士入选江苏省青年科技人才托举工程项目获得资助，常熟理工学院苏州农业现代化研究中心首席专家童举希获“2020苏州魅力科技人物”称号，江苏迎阳无纺机械有限公司总经理范立元被评为2021年“科创江苏”企业创新达人和创新达人宣讲代表。

【“院士家乡行”活动】 2021年，市科协做好院士专家等高层次人才联络工作，13名院士被市委市政府聘任为“高质量发展顾问”，邀请9名院士出席2021常熟精英创业联盟大会、精英周、苏州科学家日活动；举办曹楚南院士学术思想与学科建设发展座谈会，李颉院士、王庆国院士企业创新发展座谈会等院士专家座谈会，5家企业与院士团队达成意向合作，其中2个项目列入市科技计划“揭榜挂帅”项目并获得支持。

【“建家群创”活动】 2021年，市科协助力大众创业万众创新，打造“建家群创”活动品牌，获认定省示范企业科协1家，创建常熟市企业科协“科技人员家”8家，实施科技人员创新行动项目460项。兑付常熟市企业科协科技创新C券，金额90万元，惠及企业18家，其中实施协同创新的项目目7个。参加2021年中国创新方法大赛，江苏赛分获一等奖2个、二等奖2个、三等奖2个，国赛获全国优胜奖1个。参加苏州市2020—2021年度“讲理想、比贡献”创新创业“双杯赛”活动，获优秀个人13个，其中科创先锋10个、优秀创客3个；获优秀项目27个，其中创新杯23个、创业杯4个，常熟市科协获优秀组织单位。参加“科创江苏”创新创业大赛，获一等奖1个、二等奖2个。（王晓理）

常熟市归国华侨联合会

【概况】 2021年，全市有镇（街道）侨联13家、高校侨联1家、开发区侨联2家，有侨商会、侨联法律顾问委员会、华侨文化交流基地等多个社会团体和工作平台。常熟市侨联完成市、镇两级侨联换届工作，制订《2021常熟市侨务工作（双五有侨联建设）项目化标准》，建成9家双“五有”基层侨联组织，打造社区侨胞之家和新侨之家，形成“乐亲侨心”“五线谱”工作法、“孝润侨心”“345”工作法等基层工作品牌。开展新一轮侨情信息摸排，梳理重点华侨华人、归侨侨眷600多人，重点侨资企业100多户。履行侨界参政议政职责，提交“深挖海内外校友资源、助力家乡建设”等提案10件。深

2月8日，跨“疫”五洲共“云”春 2021常熟海内外侨界大拜年直播在融媒体中心举行（市侨联　提供）

化文化惠侨和依法护侨工作，举办“侨界文化月”“侨界法治宣传月”系列活动，编印《前行——常熟市侨联工作回顾》画册。

【思想引领】 2021年，市侨联围绕庆祝中国共产党成立100周年，组织开展沉浸式党史学习教育，引导侨界学习习近平总书记“七一”重要讲话。举办学习中共十九届五中、六中全会精神宣讲报告会，增强侨界人士的思想自觉和行动自觉。在仲国鋆老宅挂牌建立常熟市首个侨界红色教育基地，组织开展《亲情中华，张謇故事》学习活动。以“追梦中华，侨心向党”为主题，开展常熟市第三届侨界文化月活动，举办党史学习、定向邀请赛、阅读书籍、现场教学、文艺演出、非遗体验等活动近20场次，覆盖侨界群众上千人。

【经济发展服务】 2021年，市侨联、市侨办联合上海海创园举办“沪虞创想，从容有常”海外高层次人才上海对接交流会暨2021长三角创新创业项目路演活动，来自新材料、智能制造、新能源等领域的20多位海外人才和多家知名投资机构负责人参会交流，8个项目现场进行路演，促成5个项目与常熟达成初步合作意向并签约。牵线成立“上海海创园常熟引才工作站”，推动常熟市与上海海创园服务中心开展战略合作，达成“服务新侨、功能互补、实现共赢”的“1+N”合作意向。参加2021“创业中华·创聚嘉兴”长三角侨界精英创新创业峰会，与长三角核心区城市共同发布“六方合作八项举措”，在人才推介、共享平台等方面实现跨区合作。

【为侨服务】 2021年，市侨联全年走访慰问侨界人士代表80多人次，邀请、接待海内外华侨华人50多人次。与市卫健委联合发布“暖心惠侨”健康服务项目，通过侨眷与家庭医生团队签约，为70周岁以上的侨眷提供相关服务。联合玉蕙口腔医院开展“蕙心侨爱健康行”活动，为常熟侨界人士和海外侨胞、留学生推出个性化健康服务。组织开展2021常熟市侨界法制宣传月活动。邀请相关部门专业人士为侨企负责人和侨眷进行出入境和环保方面的专题讲座，制作“法律有保障侨界更和谐”侨法宣传短视频，通过课堂式集中学习、“线上线下”双联动宣传、书记说侨法、涉侨法律法规知识竞赛、专题讲座等形式开展宣传活动。

【侨界联谊】 2021年，市侨联利用视频、图片直播平台，与海外重点侨胞建立线上联系。以“线上+线下”互动形式，举办“跨疫五洲共云春”常熟海内外侨胞春节大拜年直播、“最美不过家乡月”侨界金秋联谊等活动，近20个国家的常熟侨胞用视频向家乡亲人发来祝福。协助做好“网链苏州，侨聚最美窗口”百年寻梦活动，通过中新社记者采访顾勇涛、孟学军等常熟侨界代表，讲好常熟侨界的奋斗故事。

【市侨联第九次代表大会】 12月9日，市侨联第九次代表大会在常熟会议中心召开。大会审议通过题为《高举旗帜，同心筑梦 为美丽常熟建设贡献侨界力量》的市侨联第八届委员会工作报告，选举产生由30名委员组成的市侨联第九届委员会，聘请15名海外委员和2名顾问。在市侨联九届一次全委会上，贾宇烨当选主席。会议还表彰一批“最美侨胞之家”“最美侨胞之友”“最美侨界之星”。

（季玉萍）

常熟市文学艺术界联合会

【概况】 2021年，市文联有会员1990人，其中国家级110人、省级334人，苏州级297人、常熟市级1249人。年内，市文联组织2021年常熟市文艺家读书班，组织文联成立70周年文艺成果特展，组织书画家开展10余场“和爱常熟”主题志愿服务活动。出刊发行《常熟田》7期，其中增刊1期。

【文联组织建设】 2021年，市文联所属文艺家协会有10个，分别是常熟市美术家协会、书法家协会、摄影家协会、民间文艺家协会、作家协会、音乐家协会、舞蹈家协会、曲艺家协会、戏剧家协会、电影电视艺术家协会；有基层和企业文联16家，分别是海虞镇文联、梅李镇文联、辛庄镇文联、古里镇文联、支塘镇文联、沙家浜镇文联、董浜镇文联、尚湖镇文联、碧溪街道文联、虞山街道文联、常福街道文联、莫城街道文联、琴川街道文联、东南街道文联、政法文联、波司登文联。年内，市文联出台《常熟市文联各文艺家协会换届工作的实施意见》，各文艺家协会年内完成换届。

2021年，市文联开展送春联下乡活动　（市文联　提供）

表 10　2021 年度常熟市文联书画摄影作品展览一览表

开幕时间	地点	展览名称	主办单位
1月4日	碧溪美术馆	首届“常熟美术奖”作品展	市文联、碧溪街道办事处
2月26日	碧溪美术馆	“联韵江南·灵动碧溪”2021年楹联书法作品展	市文联、碧溪街道办事处
5月18日	市张瑞林艺术收藏馆	“百年辉煌·艺心向党”常熟市书法作品展暨常熟市张瑞林收藏艺术馆开馆二周年名家书画特展	市委宣传部、市文联、辛庄镇党委
6月28日	市新峰美术馆	“百年辉煌·艺心向党”当代美术精品展	市委宣传部、市文联、海虞镇党委
6月29日	常熟美术馆	“百年辉煌·艺心向党”东方红·袁毅平摄影精品展暨常熟市摄影作品展	市委宣传部、市文体旅局、市文联
12月24日	线上	“苔痕雪影”——“元四家”故里暨长三角中国画作品邀请展	无锡市锡山区委宣传部、锡山区文化体育和旅游局、锡山区文联、常熟市文联、嘉善县文联、富阳区文联、余杭区文联、临平区文联、平阳县文联

【会员创作】 2021年，常熟市组织第二届民营剧团展演周，3台原创参演，其中包括大型原创沪剧《常德盛》、大型原创锡剧《青石鉴》、大型原创方言喜剧《好来围圆》。蔡耀国的《疫情防控入户排查日记》、陈洁的《生年七七》分别获2021年江苏省第31届报纸副刊好作品二等奖、三等奖；崔文英的《寻梅》获2021江苏省小舞蹈家总决赛特金奖。（张妍红）

常熟市残疾人联合会

【概况】 2021年，常熟市有各类持证残疾人19350人，其中，肢体残疾8598人，视力残疾1956人，听力残疾708人，言语残疾63人，精神残疾3650人，智力残疾3211人，多重残疾1164人。市残联将“残疾人之家”服务半径向有条件的村（社区）延伸，发挥“日间照料、康复服务、辅助性就业、文体活动、法律维权、社会助残”综合服务作用，建成27家“残疾人之家”，实现乡镇全覆盖。完成62户贫困残疾人家庭无障碍改造，方便残疾人生活。举办“巩固残疾人脱贫成果，提高残疾人生活质量”——第三十一次全国助残日主题活动。

【残疾人证管理】 2021年，市残联出台《常熟市残疾评定实施方案》，完善评残委员会和评残专家库，组织56名残疾评定专家进行上岗培训，完成现场评残846人，上门评残60人，评残定级584人，跨省“一网通办”服务14人。组织各镇（街道）对“全国残联信息化服务平台”残疾人信息进行核对，修改、更正信息7085条。核查常熟市残疾人证信息及2019年以来换发的新版残疾人证与中国残联系统内的19545条残疾人证数据信息，更正100多条错误信息。

【“残疾人之家”建设】 2021年，市残联下发《关于推进基层残疾人工作标准化建设的指导意见》，明确镇（街道）和村（社区）残疾人工作标准。成立常熟市残疾人事业发展研究智库。完善“残疾人之家”运营管理服务标准，开展“残疾人之家”星级评定，常熟市“残疾人之家”和琴川街道“残疾人之家”通过苏州市星级达标评定。

【公益助残】 2021年，市残联以公益募捐开展全市22个被撤并乡镇辅具共享项目，在市行政审批局等多家窗口单位设立辅具共享点；协调爱心企业冠名资助，在电视台全年开设“跟陆校长学手语”专题节目；开展由新的社会阶层人士联谊会认领襄助的百名花季少年微心愿圆梦活动；开展24名重度视力残疾人门诊就医志愿陪护活动；组建儿童运动康复党建联盟，被评为省残联2021年度创新项目；开展覆盖全市各镇（街道）的阳光助残党建结对残疾人之家123活动计划，32个党组织、55个爱心企业（商会、协会）与16家残疾人之家常年开展结对共建帮扶活动。设立残疾人文创展示专区，开设公益抖音账号，宣传助力残疾人文创事业发展。组织25位书法名家举办“艺心颂党大爱无疆”爱心助残主题书法名家邀请巡回展，50幅展品定向捐助残疾儿童康复项目。（丁　力）

常熟市红十字会

【概况】 2021年，全市有基层红十字会组织164个，年内新建基层红十字会8个，有志愿服务组织9个，注册志愿者775人。市红十字会召开第7届理事会第四次会议，审议调整市红十字会常务副会长和部分兼职副会长、理事。组织市红十字会建会110周年纪念活动。实施“公益性救护培训18000人”的民生实事项目，全年完成初级救护员培训2447人、普及性救护培训16834人，开设“关爱生命，‘救’在身边”——市民应急救护公益讲堂20期。市红十字救援队全年参与重大活动安全保障、救护知识宣传培训和景区救援值班保障等志愿服务78人次，服务时间312小时。会同市文明办、市献血办、市卫健委开展第四届常熟市无偿献血爱心使者评选表彰活动。市报慈小学、市第一中学成功创

9月17日，2021年世界急救日主题宣传活动暨红十字水上救援应急演练在尚湖风景区举行　　（市红十字会　提供）

建江苏省红十字示范学校。市红十字会获评2021年度中国红十字会总会报刊宣传先进集体一等奖、苏州市红十字工作“人道奉献”先进集体。

【遗体和人体器官捐献】 2021年，全市有58人报名捐献遗体（器官），共实现遗体捐献13例、器官捐献3例、角膜捐献5例。市红十字会建成红十字捐献纪念园，将常熟所有遗体（器官、角膜）捐献者的名字镌刻在碑墙上，为捐献者的家属提供凭吊和追思逝者的平台。4月1日，会同市民政局在虞山思亲苑举行常熟市绿色殡葬纪念园、遗体捐献纪念园揭碑暨集体缅怀仪式。

【造血干细胞捐献】 2021年，全市有445人志愿加入中华骨髓库，44人初配相合进入再动员，常熟友邦保险公司员工陈辉实现造血干细胞捐献，成为常熟市第19例造血干细胞成功捐献者。市红十字会与市血站合作启动方塔东街献血屋造血干细胞血样采集服务，每周末、节假日可在献血屋直接采集血样加入中华骨髓库。在“世界骨髓捐献者日”举办第29届“小城大爱，博爱永续”造血干细胞志愿捐献者集中血液采样活动。

【红十字社会捐赠】 2021年，市红十字会筹集社会捐赠款物516.57万元，发放捐赠款物471.34万元，受益5700多人次。其中河南省暴雨水灾期间，爱心单位、市民捐赠款物51.43万元。博爱助困项目主要通过红十字“博爱送万家”活动为困难家庭、重病患者等人群送上人道关怀和慰问，发放款物79.56万元；博爱助学项目发放“常熟开关博爱助学基金”“蓓蕾博爱助学基金”22.4万元，惠及城乡239名学子，与四川省内江市东兴区、四川省绵竹市土门镇、贵州省思南县等地结对助学108名困难家庭学生，发放助学金14.6万元；博爱助医项目通过“徐婷博爱助医项目”“常熟市小天使关爱基金”救助4人次、6.8万元。博爱助捐项目慰问造血干细胞捐献者和遗体器官捐献者家庭10人，慰问金共5万元。

【“博爱家园”建设】 2021年，市红十字会在莫城街道聆湖社区、梅李镇天和社区、董浜镇新时代文明实践所、东南街道东湖社区及海虞镇南塘社区新建5家红十字博爱家园，至年底全市累计建立博爱家园15家。琴川街道颜北社区被江苏省红十字会评为优秀博爱家园。常福街道景泰社区红十字博爱家园被中国红十字会总会纳入城市博爱家园基层组织建设试点社区，试点工作情况在《中国红十字报》上进行专版宣传。

【市红十字会建会110周年纪念活动】 12月7日，市红十字会举行建会110周年纪念暨常福街道景泰社区中国红十字会总会基层组织建设试点工作报告会，总结回顾常熟市红十字运动110年的历程。纪念会上发放《人道的力量——常熟市红十字会建会110周年》纪念图册，发布《红十字——人道的力量》专题宣传片；授予24家单位为“博爱之星”先进集体，10名同志为“博爱之星”先进个人，4个志愿服务团队为常熟市优秀红十字志愿者团队；发布红十字“博爱助困”“博爱助医”“博爱助学”“博爱助捐”4个人道救助品牌项目。

（管梦益）

责任编辑　姚永林

法治

政法委及综治

【概况】 2021年，市委政法委牵头开展2个市级、30个镇级社会治安重点地区、突出问题整治行动。完成《常熟“蓝色游”发展规划（2021—2025）》《常熟理工学院拟更名为苏州工学院》《常熟市服务业发展第十四个五年规划》《常熟市电子证照管理暂行办法》《常熟市消防救援事业发展“十四五”规划》《常熟市国土空间规划近期实施方案》《常熟市“十四五”工业经济发展规划》《常熟市农业农村局关于编制常熟市农业农村发展“十四五”规划（草案）》8个重大行政决策项目社会稳定风险评估备案。出台《“智慧小区”建设试点工作方案》，明确全市“智慧小区”建设标准，年内建成聚和佳苑、春来家园等6个智慧小区。细化严重精神障碍患者管控措施，与414名患者的监护人签订“以奖代补”协议。建设完成三级心理咨询室332个，实现全市心理服务村、社区全覆盖。开展铁路护路联防工作，会同铁路派出所、交通局等单位举办“5·26我爱路”专题活动，拍摄首部铁路护路宣传片《了解护路知识 共护家园发展》，制作铁路护路卡通形象。组织全市各镇（街道）、相关部门开展“崇尚科学，树文明新风”宣传月活动。做好“平安指数”监测评价体系建设，4—12月市民调中心自测安全感保持在99%以上。

【“无黑城市”建设】 2021年，市委政法委召开“无黑城市”建设推进会2次，制发《常熟市“无黑城市”建设工作实施方案》和“无黑”细胞建设标准。各镇（街道）从“无黑村（社区）”“无黑网格”“无黑小区”等入手，建成多层次、多领域的无黑示范点，以点带面，努力建设高水平的“无黑城市”。常熟市金枫物业管理模式被苏州评为“无黑城市”示范项目。

【“虞城善治”品牌建设】 2021年，市委政法委推出“虞城善治”品牌。制定三年行动计划，创新增加8个特色“自选动作”，召开推进会部署、督办项目落地，并在市委双月座谈会上作专题汇报。开展“美丽常熟虞城善治”创新特色项目征集，打造“一镇一品”“一部门一特色”项目60个，《市域社会治理背景下基于“数字门牌”的智慧赋能应用》等4个案例获评苏州社会治理创新案例，梅李镇瞿巷村获评第二批全国乡村治理示范村。推进“纠纷前哨”工程，整合综治中心、矛盾纠纷调处服务中心等职能，建设矛盾纠纷调处化解中心。挖掘“虞城善治”文化底蕴，打造完成红色沙家浜、虞山尚法等4条“虞城善治”风景线，制作宣传图册2000余份，集中展示特色治理成果。其中，沙家浜镇芦荡村入选建设红色美丽村庄全国试点，“红色沙家浜”主题教育基地入选苏州首批社会治理实训基地。

【社会治理联动机制规范化建设】 2021年，市委政法委贯彻落实省《城乡网格化服务管理办法》，强化社会治理联动机制规范化建设。制定《专职网格员管理办法》《网格化信息安全管理暂行办法》，调优网格，全市划分网格1166个，其中综合网格1076个，配齐网格员，实现专兼职网格员“一格一员”，加强网格员培训，成立网格学院，并依托长安网建设网上学苑，线上+线下提升网格员能力素养。将平安农机、平安渔业、长江禁渔、铁路护路、交通安全、“虞城无诈”等纳入网格化管理，持续开展网格员信息采集上报、巡查走访等基础工作。2021年，苏州测评网格化满意率达97.3%，位居苏州第一。

【综治信息化平台】 2021年，市委政法委牵头建设全市社会治理“一网统管”平台并上线运行。平台包含“党建引领”“综合态势”“审批服务”“综合执法”“网格管理”“公共卫生”“公共安全”“平安建设”“指挥调度”“便民服务”10大模块，对接视频监控3.7万余路，并试点探索社会治理相关场景应用，10月启动试运行，初步实现“一屏观天下、一网管全城”。

【社会稳定风险评估】 2021年，常熟市完成192个稳评项目，发放问卷3.94万余份，走访9730余人次，召开群众座谈会253场次，专家评审会61场113次，排查化解矛盾137起，帮助群众解决实际困难113个。192个稳评项目中第三方稳评机构完成164个，占总数的85%。市委政法委对原有的稳评专家库重新进行梳理、调整、完善，下发《关于调整常熟市社会稳定风险评估专家库名单的通知》。

12月，常熟市组织政法干警开展国家宪法日宣誓活动　　（政法委　提供）

【全市政法队伍教育整顿】 2021年，市委政法委组织开展全市政法队伍教育整顿工作，组织政法各部门围绕“筑牢政治忠诚、清除害群之马、整治顽瘴痼疾、弘扬英模精神”4项任务，抓好“学习教育、查纠整改、总结提升”3大环节，接受中央、省委督导组的下沉巡视督导。坚持将党史学习教育、政治教育、警示教育、英模教育贯穿教育整顿始终，挖掘政法队伍先进个人和集体事迹60余条，铸魂扬威彰显本色；坚持以学促查引领、动真碰硬查纠、纪法严惩兜底，以问题线索“七查”为抓手，查处纠正一批干警的违规违纪违法行为；年内，市纪委监委查处政法干警案件34件，转送检察机关3人。突出治标治本、分类施策，紧盯120条问题线索抓整改，实现43类顽瘴痼疾整治销号清零；聚焦平安法治建设、“放管服”改革等方面，牵头开展“我为群众办实事”实践活动500余场次，推出37项“我为群众办实事”项目，帮助群众解决困难事、烦心事。

（马芯怡　张文静）

法治政府建设

【概况】 2021年，常熟市开展习近平法治思想学习宣传贯彻“八个一”系列活动，评选年度法治常熟建设十件大事，全市实施33项“关爱民生法治行”实事项目，选聘新一轮52名法治监督员。召开创建“全国法治政府建设示范市”动员部署会，市委常委会及市政府常务会议组织学法12次。加大行政复议案件调解处置能力，对领导交办、部门板块提交的30余件重大信访、疑难复杂事务、历史遗留问题等提供法律指导、协调解决。开展全市违法建设专项治理，开展低效（闲置）土地资源依法处置等专项服务。市司法局审核市政府常务会议议题98件，审查报备市政府行政规范性文件8件、市政府办公室行政规范性文件3件，接受备案板块、部门行政规范性文件18件。

【行政复议】 2021年，常熟市根据中央和省市有关部署要求，研究部署行政复议体制改革工作。市司法局从公安、市场监管局等部门抽调业务骨干成立专班，集中办理市政府行政复议案件，至10月1日，常熟市行政复议案件集中管辖基本完成。全年，常熟市受理行政复议案件109件，办理市政府行政诉讼案件35件，审结的行政诉讼案件无一件败诉。

【行政执法】 2021年，常熟市深化涉企免罚清单运用，各行政执法机关依据免罚轻罚工作要求，办理不予行政处罚案件2426件，涉及金额3312万余元；办理减轻处罚案件546件，涉及金额6260万余元；办理从轻处罚案件1306件，涉及金额5977万余元；推进综合执法与司法行政共融共享机制，各镇（街道）综合执法局全年办结各类行政处罚案件9.22万件，收缴罚没款4233.48万元。

【证明事项告知承诺制工作】 2021年，市司法局出台《关于实施证明事项告知承诺制试点工作规程》，制定印发证明告知书、当事人承诺书、协查函模板，规范告知承诺制工作开展。建立证明事项动态调整机制，对照省目录重新梳理14项继续施行的证明事项。承办苏州市证明事项告知承诺制工作现场推进会，建立证明事项告知承诺制工作情况季度报送制度，开展告知承诺制落实情况监督，对市场管理、交通运输、文体旅等领域落实情况进行实地督查，通过查案卷、现场监督等形式督促行政执法机关全面落实告知承诺制度。全年，通过告知承诺方式办理事项83405件，减少证明材料5万余件，主要涉及公共服务、行政许可、行政确认等领域。

【“产业链+法律服务”机制】 2021年，市司法局构筑“产业链+法律服务”机制，在常熟高新区成立全市首家“产业链+法律服务”工作站，帮助企业在规范公司管理、经营风险防范、内部把控监督等方面形成完备的风险防范体系；在虞山街道成立“文旅创意产业链+法律服务”工作站，统筹调度法律服务资源，推动律师、调解、公证等各类法律服务资源向产业整合集聚，为文旅创意产业链整合、并购、上市、重组等提供全流程全方位服务。

【《企业常见违法风险点行政提示清单》印发】 9月，常熟市司法局编制印发《企业常见违法风险点行政提示清单》，该项工作为全省首创。清单分为安全生产、生态环境、用工劳保、市场监管、文体娱旅、住建规划、税务财经、交通船舶、农药检疫9大类，涉及95项企业常见违法风险点，列明法律依据、违法后果、风险指数和合规指导内容，并提供部门咨询电话、微信公众号，方便企业日常咨询和了解，帮助企业压降违法违规风险。 （陈 励）

【《法治常熟建设规划（2021—2025年）》出台】 11月17日，《法治常熟建设规划（2021—2025年）》出台。《规划》从探索法治常熟实践、健全完善依法行政制度体系等六方面，明确“十四五”时期法治常熟建设的指导思想、基本原则和总体目标；阐述“十四五”时期法治常熟建设的重点任务，并作出工作部署。《规划》指出，到2025年，党领导全面依法治市体制机制更加健全，法治政府建设的示范引领作用更加凸显，相互配合、相互制约的司法权运行机制科学有效，法治社会建设取得重大进展，依规治党体系更加完善，人民群众对法治建设满意度达95分以上，法治常熟实践探索走在全省乃至全国前列。

公 安

【概况】 2021年，常熟市刑事发案率实现“十四连降”、破案率实现“十一连升”，道路交通亡人事故和亡人数分别下降13.6%和15.3%，“331”领域火灾亡人事故零发生，群众安全感和满意度分别达到99.59%和99.46%。强化道路交通安全管理、消防管理和治安管理，全年查获饮酒驾驶976起。推动“三合一”和群租房消防隐患专项整治各项工作，全市发生“331”领域火灾事故32起（其中涉及出租房8起、九小场所9起、电动自行车15起），全市监管领域火灾较上年下降11%，实现“四连降”；全面兜底排查“9+1”场所49382处，整改隐患49277处；做好隐患违建拆除和重点挂牌隐患整改工作，市镇4个批次、30处挂牌点位全部高质量完成整改。

【刑事犯罪侦查】 2021年，市公安局立刑侦类刑事案件7248起，比上年下降0.6%，破案3351起，破案率比上年上升4.05%；刑事拘留嫌疑人1119人、直接取保1110人、监视居住2人，刑事强制措施比上年上升46.78%，其中检察院提起公诉1327人，比上年上升11.79%，侵财公诉354人，比上年下降10.15%；抓获网上在逃人员236人，比上年下降67.72%；打击暴力犯罪活动，重大刑事案件立245起，破240起，破案率达98%，“两抢”案件立10起，破10起，破案率100%；推进“扫黑除恶”专项行动，侦办九类黑恶案件378起，破案212起，抓获嫌疑人254人，铲除网黑团伙8个；侦办公安部督办特大网电诈案件1起，抓获嫌疑人115人；侦破省公安厅挂牌文物案件1起，收缴文物3000余件，其中三级文物8件；破获4起涉拐案件，帮助43个家庭实现团圆。

1月10日，市公安局举行升旗仪式，庆祝首个中国警察节 （王健 摄）

【经济犯罪侦查】 2021年，全市接报经济犯罪警情123起，比上年下降33.87%；受理案件162起，比上年下降32.5%；立案160起，比上年下降20.4%；破案127起，比上年下降3.79%；涉案总价值42957.5万元，比上年下降76.55%；抓获犯罪嫌疑人188名，比上年下降1.05%；为国家、企业及个人挽回损失3410.5万余元。依托云端打击模式，强化经侦实战打击效能，抓获犯罪嫌疑人138人。破获涉税案件22起，抓获嫌疑人23人，为国家挽回1000余万税款损失；破获侵犯知识产权案件35起，查获侵权假冒商品约36万余件，捣毁制售假窝点40余处，抓获嫌疑人52人；破获职务侵占、挪用资金、合同诈骗等侵犯企业权益类案件30起，抓获犯罪嫌疑人44人，为企业挽回经济损失1700余万元。

【社会治安管理】 2021年，市公安局对视频监控及智能泛在感知设备组织开展全面“一机一档”排查摸底和动态更新补建，汇聚接入全市10家政府部门的各类视频资源4.9万余个，新建高清监控点10499套，成为全省“第一批升级版技防城”，并获评“全省技防城建设先进集体”。在6个重要环市卡口部署警力24小时定点值守，在环乡镇各重要路段设立32个非常设流动治安堵截卡点；围绕主城区40个网格单位，开展24小时不间断路面巡逻。全年搜集各类不安定因素信息4522条，涉及不安定因素678起。查处行政案件37951起，治安处罚9509人，侦破环境、食品、药品刑事案件23起、公诉87人。处置金融、房地产、环境等领域事件41起。推进“数字门牌”系统建设，绑定实有房屋53.9万户、实有单位9万家、实有人员178.8万人。走访门牌地址32.6万个，累计修改数据51.1万条。规范犬类管理工作，办理犬证9768张，办理违法养犬案件7138起。推进烟花爆竹禁放工作，春节期间重点管控区域烟花爆竹实现“零燃放”。加强治安查禁工作，严厉打击黄赌娼违法犯罪活动，全年破获赌娼刑事案件95

起、采取刑事强制措施195人、公诉173人。

【网络安全管理】 2021年，市公安局实地检查网吧672家次；开展等级保护定级备案单位23家；查处不履行网络安全义务类案件89起，危害网络安全类案件25起，行政处罚25人；参与“5·17”特大网络诈骗专案、破获全国首例机动车检测作弊案、破获涉及10省市的重大侵犯公民个人信息案。强化全市涉网违法犯罪的合成侦查工作，协助破获重大涉网案件130起，抓获犯罪嫌疑人261人，比上年分别上升14.3%、25.6%；摧毁5人以上涉网犯罪团伙24个；捣毁为赌博网站提供非法四方支付结算服务的犯罪团伙1个，涉案资金高达30亿元。

【交通安全管理】 2021年，市公安局开展“安全骑行，从头开始”系列活动，全市道路交通亡人事故和亡人数比上年下降13.6%和15.3%，发生交通运输安全生产事故起数比上年下降33.33%，亡人数持平。全年查处交通违法行为160.4万起，其中现场查处57.3万起。年内，新增路内停车泊位827个；完善违法停车管控网络，查处违法停车43.5万余起。

“两客一危”管理　2021年，市公安局现场检查全市“两客一危”重点企业485家次，排查专业驾驶人3596人次、车辆1439辆，下发《整改通知书》10份、《抄告函》48份，发放《重点车辆及驾驶人交通安全告知单》251份，约谈“黑榜”企业负责人26家次。至年底，“两客一危”车辆检验率保持100%；重点驾驶人驾驶证审验率保持在99%以上、换证率保持在99.5%以上。

道路安全专项整治　2021年，市公安局推进全市道路交通安全专项整治行动及“飓风行动”，在深化“五大攻坚行动”的基础上，重点推进实施“六大工程”。创新运用“一定四分”机制，发现并整改道路交通安全设施、道路基础设施隐患1000余处，新增道路交通安全标志1681套、标线3.3万平方米，全市建设自适应系统200套，信号灯路口1047个，在86条路段设置绿波带143条；全市23个重点道路路口右转弯危险警示区全部施划完毕；转弯不让直行非现场抓拍系统7套，在G204、G346等12条国省县道实行货车靠右通行管控措施。货车靠右通行管控措施实施后，G204发生道路交通事故总数和亡人事故数下降48.9%和83.3%；G346下降39.4%和40%。整治非机动车交通违法，处罚各类违法36.84万多起，电动自行车戴盔率达98%。规范设置人行横道线标志、标线，逐步推广安装机动车不礼让行人抓拍设备。

【禁毒工作】 2021年，常熟市破获毒品刑事案件23起，公诉涉毒嫌疑人67人，查处吸毒人员124人次，强制隔离戒毒30人次、社区戒毒44人次。全市有易制毒化学品单位663家，其中生产单位19家、经营单位57家、使用单位572家、运输单位15家，全年组织易制毒化学品单位培训3场，200多家单位接受培训，组织公安内部监管民警培训4场次，实现基层监管民警培训全覆盖。深化创建全国禁毒示范城市成果，打造全国禁毒示范城市示范样板间。加强禁毒宣传，在册吸毒人员管控率达到100%，社区戒毒（康复）执行率达到100%。

【城市巡逻防控】 2021年，市巡特警大队抓获处理的违法犯罪嫌疑人1893人，其中刑事拘留处理以上的694人，网上逃犯132人，行政（治安）拘留1067人。

【单位内部保卫管理】 2021年，全市在册登记内部单位11943家，其中省级重点单位1家、市级重点单位49家、县（区）级重点单位413家。年内，市公安局检查企事业单位4606家次，等级以上实有单位检查率达到100%；发现隐患单位282家次，隐患数370个，当场整改7家次，责令限期整改256家次，责令限期整改并处警告19家次。对校园开展专项安全检查1598次，发现并督促整改校园安全隐患77家次。开展打击治理电信网络新型违法犯罪止损控案“百日会战”“百日提质”两个双百行动，通过银行成功阻止58起电信诈骗案件，避免群众损失465.81万元。配合市安监局参与重大安全生产事故调查71起，立案侦查41起，采取强制措施40人，移送起诉32人，公诉27人；全年单位内部发案415起，其中下发可防性刑事倒查指令单8份，倒查案件8起。

【流动人口管理】 2021年，全市外来人口实有数为80.4万人，市公安局发放居住证14786张，全市有出租房屋15.4万户、36.5万间。换发异地居民身份证75405张，其中审核签发本地户籍及省内异地证53081张，审核签发省外异地证22324张。排查出租房屋20多万户，其中群租房8710户（包括工地、企业集宿）。整改治安隐患3110处，推送流转其他部门安全隐患42909处，其中对应群租房的隐患推送7639条，处罚房东2200人次。签订修订版《房屋出租治安责任保证书》147460份，张贴《关于加强群租房管理消除安全隐患的通告》8710份。引导全市出租房房东、用工企业及新市民通过扫数字门牌开展自主申报登记，全年登记在册外来人口80.4万人，自主申报78.1万余人，申报占比97.1%。

【出入境管理】 2021年，常熟市办理临时来常熟境外人员10021人次，比上年增长1.4%；全年受理出国境申请4317人次，比上年下降42.8%。常住常熟市的外国人1591人次，比上年增长0.2%，办理境外人员各类签证（注）1815件次，比上年增长15.1%。

（范炟奇）

检　察

【概况】 2021年，市检察院落实《中共中央关于加强新时代检察机关法律监督工作的意见》，开展党史学习教育

4月7日，市检察院参与“点亮红色地标”活动　　（市检察院　提供）

和队伍教育整顿，履行“四大检察”“十大业务”检察职能，各项工作取得新进展。获评全国检察宣传先进单位、江苏省文明单位、苏州市政法系统先进集体、苏州先进基层检察院，先后有7件案件被最高检、省检察院评为典型案例，“国家司法救助智慧平台”在全省三级检察机关推广应用后被评为全省十大法治惠民实事项目，2件法治宣传作品获评全国检察机关新媒体创意大赛最佳创意奖。

【刑事案件检察】 2021年，市检察院受理审查逮捕各类刑事案件724件、1114人，批准或决定逮捕536件、765人。受理审查起诉2146件、2809人，提起公诉1650件、2203人。严厉打击侵犯群众人身安全、影响群众安全感的犯罪，起诉严重暴力犯罪案件62件、69人、“两抢一盗”犯罪案件289件、339人，依法对公安部挂牌督办的涉枪案提起公诉。办理苏州首例妨害安全驾驶案。起诉电信网络诈骗、网络“黄赌毒”等犯罪466人，依法对1起公安部“净网2020”专项行动黑客类挂牌督办案件提起公诉。年内，市检察院对无社会危险性的依法决定不批捕168人，对犯罪情节轻微的依法决定不起诉413人。加强刑事立案和侦查活动监督，设立驻公安机关执法办案中心办公室及侦查监督与协作配合办公室，依法监督立案21人，监督撤案30件，追诉漏犯21人，追诉漏罪3件，2份补充侦查文书被苏州市检察院评为优秀法律文书。开展“集中清理犯罪嫌疑人、被告人未依法收押和判处实刑罪犯未依法交付执行刑罚”专项活动。

【民事和行政案件检察】 2021年，市检察院提出民事再审检察建议5件；针对为逃避债务履行进行虚假诉讼的情形，提请市院抗诉1件，法院启动再审程序6件。加强民事执行监督，聚焦公司破产执行案、身患重疾被执行人账户被不当执行等案件，提出检察建议34件，相关做法被《检察日报》报道。发挥支持起诉职能，发出民事支持起诉书20份。集中开展行政非诉执行专项监督，提出检察建议11件。

【公益诉讼案件检察】 2021年，市检察院落实《人民检察院公益诉讼办案规则》，与便民服务中心、污防攻坚办建立群众举报线索共享机制，推动检察建议落实情况纳入市域社会治理“平安指数”考核体系。聚焦生态环境和资源保护、“限塑令”执行、限高设施影响应急救援等，办理公益诉讼案件13件，索赔生态环境损害修复费用452万元，督促相关单位责令4家商户整改、规范不当限高设施57处。与市河长办建立“河长+检察长”协作机制，推动5条劣Ⅴ类水体河道及时整治。办理中央生态环境保护督察交办线索、最高检督办的某公司在线监测违规问题案，协同环保部门督促涉案单位及时整改。

【特殊群体司法保护】 2021年，市检察院对涉嫌犯罪的未成年人注重教育、感化、挽救，决定附条件不起诉26人；研发“观护码”小程序，对34名涉罪未成年人实施精准帮扶；夯实家庭保护责任，探索运用“督促监护令”，督促家长履行管教义务。维护老年人合法权益，依法严惩诈骗老年人财物等犯罪40件、48人。保障残障人士权益，联合残联、住建等部门开展公益调查，推动修复7处无障碍环境设施，助力残障人士放心出行。维护农民工合法权益，严惩恶意欠薪犯罪，依法支持农民工起诉讨薪，1件案件获评省高级人民法院、省检察院、省人社厅、省公安厅联合新闻发布会典型案例。

【“虞城美好检察行”特色品牌建设】 2021年，市检察院推进“虞城美好检察行”建设。启动8个为民服务办实事项目，吸纳网格员扩容听证员库至66人，引入“智能化听证室”系统，先后对54件疑难复杂案件举办检察听证会，促进信访矛盾彻底化解，获评苏州市市域社会治理创新案例优秀奖。“智慧检+立体式护航项目”获评苏州市“立体关护·成长护航”工程示范项目一等奖。（叶　瑜）

法　院

【概况】 2021年，市法院受理各类案件42174件，审执结38568件。落实“繁简分流、轻重分离、快慢分道”，推进分调裁审，小额诉讼程序适用率28.40%，制定《专业法官会议工作规则》《院庭长案件监督管理实施细则》等一系列文件，加强审判管理和审判监督，提升案件质量。年内新收各类

5月24日，常熟市人民法院对被告人季某某等21人组织、领导、参加黑社会性质组织等犯罪案件进行第一次开庭审理　　（市法院　提供）

鉴定评估案件991件，办结976件，完成法医咨询案件319件。依法审理公示催告等各类程序性案件，受理公示催告案件57件，非诉保全案件10件。市法院巩固拓展"互联网+诉讼服务"模式，网上立案3970件，跨域立案59件，电子送达53667次，"江苏微解纷"平台调处纠纷620件。出台委派（委托）调解工作实施细则，诉前人民调解委员会获评苏州市司法行政系统人民调解工作先进集体。市法院深化"一法庭一特色"建设，支塘法庭获评全省优秀人民法庭。

【刑事案件审判】 2021年，市法院依法严惩各类犯罪，审结刑事案件1839件。审结常态化开展扫黑除恶斗争以来全省首例涉黑案"季某某等21人涉黑案"。推进"黑财清底"专项行动，"吴某某涉黑案"执行到位金额8771万元。市法院获评全省法院扫黑除恶专项斗争先进集体。年内，审结苏州首例妨害安全驾驶罪案件。

【民商事案件审判】 2021年，市法院深化25项工作举措，审结民商事案件17719件，其中涉企案件10374件。专项调研涉防疫物资纠纷，帮助企业解难纾困。组建"六美·行动支部"，参与辖区综合治理，"无讼村居"乡镇（街道）共建率100%。加强裁审衔接，劳动争议类新收案件数量降幅达17.99%。坚持金融审判工作例会，打好防范和处置非法金融活动风险攻坚战专项行动。健全涉安全生产案件必发司法建议机制，与市消保委共同探索新类型消费权益纠纷联动化解机制，规范"直播带货"。聚焦重点群体权益，为劳动者确认应得工资、经济补偿金等2496.25万元。"彩虹桥"在押服刑人员未成年子女关爱行动获评苏州市"成长护航工程"优秀项目。为28名轻罪未成年犯进行犯罪记录封存。针对"抖音"等平台不当"普法"短视频误导群众的现象，向相关经营主体发出司法建议，推动下架视频1281条。

【行政案件审判】 2021年，市法院服务监督法治政府建设，深化行政案件集中管辖工作，审结各类行政案件559件，以新修订的行政处罚法施行为契机，加强涉土地房屋征收、补偿、违建拆除等行政案件审判，结案11件，并对推进依法行政提出优化建议，保护行政相对人合法权益。一案例入选《苏州法院行政审判工作白皮书》。

【知识产权案件审判】 2021年，市法院落实最严格知识产权保护，依法制止恶意注册、诉讼等知识产权权利滥用行为。审结知识产权案件764件，对接市工商联，在加强民营企业司法保护等方面整合资源、相向发力。

【破产案件审判】 2021年，市法院裁定受理破产案件78件，审结69件。与市商务局、市自然资源和规划局、常福街道办事处建立健全资产处置机制，推动土地资源盘活，释放土地面积115公顷、房产面积57万平方米。注重破产审判探索创新，实现"顺心粉末喷涂有限公司"首例债务人自主重整、"阳光模具机械有限公司"首例预重整司法实践。

【案件执行】 2021年，市法院执结各类案件17504件，执行到位金额32.78亿元，腾退不动产面积2.95万平方米。成立资产集中处置团队，设立车辆、玉石等网拍专场，全年网上拍卖成交金额10.39亿元。在全省首推司法网拍VR看车，获评"江苏省首个车辆VR创新模式"。全市首创向被执行人集中送达严厉打击拒执罪的通告，试行执行"预处罚"。　（韩　丹）

司法行政

【概况】 2021年，市司法局统筹推进法治建设，履行行政执法监督、刑事执行、公共法律服务等职能，新设立人民调解实训基地和常熟市信访局法律援助工作站。启动"民法典宣传年"，加快选树培育"法律明白人"。对全市163个省级"民主法治示范村（社区）"进行专项提升巩固，建立村规民约履约评议机制并逐步推开。年内，市司法局被省司法厅评为全省首批社区矫正示范推进县级司法局。

【公共法律服务】 2021年，市司法局开展"法企同行"活动，全年走访各类企业2163家，帮助企业化解风险、解决问题6833件，为企业挽回经济损失3.44亿元。年内，市公证处办理各类公证10409件。

【人民调解及法律援助】 2021年，全市各类人民调解委员会组织纠纷排查8276次，预防纠纷978件，化解各类纠纷19189件。市法律援助中心办理各类法律援助案件2352件，受理刑事法律帮助2291件，接待来电咨询10650批次，来访咨询5485批次，为受援人挽回损失近2000万元。

【社区矫正】 2021年，常熟市有在册社区矫正对象456人，在册刑满释放人员2079人，在册后续照管对象173人。年内，接收社区矫正对象470人，解除社区矫正509人；完成审前、迁居调查、假释评估325件；接收刑满释放人员516人，解除安置帮教587人，组织监狱服刑人员家属远程视频会见320人次。

【普法宣传】 2021年，市司法局开通“常熟・普法”抖音号，以生活热点作为主要题材，普法志愿者通过案例普法、法条讲述、情景剧演绎等形式，扩大法律资讯传播面，至年底播放量超过1674万次。12月，在琴川街道启动常熟市“七五”普法成果展，总结回顾“七五”普法规划实施以来的实践探索和丰硕成果。年内，“常熟市法治宣传教育领导小组”获评全国普法工作先进单位，常熟市成为全国唯一普法先进“七连冠”县市。

【全国普法先进“七连冠”】 12月28日，中央宣传部、司法部、全国普法办下发《关于表彰2016—2020年全国普法工作先进单位、先进个人和依法治理创建活动先进单位的决定》，“常熟市法治宣传教育领导小组”获评全国普法工作先进单位，常熟市成为全国唯一普法先进“七连冠”县市。“七五”普法以来，常熟市坚持以习近平法治思想为引领，多措并举全面提升全民法治素养，全社会办事依法、遇事找法、解决问题用法、化解矛盾靠法的法治环境不断优化。实现“一升两降”，市民的法治意识逐年上升，全市刑事案件发案率实现十二连降，信访量逐年下降。“七五”普法期间，常熟市群众普法知晓率达95%以上，公众安全感达98%以上。（陈　励）

12月15日，常熟市“七五”普法成果展启动仪式在琴川文化活动中心举行

（市司法局　提供）

仲　裁

【劳动争议仲裁】 2021年，常熟市仲裁立案1921件，上期未结案件47件，年内仲裁结案率96.75%，涉案经济标的4899.35万元。年内审结案件1904件，仲裁调解结案1319件，仲裁调解率69.28%。仲裁裁决结案585件，终结率70.27%。全年劳动争议总调解率为70.57%。

【人事仲裁】 2021年，常熟市劳动人事争议仲裁委员会接收人事争议咨询8起，内容包括事业单位聘用人员停工留薪期内工资标准、离职聘用人员规培费用返还、受党纪处分公职人员聘用合同解除、新招聘聘用人员服务期等问题。其间，受理立案人事争议1起，经仲裁委调解双方达成和解，申请人撤回人事仲裁申请。

（徐莞月）

责任编辑　姚永林

军 事

人民武装

【概况】 2021年，常熟市人民武装部（以下简称市人武部）一手抓党史学习教育，一手抓武装工作落实，完成以练兵备战为中心的各项工作任务。结合建党100周年，组织机关干部、职工、乡镇（街道）专武干部170余人，前往沙家浜革命历史纪念馆和支塘镇蒋巷村，回顾光辉历程、感悟初心使命；组织民兵观看《守岛人》影片，开展“为时代喝彩、为强军奋斗”歌咏活动，在苏州军分区庆祝中国共产党成立100周年歌咏比赛中获一等奖。

【军事训练】 2021年，市人武部坚持以夯实民兵分队训练为基础、提高分队技战术水平和遂行任务为目标，深化练在经常、备在平时，不断提高民兵队伍“平时服务、急时应急、战时应战”能力。组织专武干部、民兵开训动员，规范值班系统运行，常态拉动值班分队；常态落实首长机关训练，分批安排民兵、教练员、专武干部和民兵营（连）长集训，全市年度应训民兵训练任务完成率100%。抓好民兵防汛防台、森林防火值班备勤。

【民兵整组】 2021年，市人武部开展潜力调查，加强军地协调对接，组织调研小组分片调查核实，采集汇总各类信息数据，确保民兵整组潜力数据真实、底数清楚。结合民兵组织整顿，深入乡镇（街道）进行一线调研，坚持“一队多用、一专多能”，采取市建连、乡镇建排、重点地区村建班模式，编强编实基干民兵队伍，其中党员、转业退伍军人占比均达到30%以上。落实综合应急、森林防火、抗洪抢险等内容训练，在省军区年度民兵整组点验过程中成绩靠前。

【兵员征集】 2021年，市人武部聚焦“五个到位”（思想认识到位、组织领导到位、调查摸底到位、精准宣传到位和激励措施到位），深入开展“征兵进企业”活动，做好试点企业员工参军报名工作。完成年度新兵征集任务，大学生、大学毕业生比例均创新高。

【基层武装建设】 2021年，市人武部全面深化省军区基层武装部及民兵营连建设细则要求，在全市镇（街道）、村（社区）推开达标创建活动，完成琴川街道武装部规范化建设试点工作，在全省“四个秩序”专题集训时展示，得到省军区肯定。年内，完成基层武装部“三室一库”建设，基本完成村（社区）民兵营（连）部“两室一家”建设。 （张　波）

武　警

【概况】 2021年，武警常熟中队以习近平主席系列重要讲话精神为指导，认真贯彻落实习近平强军思想，始终坚持“按照纲要抓建设，按照条令抓管理”，立足中队建设实际，树牢科学发展理念，注重建队育人，强化练兵备战，完成上级赋予的各项任务。

【军事训练】 2021年，武警常熟中队严格落实《军事训练大纲》，坚持每月议训，每周分析训练形势和安全工作。加强中队训练骨干队伍建设，抓好警官警士训练，提高警官警士组织指挥和教学能力。建立“龙虎榜”，组织创破纪录活动，营造“学有榜样，训有标杆”的训练氛围。

【执勤战备】 2021年，武警常熟中队聚焦执勤战备，落实战备制度，修订完善战备方案。紧盯中心任务，狠抓常态执勤，加强实战化训练，提高履职执勤能力。教育官兵牢固树立“危险就在身边，战斗随时打响”的意识，完成全年战备执勤工作。

（曹文昶）

人民防空

【概况】 2021年，常熟市人民防空办公室（简称市人防办）围绕“人民防空为人民”光荣使命，坚持备战牵引，强化人防工程维护管理，开展“5·12”“9·18”等国防教育系列活动，推动人民防空事业高质量发展。年内，获“2021年度江苏省人防工作先进单位”。

【公共人防工程建设管理】 2021年，市人防办开展人防普查，建立人防工程基本情况数据库，安排协管员每月对全市人防工程进行安全检查，按时更新人防标识标牌，年内新竣工人防工程标识标注实现全覆盖。年内，制定《常熟市住宅小区人防工程维护资金管理实施细则》。

【通信指挥系统建设】 2021年，市人防办集中培训人防警报器协管员，完成2轮全市固定防空警报器和多媒体防空警报器检查，完成新购置固定防空警报器采购、安装及验收，鸣响率100%。完成人防专业队年度整组任务，开展人防专业队、人防志愿者队伍日常训练，完成人防机动指挥车、指挥所拉练以及人防通信专业队训练任务。落实人防通信战备值勤和省—市—县（区）三级通信联调，网络、语音、视频参测率和测通率达到98%以上。完成基本指挥所监控系统升级改造、古里疏散地域指挥所建设，健全常熟市"东南西北"四方位疏散体系。

【人防知识宣传教育】 2021年，常熟市人防办依托镇级人民政府及社区，定期组织宣传教育，协助虞山街道闽江社区建设人防展馆。5月12日，市人防办在服装城时尚中心广场开展防灾减灾宣传教育活动，蓝天救援队组织现场演示应急救援，发放《公众防空防灾应急手册》《人防小博士》等宣传读本百余册；在地下停车场建设人防宣传展板，搭建人防宣传教育基地。

【"9·18"全民国防教育日防空警报试鸣】 9月18日，市人防办在全市范围内鸣放防空警报，全市固定警报器和多媒体警报器同时播报。蓝天救援队进行车载移动警报试鸣，消除警报音响盲点，警报鸣响率100%。市人防办联合虞山街道闽江社区，在古里疏散基地进行人员疏散掩蔽演习，检验社区组织人员指挥调度、后勤保障能力，并拍摄"9·18"人防应急疏散演习宣传视频。 （黄 娟）

7月30日，市双拥办、市退役军人事务局、市妇联联合开展2021年"常熟妈妈"双拥行动 （市退役军人事务局 提供）

双拥工作

【双拥创建】 2021年，常熟市争创新一届江苏省双拥模范城，制定并下发争创新一届江苏省双拥模范城任务分解表，召开全市双拥模范城创建动员大会。年内，通过江苏省双拥模范城常州检查组交叉检查，完成市双拥馆布展升级。

【拥军优属】 2021年，常熟市退役军人事务局与常熟市慈善总会（基金会）联合开展以为常熟籍现役军人及家属送保险为内容的"慈善拥军"保障服务项目活动，投入资金60万元，分3年为常熟籍现役军人、驻常熟部队官兵及常熟籍现役军人父母赠送保险。与中国邮政常熟分公司签订拥军优抚战略合作，围绕"拥军邮路"，依托邮政网络织密"虞城老兵"基层服务体系。与市卫健委协调，建立常熟市驻军及残疾军人康复理疗基地，为驻常熟部队、残疾军人提供康复理疗服务；动员社会力量，协调常熟市老兵协会为雷达站修建党建中心，常熟市慈善总会为雷达站修建篮球场，双拥办抽调3万元经费为雷达站解决池塘清淤问题。

【跨省定点帮扶】 2月25日，市退役军人事务局对口支持的甘肃省临夏州东乡县人武部被表彰为"全国脱贫攻坚先进集体"，东乡县人武部成为全军国防动员系统获此殊荣的5家单位之一。2020年5月，市退役军人事务局受领全国双拥办支持甘肃省临夏州东乡县人武部定点帮扶凤山乡岭村脱贫攻坚任务。2021年，退役军人事务局投入80万元扶持岭村养殖业，建设肉牛养殖合作社1个；与甘肃省临夏州东乡县人武部携手对岭村开展文化帮扶，为130余名岭村学生每人赠送羽绒服1件，为58名岭村寄宿学生每人发放1000元寄宿补助，与东乡县凤山学校结成"双拥联建学校"并赠送1套价值2万元的音响设备。 （时淑玮）

责任编辑 姚永林

宏观经济调控

【概况】 2021年，常熟市实现地区生产总值2672.04亿元，按可比价计算比上年增长9.2%。其中，第一产业增加值39.68亿元，比上年增长0.5%；第二产业增加值1341.71亿元，比上年增长10.2%；第三产业增加值1290.65亿元，比上年增长8.5%。财税金融稳步增长，全年实现一般公共预算收入230.75亿元、比上年增长8%，其中税收收入198.17亿元、比上年增长7.6%，占一般公共预算收入的比重达85.88%。三大主体税种增收18.94亿元，比上年增长15.74%，占全市收入比重从上年的58.4%提升至61.26%。年末金融机构人民币存款余额3890.19亿元，比上年增长6.28%，贷款余额3541.95亿元，比上年增长13.97%。全年实现规上工业总产值4527.77亿元、增长22.5%，汽车及零部件业、装备制造业、纺织服装业三大支柱产业产值分别增长18.9%、14.4%和18.4%。产业结构加速优化，战略性新兴产业实现产值2070亿元，占规上工业总产值的46%，比上年提升10.2个百分点。五大重点产业加快布局，新一代信息技术产业产值增长35.8%；生命健康产业引入药明康德、智享生物等20个重点项目，总投资68亿元；物流物贸产业增加值实现63.7亿元；数字经济产业营收增长21.5%；氢燃料电池产业规上产值增长185.2%。全年完成固定资产投资704.09亿元，增长11.6%，其中工业投资324.95亿元，增长8.1%，工业投资总量及增速均居苏州各市区第一。3个省重大项目、50个苏州市重点项目分别完成投资15亿元和264.1亿元，分别为年度计划的115.3%和124.8%。森松生物、正力新能、亨通海洋总部等225个项目签约，总投资844.7亿元，其中投资10亿元以上项目20个。实现社会消费品零售总额1214.22亿元、增长17.7%，启动“五五购物节”常熟分会场活动以及“双十二”购物节系列活动，聚力发展“虞歌畅晚”夜间经济品牌。“双十一”网络直播量占苏州55%，网络零售交易额苏州第二，直播电商区域发展指数列全国第五、苏南第一。全年实现外贸进出口总额237.84亿美元，比上年增长24.3%。作为国家级市场采购贸易试点，常熟市场采购贸易出口17.2亿美元，其中常熟出口15.3亿美元，增长50.6%。在全省首创工业建设项目远程“不见面”规划验收，提速90%以上。推出“预先审+容缺办+承诺制”审批模式，提升审批效率，0.5日办结比例93.8%。

【经济运行监测】 2021年，市发改委结合形势变化和发展需要，组织召开经济形势分析会，及时调整和完善监测体系，加强与统计、工信、财政、商务、税务等部门沟通衔接，做好地区生产总值、规上工业总产值、固定资产投资、财税收入等主要经济指标跟踪监测，及时掌握经济运行情况和突出问题，科学研判新经济下的发展态势，提出有效的工作举措，形成月度经济运行分析报告。开展重点项目、重点企业调研走访，针对企业生产经营中遇到的最新情况，预判苗头性、倾向性问题，加强重点领域前瞻性研究，保持经济运行在合理区间。

【“十四五”规划】 1月28日，市政府印发《常熟市国民经济和社会发展第十四个五年规划纲要》(简称《纲要》)，为常熟未来五年发展的行动纲领。市发改委强化年度计划与《纲要》的衔接，将《纲要》确定的主要指标、重点任务分解纳入年度计划并做好综合平衡，通过滚动实施确保五年目标任务如期实现。强化各类政策对《纲要》实施的保障支撑作用，对《纲要》确定的重大工程项目，进一步优化政务服务，落实规划选址，优先保障土地供应和资金需求，确保《纲要》重大工程项目落地实施。在《常熟通讯》开展“十四五”规划专题解读，增强公众对规划的认识和了解。推进各领域专项规划编制，出台农业农村、应急体系、物流业、文体旅等一批专项规划，形成以《纲要》为统领、空间规划为支撑、各类规划定位清晰、功能互补、统一衔接的规划体系。 （曹　昊）

国有资产监管

【概况】 2021年，全市国有资产管理工作围绕载体建设、产业招引、金融投资、城市运营、民生保障“五位一体”国资国企发展服务体系，推进国资国企改革，完善现代企业制度，加快国资公司市场化步伐，规范国有资产监管,维护国有资产的安全和完整,确保国有资产保值增值。至年末,全市公有企业57户(统计到一级),公有企业资产总额2344.97亿元,比上年增长7.46%,负债总额1734亿元,所有者权益总额610.97亿元,全年利润总额12.08亿元,其中归属于公有的净利润为7.46亿元。所有者权益中属于公有的资本及其权益总额为566.69亿元,其中国有资产总量565.55亿元。

【国企监管激励】 2021年,常熟市制定《国企改革三年行动计划方案》,定期召开改革工作推进会,落实"一月一汇报"机制,保证各项改革任务有序推进。启动《常熟市国资国企"十四五"发展规划》编制工作,明确未来五年全市国有企业高质量发展和国资布局优化调整的路线图,为全市经济社会发展提供战略支撑。年内修订完善《工资总额管理办法》《经营业绩考核及薪酬管理办法》,出台《直属国资公司引进重点领域紧缺人才认定和激励办法》。加强国资监督管理,出台《常熟市市直属国资公司违规经营投资责任追究实施细则》《常熟市市直属国资公司问题整改监督闭环管理实施办法》等制度,加强公司投资行为监督。按照《常熟市市直属国资公司投资监管管理办法》,规范公司融资计划管理,把控债务风险。

【国有经营性资产整合】 2021年,常熟市开展经营性资产整合,将安培中心等3个公司整体和4个园林的相关资产资源管理关系划转至文旅公司。清理退出不具备优势的非主营业务和低效无效资产,完成畜禽产销公司注销,推进肉制品厂等全民所有制企业改制,做好"僵尸"、空壳企业清理工作。加强闲置房产整合利用,自上年12月以来,处置市级机关及国资公司闲置住宅184套,面积22478.83平方米,处置收入4.05亿元。启动"虞尚美居"企业安居住房工作,全年推出房源569套,用于企业集体住宿,截至12月出租住房211套,为42家企业、468名企业员工解决住房需求。

【国企"五位一体"发展服务体系】 2021年,常熟市打造载体建设、产业招引、金融投资、城市运营、民生保障"五位一体"国有企业发展服务体系。恒信智地产业园公司推进老旧工业区更新改造,开工项目总面积21.33公顷、总投资13.7亿元,其中董浜镇徐市机械厂地块项目8月底竣工验收并交付使用;"UWC+创新岛"项目、城铁片区森林公园、辛庄星润智谷产业园均实现开工建设。文化片区首个消费综合体江南美好汇项目签订入驻意向书28份,意向年度租金536.6万元,整体出租率61%。金融和大数据产业园累计注册相关企业188家,初步形成数字经济产业规模集聚。市场化基金运作顺利。至年末,在管基金6只,在管基金总规模39.01亿元。新铺设各类天然气管道193.47千米,实现与江阴、昆山天然气管网互通。完成DN500以上口径主管道7.3千米,农村供水管网改造5408户,处理污水6062万吨。海虞建筑材料再生资源利用中心项目垃圾处置线投入试运行,已处置垃圾11.7万吨,资源化外运9.99万吨。建立"线下和线上"买菜系统,实时公布食品溯源、快检记录、交易数据、近日菜价等信息。 (黄煜蕾)

【常熟市城市经营投资有限公司】 2021年,常熟市城市经营投资有限公司承担纳入市级投资计划项目61个,其中国企投资项目16个、代建项目45个,总投资71.52亿元,至年底累计完成投资28.24亿元。城铁片区森林公园等18个项目按计划开工建设,环境监测站工程、大浜公园、新建农业科技服务用房项目等42个项目竣工。老旧工业区(点)更新改造续建项目5个,占地21.33公顷,建筑面积38万平方米,总投资12.74亿元。保障房金腾家园二期、阜湖苑二区竣工,建设安置房728套,建筑面积约14.4万平方米。天然气公司完成天然气销售9.36亿立方米,新增工商业用户264家,新增居民用户4万户,新铺设各类天然气管道367.30千米;完成龚家圩调压站至沙家浜门站高压天然气管道工程、六房巷互通站至西环线高压天然气管道工程、常熟任阳—昆山天然气管道互通工程。江苏中法水务公司完成供水2.2亿立方米,售水1.9亿立方米,处理污水6473万吨;完成5408户农网改造,建设供水主管道7.3千米;城东水质净化厂、滨江水厂深度处理升级改造工程、4个污水处理厂(周行、辛庄、八字桥、虞山)提标改造扩建工程竣工投用。 (沈 洁)

【常熟市发展投资有限公司】 2021年,常熟市发展投资有限公司利润总额3.19亿元,纳税额8329万元,上缴利润3.9亿元,公司对外投资新增7.07亿元,收回投资2.13亿元。至年末,公司融资总额121.36亿元,对外担保余额91.90亿元。国发创投围绕常创基金,走访储备项目97个,尽调项目15个,完成4批项目上会,新增投资项目8个。常创基金累计投资项目18个,认缴投资总额8700万元,实缴5700万元。新动能基金全年新增投资项目4个,认缴5000万元,累计已投项目12个,认缴投资总额6.57亿元,实缴4.87亿元。提升股权投资业务竞争力。在管基金6只,总规模39.01亿元,较上年同期增长34.47%。创富启峰基金已投项目珠海冠宇于科创板发行上市;虞诚尚和基金助力众谊越泰项目落地虞山高新区(筹)。启动ABS资产证券化发行,首笔内保外债、首笔无追保理、常熟国资首单资产证券化业务均落地。落实首单民营融租业务——包头常铝公司项目签约投放,与捷豹路虎公司合作推出"融车通"新业务,完成中法水务福建邵武项目投放。公司首笔金融不良资产包业务落地,起步法拍配资新业务模式,与苏州鑫源、服装城集团合作成立不良资产合资公司,探索国资和民营资本合作新路径。售电公司与日企达成35万张平价绿证交易合作,农交中心助推"四网融合"落地,电子口岸公司为常熟口岸各联检单位提供业务保障。做好经济发展载体建设,辛庄镇高端产业综合载体——星润智谷产业园项目,获"中国地方 AMC 最佳案例奖”。完成常熟吴越智创产业园开发有限公司工商注册，明确园区定位和发展目标，编撰《声学相关领域产业研究报告》。 （蔡月宇）

【江苏江南商贸集团有限责任公司】2021年，江苏江南商贸集团有限责任公司全资及控股企业实现营业收入10.96亿元，利润总额3976.9万元，集团资产总规模47.77亿元，资产负债率67.39%，国有资产保值增值率101.36%。全系统营业收入超5000万元企业6家，其中保安公司、化轻公司营收超亿元，分别实现2.99亿元和3.16亿元；农副产品交易城、建材市场分别实现成交额76亿元和63.18亿元；国际饭店、王四酒家、阅山轩、江南世纪4家酒店实现销售1.36亿元。与海虞镇合作运营铁黄沙生态修复成果展示项目，投资建设、完善开放部分的周边配套设施，推进节点式开放。开放期间举办长江大保护、生态短程马拉松赛等活动，累计接待游客25.5万人次，接待各类团建活动130余批，约6000人次。与魔元术（苏州）信息科技有限公司开展股权合作，合资成立苏州江南数字科技发展有限公司，负责承接政府、国有企业以及其他社会企业的软件研发项目，并建立软件人才发展中心（非营利机构），培养相关专业的中高端人才，为常熟数字化发展提供人才支持。与苏州绿的新能源科技有限公司成立充电网苏州江南爱充电新能源科技有限责任公司，在常熟建设布局充电基础设施，年内上线充电场站25个，建设规模13800千瓦。与常熟发电有限公司、市城市经营投资有限公司合作，推进全市屋顶光伏项目的开发和运营。全市第一批既有建筑更新改造试点项目江南•绣衣厂竣工投用，市民生实事项目“江南美好汇”项目竣工投用。 （周之一）

【常熟市水务投资发展有限公司】2021年，市水务投资发展有限公司全系统实现营业收入2.84亿元，比上年增长1.83%；利润总额约4300万元。全年承担水务基础设施项目建设8项，完成投资10.46亿元。2021年，各镇小区地块污水支管及村庄污水治理工程和2020年生活污水收集管道完善工程等2项新开工项目实现提前开工。推进城乡生活污水治理，新增收水7400户，新增污水主管20千米，完成建设互联互通管12千米。下属常熟浒浦船闸有限公司运行的浒浦闸通航量为5509万吨，比上年增长10.2%；常熟中理外轮理货有限公司集装箱理箱完成51224标箱，比上年增长8.4%。年内，市再生资源利用中心项目投用，年累计处置固废约13.7万吨，日处理量峰值超1200吨，获评“十三五”国家重点研发计划固废资源化重点专项“建筑垃圾智能识别与高效分选技术及装备示范工程”。完成江河天绒地块存量建筑装修垃圾处置，处置存量建筑装修垃圾150万吨。参股成立安吉吉新再生资源利用有限公司，中标安吉建筑材料循环利用项目，服务处置安吉城区拆房垃圾和装修垃圾。元和建华片区水系调整工程完工，项目总投资1.16亿元，累计新开河道约1053米，疏浚河道1485米，配套建成绿化慢行系统。 （殷 瑜）

【常熟文旅发展有限责任公司】2021年，常熟文旅发展有限责任公司有一级子公司8家，分别是常熟市教育投资有限公司、常熟市琴川医疗健康投资管理有限公司、常熟市历史文化街区保护发展有限公司、常熟市知识产权运营中心有限公司、常熟市虞山尚湖旅游发展有限责任公司、常熟市旅游发展有限责任公司、常熟市南湖荡开发建设有限公司、常熟市安馨母婴护理有限公司。至年末，文旅公司合并口径资产总额105.1亿元，负债总额87.31亿元，所有者权益合计17.79亿元，比年初减少0.54亿元。实现综合收入2.44亿元，其中营业收入2.04亿元，比上年增长73%，营业外收入0.4亿元。整体融资余额39.56亿元，年末融资余额平均年利率4.74%，四大行融资余额18.20亿元，占比44.73%。年内，静海幼儿园、云海幼儿园、常福幼托园竣工，增开湖山、金山、红梅、星湖、启文5所社会办幼儿园和剑桥斯托克国际幼儿园；开设优悠亲子园城西分部，常福托儿所明日分部扩班，接收运营0—3岁科学育儿指导中心。完成浒浦护理院、常福护理院二期、九如城护理院二期改造，琴川护理院、安馨月子中心、南门坛上公望艺术酒店和得意楼陕西饭庄投用。联合应急管理局、生态环境局、市场监管局成立全省首家“安环联动”培训基地。联合常熟理工学院成立“五合一”产教融合基地。开办琴川护理院和浒浦银龄公寓，开展碧溪、梅李、董浜社区居家养老服务项目。运营辖区内47个日间照料点，服务片区老年人家庭约9500户、10500多人次。打造“山水城”一体化夜游项目，建成“蓝色游”南湖基地。升级上线旅游年卡新系统，实现线上购买缴费、注册激活、二维码和人脸识别入园、跨年度使用等服务功能。承办第30届尚湖牡丹花会、SCT大铁联赛、省龙舟精英赛等活动。首创苏州城市文创线上线下布局，落地“物语常熟”文创空间。设计“常熟十八景”“一茶一面”“虞情有礼”等城市礼品和文创产品，助力打响江南文化品牌。为全市109家企业匹配落地高质量发明专利222件，全年代理商标业务592件，为“苏州·中国声学创新谷”“海棠铺子”提供商标品牌服务。推进常熟西站产站城一体化综合开发项目，完成城市设计结合产业发展规划报告。 （叶 舟）

【常熟市城市经济发展有限公司】2021年，市城市经济发展有限公司实现营业收入1236.67万元，累计对外投资3400万元。公司合并口径总资产16308.13万元；总负债431.26万元；净资产15876.87万元；资产负债率2.64%。金融和大数据产业园累计入驻191家大数据和金融服务企业落户，引进人才961人，入驻企业累计获得软件著作权105项。其中新增入驻企业76家，新增注册资本2.42亿元，实现开票额8.93亿元，完成纳税额3024.27万元，比上年增长45.84%。 （王 昊）

自然资源和规划管理

【空间规划】 2021年，常熟市自然资源和规划局推进国土空间总体规划编制，优化生态保护红线、永久基本农田和城镇开发边界3条控制线；区域协调发展、国土空间开发保护与国土空间格局优化、生态底线保护与利用、城镇开发边界、建设用地节约集约利用5个专题研究，社会事业设施、综合交通2个专项规划形成初步成果。启动镇级国土空间规划编制，辛庄镇、董浜镇形成初步方案。国土空间生态保护和修复、地下空间开发利用、综合管廊、地下管线等专项规划编制正式启动。完成国土空间规划近期实施方案，昆承湖状元岛、海星岛生态空间管控区域调整方案报批。太湖风景名胜区虞山景区详细规划通过省级专家论证。基于苏州市四网融合规划，开展轨道交通线网规划常熟专篇研究，内部预留城市轨道C1线列入苏州市轨道交通线网规划。年内，莫城街道东青村、沙家浜镇新湖村2个实用性村庄获市政府批复。

【测绘地理和信息化工作】 2021年，常熟市自然资源和规划局完成现代测绘控制网建设，形成集成二维、三维、高程数据于一体的现代化测绘基准服务体系，提升测绘工作对重大工程建设、自然资源开发利用、生态环境保护、社会生活服务等领域的服务保障能力。建成自然资源和规划“一张图”数据体系，形成23大类、86子类、186项数据资源目录，全面支撑推动自然资源和规划业务高效开展。完成规管平台与工改审批平台系统对接，实现用地预审与选址意见书、建设用地规划许可证、建设工程规划许可审查业务的系统对接。完善“一张蓝图”平台模块建设，实现项目精准定位。开展常熟市联合测绘成果信息管理系统平台建设，助推“多测合一”改革。建设“常熟市宅基地发证统计监管平台”，汇总共享宅基地数据资料，形成全市宅基地数据库，以信息化技术手段助力农宅登记发证。依托国土空间基础数据库项目，提升政务数据开放共享程度。60项政务资源信息纳入常熟市数字政务平台。

【发展用地保障】 2021年，常熟市完成第一批、第二批土地征收成片开发方案报批，面积1986.67公顷。完成8个村镇、挂钩批次，2个建新实施规划批次，6个单独选址项目报批。供应建设用地216宗、面积572.40公顷。出台《常熟市农村集体经营性建设用地入市试点方案（试行）》《常熟市农村集体经营性建设用地入市管理办法》《常熟市农村集体经营性建设用地入市收益调节金征收和使用管理办法》《常熟市农村集体经营性建设用地入市净收益分配使用管理办法》，推进农村集体经营性建设用地入市试点工作，全年成交农村集体经营性建设用地48宗，面积98.47公顷。盘活存量建设用地800公顷，其中拆旧复垦215.67公顷。完成土地收储51.44公顷。出台《常熟市土地储备统筹管理工作方案》，建设全市土地储备项目库和土地储备库，入库储备地块64宗、面积226.67公顷。

【规划服务】 2021年，常熟市核发建设项目用地预审与选址意见书、建设用地规划许可证228本，办理规划相符性审查、规划技术审查734件，验线审核、规划用地核验593件。完成《常熟市“十四五”基础测绘规划》编制。启动国土空间基础信息平台及国土空间规划“一张图”实施监督系统、城市信息模型（CIM）基础平台建设。推进农村集体土地所有权确权登记成果更新工作，形成初步汇交成果。完成《自然资源调查监测体系构建实施方案》编制，全面启动省级自然资源监测试点工作。

【“一图一表”工作】 2021年，常熟市综合全市“十三五”资源利用效益及“十四五”发展趋势，将各板块划分为资源平衡、资源输出、资源输入3个类型。结合国土空间总体规划，产业用地更新“双百”行动，形成“十四五”资源利用“一图一表”方案，明确各板块拆旧复垦、原地盘活任务和建新空间分配方案。明确2021—2025年拆旧复垦1333.33公顷和原地提升盘活2000公顷目标任务。出台《关于加强工业用地出让价格管理的指导意见》《关于建新指标有偿调剂的通知》《关于〈常熟市建设用地使用权二级市场转让试行方案〉的补充意见》《常熟市关于进一步推动新增制造业用地项目高效用地的实施意见（试行）》《常熟市市级储备板块土地的实施意见》《关于进一步加强国有土地使用权出让收支管理的实施意见》6项配套政策，推动“一图一表”方案落地落实。

【《太湖国家级风景名胜区虞山景区详细规划》通过评审】 9月26—27日，省林业局在常熟市组织召开《太湖国家级风景名胜区虞山景区详细规划》评审会。省林业局总工程师吴小巧出席会议并讲话。为引导景区保护、管理和发展，在《太湖风景名胜区总体规划（2001—2030）》经国务院同意、住建部批复之后，常熟市启动《太湖国家级风景名胜区虞山景区详细规划》编制，市资规局会同编制单位开展调研、修改完善形成规划成果。专家组在听取规划汇报、审阅规划文件和充分讨论后认为，该规划基本符合《太湖国家级风景名胜区总体规划（2001—2030）》要求，风景资源评价较合理，定位较恰当，功能布局基本科学，规划成果基本达到详细规划编制要求，有利于风景资源保护和利用，原则同意通过该《规划》。同时为完善方案，专家组提出进一步优化旅游服务设施布局、深化和完善居民点建设规划等修改意见。 （徐　勉）

财　政

【概况】 2021年，全市一般公共预算收入230.75亿元，完成年初预算的102.1%，比上年增收17.09亿元，增长

8%，其中税收收入198.17亿元，比上年增收13.99亿元，增长7.6%，税收占比85.88%。全市14个经济板块完成一般公共预算收入203.32亿元，比上年增长7.55%；其中，12个板块实现收入同比正增长，7个板块完成年度"三增三进"［即工业增投资、产业增载体、财政增收入，以及全市高质量发展考核"进等次"、开发区"进位次"、乡镇（街道）"进级次"］阶段性收入目标任务。经开区一般公共预算收入43.59亿元，比上年增收6.23亿元，增收额最多；古里镇一般公共预算收入12.1亿元，增长20.33%，增幅最高，收入完成进度最快。全市一般公共预算支出273.39亿元，比上年增支43.63亿元，增长18.99%，其中民生支出221.46亿元，较上年同期增支36.34亿元，增长19.63%，高出一般公共预算支出增幅0.64个百分点，民生支出占比81%，较上年同期提高0.44个百分点，教育、医疗、养老、安全生产和生态环保等重大民生支出102.31亿元，较上年同期增长13.43%。

表11　　2021年常熟市一般公共预算收入分项目执行情况统计表

项　目	当年完成（万元）	上年同期（万元）	增长（万元）	增长（%）
一般公共预算收入小计	2,307,515	2,136,586	170,929	8.00
增值税	860,535	757,163	103,372	13.65
其中：免抵调增增值税	250,650	167,750	82,900	49.42
企业所得税	432,942	373,121	59,821	16.03
个人所得税	120,035	93,810	26,225	27.96
城市维护建设税	98,405	90,425	7,980	8.82
房产税	118,708	100,123	18,585	18.56
印花税	28,601	22,882	5,719	24.99
城镇土地使用税	35,736	35,557	179	0.50
土地增值税	90,537	85,418	5,119	5.99
车船税	21,233	20,144	1,089	5.41
耕地占用税	7,627	21,035	-13,408	-63.74
契税	153,064	230,342	-77,278	-33.55
环境保护税	14,253	11,733	2,520	21.48
*其他税收收入	-1	7	-8	-114.29
税收收入小计	1,981,675	1,841,760	139,915	7.60
专项收入	92,370	87,362	5,008	5.73
其中：教育费附加收入	51,480	48,688	2,792	5.73
十一项基金转入	40,890	38,674	2,216	5.73
行政性收费收入	36,722	11,695	25,027	214.00
罚没收入	39,352	23,632	15,720	66.52
国有资源（资产）有偿使用收入	139,236	139,610	-374	-0.27
捐赠收入	0	34	-34	-100.00
政府住房基金收入	1,116	7,952	-6,836	-85.97
其他收入	17,044	24,541	-7,497	-30.55
非税收入小计	325,840	294,826	31,014	10.52

（资料来源：市财政局）

表 12　　2021 年常熟市财政支出分项目执行情况统计表

项　目	累计完成(万元)	上年同期(万元)	增长数(万元)	增长(%)
一、一般公共预算支出	2,733,947	2,297,679	436,268	18.99
一般公共服务支出	204,783	184,633	20,150	10.91
外交支出	0	0	0	0
国防支出	28	28	0	0.00
公共安全支出	191,278	173,026	18,252	10.55
教育支出	408,390	384,366	24,024	6.25
科学技术支出	196,087	261,186	−65,099	−24.92
文化旅游体育与传媒支出	37,432	37,171	261	0.70
社会保障和就业支出	382,104	277,667	104,437	37.61
卫生健康支出	132,253	122,853	9,400	7.65
节能环保支出	84,402	101,919	−17,517	−17.19
城乡社区支出	586,673	259,934	326,739	125.70
农林水支出	149,781	141,262	8,519	6.03
交通运输支出	102,325	98,559	3,766	3.82
资源勘探信息等支出	76,419	43,656	32,763	75.05
商业服务业等支出	113,058	145,435	−32,377	−22.26
金融支出	1,996	3,059	−1,063	−34.75
援助其他地区支出	0	0	0	0
自然资源海洋气象等支出	12,354	11,079	1,275	11.51
住房保障支出	6,084	5,018	1,066	21.24
粮油物资储备支出	3,663	4,761	−1,098	−23.06
灾害防治及应急管理支出	15,920	15,156	764	5.04
其他支出	711	665	46	6.92
债务付息支出	28,051	26,165	1,886	7.21
债务发行费用支出	155	81	74	91.36
二、政府性基金支出	1,586,176	2,248,399	−662,223	−29.45
科学技术支出	0	0	0	0
文化旅游体育与传媒支出	55	151	−96	−63.58
社会保障和就业支出	0	0	0	0
节能环保支出	0	0	0	0
城乡社区支出	1,520,936	2,146,281	−625,345	−29.14
农林水支出	0	0	0	0
交通运输支出	14	673	−659	−97.92
资源勘探信息等支出	0	0	0	0
金融支出	0	0	0	0
其他支出	11,332	4,085	7,247	177.41
债务付息支出	52,008	49,762	2,246	4.51

续表12

项　目	累计完成（万元）	上年同期（万元）	增长数（万元）	增长（%）
债务发行费用支出	140	438	-298	-68.04
抗疫特别国债安排的支出	1,691	47,009	-45,318	-96.40
三、国有资本经营预算支出	5,366	3,331	2,035	61.09
社会保障和就业支出	0	0	0	0
国有资本经营预算支出	5,366	3,331	2,035	61.09
支出合计	4,325,489	4,549,409	-223,920	-4.92

（资料来源：市财政局）

【支持经济高质量发展】 2021年，全市兑付各类扶持资金19.9亿元。7月，市财政局修订完善《市场采购贸易方式试点奖励政策》《常熟市氢燃料电池产业发展规划（2021—2030年）》，精准支持重点产业迭代升级。探索建立多元化资金支持模式。设立常熟市智改数转资金池1.1亿元，确保工业企业智能化改造和数字化转型各项举措有力推进；整合原“苏微贷”“虞城智造贷”以及“科技贷款资金池”设立常熟市普惠金融风险补偿基金，累计规模达5900万元，开展“小微贷”业务，至年底发放贷款1.4亿元，惠及小微企业43家；设立“虞城智造贷”担保贷款项目，资金池总规模5000万元，为智改数转的制造业企业及声学企业融资提供担保；推出“常智贷”金融产品，精准服务改造企业主体和转型服务商软硬件升级，为46家企业授信3.06亿元，放款1.81亿元。保障新兴产业扎根常熟长足发展。持续运作新动能基金和专项资金，聚焦人工智能、数字经济、氢燃料等在内的与经济社会发展深度融合的战略性新兴产业，2021年，基金（资金）累计投向15支项目（基金），实际认缴额14.09亿元，完成投资8亿元，撬动社会资本40.92亿元。

【保障民生领域投入】 2021年，市、镇两级共投入资金3.42亿元，新建3个新冠肺炎疫苗接种点和1个核酸检测基地，充实防疫物资储备，保证疫苗应接尽接，核酸检测能力达6万人/日。落实稳就业政策，统筹运用好就业专项资金、技能行动专项资金以及失业保险基金，累计投入资金2.4亿元推动就业、再就业。关注教育事业，新建及改扩建学校项目36个、总投资46亿元，当年拨付资金4.06亿元，王淦昌高级中学、常欣小学、石梅小学五爱校区3所新建学校竣工，教育资源进一步优化。支持“千村美居”工程，市财政投入“千村美居”奖补资金5亿元，并整合省、苏州资金，共5.28亿元。保障重点道路建设，524国道苏常快速路、新世纪大道北延工程竣工通车，采用PPP方式保障的青墩塘路快速化改造工程开工建设，推动全市“两个一小时、四个半小时”重大交通战略部署向前迈进。

【公共预算管理】 2021年，市财政局继续完善以“四本预算”为主的全口径预算编制框架，强化预算约束，依法进行预算公开。建立预算项目库，印发《关于加强和改进项目库管理的通知》《关于项目入库评审论证有关事项的说明》，规范项目评审论证程序、论证时间，将项目评审嵌入预算管理流程。完善板块基本财力保障转移支付机制，印发《关于进一步明确虞山街道和琴川街道财政管理办法的通知》及《关于进一步明确常福街道和莫城街道财政管理体制的通知》，以街道职能为依据，核定街道财力，合理划分事权与支出责任。开展预算管理一体化系统建设，按照全省统一部署，分步推进预算编制、预算执行等核心业务系统部署应用和实施工作。及时对接联调非税收入收缴系统票据电子化改造，推进地方采购系统通过“苏采云平台”与一体化系统对接、单位财务核算系统和人大预算联网监督系统与一体化系统对接。

【预算绩效管理】 2021年，市财政局对市级61个部门、181个单位、656个项目106.5亿元开展绩效目标管理。实施整体绩效扩围，印发《关于开展2021年市级财政预算绩效目标管理工作的通知》，对12个部门开展部门整体支出绩效目标管理。完善绩效评价管理过程，全市229个项目和1个部门被列入绩效评价范围，涉及财政资金84.63亿元。开展项目事前绩效评估，对6个5000万元以上政府投资项目开展事前绩效评估。

【政府性债务管理】 2021年，市财政落实十年化债方案，多渠道谋划化债资金来源，当年债务化解完成率117%，常熟市债务风险等级实现“橙”转“黄”。持续优化债务期限和结构，全市隐性债务综合融资成本由上年末4.92%下降至4.72%。控制资金项目增量，年内累计对12个乡镇板块上报的142个、总投资39.26亿元的项目进行会审，压减项目57个、资金21.11亿元。做好对上争取，全年新增各类地方政府债券32.2亿元，其中一般债券3.4亿元，专项债券8.75亿元，再融资债券20.05亿元。规范资金管理，开展专题审计，集中审查政府债券分配管理使用情况、还本付息情况和专项债券资金平衡方案实施情况。

【政府采购管理】 2021年，市财政局先后出台《关于积极落实采购人信用承诺制的通知》《关于常熟市政府采购实行网上商城、网上竞价和协议供货（定点采购）的通知》等13项制度，针对不同监管对象完善采购监管网。检查抽取7家注册在常熟的本地代理机构，检查2020年实施的34个项目，涉及金额4515.23万元，检查发现33个问题，发出责令整改行政处理决定3份，发出行政指导文书22份。受理并作出供应商投诉处理决定6件，认定成立的4件，2个政府采购项目重新采购。

【财税惠企联络专项行动】 2021年，市财政局联合税务部门出台《关于建立财税惠企联络机制开展“1+1+N”专项行动的实施意见》，明确行动任务、目标、时间安排以及方式方法。制定专项行动领导小组成员名单，设工作专班，分为企业组、政策组和材料组。编印并发放《常熟市惠企政策选编》，选编分为产业引导、就业创业、科技人才和其他四个篇章，涉及工信、商务、发改、人社、组织、科技等多个部门，经提炼最终形成扶持企业发展措施29条。组建8个企业联络走访工作组，面向全市153家重点企业和有成长性的潜力企业，分别于1月、4月、9月、12月开展四轮企业走访活动，并形成四份调研报告，掌握企业生产经营的一手资料，为精准开展收入组织工作提供依据。走访过程中收集企业反映的6个方面问题需求，涉及6家企业，当场回复4个，向市委、市政府反映1个，转交有关部门处理1个。

（黄煜蕾）

税 务

【概况】 2021年，常熟市税务部门组织税费收入515.82亿元，比上年增长19.36%。其中，税收收入381.64亿元，比上年增长10.32%；各类社保费和非税收入134.19亿元。完成地方公共财政预算收入198.17亿元，比上年增长7.60%。全年落实各项优惠政策减免税费201.16亿元，比上年增长24.34%；为制造业中小微企业阶段性缓征税费6.11亿元。其中，常熟经济技术开发区税务局（以下简称“经开区税务局”）组织税收收入88.52亿元，增收12.52亿元，增长16.47%；完成一般预算收入43.6亿元，增收6.24亿元，增长16.7%。全年为纳税人兑现税费优惠3.22亿元，办理出口退（免）税8.29亿元，增幅40.8%。全市市场经营主体15.89万户，较年初增加1.2万户。经开区税务局有43户（次）企业办理留抵退税4.46亿元，1344户（次）企业办理延缓缴税7771.24万元，完成5户精准监管试点企业分析，实现大企业风险应对成效2.7亿元。年内，市税务局获评全国工会“职工书屋”示范点等称号。

【税收征管】 2021年，常熟市税务局加强分类服务对象池建设，组建两级“走出去”服务团队，深化对“走出去”企业的政策响应和日常管理。完成社保费征收系统切换，对接人社一体化信息平台。试点增值税专用发票电子化，上线机动车发票新系统和出口退税新系统。完善税收风险监管联动机制，推进以数治税，对货架、玻璃模具、无纺机械3个重点行业开展调研，构建完善风险模型；建立5大类、13小类的发票监控指标，实现对本级风险的分析识别。全年风险应对总成效11.58亿元，比上年增长34%。探索“不动产全周期全税种管理”，制定《常熟市税务局房地产开发项目土地增值税管理办法》，组建土地增值税清算专业团队，累计完成40个项目的土增税清算及复审，其中16户补税5.6亿元，24户退税2.81亿元。持续完善部门间数据交换机制，深化与住建局协同共治力度，强化外来施工企业跟踪管理，全年外来报验户合计入库税费4.98亿元，增长22.01%。依托地方网格体系，有序开展企业五险、城乡居民两险征收和机关养老、职业年金征缴工作，同步实现灵活就业人员社保费及建筑业工伤保险的平稳征收，推进水土保持补偿费、防空地下室易地建设费日常征收。

2021年，经开区税务局推行“大数据动态监控+前置式提示提醒+纳税人自查自纠”税务执法新方式，率先使用执法记录仪进行执法全过程记录。完成增值税重点事项（行业）风险排查，开展四项重点风险行业（事项）排查及成品油专项整治工作，落实省税务局成品油经销企业分级分类管理措施。推进稳步完善5C征管质量评价体系，持续推进数据质量治理。开展现金税费征缴专项整治，监管质效得到提升。推进股权转让相关工作，完成个税和企税汇算清缴，补税办结率、入库率及退税办结率均为100%。政策效应分析任务准期完成率、风险应对任务准期完成率、受托协查任务准期完成率、自然人异议申诉更正率等风险管理四项指标均为100%。全年完成风险应对总成效3.25亿元，比上年增长77.6%。

【法治税务】 2021年，市税务局制定并对外公示148项权责事项清单，配置音视频约谈室及执法记录仪，做到执法全过程留痕和可回溯管理。开展行政处罚案卷标准化建设。对轻微税务违法“首违不罚”，全年办理“首违不罚”2223件。统筹推进自然人异议申诉处理、政策落实风险应对和风险快速防控等多项任务。构建一体化综合监督体系，以“1+1+5+N”一体化综合监督系列制度文件为指导，对7个内控风险事项开展专项检查，承接省税务局214个内控风险事项。组织开展执法案卷评查，对74户行政处罚案卷进行评查，组建团队对425户风险应对案卷开展评查，对57户零低成效案卷开展质量审核，定期通报各类执法风险、败诉案件分析等，加强警示预警教育。全年对80户企业进行立案检查，查补税款6953.63万元。

【税收服务】 2021年，市税务局对611户重点税源企业和市委、市政府358个重点产业项目建立联络员制度。推出“我为纳税人缴费人办实事暨便民办税春风行动”9大类、29项、73

3月，市税务局走进花鸟市场，为商户提供政策辅导，宣传涉农税费优惠政策，收集服务需求　　（孙益新　摄）

条便民服务举措，撤销全市21个委托代征点，全部纳入办税场所统一管理。完善“智能柜台”表证单书预填预审、数据一键导入金三系统和档案系统功能，上线“苏易登”平台，推进二手房交易、不动产登记等跨部门事项的集成办理。开通“12345一企来”税务服务专线，为纳税人缴费人提供税费咨询服务。年内为全市小微企业和个体工商户提供信贷资金超12.2亿元。

2021年，经开区税务局完善延伸点导税、预约、延时、容缺办税等服务制度，整合税务及协税护税窗口，优化人力资源配置。运用“好差评”机制，持续优化税收工作，全面提升整体办税服务水平。拓展非接触式办税缴费，累计完成电子税务局线上审批业务2567笔，线上申报比率稳定在97%以上；完成发票配送10276笔；自助办税4187笔。开展自然人电子税务局咨询服务工作，建立健全响应机制，收集、分析纳税人需求，对纳税人开展辅导；建立电话热线服务工作机制，为纳税人提供一键式服务。做好“江苏税务”App推广工作，开展便民春风办税行动，举办纳税人座谈会、税法宣传进校园等活动，成立平台经济“纳税人之家”，构建个性化服务平台。开展“春雨润苗”行动，服务专精特新企业和各类中小微企业。　（王晓春、刘　义）

【纳税信用预警提醒服务项目在苏州市推广】 3月，市税务局按照“动态管理、前置提醒、专人辅导、及时纠正”的方式，整合金税三期、税收数据情报、税收风险管理等系统的数据，推出纳税信用预警提醒服务，依托电子税务局、微信平台等渠道向纳税人精准推送纳税信用评价情况和动态失信信息提醒，全程跟进辅导纳税人及时修复纳税失信行为。对首批预评触发扣分的4800多户纳税人推送预警信息。年内，该项目被省信用办评为2020年度省社会信用体系建设工作创新项目，并在苏州市推广。

【“12345一企来”税务服务专线开通】 4月23日，常熟市税务局“12345一企来”税务服务专线开通。该服务专线设置有直接解答、连线解答和工单解答三级处理方案，为纳税人、缴费人提供全天候、全覆盖、全周期的税收咨询服务。专线开通后，常熟市税务局根据大数据分析结果，了解企业普遍性需求和个性化需求，查找政策落实难点、堵点，发现企业理解政策的盲点，通过制作动漫视频、宣传手册、提醒信息等多种形式，开设专家专场培训交流会，将被动服务升级为预先响应，确保企业及时、准确享受到政策红利。　（王晓春）

金融监管

【概况】 2021年，常熟市推动地方金融机构分级分类监管，出台《常熟市地方金融组织监管分类暂行办法》，全市30家地方金融组织，纳入正常监管17家，监管困难8家，列入异常5家。全年开展地方金融组织各类监管315家次，其中现场监管40家次，非现场监管275家次。健全企业债务风险监测体系，定期监测重点授信企业300家以上，实施分级分类动态管理。强化金融资产质量稳控处置，召开企业债务风险专题协调会议30余次，年末全市银行贷款不良率0.53%。全年累计发送防范非法集资专项宣传短信30万条、微信朋友圈近推曝光量20万人，发放海报、宣传册3万份。持续开展非法金融活动专项治理，完善网格化防控体系，健全预警核查联动机制，全年累计排查企业5000余家次，向相关部门移送各类线索4条，清理隐患点25个，推动立案打击涉嫌非法集资犯罪4起。实施投融资服务企业商事注册登记会商机制，全年累计处办会商事项17件，其中新设15件，变更2件。

中国人民银行常熟市支行组织投保机构开展“存款保险宣传月”活动，对辖内2家法人机构的央行评级和存款保险现场核查。全年对2家银行账户自查工作开展现场核查，对涉案账户较多的10家银行分管行领导和相关责任人进行工作约谈和督导，实现全年对公涉案账户“零发生”。开展反假货币知识网络答题，全市完成答题数量15.91万人次。启动无纸化退税迁移工作，联合财政局开展财政预算单位账户核查清理行动。

常熟银保监组抓好重点机构、重点行业、重点领域与大额授信风险的风险防控。开展全市银行业大额授信风险情况专题调研，以年度目标责任书的形式确认各银行年度不良贷款防控目标。加强普惠金融开展情况调研监测，针对薄弱机构、薄弱环节，督促优先发展首贷户，提升小微金融服务获得感和满意度。完成16名拟任高管任职前谈话、10家保险中介机构与17家保险兼职代理网点现场巡查、3家中小银行机构开业前验收。对常熟中银富登村镇银行开展非现场监管，参加机构审慎监管会谈。与公安部门共同开展银行业金融机构安全大检查与安全评估，对51个营业网点和1个业务库进行抽查。

（邓　超　肖　民　张朔亦）

【外汇管理】 2021年，国家外汇管理局常熟市支局推进资本项目外汇收入支付便利化试点工作，落实"放管服"改革。开展资本项目外汇收入支付便利化试点事后监管，按季度对试点业务全貌进行统计监测，指导银行对试点业务进行事后随机抽查，对特定业务开展专项核查。开展国际收支现场核查及非现场抽查，核查银行9家，督促银行及时整改落实。根据《国家外汇管理局综合司关于开展非金融企业对外金融资产负债及交易申报工作的通知》，对参与直接申报的6家试点企业开展辅导培训，做好制度解释。为第二批申报企业2022年直接申报做好辅导，提高国际收支申报质量。

（张朔亦）

统　　计

【概况】 2021年，市统计局开展统计调查工作，梳理、分析人口普查数据，发布《常熟市第七次人口普查公报》。做好高质量发展统计监测，加强全市高质量发展共性指标监测分析。《上半年高质量考核共性指标情况汇报》《上半年度苏州高质量发展监测专报常熟指标情况汇报》等多篇专题报告受到市领导肯定。走进融媒体中心"法治会客厅"节目，开展统计法律法规宣传。全面推行统计法律事务告知制度，开展统计普法"六进"活动，宣传统计法律法规，制作《统计法律法规选编》4500册，发放统计法治宣传折页近4000份。在"常熟统计"微信公众号开设法治教育专栏，制作法治宣传动漫《弘扬宪法精神，推进依法统计》。市统计局获评第七次全国人口普查国家级先进集体。

【统计调查】 2021年，市统计局执行常熟市统计数据质量管理制度，组织开展统计年定报等业务培训，开展工业、能源、投资、服务业、建筑业、房地产等常规统计调查，各专业年定报上报率、直报率、直验率均达100%。发布《常熟市第七次全国人口普查公报》，撰写完成《常熟市第七次全国人口普查报告书》。在市人普办和板块各级人普办中组织开展人口普查优秀工作经验总结报告评选，收集各类优秀材料18篇，3篇收录于《苏州市第七次全国人口普查技术业务总结汇编》。在第七次全国人口普查中，市统计局获国家级先进集体，3个集体获得省级先进，5个集体获得苏州先进，247人获得省级先进，493人获得苏州先进。制定完善板块经济发展高质量发展考核监测指标体系，指导各板块做好板块高质量发展考核监测工作。全年开展板块经济发展高质量情况月度监测8期，制作高质量发展监测专报（龙虎榜）4期，撰写龙虎榜相关汇报4次，持续推动各板块争先进位。

【统计管理】 2021年，市统计局召开全市统计法治工作会议。在市政府第67次常务会议上专题学习《江苏省防范和惩治统计造假、弄虚作假督察工作规定》，组织收看贯彻落实《关于更加有效发挥统计监督职能作用的意见》视频会议，筑牢防惩统计造假弄虚作假的堤坝。加强"双随机"统计执法检查，完成对省统计局下达36家单位的统计执法检查，并通过省统计局对执法检查合法合规性的抽查。开展工业、能源等专业的统计数据质量核查，提升统计数据准确性。对新增联网直报企业进行检查验收，实施分类指导，完成428家新增联网直报企业的统计规范化验收。组织开展基层企业统计业务培训16次，参训1014人次。

【统计服务】 2021年，市统计局按照统计信息发布要求，加强经济运行监测、数据发布和解读，制作主要经济指标月度台账、分月趋势图，优化升级《常熟统计年鉴》《常熟市情市力》《经济运行报告》《统计月报》等，发布统计信息184条。撰写上报统计分析和专报26篇，其中《2021年各板块主要指标目标任务分解说明》等6篇分析得到市委、市政府领导批示。

（刘　姝）

审　　计

【概况】 2021年，市审计局完成审计项目22项，实施工程跟踪审计项目2项。查出违规金额2469.95万元，管理不规范金额54.5亿元，损失浪费金额1052.52万元，向纪委、监委和相关主管部门移送线索8条。获评苏州市优秀审计项目1个。首次开展部门领导干部自然资源资产任期审计，开展水务局主要领导干部自然资源资产任中审计，强化对部门领导干部"生态责任"的履职监督。参与市国企改革三年行动计划，联合派驻财政局纪检监察组、国资办对上年度实施的投资专项审计进行回头看，督促国有企业收回出借民营企业款项11250万元，收回纾困地方上市企业资金1000万元，修订出台3项内控制度，助力推动国企高质量发展。出台《常熟市审计局开展研究型审计的实施意见》，举办研究型审计论坛8次。

【市委审计委员会会议】 年内，召开四次会议。2月3日，市委审计委员会第三次会议，审议《常熟市审计整改工作实施办法》《关于进一步加强全市内部审计工作的意见》《常熟市领导干部自然资源资产离任审计实施办法》，研究部署2021年审计工作。7月16日，市委审计委员会第四次会议传达学习江苏省委审计委员会会议精神及苏州市委审计委员会第四次会议精神，讨论和审议《关于常熟市2020年度市级财政预算执行和其他财政收支的审计工作报告》《关于进一步加强市纪委监委与市审计局协作配合工作的意见》《常熟市领导干部自然资源资产离任审计实施办法》等文件。

【重大政策跟踪审计】 2021年，市审计局实施全省中小学教育经费管理使用情况审计调查等项目，通过融合式审计对减税降费、“六稳”“六保”等政策落实情况开展审计，促进政策落地见效。对新型冠状病毒肺炎疫情防控专用资金账户收支情况进行审计，保障疫情防控物资部门交接工作正常开展。开展社会保险基金专项审计，追回清退的养老保险基金59.25万元，追回定点药店套取的医保基金等225万元。

【同级财政审计】 2021年，市审计局实施2020年度市级预算执行及其他财政收支情况审计(简称“同级审”)，围绕人大预算审查监督重点，利用“1+N”模式配套开展经开区、常福街道办事处2020年度财政预算执行情况和其他财政收支情况审计等专题，反映问题32个，管理不规范金额45.61亿元；融合式开展2020年度部门预算执行情况审计，以“数据分析+分散核查”模式，对全市46家单位部门预算情况开展大数据分析，重点组织对16家主管部门、25家下属单位现场核查。“同级审”工作报告于2021年7月经市十五届人大常委会第三十六次会议审议通过。“同级审”整改情况报告于11月30日经市十五届人大常委会第三十八次会议审议通过，通过整改，收缴盘活和节约财政社保等资金1.80亿元，促进出台6项财政绩效管理制度、5项专项资金管理办法和6项工程建设管理制度。

【经济责任审计】 2021年，市审计局根据苏州市审计局授权和市委组织部委托，对支塘镇、琴川街道、检察院、水务局、水务投资发展有限公司、供销合作总社、档案馆、妇女联合会8个单位10名党政领导干部实施经济责任审计，查处违规金额242.95万元，管理不规范金额6.63亿元。召开领导干部经济责任与自然资源资产离任审计联席会议，加强经济责任审计工作组织协调，发挥经济责任审计联席会议监督合力。

【政府投资审计】 2021年，市审计局先后开展常欣小学工程跟踪审计、2015年至2020年常熟市畅流活水工程建设项目管理情况审计调查，对2018年至2020年市水投公司工程项目建设管理情况审计调查。在常福街道办事处2020年度预算执行情况及其他财政收支情况审计中，实施财务审计、投资审计双主审模式，融合开展政府投资审计，以工程建设领域为突破口，对相关单位和人员涉嫌违规违纪问题向市纪委监委移送案件线索3条、向相关主管部门移送线索2条。

【内部审计】 2021年，市审计局完成2次内部审计统计工作，了解全市64家单位基本情况及2020年度及2021年上半年内部审计工作开展情况。出台《关于进一步加强全市内部审计工作的意见》，确定18家内审重点单位。建立内部审计工作指导员制度，明确5个业务科室分工对口指导全市各板块、部门的内审工作。开展“精准式”内部审计业务培训，分别为国资、人社、公安、司法等系统组织不同内容的业务培训。召开内审分片会议5次，开展专题指导6次，残联等部门增设审计室，建立内部审计领导小组。财政局、水投公司等单位结合各自部门职能，制定内部审计工作规定。残联出台《关于进一步加强常熟市残疾人联合会内部审计工作实施意见》，城市经营投资有限公司审计部开发集团审计整改工作平台，建立整改工作“挂号”“销号”制度。 （谭宇宏）

市场监督管理

【概况】 2021年，市市场监管局先后承办全国化妆品稽查工作座谈会、省局政务新媒体工作座谈会、省整治虚假违法广告联席会议等国家级、省级会议。全年对特种设备作业人员考核发证2759人次，复审发证5891人次。组织开展假冒伪劣产品集中销毁活动，销毁各类假冒伪劣产品96余万件，计20吨，涉及种类有食品、服装、化妆品、家用小电器等。市检验检测中心、市产品质量监督检验所累计1181个产品、1505项参数通过省级资质认定，其中食品产品523个、参数695项；132项参数通过江苏省农产品质量安全检测机构考核；60个产品、185项参数通过中国合格评定国家认可委员会(CNAS)认可。市计量所累计取得计量标准考核证书175项，授权开展计量检定221项、校准264项、检测7项，获CNAS认可开展校准390项、检测27项，准予开展1大类、2小类、7项产品和1大类、7小类、24项参数的检测。市市场监管局获评“全国清理整顿人力资源市场秩序专项行动取得突出成绩先进单位”，成为苏州市唯一一个总局基层标准化规范化试点。市计量测试所获评全国纺织计量工作先进单位。

【食品安全监管】 2021年，全市有食品生产经营单位29463家，其中获证食品(食品添加剂)生产企业144家，食品小作坊239家，食品销售主体12416家，餐饮服务主体9143家，食堂1944家，小餐饮备案5577家。年内，全市完成食品安全监督抽检和风险监测13634批次，达到8.1批次/千人。其中食用农产品完成抽检6588批次(农业农村局抽检1433批次，市市场监管局抽检4997批次，海关抽检158批次)，达到3.9批次/千人。在2020年食用农产品两道防线建设基础上，将“一对多”辐射式快检升级为“一对一”精准式快检，全市61家集贸市场(含2家大闸蟹专业市场)完成每日食用农产品快检全覆盖。全年零售市场完成快检370708批次，疑似阳性153批次；批发市场完成快检76405批次，疑似阳性31批次，合格率99.96%，比上年提高0.42%。强化校园食品监管，检查学校食堂271家，校内超市及

表 13　2021 年常熟市食品安全监督抽检和风险监测统计表

类型	部门	抽检数量（批次）	合格数量（批次）	不合格数量（批次）	合格率（%）
食品监督抽检	农业农村局	1495	1489	6	99.6
	市场监管局	10900	10489	411	96.23
	海关	214	214	0	100.00
	小计	12609	12192	417	96.69
食品评价性抽检	市场监管局	323	322	1	99.69
食品相关产品监督抽检	市场监管局	102	102	0	100.00
风险监测	卫健委	600	513	87	85.5
合　计		13634	13129	505	96.3

（资料来源：市市场监管局）

小卖部14家，校内社会餐饮单位5家，校外食品销售经营者89家，校外餐饮服务经营者78家，学校食材配送单位12家，学校食堂“五常法”等先进管理方式实施率为93.36%，量化分级评定优秀率达89.1%，明厨亮灶实现全覆盖。加强农村家宴纳规管理，核发“集体聚餐服务”类食品经营许可证644张，组织《常熟市农村集体聚餐食品安全监督管理办法（试行）》培训会51场，培训民间厨师3500人次。各地食安办备案指导农村集体聚餐9326场次，登记民间厨师2406人，集体聚餐固定操办场所78家。

【药品医疗器械安全监管】2021年，全市拥有药品生产企业18家，药品零售企业705家（其中连锁门店348家，单体药店357家），一类医疗器械生产备案企业58家，二类以上医疗器械生产企业29家，持证医疗器械经营企业222家（批发88家、零售126家、批零兼营8家），医疗器械备案企业1018家，医疗机构519家（其中三级医院3家，二级医院5家），化妆品生产企业3家。年内，市市场监管局对辖区内2家公立医疗机构、8家个体诊所和2家药品零售企业进行药品抽样，完成省级药品抽样87批，均无不合格的情况，其间查处违法案件457件，其中简易程序311件，一般程序146件，开具责令改正通知书243份，罚没款150余万。全年完成审核并上报不良反应（事件）2705例。

表 14　2021 年常熟市市场监管专项整治统计表

名　称	案件数（件）	罚没款（万元）
知识产权保护专项整治	414	2362.3
不正当竞争行为专项整治	70	681.7
侵害消费者个人信息专项整治	104	651.9
价格违法行为专项整治	34	246.2
美容美发行业乱象专项整治	59	239.6
建筑行业乱象专项整治	47	378.25
安全生产专项整治	210	694.57

（资料来源：市市场监管局）

【市场质量监管服务】2021年，市检验检测中心完成各类检验2万余批次。全年统筹疫情防控和产品质量安全抽检，完成食品、机电、建材、防疫产品等民生领域专项监督抽查检验13692批次。其中，开展食品及食品包材检测11325批次、机电建材轻化类检测430批次、食用农产品检测1001批次、二次供水水质检测22批次、粮油和猪肉检测26批次、油品检测46批次、墙体材料检测56批次、金银珠宝等检测786批次。与市市场监管局巡查工业许可证企业75家、检验机构55家。帮助制订、修订企业标准112项，许可证咨询服务43家。

【计量器具检定校准】2021年，市检验检测中心检定、校准各类计量器具30万台件。全面落实计量强制检定收费停征政策，对1400多家企事业单位的14.5万余台件强检计量器具实施免费检定，免征检定费1158万元。全年完成对全市63家集贸市场的2900余台电子计价秤、53家医疗卫生机构的3500余台件计量器具、153家眼镜店的焦度计、验光机、验光镜片组等470余台件在用计量器具的免费检定；完成村级卫生服务站、计生站、福利院等在用血压计检定2600余台件；为600多家企业提供计量器具免费取样和送货上门服务，累计取送样品2万余台件。

【特种设备安全监察】2021年，全市有特种设备使用单位10211家，在用特种设备数量为63687台，其中包括锅炉496台、压力容器21313台、压力管道2431.06千米、电梯18655台、起重机械10228台、厂（场）内专用机动车辆12992台、客运索道1条、大型游乐设施2台，在用设备使用登记率100%。检查特种设备使用单位2617

5月12日，国家药品监督管理局化妆品监管司在常熟市召开化妆品稽查工作座谈会　　　　（市市场监管局　提供）

家，出动检查人员5733人次，抽查各类设备4941台（家）（其中，锅炉141台，压力容器725台，压力管道108家，电梯1322台，起重机械904台，场内机动车辆1682台，气瓶/移动式压力容器53个，索道和游乐设施6台/次），发现整改隐患3383条，下达监察指令书2014份，查处254家单位，罚款713.7万元。年内特种设备安全生产零事故，特种设备相关和有关事故压降33.3%。组织开展特种设备教育培训、集中宣讲69次，参训企业负责人和相关人员6900人次，印制发放特种设备安全宣传手册、警示标志20万份。结合"百团进百万企千万员工"行动和叉车事故宣教视频，对11103家次使用单位、24708名起重机械及叉车作业人员开展教育培训。对调整出特种设备目录的特殊设备开展排查并进行评估，排查出3吨以下起重机械4174台，非货叉叉车533台，升降平台1450台，评估通过5652台，通过停用、拆除等方式完成整改1647台，整改完成率100%。

【消费维权服务】 2021年，市市场监管局处办投诉举报27605件，其中"12345"转件12715件（设立市级以上平台交办740件），全国、省两级12315转件合计14181件，局自接登记投诉举报709件，跟踪督办、收集和回复上级平台各类办件26894件。接待、答复各类咨询26897件。完成希凡美容美发、橡皮筋少儿培训机构和世界乐园（星光天地）等群体性投诉举报处置工作。全年及时签收率、按时处置答复率100%，综合满意率超99.5%，在市级绩效通报中并列部门第一。与市人民法院创建网络直播消费纠纷联动化解品牌，被苏州市人民法院和消保委联合评定为三等奖；培育、发展省级放心消费创建先进示范单位7家、苏州市级放心消费创建先进示范单位22家。

【执法稽查】 2021年，市市场监管局一般程序立案2514件，结案2129件，其中"三重一大"案件711件，移送公安部门29件、36人次，罚没款合计7866万元，入库7172万元。开展知识产权保护、不正当竞争行为、侵害消费者个人信息、价格违法、电子商务乱象、美容美发行业乱象、建筑行业乱象、安全生产等专项整治行动。莫城分局查办的"某服饰邮寄空包裹刷单炒信案""某公司利用老客户刷单炒信案"和常福分局查办的"赖某某利用直播间水军刷单炒信案"被国家市场监管总局评为反不正当竞争执法典型案例。琴川分局查办的"某商标代理公司恶意申请商标注册案"被国家市场监管总局评为知识产权执法行动典型案例。虞山分局查办的"某人家发布虚假广告案"被国家市场监管总局评为"长江禁捕打非断链"典型案例。

（浦曾斐　狄晓蕾）

价格管理

【资源价格改革】 2021年，常熟市出台《常熟市煤热价格联动管理办法》，根据联动办法适时调整蒸汽销售价格，至年底蒸汽中准销售价格为293元/吨。出台常熟市淡季非居民用管道天然气价格政策、采暖季非居民用天然气价格疏导政策，对2020年11月—2021年3月的采暖季非居民用管道天然气销售价格进行疏导，其中2021年1—3月全市非居民用管道天然气销售价格核定为3.294元/米^3。从4月1日起，全市非居民用管道天然气销售价格由3.294元/米^{3}下调至3.197元/米^3，1533户工商业用户直接受益，降低用气成本5625.52万元。执行"取消我省现行一般工商业及其他用电、大工业用电的目录销售电价政策"，理顺"煤电"关系，推动市场化交易。清理规范非电网直供电价格行为。

【环境价格改革】 2021年，常熟市实施资源要素差别化价格政策。对上年度被评价为C–类、D类的企业，实行全市统一的差别化污水处理费、管道天然气价格和电力价格，发挥差别化电价政策的激励和倒逼作用，推动节能减排和绿色发展。按时完成污水处理成本监审调查，严格执行污水处理收费标准。做好城镇生活垃圾处理成本调查。按照要求会同相关部门开展排污权有偿使用收费情况调研，探索有偿使用收费管理方式。

【民生价费管理】 9月，常熟市持续推进完善国有景区门票价格形成机制，规范景区价格行为，降低重点景区门票价格，在全市开展降低重点国有景区门票价格"回头看"工作。市政府出台调整优化全市居民燃气阶梯气价政策，将一档气量由300米^3/年调整为400米^3/年，二档气量由600米^3/年调整为1000米^3/年，三档气量调整为1000米^3/年以上，居民用燃气实现加量不加价。根据上级关于推进中小学课后服务、进一步提升课后服务水平的要求，加强课后服务收费管理。按照义务教育阶段学科类校外培训机构实行政府指导价的要求，落实上级制定的统一标准。加强机动车停放服务收费管理，落实最新物业管理收费和公示要求。

【成本调查与监审】 2021年，市发改委根据省发改委和苏州发改委农本调查任务的要求，先后完成农户种植意向、农户存售粮、农户农资购买三项专项调查，夏粮小麦和秋粮粳稻生产成本收益预测调查、直报调查，生猪养殖成本收益上、下半年直报调查，蔬菜生产成本收益常规调查。根据《政府定价成本监审办法》及《政府定价成本监审目录》的相关规定，先后开展常熟市污水处理成本监审、红豆山庄景点门票定价成本调查、常熟市嘉凌幼儿园成本调查、常熟市城市供水定价成本监审、常熟昆承湖外国语学校等15所民办学校教育收费成本调查、常熟市城镇管道燃气配气定价成本监审、常熟望虞套闸工程开发有限公司船舶过闸收费成本调查。

【价格认定】 2021年，市发改委完成各类价格认定案件1885起，其中涉刑事案件财物价格认定979起，涉税房屋价格认定793起，保障房、经适房价格认定112起，纪检监察案件财物价格认定1起，对全市存量房纳税价格交易数据库进行全面维护。按照《江苏省价格条例》《价格认定规定》等要求，确立涉税财产价格认定，违纪案件涉案财物价格认定，刑事案件涉案财物价格认定，行政征收、征用及执法案件涉案财物价格认定，以及价格纠纷调解价格认定作为工作的新定位。

（李　丹）

【价格监督检查】 2021年，市市场监管局部署转供电价格、停车收费、殡葬收费、粮食市场秩序等专项整治，开展涉企收费、民办中小学收费、校外培训机构收费、商品房销售价格、新冠肺炎病毒核酸检测价格等专项检查，保障降费减负政策传导到位，全年结处价监案件34起，罚款110.7万元，没收135.48万元，责令退还168.92万元，罚没退合计415.1万元。发布《关于规范春节期间市场价格行为的提醒函》《2021年转供电收费政策提醒函》《关于殡葬服务价格政策提醒函》《常熟市民办中小学收费政策提醒函》《保供稳价政策提醒函》《关于进一步规范机动车停放服务收费行为的提醒函》等，加强热点民生商品价格收费监管。

（浦曾斐）

知识产权工作

【概况】 2021年，全市拥有发明专利7578件，发明专利授权数1098件，万人有效发明专利拥有量45.19件/万人，万人高价值发明专利15.36件。注册商标申请量26677件、注册量29114件、有效数133755件，有效注册商标数位列江苏省县区首位。常熟市因实施知识产权战略成效，获江苏省政府办公厅通报督查激励。在“知识产权与县域经济高质量发展——2021年扬子江知识产权论坛”上，常熟市获中国县域知识产权竞争力“十强”称号。

【知识产权管理和服务】 2021年，常熟市组织开展“4·26”世界知识产权日系列宣传活动和中国专利周系列宣传活动，举办全市企业知识产权保护能力提升专题讲座、全市知识产权创造能力提升专题培训、外贸企业走出去战略宣讲等培训。全市5家单位获中国专利奖优秀奖。加强与南京理工大学区域创新中心对接，开展声学相关产业的专利导航分析，为中国声学创新谷发展提供决策依据。推进知识产权校地融合，与常熟理工学院签署合作备忘录，与南京理工大学知识产权学院签约共建常熟知识产权研究中心。推进“常熟蒸菜”“常熟二花脸猪”“常熟鸭血糯”地理标志商标注册工作。

【知识产权保护】 2021年，常熟市与中国（苏州）知识产权保护中心签署建设苏州保护中心常熟分中心的框架协议。与20家国内知名服装品牌企业和12家全市农业品牌企业签约成立常熟市知识产权保护联盟。开展知识产权执法维权“护航”行动，全年市市场监管局查办商标侵权案件433件，查办假冒专利案件142件，罚没款2450余万元，移送公安部门追究刑事责任19件25人次。（浦曾斐）

【常熟市知识产权运营中心】 2021年，常熟市知识产权运营中心有限公司与109家企业达成合作，222件高价值发明专利落地。结合与市科技局、市市场监管局的高企共建计划，在企业高企申报与高企复审过程中匹配专利10件。创新专利定制开发新业务，已签约7家企业，提交撰写8件，4件通过苏州知识产权保护中心的快速预审，并提交至国家知识产权局进行实质审查。利用原有市市场监管局商标业务渠道开展商标代理工作，全年受理新申请商标276件，续展170件，转让82件，变更34件，许可11件，补证11件，涉外马德里申请8件。探索开展高企申报中的知识产权配套服务业务，同常熟市华强绝缘材料有限责任公司、苏州云丰复合材料科技有限公司2家企业完成签约。

（叶　舟）

表15　　2021年常熟市发明专利情况统计表

板　块	发明专利年初数（个）	发明专利完成数（个）	净增数（个）	增　幅（%）
海虞镇	264	309	45	17.05
梅李镇	209	235	26	12.44

续表15

板　块	发明专利年初数（个）	发明专利完成数（个）	净增数（个）	增　幅（%）
辛庄镇	379	412	33	8.71
古里镇	348	383	35	10.06
支塘镇	283	311	28	9.89
沙家浜镇	425	457	32	7.53
董浜镇	178	198	20	11.24
尚湖镇	216	245	29	13.43
虞山街道	87	109	22	25.29
常福街道	858	938	80	9.32
莫城街道	62	63	1	1.61
琴川街道	76	92	16	21.05
经开区	763	884	121	15.86
高新区	1000	1219	219	21.90
理工学院	546	712	166	30.40
运营中心	880	926	166	5.23
合计	6574	7493	1039	13.98

说明：发明专利年初数为2020年12月数据，发明专利完成数为2021年11月数据

（资料来源：市市场监管局）

信用体系建设

【概况】 2021年，市发改委推动常熟市公共信用信息平台建设，全年归集入库1000万条信用信息数据；完善"双公示"数据报送途径，公示并上报"双公示"数据13870条。推进信用贯标示范创建，组织30家企业完成信用管理培训，指导3家企业完成苏州市级信用管理示范企业申报及验收。强化诚信建设宣贯工作，在"诚信常熟"网设立"红黑榜"，收集并公示11000条红名单、22775条黑名单。全年出具信用审查报告161份，梳理有效的失信约束措施15项。组织开展企业信用修复专题培训会，累计修复100余家企业相关失信信息。印发《常熟市信用修复宣传手册》，指导企业正确开展信用修复。（王颖丹）

【信用监督管理】 2021年，市市场监管局完成综合监管任务4669家，发现严重问题708条、较重问题4225条、一般问题5662条、轻微问题536条，发现问题均能按照规范及时闭环；其中整合压缩"双随机、一公开"任务179条，涉及企业172家，减少重复检查。与发改委、住建局（房管处）开展房地产行业跨部门"双随机、一公开"抽查，抽查房地产开发企业26家、房地产经纪机构30家，发现各类问题并责令改正11条，查处违法案件2起，对1户住所失联企业列入经营异常名录。与教育局开展校外培训机构"双随机、一公开"抽查，抽查对象23户，联合地方金融局、公安局开展私募基金跨部门联合抽查，抽查对象13户，均按照要求完成抽查。在国家企业信用信息公示系统将行政处罚信息1829条、行政许可信息3713条予以公示。开展商品房买卖合同预售前行政指导30件，指导调整条款310条。指导企业开展信用修复，修复行政处罚信息10条次，未年报和弄虚作假年报信息823条次，住所失联信息438条次。全市企业年报率93.2%。（浦曾斐）

责任编辑　汤　涵

开发园区

综　述

【概况】 2021年，常熟市有国家级开发区2家，分别为常熟经开区、常熟高新区，有省政府批准筹建的省级高新区虞山高新区和省政府批准挂牌的新材料产业园，统称为“三区一园”。2021年，“三区一园”一般公共财政预算收入107.55亿元，比上年增长10.40%，占全市比重为46.61%；新批外资及港澳台资项目17个，投资总额22.4亿美元。引进完成新增省级地区总部1家，苏州市级总部和功能性机构13家(含12家直接认定的省级总部和功能性机构)。常熟高新区实施“扩容提质”，对沙家浜及古里部分区域一体管理；经开区、碧溪街道管理整合持续推进。

【园区工业经济】 2021年，“三区一园”完成工业总产值2920.63亿元，比上年增长25.2%。常熟经开区50家重点企业贡献全区税收超六成，新经济总部大厦开票超300亿元；常熟高新区氢能源汽车积厚成势，新增中欧氢能创新研究院等8个氢能项目；虞山高新区净增高企数全市第一，日禾戎美A股上市，捷胜科技项目入选省重大；新材料产业园工业总产值增长47%。

【固定资产投资】 2021年，“三区一园”完成全社会固定资产投资384.20亿元，比上年增长12.9%。常熟经开区康桥学校、雅高美居酒店投用，城市艺体中心主体封顶；常熟高新区工业投资92亿元领跑全市，日航酒店、波司登凯悦酒店主体封顶；虞山高新区现代工人文化宫加快建设，8个集中居住区完成优化提升。(龚汉祥　李　宵)

【园区利用外资及港澳台资】 2021年，“三区一园”外资新设项目48个；外资增资项目32个，比上年增长18.52%。合同利用外资110532.38万美元；实际利用外资87113.71万美元，比上年增长9.62%。

【园区项目签约】 2021年，“三区一园”重点引进“354”产业(汽车及零部件、装备制造、纺织服装三大支柱产业；电子信息、生命健康、物流物贸、数字经济、氢燃料电池五大重点产业；智能货架、高端无纺、玻璃模具和现代氟材料四个特色优势产业)项目，上报签约项目117个，投资总额587.5亿元，其中内资项目100个，投资总额442亿元；外资及港澳台资项目17个，投资总额22.4亿美元。其中，三大支柱产业签约42个项目，投资总额232.3亿元，占比39.5%；五大重点产业签约34个项目，投资总额227亿元，占比38.6%；四个特色优势产业及平台载体、新材料、文创、环保等其他产业签约41个项目，投资总额128.2亿元。截至2021年12月，“三区一园”在谈项目74个，累计投资总额425.9亿元，其中内资项目38个，投资总额263.4亿元；外资及港澳台项目36个，投资总额24.5亿美元。

【园区进出口贸易】 2021年，“三区一园”进出口总额、出口额、进口额分别为152.71亿美元、79.47亿美元和73.24亿美元，比上年分别增长22.22%、22.86%和21.53%。(张　敏)

【园区科技创新】 2021年，常熟市贯彻落实国家、省关于高新区最新发展要求，紧扣“高”和“新”两个着力点，将高新区创新驱动高质量发展作为创新工作例会督办议题重点推进，推动“三区一园”聚焦核心、凝练特色，建设产业创新集群。各开发园区持续推进“智改数转”项目，引进科技人才，搭建创新平台。常熟经开区“苏州·中国声学创新谷”项目加快推进；常熟高新区高新技术产业产值完成450.9亿元，获评国家新能源汽车核心零部件创新型产业集群；虞山高新区高新技术产业产值完成205.89亿元，获评江苏省创新示范基地；新材料产业园新增2个省、苏州工程技术研究中心。(顾　诚)

常熟经济技术开发区

【概况】 2021年，常熟经开区实现地区生产总值1130亿元，完成公共财政预算收入88.8亿元，完成工业投资198亿元，注册外资6.3亿美元。其中核心区(沿江板块)实现一般公共预算收入43.6亿元，比上年增长16.7%。完成工业投资75亿元，比上年增长6.6%。到账外资及港澳台资4.3亿美元，增长11%。在全省经济开发区科学发展综合考评中位列第7位。

【开发建设】 2021年，常熟经开区推进总投资约300亿元的44个重点项目建设，立讯二期等31个新项目开工，万国数据一期等26个项目竣工。化工园区完成封闭化管理，建成智慧化平台和危化品运输车辆专用停车场，园区升格通过省化治办现场评审。推动闲置土地厂房“腾笼换鸟”，导入聚复3D打印、佰家丽声学材料等项目，盘活土地80公顷。常熟康桥学校、滨江美居酒店、凤鸣幼儿园投用；城市艺体中心主体封顶，40万平方米农民安置房小区交付。欧洲绿色产业园一期、李袁“专精特新”产业园投用。盘活大众机器人产业园9.4万平方米厂房载体，建设声谷创新加速中心。1.6平方千米声谷核心区完成规划覆盖，66.67公顷土地完成平整。

【招商引资】 2021年，常熟经开区签约森松生物制药、汉天下5G滤波器等内外资项目50个，总投资约240亿元。其中长春化工铜箔五期、通润汽车零部件生产基地等7个增资扩产签约项目，总投资近40亿元。全年累计完成增资扩产项目合计94个，备案金额合计53.12亿元。引进苏高新、佰家丽、科氏、奥索斯、聚复、通润、日本化研等外部投资商，直接盘活低效闲置资产项目7个，新增投资34.49亿元。举办2021中日智能制造和新材料产业对接会。

【科技创新】 2021年，常熟经开区获评“长三角G60科创走廊第二批工业互联网标杆园区”。完成“智改数转”项目186个，新增省级智能车间1个，累计建成智能工厂3家。举办“苏州·中国声学创新谷”全国创新创业大赛。亨通海洋获评国家第六批制造业单项冠军示范企业，奇瑞捷豹路虎入选国家绿色工厂，诺华获评省技术先进型服务企业，锦艺、亨通高压分别入选省潜在独角兽企业和小巨人企业。通润汽车零部件获第二十二届中国专利优秀奖，亨通海洋获省重大科技成果转化项目立项、省科学技术奖一等奖。成立“苏州·中国声学创新谷”双创人才服务中心，科技企业加速器、李袁创智小微产业园等一批科技创新载体正式投用，新增和声楼、聚声楼、汇声楼等孵化载体2.7万平方米。

【新经济总部大厦】 是滨江新城中央商务区的标志性建筑。新经济总部大厦重点引进优质外资企业、央企国企、上市公司、独角兽企业的各类综合性总部、区域总部以及包含营销、研发、物流、金融、结算等功能性总部、大数据项目总部等。截至2021年年底，每日优鲜华东总部项目、云杉世界常熟总部项目两大生鲜电商龙头项目，以及长江供应链、华安钢宝利、神州通等总部企业入驻新经济总部大厦，新经济总部大厦年内完成销售额310亿元，税收2.11亿元。

【李袁“专精特新”产业园】 12月完成竣工验收，总用地面积约4万平方米，总建筑面积约6万平方米，建有10幢标准厂房。年内，捷云智能、舜虹科技、思恩半导体、亿欧德电子、合能环境、巷尔电子等10家企业签约入驻产业园，涵盖声学、智能制造、新一代信息技术等产业，项目总投资约4.5亿元，全面投产后预计总产值约10亿元。

【欧洲绿色产业示范园】 由常熟经开区和挪威韦斯特公司（VEST ELITE）合作建办，采用“科技展示区”和“产业集聚区”相结合的建设模式。“科技展示区”板块位于经开区科创园中关村科技园，建筑面积约730平方米，侧重欧洲高新技术的引进、展示、孵化以及市场化应用与合作。“产业集聚区”板块占地4.27公顷，位于乐歌仓储以东，总投资5000万美元，计划建设8栋高规格厂房，总建筑面积约4.4万平方米。项目一期共2栋3层标准厂房，合计建筑面积约1.6万平方米，于2020年11月开工，至2021年年底基本竣工。

【常熟精英创新创业园】 于2019年年底开园，其中创新园位于滨江新城核心区域，为返乡创业者提供办公场所，搭建企业展示和沟通平台，引进企业总部、研发机构、金融投资等项目。创业园依托区内标准厂房、20公顷配套地块等多样化的载体资源，目标引进声学、高端装备制造、人工智能、数字经济等新兴产业项目。2021年，常熟经开区同中国声学学会签署战略合作协议，合作共建中国声学学会（苏州）创新中心、教培基地，落户常熟精创园，喜马拉雅有声党建应用示范建设项目落地。截至2021年年底，入园企业15家。

【中德（常熟）新兴产业示范园】 一季度开工建设，占地面积18.87公顷。

5月24日，常熟市人民政府与上海音乐学院签署战略合作协议

（常熟经开区　提供）

项目分两期建设，其中一期12.07公顷，二期6.8公顷，总建筑面积约23.36万平方米，载体建设总投入超14亿元。园区主要建筑功能为综合配套中心、中试研发楼和标准厂房等。园区侧重招引声学、新能源汽车、智能制造、新材料、海洋工程装备、生物医药等新兴产业项目。园区参照德国标准建设载体，利用德国、欧洲产业资源，引入规模企业、“隐形冠军”企业、研发创新平台等。年内在建标准厂房8栋及综合楼、中试楼和地下车库等。（苏敏芝）

常熟高新技术产业开发区

【概况】常熟高新区，管理面积138平方千米，重点发展汽车及核心零部件、先进装备制造、新一代信息技术、现代服务业等主导产业，正布局氢能源汽车、人工智能、数字经济、金融科技等新兴产业。2021年完成地区生产总值370亿元，比上年增长13.6%；工业开票销售收入1312亿元，比上年增长14.7%；一般公共预算收入40亿元，比上年增长4.3%；工业投资92亿元，其中高技术产业投资41亿元，比上年增长100%；2021年销售超亿元企业249家，超10亿元企业38家，税收超亿元企业11家；工业亩均税收22万元，比上年增长10.6%；到账外资3亿美元。2021年常熟高新区在全国169家国家高新区排名中列第63位，从2016年的第126位，实现排名“六连进”。获评省级工业互联网示范工程“互联网+先进制造业”基地、江苏省先进制造业和现代服务业深度融合试点区等。

【开发建设】2021年，常熟高新区推进新一轮国土空间规划、昆承湖沪苏协同创新发展示范区等多个区域规划编制工作，开展高新区水土保持方案区域评估及文物资源区域评估工作。开展新一轮国土空间规划调整；与中新集团签订开发合作协议，全面启动昆承片区规划设计；海吉亚医疗签约落地；UWC+创新岛正式开工建设；哈佛BI诊疗中心试运营；昆承湖日航酒店、波司登凯悦酒店结构封顶；金门路、银通路改造和银丰路新建工程竣工；启文学校、东南派出所投用；加强对沿线环境和绿化整治，成立环境整治和绿化提升工作专班，对主干道环境和绿化进行城市化改造；推进老旧载体更新，拆除老旧载体42万平方米，新建载体70万平方米，盘活用地105.33公顷。

【科技创新】常熟高新区建有全国县级市中唯一的国家级大学科技园——常熟国家大学科技园。截至2021年年底，引进江苏省产业技术研究院智能液晶技术研究所、先进金属材料及应用技术研究所、北大分子工程苏南研究院等校地合作平台，培育省级以上研发机构110家，拥有高新技术企业172家，省潜在“独角兽”企业2家、“瞪羚”企业12家，苏州“独角兽”培育企业3家，国家级科技企业孵化器2家、省级5家，各类创新创业载体100多万平方米，入驻双创团队500多个。万人发明专利拥有量达75件，高新技术产业占规上工业产值比重达63%，全社会研发投入占地区生产总值比重达6.2%。设立“东南英才”等人才招引政策，常熟高新区培育和引进国家级领军人才18人、省双创人才39人、姑苏人才87人、常熟领军人才274人，人才总量居常熟市第一。

【招商引资】2021年，常熟高新区共引进正力二期、格兰富、永联科技、维嘉科技等项目70个，总投资超310亿元。新签约项目中，世界500强投资项目3个，超亿美元外资项目3个、超10亿元内资项目5个。成功引入国华中欧氢能创新研究院、中汽研氢能研发测试基地等10个项目，从氢能源核心零部件向研发、检测以及制氢、储氢装备延伸，氢产业链不断完善。

【产业发展】2021年，常熟高新区有规模以上工业企业317家，包括30家世界500强企业投资的52个项目。推进“智改数转”，年内，累计完成“机器换人”8300多台（套），完成投资超百亿元，规上企业“智改数转”覆盖率超60%。完成改造类项目93个，完成投资超30亿元；新增苏州市级以上智能化、数字化、企业上云荣誉65个；引进西门子、百度等系统平台集成商，菱创、网禾等本地服务商与20多家企业新签订合同。

汽车核心零部件产业　是高新区重要支柱产业集群，集聚相关14家企业，拥有一级供应商达63家，形成丰田系、三菱系、大陆系、延锋系、正力

常熟高新区　　（高新区　提供）

系五大百亿能级企业体系，投资超亿美元项目12个。2021年，汽车零部件产业完成开票销售592亿元，占全区开票比重达45%，占苏州市汽车零部件产业开票比重达20%。

新能源“三电”产业　引进核心系统及研发企业42家，总投资超400亿元。2021年，新能源汽车产业完成开票销售335亿元，占全区汽车产业开票比重达56%，并获批国家新能源汽车核心零部件创新型产业集群。

氢能源产业　引进国内外氢能头部企业投资的核心项目40个，动力系统集成代表企业有重塑科技、上汽捷氢等；电池核心部件代表企业有治臻金属双极板、金亚隆石墨双极板、擎动膜电极、丰电金凯威隔膜压缩机等；创新研发代表企业有丰田氢能研发、中欧氢能研究院、亨弗劳恩碳纤维研发中心等；科技孵化代表企业有交大引燃科技电堆引射器、北大清德固体储氢材料等；加氢设施有常嘉氢、诚志AP等；运营服务代表企业有氢力氢为、塑云等，示范应用项目有金龙海格客车36辆、中通物流车120辆等。

先进装备制造产业　是高新区另一支柱产业，有相关企业140家，形成以索特传动为代表的工程机械生产，以三菱电机为代表的智能装备制造，以西门子、百度、菱创为代表的系统集成商产业创新集群。2021年，装备制造产业完成开票销售341亿元，占全区开票比重达26%。

光伏及电子信息产业　拥有中利集团、生益科技、新世电子等企业，产业涵盖光伏太阳能、5G通信材料、消费电子、新一代网络设备等。2021年，光伏及电子信息产业完成开票销售262亿元，占全区开票比重达20%。

医疗健康产业　重点布局医疗器械产业，截至2021年年底落户西门子医疗创新中心、智享生物医药、雅博尼西骨关节、熹微仿生角膜等项目28个，总投资超25亿元。

新经济产业　重点打造新一代电子信息、人工智能、智能网联、数字金融、数字文旅、工业互联网6个产业集群，2021年，落户西门子、百度、臻迪科技、京东鲲鹏等相关企业超200家，总投资超480亿元，常熟大学科技园获批苏州市十大数字经济产业园。

【UWC+创新岛】　占地约12.73公顷，规划总建设面积约11.7万平方米，依托高新区交通区位和昆承湖自然生态，重点发展以“新技术、新业态、新模式和新产业”为特征的新经济产业，以数字经济为主攻方向，引入一批技术先进、特色突出、具有潜力的科技创新企业，建设以总部经济、人工智能、“研发+服务+产业”为核心的创新示范区。截至2021年年底，引进新经济项目47个，累计注册资本50亿元，总投资85亿元，项目达产后预计营业收入超145亿元。产业类型涵盖金融科技、物联网、医疗科技、文化创意等新兴业态，聚集弘云科技、熹微生物、齐喝彩、吉风科技等一批具有较强发展潜力的优质项目。　（何　瑜）

江苏省常熟虞山高新技术产业开发区（筹）

【概况】　2021年，虞山高新区完成地区生产总值156亿元，比上年增长8.3%；完成一般公共预算收入16.9亿元，比上年增长4.7%。完成工业总产值602.9亿元，其中规模以上工业产值327.7亿元。完成高新技术产业产值209.8亿元，比上年增长13.6%，占规模以上工业产值比重分别为64%。全省高新区综合排名上升1个位次。年内，完成水土保持、水资源论证、洪水影响评价等区域评估，虞山高新区水资源论证区域评估通过专家评审，区域水土保持评估报告获批。

【开发建设】　2021年，虞山高新区完成全社会固定资产投资72亿元，完成工业投资40.6亿元，比上年增长11.8%；工业设备投资24.9亿元，比上年增长8.1%；服务业投资（不含房地产）6.9亿元，比上年增长10.9%。智车城二期、腾达工业、格勒玛数控、理想光学、方普电子等29个重点产业项目陆续开工，鲲驰华东基地、丽瀑新能源、奥升德、帝航防护等项目竣工投产。先进制造园二期2万平方米载体竣工投用，氢能源研究院实验室完成建设，老旧工业区2.33公顷、4万平方米标准厂房竣工投用并完成签约。印染企业高质量发展加快落地，10个组团全部完成市级联审，5个组团开工建设，琴达印染、华宇针织完成封顶。

【招商引资】　2021年，虞山高新区完成注册外资6417万美元，完成到账

9月，虞丽能科1.5兆瓦光伏屋顶项目并网发电　（虞山高新区　提供）

外资超1亿美元。全年新签约项目33个，总投资超100亿元，其中，外资项目超6000万美元2个，内资项目超10亿元3个、超亿元5个。举办长三角轨道交通产业园推介会，恩捷新能源智能装备、智慧能源创新中心、邦业护理、永皓科技、帕诺风电等一批重点产业项目相继落地。日禾戎美在深交所创业板上市。梳理形成拟上市企业后备库超40家，实施“一项目一方案”分类辅导。

【科技创新】 2021年，虞山高新区完成“智改数转”项目185个，开关制造获评国家级制造业与互联网融合发展试点示范企业和首批苏州“智改数转”标杆企业，通润驱动获评省级长三角G60科创走廊工业互联网标杆工厂，常春汽饰和雪龙电器入选省“两化融合”贯标试点企业。新增国家级专精特新示范企业1家，认定省星级上云企业35家，新增省级、苏州级企业技术中心、工程技术研究中心、工业设计中心、智能工厂等18家，新增工业机器人685台（套）。通过高企认定40家、净增22家、培育入库53家，入选省潜在“独角兽”企业1家、省“瞪羚”企业3家，新增各类人才项目15个，新增各类专利授权超1500件，中交天和、常熟汽饰2个项目入围省科学技术奖。常熟西军电技术转移中心落地，光舵微纳及中科世纪生物获评市级科技攻关“揭榜挂帅”项目。蒲公英加速器获评苏州市级孵化器。

【日禾戎美现代制造服务业基地项目奠基】 3月15日，日禾戎美股份有限公司现代制造服务业基地项目奠基仪式在虞山高新区举行。该项目基础设施投资4.15亿元，建筑总面积约11.51万平方米，主要投资于智能制造车间以及智能物流中心。

【长三角轨道交通产业园启动】 3月26日，长三角轨道交通产业园发布会暨虞山高新区一季度重点项目签约仪式举行。长三角轨道交通产业园整体规划面积近1平方千米，依托中交天和、中国中车等央企优势资源，围绕加快发展轨交产业链及其关联产业吸引龙头企业，全力发展智能电子电气、精密机械、工程机械、智能装备、智慧交通等行业，着力把长三角轨道交通产业园打造成为长三角区域具有示范效应的“双智”轨道交通产业园区。活动现场举行虞山高新区“最佳合作伙伴”颁奖及虞山高新区一季度重点项目签约仪式，总投资61.32亿元的19个项目签约落户虞山高新区。

【“鲲驰创新学院”共建】 4月22日，常熟理工学院与上海路捷鲲驰集团合作共建的“鲲驰创新学院”签约。“鲲驰创新学院”依托落户常熟虞山高新区的鲲驰集团华东新零售总部，通过聚焦于大数据智能调度、自动化智慧物流、智能仓储及管理等“新零售”全产业链，融合校企优质资源，深化产教融合，培养高质量“新零售”人才。校企共建包括“新零售”通识课程模块、核心课程模块、创新课程模块、管理课程模块、实践课程模块和企业文化品牌运营课程模块及总裁特色培训课程模块。年内培训学员88人。

【京东美妆直播内容创意基地揭牌】 9月17日，“京东美妆直播内容创意基地”在虞山高新区鲲驰集团华东新零售中心揭牌。“京东美妆直播内容创意基地”，标志以直播及电商为中心，构建万物互联的常熟本土化电商营销体系的正式上线，旨在通过打造在线直播与销售拉升相结合，催生促进整体经济发展的新模式及新业态。常熟基地新建直播间44个，计划招全职主播23人、兼职37人。

【恩捷新能源智能装备项目签约】 9月23日，虞山高新区·恩捷集团新能源智能装备项目签约。恩捷集团拟在虞山高新区设立新能源智能设备的研发和生产基地，力争三年内实现IPO，预计达产后产值超30亿元，纳税约1.5亿元。 （殷梦怡）

江苏常熟新材料产业园（江苏高科技氟化学工业园）

【概况】 2021年，新材料产业园完成规模以上工业总产值243.7亿元，比上年增长47.2%；规模以上工业企业利润46.6亿元，比上年净增27亿元，核心增加值率达31%。实现工业开票销售收入261.6亿元，比上年增长51.8%；财政总收入18.5亿元，比上年增长45.2%；一般公共预算收入9.1亿元，比上年增长40%。完成工业投资30亿元，实际利用外资及港澳台资6680万美元。新材料产业园入选“2021年全国最具竞争力化工园区20强”，连续九年跻身全国20强，也是全国唯一入榜的专业氟化学工业园区。

【开发建设】 2021年，新材料产业园修编完成园区控制性详细规划，全面改善基础设施配套。规划建设危化品停车场，提标建设“智慧园区”集成指挥中心，提速建设双回路电力、道路配套提升等重点项目。

【招商引资】 2021年，新材料产业园聚焦“3+3”产业（新材料、生命健康、智能制造三大支柱产业和现代商贸、时尚织造、生态农旅三大重点产业）特色，立足“6M”产业（有机氟材料、聚氨酯材料、高性能膜材料、电子化学材料、工程塑料和生物医药）链延链、补链、强链。引进优美科氢燃料电池催化剂、泰瑞联腾新能源材料和康羽新药、虞美新药CDMO等40个新兴产业项目，计划总投资超158亿元。2021年，新材料产业园列入市级重点产业项目25个，总投资81.7亿元，当年完成投资34亿元，其中战略性新兴产业项目24个，占比96%。年内新开工项目6个，开工率100%，当年完成投资5.62亿元，占当年计划投资的100.4%。续建项目10个，当年完成投资24.5亿元，占当年计划投资的138.1%。计划外新增开工项目9个，完成当年投资3.85亿元。

【科技创新】 2021年，新材料产业园耐素生物、多恩生物分别获评省、苏州工程技术研究中心，苏州思萃同位素研究所获评苏州市新型研发机构，并挂牌中国核学会苏州经济融合工作站。新增姑苏领军人才2人，昆承英才5人。完成智改数转改造投入类项目31个，东南塑料、富士莱医药获评省级“两化”融合试点，耐素生物、大金氟化工等企业获评省星级上云企业、苏州市级示范智能车间。

【苏州思萃同位素技术研究所揭牌】 1月，苏州思萃同位素技术研究所正式揭牌，是常熟市首家苏州市产业技术研究院体系下的独立法人型企业新型研发机构，研究所获评苏州市新型研发机构。全年投入研发费用668万元，有研究人员44人，开展碳、氢、氧等同位素相关自主研发、技术开发和服务项目6项。

【康羽生命科学技术（苏州）有限公司项目签约落户】 2月28日，康羽生命科学技术（苏州）有限公司与常熟新材料产业园、常熟苏虞生物医药产业园正式签署项目投资协议，宣布在海虞镇设立新药研发生产项目。该项目总投资约7.5亿元，一期用地约6.67公顷，重点关注抗肿瘤、糖尿病、心血管疾病、抗病毒、抗血栓、抗感染等重大常见疾病领域的药物研发生产，项目全部达产后预计年销售10亿元以上。

【宝丽菲姆（中国）新材料有限公司奠基】 3月22日，宝丽菲姆（中国）新材料有限公司奠基。宝丽菲姆是一家德国公司，专注于保护膜以及其他新型材料的研发生产。该项目占地约4.67公顷，总投资3.5亿元，达产后预计年产9.2亿平方米表面保护膜，年产值约5.6亿元，预计税收约4500万元。

【苏州纳微科技股份有限公司上市】 6月23日，常熟纳微生物科技有限公司母公司苏州纳微科技股份有限公司（纳微科技688690）在上海证券交易所科创板挂牌上市。常熟纳微生物科技有限公司是纳微科技的全资子公司，项目总投资近2亿元，2020年在新材料产业园建成1.8万平方米大规模生产基地并于当年年底开始投产。

【江苏新泰新能源材料项目签约】 8月19日，江苏新泰新能源材料项目签约。该项目由江苏新泰材料科技有限公司与江苏瑞泰新能源材料股份有限公司共同出资，江苏新泰是专业生产六氟磷酸锂的高新技术企业，江苏瑞泰专注锂离子电池材料等生产。项目总投资30亿元，注册资本10亿元，用地13.53公顷，建设年产3万吨六氟磷酸锂、氟化锂及其他氟盐等相关配套产品。 （马叶丹）

新材料产业园园景 （刘文忠 摄）

责任编辑 归岳嵚

口岸

常熟港

【概况】 2021年，常熟港完成货物吞吐量6535.5万吨，其中外贸货物吞吐量1297.1万吨，集装箱吞吐量20.85万标箱，分别比上年下降2196.5万吨、150.9万吨、2.55万标箱。1月1日起，常熟港免征货物港口建设费。推进通关改革，拓展“提前申报”“两步申报”“两段准入”模式应用范围，12月常熟口岸整体通关时间65.02小时，比2017年压降59.03%。南太平洋集散班轮航线运行正常，全年运行9个航次，年内新开双月班俄罗斯外贸集装箱直达航线已运行3个航次。常熟威特隆仓储有限公司进口纸浆试点实施进口货物“船边直提”，实现船舶进港、卸船装车和货物提离的“零等待”。1月，常熟港进口纸浆量达61.4万吨，开创开港以来常熟港单月进口纸浆量的新高。完成“单一窗口”四期升级，全面推进“单一窗口”标准版应用和口岸物流单证全流程无纸化，货物申报、运输工具申报、舱单申报等主要业务的应用率保持100%。持续精简口岸验核的监管证件数量，至年底，保留口岸验核的监管证件41种，除3种因保密需要等特殊情况外，其余38种全部实现联网核查。

（魏　刚　黄心珏）

【港口建设】 常熟港有沿江自然岸线32.1千米，根据《苏州港总体规划（2020—2035）（修订）》，规划港口岸线12.94千米，其中已利用港口岸线10.8千米。2021年，常熟港有泊位59个（生产性泊位53个），其中万吨级以上泊位24个，最大靠泊等级10万吨级（减载靠泊），对外开放码头泊位26个，港口综合通过能力5156.4万吨，有作业区2个（兴华作业区、金泾塘作业区）。2021年，常熟港配合推进《苏州港总体规划（2020—2035）（修订）》工作，通过部省联合审查。主要包括兴华作业区汽渡撤渡后200米岸线利用，兴华2—8号泊位、长江港务外档1号、2号泊位通过技术改造等升为3万—7万吨级泊位。开展《常熟港口产业发展规划研究》工作，形成中期成果稿，继续开展《常熟港港口整合利用五年规划》编制工作，基本形成初稿。

【集装箱日本近洋航线落户常熟】 2月25日，华信集装箱运输有限公司的“艾柯德”靠泊常熟港兴华码头，将装载126标箱的重箱驶往日本，一条新的集装箱日本近洋航线正式落户常熟港。

【“一零两全四免费”实施】 6月1日，常熟港锚地水域“一零两全四免费”（“一零”即到港船舶污染物“零排放”；“两全”即船上生活垃圾生活污水“全接收”，在航船舶排放“全达标”；“四免费”即内河船舶生活污水接收免费、内河船舶垃圾接收免费、内河船舶水上交通免费、内河船舶锚泊免费）服务站揭牌，服务范围覆盖常熟港过驳锚地、海轮锚地附近水域、白茆沙锚地以及福山水道避风港锚泊的所有内河船舶。常熟市政府每年安排近600万元专项资金保障锚地水域“一零两全四免费”服务正常运行。至2021年年底，免费接送船民635人次，接收船舶污水861.2立方米，接收船舶垃圾7672.3千克。

（黄心珏）

5月18日，装载60片风叶、140件风叶框架共1158.58吨风电设备的“MV. CY INTEROCEAN Ⅰ”（青阳1）轮从长江港务码头前往越南。这是常熟港历史上装载量最大的风电项目

（常熟海事局　提供）

【常熟港化工品船靠泊纪录刷新】 8月13日，常熟引航站引领中国香港籍“南阳”轮靠泊东港化工码头。该轮长177米，载重吨位28309.5吨，实际装载化工品27500吨，抵港吃水9.7米，刷新常熟到港危化品船船长、吃水、吨位多项纪录；该轮的靠泊为相关企业节约成本超百万元，对常熟港专用航道建设3万吨级码头群有试点意义。

（李树铎）

海 关

【概况】 2021年，常熟海关实现入库税收65.4亿元，比上年下降4.9%。监管国际航行船舶2283艘，比上年下降28.5%；检验检疫进出口货物1.4万批、96.1亿元，分别比上年下降49.5%、52.8%；行政“两简”案件（即简单案件、简易程序案件）立案42起，一般案件立案13起，走私行为案件立案3起，案值5000万元；查获非设关地成品油走私、水客团伙奢侈品走私刑事案件各1起，案值3305万元。签发出口原产地证书3.14万份，签证金额21.48亿美元；培育、新增海关AEO（经认证的经营者）高级认证企业3家。制定落实《大安全建设指导意见》，对辖区14家监管作业场所实施全覆盖巡查。制定《突发事件应急管理办法》及10个专项应急预案，健全突发公共卫生事件、重大动植物疫情、反恐等应急处置机制。

【通关监管】 2021年，常熟海关监管进出口货物1134.5万吨，比上年下降12.8%，其中出口314.2万吨，进口820.3万吨；监管进出口货值147亿美元，比上年增长20.9%，其中出口72亿美元，进口75亿美元。监管集装箱18.3万箱次，比上年增长25.1%；办理进出口报关单14.8万份，比上年增长14%。支持常熟港获批进境肉类指定监管场地，对接“长三角区域一体化”“长江经济带”建设等要求，打通与上海等周边海关之间的业务联系通道，全面运用金关二期管理系统实现跨关区保税货物流转。支持重点项目或货物的快速通关需求，优化“船边直提”“抵港直装”等便利措施。

【出入境检验检疫】 2021年，常熟海关以“人物同防、多病共防”为重点建立风险预警机制，组建口岸新冠肺炎疫情防控工作专班，全关出动防疫人员约3300人次。全年检疫监管国际航行船舶2283艘次，实施船员核酸检测2170人次，完成船员换班检疫1645人次，实现口岸疫情“零输入”。推进属地查检业务改革，强化商品检验检疫，销毁不合格进口商品7批，包括汽车制动摩擦片3批、809片，进口食品1批；退运放射性超标进口花岗岩2批65吨。严防埃博拉、黄热病等重大传染病传入，完成出入境人员体检537人次，检出梅毒、乙肝阳性等病例10人。开展沙漠蝗、红火蚁专项监测，截获外来有害生物70种、149次。连续监管常熟辖区出口阳澄湖大闸蟹20年、出口食品13年无境外官方不合格通报。

【海关改革】 2021年，常熟海关全面推开“两步申报”“两段准入”改革，进出口通关时间相比2017年底分别压缩56.22%和65.47%，进出口提前申报、“单一窗口”应用率分别达15.45%、64.83%和100%。加快“智慧口岸”建设，全省率先试点“先期机检+本地审图”惠企查验模式。在芬欧汇川（中国）有限公司、芬欧蓝泰标签（中国）有限公司2家企业率先推动企业集团保税监管模式改革。推进属地查检业务改革，强化危化品、食品等重点敏感商品安全监管。加快属地纳税人管理改革，完善“一企一策”差别化规范服务，为奇瑞捷豹路虎汽车有限公司退税237万元。推广关税保证保险、汇总征税、自报自缴等改革，为立讯智造科技（常熟）有限公司减免保证金7200万元。

【海关外贸服务】 2021年，常熟海关在全省率先实现市场采购贸易货物与跨境电商B2B货物拼箱出口，推动市场采购一体化通关口岸增加17个，达54个，出口目的地扩大至128个国家和地区。参与“市采通”平台全省推广工作，全年监管市场采购出口17.16亿美元，比上年增长68.94%。组织AEO政策宣传服务6次，服务企业233家次；开展信用培育20余次，培育辖区高级认证企业新增3家，达15家。落实“降低认证企业查验率”“免除加工贸易保证金”等多项高级认证企业优惠措施，AEO高级认证企业平均查验率从2020年的4.25%下降到0.06%。对1家失信企业进行信用修复，辖区失信企业实现清零。

【打击走私专项行动】 2021年，常熟海关推进“国门利剑2021”打击走私专项行动，强化联合研判和协同作战机制，制定全员打击走私工作方案，提升监管查缉效能。严厉打击进境“洋垃圾”等重点商品走私，开展固废、危化品、再生金属专项稽查，查获非设关地成品油走私等刑事案件2起，案值3305万元。

【“企业问题清零”工作机制】 2021年，常熟海关将党史学习教育“我为群众办实事”实践活动与“企业问题清零”机制紧密结合，固化“走访调研+现场办公”的清零服务形态，关领导调研企业20余次。成立“企问答人”政策宣讲团，现场服务企业58家。力促加工贸易禁止目录调整，为芬欧蓝泰标签（中国）有限公司等常熟纸制品企业节省税收成本5600余万元；采取“出口直装”等便利化通关措施，保障江苏亨通高压海缆有限公司跨洲通信重大项目物资及时通关。“企业问题清零”机制获评常熟市“关爱民生法治行”十大项目。

（沈之杰）

边防检查

【概况】 2021年，常熟出入境边防检查站（以下简称“常熟边检站”）检查出入境（港）船舶2089艘次、人员37448人次，办理各类边检行政许可10960份。年内，完成系列边检安保重大任务，查处各类案件12起、13人次。贯彻落实国家移民管理局服务发展16项新举措和江苏边检总站服务发展8项措施，通过制度开放、政策支持，助力提升港口综合竞争力。深度融入驻地联防联控机制，做好新冠肺炎疫情外防输入工作，连续查处3起涉及新冠病毒核酸检测违法案件，国务院副总理孙春兰、江苏省委书记吴政隆和苏州、常熟等各级领导先后关注、批示和肯定相关防控成果。

【口岸安全管控】 2021年，常熟边检站深入开展集中打击妨害国（边）境管理犯罪、"三非"（非法就业、非法入境和非法居留）外国人治理等专项斗争，联合口岸单位开展清查整治6次，发现并整改隐患22个，组织梅沙运维、口岸反闯关等演练21次，查获不准出境人员1名。安装部署6台梯口智能精准管控终端，投用"滤网工程"光电雷达设备，建成兴华港区海防监控站，完成宏智、新泰两个码头视频监控智能化改造。出台《规范案件线索和突发事件处置流程》《执法记录仪使用管理规定》，制定《执法办案场所管理规定》等文件。

【口岸疫情防控】 2021年，常熟边检站立足外防输入性新冠肺炎疫情主阵地，深度融入驻地联防联控机制，累计推送涉疫重点船舶信息828艘次、人员信息16560人次，联合商务局、海关、海事等部门开展防控督导检查13次，形成"信息资源共享共用、问题困难互助解决、风险隐患即时预警、突发情况协同处置"防控协作机制。组建4组、16人执勤专班，运行"7+7+7+7"动态勤务模式，开展各类高风险勤务62次。定期组织口岸涉疫隐患排查，建立"小问题当场改、大问题通报批评、严重问题暂停整顿"分级管理办法，先后下发防疫整改通知85份。依托"滤网""中国边检登轮码"等系统，运用"船舶与船员"双线比对、船舶轨迹溯源核查等技战法，推动建立船舶搭靠报备及核酸检测纸质、电子报告单"双核查"等机制，先后查处"7·09"内河船舶非法搭靠外轮违规获取核酸检测试剂、违规开展核酸检测案件，"8·24""11·18"变造核酸检测报告单案件。

【边检便企利民服务】 2021年，常熟边检站贯彻落实国家移民管理局服务发展16项新举措和江苏边检总站服务发展8项措施，向驻地政府报送边检数据分析报告12期，免办出入港边检手续689艘次，协助新泰、亨通2个码头推进泊位升吨事宜，指导宏智码头改进查验设施。走访调研涉检企业20次，解决实际问题17件，征求意见建议13条。推广"网上办、预约办、全天办"服务，创新推出"专项勤务、专用通道、专门勤务小组"举措，为4艘"一带一路"特种船舶、3艘携运枪支弹药船舶、22名受伤船员开通专勤和绿色通道，获赠锦旗4面、感谢信1封。深化码头企业诚信管理，加强涉检企业日常考评和结果运用，给予9名企业和3名个人"诚信优惠待遇"。

（黄东毓）

海　　事

【概况】 2021年，常熟海事局应对新冠肺炎疫情带来的严峻考验，聚焦"三增三进"发展目标和"六美常熟"建设要求，强化依法履职，统筹抓好安全与发展工作。年内，常熟海事局获评2019—2021年度江苏省文明单位、苏州市文明单位、江苏省长江江苏段水上过驳专项整治工作先进集体、常熟市2020年度依法行政工作先进单位。

【水上交通安全监督】 2021年，常熟海事局揭牌成立"水上交通事故一站式解纷中心（常熟分中心）"，举行2021年常熟市水上搜救综合演习。全年辖区未发生一般等级及以上等级事故，处置险情事故16起，比上年下降23.8%，成功救助遇险船舶17艘次、遇险人员212人，水上搜救成功率保持100%。常通汽渡4艘渡船全部完成着色标识改造提升工程。全年实施行政处罚813件，罚款426.29万元，比上年分别下降36.21%、70.4%，平均单件罚款额5243元。辖区18艘扣押"三无"船全部拆解，福山塘、海轮锚地300余艘涉海运输锚泊船实现历史性"清零"。常熟海事局发布规范码头装卸作业的五项"禁令"，引导港航单位作出主动公示型信用承诺，签署信用承诺书153份。全年完成黑名单录入审核12艘次，向黑名单船舶船籍港发函17件，黑名单修复6艘次，黄名单认定审核15艘次。入列20米级新式巡逻船"海巡06837"。持续筑牢口岸疫情防控线，全年监督进出境（港）船舶2290艘次、船员39580人次，开展国际航行船舶中国籍船员换班1593人次，持续保证常熟港国际航行船舶中国籍船员换班"零拒绝"，换班船员疫情"零输入"。

【船舶污染防治】 2021年，常熟海事局打造"一零两全四免费"江苏模式常熟样板，严格执行船舶污染物"先接收后作业"制度，全年分别完成船舶生活污水、生活垃圾接收作业13512艘次和22830艘次，接收生活污水4362.14吨，接收垃圾55.56吨。新安装36套智能岸电设备，老旧岸电置换率达到85.71%。全年到港船舶岸电用电量219.58万度、岸电接电16281艘次，分别比上年增长26.15%、32.30%。

【长江常熟段水上过驳浮吊省内率先"清零"】 1月19日，"宁高工85"浮吊在常熟海事局海巡艇的护送下驶出长江常熟段，标志着长江常熟段水上过驳浮吊在全省县（市、区）行政辖区内率先实现实质性"清零"目标，长江常熟段水上过驳取缔工作任务结束。常熟辖区32台浮吊全部完成处置手续及驶离工作，其中驶离江苏省水域20台，确认拆解浮吊11台，由船籍港整治办领回1台。

【长江常熟水域涉海运输内河船舶实现历史性"清零"】 常熟海事局自2020年5月开展涉海运输专项整治活动，2021年4月1日实现涉海运输重载船、空载船双"清零"。其间共查获内河涉海运输船舶90余艘次，罚款500余万元，暂扣船员证书60余本，移交公安处理6人次。

【"海巡06837"入列】 9月17日，"海巡06837"轮列编常熟海事局，该轮是长江常熟段首艘新式20米级海事巡逻船。"海巡06837"由江苏通洋船舶有限公司建造，船舶总长22.92米，型宽4.6米，设计吃水1.26米，设计最大航速20节，配备2台441千瓦沃尔沃船用主机，具有较强的综合指挥、海事监管、搜寻救助能力。

【首届常熟市港口船舶污染防治技能竞赛举办】 11月，首届常熟市职业技能竞赛港口船舶污染防治技能竞赛由市人社局、市总工会、常熟海事局主办，常熟亨通港务有限公司承办。竞赛包含理论测试、晋级赛和总决赛3个环节，全市30余家单位的120余名选手参加竞赛。竞赛以"一技之长、智守长江"为主题，以强化"以赛促学、以赛促练、以赛促训"理念为目标，把握形式新颖、贴近实战的特点，以赛提技，激励和引导港口企业职工更好学习污染防治技能技艺，增强常熟广大船舶污染防治从业者的核心竞争力。

（李文杰）

长江引航

【概况】 2021年，常熟引航站引领中外籍船舶3375艘次（其中引航2997艘次，移泊378艘次），引航里程26.4万千米，受国际疫情影响，比上年分别下降10.0%和7.9%；全年引航船舶总吨位5304.8万吨，净吨位2639.7万吨，比上年分别增长9.3%和10.1%，船舶大型化趋势明显，单船载运效能提升；全年引领夜航船舶788艘次，占比23.3%；港内进出口危化品船舶760艘次，占比22.5%；引领受限船舶216艘次，占比6.4%。全年累计调派专班引航员2316人次、引领疫情中高风险船舶1997艘次，保障进出常熟口岸电煤船47艘次、成品油船64艘次、化工原材料运输船831艘次；保障131.1万吨电煤、42.7万吨成品油、210.3万吨化工原材料等重点物资运输。为宏智码头复产开放提供引航技术支撑，助力闲置码头盘活复产；刷新东港化工码头接靠船舶最大船长、吃水、吨位3项纪录，为常熟港建设3万吨级专用航道奠定试验性基础。年内，常熟引航站获评常熟市水上搜救先进单位，引航站职工获评交通运输部长江航务管理局科技先进工作者、长江海事局优秀共产党员、苏州市最美劳动者、常熟市水上搜救先进个人等。

【引航安全保障】 2021年，常熟引航站构建"海事+引航""引航+企业"安全协同防控机制，全面辨识、排查安全风险隐患8个，制定整改措施24条，全程参与"露西亚"轮失控搁浅抢险救援。实现全年引航零违章、安全零事故、疫情零感染、行风零投诉的目标。

3月8日，常熟引航站引领船长166.6米、载重26033吨、吃水6.5米的半潜船"华兴龙"轮出江。该轮目的地阿联酋，搭载着中国自主设计研发的自升式平台"VICTOR—215"

（常熟引航站 提供）

【"露西亚"轮失控搁浅抢险救援】 4月30日，利比里亚籍海轮"露西亚"轮（船长199米、吃水达11.36米），在苏通大桥桥区5号浮标浮上水过程中全船断电失控，搁浅在南侧航道外水域，常熟引航站携手常熟海事局，第一时间赶赴现场，历经6.5小时应急处置，该轮脱浅。事故未造成常熟港专用船航"封江断航"。

【中国出口沙特设备最大单件运输引航】 6月9日，德国籍"特里纳"轮由常熟引航站引领出江，驶向沙特延布市。"特里纳"轮船长160米，宽24米，是一艘装载大件货物的特种船舶。该轮所装载EPC项目设备是2017年中国与沙特两国领导人签署的"一带一路"重点工程设备，最大件货物长76.6米、宽8米、高8.1米，重量774.4吨，创造中国设备出口沙特单件最大件纪录，是江苏制造出口的最大炼油设备，也是沙特首次向中国采购该类核心设备。

（李树铎）

责任编辑 归岳嵌

开放型经济

参与“一带一路”建设

【“一带一路”沿线国家和地区贸易】 2021年年底，常熟市与“一带一路”沿线国家贸易总值52.6亿美元，比上年上升32.3%，占全市进出口的26.6%。与“一带一路”沿线国家贸易占进出口比重较上年提高3.8个百分点。“一带一路”65国中对东南亚11国、西亚北非16国和南亚8国进出口排前三，贸易量排前三的国家分别为泰国、越南、新加坡。组织150多家外贸企业参加“江苏优品·畅行全球”越南纺织服装、俄罗斯五金工具、阿联酋纺织服装3场线上国际对接会；组织68家企业参加第129届、第130届广交会，线上线下结合开展采购对接；组织全市2114位采购商报名第四届进博会专业观众。

【“一带一路”沿线国家和地区投资】 2021年，常熟市备案境外投资项目8个，投资总额1077.26万美元，投资地点涉及德国、日本、越南、韩国、香港、新加坡等“一带一路”沿线国家和地区。组织企业参加美国加州线上投资推荐会，香港特别行政区政府“一带一路”高峰论坛，以及柬埔寨西哈努克港经济特区与省内上市公司对接座谈会，举办常熟市企业“一带一路之东南亚”和“疫情下境外投资的机遇和挑战”2场对外投资专题培训。江苏金土木建设集团有限公司分别承建非洲赞比亚在建西方省腰果基础设施发展项目，首都赞比亚印度银行总部办公楼项目及水利部西方省芒古办公室建设项目等5个项目，建筑总面积9350平方米，工程总造价4981.55万元人民币。

【“一带一路”沿线国家和地区科技合作】 2021年，常熟市组织申报2021年度省政策引导类计划6项，获得国际合作专项立项2项，金额达180万。组织申报苏州市外专工作室1家；对6个苏州市外国专家工作室进行绩效评估申报，2家顺利通过绩效评估；发动16个苏州市柔性引进海外人才智力“海鸥计划”项目完成申报。构建海外离岸创新中心体系，以三区一园为主阵地在全市进行充分排摸，支持创新型龙头企业、总部经济企业、行业头部企业以及重大研发载体到海外自设、并购、合资、参股设立创新载体或研发机构。常熟市技术流向英国、法国、瑞士等“一带一路”沿线国家，成交3.47亿元。承办“创赢未来”国际创客大赛(瑞典赛区)。

【“一带一路”沿线国家和地区人文交流】 2021年，常熟市组织参加“联合国世界旅游组织旅游可持续发展中国观测点2021年度培训班”，与洛阳观测点等围绕“文化和旅游资源的转化与融合”主题进行探讨交流。依托旅游可持续发展观测点管理与监测中心(MCSTO)渠道，与世界旅游组织日本办公室(UNWTO Japan Office)和日本交通公社(JTB)建立联系。开展“一带一路”建设专题宣传，常熟全媒体平台全年推出相关报道200多篇，推

2021年，常熟市龙腾特种钢有限公司在海外合资工厂——艾梅伊龙腾耐磨材料(赞比亚)有限公司实现产值5690.25万美元。图为工厂全貌

(龙腾特钢 提供)

出《耕耘海外共同发展——尼日利亚驻上海总领事赴隆力奇考察》《常熟港创下中国向沙特出口设备最大件纪录助力"一带一路"服务区域发展》等系列报道。纪录片《明天会更好》在中央广播电视总台CGTN纪录频道播出，并通过卫星、有线和地面电视频道在全球89个国家和地区播出，以中文、英文、法文、俄文、阿拉伯语、西班牙语等多国语言介绍常熟在"一带一路"工作发展成果，覆盖用户约1.06亿户。

【海上通道建设】 2021年，常熟港南太平洋集散班轮航线常态运行，全年运行9个航次；年内，新开双月班的俄罗斯外贸集装箱直达航线，全年运行3个航次。

【综合服务保障】 2021年，常熟市搭建"一带一路"服务团队，收集企业境外投资经营情况，掌握企业困难和诉求，通过"线上+线下"模式，进行政策宣传，对"一带一路"、"走出去"企业在对外投资、出口退税、企业所得税、税收协定等方面进行政策服务。全年办理对外投资出口退税79.77万元，惠及2户企业；办理对外承包工程出口物资出口退税4660.44万元，惠及2户企业。做好《中国税收居民身份证明》开具工作，便利纳税人境外享受税收协定待遇。围绕境外所得申报风险、转让定价风险等做好提示提醒。在"走出去"企业中建立警企联络员机制，设立"外国人工作、居留单一窗口"，优化提升外籍人士工作许可和居留许可申请流程。（张　瑜）

中国（江苏）自由贸易试验区苏州片区联动创新区

【"中国（江苏）自由贸易试验区联动创新发展区"授牌】 5月，常熟经济技术开发区、常熟高新技术产业开发区获江苏省自由贸易试验区工作办公室授牌"中国（江苏）自由贸易试验区联动创新发展区"。2019年12月，常熟经济开发区、常熟高新技术产业开发区被确定为中国（江苏）自由贸易试验区苏州片区联动创新区。

【自由贸易试验区经验复制推广】 2021年，常熟市开展自由贸易试验区联动创新先行先试和复制推广等工作。截至2021年年底，省复制推广事项（共两批）中常熟市完成21项；苏州市先行先试事项中常熟市落实、推进的有95项；苏州创新案例（共两批）常熟市复制推广30项。常熟经济技术开发区提高土地集约利用水平在苏州推广复制；绿色化学引领经开区化工产业向电子新材料转型获评省级特色创新示范园区；医药产业链合作布局实现创新研发的异地产业化发展，成为园区首个异地产业化成功项目；新一代信息技术创新中心成为常熟首个为国家产业技术格局提升与国际竞争提供战略支撑的共享式创新加速中心。常熟高新技术产业开发区开展企业增值税一般纳税人资格试点，简化进出区管理，推广创新制度等措施全面落实。自主创新企业培育机制，创新科技金融模式，土地高效集约利用新机制等经验案例获得复制推广。

5月19日，2021中日（常熟）智能制造和新材料产业对接会在常熟经开区举行，14个项目集中签约，总投资达40亿元　（常熟经开区　提供）

【联动合作】 2021年，常熟经济技术开发区与苏州工业园区共建苏虞生物医药产业园，截至2021年年底，入驻医药产业化项目20个，实现工业产值10亿元；苏州光舵微纳科技股份有限公司等多家企业在苏州工业园区设立研发中心；派遣经开区年轻干部至临港集团挂职交流；与苏州元禾控股股份有限公司及其子公司苏州工业园区沙湖金融服务有限公司建立交流机制。

2021年，常熟高新技术产业开发区与中新苏州工业园区开发集团股份有限公司签订开发合作协议，共同建设昆承湖沪苏协同创新发展示范区；新宁医疗常熟诊所、天美科纳米科技常熟公司开始营业，智享生物常熟公司在苏州自贸片区设立研发机构智享生物技术（苏州）有限公司进入运营，在常熟高新区设立生产基地厂房年内封顶；益萃网络科技常熟公司开始业务产品设计和系统开发。耘瞳科技项目保留南京研发中心，在常熟高新区注册设立产业化公司，打造数字孪生工业互联网平台，公司获得2021年昆承英才项目立项。

【《常熟市全面深化服务贸易创新发展试点实施方案》出台】 2月2日，市政府办公室印发《常熟市全面深化服务贸易创新发展试点实施方案》，本轮试点是在前两轮试点基础上的"全面深化"，重点围绕推动服务贸易改革、开放、创新，提出试点任务，以全面深化服务贸易创新发展试点为机遇，抓住服务发展，全面贯彻"创新试点"，突出抓好数字贸易，加快培育"常熟服务"核心竞争力。实施方案中明确主要任务包括全面探索完善管理体制、全面探索提升便利水平、全面探索创新发展模式、全面探索健全促进体系等，重点领域包括扩大新兴服务贸易规模、开发传统服务贸易新动能等。

（李一鸣）

利用外资及港澳台资

【概况】 2021年，全市注册外资项目106个，新增合同利用外资及港澳台资13.36亿美元，比上年下降54.77%，其中新设项目70个，注册外资及港澳台资8.9亿美元，占全市66.84%；实际利用外资及港澳台资10.17亿美元，比上年增长8.93%，其中全市战略性新兴产业实际利用外资及港澳台资占比达52.27%。全市共批准投资总额超亿美元以上项目11个，注册外资及港澳台资合计7.61亿美元。

（张　敏　孙　诚）

【常熟（深圳）特色产业园招商说明会】 3月30日，常熟（深圳）特色产业园招商说明会在深圳举行，围绕"赋能、合作、共赢"主题，深化与深圳招商合作伙伴的交流合作，推动常熟特色产业园与深圳科创型企业对接，加快精准招商工作取得新进展，近50家企业举行项目签约仪式，部分在深圳的常熟籍精英参与活动。会上，星河控股集团公司、广东省智能机器人研究院等协会、企业代表发言交流。动铁声学模组研发制造项目、凌波微步半导体装备项目等14个项目签约。

【2021常熟市金秋经贸洽谈会】 10月22日，2021常熟金秋经贸洽谈会举行，总投资713亿元的93个项目签约落户常熟。其中，先进制造业、新能源产业、生命健康、总部经济4类、25个项目现场签约，累计投资总额243亿元。会上举行中国航空声学材料创新中心签约仪式，为中欧氢能创新研究院合作平台揭牌，西门子数字化赋能中心启动。表彰"税收贡献突出奖""增资成效显著奖"获奖企业以及"常熟市外商投资能级提升示范企业""拟上市先锋企业"。授予8位对常熟经济社会发展作出贡献的外国友人、港澳台同胞和海外侨胞2021年"常熟之友"称号。

【2021常熟对日招商说明会】 4月16日，"中国新能源汽车发展趋势下的日企机遇"2021常熟对日招商说明会举行。说明会采用主会场、分会场结合的形式，在常熟UWC图书馆设立主会场，在日本东京日经BP公司设立分会场，吸引线上、线下约520名日本工商界的客商代表参加。会上，常熟高新区驻日办事处揭牌。（李一鸣　张　敏）

10月22日，2021常熟金秋经贸洽谈会在常熟国际展览中心举行，会上西门子数字化赋能中心启动（李献　摄）

对外及对港澳台贸易

【货物贸易】 2021年，常熟市实现进出口总额237.84亿美元，比上年增长24.3%。其中，出口156.81亿美元，比上年增长24.9%；进口81.03亿美元，比上年增长23.1%。从贸易方式看，一般贸易进出口154.16亿美元，比上年增长32.1%，占全市进出口总额的64.8%；其中一般贸易出口100.84亿美元，比上年增加30.9%，占全市出口总额的64.3%。依托全国首创市场采购贸易综合服务平台"市采通"，全年出口17.16亿美元，其中常熟市直接出口15.32亿美元、增长50.61%。

【服务贸易】 2021年，全市服务贸易总体略有下降，但进口有较快增长，服务贸易累计进出口额27.44亿美元，比上年下降8.93%，总量在苏州各市（区）中位列第五。其中根据企业直报统计平台累计进出口25.72亿美元，比下上年下降7.01%，累计出口额13.82亿美元，比上年下降22.37%，进口额11.9亿美元，比上年增长20.76%。从行业构成来看，全市服务贸易重点行业领域主要集中在加工服务、知识产权服务、专业管理和咨询服务3个领域，分别占全市的48.04%、23.81%、22.16%。从企业构成来看，纳入苏州市服务贸易统计平台的企业主要以外商投资企业为主，1—12月服务贸易进出口总额超1000万美元的有20家，超1亿美元的有3家，芬欧汇川、新世电子、丰田汽车、奇瑞捷豹路虎公司进出口总额占全市57.74%，龙头企业带动效应明显。

【服务外包】 2021年，常熟市完成服务外包接包合同额4.34亿美元，比上年增长9.75%，其中离岸接包合同额3.3亿美元，比上年下降1.17%；完成

接包执行额3.18亿美元，比上年增长10.89%，其中离岸执行额2.65亿美元，比上年增长6.67%。 （李一鸣）

【“市采通”平台】 2021年，市场采购贸易综合服务平台“市采通”联动省内外15个地区、6个园区、12个专业市场及产业带，举办外贸新业态、跨境电商B2B等业务培训5次，实现市场采购贸易货物与跨境电商9710出口货物拼柜转关出口。市场采购贸易出口17.16亿美元，其中常熟市直接出口15.32亿美元、增长50.61%。截至2021年年底，“市采通”平台累计服务企业和商户超过3000家，在全国55个口岸实现一体化通关，货达129个国家和地区。 （杨 帆）

【参展第四届进博会】 第四届中国国际进口博览会于11月5—10日在国家会展中心（上海）举办，常熟298家单位、超2100人作为专业观众注册报名，报名人数超过上届规模。涉及常熟企业的境外参展公司13家，包括丰田汽车、三菱电机、捷豹路虎、中国恒瑞、重塑科技、凯毅德、卡赫、诺华、费森尤斯、席梦思、星通红酒业等。主要集中在汽车、技术装备、医疗器械及医药保健等展区。其中，星通红酒业公司首次参加进博会。

10月17日，由市商务局、服装城管委会主办，江苏中服焦点跨境贸易服务有限公司承办的“市采通”平台宣传推荐会在广交会启幕 （莫城街道 提供）

【参展第130届广交会】 第130届中国进出口商品交易会（广交会）于10月15日—11月3日在线上线下融合举办。常熟江苏白雪电器、通润汽车零部件、通润装备科技、长江纸业、亿倍智能清洁、祥兆文具等23家企业参加线下展，展位56个，品牌展位占比60.71%，展品涉及家用电器、五金工具、办公文具、家用纺织品、纺织原料面料等14种类别。68家企业同步参加广交会线上展，展位143个。

（李一鸣）

对外及对港澳台经济合作

【概况】 2021年，常熟市新办12个境外投资项目备案，实现境外投资中方协议额2061万美元。投资地包括中国香港、尼日利亚、意大利、韩国、越南、日本、德国、美国、新加坡等。实现境外承包工程和劳务合作合同额2.55亿美元，境外承包工程和劳务合作营业额2.2亿美元，均与上年同期持平，2021年在外劳务人员270人。

表16　2021年苏州市级以上跨国公司地区总部和功能性机构一览表

类型	企业名称	级别
跨国公司地区总部企业	住友橡胶（中国）有限公司	省级
	达涅利冶金设备（中国）有限公司	省级
	芬欧蓝泰标签（中国）有限公司	省级
	欧港投资（常熟）有限公司	省级
	卡赫投资（中国）有限公司	省级
	大金氟化工（中国）有限公司	省级
	大福（中国）自动化设备有限公司	省级
	波司登羽绒服装有限公司	省级
	华安钢宝利投资有限公司	苏州市级

续表16

类型	企业名称	级别
跨国公司功能性机构	常熟美桥汽车传动系统制造技术有限公司	省级
	丰田汽车研发中心（中国）有限公司	省级
	阿科玛（常熟）氟化工有限公司	省级
	芬欧汇川（中国）有限公司	省级

（资料来源：市商务局）

【经济合作重点区域】 中国香港地区和东南亚国家是常熟企业“走出去”最热衷和最主要的目的地，2021年有4个项目投资该地区，占全市的59.22%。欧洲为2020年常熟企业第二大投资热点区域，2021年有3个项目投资该地区，占全市14.02%。（杨 帆）

【跨国公司地区总部和功能性机构】 2021年，常熟市有江苏省跨国公司地区总部8家，江苏省功能性机构4家，苏州市跨国公司地区总部9家，苏州市功能性机构4家。年内，波司登羽绒服装有限公司、华安钢宝利投资有限公司分别被认定为省第十二批跨国公司地区总部和首批苏州市跨国公司地区总部。（李一鸣）

国际贸易投资促进

【国际商事认证】 2021年，中国国际贸易促进委员会常熟市支会（以下简称常熟贸促会）签发非优惠产地证16259份，比上年增长0.52%；优惠原产地证4838份，比上年增长22.11%，签证金额2.45亿美元，比上年增长323.4%；出具商事证明2709份，比上年下降2.24%；代办领事认证314份，比上年下降32.18%。年内，原产地证推行自主打印及智慧审证服务，为企业提供7×24小时的审核服务，实现原产地证“专家化、自动化、智能化”审核，企业足不出户即可办理原产地证。

【不可抗力证明出具】 年内，常熟贸促会出具不可抗力证明1份。12月3日起，满洲里受新冠肺炎疫情的影响，暂停公路口岸现场包括装卸、运输、通关等作业活动，导致常熟市众达机械工程（常熟）有限公司发往俄罗斯的货物无法按期铁路出运，涉及货值12万欧元，面临违约赔款。常熟贸促会为其出具不可抗力的事实性证明。（朱慧彬）

常熟综合保税区

【概况】 2021年，常熟综合保税区全年完成进出口总额2.32亿美元，比上年增长14.69%；其中，进口额为7758万美元，出口额为1.54亿美元。常熟海关推进海关特殊监管区域监管模式改革，落实“优化区间流转”“自动到货确认”“柔性监管”等改革措施。实施仓储货物按状态分类监管模式，便利非保税货物监管，助力综保区有效利用闲置仓库3万平方米。启动综保区一般纳税人资格试点业务，帮助3家试点企业抵扣增值税961.4万元。（沈之杰）

【常熟综合保税区A区】 2021年，常熟综合保税区A区共完成工业总产值5.4亿元，比上年增长21.94%；完成工业增加值1.91亿元，比上年增长13.55%；完成经营总收入6.14亿元，比上年增长19.85%；完成利润3099万元，比上年增长17.08%。2021年，常熟综合保税区A区引进阿瑞思自动化科技（苏州）有限公司，该项目由马来西亚ASA System（M）SDN.BHD.公司独资设立，总投资1000万美元，注册资本500万美元，从事非标自动化生产设备的设计、制造、销售，租赁综保区内1号标准厂房。区内在建万国数据常熟数据中心项目，至2021年年底，已投入6600万美元，一期项目已全部竣工完成，包括2栋8.2万多平方米的厂房、1栋8600平方米的研发配套楼和1栋7800平方米的变电站。（苏敏芝）

【常熟综合保税区B区】 2021年，常熟综合保税区B区全年以市场采购贸易方式出口的跨境电商货物超1亿美元。常熟综合保税区B区在做大做强保税物流业务的同时，实现一般贸易、市场采购、1210跨境电商保税进口和即将开展的9710、9810互动互补发展的进出口格局。2021年，综保区B区探索自主创新，促进贸易多元化，创新市场采购和跨境电商融合发展，利用市场采购贸易“无票免税、简化申报”等政策，助力跨境电商货物通过市场采购贸易方式申报出口。（何 瑜）

责任编辑 归岳嵚

参与长三角一体化发展

【产业融合】2021年，常熟市苏州·中国声学创新谷、漕河泾绿洲芯城、长三角时尚供应链枢纽纳入国家《长三角一体化发展规划“十四五”实施方案》重大建设项目。高新区集聚40多个氢能源产业项目。UWC+引进40个产创项目，其中新兴产业、高技术产业投资分别比上年增长26%、47%，占引进项目比重达77%、34%，创历史新高。对接上海特斯拉、华为技术中心、中国商飞等龙头企业，在装备制造、汽车及零部件、氢燃料电池、生物医药、氟材料等行业领域与上海合作密切，已在上游供给、中游协同、下游集成等全产业链环节实现融入式发展。48家企业进入特斯拉、蔚来、理想等新能源汽车产业链，2家企业入选长三角G60互联网标杆工厂。深化上海交大—常熟新材料工程化联合研究基地、苏州智慧医疗创新中心等创新平台建设，与上海音乐学院合作共建长三角数字声音研究院。融入长三角创新合作体系，融入上海—南京—杭州—合肥创新发展链，打造优势产业技术创新战略联盟。苏州·中国声学创新谷落地57个产创项目，8个院士及国家级人才团队入驻，声学产业创新中心获评升级新型研发机构。

【交通互联】2021年，常熟市“两个一小时、四个半小时”交通圈（即通过建设南沿江和通苏嘉甬两条高铁，实现一小时到达南京和杭州两大省会城市；通过推进沪苏通铁路、342省道快速化工程，实现半小时到达上海虹桥、无锡硕放两个国际机场；通过524国道莫城至辛庄段快速化改造工程，实现半小时到达苏州主城区；通过提升城市内部通道建设，实现各板块半小时到达常熟城区）初步成型，沪苏通铁路常熟站每日发车105列，直达20省162站，南沿江、通苏嘉甬铁路在加快推进，“环射衔接”快速路网成效正在凸显，城区4条高架55千米总里程数全国县（市）第一。常熟港深化与上海港、宁波港、洋山港等港口联动合作，打造国际纸制品、化工品、煤炭、生鲜冷链贸易枢纽港。

【生态联治】2021年，常熟市加强太湖流域综合治理，全力推进太湖治理重点工程。与张家港市签订联合河长制深度合作协议，成立港虞治水护河联盟；与相城区联合举行交接河河联合河长制深度合作启动仪式，共同聘任交界河河巡查员；会同锡山区开展交界河道联合巡河，商讨姚巷荡联合清淤措施，开展联合巡行、联合护河、联合治河。

【服务共享】2021年，常熟市实现与长三角地区（上海、浙江、安徽）门诊、住院费用双向直接结算，全市381家定点医疗机构全部接入异地就医直接结算平台。推进医疗保险苏州市级统筹工作，争取在2022年年底前全面实现基本政策、待遇标准、基金管理、经办管理、定点管理、信息系统“六统一”的基本医疗保险和生育保险市级统筹制度，实现医疗保险各项政策与苏州的接轨。与上海市虹口区签署“长三角区域养老一体化服务区市协作备忘录”，推进两地养老服务标准互认、资源互补、市场共享；成立“智库养老常熟研究院”，参与制定常熟养老顶层设计；挂牌成立“长三角养老从业人员实训基地”。将上海养志康复医院、上海第八人民医院、上海市第一康复医院和徐汇区中心医院等4家上海工伤康复定点机构纳入苏州市《长三角地区工伤康复医疗服务协议》范围。推进“苏州线上教育中心常熟分中心”建设，累计注册师生16.8万人，总访问量922.7万次，累计观看课次超1060万人次。滨江职业技术学校与上海发那科机器人有限公司、上海石化工业学校、上海企想集团等单位达成合作意向及协议。加强与周边高等级医疗机构及专家的沟通联系与合作互动，第一人民医院与复旦大学上海医学院共建专科联合实验室。

【区域协同】2021年，常熟市在上海开展了“2021UWC+金融科技座谈会”、交大科技园项目路演对接会、长三角硬科技项目路演、“智慧常熟·共创未来”——长三角高端人才项目对接会、“产业引才·智汇声谷”上海招商推介会、中科院上海高等研究院科技项目路演、常熟市产创融合项目路演对接会等多项双招双引活动，引进优质科创资源及人才。搭建消费促进平台，强化沪苏沪虞联动，开展“五五购物节”系列活动66场，加入上海都市旅游卡公司推出的“99玩一城悠游长三角”旅游年卡，依托《旅游时报》设立常熟文化旅游长三角全域营销中心，与上海奉贤，浙江舟山、台州、建德、嵊泗，安徽六安签署全域旅游合作框架协议，举办七地全域旅游推介会，在“驴妈妈网”开设常熟线上文化旅游品牌旗舰店。（张之一）

【漕河泾绿洲芯城奠基】 7月17日，漕河泾绿洲芯城项目在常熟市辛庄镇举行奠基仪式。漕河泾绿洲芯城项目占地30.66公顷，定位为集生产、研发、办公、配套服务等功能于一体的综合型新一代产业社区，规划了智能智造、研发办公、垂直工厂、商务功能、舒适生活五大区域，建成后预计可引进企业300家、可实现年税收5亿元。仪式上，项目投资主体与10家战略伙伴、20家企业签订合作协议。60多名来自上海的战略伙伴、平台企业、智能制造和信息经济企业代表等参加活动。（方天宇）

【长三角时尚供应链枢纽建设】 项目由美国财富500强企业世邦魏理仕全球投资和熙麦中国共同投资，总投资6亿美元，用地面积32.27公顷，开发建设约63万平方米的现代化三层坡道智能物流设施。项目位于莫城街道，通过运用大数据与智能一体化仓储系统，整合常熟时尚产业供应链，打造一个辐射华东地区的时尚产业集群和具有国内外行业影响力的时尚产业枢纽。项目一期35万平方米，于2020年4月30日开工，截至2021年年底，一期工程完成比例约66%，围绕国内品牌开展二次招商。（刘　珏）

【昆承湖沪苏协同创新发展示范区】 9月，苏州市第十三次党代会提出常熟“打造昆承湖沪苏协同创新发展示范区”。昆承湖沪苏协同创新发展示范区按照“先规划、后建设”“统一规划、分步实施”“开发建设与产业招引同步开展”的原则，系统化推进区域规划、建设和发展工作。示范区位于常熟南部城区，范围北至南三环，东至申张线航道，南至沙常公路—双浜河—南塘河—锡太公路，西至524国道，总面积约42.8平方千米（含沙家浜镇6.05平方千米、莫城街道5.41平方千米、琴川街道0.95平方千米）。规划构建“一轴两带双核六岛”总体空间布局（一轴：新经济发展轴；两带：环昆承湖生态景观带、产城融合发展带；双核：湖东CBD、湖西创意时尚中心；六岛：UWC+创新岛、零碳科技岛、研学游智慧岛、创意时尚岛、未来科技岛、数字经济岛），以总部经济、数字经济、“研发+服务+产业”为核心，兼顾展示、培训等功能，引领常熟城市发展由“山—水—城”走向“产—城—湖”。2021年启动部分基础设施、创新载体的建设。以打造“千亿市值、百亿销售、十亿税收”零碳绿色、总部经济区为目标的UWC+创新岛10月开工建设。截至2021年年底，西门子、百度、中欧氢能创新研究院等项目已落户，引进新经济项目47个，总投资85亿元；五星级日航酒店、波司登凯悦酒店主体结构施工中，哈佛BI医疗大厦、海吉亚医院相继落地，金茂商业街等高端商务区加快布局。（何　瑜）

9月20日，15组常熟“精品美游”形象广告全新亮相上海地铁常熟路站，向乘客展示常熟美景、美食和特产（市融媒体中心　提供）

【沪苏通铁路发行“月票”】 11月16日，沪苏通铁路推出30日定期票、20次计次票新型票制产品，方便上海、苏州、南通三地商务差旅和通勤旅客出行。开办新票制产品的车站有：上海、上海西、上海虹桥、安亭西、太仓南、太仓、常熟、张家港、南通西、南通，新票制产品可以在沪苏通铁路上开行的所有动车组列车（不含动卧列车）上使用。（黄心珏）

对口支援帮扶合作

【概况】 2021年，常熟市落实消费帮扶工作，采购、帮助销售贵州地区已认定扶贫产品2000多万元，完成苏州市预算单位采购贫困地区和经济薄弱地区农副产品金额170.6万元。年内，《科技引领产业发展振兴，消费帮扶巩固脱贫成果——苏州漫香阁助力思南茶产业高质量发展》入选全国消费帮扶助力乡村振兴典型案例，常熟对口帮扶思南县工作组获评江苏省“三对”（对口支援、对口帮扶、对口合作）工作先进集体，市农业农村局、教育局教研室、人力资源管理服务中心获评江苏省脱贫攻坚和对口帮扶支援合作先进集体，辛庄镇马守兴、陈孝明，市第一人民医院徐国民，发改委周明等获评江苏省脱贫攻坚和对口帮扶支援合作先进个人。

【常熟案例入选全国消费帮扶助力乡村振兴典型案例】 12月2日，国家发展改革委发布2021年全国消费帮扶助力乡村振兴典型案例，常熟报送案例《科技引领产业发展振兴，消费帮扶巩固脱贫成果——苏州漫香阁助力思南茶产业高质量发展》入选。2017年，江苏省科技厅和常熟、思南两地，引导苏州漫香阁茶业有限公司进驻思南，成立贵州品界农业发展有限公司，把常熟的茶叶种植、加工技术、经营理念带到思南县并加以推广。2021年上半年，思南白茶销售额突破800万元，带动思南县其他农产品销售100多万元。2021年，企业聘用当地贫困户、农民800人，带动该村218户、823人，人均年增收4500元，所有贫困户脱贫，为当地14个村集体增收78万元。

3月17日，常熟市融媒体中心（传媒集团）赴对口帮扶县——贵州省思南县，以网络直播带货的方式，让市民直观感受采茶、炒茶、品茶全过程，助力思南农产品走出大山　（市融媒体中心　提供）

南北挂钩协作

【概况】 2021年，常熟市选派干部挂职泗洪县县委副书记、园区党工委书记，以及管委会主任等职务，常驻泗洪推进南北合作，动员各镇（街道）、部门、商会协会做好产业招商、产业转移，深化两地市场对接融合，推进产业链上下游合作共建。年内拨付500万元泗洪常熟工业园共建资金及500万元扶贫资金，其中，共建资金主要用于支持园区载体建设，省扶贫工作队帮扶资金500万元用于泗洪县魏营镇涧圩村购买标准化厂房等12个项目。常熟各镇（街道）帮扶泗洪乡镇资金200万元。市发改委帮扶泗洪县魏营镇涧圩村资金5万元，捐助困难群众2万元。

【合作交流】 12月21日，常熟市配合泗洪县在常熟举办招商推介会，昊宇置业、瀚燕新材料、诺凯特环保、广藿香科技4个项目与泗洪县签约，协议总投资27.5亿元。

【泗洪常熟工业园】 2021年，泗洪常熟工业园（以下简称“常泗园区”）初步形成商用设备、专用机床、交通设备、电子电器等机电装备特色产业。2021年新签约新材料、精密机械等项目16个，尚佳铝业、云因机器人等13个项目投产运行。截至2021年年末，园区列统企业75家，其中，工业企业64家，规模以上工业企业25家（其中2021年新增4家）；2021年主营业务收入22.3亿元，比上年增长74%，税收收入5726万元，一般公共预算收入3546万元。2021年，常泗园区获批建设省级南北共建特色园区，获评“江苏省脱贫攻坚暨对口帮扶支援合作先进集体”，在全省南北共建特色园区年度评估中位列第一。　（张之一）

责任编辑　归岳嵚

农　业

综　述

【概况】 2021年，常熟全市农林牧渔业总产值710777万元，比上年下降0.2%。其中：农业产值416039万元，林业产值17831万元，牧业产值18632万元，渔业产值147746万元，农林牧渔业服务业产值110529万元。全年粮食播种面积32380公顷，比上年增长3.52%；粮食总产量23.47万吨，比上年增长1.38%。年末，生猪存栏10.3万头，比上年增长24.55%；全年生猪出栏17.4万头，比上年增长26.82%。水产品总产量2.46万吨，与上年基本持平。年内，常熟市实施高标准农田提档升级1813.33公顷，高标准农田建设和高效节水灌溉工作获省政府办激励表彰，获评省农业生产全程全面机械化示范县（市）、首批江苏省绿色蔬菜产业特色县（市）、全国农业农村创新典型县（市），入选2021全国县域农业农村信息化发展先进县（市）。

【智慧农业】 2021年，常熟继续实施智慧三农系列项目，拓展农情监测、“智渔台”、综合执法、长江技防监控等应用落地，开发手机端并搭载至虞政通。完成年度涉农数据采集更新，涉及地块34.18万块，面积5.29万公顷。开展智慧农业生产场景及“智慧农村”建设，认定苏州市级智慧农业示范生产场景4家、“智慧农村”示范村6家，常熟市级智慧农业生产示范场景5家、“智慧农村”示范村7家。获评“2021全国县域农业农村信息化发展先进县（市）”“全省数字农业农村基地（管理型）”，相关应用获评全国“2021数字农业农村新技术新产品新模式”。

【农业机械化】 2021年，全市新增农机投入超2000万元，新增各类农机具563台套，新增烘干能力620吨。其中，大中型轮式拖拉机86台（配套农具202台）、高性能联合收割机37台、乘坐式插秧机62台、喷杆喷雾机43台、无人植保机54台、粮食烘干机49台（620吨）、热泵型干燥热风机2台、育秧配套设备10台、施肥机8台、水稻直播机2台、农业用北斗终端及辅助驾驶系统6台、组合米机2台。全年完成稻麦秸秆机械化还田3.336万公顷。完成小麦机播1.7万公顷。2021年，全市完成新安装农机北斗定位终端97台和农机库视频远程监控6个。至年底，全市大中型农机具累计安装定位终端828台，其中，大中型拖拉机304台、联合收割机281台、高性能插秧机200台、喷杆式高效植保机43台。61个规范化农机库房实现视频远程监控，实现6台以上规模烘干中心全覆盖。

【农技推广】 2021年，全市推广水稻机插秧与秸秆机械化还田集成技术、稻麦周年生产全程机械化技术、无人植保、谷物低温烘干等智能化绿色化农机技术与装备。常熟市作为国家大宗蔬菜产业技术体系苏州试验站常熟试验点开展新技术、新品种的试

9月23日，2021年常熟市中国农民丰收节在古里坞坵村开幕

（古里镇　提供）

验、示范及推广工作。年内，组织举办新农机新技术现场演示暨农机推广“田间日”活动3次，全市各镇农机负责人和农机大户等观摩200人次。举办各类培训10期、456人次，包括无人植保机、轮式拖拉机、履带式收割机、乘坐式插秧机操作技术培训等。

【农产品品牌建设】 2021年，全市有5个农产品获“国字号”认证、8个农产品被纳入省、苏州农业品牌目录。年内，围绕“常熟大米”区域公用品牌，授权首批9家大米企业使用“常熟大米”区域公用品牌。“董浜黄金小玉米”获评国家级地理标志农产品保护工程，获中央财政补助资金450万元。

【新型农业经营主体培育】 2021年，常熟市有各级农业龙头企业110家，其中省级11家、苏州市级26家、常熟市级73家；农民专业合作社456家，其中示范社国家级4家、省级14家、苏州市级4家、常熟市级71家；示范家庭农场411家，其中省级23家、苏州市级12家、常熟市级376家；苏州共享农庄（乡村民宿）8家。年内，新增苏州市级以上农业龙头企业5家、苏州市级以上家庭农场7个、创建共享农庄（乡村民宿）2个、苏州市级农业产业化联合体2个、乡村休闲旅游农业康美基地1个。

【农业专业人才培养】 2021年，常熟市10人入选姑苏乡土人才（农业专业类），1人获评最美姑苏人才。全市新增新型职业农民2292人，完成苏州市级新型职业农民培训446名，新增委托培养涉农大学生61名。召开2021年常熟市涉农委托培养大学生就业招聘会。

高效农业

【粮食生产】 2021年，常熟市粮食播种面积32380公顷，粮食总产量23.47万吨。其中，夏粮播种面积1.36万公顷，产量6.17万吨，秋粮播种面积1.88万公顷，产量17.3万吨。粮食单产7248千克/公顷，下降2.08%。2021年，全市小麦种植面积1.33万公顷，产量6.11万吨；水稻种植面积1.81万公顷，产量16.92万吨。在确保水稻产能、增加复合收益的基础上，因地制宜推进稻田综合种养，开展轮作休耕项目。实施稻田综合种养面积189公顷，其中，稻鸭共作125.7公顷，稻渔共作63.3公顷。

【蔬菜种植】 2021年，常熟市菜地面积6361.93公顷，其中，常年菜地6066.93公顷，季节性菜地295公顷，全年蔬菜产量70.86万吨。全市有蔬菜地头价监测预警点1个、苏州市蔬菜产销信息实时监测点3个。

【水果种植】 2021年，常熟市果树面积711.28公顷，果品产量1.24万吨，果品产值1.16亿元。其中设施果树面积173.40公顷，产量3332吨。全市种植户葡萄优良品种阳光玫瑰面积83.07公顷，占葡萄总面积24.8%，平均单价10元/500克，较平均单价3—4元/500克的常规品种增效显著。

【茶叶种植】 2021年，常熟市茶叶产量35吨，茶叶产值3680万元，效益较上年增长2.2%。年内，调整茶类结构，增加销量大、价格高的茗毫类茶叶产量。

【水产养殖】 2021年，常熟市水产养殖面积6061公顷，其中主导品种河蟹、青虾养殖面积5349公顷，占养殖面积88.3%，全年水产品总产量2457万千克，实现渔业经济总产值26.17亿元。创建国家级水产健康养殖示范场1家，创建苏州高标准水产养殖示范基地1家。全市河蟹、青虾养殖采用“1258”生态养殖模式（即1亩养殖池塘产出200斤以上商品蟹，其中50%为优质规格蟹，亩效益达8000元以上的养殖模式），实现健康养殖面积占比79.45%。

表17　2020—2021年常熟市渔业生产情况统计表

指　标	单　位	2020年	2021年
水产品总产量	吨	24552	24572
海洋捕捞	吨	1473	1479
远洋捕捞	吨	0	0
海水养殖	吨	0	0
淡水捕捞	吨	529	514
淡水养殖	吨	22550	22579
一、二、三产产值（渔业经济总产值）	万元	267998	261696
一产（渔业）产值	万元	156153	147746
一、二、三产增加值（渔业经济增加值）	万元	156143	156075
一产（渔业）增加值	万元	84687	83274
水产养殖面积	公顷	6462	6061
海水养殖面积	公顷	0	0
淡水养殖面积	公顷	6462	6061
机动渔船艘数	艘	64	62
机动渔船总吨位	总吨	2604	2399
机动渔船功率	千瓦	5238	4868

（资料来源：市农业农村局）

【畜禽规模养殖】2021年，常熟生猪存栏10.3万头，其中地产生猪存栏7.3万头，域外指标签订3万头；能繁母猪存栏0.23万头，生猪出栏17.4万头，其中地产生猪出栏2.4万头，域外指标签订15万头。全市羊存栏1.36万头，出栏0.96万头；家禽存栏15.97万羽，出栏25.7万羽；奶牛存栏3450头，肉牛存栏417头。全年肉类地产总产量2724吨，牛奶产量1.49万吨，禽蛋产量1255吨，其中鸡蛋产量985吨。全市有农业农村部畜牧业综合信息平台备案畜禽规模养殖场17家，全部成功创建为苏州市美丽生态牧场，其中，生猪规模养殖场13家，奶牛规模养殖场2家，肉牛规模养殖场2家。全市畜禽生态健康养殖比重、规模养殖场畜禽粪污资源化利用率和资源化利用设备装配率都达到100%。

表 18　　2021 年常熟市畜牧业生产情况统计表

指标名称	期末存栏数（头、只、羽）	其 中		当年出栏数（头、只、羽）	产 量（吨）	指标名称	产 量（吨）
		能繁殖母畜（头、只、羽）	当年生仔畜（头、只、羽）				
一、大牲畜	3867	1600	1100	1585	475	肉类总产量	3499.65
1.牛	3867	1600	1100	1585	475	其中：牛肉	475
（1）黄牛	417	0	0	97	29	猪肉	2295
（2）奶牛	3450	1600	1100	1488	446	羊肉	208
其中：荷斯坦奶牛	3450	1600	1100	1488	446	禽肉	521.65
（3）水牛	0	0	0	0	0	兔肉	0
其中：奶水牛	—	—	—	—	—	奶类产量	14977
（4）牦牛	0	0	0	0	0	1.牛奶产量	14977
2.马	0	0	0	0	0	其中：水牛奶产量	0
3.驴	0	0	0	0	0	牦牛奶产量	0
4.骡	0	—	—	0	0	2.羊奶产量	0
5.骆驼	0	0	0	0	0	3.其他奶产量	0
二、猪	72898	2351	—	28682	2295	山羊绒产量	0
三、羊	13622	2663	—	9585	208	山羊毛产量	0
1.山羊	1763	460	—	1206	24	绵羊毛产量	17.8
其中：绒山羊	0	—	—	—	—	其中：细羊毛产量	0
奶山羊	0	—	—	—	—	半细羊毛产量	17.8
2.绵羊	11859	2203	—	8379	184	兔毛产量	0
其中：细毛羊	0	—	—	—	—	蜂蜜产量	18.7
半细毛羊	11859	—	—	—	—	禽蛋产量	1255
四、家禽	159741	—	—	256992	521.65	其中：鸡蛋产量	986
1.鸡	133062	—	—	219617	415.95	鸭蛋产量	234
（1）专用型蛋鸡	35416	—	—	38076	66.65	鹅蛋产量	35
（2）专用型肉鸡	34455	—	—	112154	224.3	蚕茧产量	0
其中：白羽肉鸡	0	—	—	0	0	其中：桑蚕茧产量	0
黄羽肉鸡	34455	—	—	112154	224.3	柞蚕茧产量	0
（3）兼用型鸡	63191	—	—	69387	125		
2.鸭	22802	—	—	25525	63.7		
3.鹅	3877	—	—	11850	42		
五、兔	0	—	—	0	0		
六、蜜蜂	445	—	—	—	—		

（资料来源：市农业农村局）

【粮食新品认定】 2021年，常熟市农业科学研究所有5个水稻新品种和1个玉米新品种通过省级审定：粳稻三系不育系常12-23A通过江苏省品种审定委员会鉴定；杂交粳稻新组合常优粳10号、常优粳11号，常规糯稻新品种常糯2号，常规粳稻新品种常农粳16号，鲜食糯玉米新品种虞珑糯1612，通过江苏省品种审定委员会审定；常优2998通过福建省审定。

【高标准池塘改造】 2021年，常熟市以养殖尾水净化区建设为核心，建成一批池塘连片整齐、配套设施完善、环境整洁优美、长效管理规范的高标准养殖池塘，促进养殖尾水达标排放或循环利用。至年底，全面完成2020年度批复立项高标准池塘改造1186.67公顷，基本完成2021年度批复立项高标准池塘改造1193.33公顷。

【省现代农业（河蟹）产业体系常熟推广示范基地】 2021年，常熟实施江苏省现代农业（河蟹）产业体系常熟推广示范基地项目，项目在全市遴选出1个核心基地、5个示范基地，开展“863”生态养殖模式和发酵饲料应用技术效果评估试验，集成蟹池多品种套养单项技术1项，取得螺蛳专池繁育技术创新成果1项，6月底，项目通过全省考核，位居全省第一。

【水稻高质高效示范片（方）创建】 2021年，常熟市实施部级绿色高质高效行动整建制县项目，分别在古里镇、尚湖镇、海虞镇、支塘镇、梅李镇、辛庄镇、董浜镇、常福街道、莫城街道创建部级水稻绿色高质高效行动示范区9个，面积1.48万公顷，核心示范方面积1693公顷。各示范区通过大力推广应用常农粳、南粳和苏香粳等优良食味水稻品种，集成应用水稻规模化集中育秧、优质稻米全程机械化生产、机插精确定量栽培、机插缓混一次施肥、病虫草害绿色防控、中高端稻米产业化开发等绿色高质高效生产技术，开展稻绿肥轮作、稻田综合种养、农田生态循环等绿色高效模式示范，优质水稻品种覆盖率、机插率、技术到位率均达100%。培育提升水稻产业化新型经营主体8家，开展“常熟大米”区域公共品牌建设，带动全市水稻种植效益提升。2021年常熟市尚湖镇获评江苏省味稻小镇称号，常熟市坞坵米业专业合作社的坞坵大米获江苏省好大米评选金奖。

【参加江苏省首届河蟹产业链博览会】 10月，市农业农村局组织全市重点水产龙头企业参加江苏省首届“苏韵乡情”河蟹产业链博览会。常熟市金唐市水产品有限公司、常熟市长虹阳澄湖大闸蟹有限公司、苏州湖强农业科技有限公司获得十大金蟹奖、最佳口感奖、最佳生态养殖基地奖、网络人气奖等10个奖项。张建龙、刘长虹、赵凌洋等3位企业负责人获得江苏省首届“苏韵蟹匠”称号。

绿色农业

【绿色农产品生产】 2021年，常熟市有绿色优质农产品基地21960.67公顷，绿色食品种植业企业67家，绿色食品111个产品，种植面积7021.58公顷；绿色食品、有机农产品养殖业企业5家，绿色食品、有机农产品6个产品，种养殖面积2474公顷；有机农产品生产企业7家，有机农产品50个产品，生产面积116.15公顷。全市绿色优质农产品比重达74.99%。

【农产品质量监管】 2021年，常熟市制定印发《2021年常熟市规模主体入

古里镇（坞坵村）优质稻米高质量示范区　（市融媒体中心　提供）

市种业有限公司的种子仓储加工中心于10月25日投用。该中心可储藏稻麦良种1000万千克，供种能力达10.67万公顷，满足苏州以及周边地区农户的用种需求

（市融媒体中心 提供）

网监管行动实施方案》，全市纳入农产品质量追溯平台监管的主体达1502家，上传1978个农产品、3825个生产档案，生成溯源标签251万余张，在苏州市率先超额完成主体初步入网工作。5个乡镇获评四星级农产品质量安全监管站。多次开展农资打假、"利剑"行动等专项整治行动，市农业农村局等7部门制定印发《关于开展2021年度常熟市食用农产品"治违禁、控药残、促提升"专项行动检测的通知》，出动执法人员406人次、执法车辆231车次，检查农药、兽药和渔药经营单位558家次，发出责令整改通知书34家，立案查处无证经营农兽药案、经营劣质农兽药案18起，处罚没款4.47万元。完成市级食用（地产）蔬菜、果品、稻谷、水产品等定量检测（含风险监测、监督抽检等）2476批次，完成部、省、苏州各类抽检任务279批次，市级抽检合格率99.7%。开展蔬菜、水产等农残快速检测58708批次，合格率在99.9%以上。

【食用农产品电子合格证发放】 2021年，常熟市发放食用农产品电子合格证41.5万张。市农业农村局不断完善合格证试行主体名录库，引导生产经营主体全面试行食用农产品合格证制度，实现试行品种全覆盖，与市场监管等部门推动实现合格证全链条监管。

【食用农产品安全责任保险】 2021年，常熟市试行《常熟市食用农产品安全责任保险试点实施方案》，开具苏州市首批食用农产品安全责任保险。人保财险常熟中心支公司等与苏州市智惠岛农业科技有限公司、常熟市鸽球农产品农民专业合作社、常熟市阳澄湖特种水产有限公司等21家农业经营主体签订苏州市首批食用农产品安全责任保险，涵盖粮油、蔬果、水产等，全年总保额3500万元。

【病虫绿色防控示范区创建】 2021年，常熟市建成4个省级农作物病虫害绿色防控示范区，分别是海虞虞盛水稻绿色防控示范区、常福街道勤丰水稻绿色防控示范区、古里康博蔬菜绿色防控示范区、海虞铜官山茶叶绿色防控示范区，示范区重点展示、生态诱控、生物控害和科学用药等绿色防控技术和措施，示范带动大面积绿色防控工作的开展。勤丰水稻绿色防控示范区和康博蔬菜绿色防控示范区在苏州市绿色防控示范区考核中被评为A级示范区，康博蔬菜绿色防控示范区被评为省级农作物病虫害绿色防控A级示范区。

现代农业园区

【概况】 2021年，常熟市有省级现代农（渔）业园区3个，苏州市级现代农（渔）业园区11个。年内，全市新增农业园区面积133.33公顷，新增苏州市现代农业园区转型升级示范园1个（常熟市常福街道现代种业转型升级示范园区），苏州市级渔业园区1个（常熟市辛庄镇现代渔业产业园）。

【江苏省常熟现代农业产业园区】 位于董浜镇，2021年，该园区发展特色农产品产业，走农产品品牌化发展之路。大米、乌塌菜、菠菜、黄金小玉米获绿色食品认证，认证面积708.67公顷。董浜黄金小玉米获国家级地标保护工程补贴资金450万元；并获得江苏省鲜食农产品金奖，入选苏州市农业品牌目录农产品区域公用品牌。黄金小玉米产供销一体化智慧生产场景通过常熟市、苏州市认定。在智林村、东盾村分别新建董浜黄金小玉米、董浜筒管玉丝瓜农产品地标高质量发展示范基地。园区通过全国农村创业创新园区（基地）认定，育苗中心获苏州市级特色优势种苗繁育基地（企业）认定，常熟市董浜农业旅游发展有限公司通过常熟市农业产业化龙头企业认定。

【江苏省常熟现代渔业产业园区】 位于沙家浜镇，2021年，该园实现亩产河蟹80千克，青虾20千克，亩均效益超万元。园区新注册农业企业2家，主要从事水产养殖、水产品养殖销售等。深化与苏州市农业科学院合作开展"河蟹养殖水体智能化生态循环净化技术应用研究"项目研究，该水体循环净化技术已在园区及长洪滩示范基地推广应用。全面推广应用"长江一号""阳澄湖一号"扣蟹和"太湖一号"青虾优良新品种，广泛应用河蟹"863"绿色健康生态养殖技术、池塘尾水净化技术、河蟹病害生态防控技术。

表 19　　2021 年常熟市现代农业（渔业）园区一览表

序号	镇（街道）	涉及村	等级	类型	园区名称	园区规划面积（公顷）
1	沙家浜镇	芦荡村、朗城村	省级	渔业	江苏省常熟现代渔业产业园区	690
2	董浜镇	全域	省级	农业	江苏省常熟现代农业产业园区	3467
3	常福街道、尚湖镇、海虞镇、支塘镇	翻身村、中泾村、永红村等	省级	农业	常熟市现代农业产业示范园	13280
4	古里镇	芙蓉村、紫霞村、康博村、紫芙社区、坞坵村	苏州市级	农业	常熟市古里镇现代水稻产业园区	1053
5	古里镇	李市村、联泾村	苏州市级	渔业	常熟市古里镇现代渔业产业园	800
6	梅李镇	珍北村、新丰村、聚沙村	苏州市级	农业	常熟市梅李镇高效设施蔬菜产业园区	876
7	辛庄镇	旺倪桥村、杨中村、朱家桥村、洞港泾村	苏州市级	农业	常熟市辛庄现代农业综合示范区	1341
8	尚湖镇	罗墩村、练南村、吉桥村、常兴村	苏州市级	农业	常熟市尚湖镇现代农业产业园区	2400
9	支塘镇	八字桥村、窑镇村、枫塘村、项桥村、何东村	苏州市级	农业	常熟市支塘镇现代水稻产业园区	1333
10	碧溪街道	周家桥村、龙桥村、白莲村、新苑村、横塘村	苏州市级	农业	常熟市碧溪新区现代设施农业科技示范园区	765
11	常福街道	翻身村、中泾村、永红村	苏州市级	农业	常熟都市生态农业产业园	1400
12	常福街道	小山村、蜂蚁村、东联村、五新村	苏州市级	农业	常熟市优质稻米产业示范园	1293
13	海虞镇	郑家桥村、徐桥村、肖桥村、邓市村、聚福村、七峰村、福山村、河口村、望虞村	苏州市级	农业	常熟市海虞镇现代农业产业园区	2800
14	辛庄镇	吕舍村、华欣村、合泰村、潭荡村、辛中村、金荡村	苏州市级	渔业	常熟市辛庄镇现代渔业产业园	1863

（资料来源：市农业农村局）

【常熟市古里镇现代水稻产业园区】 位于古里镇，2021年，园区建设古里镇（坞坵村）97.07公顷优质稻米高质量示范区、古里镇（坞坵村）27.4公顷田美乡村示范点、古里镇（康博农业）21.87公顷绿色蔬菜高质量发展示范基地。依托苏州市农业科学院等各级农业科研、推广单位，开展稻麦新品种、新技术、新模式示范研究，涉及稻田综合种养、秸秆综合利用、宽窄行机插、侧深施肥机插、缓混一次施肥、小麦机条播、病虫害绿色防控等主推新技术和常香粳1813、宁香粳9号等优质食味品种示范。共建“苏州大米”“常熟大米”区域公用品牌示范基地，“坞坵大米”在常熟首获有机稻米认证，并入选苏州市农业品牌目录。常熟市尚牧生态农业有限公司坞坵生猪养殖保供基地投产。江苏绿品食品配送有限公司入选江苏省级农业龙头企业。

【常熟市碧溪新区现代设施农业科技示范园区】 位于碧溪街道，2021年，园区依托省农科院等各级科技专家团队技术力量，以江苏农村科技服务超市、江苏现代农业（蔬菜）产业技术体系、常熟市亚夫科技工作站为载体，示范种植蔬菜新品种20个、示范新技术12项，成功申报省市级各类项目5个，联合农业农村部南京农业机械化研究所大力发展设施农业“机器换人”工程，举办全国蔬菜轻简化生产装备技术培训及观摩会。年内，园区引进2家企业，注册资本达800万元。

【常熟市梅李镇高效设施蔬菜产业园区】 位于梅李镇，2021年，园区持续完善基础设施，珍北村完成53.43公顷高标准农田建设，成功创建苏州市四星级农产品质量安全监管站，新增入园企业2家。海明农业的有机蔬菜、智慧岛的“虞仓大米”以及吉成“缘木记酱油”获有机食品认证。梅南农地股份合作社的“南香虞大米”、向明果蔬专业合作社的玉米和金花菜，以及新丰蔬菜专业合作社的青菜、聚沙蔬果专业合作社的菠菜、珍北蔬菜专业合作社的西兰花通过绿色食品认证。

【常熟市都市生态农业产业园】 位于常福街道，2021年，该园纳入苏州市现代农业园区转型升级示范园区，并被列入省级农业产业园范围，成为《常熟市现代农业产业示范园建设总体规划》中的产业融合示范区，全年实现农业产值超2.5亿元。年内，华冠园创园艺科技有限公司被评为苏州市市级“十佳”农业科技企业，旗下品牌“天狼月季”获全国网络品类销售冠军；惠康家庭农场获评省级示范家庭农场；新注册农业企业2家，分别从事农文旅开发、农业生产等，助推园区产业融合发展；加大基础设施投入，完成21.53公顷高标准农田提升。

2月22日，常熟市农业农村局联合海虞镇对铁黄沙沿线海虞段残留捕捞网具进行清理 （刘文忠　摄）

农业监管与服务

【农业综合执法】 2021年，全市出动执法人员4127人次，执法车1770车次，执法艇223艇次，立案304件，其中移交公安3件、4人次，结案率达95%，罚没款30.63万元；办理农机、船检行政许可2094件、农药许可5件；接办“12345”投诉举报178件。全年无农业生产事故纠纷，无行政复议、无行政诉讼。

【农资管理】 2021年，市农业农村局开展农药生产经营许可条件保持情况排查暨农药行业安全生产专项整治工作，出动农资经营安全检查小组3组44人次，发现存在各类问题38个。开展农药经营许可现场核查6次，通过核查单位5家。开展农资质量抽检110批次，其中农药56批次、肥料14批次、兽（渔）药6批次、种子3批次、饲料及其添加剂31批次，合格率97.2%，抽检种子标签83批次（7批次不合格），立案查处农资案件31起，结案29起，罚没款10.16万元。推进农药包装废弃物回收处理和农药使用减量化，全年回收处理农药包装废弃物190.21吨，全年农用农药使用量776吨。

【渔政管理】 2021年，常熟市建设常熟长江智慧禁渔平台，查处长江违法捕捞、垂钓案件91起，其中涉刑移交2起、2人。《长江十年禁渔“共建共享共治”融合监管机制方案》入选省2家试点之一；在省内率先出台内河水域“四清四无”方案，开展专项清理整治和打击电鱼专项夜查、规范渔具销售专项检查行动，查处内河电鱼等非法捕捞案件90件（其中移交公安1件2人），查处销售禁用渔具案件2起，没收电捕工具172套，取缔涉渔“三无”船舶17艘，清除定置渔具56768米；救护大鲵1尾，保育子二代中华鲟2尾、胭脂鱼1尾，指导社会公益组织开展长江渔业增殖放流活动25次，放流鲢鳙等鱼苗3200余万尾，《引导社会力量规范开展常态化公益增殖放流案例》获评农业农村部2021年度长江水生生物保护修复优秀案例。

【动物防疫】 2021年，常熟市抓好非洲猪瘟等重大动物疫病防控工作，全年监测样本19819份，猪、牛、羊、禽产地检疫覆盖率100%，猪、羊定点屠宰检疫受检率均100%。组织基层动物疫病防控技术指导，培训基农技人员238人次。

【渔业“567”科技服务网络】 2021年，常熟市水产技术推广站依托5家特种水产科技超市、6家水产医院、7个渔业科技服务点，打造融病害防治、渔病诊断、水质检测、技术指导等为一体的“567科技服务网络”。定期选派县级专家坐诊，帮助周边养殖户解决实际问题。全年开展病害防治250余次，检测病样200余份、水质1000多批次，服务接待4500余人次。 （李雯雯）

责任编辑　李妍

工 业

综 述

【概况】 2021年，常熟市规模以上工业产值完成4632.12亿元，比上年增长25.3%。其中，“354”产业企业1196家，全年完成产值3456.4亿元，比上年增长21.3%，占规模以上工业总产值比重的76.3%，比上年下降0.7个百分点；民营企业1246家，完成产值2399.3亿元，比上年增长20.5%，占规模以上工业总产值比重的53%。2021年，全市规模以上工业实现利润总额308.8亿元，比上年增长26.1%。

表 20 2021 年常熟市规模以上工业主要指标完成情况统计表

类 别	指 标	2021 年实绩	比上年增长（%）	占全市规上工业比重（%）
规模企业情况	规模企业数（家）	1616	4	—
	销售亿元以上企业数（家）	652	21.2	40.3
	其中：销售超10亿元（家）	75	23.0	4.6
销售超10亿元企业	销售收入（亿元）	2660.8	29.8	56.5
	利税总额（亿元）	265.3	27.9	66.9
规模以上工业主要经济指标	产销率（%）	104.1	2.2	—
	资产负债率（%）	52.1	0.6	—
	流动资产周转率（次）	1.57	0.15	—
	应付职工薪酬（亿元）	303.5	17.6	—
	亏损企业个数（家）	291	-12.3	—
	工业用电量（亿千瓦时）	169.0	10.1	—

（资料来源：市工信局）

表 21 2020—2021 年常熟市工业投资情况统计表

实绩 \ 年份		2020	2021
全社会固定资产投资（亿元）		630.9	704.1
工业投资	总量（亿元）	300.6	324.9
	占全社会投资（%）	47.6	46.2
技术改造	总量（亿元）	100.3	138.7
	占工业投资（%）	33.4	42.7
新兴产业投资	总量（亿元）	214.1	258
	占工业投资（%）	71.2	79

（资料来源：市工信局）

【工业投资】 2021年，常熟市工业投资完成324.9亿元，比上年增长8.1%；完成技术改造投资138.7亿元，比上年增长38%；完成新兴产业投资258亿元，比上年增长20%。

【技术创新】 2021年，常熟市新增国家级制造业单项冠军企业1家，工信部专精特新小巨人企业2家，省级专精特新小巨人19家，常熟市级专精特新产品19款。新增省级企业技术中心13家，苏州市级企业技术中心13家；新增省级工业设计中心2家，省级工业设计示范园区1家——江南时尚创意产业园（全省唯一），苏州市级工业设计中心11家；波司登入选第二批江苏省重点领域工业设计研究院名单（苏州唯一）。9家企业的12个产品被列入常熟市自主创新产品目录。

【智能制造】 2021年，常熟市完成智能化改造数字化转型项目1732个，规模以上企业项目覆盖率达60%，新增工业机器人6500台（套）。新增国家智能制造示范工厂1家，国家智能制造优秀场景企业1家，省级示范智能车间10家、苏州智能工厂3家、苏州示范智能车间38家，常熟市级培育企业89家，省级领军服务机构1家，省星级上云企业285家，省工业互联网标杆工厂2家，长三角G60工业互联网标杆工厂2家，省工业互联网服务资源池1家。完成全市200家企业智能制造免费诊断服务，启动全市300家头部企业数智“画像”行动。92家企业获“智能制造贷”授信，72家企业获放款，授信总额超30亿元。搭建“服务商集市”项目，全年开展“智联谷”智能制造主题沙龙25场次。（徐濛漱）

表22　2021年常熟市新增工业机器人应用行业分布情况统计表

单位：台（套）

产业分类	总计	焊接	码垛	搬运	喷涂	装配	激光加工	折弯	产品监测	其他
汽车零部件	2253	111	112	113	114	115	116	117	118	1337
装备制造	2132	136	32	73	87	41	82	43	9	1629
纺织服装	657	9	1	116	1	18	4	0	68	440
电子制造	548	22	7	11	11	32	18	0	12	435
生命健康	163	0	3	36	0	4	0	4	13	103
新能源	172	37	15	24	0	0	20	0	4	72
新材料	373	24	10	51	0	15	0	0	46	227
其他	202	6	2	18	0	0	0	0	21	155
总计	6500	345	182	442	213	225	240	164	291	4398

（资料来源：市工信局）

汽车及零部件产业

【概况】2021年，全市有规模以上汽车及零部件制造业企业160家，完成工业产值934.59亿元，比上年增长18.92%，占规模以上比重20.64%。全行业实现营业收入1271.24亿元，比上年增长14.71%，其中规模以上汽车制造业实现营业收入962.8亿元，比上年增长19.03%；利润总额41.33亿元，比上年增长69.01%。规模以上汽车服务业实现营业收入308.44亿元，比上年下降3.7%；利润总额13.53亿元，比上年下降10.6%。

【产业布局】2021年，常熟市形成丰田、三菱、大陆、延锋、常熟汽饰等5个重点企业集团，产业链各类产品覆盖传统燃油车、新能源汽车、氢燃料电池汽车、通用零部件4大领域。

【创新平台】2021年，汽车及零部件产业省高新技术企业新增12家，累计达74家，占该产业规上制造业企业的46%；新增研发创新类平台8个，累计达70个。

【重点企业】整车企业　奇瑞捷豹路虎汽车有限公司2021年生产53296辆，比上年下降6.7%，销售54618辆，比上年下降5.5%。累计完成产值123.72亿元，比上年下降7.29%。

动力总成企业　丰田汽车（常熟）零部件有限公司2021年完成产值61.86亿元，比上年增长65.79%。

车身系统企业　恺博（常熟）座椅机械部件有限公司（原延锋安道拓（常熟）座椅机械部件公司）2021年完成产值47.7亿元，比上年增长30.1%。

新能源汽车企业　科力美汽车动力电池有限公司2021年完成产值32.52亿元，比上年增长63.84%。新中源丰田汽车能源系统有限公司2021年完成产值61.37亿元，比上年增长50.06%。（王　洵）

纺织服装产业

【概况】2021年，常熟市有纺织服装企业5000多家，以中小企业为主，其中规模以上工业企业512家，约占全部规上企业总数的三分之一。纺织服装产业规模以上工业企业完成工业总产值517.95亿元，比上年增长18.39%。随着产业结构的调整变迁，全市规模以上纺织服装业产值、利税，占全市工业的比例呈现逐年稳中略有下降的趋势。

【产业布局】常熟市纺织服装产业链，覆盖从化学纤维制造到原料、辅料、面料织造、印染及后整理、服装服饰生产、专业市场销售等过程，纺织服装产品用料涵盖化纤、棉纺、毛纺、麻纺、针织、家纺等行业，秋冬装、休闲男装、针织绒类产品在国内外享有较高的知名度，拥有全国最大的纺织服装专业市场，以及支塘无纺、梅李经编、古里纬编等若干个特色产业集群。2021年，常熟市推动印染行（企）业高质量发展基本建设和依法审批，65家参与印染高质量发展的企业主体编制“改建印染项目”方案申报书，全部通过市级联审，已领取施工许可证的有43家（含10家基本建设不涉及企业），投资项目立项95.4%，已完成环评编制稿63家，其中2家企业被列为全省唯一的行政许可示范研究项目，已召开评审会。

【项目建设】 2021年重点项目61个，常熟市纺织服装产业计划总投资56.5亿，当年累计投资24.8亿，涵盖化纤、针织、服装、服饰、无纺等。其中日禾戎美募集资金6.01亿元，用于现代制造服务业基地项目、设计研发中心建设项目等。

【代表企业】 波司登集团　始创于1976年，是全球知名的羽绒服装品牌企业，在中国拥有规模最大、技术最先进的7大羽绒服装生产基地，旗下品牌包括波司登、雪中飞、冰洁等。公司先后获评“中国世界名牌产品”“中国工业大奖”“中国纺织服装领军品牌”“中国羽绒行业领军企业”。2021年波司登品牌价值331.65亿元。

江苏金辰针纺织有限公司　成立于1997年，设有面料织造、染整、印花、服装产业配套的生产工厂，形成以棉类、棉涤、差别化纤维、功能性针织织品为核心的印染面料、服装制造及品牌营销事业群，产品远销50多个国家和地区，获“中国驰名商标”“中国时尚针织示范企业”“全国印染行业企业管理创新奖”等。公司的复合雪尼尔面料获2021年度“中国印染行业优秀面料一等奖”。

装备制造业

【概况】 2021年，全市有规模以上装备制造企业328家，实现工业总产值1058.89亿元，较上年增长14.37%，占规模以上工业总产值比重为23.39%；工业销售产值1057.3亿元，较上年增长17.3%；主营业务收入1072亿元，较上年增长18.2%；利润总额73.26亿元，较上年下降8.1%。

【产业布局】 常熟市装备制造业以重点骨干企业为龙头、以关联产品协作配套为纽带的发展格局已形成，重点聚焦海洋工程装备、工程机械、智能电气机械、智能装备4大领域。

海工装备领域企业　2021年，有10家完成产值297.6亿元，主要集聚在经开区、碧溪街道、梅李镇等板块，产品包含船用型钢、海洋电缆光缆、船舶配套设备、船舶电子设备制造，代表企业有龙腾特钢、亨通高压海缆、亨通海洋光网、国瑞科技，均获评省级及以上企业技术中心。

工程机械领域企业　2021年有73家，完成产值241.3亿元，主要集聚在常福街道、高新区、辛庄镇、沙家浜镇等，产品包括盾构机、冶金设备、风力发电设备、挖掘设备等，其中中交天和、索特传动、长城轴承等20家获评苏州市级及以上企业技术中心。

智能电气机械领域企业　2021年有73家，完成产值215.4亿元，主要分布在常福街道、高新区、辛庄镇、支塘镇等板块，产品包含输配电设备、电子专用设备、电器制造、数控设备制造等，其中常熟开关、白雪电器、风范电力等18家获评苏州市级及以上企业技术中心。

智能装备领域企业　2021年有46家，完成产值98.7亿元，主要分布在常福街道、高新区、碧溪街道、经开区等板块，产品包含自动化设备制造、智能物流设备、机器人制造等，其中罗伯泰克、百联、莱茵电梯等6家获评苏州市级及以上企业技术中心。

另有119家高端装备制造相关企业，产品涉及各类模具、精密铸件、精密配件等，2021年完成产值204.8亿元。

【代表企业】 常熟风范电力设备股份有限公司　是专业生产1000千伏及以下各类超高压输电线路角钢塔、钢管组合塔、各类管道、变电站构支架、220千伏及以下钢管杆及各类钢结构件等产品的公司。公司年产量28万吨，员工1600余名。2021年，公司完成产值24.82亿元。

江苏亨通海洋光网系统有限公司　成立于2015年，业务覆盖跨洋通信系统、海底观测网系统、水下特种缆系统、海上油气平台系统及海上新能源系统等系统解决方案。是国内海底光缆规模最大，交付量第一，国际前四的海底光缆供应商。2021年，公司完成产值3.13亿元。

【一装备获省内首台（套）重大装备认定】 2021年，中交天和机械设备制造有限公司“ф7.5m大直径海上风电竖井掘进机（THZJ–4000）”获评2021年度江苏省首台（套）重大装备认定，是苏州市4个入选装备之一。该产品主要应用于风电桩施工、竖井施工、桩基和人工岛屿的桩基建设等。其采用气举反循环法排渣，配备智能化钻进系统，入岩后成孔垂直度控制在1%以内，首创加压钻进工法，最大下压力达6000千牛（kN），最大提升力9000千牛（kN），采用变频电机驱动形式，刀盘最大转速达15转/分钟（r/min），额定扭矩大达3050千牛顿米（kN·m），具有嵌岩施工80米深度的能力。

3月31日，国内首台超大直径掘进同步拼装盾构机“兴业号”下线

（常福街道　提供）

电子信息产业

【概况】 2021年，常熟市有规模以上电子信息企业98家，完成总产值605.7亿元，比上年增长41.7%，其中产值过50亿企业2家、过10亿企业9家、过5亿企业10家、过1亿企业39家。其中印制电路板生产企业实现产值92.8亿元，比上年增长25.4%。

【产业布局】 2021年，全市电子信息产业主要集中于高新区、常福街道和经开区，其中，高新区25家、常福街道18家、经开区11家。

【项目建设】 2021年，全市共有电子信息产业项目23个，计划投资总额185亿元，年内完成总投资47.8亿元。其中总投资过亿元项目15个，过10亿元项目4个，过1亿元项目11个，新开工项目10个。常熟神州通智能科技有限公司投资46亿元年产50万台智能终端、1000万台手机储运分销，长春化工电子信息材料铜箔项目总投资20.1亿元。

【代表企业】 立讯智造科技（常熟）有限公司 由立讯精密工业股份有限公司控股的消费电子产品生产企业，主要从事智能音箱等智能移动终端。2020年6月进入规上企业库，2021年完成产值76.1亿元。

常熟生益科技有限公司 为广东生益科技股份有限公司控股公司苏州生益科技有限公司全资子公司，系生益科技集团成员，总生产规模为年产覆铜板1100万平方米，商品粘结片2400万平方米。至年底，多款产品为华为配套印制电路板铜箔基板，全年总投资10亿元，完成产值13.7亿元，比上年增长31.7%。

【重点产业载体】 香港立讯智能科技产业园 项目总用地约51.33公顷，总建筑面积约99万平方米，容积率2.0。项目公司立讯智造科技（常熟）有限公司注册资本13亿元。产业园布局消费电子超精密零组件、新能源汽车核心组件及智能移动终端3大业务板块，致力于打造智能制造的标杆园区。项目采取分期建设、分期投产的方式，一期项目占地14.13公顷，建筑面积约15万平方米，年内已投产；二期项目占地37.2公顷，建筑面积约84万平方米（先行启动约30万平方米），计划于2022年一季度投产。2021年实现开票销售80亿元，固定资产投资17亿元。

华为云（常熟）工业互联网创新中心 于2019年11月上线，2021年，为汽车零部件、装备制造业、纺织业等行业的80余家企业提供数字化服务，包括克劳丽化妆品、众捷汽车、臻迪智能、科弘材料等。

常熟人工智能科技产业园 项目位于南部新城核心区，是智慧人才社区的重要组成部分，由国企常熟铧顺投资发展有限公司投资建设。项目总建筑面积142256.43平方米，总投资额17.56亿元，住宅有14栋楼。至2021年年底，项目主体已封顶，室内精装施工，外场回土基本完成，室外综合管网施工，现场进度完成约90%。完成总投资15.81亿元，占总投资90.01%。

生命健康产业

【概况】 2021年，全市生命健康产业规模以上企业50家，完成产值95.7亿元，比上年增长5.7%。产业类别涉及医药制造、医疗器械等。医药制造主要集中在化学原料药、医药中间体及制剂、现代中药等细分产品的研发、中试、生产；医疗器械主要产品包括袋类、包类、管类、硅胶类、注塑件类高分子医用耗材、齿类、骨关节、医用敷料及防护用品和医疗检测服务等。形成苏虞生物医药产业园、古里生物医疗大健康产业园等创新集聚载体，与苏州工业园区生物医药产业园形成转移承接合作态势。

【项目建设】 2021年，常熟市生命健康产业有重点项目20个，计划总投资68.1亿元，当年投资19亿元。项目涵盖化学原料药及研发一体化、生物抗体等医药类项目，心脏起搏器、给药器、呼吸类耗材等医疗器械类项目，制药设备、智能化医药包装线等医药配套，护理用品、运动器材等健康保健类项目。

【代表企业】 瑞博（苏州）制药有限公司 为上市公司九洲药业的全资子公司，拥有多条高产能生产线及连续反应和酶催化反应的工艺设备，主要致力于创新药合同定制（CDMO）一站式服务，相关产品涉及抗心衰、乳腺癌以及白血病等多个重大疾病治疗领域。2021年，公司工业总产值13.5亿元，比上年增长91%。

江苏康诺医疗器械股份有限公司 成立于2003年，主要从事一、二类医用高分子材料及制品的生产和销售，具备包类、袋类、呼吸类、负压器类、硅胶类、连接导管类和注塑类等一次性医疗器械产品的完整生产线，年综合产能在5亿元以上。2021年，公司完成产值4.1亿元，开票收入4.2亿元，入库税金160万元。

氢燃料电池产业

【概况】 氢燃料电池汽车产业以常熟高新区为聚集地，招引项目44个，落户生产企业11家，落地丰田研发等研发机构4个，累计总投资超25亿元，2021年完成产值6.33亿元。产业以电堆系统与核心零部件制造为核心，全面布局氢能装备及示范应用，成为常熟市汽车产业延链拓链的重点方向。

【产业布局】 产业上游引入氢能利用领域，实施氢气输送管路、固体储氢材料和高压储氢罐研发项目，建成投用常嘉氢35兆帕（MPa）商用加氢站1座、丰田研发自用70兆帕（MPa）实验加氢站1座，并有2座加氢站在建。产业中游发展氢燃料电池核心零部件领域，重塑、捷氢2家国内电堆系统龙头企业在常熟市建厂投产，丰田研发中

2021年，丰电金凯威（苏州）压缩机有限公司研制出国内首台套通过氢气测试的90兆帕大排量加氢站压缩机（市融媒体中心 提供）

心持续开展前沿技术研究，治臻、金亚隆2家双极板企业分别跻身金属板和石墨板行业前三，江苏擎动年产100万片膜电极项目投产，博雅和擎动科技生产的催化剂即将量产装车，素水能源加速研发国产化质子交换膜，奕森科技的空压机及涡轮增压器实现量产，引进的苏州瑞驱是国内唯一能提供车辆氢气循环系统产品的生产型企业。产业下游布局车辆示范应用领域，常熟市为省内首个氢燃料电池公交车和物流车应用县级市，投用36辆氢燃料电池公交车，累计示范运营里程超过200万千米，投放的120辆氢燃料电池物流车实现与上海和周边城市对开，并跟随苏州进入上海国家燃料电池汽车示范应用城市群。

【项目建设】 2021年，常熟市新签约氢燃料电池产业相关项目5个（常熟高新区4个，海虞镇1个），项目总投资14.5亿元。其中，擎动科技燃料电池膜电极二期增资项目新增注册资本3000万元，新增总投资1亿元，全部达产后销售将超4亿元；擎动科技燃料电池膜电极独立研发中心项目总投资2000万元；舜华科技氢能空压机项目总投资3000万元，达产后新增年销售3亿元，税收2000万元；优美科基地燃料电池催化剂项目预计一期投产四年后年产值可达4亿元，年税收3000万元。

【平台载体】 常熟市氢燃料电池汽车产业以国家高新区氢能汽车产业园为主要载体。2021年，国家高新区氢能汽车产业园落户项目累计38个，其中创新研发及总部类项目15个、生产制造类项目10个、加氢站设施类项目5个、运营租赁及大数据服务类项目3个、示范推广应用类项目5个。

【代表企业】 江苏重塑能源科技有限公司　年产能5000套燃料电池系统产线用于制造中、高功率多种功率型号燃料电池系统及关键零部件，产品供应于中重载卡车、高性能城市公交等商用车领域，投入工业品运输、城际高速物流、专线货运、渣运、市政等多类服务中，2021年完成产值5.17亿元，较2020年提升196.54%。

丰电金凯威（苏州）压缩机有限公司　在氢能产业链中，是一家能提供全套压缩机气体解决方案的中国企业，其产品内容覆盖氢能源上下游产业链中必备的制氢压缩机、氢气充装压缩机以及加氢站压缩机，在国内市场占有率排名第一，2021年完成产值0.76亿元。

江苏擎动新能源科技有限公司　是一家氢燃料电池核心组件催化剂和膜电极制造企业，自主完成多款催化剂和膜电极产品的技术开发，可年产催化剂500千克、膜电极100万片，至年底，使用擎动TM催化剂和膜电极的10余款燃料电池车辆入围工信部公告目录，约200辆搭载擎动TM催化剂膜电极的燃料电池汽车投入运营，累计运行里程合计约100万千米，国产装机量排名前三。（徐濛溦）

【氢能基础设施】 2021年，常熟市根据长三角产业发展形势，编制印发省内首个专项规划《常熟市加氢站布局规划（2021—2025年）》。年内新建成自用加氢站1座、商用加氢站1座，至2021年年底，常熟市有加氢站4座。（王　洵）

氟化工产业

【概况】 2021年，常熟市氟材料产业有15家规模以上企业，集聚于新材料产业园内，累计完成工业产值125.2亿元，比上年增长67.6%。产品主要包括氢氟酸、含氟制冷剂、氟树脂、氟橡胶、含氟聚合物、发泡剂、锂电池电解质等，以及各类高性能新型含氟共聚物等化工新材料，基本涵盖整个氟化工材料产品链。（徐濛溦）

【代表企业】 常熟三爱富中昊化工新材料有限公司　位于新材料产业园，占地面积30.87公顷，是专业从事含氟高分子材料及含氟精细化学品、氟利昂替代品、哈龙替代品及相关产品的研究、开发及生产的企业。公司是国家火炬计划重点高新技术企业，建有江苏省氟化工材料工程技术研究中心和企业院士工作站。2021年公司完成工业总产值24.38亿元，利润总额6.69亿元，赋税1.87亿元。

大金氟化工（中国）有限公司　成立于2001年4月，由大金工业株式会社、大金（中国）投资有限公司、三井物产株式会社和三井物产（中国）有限公司共同出资，占地49.2公顷，主要从事氟化工产品的生产、加工、销售。至2021年年底，公司总投资超3亿美元，注册资本1.61亿美元。公司主导产品有聚四氟乙烯、氟橡胶、氟涂料、熔融氟树脂、六氟丙烯、新型制冷剂、涂层防污剂等，主导产品占企业销售总收入的90%以上。2021年，公司完成工业产值20.3亿元，利润1.2亿元，税收1.6亿元。

无纺产业

【概况】 常熟市无纺产业主要集聚在支塘镇。2021年，支塘镇有无纺行业企业398家，其中无纺制品310家，无纺机械69家，上游纤维制品企业19家。无纺行业规模以上企业29家，其中无纺制品规模以上企业23家，无纺机械规上企业6家。2021年，无纺行业产值58.1亿元，销售57.23亿元。无纺针刺设备、无纺布产量和生产能力分别占全国的60%和10%左右。产品销售覆盖全国大部分地区，并出口到美国、日本、俄罗斯、印度等50多个国家和地区。

【产业布局】 常熟市支塘镇目标十年内无纺产业产值争取达到200亿规模。2021年，无纺行业高质量项目的建设重点是围绕设备高端化、材料专业化、产品品牌化方向发展，布局无纺行业全产业链发展。瞄准“供给侧”结构改革发展方向，重点探索医疗卫生、个人护理、汽车内饰等领域的无纺材料运用。引导企业加大科研力度，深入进行终端产品开发，提高产品附加值。年内，有15个无纺高质量发展项目通过会审，计划总投资23.08亿元，当年投资2.5亿元。

【代表企业】 江苏迎阳无纺机械有限公司 成立于1992年12月，拥有中高级研发人员68名，授权发明专利41项，实用新型专利21项，主持参与制、修订国家标准4项，行业标准15项。公司主要产品有针刺非织造布成套设备、水刺非织造布成套设备、纺粘熔喷非织造布成套设备等。2021年，公司总产值4.61亿元，累计销售4.55亿元，年纳税额1873万元。

常熟市振泰不织布有限公司 成立于1999年，是一家集研发、制造、销售、服务于一体的无纺布制造企业，公司拥有先进的针刺无纺布生产线，并设有非织造产品研发中心，新研发的汽车内饰布，为上海通用、大众、福特、吉利、奇瑞等知名汽车公司的配套产品。2021年，公司生产总值2.51亿元，销售2.48亿元，年纳税额598万元。

（徐濛潋）

货架产业

【概况】 常熟市有各类货架及配套企业、个体工商户400多家，行业年产值超60亿元，企业用工8000多人。产品涉及超市货架、仓储货架、置物架、商品展示柜（化妆品亚克力材料展示柜等）、生鲜果蔬架、手推车、塑料提篮、收银台及超市寄存柜、木制品货架以及各类超市展示用品，产品销往50多个国家和地区，在商用设备领域国内市场占有率超过70%，国际出口市场占有率超过50%。货架产业基本集中在尚湖镇，2021年，尚湖镇有各类货架及配套开票企业226家，全年实现开票销售39.99亿元，净入库税金7145万元。

【产业布局】 2021年，常熟市出台《货架产业高质量发展三年行动计划（2021—2023）》，加快货架产业智改数转提档升级，打造智能仓储、物流装备产业高地，重点发展智能立体仓库、智慧物流分拣、智慧立体车库、智能无人超市等。

【项目建设】 2021年，常熟市尚湖镇引进智慧物流配送相关企业2家。其中苏州仕泰得智能科技有限公司由阿尔泰、金塔、新百惠等5家货架企业共同组建，是从事智慧物流设备供应、软件开发、技术服务、售后服务的公司。至年底，公司已签订千万元订单，在建的3000平方米智能生产车间场景展示科技馆已基本完工；江苏盛捷昌智能科技有限公司是专注于快递电商仓储物流中心输送分拣系统项目规划集成与核心设备研发一体的高技术企业，公司已形成完善的分拣、仓储产品系列，为施耐德、西门子、唯品会、三星等国内外3000多家客户提供系统的智能仓储系统解决方案。

【智能货架产业园】 位于尚湖镇王庄集镇以南，是以智能仓储、智慧物流为主的特色行业工业区。规划用地面积43.33公顷，分三个阶段进行开发建设。一期工程建筑面积约41302.89平方米，总投资1.53亿元，2018年10月竣工投用。2021年，一期项目入驻贝亚特、鼎泰隆、亿阳等3家成长型货架企业。二期工程建有标准厂房、商务中心、生活配套用房及集宿楼，新建厂房6.99万平方米，总投资3亿元，2021年3月底竣工交付，入驻业神物流、浩智智能、强鸿金属、佳范商业设备等4家企业。2021年底，规划三期项目。

【代表企业】 苏州佳诚商用设备有限公司 主要生产超市货架、仓架和展示架，战略合作伙伴分布欧洲、非洲、澳洲和美洲等地区，销售和服务网络涉及全球十几个国家和地区。2021年，公司实现开票销售2.57亿元，比上年增长19.16%。

苏州仁和商用设备有限公司 致力于现代大型卖家整体布局的研究，全面融合专业技术和现代工艺以及研发各种高品质的超市货架以及各种配套设施。2021年，公司实现开票销售1.61亿元，比上年增长10.07%。

苏州红叶商业设备制造有限公司 是集生产、营销、设计为一体的专业商业设备供应商，拥有先进涂装设备流水线4条以及数控冲床、数控折弯机等智能化设备。2021年，公司实现开票销售1.61亿元，比上年增长66.09%。

江苏浩智智能科技有限公司 成立于2018年8月，主要从事物流分拣设备的研发与生产。与中国邮政、顺丰速运、四通一达、京东、唯品会等国内知名物流电商企业合作，于2019年列入常熟市第一批新动能产业目录企业库名单。2021年，公司实现

开票销售3312.42万元，比上年增长116.76%。（徐濛潋　杨曼珺）

玻璃模具产业

【概况】 2021年，常熟市有玻璃模具生产经营企业92家（含个体经营户），其中沙家浜镇79家（规模以上企业6家）、高新区12家（规模以上企业3家）、古里镇1家（规模以上企业1家），总产值15.32亿元，亩均产值223万元；总税收额6705.2万元，亩均税收9.73万元；从业人数3844人，人均年收入7.73万元；产业相关专利总数381项，其中发明专利数115项；市场规模国内第一，全球第二。

【产业布局】 常熟市玻璃模具产业以沙家浜镇为产业集中区，辐射常熟高新区、古里镇，产业集铸造、设计、生产、检测、销售各个环节，涉及酒、饮料、食品、医药、化妆品等玻璃包装和灯具、玻璃器皿、玻璃工艺品等。沙家浜79家模具企业分布在常昆工业园及6个村（社区），园区内企业28家，总产值8亿元，平均产值2880万元，产值占比77.44%；其余51家企业，总产值2.33亿元，平均产值457万元，产值占比22.56%。至年底，常熟市中国玻璃模具网、玻璃模具科技展馆、玻璃模具检测中心、玻璃模具技术研发与技能培训基地等服务创新平台的相继投用。

【项目建设】 2021年，建华模具、兄弟模具、东海模具等12家常熟玻璃模具企业开展智能化改造项目，完成技改投入5684万元。建华模具获评苏州智能车间，兄弟模具、市南模具、瑞峰模具、芦荡模具获评省三星级上云企业。

【代表企业】 常熟市精工模具制造有限公司　创建于1978年，专业从事玻璃模具设计研发、制造、销售、服务，是国内首批产业化生产玻璃模具的龙头企业之一，苏州市专精特新百强企业。2021年公司实现总产值1.38亿元。

常熟建华模具科技股份有限公司　始建于1976年，主要产品为玻璃瓶罐模具和玻璃器皿模具。2021年公司实现总产值3.49亿元。（徐濛潋）

电力工业

【概况】 2021年，全市有公用电力（热力）企业5家，分别是江苏常熟发电有限公司、华润电力（常熟）有限公司、常熟金陵海虞热电有限公司、常熟市昆承热电有限公司、常熟苏源热电有限公司，总装机容量533.8万千瓦。受国际、国内市场环境影响，煤炭价格持续上涨，煤炭供应紧张，出现阶段性电价、汽价倒挂现象，常熟市电力、热力生产企业出现大面积亏损。江苏常熟发电有限公司、华润电力（常熟）有限公司，全年发电量分别达到195.49亿千瓦时、114亿千瓦时，比上年增长27.83%、14.39%。

【能源结构转型】 2021年，常熟市入围国家整县（市区）屋顶分布式光伏开发试点，全年并网光伏装机达到76.18MW，占苏州大市新增并网的22.47%，比上年增长122%，增速远超苏州平均水平。全年光伏发电4.8亿千瓦时，较2020年增加2亿千瓦时，相当于减少能耗5.96万吨标准煤。常熟金陵海虞热电有限公司一期和常熟市铜业总公司有限公司完成燃煤机组关停核查，关停机组3台、总装机3万千瓦。（王晓龙）

【江苏常熟发电有限公司】 江苏常熟发电有限公司由中国电力国际发展有限公司、江苏省国信集团有限公司、苏州信托有限公司三方合资经营。2021年，该公司总装机容量为3395兆瓦，共有4台330兆瓦燃煤机组、2台1000兆瓦燃煤机组和75兆瓦集中式地面光伏。2021年，该公司完成发电量195.49亿千瓦时。其中，火电完成194.4亿千瓦时，超年度目标56.74亿千瓦时，比上年增加27.77%；光伏完成1.09亿千瓦时。供热量1022万吉焦，完成年度任务的124.33%。综合标煤单价1110.72元/吨，比上年上升443.5元/吨。综合厂用电率5.14%，同比上升0.09个百分点，比年度目标低0.37个百分点。供电煤耗294.74克/千瓦时，比上年下降1.18克/千瓦时，比年度目标低0.62克/千瓦时。全年发电量、供热量双创历史新高。2021年，公司获评中国电力安全生产先进单位、环境保护先进集体。

（沈小明）

责任编辑　李　妍

建筑业

综 述

【概况】 2021年，常熟市实现建筑业总产值268.49亿元，比上年增长9.15%。全年新开工项目752个，比上年下降21.99%；建筑面积1069.98万平方米，比上年下降15.96%；合同造价321.47亿元，比上年下降16.28%。

【建筑产业现代化】 2021年，常熟市落实装配式建筑面积130.89万平方米，新开工装配式建筑面积235.59万平方米，年度竣工成品住房面积100.39万平方米。常熟古建园林股份有限公司木结构基地获批2021年江苏省建筑产业现代化示范基地；常熟经济技术开发区城市艺体中心工程成功申报省级BIM技术应用示范工程。 （陈 伟）

建筑施工

【绿色建筑】 2021年，常熟市执行新建民用建筑节能强制性标准，年内新建节能居住建筑370.11万平方米，节能公共建筑112.12万平方米，绿色建筑482.23万平方米，城镇绿色建筑占新建民用建筑比重达100%。完成太阳能光热应用面积135.44万平方米、浅层地能应用面积33.24万平方米。完成既有居住建筑节能改造面积2.13万平方米、公共建筑节能改造面积6.71万平方米。 （陈 伟）

【墙体材料】 2021年，常熟市有省级认定墙体材料生产企业11家，墙体材料产量6.5亿标块，其中新型墙体材料产量6.5亿标块，新墙材占墙体材料总量的100%，综合利用工业固体废渣约35万吨。市工信局加强新墙材产品的换证和认定工作，全年认定换证9家企业，27个认定产品。加强常熟市新墙材生产企业产品质量抽检，抽检56个批次，产品合格率为86%。开展新型墙体材料生产和应用阶段执法检查，检查生产企业4家，检查工程应用项目72项，未发现违法违规行为。 （徐濛澂）

【施工安全监管】 2021年，常熟市落实建筑施工安全文明提升行动，创新节假日行业专家协同检查机制，依托行业专业技术力量，落实建筑工地差别化管理。全年实施建筑施工安全生产监督检查2243个次，责令限期整改1255个、停工整改252个，督促企业排查治理安全隐患10693条。按季节性施工特点，每季度组织开展危大工程、起重机械设备、扬尘治理等专项整治，发挥第三方机构协同作用，组织开展超危大工程、建筑起重机械等安全专项检查7次，检查危大工程28项、整治安全隐患106个。检查在用起重机械172台次、起重机械装拆行为14起，督促整改安全隐患496处。

【施工扬尘治理】 2021年，常熟市推进城区大气环境质量精细化管理示范区建设，建立创建工地清单，落实示范区工地专人指导，督促参建企业落实扬尘治理“六个百分百”要求及“三个一”活动（作出一份扬尘管控承诺，开展一次扬尘防治自评，组织一次扬尘全员培训）。开展文明工地创建观摩活动，推广环境监测、喷淋降尘、裸土覆盖、自动洗车台等治理措施，强化参建企业扬尘治理意识。开展文明工地创建活动，完善“目标申报—常态化巡查—节点考核—综合评定”文明工地创建考核机制，提升现场安全文明施工水平。全年评定常熟市级文明工地192个，推荐申报2021年上半年度苏州市级及以上安全文明施工标准化工地48个。 （张 杰）

建筑市场

【施工图审查管理】 2021年，常熟市重点审查地质勘察、结构安全、消防安全、抗震设防等建筑工程施工图，源头保障建设工程质量。全年审查建筑工程施工图设计文件1526项、勘察文件320项，审查面积1088万平方米，发放施工图审查合格证591份。审查出违反强制性条文439条、违反强制性标准17871条、其他问题6087条，涉及建筑设计单位167家、勘察单位54家。审查完成消防特殊类项目363项，审查出违反强制性条文104条、违反强制性标准3808条、其他问题1134条；审查完成建筑装饰、建筑幕墙等专项工程施工图设计文件148项，审查出违反涉及安全及防火方面的强制性条文28条、强制性标准466条、其他问题104条。深化施工图审查制度改革，推行“自审承诺制”，对项目规模小、社会影响小的建设工程，由自审承诺书替代施工图审查，全年免审项目660项，其中抽查131项。（焦晓军）

【建设工程招投标】2021年，常熟市优化工程招投标办法，鼓励招标人采用资格预审选7家、资格后审二轮抽签入围、评定分离、工程总承包等方式进行招标，体现招投标“科学择优”原则。全年办理项目登记741个，建筑面积1295.1万平方米，投资总额1088.21亿元。新开工项目1211个标段，建筑面积1037.42万平方米，工程造价311.80亿元。其中招标发包491个标段，建筑面积162.83万平方米，中标价93.14亿元，比标底价107.78亿元下降13.58%。处理招投标投诉3起，12345来信来访8起，记录投标失信行为118条，备案招标公告544个，备案招标文件539份。（吴以恒）

【建设工程造价管理】2021年，常熟市在苏州市范围内首次开展工程造价咨询行业信用评价，常熟市6家参评企业考评均为B等。根据钢材、铜、铝、水泥、砂、砼类建筑材料及苗木等价格出现异常波动情况，依照苏州市住建局通知精神，动态调整价格信息发布周期，指导发承包双方签订补充协议。6月22日起，常熟市建设工程计价措施费可根据建设方要求，增列“智慧工地费用”。开展常熟市造价咨询企业结算审核质量、工程量清单和招标控制价质量专项检查。全年备案承接业务外地咨询企业35家，选择6家代表性施工企业，定期测报人工指导价并报上级造价管理部门。7月1日起，住房和城乡建设主管部门停止工程造价咨询企业资质审批，工程造价咨询企业按营业执照经营范围开展业务，造价咨询资质全面取消。至年底，全市有8家造价咨询企业。（谢晓芳）

【建筑市场管理】2021年，常熟市推进建筑施工领域信用体系建设，部署开展建筑市场综合检查、建筑业企业信用综合评价检查、装饰工程专项检查、监理专项检查、标后合同履约考评等检查活动，有102个在建工程项目被信用扣分。加强建筑施工领域实名制管理，开展线上监管，阶段性组织根治欠薪暨实名制管理“回头看”专项行动，调处化解纠纷投诉564件，涉及民工2928人次、金额6135.68万元。（张　杰）

【建筑领域继续教育培训及考试】2021年，常熟市建造师继续教育均采取线上培训，1124人参加10期二级建造师继续教育；310人参加首批一级建造师继续教育；8293人报名参加2021年度ABC三类安全管理人员继续教育。受理ABC三类安全管理人员1818人次报名，组织安排考前面授培训10期、40班次，其中常熟开班6期、9班、958人次；组织547名见证员常熟开班考证和继续教育培训和考试。（戴润杰）

【施工安全培训】2021年，市住建局开展《质量安全手册》、“新安法”、工伤预防等安全教育培训，向街道乡镇提供建筑施工安全技术服务指导3期，1350人次参加培训。推广承插型盘扣式钢管支架应用，建立进场检测制度，组织现场观摩、实操培训及安全技术标准宣传培训，落实盘扣式钢管支架构件信息归集。

【建筑产业工人体检之家】2021年，常熟市建筑产业工人培训基地增设“建筑产业工人体检之家”，配齐医疗资源，取消原34家分散式体检服务点，形成“苏安码”体检培训一站式服务。分批开放网上预约名额，统筹安排体检和培训服务，工人体检及培训情况导入市建筑行业信息服务系统，“只需跑一次”可完成体检培训，缩短“苏安码”申领周期，全年10842人次获得体检服务。（张　杰）

建筑工程质量管理

【建筑工程创优】2021年，常熟市工程项目获得多项奖项。年内，1项工程获国家优质工程奖，9项获中国建筑工程装饰奖；11项工程获2021年度江苏省“扬子杯”优质工程奖，其中房建工程项目6项、装饰专业项目3项、钢结构1项、市政工程项目1项；60项工程获“姑苏杯”优质工程奖；187项工程获“虞山杯”优质工程奖。

表23　2021年常熟市获评国家级优质工程一览表

奖项名称	工程名称	申报单位
国家优质工程奖	金土木大厦	江苏金土木建设集团有限公司
中国建筑工程装饰奖	新建常清中学及世清教育培训项目－世清教育培训项目装修工程（标二）	江苏华亭建筑装饰工程有限公司
	新建常清中学及世清教育培训项目－世清教育培训项目装修工程（标一）	常熟市金龙装饰有限责任公司
	常熟市三环小学及幼儿园室内装饰工程－标二（幼儿园、综合楼）	江苏华亭建筑装饰工程有限公司
	常熟市三环小学及幼儿园室内装饰工程－标一（教学文体楼、食堂）	江苏嘉洋华联建筑装饰股份有限公司
	虞东时代广场6#楼室内装饰工程（标一）	江苏嘉洋华联建筑装饰股份有限公司
	常熟市琴湖小学迁建工程室内装饰工程	江苏嘉洋华联建筑装饰股份有限公司
	常熟琴湖惠民医院迁扩建室内装饰工程（标二）	常熟市新苑地建筑装饰工程有限公司

续表23

奖项名称	工程名称	申报单位
中国建筑工程装饰奖	常熟国际饭店会议室及部分公共区域室内装饰项目6#楼室内装饰工程	常熟市金龙装饰有限责任公司
	常熟市2017B-020号地块A座酒店装修	常熟市金龙装饰有限责任公司

（戴润杰）

【工程质量监管】 2021年，市建设工程质量监督站受理监督工程755项，建筑面积1170.16万平方米。开展工程质量监督抽查3982次，发出《工程质量监督抽查整改通知书》374份。开展工程竣工验收监督776项1177.42万平方米，提交《工程质量监督报告》883份，办理工程竣工验收备案724份。受理消防竣工验收和备案抽中231项，验收合格221项。贯彻执行《工程质量安全手册》制度，选取1个房屋建筑工程进行试点。全年开展质量技术及验收指导服务1500次，协助120个项目完成竣工验收。

【工程建设领域整治】 2021年，常熟市开展全市房建市政工程质量专项整治和开展全市建设工程质量检测机构监督暨混凝土生产企业专项检查，抽查成品住宅、装配式建筑、消防工程绿色暨建筑工程项目130项，市政工程项目73项，检查检测机构9家、混凝土生产企业16家。（钱　琦）

建筑企业

【概况】 2021年，全市有建筑业企业477家，其中施工总承包特级资质企业1家、一级资质企业14家、专业承包一级资质企业45家；工程监理企业12家，其中甲级企业9家；65家企业完成重组分立和资质合并。

（张　杰）

【江苏金土木建设集团有限公司】 2021年，公司实现施工产值超70亿元，上缴国家税收超1.6亿元。年内，公司获评苏州市文明单位、苏州百强民营企业第64位。至2021年年底，公司具有房屋建筑施工总承包特级资质、建筑设计建筑行业（人防工程）专业甲级资质、建筑行业（建筑工程）甲级资质，市政公用工程、水利水电总承包二级资质，同时具有钢结构一级，地基基础一级、建筑装饰、起重设备安装、环境保护、机电设备安装专业承包二级资质。

【常熟古建园林股份有限公司】 2021年，公司产值14.6亿元，税收562.4万元，承接工程88项，施工面积21.27万平方米。“常熟古建木工”品牌被国家人社部评为“地方特色类劳务品牌”；公司获评全国城市园林绿化企业50强、江苏省守合同重信用企业、江苏省民营科技企业、江苏省建筑产业现代化示范基地、苏州市文明单位、苏州市建筑业优秀企业、苏州市非物质文化遗产生产性保护基地。

【江苏嘉洋华联建筑装饰股份有限公司】 2021年，公司新签合同38729万元，完成施工产值50857万元，纳税总额1474万元。年内，获省、市、县级建筑装饰“优秀企业”“守合同重信用企业”；中装协、中施协“AAA级信用评价企业”等；获3项省级科技创新成果、3项国家级专利；获全国QC成果二等奖1项，省级QC一等奖1项，二等奖1项，三等奖2项；获中国建筑工程装饰奖3项、苏州市“姑苏杯”优质工程5项、常熟市虞山杯优质工程7项；获江苏省星级标化工地4项、苏州市标化文明示范工地6项、常熟市、昆山市级标化文明示范工地13项。

【江苏常诚建筑咨询监理有限责任公司】 2021年，公司监理项目22项，涉及投资额43.57亿元。年内，公司监理项目获常熟市优质工程“虞山杯”19项、苏州市优质工程“姑苏杯”15项、申报江苏省优质工程“扬子杯”5项、获国家优质工程3项。创建常熟市“示范监理项目”17项、苏州市“示范监理项目”5项。截至2021年年底，公司具有房屋建筑工程监理（甲级）、市政公用工程监理（甲级）、公路工程监理（乙级）、机电安装工程监理（乙级）、人民防空工程监理（乙级）、工程造价咨询乙级、水利水电工程监理（丙级）等资质，被列入省项目管理试点企业和首批省装配式建筑监理企业名录。

【常熟市华诚建设工程有限责任公司】 2021年，公司产值3.4亿元，税收1500万元，承建工程38项。年内，承建项目获江苏省“扬子杯”优质工程1项、苏州市“姑苏杯”优质工程3项、常熟市“虞山杯”优质工程10项。《提高桥梁伸缩缝验收合格率》获2021年度江苏省市政工程建设QC小组二等奖。《装配式雨污检查井升井施工工法》《可调钢模混凝土雨水井一体化施工工法》《透水沥青路面外混式冷喷标线防滑透水施工工法》被评为企业级工法。

（戴润杰）

责任编辑　李　妍

商贸服务业

商贸流通

【概况】 2021年，常熟市实现社会消费品零售总额1214.22亿元，比上年增长17.7%。从权重商品看，全市限额以上汽车类完成零售额86.6亿元，比上年增长2.2%；限额以上石油及制品类完成零售额16.7亿元，比上年增长52.7%。市商务局重点监测的17家重点商贸企业完成社零额90.47亿元，比上年增长16.69%。零售前20强企业累计实现销售额132.5亿元，比上年增长16.8%，占限额以上零售业销售额的比重为63.5%。 （姚学淳　王怡嘉）

【粮食收购】 2021年，全市收购小麦3.77万吨，其中价外补贴订单收购小麦3.46万吨；全市收购稻谷6.31万吨，其中价外补贴订单收购稻谷6.24万吨。常熟市小麦价外补贴订单签约大户827户，签约面积1.51万公顷，夏粮开秤指导价为中等质量标准混合麦每50千克122元，价外补贴为中等质量标准每50千克10元。全市水稻价外补贴签约大户882户，签约面积1.51万公顷，秋粮收购开秤指导价为中等质量标准，晚粳稻每50千克135元，价外补贴标准为中等质量标准每50千克10元。 （殷丽萍　汪定洋）

【供销合作】 2021年，市供销合作总社实现销售总额48亿元，消费品零售总额35亿元。年内，新农资储备仓库基本完成主体工程。完成农药集中配送额4557万元，水稻测土配方肥供应6153吨，小麦测土配方肥供应5350吨，回收废弃农药包装物1154万只，回收废旧农膜275吨。全年新建改造连锁经营网点27家，实现线上销售1.5亿元。发挥产销对接职能，创新建设“常熟供销优选”平台，全年助销地产农副产品1.48亿元。 （丁　琼）

【盐业专营】 2021年，市盐业公司实现销售收入4300万元，实现利润160

12月25日，凤凰城商业中心开业 （钱伟　摄）

万元，销售食盐7900吨，销售工业盐6800吨。建立完善食盐储备体系，完善企业储备制度，建立健全并严格执行入库、出库管理和轮换、应急调运制度。做好食盐调度和配送工作，提高配送时效，完善食盐应急预案，保障常熟食盐市场稳定。与市市监局对大型企业食堂、农贸市场、餐饮公司等开展巡查，全年出动人员320人次，走访集贸市场25家次，市场经营户260家次，餐饮店198家次，商超330家次，小作坊12家次，查获食盐案件5起，结案2起，罚款1780元，没收盐产品95千克，劝退下架15家。（缪变炜）

【烟草专卖】 2021年，常熟烟草公司实现税利7.69亿元，比上年增长9.48%；零售客户综合毛利率13.5%，比上年增长3.51%。全年查处各类涉烟违法案件501起，其中5万元以上案件，比上年增长26.23%；查获各类违法卷烟1962.5万支，比上年增长73.4%；案值1911.2万元，比上年增长50.2%；上报办结假烟国标网络案件1起，移送公安机关涉烟案件14起。建成“金丝利零售”加盟终端24户、合作终端1户、新现代终端139户。推进文明吸烟环境建设，建成文明吸烟亭27个，投放吸烟柱300个。融入社会综合治理网格，与全市1192个网格、1035名网格员深度对接，不断提升辖区卷烟市场社会化治理水平。（杨雁　俞敏）

【大型商业综合体】 2021年，常熟城区有大型商业载体39个，商业营业面积约110万平方米。其中琴川街道有19个，商业营业面积51.8万平方米；虞山街道有11个，商业营业面积23.6万平方米；常福街道有4个，商业营业面积16.6万平方米；莫城街道有3个，商业营业面积9.0万平方米；高新区有2个，商业营业面积8.9万平方米。（李一鸣）

电子商务

【概况】 2021年，常熟市实现网络零售额556.2亿元，居苏州各区市第二，占苏州全市的19.1%，其中日禾戎美、迈凯轮服饰有限公司等9家企业年网络零售额超亿元。举办“数字转型，提振消费”第六届中国·常熟昆承湖互联网创新创业大会，海虞电商园被评为省级电子商务示范基地。对接头部企业平台，江苏首家淘宝天猫商家运营中心、淘宝直播常熟星歌直播基地落地，联合阿里巴巴线上平台举办“汇聚常熟”活动，成交超2.1亿元。推动“直播电商进企业”活动累计培训人次超1000人次，常熟直播电商区域发展指数列全国第十二、苏南地区第一。（陆剑阳）

【第六届中国·常熟昆承湖互联网创新创业大会】 5月21日下午，“数字转型，提振消费”——第六届中国·常熟昆承湖互联网创新创业大会在常熟国际会议中心方塔厅召开。省商务厅、省电商协会相关领导出席会议。大会吸引近400人参与，互联网行业相关嘉宾就当下最火热的数字转型及直播电商发展进行主题分享。

【江苏首家淘宝天猫商家运营中心落户常熟】 7月20日，江苏首家阿里巴巴“数字化营业厅”——淘宝天猫（常熟）商家运营中心在常熟市莫城街道时尚中心开业，标志着阿里集团在江苏省的首家属地服务中心正式落地。至年底，平台线上线下累计服务覆盖3万家商家，其中活跃商家5000家。同时聚焦常熟中老年女装、男装，整合政府和商家资源，链接行业营销矩阵，进一步发挥产业集群优势，打造区域与行业双轮驱动的营销活动，推动消费扩容提质，拓展常熟智造“卖全国”“卖全球”的数字化营销渠道。（李一鸣）

商务服务业

【人力资源服务】 2021年，常熟市上线人力资源供需服务平台，建立重点企业用工需求申报制度，发布需求10人以上缺工对接供需信息291条，其中123家单位通过政府指导人力资源机构获得服务，168家单位通过人才市场、网络平台、校园招聘等方式自主招募。举办春风行动、民营企业招聘月等线上线下主题招聘活动123场，其中现场招聘会99场、网络招聘会24场。探索建立直播带岗云招聘新模式，带动城乡举办4场，吸引24家次企业云端揽才。（徐莞月）

【律师服务】 2021年，常熟市有19家律师事务所，律师309人，其中专职律师305人。全年受理诉讼案件10768件，办结3166件，受聘担任法律顾问单位1566家。年内，发挥北京、上海等5个知名律师事务所分所的牵引作

7月20日，全省首家淘宝天猫（常熟）商家运营中心开业仪式在时尚中心举行
（服装城　提供）

用，完善软硬件建设，提升全市律师事务所建设水平。优化涉外法律服务人才库，强化服务“三区一园”工作。延伸“产业链+法律服务”，推广公共法律服务产品，全年为不少于30家企业提供法治体检报告或法律意见书。推出“乡村振兴法治同行”专项行动，提供法律咨询服务及法治讲座。推进乡镇（街道）公共法律服务中心和司法所一体化建设运行，推动法律服务资源向村（社区）延伸覆盖，综合运用无人律所等高科技产品和网络提供法律服务和远程服务。

【公证服务】 2021年，市公证处办理各类公证10409件。年内，选派工作人员至不动产登记中心驻点服务，及时解答群众在不动产统一登记过程中遭遇继承等问题，全年办理相关公证事项1314件。探索“区块链+公证”服务，扩大远程视频法律服务供给，全年通过“公证云”平台办证18件、远程视频平台办证78件、商标线上转让平台办证2408件，运用区块链技术办证2件，并开通公证书在线查询服务。加大对乡镇法律服务工作的帮扶力度，依托公证联络制度助推乡村振兴战略，完善覆盖城乡的公证法律服务体系，优化办证点服务工作，全年办理相关公证事项200余件。

（陈　励）

【广告业】 2021年，全市有广告业及其从属企业702家，其中设计制作类二级企业4家（苏州大智广告传媒有限公司、苏州新浪广告传媒有限责任公司、常熟百晓生文化传媒有限责任公司、苏州正山文化传媒有限公司）；设计制作类三级企业1家（苏州睿途广告传媒有限公司），综合服务类三级企业1家（江苏中服创意文化传媒有限公司）。广告业经营企业全年发布各类公益广告户外宣传牌18675处，互联网公益宣传500余次。2021年，5家企业通过中国广告协会CNAA证明商标资质认定，其中二级广告资质企业3家，三级广告资质企业2家。

（浦曾斐）

居民服务业

【住宿餐饮】 2021年，全市有星级旅游饭店12家，其中五星级4家、四星级2家、三星级4家、二星级2家。全年营收21585.56万元，从业人员930人，整体出租率40.69%。常熟天铭国际大酒店、常熟中江广场置业有限公司皇冠假日酒店、常熟市虞城大酒店、常熟森林大酒店、常熟市金海华丽嘉酒店、常熟国际饭店、常熟虞山锦江饭店、常熟裕坤国贸酒店、常熟市金海华休闲美食会、王四酒家、香格里酒店、渡口饭店12家重点住宿餐饮企业营业收入4.76亿元，比上年增长10.28%。（李一鸣）

表 24　　2021 年全市星级旅游饭店一览表

星　级	酒店名称
五星级	常熟中江广场置业有限公司皇冠假日酒店 常熟市金海华丽嘉酒店 常熟天铭国际大酒店 常熟裕坤国贸酒店
四星级	常熟市虞城大酒店 常熟森林大酒店
三星级	常熟市梅园宾馆 常熟蒋巷宾馆 常熟市波司登大酒店 常熟沙家浜大酒店
二星级	中汇宾馆 新天地商务宾馆

（李一鸣　王珺健）

【家政服务】 2021年，全市有家政服务单位218家，其中新增42家。常熟市家庭服务行业协会成员单位56家，年内对家服行业从业人员进行信息登记，16家单位的1157人参与“江苏省家政服务员实名注册登记”，通过省平台的“人证合一注册成功”481人。全年约480人经考试合格后领证，参与日常养老护理和病患陪护等。在泰州举行的全省家服技能大赛中，虞城护理院和禧爱汇派出的选手分获全省养老护理和育婴员项目第5名。

（徐莞月）

【养老服务】 2021年，全市有养老机构23家，其中公办1家、民办11家、公建民营11家，有养老机构床位6061张，护理型床位占比达100%；社会力量举办或经营养老床位5191张，各类养老床位合计1.35万张，每千名老年人拥有各类养老床位数40.02张。

（顾君才　徐之佼）

【美容美发】 2021年，市美容美发协会有成员单位68家，从业人员137人。年内，协会举办常熟市美发美容协会第二届美发大师培训班，组织年轻从业人员走访30多名老艺人，提升美容美发水平。品艺美业、飘纱坊美业、小时代美业、紫藤美业4家单位被评为2021年诚信单位。（赵益红）

【机动车维修】 2021年，常熟市有一、二类维修企业254家，其中4S店34家，综合修理54家（含危货维修3家、客车维修3家）；二类维修企业166家，其中汽车销售服务4S店10家，综合修理厂156家（含客车维修2家）。

【驾驶员培训】 2021年，常熟市有依法备案驾培机构18家、核定备案教学场地29块、教练车1078辆、教学模拟器220台，其中年内依法备案新驾培机构2家、核定备案新教学场地3块、新增教练车68辆、新增教学模拟器15台。（黄心珏）

【琴川护理院开业投用】 10月，琴川护理院开业投用。项目位于常熟市虞山街道桃源涧北弄17号，总投资约

12月8日，陕西饭庄开业　（钱伟　摄）

3000万元，占地面积约4.6万平方米，建筑面积约2.2万平方米，内设4个功能区，40多个活动室并配备有多种房型，床位总计550余张，是常熟城区内规模最大的多层次园林式综合养护中心，采用医养结合的管理模式，提供专业化护理服务、个性化康复疗养服务、人性化专属管家服务、综合性娱乐休闲服务、科学性营养膳食服务以及公立医院医疗保障服务等。（叶　舟）

【得意楼（陕西饭庄）开业投用】 11月底，得意楼（陕西饭庄）项目竣工，12月8日开业投用。项目位于南门坛上君子弄25号（南新街13号），为沿街三层仿古建筑，总建筑面积约1083.99平方米，总投资约685万元。项目于2021年6月开工，由常熟市历史街区公司进行前期装修布置，完成后委托曲江文旅下属子公司西安曲江新釜餐饮管理有限公司以“陕西饭庄”品牌、技术团队、管理团队的输出管理模式进行项目的后期运营。主要产品为陕西特色菜肴。（叶　舟）

邮政快递

【概况】 2021年，常熟市有邮政企业1家，邮政支局48家；快递企业21家，运营品牌21个，规模企业有圆通、申通、中通、韵达、极兔（百世）、德邦、顺丰、EMS等。2021年，全市邮政行业业务总量63.5亿元，比上年增长21.62%；业务收入36.43亿元，比上年增长1.6%。其中快递业务量（发件）累计7.86亿件，比上年增长20.81%，位列苏州县市第一，占苏州总量的32%；快递业务收入31.28亿元，比上年减少0.7%，快递业务投递量累计3.78亿件，比上年增长60.94%。

【邮政服务】 2021年，中国邮政集团有限公司江苏省常熟市分公司（以下简称常熟邮政）实现邮政业务总收入57456万元。全市有邮政营业网点62处，邮件处理中心2个，每日处理进出口邮件40万件。常态化开设邮运线路33条，每天运行里程2900千米。设置揽投段道268条，日均投递邮件48660件。加快纯邮政网点转型，在30个社区、乡镇转型网点完成包裹自提App的注册，增设自提代投功能，提供代收水电费、通信费等便民服务。

【寄递业务】 2021年，常熟邮政完成寄递业务量8868.3万件，实现收入23854.7万元。常熟邮政寄递业务现有特快、快包、国际、物流4大板块。搭建国际“丰鹏专线”，新增法国、意大利、加拿大等路向，全年实现业务收入1370万元。实现跨境电商9610、9710模式的自主报关。推进快包准加盟制改革，结合处理端准加盟改革，兼顾发展规模与效益，全年快包量、收分别为8162万件、16500万元，比上年增长26.3%和2.5%。优化寄递网运组织，建设直投中心，构建“邮政自提点+社会自提点+智能包裹柜”自提网络，建设自提点312个（含柜子）。（仲铭洁　金颖恬）

表25　2021年常熟邮政管理局登记备案快递企业一览表

序　号	企业名称	经营品牌
1	常熟市申通快递有限公司	申通
2	常熟市神舟实业有限公司	圆通
3	常熟韵仕达快运有限公司	韵达
4	常熟世峰货运有限公司	世峰
5	常熟市京喜快递有限公司	京喜
6	常熟德邦物流有限公司	德邦物流
7	常熟旭阳物流有限公司	百世
8	常熟捷思免供应链有限公司	极兔
9	苏州昆常货物运输有限公司	中通
10	中国邮政速递物流股份有限公司江苏省常熟市分公司	EMS
11	中外运-敦豪国际航空快件有限公司常熟分公司	DHL Express
12	苏州霞丰国际货运代理有限公司常熟分公司	其他
13	欧西爱司物流（上海）有限公司常熟分公司	OCS

续表25

序　号	企业名称	经营品牌
14	优比速包裹运送（广东）有限公司常熟分公司	UPS
15	南京晟邦物流有限公司常熟分公司	晟邦
16	丰县八方货运代理服务有限公司常熟分公司	优速
17	苏州工业园区顺丰速运有限公司	顺丰
18	江苏京迅递供应链管理有限公司苏州第一分公司	京东
19	南京跨越速运有限公司苏州分公司	跨越
20	江苏驿耀网络科技有限公司	菜鸟驿站
21	苏州润峯网络科技有限公司常熟分公司	其他

物流业

【概况】2021年，常熟市有A级物流企业62家，其中AAAAA级1家、AAAA级19家、AAA级41家、AA级1家。年内，新培育国家AAA级物流企业5家，分别是苏州启通国际物流有限公司、苏州市佳晟达物流有限公司、苏州苏友运输有限公司、苏州沪昆太货运有限公司、常熟市凯凯运输有限公司。年内，全市重点仓储物流项目11个，项目计划总投资92.34亿元，年度完成投资19.49亿元。江苏波司登科技有限公司获评江苏省重点物流企业。行业涌现出“物流+网络新零售”“物流+结算中心”“物流+服务型制造”“物流+云仓”“物流+平台经济”等新业态新模式。

【产业布局】2021年，常熟市委托江苏省物流与供应链研究院编制《常熟市“十四五”现代物流业发展规划》《常熟商贸服务型物流枢纽建设方案》。按照“物流枢纽—物流园区（中心）—配送中心—末端网点”四级物流网络规划模型，推进常熟市物流资源整合提升，规划形成“一枢纽、两园区、四中心、N结点”的物流空间布局。依托常熟服装城核心区域，构建物流枢纽体系，发展服务贸易打造辐射长三角、服务全国的商贸服务型国家物流枢纽。推进长三角时尚供应链枢纽、中通商业总部、城配中心等重要枢纽载体项目建设。推进《常熟市“十四五”现代物流业发展规划》，编制《常熟市现代物流高质量发展行动方案（2022—2025）》。召开“常熟市现代物流高质量发展座谈会”，介绍江苏云企供应链管理有限公司旗下“运融通”平台。

（王　款）

11月，常熟邮政快递包裹二期处理中心投用　（市邮政公司　提供）

【物流平台】2021年，全市有成规模物流园12个，省级物流示范园和省级重点物流基地各1个，按类型分为综合服务型园区、生产服务型园区、自用型园区和商贸服务型园区。物流园区集聚物流企业795家，占全市物流企业总数40.56%。大型骨干物流企业服务供给能力不断增强，省级重点物流企业5家，AAA级以上物流企业达61家（AAAAA级物流企业1家，AAAA级物流企业19家，AAA级物流企业41家）。

【智慧物流】2021年，常熟市打造数字物流供应链，培育“平台+服务”的数字物流供应链，涌现出“运融通”智慧平台、AnyCase智慧国际物流平台、波司登智能配送中心等特色平台。“运融通”智慧平台基于信息化、网络化、数字化、智能化技术，整合物流资源、规范市场秩序，降低流通成本，支撑服装城区域形成“有序、快捷、高效”的中央集散和末端收发能力。AnyCase智慧国际物流平台基于全链条的SAAS专业智能综合平台系统，帮助国际物流实现智能分析、智能提醒、智能报价、智能跟踪、智能仓储、智能方案、智能结算，让供应商和货主全方位获得最优选择。波司登智能配送中心首创以1套自主研发的物流管理WMS系统，管控所有库存，覆盖全国4000多家线下门店及线上消费者，实现“全国一盘货”，线上线下融合共享信息。

（顾薇雯）

责任编辑　李　妍

常熟服装城

综　述

【概况】2021年，江苏常熟服装城（以下简称常熟服装城）面积3.71平方千米，市场交易额超过1600亿元，区域内现有招商场、新东方男装等35个主题市场，商业面积超350万平方米，市场主体3.5万户、经营人员10万多人，货物运输量近百万吨，日资金流量超过20亿元，形成服装、针织品、布匹、装饰面料、床上用品、小商品、鞋业、五金等多类经营区。

【智慧商城"尚城小二"】2021年，常熟服装城打造智慧商城"尚城小二"项目，为企业数字化转型提出全新视角。平台上线智慧审批、智能电表、平安商铺等十大功能系统，从续租、缴费、金融等不同角度，实现商户足不出户完成业务办理；线下建设智慧商城综合服务中心，"一站式"窗口服务为商户使用平台提供帮助。

市场建设

【新建市场】2021年，新建常熟服装城新湖女装城，项目位于新湖路以东，桑园街以南，万利南街以北，处于服装城外贸村区域，总投资2.9亿元人民币，总建筑面积33698.6平方米，市场业态定位中老年女装。

【市场更新】2021年，鼎鼎市场二期2100平方米交付，聚焦主流直播电商，培训、孵化新型直播电商模式，已入驻店铺有一杯旺卡咖啡网红打卡基地，波司登品牌店，原"龙的传人"旗舰店在调整升级中；综合市场二三楼改造完成，打造玖号源点直播基地，引入"云计划""昕梓琳"直播机构；男装中心投入131.5万元，完成永丰区沿新莲路公共区域改造工程、永丰一楼配电改造工程、男人世界二楼局部商铺改造工程、中央空调风管加固项目；招商场投入659万元完成第三停车场拆迁安置房工程、招商场老市场四区2号楼一层、三层加装空调项目、老东方市场北立面改造装饰工程、老东方市场二楼商铺装饰工程；鞋业中心鞋业片南面、西面商铺门头装饰工程，总投资约208万元；综合市场五金片区实施消防疏散通道改造及屋面水箱间加固工程，完成总工程量的90%。外围地坪下沉修复工程总投资146万元，完成总工程量的90%。北广场提升性改造，总投资184.7万元，至年底土建部分完成总工程量的30%。五金市场完成三层17-26轴局部区域室内空调装修改造，总投资约26万元。

跨境贸易

【概况】2021年，常熟服装城持续深化市场采购贸易方式试点工作，通过"市采通"平台，联动省内外15个地区和6个园区、12个专业市场及产业带。该平台于2019年10月投入运营，依托全国通关一体化，实现商户备案、组货拼箱、监装监控、报关报检、收汇结汇、出口信保、贸易融资等一站式服务。截至2021年年底，市采通平台服务企业超过3000家，在全国55个口岸实现一体化通关，货达129个国家和地区，出口金额超180亿元人民币。

【常熟服装城跨境电商集聚区】2021年，常熟服装城跨境电商集聚区总面积约5万平方米，包括莫城电商园、阿里巴巴全球速卖通（常熟）跨境电商产业园、世界服装中心及时尚广场3大功能区域。拥有自营型、平台型、服务型跨境电商企业30多家，跨境电商从业人员超300人，2021年跨境电商交易额约4亿元。年内，该区入选2021年度江苏省跨境电子商务产业园名单。

市场交易

【概况】2021年，常熟服装城市场交易额超过1600亿元。其中，常熟服装城集团有限公司下属市场6个，分别为：常熟服装城集团有限公司招商场、常熟服装城集团有限公司男装中心、常熟服装城集团有限公司童装中心、常熟服装城集团有限公司鞋业中心、常熟服装城集团有限公司综合市场、常熟服装城集团有限公司女装市场。民营市场16个。一般公共预算收入4.6亿元，比上年增长16.8%，服务业投资（不含房地产）23.05万元，比上年增长59.4%，市场采购贸易试点出口15.32亿美元。

【招商场】 2021年，招商场占地面积11.91万平方米，建筑面积17.73万平方米，分为4大片、11个交易区和物流管理办公室，营业面积70235平方米，摊店7948间，主营男装、时尚女装、中老年女装，2021年成交额471亿元。

【男装中心】 2021年，男装中心总建筑面积24.1万平方米，营业面积83247平方米，商铺3721间，下设男人世界、服饰广场、华盛、六区、永丰、停车楼、装饰面料7个片区，主营男装、女装、中老年女装、童装及装饰面料，2021年成交额495亿元。

表 26　　2021 年常熟服装城部分新零售品牌一览表

序号	名称	类型	序号	名称	类型
1	波司登	传统品牌转型线上	4	王熙宇	播品牌
2	罗蒙	传统品牌转型线上	5	欢枝	播品牌
3	卡曼娜	播品牌	6	凯文哈珀	播品牌

表 27　　2021 年常熟服装城部分 MCN 机构及直播服务企业一览表

序号	企业名称	类型	序号	企业名称	类型
1	常熟市一柯网络科技有限公司	淘宝MCN机构	4	苏州云计划文化发展传媒有限公司	抖音头部商家
2	杭州松言电子商务有限公司	淘宝MCN机构	5	苏州市牛犇供应链有限公司	直播供应链选品平台
3	苏州熊不二电子商务有限公司	抖音服务商	6	常熟市星歌网络传媒有限公司	淘宝官方直播基地

表 28　　2021 年常熟服装城部分直播基地一览表

序号	名称	类型	序号	名称	类型
1	白马直播基地	民营市场转型直播场地租赁	5	中服电商园	国营市场转型直播场地租赁
2	仕德伟电商直播基地	民营市场转型直播场地租赁	6	淘宝直播星歌直播基地	平台官方认证
3	拼量直播基地	直播一站式服务（社会资本）	7	美好生活选品中心	直播供应链选品平台
4	昕梓琳直播基地	直播商家升级转型			

表 29　　2021 年常熟服装城部分头部主播一览表

序号	主播昵称	平台	关注数（个）	序号	主播昵称	平台	关注数（个）
1	常熟市王孟杰服装商行	抖音	768.44万	6	金小金自制女装（7点开播）	抖音	150.24万
2	柯柯baby	淘宝	529.09万	7	ZMMY（穿搭分享）	抖音	144.88万
3	鑫良服装商行	抖音	311万	8	厂老板女儿梦梦	淘宝	106.2万
4	顾文华服装商行	抖音	299万	9	黄小敏·口碑分满分！	抖音	74.1万
5	常熟歌维尚女装	抖音	285万	10	随源—隋心	抖音	60.2万

【童装中心】 2021年，童装中心总建筑面积28万平方米，分童装和小商品2个片区，营业面积102185平方米，商铺3632间。主营童装、百货、辅料、箱包、电器、针织、内衣，2021年成交额140亿元。

【鞋业中心】 2021年，鞋业中心市场建筑面积12.96万平方米，营业面积61943平方米，店摊2397间，集聚品牌2000多个，其中自主品牌300多个，2021年成交额145亿元。

【综合市场】 2021年，综合市场营业面积61943平方米，店铺数量1812间，市场主营五金、直播、纺织品、面料，2021年成交额159亿元。

【女装市场】 2021年，女装市场营业面积24191平方米，包括万顺商厦（常熟聚道独立设计师平台）、新湖商业广场、NSS女装城南区、外贸村等经营区域，店铺1093间，以女装工厂店、一手货源女装为主，2021年成交额15亿元。

云上商城

【概况】 2021年，常熟服装城实施“直播电商”战略，中服电商园、聚道等7个“市场+直播”基地初具规模，截至2021年年底，常熟服装城有产业带直播带货主播及账号6443个，新零售品牌678个，直播机构及其服务企业71家，2021年直播销售额超144.3亿元。

【直播平台建设】 2021年，由常熟市商务局设立常熟直播电商服务中心，由江苏中服网络科技有限公司承接运营，下设常熟服装城直播商学院，新媒体内容创作中心，服装城品牌运营中心3个市场化运营项目，淘宝天猫商家运营中心、美好生活选品中心2个合作项目；以直播培训、账号代运营到短视频内容创作、品牌运营、选品供应链、平台官方等多维度、精细化赋能服务市场商家。

【"万千百十"直播电商3年行动计划】 2021年，常熟服装城继续实施直播产业发展三年规划——"万千百十"工程，年内孵化产业带直播带货主播及账号4143个，培育新零售品牌478个，引进直播机构及其服务企业25家，新增直播基地4家，累计直播基地7家。

【大型直播活动】 2021年，常熟服装城通过各直播电商平台线上直播活动的形式，提升常熟服饰产业带声量传播效果。先后在淘宝平台举办"产地年货节"，组织常熟产业带优质淘宝主播，与海宁、杭州、桐乡、金华地区主播开展淘宝产地年货节。在抖音平台，举办"抖音618酷夏焕装季之六城争霸赛"，吸引产业带1433家商家参与，其间涌现二姐时尚女装穿搭、小易原创棉麻女装、嘉轩服装商行、随源—隋心等产业带直播新势力。

【"双十一"销售】 2021年，综合市场玖号源点数字时尚基地"双十一"当天发货单量达50万单，成交额突破7000万元，比上年增长35%，小耳出品、代勒、素缺、花概念等品牌在"双十一"周成交额破千万元。

市场活动

【概 况】 2021年，常熟服装城举办"乐购服装城—缤纷享聚惠"新年购物节、五五购物节"暨"百团千人"采购节等活动，拓展山东、安徽、浙江、江苏4个省，12座城市的专业市场，童装中心、聚道中心等市场分别举办童模大赛、"VIP线下沙龙"、采购节等各类活动；组织19家商户企业、16家设计师品牌，参加2021上海春季CHIC展、129届春季线上广交会直播平台、130届秋季广交会、第27届义博会；建立中纺学纺织服装研究院、中纺联检纺织服装质量管理培训基地，举办2021"常熟杯"数字潮流服饰组合设计大赛；年内，获第46届世界技能大赛时装技术项目中国集训基地，协助举办第46届世界技能大赛时装技术项目首次阶段性考核。

5月20日，2021伦敦时装周FASHION SCOUT中国行暨第二十二届中国江苏（常熟）服装服饰博览会开幕　　（服装城　提供）

【江苏（常熟）服装服饰博览会】 5月20日，2021伦敦时装周FASHION SCOUT中国行暨第二十二届中国江苏（常熟）服装服饰博览会举行，活动以"展、论、秀、赛、行、耀、购"为核心主轴，组织1场展览、6场论坛、22场时尚秀、1场大赛，以及多项特色活动。从资源嫁接、招商引才、宣传推介等方面推动成果转化。邀请省内外近30多个重要商圈，近1000位产业集群代表、买手、设计师到常熟沟通交流。开幕式上，2021"常熟杯"数字潮流服饰组合设计大赛宣布正式启动，并以国潮新晋品牌——盖娅致裳&熊英时装秀拉开本届时装周的序幕。现场进行项目招商签约，包括ebay易贝全球供应链中心、星期六时尚供应链长三角运营中心、衫数科技总部落地项目、阳光印网长三角区域中心、凌迪科技（常熟）数字伙伴计划、飞榴科技常熟运营中心、知衣科技长三角运营中心7个项目。

【2021"常熟杯"数字潮流服饰组合设计大赛】 大赛以"爱的时尚艺术"为主题，4月25日起，征集逾千份投稿作品，30位选手入围决赛，最终评选出金奖1名、银奖1名、铜奖2名、优胜奖5名。此次大赛首创"数字—时尚—产业链"的创新模式，实施产业数字化转型、加强产业供应链创新，通过建立线上成果数据库、引入3D数字化核心技术、智能化设计作品展示等数字化技术形式，推动常熟服装产业带向高新设计、数字化人才汇聚。

【"五五购物节"暨"百团千人"采购节活动】 5月19日，服装城各市场举办"五五购物节"暨"百团千人"采购节活动，组织各专业市场进行采购节活动，40位市场拓展员前往山东、安徽、浙江、江苏4个省、12座城市，邀约采购商2200多人，采购额约1500万元。

（陈怡伦）

责任编辑　李　妍

房地产业

综　　述

【概况】 2021年，常熟市编制出台《常熟市“十四五”城镇住房发展规划》，年内完成房地产开发投资292.89亿元，商品房新开工295.12万平方米，竣工182.6万平方米，商品住宅成交180.4万平方米，平均成交价格16629元/平方米。召开常熟市房产协会换届选举大会。建立房地产领域风险防控机制，专项检查53个在建在售楼盘，随机检查26家房地产开发企业和73家房地产经纪机构，查验20个房地产项目交付样板房和展示样板房。完善存量房交易资金托管，加强新建商品房预售资金监管。开展农村房屋、既有房屋安全隐患排查整治，筑牢既有建筑安全管理防线。成立中共常熟市物业服务行业委员会，培育建成14个党建引领综合治理示范小区，5个省级、11个苏州市级示范物业管理项目。调整消防设施维修资金应急使用流程，增设小区消防设施维修事前事后监管环节。推进老住宅小区综合改造，完成17万平方米改造工程，20部电梯通过既有多层住宅增设电梯联合审查。完成新就业人员优租房审核安置、城区住宅直管公房租金标准调整。

【《常熟市“十四五”城镇住房发展规划》出台】 11月，《常熟市“十四五”城镇住房发展规划》发布，分总则、“十三五”住房发展回顾、住房发展主要任务、住房建设控制规划、住房空间布局规划、住房发展保障措施6章，在系统摸清常熟市商品住房市场发展情况、住房保障开展情况、住房租赁市场发展情况等基本情况的基础上，结合常熟市经济社会发展现状与趋势、人口变化情况、商品住房市场现状、商品住房库存情况等，设定“十四五”期间常熟市城镇住房发展总体目标及任务。

房地产开发

【住宅用地招拍】 2021年，常熟市成交住宅用地（含商住）21宗，面积76.1公顷，成交金额92.22亿元，成交均价12118元/平方米，比上年下降16%。

（徐　勉）

世贸摩天大楼　　（刘文忠　摄）

表30　2021年常熟市房地产行业企业分布情况一览表

序　号	名　称	总数（家）	资　质				备　注
			一级（家）	二级（家）	三级（家）	暂定三级（家）	
1	开发企业	129	0	28	0	29	暂定二级72家
2	物业企业	121					2018年起取消物业企业资质
3	评估企业	7	3	4			
4	中介机构	601					分支机构80家

（王　瑾）

【商品房建设】2021年，常熟市完成房地产开发投资292.89亿元，比上年增长22.72%。商品房施工面积1111.68万平方米，比上年增长7.32%；新开工面积295.12万平方米，比上年增长107.89%；竣工面积182.60万平方米，比上年增长1.11%。全市批准商品房预售面积247.69万平方米（不含政策性项目），比上年增长39.95%。（王　瑾）

房地产市场交易

【商品房价格】2021年，常熟市新建商品住房备案均价18951.34元/平方米，比上年下降4.35%。全市商品住宅（不含政策性住宅）实际平均成交价格16629元/平方米，比上年下跌0.9%。

【房地产销售】2021年，常熟市备案新建商品住房73批次，备案面积212.93万平方米，比上年增长53.2%；全市商品住宅成交面积180.4万平方米（不含政策性项目），比上年增长28.72%。年末可售面积325.10万平方米（不含政策性项目152.37万平方米），较上年年末增加69.22万平方米，增长27.05%。存量房交易面积172.75万平方米，比上年增长4.16%。（李　丹　王　瑾）

【不动产登记】2021年，常熟市办理商品房转移登记25041件，存量房转移登记13450件，抵押登记39196件；发放不动产权证书85024份，不动产登记证明44349份。深入推进“互联网+不动产登记”，实现不动产抵押登记“跨省通办”。开展网上不动产查解封登记，线上办理查解封业务1655件。常态提供“交地（房）即发证”服务。推进房地一体农村不动产登记颁证，汇交“两证齐全不变不换”数据63595户、新登记农村不动产权证33548户。增设不动产登记历史遗留问题申报窗口，建立台账、分类归纳、挂账销号，解决历史遗留问题10项。（徐　勉）

【房地产中介】2021年，常熟市成立市房地产业经纪协会，完成全市427家经纪机构2019—2020年度信用评定工作，其中信用等级A级2家、B级408家、C级17家。建立房地产经纪服务人员信息卡制度，发放从业人员信息卡1650张；专项检查56家经纪机构入网信息公示、信息卡佩戴使用情况，对存在问题的经纪机构暂停网签。

【新建商品房预售资金监管】2021年，常熟市出台《关于开展商品房预售资金监管专项检查的通知》，对20家预售资金监管银行开展检查，抽查49个项目监管账户进出账数据。推行预售资金非监管拨付业务“全程网办”。年内，新建商品房预售资金监管开户业务110笔，签约业务113笔，75个项目进账165亿元，拨付业务1246笔，资金合计162.97亿元。

【存量房交易资金托管】2021年，常熟市出台《关于建立存量房交易资金托管银行综合考核制度的通知》。年内完成存量房交易资金托管业务9165笔，114.6亿元，领取存量房资金业务9002笔，112.13亿元。（王　瑾）

房地产监管

【房地产市场管理】2021年，常熟市出台《常熟市房屋交易管理信息平台使用管理办法》。开展在建房地产开发项目专项检查，核查53个项目建设、销售、资金监管、工程款、民工工资支付等情况。开展全市房地产开发企业和房地产经纪机构“双随机、一公开”检查，抽查房地产开发企业26家、经纪机构73家，其中约谈经纪机构16家，暂停网签经纪机构9家，对5家经纪机构和3名经纪服务人员进行行政处罚。

【房屋租赁管理】2021年，市住建局联合属地政府开展违规出租检查23次，检查出租房屋116处，开具限期整改通知书62份，移送立案处罚13起。房屋租赁登记备案下放乡镇安居超市工作站，实现线上办理，备案16789件。配合新市民中心推进“安居超市”二期项目，组织房地产经纪机构开展业务培训，实现中介居间代理的租赁房屋纳入平台统一管理。

【商品住房样板房管理】2021年，常熟市出台《商品住房样板房建设管理指导意见（试行）》，开展样板房户型、质量查验。引导开发商在竣工验收前组织“工地开放日”活动。年内，市住建局联合发改委对书香河畔花园、虞门雅苑、茂湖云筑等20个项目进行查验，对公示不规范、展示不标准等行为，提出整改要求。

【房地产领域风险防控】2021年，常熟市建立房地产开发企业例会和新进市企业政策告知机制，定期召开房地产开发企业会议。建立商品房交付告知机制，不定期梳理全市在建在售楼盘，明确上市、交付时间。化解沙家浜房产项目隐患。

【房屋装修拆改管理】 2021年，常熟市办理房屋结构改造安全许可23处；受理反映装饰装修拆改房屋结构举报315起，其中违规拆改232处，完成整改193处。提前介入小区装修结构改造管理，选取琴鸣雅苑、林樾香庭、东宸名筑、湖语尚院等小区进行试点，在新建小区交付前，对房地产开发企业、物业服务企业进行指导，从源头遏制装修违规拆改行为。 （王 瑾）

物 业

【物业服务】 2021年，常熟市有物业服务企业134家，物业服务从业人员15000人，实施物业管理小区660个（其中准物业服务208个），物业管理项目710个，物业管理面积4805平方米。年内，完成前期物业管理招投标备案30个，其中邀请招标28个、协议招标2个。开展居民小区管理整治提升行动，派发整改通知单380件，其中派发属地板块60件、物业服务企业320件。出台《2021年常熟市物业服务企业生活垃圾分类工作考核办法》，实现物业管理小区生活垃圾分类全覆盖。建立全市物业服务小区“分级管理、分色预警、分类管控”的监督机制，聘请第三方机构，完成全市474个物业服务项目考核评估、55个项目“回头看”。出台《关于规范住宅小区停车设施改造管理的通知》，指导城欣园等小区制定小区汽车停放管理规约，出台《关于完善我市住宅区安装新能源汽车充电设施的有关规定（试行）》。城市之光项目通过2020年度党建引领物业管理服务工作省级示范点考评。

【维修资金管理】 2021年，常熟市完成维修资金交存3.31亿元，完成电梯、消防专项维修资金交存6324万元，涉及37个项目20031户；完成维修资金使用备案796份，涉及金额2784万元，完成维修资金使用支取854份，涉及金额3154万元。出台《关于明确常熟市应急使用维修资金维修共用消防设施相关事项的通知》《常熟市共用消防设施维修方案评审专家库管理办法（暂行）》，调整消防设施维修资金应急使用流程，增设小区消防设施维修事前事后监管环节。年内开展消防维修项目方案评审17个，完成维修备案48个，备案金额925万元，比上年下降67.81%。

【物业示范项目创建】 2021年，常熟市出台《常熟市普通住宅小区星级服务标准》《常熟市普通住宅小区星级服务指导规范》，选取10个小区开展试点。藕渠家园、福兴华府、天和佳苑二期、琴东雅苑、及第阁5个项目通过省级示范物业管理项目考评。春来家园等11个项目通过苏州市级示范物业管理项目考评，通过数量连续四年居苏州县级市第一。

【白蚁防治】 2021年，常熟市完成白蚁灭治1285家，灭治面积3.2万平方米；实施新建预防1604万平方米，签订预防合同面积1111万平方米。引进地上型饵站开展白蚁综合防治IPM试点，选取文保单位开展白蚁防治，建立白蚁防治科普园地。

【物业信用体系建设】 2021年，常熟市加强物业信用体系建设。年内开展2020年度物业服务企业和项目经理信用等级评定，评定A级物业服务企业13家、B级物业服务企业134家、C级物业服务企业18家；评定A级企业项目经理45人、B级企业项目经理125人、C级企业项目经理4人。

（王 瑾）

责任编辑 李 妍

琴川街道夜景 （钱伟 摄）

信息服务业

信息基础设施建设

【5G建设】 2021年，常熟市有5G基站3017个，年内新建5G基站1543个，已实现三环以内市区、重点乡镇、党政机关、热点商业圈、重要交通枢纽、热门景区、重要产业载体、重点头部企业等室内外场景的连片覆盖。（徐濛滋）

【小型示范数据中心建设】 “小型示范数据中心”项目总投资约20.36亿元，占地2.36公顷，建筑面积4.7万平方米，建6500个左右机柜，将建成国内唯一的具有冷、热、温数据存储及小型超算数据中心，设计PUE值在1.25以下。建成后，将提供数据存储服务以及数据计算、治理、交易、挖掘等一系列增值服务。项目于2021年开工建设，至年底，已完成工程总量的15%。（王　吴）

【大数据中心载体建设】 大数据中心载体位于海虞北路48号，共4层，总建筑面积7788平方米。一层为智慧城市及信息化工程示范场景和产品发布中心，主要建设南北两个展厅，南区为智慧城市展厅，北区为产品发布中心；二层为智慧城市建设合作企业研发集聚区，吸引相关大数据企业及团队进驻，培育常熟本土大数据企业，构建常熟大数据生态体系；三层为创新实验区和大数据专班工作区，引入高校及知名公司进驻，同时联合各部门（板块）以项目的形式组建数字化专班入驻中心；四层为常熟大数据专家智库及大数据中心工作区，为常熟智慧城市建设出谋划策。载体于4月12日开工建设，是集大数据推介、产品开发、成果转化、技术服务、企业孵化及行业研究等为一体的多功能综合性运营载体，至2021年年底进入最后收尾阶段。（吴　俊）

【常熟城发沃创智能制造产业园】 2021年，由城发公司、市工信局、沃创联盟共同发起设立的常熟城发沃创智能制造产业园，为全市制造企业解决智能项目改造需求135余次，服务规上企业105家。年内先后举办了“5G赋能—企业CIO分享交流会”“中小纺织服装企业数字化转型实践沙龙”等6场数字化转型沙龙，以及“工业网络信息安全线上培训”等18场智联谷线上培训，对接企业400多家，线上数字化培训1000多人次。

信息化应用

【常熟市“一网统管”平台项目】 10月31日，“一网统管”平台上线试运行，实现26个专题的正常运行，通过事件中枢系统接入全市6个部门的工单140万个。“一网统管”平台项目主要建设内容包括数据可视化系统、事件服务中枢、基层赋能系统。通过对一网统管平台项目的建设，实现城市运行可视化“1+4+5”10大专题，对接包括公安局、市场监督局、行政审批局、司法局等18个部门、154类数据项、2千万条数据、4万多路视频监控。（周文虎）

【政务专属云建设】 政务专属云自4月底开工建设并开始调研迁移业务，7月底试运行，11月初完成所有业务从原有的云资源池向政务专属云迁移及网络的割接，11月底正式上线运行，至2021年年底，专属云已为18个部门、90个项目发放374台虚拟机。（周谷城）

【数字董浜“一网统管”平台项目】 董浜镇于3月启动数字董浜“一网统管”平台项目建设，6月底上线试运行。平台在办公电脑端、移动端（虞政通端、微信小程序端）、数字大屏端三端实现数据互通、业务协同，建设安全生产、“一图一表”、违法建设、小型工程、特色农业、重点项目、产出提升等多个重点业务系统，建成1套底图8大主题26个应用场景的数字决策大屏。通过市级大数据基础平台申请政务信息资源50多项，涉及10多个政府部门，与镇级数据整合形成多个专题数据库。项目获评2021年度苏州市智慧农业品牌（管理类）。（吴　斌）

【高新区数字底座项目】 高新区数字底座项目于9月启动建设，数字底座通过用户中心、通知中心、微应用中心实现PC端、虞政通端、微信端的互联互通，通过数据中心、报表中心实现政务数据的“采、存、算、管、用”和数据展示的快速可视化输出，通过GIS中心实现市级时空地理平台的基础底图和业务图层的高效叠加。在6个中心的基础支撑能力和数据标准、技术标准、应用标准的基础上，项目建设“常i企”小

程序，包含资讯通、政企通、调研通、供求通等一批政企融通、企企互通和企业服务功能模块。（吴　斌）

【储备物资管理系统项目】10月1日，储备物资管理系统上线试运行，储备物资管理系统涵盖一张图、储备物资管理、出入库管理、应急保障、执纪督查、日常管理、统计分析等业务功能。系统于8月12日开工建设，上线试运行后，市发改委应急物资库出入库和物资调拨使用实现信息化和数字化的管理。（周文虎）

【有线智慧社区建设】2021年，常熟市有线智慧广电乡镇（街道）实现14个镇（街道）全覆盖。实施智慧社区平台搬迁，并利用“一云多屏”等技术，拓展“有线智慧社区”平台功能与应用，完成各镇（街道）智慧社区电视端、手机端上线工作，将电视屏转化为政务信息“发布屏”，通过一云多屏技术发布全市各镇（板块）政务资讯1万多条。按照“一镇一品”“一村一特色”的建设思路，完成各镇（街道）门户建设全覆盖，形成常熟资讯、常熟文化等市级门户，智慧沙家浜、时尚海虞、孝爱梅李等镇级门户，幸福蒋巷、智慧梦兰等村级门户为一体的“有线智慧社区”平台体系。（陆　军）

【智慧司法云管理平台】4月，智慧司法云管理平台建成，至年底注册用户4219人次，通过平台办理案件87725件。该平台由市司法局主管，是常熟市重点打造的行政执法监督综合管理平台，集行政执法监督、镇域综合执法办案等功能于一体，融合5G物联网、人脸识别、图像识别、语音录入、大数据、GIS等技术，实现智能执法、智慧执法。全市乡镇综合执法案件办理实现全程网上留痕，从案件受理、立案审批、调查取证、处罚告知、陈述申辩与听证、处罚决定、结案归档7大环节进行网上操作及文书生成。（陈　励）

【智慧法院建设】2021年，市法院推进智慧审判、智慧执行、智慧诉服等建设，在库档案实现影像化，提供跨域查询。年内受理申请司法确认调解协议案件293件，在线提交占比96.62%。开展在线诉讼活动，网上开庭1969件、线上调解527件，执行视频约谈518人次。中国庭审公开网直播案件10032场，市法院获“优秀直播法院”称号。（韩　丹）

【“航天星云·常熟一号”卫星】10月27日下午2点19分，“航天星云·常熟一号”卫星在酒泉卫星发射中心用“快舟一号甲”运载火箭成功发射。该卫星是由航天海鹰卫星运营事业部，联合常熟市航天海鹰卫星应用协同创新中心、长光卫星技术有限公司深度合作的卫星，卫星具备高分辨、大幅宽、高速数传等特点。“航天星云·常熟一号”卫星的发射，贯通常熟“卫星—地面站—应用”的本地化服务流程，形成服务长三角地区高效的空间信息服务能力，为常熟整体地形测绘、国土资源普查、智慧城市建设等提供丰富的遥感数据。（王　吴）

10月27日，在酒泉卫星发射中心“快舟一号甲”运载火箭成功发射“航天星云·常熟一号”卫星（市融媒体中心　提供）

通信及互联网信息服务

【中国电信常熟分公司】2021年，中国电信股份有限公司常熟分公司（以下简称电信常熟分公司）有固话用户23.8万户，天翼用户数超63.22万户，宽带用户数超过37.22万户，用户申告故障率0.8%。年内，电信常熟分公司以宽带和天翼网络建设为基础，完成620个5G宏站建设，覆盖三环以内核心城区以及各乡镇核心区域、市委市府办公楼、开发区管委会、运营商营业厅、核心商圈、重要大客户行业应用场景；完成8.5万户千兆光纤宽带能力覆盖，满足38.2万用户即时千兆提速要求，其他用户提供按需快速放装千兆光纤宽带能力；完成全市4G网络深度优化，完成NB-IOT物联网信号专项优化。以应用开发为抓手，主导或配合推动政府、企业、教育、社区、农村、交通、医疗、环保等行业的综合信息建设，先后推出智慧社区、数字乡村、智慧医疗、智慧教育、云改数转等行业应用，相继实施建设琴川街道环湖智慧社区项目、千村美居“233”管道工程项目、常熟市蒋巷村云视频项目、5G云客厅项目等一大批重点项目。2021年，电信常熟分公司获苏州市“健康企业”称号，常熟分公司团委获苏州市五四红旗团委称号。

（周　静）

【中国移动常熟分公司】2021年，中国移动通信集团江苏有限公司常熟分公司(简称移动常熟分公司)全年营业收入12.2亿元,增幅9%。个人手机客户数超115万户,继续保持持续领先;家庭宽带用户数27.1万户,互联网电视用户18.1万户;咪咕视频等自有及第三方会员达14.98万户,初步实现向个人娱乐用户的转型。推进5G建设,年内完成570个5G基站建设,5G基站数达1100个,5G投资总额达4亿元,实现三环内、乡镇核心区域、市镇两级政府驻地(含开发区)和"三高"区域(高铁、高校、高架)5G全覆盖。推进千兆光网建设,新增投资1500万元,千兆宽带已覆盖1273个小区(其中已具备万兆接入能力的小区583个),千兆覆盖率99.9%,拥有逾63万户家庭覆盖能力,千兆覆盖率99.9%。2021年,移动常熟分公司获常熟市打击治理电信网络诈骗犯罪"百日会战"先进集体称号。 (王　怡)

【中国联通常熟市分公司】 2021年,中国联合网络通信有限公司常熟市分公司(简称联通常熟分公司)坚定高目标牵引,坚持高质量发展,坚守高品质服务,在网用户近32万户,其中固网用户5.6万户。2021年,联通常熟分公司加快5G网络规划建设,围绕政府、重点行业及企业开通5G基站657个,基本实现常熟城区及重点乡镇的5G全覆盖。移网投诉解决率与2020年相比提升19.81%。开展"千兆城市"宽带网络建设,完成市区范围内20.6万户千兆宽带覆盖,达成市区全覆盖。实现沪苏同城直连,常熟城域网直连上海城域网,部分重要CDN节点业务时延降低3毫秒。持续开展"千村美居"线路整治,全年完成86个村落线缆整治工作,整理线缆约321千米,涉及整治费用投资200余万元。年内,联通常熟分公司获评2021年度江苏省放心消费创建示范企业、2019—2021年度江苏省文明单位、2018—2020年度苏州市文明单位。

(冯丹妍)

广播电视传输服务

【概况】 2021年,江苏有线网络发展有限责任公司常熟分公司(简称江苏有线常熟分公司)加快推进数字电视高清化覆盖和网络光纤化进程,全力拓展"智慧广电+公共服务"。落实好农村低保用户的优惠政策和专项补贴扶持,确保专项补贴范围内的农村低保用户的有线电视服务全覆盖,年内共补贴农村低保用户1600户,补贴金额近30万元。全年播出公益性开机画面超过250天。年内,江苏有线常熟分公司获评2018—2020年度苏州市文明单位。

【广播电视节目传输】 2021年,江苏有线常熟分公司巩固广播电视宣传主阵地,推进有线数字电视高清化建设,全面普及4K超高清机顶盒,截至年末,全市有线数字电视有效用户近34万户,数字电视高清化率超过80%。加快有线宽带光纤化建设,建成覆盖全市的光纤骨干网和进入千家万户的接入网,在网传输115套标清电视频道、61套高清电视频道、21套广播节目,拥有超过50万小时的影视、动漫、综艺、体育、文化等点播节目资源。全市有有线广播、应急广播11万多个。坚守安全播出政治责任,把"建党百年"安播保障工作贯穿全年,完成"两会"、庆祝中国共产党成立100周年大会、中共十九届六中全会等重要会议和国庆春节等重点时段安全播出保障工作。

【智慧广电建设】 2021年,江苏有线常熟分公司对接乡村振兴、数字经济等战略部署,依托广播电视平台资源、网络资源和服务资源,参与智慧常熟建设,拓展智慧政务、智慧城管、智慧社区、智慧乡村、智慧养老、智慧教育、智慧文旅、智慧医疗、应急响应等"智慧广电+公共服务"类业务。截至2021年年末,社会面治安监控和家庭技防入户扩面覆盖点位总数达6万个,整合完成"城市盾牌""民用版技防城""公安视频转发"3个视频平台,为全市打造"技防城"升级版作出应有贡献。视频会议、智慧小区、智慧渔业、智慧校园、综治联动等项目全面推进。

【广电网络建设】 2021年,江苏有线常熟分公司加强光缆骨干网络建设,全市网络大环网建设全面完工。不断优化光缆资源,推进配套机房建设,提升网络承载能力。年内,全市广电网络双向化覆盖率达99.8%,覆盖用户达50多万户。围绕市政道路建设、重点工程,完成扬子江大道改造、常台高速高新区新增互通、新世纪大道北延段、常台高速东互通连接线等多个线路迁改、管道新建重点项目,完成800个村组、3.2万多户线路治理工作,在城区老旧小区更新工作中,实施老小区改造和增设电梯弱电线路牵头改建工作。 (陆　军)

责任编辑　李　妍

旅游业

旅游资源

【概况】 常熟市有A级旅游景区5家(其中AAAAA级景区1家2处,AAAA级景区3家),省级旅游度假区2个,工农业旅游区(点)15个(其中国家级示范点6个),国家湿地公园1个,国家城市湿地公园2个和国家森林公园1个。

(王珺健)

【虞山尚湖风景区】 2021年,虞山尚湖景区全年接待游客141.9万人次,实现经营收入8380万元,其中门票收入2204万元。2021年虞山尚湖景区围绕精品美游打造、江南文化品牌塑造,着力提升景区品质,完成景区600米樱花步道等工程;完善景区旅游智慧系统,增加监控点位、Wi-Fi点位、广播点位;完成购票系统带宽升级和购票系统服务器升级,做好虞山尚湖微信小程序建设。打造旅游特色品牌,推出尚湖"沉浸式研学""山水城一体化夜游"等项目,策划飞熊先生IP形象,并衍生出飞熊六艺、飞熊书院、飞熊文创等一批研学产品和文创商品。举办第30届牡丹花会、第23届宝岩杨梅节、虞山红枫文化节等大型旅游节庆活动。

(叶　舟)

【沙家浜风景区】 沙家浜景区全年接待游客168.71万人次,营业收入8159.36万元,其中门票收入3566.72万元,自营收入3538.41万元。6月24日,沙家浜革命历史纪念馆完成改陈布展项目举行开馆仪式;年内,沙家浜风景区完成"横泾不夜天"夜间文旅项目整体提升改造,推出户外沉浸式演艺《芦荡夜色》、实景剧《暗战·沙家浜》、舞台秀《铁花丹心》;实施生态护坡、多塘活水链人工湿地、河道清淤、雨污分流、湿地科普馆修缮等一系列工程;完成芦逸酒店2号楼客房改造,筹建同福裕民宿、春来青年营地,完善配套设施,芦逸酒店全年实现营收1169.01万元。

(姚梦园)

2021年第30届江苏(常熟)尚湖牡丹花会　(市文旅公司　提供)

【方塔园】 2021年,方塔园接待游客30.21万人次。年内,方塔园在原"碧水琴川"廉政文化主题公园,新增家风家训长廊和廉政观影室;开启方塔园夜游活动。

(叶　舟)

【蒋巷乡村旅游景区】 2021年,蒋巷村接待游客15万人次,全年旅游收入近1000万元。蒋巷村有村史展览馆、江南农家民俗馆、农艺馆、知青文化园、蒋巷图书馆、青少年科普馆、实践基地中心大楼和文化中心广场、休闲体育场地、农耕实践区域等景区景点,配套三星级蒋巷宾馆、度假村、蒋巷书院等,建成沙家浜干部教育学院蒋巷分院等,发展新农村建设考察游、生态田园观光游、农家生活乐趣游、农耕文化体验游、未成年人社会实践游,2020年开始与和盛文旅合作开发无动力亲子游览项目嘎嘎部落。

【古里红豆山庄景区开园】 2021年,9月红豆山庄景区开园。景区由古里镇政府和苏汽集团在钱谦益和柳如是故居——红豆山庄遗址上重建，园区占地64公顷，有“15荷塘月色”“浪漫大草坪”“小红蛮腰”“告白心岛”等10多个适合不同年龄层的游乐项目。园区内还建有“红豆晓舍”“芙蓉花筑”“浪漫船渥”“汀水泊宿”“江南水院”五大特色民宿，夜间有灯光秀。2021年，景区获评“江苏文旅消费创新案例”。（王珺健）

虞山文化旅游度假区

【概况】 2021年，虞山文化旅游度假区争创国家级旅游度假区，度假区在2020年度江苏省考核省级旅游度假区排名中位列第三，在苏州市考核省级旅游度假区位列第一，实现历史最佳名次。

【国家级旅游度假区创建】 2021年，虞山文化旅游度假区树立“以文促旅、以旅彰文、和合共生”的文旅融合发展理念，把提升城市文化休闲功能作为核心任务，推进国家级旅游度假区创建进程。实施完成32项“国创”重点项目建设。邀请专家参加虞山文旅融合高质量发展座谈会，与腾讯视频合作推出诗歌实景雅集文化综艺节目《邻家诗话》第三季，播放量超4000万次。

【文体旅产业融合发展】 2021年，虞山文化旅游度假区实施“旅游+”战略，加快发展文化体验游、体育生态游、民俗风情游等文旅融合业态，健全旅游产业链。推进存量资源的盘活提优，推出虞见唐宅、天凝安蝉、日斜林西等城市精品民宿。打造虞山旅游文化带，风禧文化艺术中心、两岸书院、金剪刀棠吟文创等一批文创空间先后涌现。举办虞山茶文化节，协办虞山文化暨沙家浜旅游节、尚湖国际铁人三项赛等特色旅游主题节庆活动。持续擦亮虞山公园音乐喷泉水幕电影、方塔夜秀、尚湖遇尚夜宴的“虞歌畅晚”夜经济品牌，开发山前坊、九灵犀等夜间消费集聚区，点亮古城“夜经济”。山前坊文旅创意街区入选“2021年度苏州市旅游创新产品（业态）”“2021年度苏州市夜间文化和旅游消费聚集区”。

【“虞山人家”休闲片区建设】 2021年，虞山街道举办“虞山人家”农家乐十大特色菜评选和“虞山人家”直播活动，拍摄农家乐宣传视频，形成“虞山人家”农家乐宣传片；配合常熟市行业协会完成农家乐协会脱钩情况调查，组织召开虞山林场农家乐协会第三届会员代表大会。完善“虞山人家”农家乐管理条例，加大环保、消防安全、食品卫生、违章搭建巡查执法力度，拆除张鸟园茶室、小角楼、箐竹茶苑等10家农家乐违章搭建190平方米，完成问题整改60多起；对105家农家乐进行现场测绘，经营户经营占地总面积4.9万平方米。组织“虞山人家”农家乐参加苏州市2021年“乡厨争霸”农家乐技能大赛，“虞山人家”农家乐两道菜入选“苏式”金牌特色菜。常熟市融媒体中心与工商联主办的“2021常熟影响力品牌年度评选”在23家“餐饮类”年度影响力品牌中，“虞山人家”农家乐占10家。年内，“虞山人家”农家乐带动就业1300多人。（顾雪怡）

2021年遇尚·夜宴尚湖夜公园（市文旅公司 提供）

旅游接待

【概况】 2021年，随着疫情防控形势持续向好，常熟市文体旅市场逐渐复苏。年内，全市A级景区累计接待游客903.6万人次，比上年增长31%，实现营业收入15232万元，比上年增长48%。

【长假旅游】 “五一”假期，全市A级景区接待游客22万人次，营业收入630.8万元。国庆假期，全市A级景区接待游客120.38万人次，实现旅游收入10.2亿元，其中新开放的红豆山庄7天假期接待游客5.98万人次，实现营业收入399.2万元。

旅游公共服务

【旅行社】 2021年，常熟旅行社有47家，其中星级旅行社19家，从业人员189人，营业收入5646.26万元。受新冠肺炎疫情影响，下半年全市旅行社行业基本处于关停状态，部分旅行社、分社或服务网点因无法维持经营运转而选择注销。

【星级旅游饭店】 2021年，常熟市有星级旅游饭店12家，其中五星级4家，四星级2家，三星级4家，二星级2家。全年营业收入21585.56万元，从业人员930人，整体出租率40.69%。

【民宿】 2021年，常熟市新备案民宿10家（总数达到27家），新增138间客房（总数达到381间），180个床位（总数达到537个），新增玖树明堂、日斜林西2家精品民宿（总数达到7家）。

【旅游年卡】 2021年，常熟旅游年卡总销售量达149791张，实现含税收入1438.36万元。其中直接充值95960张，实现销售金额900.05万元；充值卡销售53831张，实现销售金额538.31万元；根据市委市政府相关文件精神为失独家庭、爱心协会、拥军优抚对象、献血三免人员、道德模范、英才卡持有者、见义勇为人员等免费充值10417张。

文旅融合

【概况】 2021年，常熟市通过举办常熟虞山文化暨沙家浜旅游节、尚湖牡丹花会、森林旅游观光节等大型节庆活动，进一步活跃文旅消费，不断增强“江南福地，常来常熟”的吸引力和影响力。

【虞山文化暨沙家浜旅游节】 2021年，常熟市举办虞山文化旅游节，活动以“弘扬虞山文化，传承红色基因”为主旨，先后举办“情动江南”大型文艺晚会、长三角三省一市红色旅游合作共建签约仪式、“驴妈妈”常熟文旅旗舰店成立揭牌仪式；第八届古琴艺术节、文化进京交流活动；“沙家浜大舞台”红色文艺精品展演周、赴沪文旅交流活动；首届长三角红色旅游发展峰会、古里红豆山庄开园仪式、首届董浜镇农文旅节暨第五届黄金小玉米节；“辉煌足迹⊠火炬传承”全民健身系列活动、2021STC第六届常熟尚湖国际铁人三项赛；乐器创意集市、虞山文创设计大赛等。

【尚湖牡丹花会】 3月25日—5月5日，第30届江苏（常熟）尚湖牡丹花会在尚湖景区举办。尚湖牡丹园拥有9大色系、300多个品种、5万多株精品牡丹，占地近10万平方米。牡丹花会以“新尚湖、新卅年、新起点”为主题，围绕“看花海、享夜秀、品吴风”，在花会启幕的同时，启动“飞熊书院研学游”和“遇尚夜宴尚湖夜公园”2个重点项目。

【森林旅游观光节】 6月14日，第18届江苏常熟森林旅游观光节暨第23届虞山宝岩杨梅节在虞山宝岩湾开幕。活动为期两个月，整合尚湖水上森林纳凉观鸟季、尚湖夏季研学游、遇尚“萤火虫”之夜、尚湖荷花节、曾园荷花展等夏日特色活动。

旅游业态

【概况】 2021年，常熟市以国家全域旅游示范区创建为目标，融合红色文化、山水人文、运动健身、乡村美游等特色资源，打造“四色游”品牌，形成独具一格的主题旅游体系。旅游业态呈现多元化趋势，研学游、康养游、体育游等业态兴起，各地结合自身特色与优势，以“文旅+”的方式推动产业融合发展。

【乡村旅游】 2021年，海虞镇、碧溪街道、古里镇各推出一条乡村旅游精品线路，其中海虞镇“江海风光、田园农趣体验之旅”获评苏州市乡村旅游精品线路。海虞镇七峰村创建省乡村旅游重点村。常熟市组织2021“虞山人家”农家乐十大特色菜评选活动，参加苏州文旅局组织的农家乐技能大赛。

【革命文化“红色游”】 2021年，常熟市以沙家浜革命历史为核心，以芦苇荡革命遗址现场教育为特点，围绕革命历史故事，推动沙家浜不仅成为干部党性教育基地，更是广大普通民众、学生团体等接受红色文化熏陶和爱国主义教育的首选之地。年内，沙家浜革命纪念馆完成改造并开放，推出沙家浜“横泾不夜天”红色文化演艺。立足江浙沪三省，布局全国各地多层级，打造红色旅游经典线路，让常熟成为寻找红色初心的“首选城市”。

7月10日，“成长苏州·党的光辉照我心”红色研学暨“七彩的夏日”未成年人主题教育体验活动在沙家浜革命历史纪念馆举行 （沙家浜风景区 提供）

【山水人文“绿色游”】2021年，常熟市利用常熟“山水入城”的自然禀赋和“崇文重教”的人文资源，以创建国家级虞山文化旅游度假区为契机，策划山水与人文、历史与现代高度融合的旅游线路，打造以绿色生态和虞山文化为核心的山水人文旅游品牌，推出古城·古镇·古村文化旅游产品，引导各景区围绕转型升级做好资源的挖掘，开发新的体验性强的项目。2021年，言子旧宅政德基地启用，唐市时光小镇、支塘风物小镇等重点文旅项目有序推进。

【健康养生“蓝色游”】2021年，常熟市立足打造“蓝色游”超级IP，推进“体育+”发展模式，构建群众体育、精品赛事、产业招商相结合的新模式。编制“蓝色游”规划，将常熟打造成百姓乐见的高品质运动之城。重点打造以虞山为中心的山地户外、以“三湖”（尚湖、昆承湖、南湖）为主体的水上、以多功能综合体为驱动的主题基地。培育优质“体育+”赛事项目，打造覆盖水上、山地、户外、室内的赛事品牌体系。2021年，组织市第八届体育运动会、红色火炬传承跑等活动，举办尚湖铁人三项赛、龙舟精英赛等品牌赛事，建成昆承湖小鲨鱼水上电动滑板体验中心。

【多彩江景“彩色游”】2021年，常熟市依托长江岸线独特风貌，整合海虞、梅李、碧溪等镇、街道的旅游资源，将沿江旅游资源串联起来，开发沿江景观滨河廊道和沿江生态绿色廊道，形成沿江特色旅游线路和品牌。同时，以“千村美居”工程为引领，统筹推进特色田园乡村建设，结合农渔、耕种等文化特色，因地制宜打造民俗类乡土旅游项目。开发符合现代旅游需求的乡村体验区、民宿、共享农庄等乡村新业态，提升乡村旅游的发展水平。探索“科技+旅游”，推进经开区声谷展示馆、声创园有声文化城建设，拓展彩色旅游生命力。2021年，全市申报苏州共享农庄3家，海虞镇江海风光、田园农趣体验之旅上榜2021年度苏州市乡村旅游精品线路。

【“虞歌畅晚”品牌建设】2021年4月起，常熟市陆续推出一批沉浸式文旅演艺项目，包括沙家浜景区“横泾不夜天”、方塔公园“方塔传奇”光影秀、尚湖“遇尚·夜宴”夜游项目。在琴川塔弄、世茂商圈、古里知旅街区、南门坛上、体育中心等地，开展“虞歌畅晚”2021樱花季暨方塔夜秀启幕仪式、2021虞城文创节、“55购物节”、“虞歌畅晚”琴川嗨玩节、2021“欢乐虞城夜”夏季嘉年华暨乐器文化节、“星动虞洲”体育中心夜市活动、文旅集市走进理工学院、“虞乐百态，欢购全城”虞歌畅晚文创市集等品牌活动。

旅游管理

【旅游市场监管】2021年，市文体旅局开展未经许可经营旅行社业务专项整治行动，开展全市旅行社及其分支机构摸底排查工作，对苏州移送和交办的案件线索进行核查。出动执法人员446人次，先后检查旅行社及其分支机构139家次、景区2家次，旅行团队12个，办结旅游市场行政处罚案件6件。加强节假日旅游市场执法检查，组织开展联合执法行动3次，主要针对无证导游、非营运车辆从事道路旅客运输活动、旅行社向不合格供应商订购产品和服务等违法违规行为开展重点检查，完成旅游纠纷调解33例，维护消费者合法权益。

【导游队伍建设】2021年，常熟市有导游234人。年内，市文旅部门持续提升导游员、讲解员专业素质和服务水平，9月9—10日，常熟市文体广电和旅游局在森林大酒店举办全市导游员、讲解员培训，120多人参加。9月—11月，举办2021常熟市导游风采大赛初赛、复赛、决赛，全市63名来自各镇、景区（点）、旅行社的导游、讲解员参加比赛。

【国家全域旅游示范区创建】4月17日，常熟市召开全市争创国家全域旅游示范区动员大会，印发《关于加快推进国家全域旅游示范区创建工作的实施方案》《常熟市创建国家全域旅游示范区工作任务分解表》。确定3大项，11大类重点建设项目，落实创建专项经费7700多万元，推进《常熟市全域旅游发展规划》编制工作，9月在南京召开专家评审会，启动常熟市国家全域旅游示范区创建设计及拂水堤道路及配套附属设施提升工程设计招标程序，启动旅游厕所提档升级、旅游集散中心提升、旅游交通标识更新等项目，启动常熟新版导游词编写，组织全市导游风采大赛，提升导游服务质量。

（王珺健）

责任编辑　张莉莉

金融业

综　　述

【概况】 2021年，常熟市实现金融业增加值196.34亿元，比上年增长4.2%。至年末，全市金融机构本外币存款余额4082.62亿元，比年初增加239.56亿元，增长6.23%；本外币贷款余额3608.13亿元，比年初增加446.19亿元，增长14.11%。保险公司全年实现保费收入63.81亿元，比上年增长1.95%，给付、赔付支出19.1亿元，比上年增长11.24%。证券公司全年实现股票交易额7741.15亿元，比上年增长10.47%；期末股票账户数71.44万户，比上年增长6.08%；期末股票市值578.39亿元，比上年增长8.72%。农村小额贷款公司期末贷款余额6.03亿元，比上年增长7.68%。融资担保公司全年累计提供担保金额2.08亿元，期末在保余额3.85亿元，比上年增长102.63%。融资租赁公司期末余额21.34亿元，比上年增长25.31%。商业保理公司年末保理融资款本金余额8.27亿元，比上年增长87.1%。典当行期末余额0.72亿元，比上年增长10.77%。地方交易场所全年累计成交额9.84亿元，比上年增长17.14%。全市创投基金总规模260.8亿元，比上年增长122.34%；项目投资总额135.9亿元，比上年增长32.46%。

表31　　2021年常熟市金融业发展情况统计表

行业	主要指标	数量	上年同期	比上年增长率（%）
银行	机构数（家）	33	33	—
	本外币存款余额（亿元）	4082.62	3843.05	6.23
	本外币贷款余额（亿元）	3608.13	3161.94	14.11
	表外融资余额（亿元）	1058.8	1084.7	−2.39
保险	机构数（家）	43	44	−2.27
	保费收入（亿元）	63.81	62.59	1.95
	给赔付支出（亿元）	19.1	17.17	11.24
证券	机构数（家）	18	19	−5.26
	股票账户数（万户）	71.44	67.34	6.08
	交易量（亿元）	7741.15	7007.48	10.47
	期末市值（亿元）	578.39	532	8.72
小贷	机构数（家）	8	8	—
	注册资本（亿元）	12.84	13.7	−6.28
	期末贷款余额（亿元）	6.03	5.6	7.68
融资担保	机构数（家）	3	3	—
	注册资本（亿元）	8	8	—
	期末在保余额（亿元）	3.85	1.9	102.63

续表31

行业	主要指标	数量	上年同期	比上年增长率（%）
融资租赁	机构数（家）	4	4	—
	注册资本（亿元）	6.39	7.23	-11.62
	期末余额（亿元）	21.34	17.03	25.31
商业保理	机构数（家）	1	1	—
	注册资本（亿元）	2	1	100
	期末贷款余额（亿元）	8.27	4.42	87.10
典当	机构数（家）	8	9	-11.11
	注册资本（亿元）	0.9	0.9	—
	期末余额（亿元）	0.72	0.65	10.77
地方交易场所	机构数（家）	1	1	—
	注册资本（亿元）	0.05	0.05	—
	累计成交额（亿元）	9.84	8.4	17.14
创投	机构数（家）	89	81	9.88
	基金规模（亿元）	260.8	117.3	122.34
	项目投资额	135.9	102.6	32.46

（资料来源：市金融监管局）

（邓　超）

【金融服务】 2021年，全市落实金融机构对181个市级重点项目新增授信493.71亿元，新增投放资金100.88亿元。新增综合金融资源投放446亿元，比上年增长14.1%；新增制造业贷款90.9亿元，比上年增长11.8%；新增小微企业贷款157.4亿元，普惠型金融领域贷款余额占比13.04%，水平指标位列苏州市第1位。苏州综合金融服务平台累计授信986亿元，实现放款592亿元，登入平台企业数23936家，比上年分别增长33.6%、40.74%、44.36%。制定《2021年常熟市银行业金融机构“惠企连心”大走访活动方案》，组织全市29家中资银行走访小微企业等各类经营主体，累计走访企业超1万家次，为2400多家企业审批新增授信累计解决融资121.66亿元。成立由市委书记、市长担任双组长的高质量推动企业上市工作领导小组，落实企业上市问题三级协调机制和月报制度；设立“5+4+X”上市服务专班，由5名服务专员对接拟上市企业的董秘、券商、律所、会所4类关键人员，全年走访上市后备企业80余家次，举办北交所新政解读、股权规范管理等培训宣讲共8场；出台《常熟市上市公司高质量发展三年行动计划》，印发“虞城上市通”服务指引手册，举办市领导拟上市企业现场办公会、上市联席会议、拟上市企业例会等。

中国人民银行常熟市支行推动常熟农村商业银行发放10亿“三农”专项金融债，成为省内农村金融机构首单。全市银行业为企业支付类费用减费让利，全年减免开户费、账户管理费、网银服务费等多项业务费321.81万元。全市174家普惠金融综合服务站提质增效，形成“一品牌多特色”的普惠金融服务站体系。全年办理个税

4月24日，“海棠予你·融汇虞城”金融机构进社区试点行动暨金融志愿服务提升年启动仪式举行　　（市金融监管局　提供）

汇算清缴退税19.18万笔。集中办理小微企业及个体工商户所得税政策性减免退库，合计238.31万元，惠及纳税人5000多户。实施动产和权利担保统一登记，促进小微企业融资服务。至年末共审核开通19家企业动产和权利担保统一登记系统常用户，接受动产融资业务咨询130余次。国家外汇管理局常熟市支局持续推动各项便利化措施落实见效，促进跨境贸易投资便利化，推动跨境贸易投资便利化试点扩围，新增3家试点企业、2家经办银行。（邓　超　张朔亦）

银　行

【概况】 2021年，全市银行业金融机构有33家。按机构性质划分，分别为政策性银行分支机构1家；大型银行分支机构6家；股份制商业银行分支机构12家；城市商业银行分支机构6家；农村中小法人金融机构2家、农村中小法人金融机构分支机构2家；外资银行分支机构4家。全市银行分支机构网点共341家，比上年减少4家。临时歇业10家，比上年增加8家。全市离行式自助银行36家，比上年减少16家；各类ATM机（取款机）、CDS机（存取款一体机）、交易查询机等自助设备1608台，比上年增加3台。年末，全市银行业金融机构网点各类智能柜台机拥有量为627台，比上年增加61台。全市银行机构从业人数5970人，其中在编人员5860人，人员保持基本稳定。年末，全市银行业金融机构本外币各项存款余额4082.62亿元，比年初增加239.56亿元，增幅6.23%；各项贷款余额为3608.13亿元，比年初增加446.19亿元，增幅14.11%。不良贷款余额19.05亿元，比年初增1.67亿元，不良贷款率0.53%，比年初下降0.02个百分点。至年末，全市中资银行机构小微贷款平均利率5.00%，比上年同期下降0.21个百分点，减少小微客户利息支出0.99亿元；辖内中资银行制造业贷款中，中长期贷款余额209.51亿元，增幅33.19%，信用贷款余额266.02亿元，增幅16.75%。制造业贷款首贷户当年新增839户，贷款投放31.34亿元。加权平均利率4.45%，比上年同期下降0.25个百分点，减少企业利息支出4.48亿元，通过下调和减免费用，减少企业费用支出2.5亿元，辖内中资银行通过减费让利合计降低企业融资成本6.98亿元。

（肖　民　张朔亦）

表32　2021年常熟市银行业管理机构及银行机构基本情况一览表

名　称	性　质	成立时间	负责人	地　址	机构网点数（家）	机构网点临时歇业（家）	从业人数（人）	在编人数（人）	离行式自助银行（个）	各类自动服务机具（台）	其中：智能柜员机（台）
中国人民银行常熟市支行	央行派出机构	1986.07	钱晓萍★	海虞北路21号	1	0	35	35	—	—	—
中国银行保险监督管理委员会苏州监管分局常熟监管组	银保监会派出机构	2003.12	魏　军	海虞北路21号	1	0	3	3	—	—	—
中国农业发展银行常熟市支行	政策性银行分支机构	1996.10	汪　锋★	李闸路167号	1	0	20	19	0	0	0
中国工商银行股份有限公司常熟支行	国有大型商业银行分支机构	1984.09	顾　韬★	海虞北路23号	22	0	412	412	11	153	24
中国农业银行股份有限公司常熟分行	国有大型商业银行分支机构	1980.02	徐于蓝	海虞北路17号	48	2	695	686	8	289	97
中国银行股份有限公司常熟分行	国有大型商业银行分支机构	1985.10	祁德元	海虞北路13号	21	0	385	385	4	121	65
中国建设银行股份有限公司常熟分行	国有大型商业银行分支机构	1979.09	徐　哲★	海虞北路34号	26	1	425	425	5	163	59
交通银行股份有限公司常熟分行	国有大型商业银行分支机构	1993.08	何　畏★	枫林路38号	4	0	96	94	0	20	11
中国邮政储蓄银行股份有限公司常熟市支行	国有大型商业银行分支机构	2008.04	张　玲★	海虞北路3号	57	0	436	419	0	153	61
江苏常熟农村商业银行股份有限公司	农村中小法人金融机构	2001.11	庄广强★	新世纪大道58号	109	7	2346	2313	7	483	252
苏州常熟中银富登村镇银行有限责任公司	农村中小法人金融机构	2010.12	陆银海	海虞南路1号	5	0	70	70	0	5	0
中信银行股份有限公司常熟支行	股份制商业银行分支机构	1997.06	桑宏成	长江路266号	3	0	52	51	0	13	4
上海浦东发展银行股份有限公司常熟支行	股份制商业银行分支机构	2002.11	徐　晨	海虞北路33号	4	0	67	64	1	32	7
华夏银行股份有限公司常熟支行	股份制商业银行分支机构	2008.07	陆　乐★	海虞北路58-1号	2	0	41	38	0	11	4

续表32

名　称	性　质	成立时间	负责人	地 址	机构网点数（家）	机构网点临时歇业（家）	从业人数（人）	在编人数（人）	离行式自助银行（个）	各类自动服务机具（台）	其中：智能柜员机（台）
中国民生银行股份有限公司常熟支行	股份制商业银行分支机构	2008.09	王文广★	黄河路22号汇丰时代广场	4	0	89	84	0	21	7
中国光大银行股份有限公司常熟支行	股份制商业银行分支机构	2008.11	邓　悠	海虞北路45号	3	0	50	50	0	13	4
招商银行股份有限公司常熟支行	股份制商业银行分支机构	2009.02	赵　俊★	珠江路176号	2	0	54	50	0	14	3
兴业银行股份有限公司常熟支行	股份制商业银行分支机构	2012.04	陈天雄	海虞北路19号	1	0	34	34	0	7	2
恒丰银行股份有限公司常熟支行	股份制商业银行分支机构	2012.12	朱克强★	长江路143号、145号	1	0	29	28	0	2	0
广发银行股份有限公司常熟支行	股份制商业银行分支机构	2013.11	蔡　晨	闽江路世贸中心世纪尚城15幢15-4	1	0	18	17	0	4	1
平安银行股份有限公司常熟支行	股份制商业银行分支机构	2017.02	崔东东★	珠江东路92号世贸中心创富世纪3幢	1	0	11	9	0	8	5
浙商银行股份有限公司常熟支行	股份制商业银行分支机构	2017.07	高　峻	黄河路22号汇丰时代广场	1	0	35	34	0	8	3
渤海银行股份有限公司常熟支行	股份制商业银行分支机构	2017.12	陈志明	海虞北路40号	1	0	21	21	0	4	0
江苏银行股份有限公司常熟支行	城市商业银行分支机构	2005.06	李　灏★	海虞北路56-1号	3	0	55	54	0	15	6
苏州银行股份有限公司常熟支行	城市商业银行分支机构	2011.05	孙　丹	黄河路12号	6	0	139	126	0	30	7
宁波银行股份有限公司常熟支行	城市商业银行分支机构	2011.01	倪朝辉	海虞北路21号	3	0	96	91	0	8	1
南京银行股份有限公司常熟支行	城市商业银行分支机构	2012.07	曹栋华	枫林路77号	1	0	53	52	0	10	3
浙江泰隆商业银行股份有限公司常熟支行	城市商业银行分支机构	2013.01	陈志凌★	红旗南路2号	4	0	80	80	0	10	0
上海银行股份有限公司常熟支行	城市商业银行分支机构	2013.06	金　睿	世贸世纪中心创富世纪101-107室	1	0	29	29	0	2	0
江苏张家港农村商业银行股份有限公司常熟支行	农村中小法人金融机构分支机构	2014.01	陆文宇	黄河路22号汇丰时代广场5幢101	1	0	35	32	0	0	0
江苏江南农村商业银行股份有限公司常熟支行	农村中小法人金融机构分支机构	2019.02	狄黎罡	黄河路22号汇丰时代广场5幢101	1	0	10	10	0	6	1
三井住友银行（中国）有限公司常熟支行	外资银行分支机构	2010.12	井田英喜	东南大道33号科创大厦8楼	1	0	19	17	0	0	0
汇丰银行（中国）有限公司常熟支行	外资银行分支机构	2012.11	殷　莺	东南大道33号科创大厦1楼	1	0	6	6	0	0	0
瑞穗银行（中国）有限公司苏州分行常熟支行	外资银行分支机构	2014.05	程茂华	东南大道33号科创大厦7楼	1	0	17	15	0	0	0
三菱日联银行（中国）有限公司苏州常熟支行	外资银行分支机构	2016.08	冈本通宏	东南大道33号科创大厦12楼	1	0	7	7	0	0	0
年末合计					341	10	5970	5860	36	1605	627

说明：1. 全市网点数341家（不含央行和银保监会派出机构），比2020年净减少4家，临时停业10家

2. 从业人数包含在编人员和代理制员工，不包括各类外包公司人员

3. 常熟农村商业银行本表相关数据仅反映常熟辖区网点数和人员数

4. 邮政储蓄银行网点57家，含邮政公司储蓄代理网点46家

5. 负责人一栏带★号者，为2021年履新

6. 自助设备指各类存款机、存取款一体机、智能柜员机、各类缴费机、回单打印机等自助终端

（资料来源：常熟银保监组）

【中国工商银行股份有限公司常熟支行】 2021年，中国工商银行股份有限公司常熟支行本外币各项存款余额344.3亿元，较年初增长7.85亿元；本外币各项贷款余额450.31亿元，较年初增长96.16亿元。人民币各项存款余额296.25亿元，较年初增长1.6亿元；人民币各项贷款余额424.87亿元，较年初增长85.16亿元。不良贷款余额1.50亿元，较年初增长0.67亿元；不良率0.33%，较年初增加0.1%。工商银行常熟支行年内实现“小微贷”投放1.13亿元，并成功落地苏州分行首笔航信和“工银e信”数字供应链融资业务。通过推进“工助消费”品牌的拓展升级，举办“海棠铺子+工银嗨购”活动30场次。开展“守护安全 畅通消费”金融知识普及宣传等专场活动。

（王 贤）

【中国农业银行股份有限公司常熟分行】 2021年，中国农业银行股份有限公司常熟分行本外币存款余额736.62亿元，比年初增加18.43亿元。信用总量586.75亿元，比年初净增69.63亿元，本外币贷款余额521.22亿元，比年初增加63.6亿元。实现营业收入18.77亿元、拨备前利润14.74亿元、拨备后利润15.85亿元。向地方政府缴纳税款1.1亿元。新获批项目39个，累计授信158.08亿元，实现项目总投放48.5亿元。与36家科创企业开展信贷合作，累计投放贷款6.26亿元。为9家智造贷企业授信3.19亿元，投放1.2亿元，支持企业智能化改造。国家级、省级专精特新“小巨人”企业开户合作率、信贷合作率分别达77.78%、55.56%，用信余额13.43亿元。服务全市供应链核心企业及小微企业，新增线上供应链项目9个、商圈客户164户、金额3.17亿元，至年末线上供应链商圈15个、融资余额4.65亿元（含个贷类）。全年获批“一项目一方案一授权”项目29个，授信36.92亿元，用信20.72亿元。持续优化“村级资金联动监管系统”，参与“四网合一”项目。率先在农村市场推出“农房贷”线上产品，实现线上提款119户、3020万元。推进“万人进千村”农户建档工作，建档行政村129个，完成农户建档2967户，比年初净增681户，惠及农户2163户、9.13亿元。打通市采通中小微企业免税出口综合服务平台、市场采购贸易联网信息监管平台，实现市场采购贸易模式试点线上化全流程对接服务，帮助企业完成收汇2808.44万美元、结汇2725万美元。全年新增移动支付应用有效场景147个，场景月均活跃客户5.08万户。上线云企智慧物流平台综合收银台项目、市公安局警银通系统、常熟市学校阳光食堂综合智能服务平台等。完成三代社会保障卡发卡18.61万张，发放尊老卡4万多张。不良贷款余额1.70亿元，不良率0.33%，分别比年初下降0.29亿元和0.1个百分点。堵截电信诈骗20起，为客户挽回损失人民币273.16万元、堵截异常开卡、买卖银行卡等29起。在梅李支行配置“工商注册证照一体机”，开通区域首家“一站式”企业开户服务。首批获得省行服务贸易便利化试点分行资格，获评总行“供应链金融专业支行”“绿色金融专业支行”称号。

（张洁羽）

【中国银行股份有限公司常熟分行】 2021年，中国银行股份有限公司常熟分行本外币存款余额276.39亿元，其中人民币存款余额250.88亿元，外币存款余额4.00亿美元；本外币贷款余额418.15亿元，其中人民币贷款余额407.18亿元，外币贷款余额1.72亿美元；不良率0.60%。全年支持实体经济贷款新增10.25亿元，其中制造业贷款新增5.65亿元；普惠金融贷款新增10.56亿元；发展绿色金融，绿色信贷新增28.04亿元，并落地苏州中行全辖首笔碳减排支持工具贷款；在乡村振兴试点示范乡镇古里镇累计投放贷款29.58亿元。面向苏州市老年人推出“养老福袋”专属权益，全年注册用户10多万户；全年“尊老卡”项目服务客户4.64万户；花园浜支行成功创建“2021年度江苏银行业文明规范服务适老网点”。堵截电信诈骗3起，避免客户经济损失4.98万元。

（邓静芝）

【中国建设银行股份有限公司常熟分行】 2021年，中国建设银行股份有限公司常熟分行本外币一般性存款余额290.61亿元，本外币各项贷款余额502.20亿元，不良贷款1.9亿元，不良率0.38%。为全市12个板块城市更新项目投放12.37亿元，设立“企业开办一站式服务专窗”，推动政银合作，城中支行获评“智慧政务示范点”。与常

2021年，中国银行常熟花园浜支行打造养老金融特色网点，获评2021年常熟市“敬老文明号”

（市金融监管局 提供）

熟生态环境局战略合作，将绿色信贷列为优先支持业务。加强普惠金融战略降低企业融资成本，推广住房租赁品牌，助力常熟“虞尚美居”企业安居住房项目建设。为市党校上线校园E码通项目，助推常熟市采通平台系统上线、“常熟供销优选”平台启动，开发支塘镇资产管理系统项目，搭建村镇级资产管理系统、村级工程监管系统。与苏州古里红豆山庄文旅发展有限公司合作开发红豆山庄智慧景区项目，上线全市首个数字乡村平台“数字瞿巷”。累计完成6.02万户“尊老卡”信息采集。堵截电信诈骗7起，为客户挽回经济损失33.8万元。

（刘婉苏）

【交通银行股份有限公司常熟分行】2021年，交通银行股份有限公司常熟分行本外币存款余额47.13亿元，其中对公存款余额28.74亿元，对私存款余额18.39亿元。本外币贷款余额75.12亿元，绿色信贷规模超3亿元。实现产业链业务突破，投放苏州分行首单航信业务。推进普惠业务，“两增”贷款（“两增”是指商业银行普惠型小微企业贷款的增速和户数的增长）较年初净增2.48亿；“两增”客户较年初净增101户。其中，线下贷款较年初净增1.28亿。发放苏州分行首笔“蟹商贷”（小微金融产品贷款）100万元。压降高风险客户1.97亿元、减退1300万元，加固1.2亿元。

（陆　旻）

【中国邮政储蓄银行股份有限公司常熟市支行】2021年，中国邮政储蓄银行股份有限公司常熟市支行人民币个人存款余额211.55亿元，较上年增长23.29亿元；公司存款余额19.21亿元，较上年末净增3.01亿元；本外币贷款余额105.57亿元，较年初增长26.46亿元；年末贷款不良余额431.27万元，不良率下降0.08%。年末零售信贷存量94.62亿元，较上年净增15.51亿元；发放涉农贷款余额5.11亿元；支持地方重点产业项目建设，全年累计投放7.45亿元。（邹　丹）

【中国农业发展银行常熟市支行】2021年，中国农业发展银行常熟市支行各类支农贷款余额24.64亿元。累计投放夏粮收购贷款5325.71万元，支持收储小麦2057.6万千克；投放秋粮收购贷款10674.47万元，支持收储稻谷3974.11万千克；投放油脂收购贷款409.5万元，支持收储菜籽油58.5万千克。率先对接省银保监局开展银行业保险业支持乡村振兴试点示范工作，获批常熟市农村生活污水二期项目13.3亿元和古里镇乡村振兴二期项目12亿元。年内累计投放中长期贷款3.96亿元，其中0.3亿元用于扩建常熟市八字桥污水厂项目、0.89亿元用于古里镇乡村振兴一期项目、0.37亿元用于古里镇乡村振兴二期项目、2.4亿元用于常熟市农村生活污水治理工程项目。引进无偿帮扶金额6万元，引进有偿帮扶资金2万元，扶贫贷款投放1900万元。对中小微企业贷款实行首年优惠50基点的支持政策。

（项依伊）

【江苏常熟农村商业银行股份有限公司】2021年，江苏常熟农村商业银行股份有限公司集团总资产2465.83亿元，比上年增长18.16%；总存款1827.32亿元，比上年增长15.07%；总贷款1627.97亿元，比上年增长23.59%。全年实现归母净利润21.88亿元，比上年增长21.34%。总资产收益率1.03%，比上年增长0.05个百分点。加权平均净资产收益率11.62%，比上年增长1.28个百分点。不良贷款率0.81%，比上年下降0.15个百分点；拨备覆盖率531.82%，比上年增加46.49个百分点。全年纳税7.80亿元，其中常熟地区纳税6.75亿元。年末，母行实体经济贷款1025.47亿元，比上年增长24.93%。涉农贷款943.15亿元，比上年增长22.97%。小微企业贷款842.14亿元，比上年增长20.14%。年末总网点数168家，其中常熟地区网点109家，非常熟地区网点59家。常熟农商银行发起设立的全国首家投资管理型村镇银行集约化管理旗下31家兴福村镇银行，总资产377.36亿元，总存款293.18亿元，总贷款292.91亿元，比上年分别增长27.07%、31.29%和29.58%。年内，常熟农商银行位列英国《银行家》全球银行品牌价值500强第423位，全球1000强银行第435位。中国银行业协会“陀螺”评价体系县域农商行综合得分第一名。

（宋　杰）

保　险

【概况】2021年，全市保险业机构有58家，比上年减少2家。分别为财险公司20家，寿险公司23家，保险代理公司11家，保险经纪公司2家，保险公估公司2家。年末全市保险业分支机构网点130家，比上年减少4家。临时歇业4家，比上年增加1家。全市保险机构累计保险收入63.81亿元，比上年增长1.95%，赔款和给付支出19.10亿元，比上年增长11.24%。全市保险业从业人员7742人，比上年减少1744人；其中在编人员968人，比上年减少96人；编外人员（主要为保险代理制营销员）6774人，比上年减少1648人。银保监会成立后对代理营销员准入进行规范，同时寿险市场自身业务整合需要，寿险公司代理制营销员5302人，比上年减少1997人，降幅27.36%。

注：因2020年度华夏人寿保险股份有限公司苏州分公司常熟营销服务部、天安财产保险股份有限公司常熟支公司、天安人寿保险股份有限公司苏州常熟支公司分别被中国人寿保险股份有限公司常熟支公司、中国太平洋财产保险股份有限公司常熟中心支公司、新华人寿保险股份有限公司苏州中心支公司常熟支公司接管，尚处于风险处置阶段，本年度汇总数据口径暂不包括这部分机构，因此年末保险收入数据、赔款和给付支出数据是剔除该部分后同口径比较，与上卷年鉴相关数据存在差异。

（肖　民）

表 33　　2021 年常熟市保险机构基本情况一览表

名　称	性质（财险公司、寿险公司、中介机构）	批准成立时间	负责人姓名	单位地址	2021 年末机构网点数（指在常熟市有保险许可证的网点数）（家）	2021 年末机构网点临时歇业（指有保险许可证但因某些原因临时歇业的网点）（家）	2021 年末从业人数（人）	其中：2021 年末在编人数（人）	其中：2021 年末编外人数（代理制营销员）（人）
中国人民财产保险股份有限公司常熟中心支公司	财险	1950.12	钱红兵	海虞北路 11 号	31	0	713	208	505
中国平安财产保险股份有限公司常熟支公司	财险	1998.12	杨　波	枫林路 27 号B座，二楼 201、202，三楼 301、302	2	0	149	69	80
中国太平洋财产保险股份有限公司常熟中心支公司	财险	1996.04	许兴达	海虞北路 23-1 号	13	0	581	203	378
天安财产保险股份有限公司常熟支公司	财险	2002.04	郏小东	海虞北路 33 号裕坤美城 604、605	1	0	10	10	0
中华联合财产保险股份有限公司常熟支公司	财险	2004.04	刘　佳	黄河路 12 号国际贸易中心A幢 2101	3	2	39	13	26
太平财产保险有限公司常熟支公司	财险	2004.08	金益伟	海虞北路 9 号	1	0	42	20	22
华安财产保险股份有限公司常熟支公司	财险	2004.11	沈康年	昭文路 1 号旭日苑 11 号	1	0	5	5	0
永安财产保险股份有限公司常熟支公司	财险	2005.02	张　波★	黄河路 22 号汇丰时代广场 5 幢 201-11、201-12、201-13、201-14	1	0	2	2	0
阳光股份保险有限公司常熟支公司	财险	2006.09	梁兆朋	海虞北路 33 号裕坤美城 20 楼 2004	1	0	10	10	0
中国大地财产保险股份有限公司常熟支公司	财险	2006.09	沈立雄	黄河路 22 号汇丰时代广场 1 幢 2501	1	0	27	10	17
都邦财产保险股份有限公司常熟支公司	财险	2006.11	茅晓东	海虞北路 22 号国际商业城 2 楼	1	0	34	17	17
中国人寿财产保险股份有限公司常熟市支公司	财险	2008.03	钱建清★	黄河路 12 号国际贸易中心B幢 701	1	0	116	15	101
永诚财产保险股份有限公司常熟支公司	财险	2008.05	周　斌	南沙路 13 号 1 幢 110	1	0	4	4	0
中银保险有限公司常熟支公司	财险	2008.10	熊　燕	海虞北路 15 号中国银行C楼 3 楼	1	0	5	2	3
长安责任保险股份有限公司常熟支公司	财险	2009.06	孙　雄	黄河路 12 号国际贸易中心B幢 1511	1	0	18	5	13
安诚财产保险股份有限公司常熟支公司	财险	2009.12	李　霞	香榭路 10-12 号和 10-13 号	1	0	2	2	0
紫金财产保险股份有限公司常熟支公司	财险	2010.11	徐　红	富春江路 215-10	1	0	97	30	67
浙商财产保险股份有限公司常熟支公司	财险	2013.01	马　鸣★	黄河路 22 号汇丰时代广场 1 幢 605	1	0	18	18	0
安盛天平财产保险股份有限公司常熟营销服务部	财险	2016.04	吴宗明★	富春江路 65 号-4	1	0	2	2	0
大家财产保险有限责任公司苏州支公司常熟营销服务部	财险	2020.01	吴　敏	青墩塘路 188 号汽车市场东门二楼	1	0	108	4	104
财险公司小计					65	2	1982	649	1333
中国人寿保险股份有限公司常熟支公司	寿险	1997.07	王京东★	海虞北路 31 号	15	0	927	65	862
中国太平洋人寿保险股份有限公司常熟中心支公司	寿险	2000.11	俞永东★	香山北路 5 号	8	1	736	46	690

续表33

名　称	性质（财险公司、寿险公司、中介机构）	批准成立时间	负责人姓名	单位地址	2021年末机构网点数（指在常熟市有保险许可证的网点数）（家）	2021年末机构网点临时歇业（指有保险许可证但因某些原因临时歇业的网点）（家）	2021年末从业人数（人）	其中：2021年末在编人数（人）	其中：2021年末编外人数（代理制营销员）（人）
新华人寿保险股份有限公司苏州中心支公司常熟支公司	寿险	2002.09	周晓旭	黄河路18号1幢101、301、401	1	0	395	12	383
中国平安人寿保险股份有限公司常熟支公司	寿险	2002.05	袁　秦★	闽江东路11号世茂商务中心广场A幢三楼	4	0	219	7	212
泰康人寿保险有限责任公司江苏苏州常熟营销服务部	寿险	2003.03	王　盼	闽江东路11号世茂商务中心广场A幢404室	1	0	180	3	177
友邦人寿保险有限公司江苏分公司苏州市常熟营销服务部★	寿险	2020.06	虞海峰	黄河路12号国际贸易中心A幢301	1	0	233	8	225
民生人寿保险股份有限公司江苏分公司常熟营销服务部	寿险	2004.08	施　聪	海虞北路45号世界贸易中心A幢1507、1508	1	0	7	3	4
太平人寿保险有限公司常熟支公司	寿险	2005.08	朱晓峰★	闽江东路11号世茂商务中心广场A幢2301、2302、2303、2304	2	0	331	16	315
富德生命人寿保险股份有限公司苏州分公司常熟营销服务部	寿险	2007.09	何慧霞	海虞北路33号裕坤美城大厦2201	1	0	118	13	105
华夏人寿保险股份有限公司苏州分公司常熟营销服务部	寿险	2008.04	沈　媛	海虞北路59号101室，2-4层	1	0	1498	10	1488
和谐健康保险股份有限公司苏州中心支公司常熟支公司	寿险	2009.02	李　霞	海虞北路58-1号中凯国际10楼	1	0	43	16	27
中国人民人寿保险股份有限公司常熟市支公司	寿险	2009.05	金永发★	黄河路12号国际贸易中心B幢2007	1	0	50	5	45
阳光人寿保险有限公司苏州中心支公司常熟支公司	寿险	2009.09	冯耀中★	海虞北路19号亿源世纪广场B幢807	1	0	1	1	0
长城人寿保险股份有限公司苏州常熟营业部	寿险	2009.09	王　艳	衡山路181号信一广场26幢206	1	0	1	1	0
幸福人寿保险股份有限公司常熟支公司	寿险	2010.09	严建宏	海虞北路58-1号中凯国际8楼801、814	1	0	26	3	23
中意人寿保险有限公司江苏省分公司常熟营销服务部	寿险	2012.03	闫　迪★	黄河路22号汇丰时代广场1幢2401-2404	1	0	63	2	61
东吴人寿保险股份有限公司常熟支公司	寿险	2013.12	钱　成	长江路145号华伦中天大厦6楼	3	0	318	18	300
建信人寿保险股份有限公司苏州分公司常熟支公司	寿险	2014.01	张林玲★	海虞北路58-1中凯国际大厦1302	1	0	20	8	12
农银人寿保险股份有限公司常熟支公司	寿险	2015.03	周惟阳	海虞北路45号世界贸易中心B523	1	0	9	9	0
利安人寿保险股份有限公司苏州分公司常熟支公司	寿险	2016.05	徐晓强	海虞北路40号7楼	1	0	67	4	63

续表33

名 称	性质（财险公司、寿险公司、中介机构）	批准成立时间	负责人姓名	单位地址	2021年末机构网点数（指在常熟市有保险许可证的网点数）（家）	2021年末机构网点临时歇业（指有保险许可证但因某些原因临时歇业的网点）（家）	2021年末从业人数（人）	其中：2021年末在编人数（人）	其中：2021年末编外人数（代理制营销员）（人）
前海人寿保险股份有限公司苏州分公司常熟支公司	寿险	2017.04	徐程超	黄河路22号汇丰时代广场1幢1801-1803	1	0	102	3	99
长生人寿保险有限公司江苏分公司常熟营销服务部	寿险	2019.01	陈 凯	海虞北路45号世界贸易中心B2319-2、B2320、B2323	1	0	94	3	91
天安人寿保险股份有限公司苏州常熟支公司	寿险	2019.05	陈砺超	黄河路12号国际贸易中心B幢407	1	0	125	5	120
寿险公司小计					50	1	5563	261	5302
苏州融鑫保险代理有限公司	代理公司（法人）	2006.07	周春荣	虞山北路77号	1	0	24	3	21
顺联保险代理有限公司	代理公司（法人）	2007.10	辛 勇	枫林路152号5层	1	0	1	1	0
江苏新润保险代理有限公司常熟分公司	代理公司	2005.2	杨维亚	黄河路22号汇丰时代广场4幢702室	1	0	9	3	6
华成保险代理股份有限公司常熟分公司	代理公司	2017.05	王 欢★	青墩塘路228号2幢201、202、203室	1	0	3	3	0
江苏祺顺保险代理有限公司苏州分公司	代理公司	2017.02	沈 丹	虞山北路79号三楼307室	1	0	18	12	6
江苏祺顺保险代理有限公司常熟分公司	代理公司	2018.11	沈 丹	李闸路90号	1	0	8	3	5
江苏恒创保险代理有限公司常熟分公司	代理公司	2017.09	谭 益	富阳路16号1幢106号	1	1	0	0	0
江苏一迪保险代理有限公司苏南分公司	代理公司	2018.04	章 娜	海虞北路32号501-503号	1	0	15	3	12
泛华联兴保险销售股份公司常熟分公司	代理公司	2019.2	杜昌满★	海虞北路58-1中凯国际大厦1606	1	0	60	1	59
江苏迦丰保险代理有限公司	代理公司（法人）	2011.12	吴晓明★	枫林路152号三楼	1	0	7	5	2
江苏恒生保险销售有限公司常熟分公司	代理公司	2021.1	江 咏★	世茂商务中心广场A幢408	1	0	17	2	15
保险代理公司小计					11	1	162	36	126
中安联合保险经纪股份有限公司江苏分公司	经纪公司	2016.05	丁 科	枫林路150号101	1	0	10	5	5
上海妙保保险经纪股份有限公司苏州分公司	经纪公司	2018.7.12	何 梦	虞山街道环城南路17号	1	0	11	5	6
保险经纪公司小计					2	0	21	10	11
江苏徽商保险公估有限公司苏州分公司	公估	2018.02	朱瑞华	珠海路2号18幢2309	1	0	7	7	0
江苏乐凡保险公估有限公司常熟分公司	公估	2019.04	曹 浩	枫林路152号三楼	1	0	7	5	2
保险公估公司小计					2	0	14	12	2
常熟保险业合计					130	4	7742	968	6774

说明：负责人一栏带★号者，为2021年履新

（资料来源：常熟银保监组）

【中国人民财产保险股份有限公司常熟中心支公司】 2021年，中国人民财产保险股份有限公司常熟中心支公司实现保费收入8.85亿元，承保利润6778万元，为全市3748家企业、17.46万辆机动车、16万户家庭提供风险保障1.3万亿元，缴纳税金合计10189.14万元（其中车船税7746.55万元）。9月，20家长期护理保险基层服务站成立并启用，服务范围延伸至城区及乡镇。与市慈善总会合作，形成“慈善+保险+服务”的合作新模式，针对不同群体创新推出“慈善关爱计划生育家庭”保险、“慈善拥军”现役军人保险、“苏康保慈善童行”保险、社会救援队意外保险等帮扶保险项目，完善特定人群服务。推进保险+服务项目，免费为19家企业提供防汛沙袋4500个，为20家客户安装43台水淹报警器；与常熟电信签署战略合作协议，签单古里智慧文保项目，落地渠道资源共享共建机制；在电梯医生、智慧叉车、智能燃气、房屋安全等场景设计方案，推动物联网叠加。开发福地惠民重疾补助、福地乐居、农耕房翻建等民生保险，民生类项目在全市229个行政村中的承保覆盖率达80%。其中，“福地惠民”“执法责任险”项目已覆盖全市。（王一秋）

【中国太平洋财产保险股份有限公司常熟中心支公司】 2021年，中国太平洋财产保险股份有限公司常熟中心支公司实现保费收入9.56亿元，车险6.21亿元，非车险3.35亿元，市场份额38.91%。全年处理案件231689件，支付各类赔款5.9亿元。开发茶叶低温指数、地理标志、“农（渔）事无忧”、高标准农田等26款农业保险产品。11个“三农”保险服务站，近200个服务点，提供风险保障528.8亿元；为“王庄西瓜”“董浜筒管玉丝瓜”“黄金小玉米”提供因被侵权造成的直接经济损失、调查取证费用、诉讼费用等共400万风险保障。在“警保联动”项目提供6辆理赔车配合9个乡镇交通事故处理，与交警中队设立30个劝导站，聘请56个劝导员协助交通梳理，将理赔服务延升至事故防范，降低事故发生率。中标常熟市学平险项目继续为全市学生提供保障；自然灾害民生综合保险、长期护理保险、重大疾病保险等服务工作不断优化；“苏扶保”保障升级，解决村民“因病致贫、因病返贫”问题，为贫困群众转嫁风险；“福地惠民重疾险”项目在全市各乡镇开展。（徐志成）

【中国人寿保险股份有限公司常熟支公司】 2021年，中国人寿保险股份有限公司常熟支公司实现保费收入12.95亿元，比上年增长3.4%，市场份额达30.07%，累计赔付、给付1.93亿元，其中理赔身故、人身意外伤害及医疗保险金等8490万元。推进智能化、数字化客户服务。联合市卫健委、市计生协推进“常熟市关爱女性安康”保险项目，项目保障已覆盖35604人；为全市42983人次提供6.45亿元保额的老龄险；为全市29936人次中、小学生提供47.89亿元保额的学生平安保险。（胡东健）

【中国太平洋人寿保险股份有限公司常熟中心支公司】 2021年，中国太平洋人寿保险股份有限公司常熟中心支公司实现保费收入149474万元，比上年增长25.3%，占当地寿险市场份额的20.5%。其中，核心业务新保保费、期缴保费、续期保费市场份额第二。全年为23475人次中、小学生提供保额37.56亿元的学生平安保险。全年为78719人次支付养老金、教育金、婚嫁金、红利等人寿保险金额17236.33万元，受理医疗、身故、意外伤残保险理赔案4497件，支付理赔款4722.29万元。联合太平洋产险完成寿销产保费收入5485万元。第十一届常熟普惠金融服务季上，“长相伴庆典版”获“小微金融优秀产品奖”，“太保蓝本”获“科技金融优秀产品奖”。（谢宛茜）

证　　券

【概况】 2021年，全市有证券公司18家，实现股票交易额7741.1亿元，比上年增长10.47%；期末股票账户数71.4万户，比上年增长6.08%；期末股票市值578.4亿元，比上年增长8.72%。全市有境内外上市公司14家，其中境内11家，境外3家；累计股权融资274.1亿元；“新三板”挂牌企业累计45家，累计股权融资7.1亿元。（方嘉悦）

【东吴证券常熟分公司】 2021年，东吴证券常熟分公司A股基金交易量2546亿元，产品销售7亿元，经纪业务收入1.2亿元，年末有客户11万户，客户资产规模突破300亿。发行债券3单（常熟城投、虞山高新园、江南集团）；产业基金注册2单；继续服务中法水务IPO整改优化，IPO签约5单，再融资储备1单；快速响应北交所工作，承办全市启动大会，并举办首个专场活动。（邹　佳）

【海通证券常熟海虞北路证券营业部】 2021年，海通证券常熟海虞北路证券营业部完成股基交易量1194亿元，实现利润2857万元。新增资金账户6511户，融资融券开户267户，完成公募基金产品销售25亿元，私募产品销售1.45亿元。（龚　烨）

【华泰证券常熟金沙江路证券营业部】 2021年，华泰证券常熟金沙江路证券营业部A股基金交易量1500亿元，产品销售30.82亿元，经纪业务收入8400万元，A股证券开户1230户，年末客户6.98万户，客户托管资产140亿元。发行常熟发投非公开私募债；引入落地多款私募产品，年底规模在8000万元；华道生物IPO项目顺利推进。（管文辉）

【企业上市】 2021年末，全市有境内外上市公司14家，其中境内11家，境外3家；累计股权融资274.1亿元，其中年内新增18.99亿元，为戎美股份首次公开发行和通达宏泰配售；累计债券融资102.5亿元，其中年内新增15亿元，为常熟银行金融债；累计发行可转债69.12亿元。“新三板”挂牌企业累计45家，其中年内新增1家挂牌企业禧屋科技；累计股权融资7.1亿元，其中年内新增0.2亿元。全市新增报会企业4家，分别为京浜光电、通润汽车零部件、英华特涡旋、华道生物；新增省证监局辅导备案企业3家，分别为贝特利高分子、中法水务、锦艺新材料；新增江苏省股权交易中心挂牌企业142家。

【戎美股份深交所创业板上市】 10月28日，日禾戎美股份有限公司（股票简称：戎美股份，股票代码：301088）在深圳证券交易所创业板上市。戎美股份本次公开发行股票5700万股，其中公开发行新股5700万股，发行价格33.16元/股，新股募集资金18.90亿元，发行后总股本22800万股。戎美股份成立于2012年，主要从事基于互联网平台经营服装设计和销售业务。

表 34　　2021 年常熟市证券交易机构一览表

名称	批准成立时间	负责人姓名	地址	从业人数
南京证券股份有限公司常熟吉祥商城证券营业部	2000年4月24日	张　玉	吉祥商城1号	15
华泰证券股份有限公司常熟金沙江路证券营业部	2002年11月21日	潘　怡	金沙江路18号	20
海通证券股份有限公司常熟海虞北路证券营业部	2005年6月27日	黄颖达	海虞北路20号	18
东吴证券股份有限公司常熟分公司	2009年6月23日	王　倬	阜湖路9号	57
安信证券股份有限公司常熟北门大街证券营业部	2009年7月23日	韦根东	北门大街虞景文华1幢及2幢3楼	10
中信建投证券股份有限公司常熟锁澜南路证券营业部	2013年8月28日	张士伟	锁澜南路25、27、21号-59号217	10
西南证券股份有限公司常熟海虞北路证券营业部	2014年3月4日	杨　敏	海虞北路33号裕坤美城大厦1306、1307号	4
中国银河证券股份有限公司常熟珠江东路证券营业部	2014年4月8日	王福兴	珠江东路93号	8
东海证券股份有限公司常熟海虞北路证券营业部	2014年3月31日	陆晓丹	海虞北路33号裕坤美城大厦904室	5
中信证券股份有限公司常熟海虞北路证券营业部	2015年6月6日	耿　剑	海虞北路48-1号	13
中泰证券股份有限公司常熟海虞南路证券营业部	2016年8月28日	李洪亮	海虞南路32号	10
财通证券股份有限公司常熟枫林路证券营业部	2016年8月12日	汪　怡	枫林路186号-6、-7	15
光大证券股份有限公司常熟珠江东路证券营业部	2016年10月14日	陈　浩	珠江东路93-7号	6
国联证券股份有限公司常熟海虞北路证券营业部	2016年10月18日	王　坚	金沙江路11号中汇商业广场101室	4
东方证券股份有限公司常熟李闸路证券营业部	2016年12月21日	唐万才	李闸路65号21、22、23一层、二层	11
国泰君安证券股份有限公司常熟黄河路证券营业部	2017年7月20日	顾闻达	黄河路289号汇丰时代广场1号楼	8
兴业证券股份有限公司常熟珠江东路证券营业部	2019年6月11日	陈一凡	珠江东路95号-5、95号-6二层	16
东方财富证券股份有限公司常熟海虞北路证券营业部	2019年4月1日	陆　超	海虞北路5号华府世家A110	5

（方嘉悦）

表 35　　2021 年常熟市上市企业一览表

序号	常熟上市企业名称	上市板块	所属镇（街道）
1	江苏通润装备科技股份有限公司	深交所主板	海虞镇
2	江苏常铝铝业股份有限公司	深交所主板	古里镇
3	江苏中利集团股份有限公司	深交所主板	沙家浜镇
4	常熟风范电力设备股份有限公司	上交所主板	尚湖镇

续表35

序号	常熟上市企业名称	上市板块	所属镇（街道）
5	江苏亿通高科技股份有限公司	深交所创业板	虞山街道
6	常熟市天银机电股份有限公司	深交所创业板	碧溪街道
7	苏州中来光伏新材股份有限公司	深交所创业板	沙家浜镇
8	江苏常熟农村商业银行股份有限公司	上交所主板	琴川街道
9	常熟市汽车饰件股份有限公司	上交所主板	常福街道
10	常熟市国瑞科技股份有限公司	深交所创业板	常福街道
11	日禾戎美股份有限公司	深交所创业板	常福街道
12	阿特斯太阳能有限公司	美国纳斯达克	辛庄镇
13	波司登国际控股有限公司	港交所	古里镇
14	通达宏泰控股有限公司	港交所	沙家浜镇

（方嘉悦）

其他非银行金融机构

【小额贷款公司】 2021年，全市有小额贷款公司8家，合计注册资本12.84亿元；期末贷款余额6.03亿元，比上年增长7.68%；不良贷款余额3.11亿元，不良率为51.58%。辖内A级及以上小贷公司3家。

【融资担保、租赁公司】 2021年，全市有融资担保公司2家，分支机构1家，合计注册资本8亿元；在保户数101户，在保余额3.85亿元，在保余额比上年增长102.63%。有融资租赁公司3家，分支机构1家，合计注册资本折合人民币6.39亿元；融资租赁期末资产总额21.34亿元，比上年增长25.31%。

【商业保理公司】 2021年，全市有商业保理公司1家，即江苏吴越商业保理有限公司，注册资本2亿元，保理融资款本金8.27亿元，比上年增长87.1%。

【典当行】 2021年，全市有典当行6家，分支机构2家，合计注册资本0.9亿元，典当余额0.72亿元，比上年增长10.77%。

【地方交易场所】 2021年，全市有地方交易场所1家，即常熟市农村产权交易中心有限公司，注册资本0.05亿元，全年成交量13288笔，全年累计成交额9.84亿元，比上年增长17.14%。 （陈　超）

责任编辑　汤　涵

城市建设与管理

综 述

【概况】 2021年，常熟市持续开展《常熟市国土空间总体规划（2020—2035年）》编制，推进市级投资项目28个，年内完成投资6.34亿元。全市19个海绵城市建设项目建成，常熟市新型城市基础设施建设试点正式启动。常熟市被列入第二批省级美丽宜居城市建设试点城市，城区历史街区整理更新项目、既有建筑改造利用消防设计审查验收试点项目分别列入第二批省级美丽宜居城市建设试点综合类、专项类项目。全年养护市政道路348条、市政桥梁257座、路灯2.47万盏，亮化18.01万盏，加固维修桥梁5座；完善燃气安全监管平台，开展“瓶改管”“气改电”工作。（顾怡欢）

【常熟市国土空间总体规划编制】 2021年，《常熟市国土空间总体规划（2020—2035年）》初步成果上报省自然资源厅。常熟市于2019年年底启动编制工作，规划体系涉及两级三类，两级由市、乡镇组成，三类包括总体规划、详细规划和相关专项规划。常熟市国土空间总体规划以生态优先、底线管控，全域统筹、城乡融合，以人为本、提升品质，节约集约、存量发展为基本原则，实现全域性的统筹规划，划定落实生态保护红线、永久基本农田、城镇开发边界三条控制线。

【年度城市体检评估】 2021年，市资规局完成2020年度区域协调发展、国土空间开发保护与国土空间格局优化、生态底线保护与利用、城镇开发边界研究、建设用地节约集约利用分析5个专题研究。城市体检评估成果作为江苏省唯一一个县级市案例被自然资源部国土空间规划局选为示范性优秀案例，被收录进自然资源部主编的国土空间规划系列教材《国土空间规划城市体检评估案例选编》。（徐 勉）

【新型城市基础设施建设试点】 2021年，常熟市成立新型城市基础设施建设工作领导小组，印发《常熟市贯彻落实新型城市基础设施建设试点工作方案》，明确为期5年的建设步骤和7大类、22小类主要建设任务，成立7个工作专班推进7大任务。其中“新城建”7大任务包括：建设“新城建”运行管理平台、推进智能建造与建筑工业化协同发展、推进城市综合管理服务建设、推进智能化市政基础设施建设和改造、推进智慧城市与智能网联汽车建设、推进城市安全管理、推进智慧住区建设。（张志浩）

城市更新

【既有建筑更新改造试点】 2021年，常熟市作为江苏省唯一县级市，入选住建部既有建筑改造利用消防设计审查验收试点，并以此为契机，出台《常熟市既有建筑改变使用功能联合审查办法》《关于进一步规范既有建筑装饰装修工程管理的通知》等文件，以正负面清单形式，明确既有建筑改造利用规划审批要求，解决规划审批难点；编制完成《常熟市既有建筑改造利用消防设计审查技术指南》，打通新旧规范衔接堵点；试行既有建筑改造利用消防验收备案告知承诺制，将办事程序由“先检查后发证”调整为“先发证后核查”，提高行政审批效率。全年分7批新增试点项目27个，竣工26个，试点总规模达147个、竣工101个，盘活提优存量土地资源54.13公顷，更新改造建筑面积119万平方米。（陈 伟）

【老旧工业区（点）更新改造】 2021年，常熟市出台《老旧工业区（点）联合自主更新操作意见》，激发原不动产权利人参与更新改造的积极性，引导社会资本参与老旧工业区（点）更新改造。继续推进首批21个点位更新改造，谋划启动第二批12个实施点位。2批33个点位，年内完成清障建筑面积41.99万平方米，开工建筑面积64.57万平方米，竣工建筑面积102.94万平方米；累计完成清障建筑面积98.62万平方米、总体清障进度52.74%，开工建筑面积188.71万平方米、建筑开工率35.94%；竣工建筑面积102.94万平方米、占开工建筑面积54.55%。（徐 勉）

【老住宅小区综合改造】 2021年，常熟市完成泰安新村、昭文公寓等5个区域17万平方米老住宅小区综合整治工程。启动南沙片区、琴湖苑等4个区域17万平方米老住宅小区综合整治改造工程，完成外立面整饰施工。完成金山苑一区、金山苑三区南区2个小区9.28万平方米城区拆迁安置小区基础设施补缺及环境整治提升。

【城中村自主更新】 2021年，常熟市推进城中村自主更新改造。虞山街道首个试点单元烟雨路西单元基本建成，其中一期、二期32户更新户申领不动产权证，完成自主更新改造全部流程。新房建设安全有序推进，烟雨路东第一单元、前漕泾第一单元等7个单元、199户新房完成主体结构封顶，新启动大兴村南第一单元等11个单元，295户拆房动工，基础配套建设同步跟进。开展储备单元前期工作，条件成熟单元进行平面布局、户型方案编制以及村民户代表签字确认工作。更新单元普遍民主推举成立理事会，平面布局、房型方案等重大问题坚持召开理事会、户代表会议讨论确认，“一个自治组织、两个自治会议”的村民自治制度执行良好。 （徐永丽）

【既有多层住宅增设电梯】 2021年，常熟市编制《常熟市既有多层住宅增设电梯指南》，介绍增设电梯工作流程，并向街道乡镇发放指南2000册，结合线上线下宣传，提升居民对增设电梯工作认知度。年内，花园公寓、锦绣苑、琴枫南苑、紫金豪园、湖苑二区、丽江苑等12个小区20部电梯通过联合审查，其中15部电梯启动施工，10部完工验收。 （王　瑾）

片区建设

【苏州·中国声学创新谷片区】 2021年，中国声学创新谷纳入《长三角一体化发展规划“十四五”实施方案》和苏州市“十四五”规划。规划中国声学创新谷核心区总面积1.6平方千米，总体形成“一带一环连五片”。“一带”即常浒河滨水景观带，作为长江入城主通道，拓水成湖，其水系空间和两岸景观形成声谷片区最主要的景观特色；“一环”为串联湖湾两侧功能用地的慢行系统，加强常浒河两侧商业、科研、办公、生活、休闲人群的联系和交往，形成公共活力中心；“五片”为会展科技区、声谷创新区、休闲商务区、科教休闲区和国际未来社区。年内，施工建设东银路、浦开路、通塘路、通莲路、江南大道南延、碧白路6条市政道路，总长度3.51千米；完成西片区东银、浦开路，东片区江南大道南延、碧白路4条道路施工图、招标及现场准备工作，完成通塘、通莲路2条道路施工图设计；实施景观工程建设6.3万平方米，主要为声谷康桥片区景观绿化工程，至年底完成绿化种植25%工作量；对碧南塘、浦开河、南塘、碧白塘、东支河5条河道以及常浒河西侧驳岸修复开展前期设计工作，河道总长度5.02千米，至年底完成以上声谷核心区水工程建设规划行政许可手续；完成艺体中心土建主体结构工程，外装饰进场施工，完成剧场、泳池、冰场区内装饰设计图纸设计。国际声学技术创新中心、声谷创新加速中心、声学产业制造中心、声学人才培育中心、声学产业科技展示中心等五大中心加速成型。 （苏敏芝）

【苏州高铁北城片区】 2021年，常熟启动苏州高铁北城片区建设。片区位于常熟最南部，面积7.33平方千米，其中，农用地约404.2公顷，建设用地约134.8公顷，未利用地194.4公顷。片区规划范围以辛羊线为北边界，辛庄大道为西边界，南至辛庄镇界，含陶荡和荷花荡2块水域面积，涉及常南、吕舍、张港泾、辛庄社区4个区域。片区与苏州市相城区接壤，G524高架南北贯通，10分钟可到达苏州高铁北站，40分钟可到达上海虹桥站，30分钟可到达无锡硕放国际机场。年内，完成片区规划方案总体设计编制，初步规划建设双碳产城融合区、TOD+未来社区、人工智能产城融合区、湖荡未来社区及田园康养度假区5个片区。 （方天宇）

【常熟站片区】 2021年，常熟市修订《常熟市城铁片区核心区控制性详细规划》（2021年修改），制定城铁片区“5G智慧社区”建设标准。同时确定站南区域实行以公共交通为导向的TOD综合开发模式，站北区域编制完成“常熟市城铁片区站北区域产业规划及城市设计规划”。区域规划面积约320公顷。常熟站片区明确产业定位为数字经济，重点聚焦软件和信息技术、人工智能、大数据等人才集聚型产业，打造“数字人才特区”“数据要素新区”“数字智慧社区”，构建以人工智能应用开发等软件与信息技术服务业为主的“软件产业基地”和“数字医疗产业基地”，通过产业的落地来带动城市的发展。 （王　昊）

【常熟西站片区】 常熟西站片区位于通苏嘉甬铁路西侧，占地面积3.3平方千米。2021年，常熟市推进常熟西站周边区域首期100公顷土地综合开发，打造站产城融合的未来科创社区、宜居宜业的生态科技新城。年内，常熟市完成西站片区城市设计和产业规划报告，成立片区开发项目前期工作小组，完成项目合作模式、实施步骤的初步方案。 （叶　舟）

【琴湖片区】 2018年，招商局蛇口工业区控股股份有限公司与市政府签订战略协议，联合打造琴湖片区。琴湖片区按照“一心一带、四轴五片区”的空间布局结构，重点环绕琴湖建设城市综合服务核心。2021年，完成《常熟市琴湖片区控制性详细规划（修编）》（2021年修改）。琴湖会客厅整体规划面积约1.5平方千米，总计容面积约53万平方米，整个规划区域北至富春江西路，东达新世纪大道，西临海虞南路，南至沙家浜路，涵盖商业街区、文化艺术中心、高端医疗、五星级酒店、国际幼儿园、产业办公、邻里中心、精品社区等业态，整体由“一园五区”（琴湖公园、高端住宅居住区、文化观光游览区、滨水风情商业区、城市艺术展示区、康体运动休闲区）组成。年内，琴湖会客厅琴鑫商务广场、琴鸣商业广场、琴湖溪里商业中心、力宝医院项目完成建设，琴湖国际幼儿园（暂定）、文化艺术中心（暂定）、龙腾希尔顿酒店施工中。琴湖公园整体分三期建设，至年底，水系调整及景观一期工程基本完工。 （金　宏）

重点项目建设

【概况】 2021年，常熟市计划实施房屋征收搬迁项目83个、民宅2775户，其中年度计划项目35个、民宅2025户，历年结转项目48个、民宅750户；实际实施项目75个，涉及民宅2129户；最终完成项目32个、签约1649户，拆除总建筑面积46.17万平方米。市城投公司承担纳入市级投资计划项目61个(国企投资16个、代建45个)，总投资71.52亿元，截至2021年年底累计完成投资28.24亿元。城铁片区森林公园等18个项目均按计划开工建设，竣工环境监测站工程、大浜公园、新建农业科技服务用房项目等42个项目。老旧工业区(点)更新改造续建项目5个，占地21.33公顷，建筑面积38万平方米，总投资约12.74亿元。

（杨　峥　沈　洁）

【大浜公园】 项目位于东三环以西、金山苑二区以东、富春江路以北的原泰克木业地块内。公园占地面积5.3万平方米，其中新开挖湖面积1.08万平方米。沿公园四周设置3个出入口，西侧新建圆弧形景观桥。公园的建设特色之一为水生态系统，通过生态修复，恢复水体自我净化、自我修复、自我循环的长效稳定的生态系统基本功能，突出人与自然协调共生的发展理念。项目于2020年10月开工，2021年7月1日正式开园。

【石梅小学五爱校区】 项目北临翡翠路，西邻建华路，占地2.49万平方米，新建建筑面积2.52万平方米，建设规模为6轨、36班，建设内容包括新建3栋教学楼、1栋综合楼(含专用教室、风雨操场、餐厅、阶梯教室)、1个操场以及篮球场、排球场、羽毛球场各2个。项目于2019年11月正式开工建设，2021年9月1日投入使用。

【常熟市公安局犬类留验所】 项目位于福山林场田山17组，用地面积1210平方米，建设工程包括新建犬舍、综合办公楼等，总建筑面积1040平方米。犬舍一层为7间普通犬只留验房，每间可容留普通犬只30条；二层为15间留验犬只用房(7间普通犬只房、4间大型犬房、4间隔离犬房)，共可容留普通犬只200余条。项目于2020年8月开工，2021年6月完工。

【金腾家园二期动迁安置房工程】 项目南侧为达海路，北侧为虞枫路，西侧为杨虹路，规划用地面积2.8万平方米，总建筑面积6.6万平方米，其中地上总建筑面积5.2万平方米，地下总建筑面积1.4万平方米。小区共新建住宅楼6幢，共建安置房366套。工程于2019年3月开工建设，2021年5月完工。

【阜湖苑二区动迁安置房工程】 项目东侧与江南大厦一河之隔，北侧为教场湾，用地面积4.8万平方米，总建筑面积7.8万平方米，其中地上总建筑面积5.5万平方米，地下总建筑面积2.3万平方米。小区新建住宅楼13幢，共建住宅安置房362套及其他配套用房，总投资达5亿元。项目于2019年3月开工建设，2021年8月完工。

【龚家圩调压站至沙家浜门站高压天然气管道工程】 龚家圩互通站—沙家浜门站高压天然气管道工程设计起点位于已建龚家圩互通站，设计终点为沙家浜门站，管道全长14.1千米，设计压力为4.0MPa，管道公称直径DN500，管材规格为螺旋缝埋弧焊钢管，钢级为L360M，施工方式采用定向穿越与开挖敷设相结合。其上游气源接自龚家圩互通站，下游去往常熟市沙家浜门站，该项目高压管道建成后，作为常熟市高压环线的一部分，能够实现常熟市东西片区管网的互联互通。项目总投资约4000万元，于2021年6月开工，2021年11月完工。

【六房巷互通站至西环线高压天然气管道工程】 六房巷门站—西环线高压天然气管道工程设计起点位于常熟市六房巷互通站围墙外2米，终点为毛家塘附近已建西环线高压管道。管道全长6.81千米，设计压力为4.0MPa，管道公称直径DN500，管材规格为螺旋缝埋弧焊钢管，钢级为L360M，施工方式采用定向穿越与开挖敷设相结合。该项目高压管道建成后，能够实现与江阴天然气公司的管网互联互通，极大地提高常熟市天然气管网的输配能力。项目总投资约2300万元，于2021年4月开工，2021年11月竣工。

【城东水质净化厂工程】 项目位于常熟高新区白茆塘以西，东南大道东延以北，大滃江以东三角合围区域，占地14.27公顷。城东水质净化厂总规模12万米³/天，项目概算总投资7.47亿元，分二期实施。其中一期工程投资6.7亿元，建设内容为12万米³/天的土建施工，包括粗格栅及提升泵房等共23个单体的建设、6万米³/天规模的设备安装、4.5千米中水管道建设和厂区绿化道路等市政配套建设，于2018年11月22日开工，2021年6月1日进入试运行；二期工程投资0.77亿元，建设内容为6万米³/天规模的设备安装，于2020年10月开工，2021年10月1日投入试运行。

【周行污水处理厂提标改造工程】 项目位于常熟市海虞镇香桥村，主要建设内容为提标改造2万吨/日污水处理工程，总投资12713.04万元，于2020年3月31日开工建设，2021年9月16日竣工。

【辛庄污水处理厂提标改造和扩建工程】 项目位于辛庄镇杨园办事处桃园村，主要建设内容为扩建1.5万吨/日污水处理工程，总投资12247.36万元，于2020年3月30日开工建设，2021年8月14日竣工试运行。

【虞山污水处理厂提标改造和扩建工程】 项目位于常福街道，主要建设内容为扩建1.5万吨/日污水处理工程，总投资13887.47万元，于2020年4月25日开工建设，2021年8月14日竣工试运行。

【八字桥污水处理厂提标改造和扩建工程】 项目位于支塘镇八字桥村，主要建设内容为扩建1.5万吨/日污水处理工程，总投资13585.91万元，于2020年3月31日开工建设，2021年8月14日竣工试运行。

【滨江自来水厂深度处理升级改造工程】 项目位于常熟市碧溪新区浒浦新港路188号滨江自来水厂内，主要建设内容为新建40万米³/天深度处理系统，配套建设道路、绿化等市政设施，于2019年11月1日开工建设，2021年11月竣工。

【经开区第十产业园（董浜徐市机械厂一期）更新改造项目】 项目位于董浜镇董徐大道以东、民丰路以南，占地3.2公顷，建筑面积5.6万平方米，以高标准工业厂房为主，配套餐厅集宿、办公研发、运营管理等综合用房，实现研发孵化、生产制造、企业服务的完整产业链。项目于2020年5月开工建设，2021年7月竣工验收，9月首批入驻企业投产，实现全市老旧工业区（点）更新改造项目首投、首竣、首产。2021年末，园区完成厂房招商面积3.85万平方米，去化率81%，已有5家企业入驻，3家企业投产。（沈　洁）

海绵城市建设

【概况】 2021年，常熟市完成海绵城市建设项目19个，其中，新建房屋建筑类4个、老住宅小区综合整治项目2个、道路类5个；公园绿地类5个、水利项目类3个。全市海绵城市建设面积总计26.02平方千米。

2021年常熟市完成19个海绵城市建设项目，包含房屋建筑、道路、公园绿地、河道水系等多种类别。

【房屋建筑类项目】 2021年，常熟市实施6个房屋建筑类海绵城市项目，其中，2019A-008地块、2019A-010地块等4个新建住宅及商业类项目；泰安新村、昭文公寓等2个老旧住宅小区综合整治项目。在建设过程中采用雨水回用池、下凹式绿地、生物滞留池等海绵设施及雨污分流等海绵措施。

【道路类项目】 2021年，常熟市实施新建胜湖路（暂名）工程、新建湖圩路（暂名）工程等5个道路类海绵城市项目，其海绵措施主要是进行透水路面砖的铺设，以及生态草沟、植被缓冲带的设置。

【公园绿地类项目】 2021年，常熟市实施神皇坝路西侧地块环境整治、国创环湖北路西段景观提升工程等5个公园绿地类海绵城市项目，主要的海绵措施有湿塘、植被缓冲带、生态修复、植草沟等。

【水利及管网类项目】 2021年，常熟市实施包括城西污水处理厂尾水生态净化系统、2020年城区河道清淤整治工程等3个水利及管网类海绵城市项目，通过采取河道清淤、尾水生态净化、防水排涝改造提升等海绵措施，有效提高河道蓄水量、增强区域防汛排涝能力。（屈慧嘉）

市政设施建设

【道路】 2021年，常熟市组织实施金山路南延一期（藕渠塘路—太平街）、小坝路（太平港路—山湖路）、衡山路（昭文路—珠江路）、琴湖路（青墩塘路—湖滨桥）共4个新建市级投资市政道路项目，莲花路（划船浜路—元和塘）、衡山路（黄河路—珠江路）、九里大街（昭文路—长江路）共3个续建市级投资市政道路项目，合计新建、改建道路长度6.33千米，建成通车道路长度1.75千米。完成鑫顺路、长江路（衡山路—泰山北路）、紫金山路（长江路—张坝路）、湖心亭路、金元路、和平街、殷家宅基路等10多条市政道路提升改造项目，共计摊铺沥青路面88607平方米，拆铺道板砖31687平方米，维修平侧石6950米；改造交通节点，组织渠化交通，完成新区医院—黄河路、新世纪大道—黄河路、元和路—和莫路、殿山路崇文小学、拂水堤等10余个节点改造项目，改造面积6205平方米；实施道路红线外开放式公共区域提升改造，完成菱塘河亲水平台、神皇坝路西侧地块、富康路锦荷佳苑处、衡山路长江路交叉口、青城山路、新开元酒店停车场、明日星洲门口等14处项目改造，以及湖苑菜场、五星菜场、漕泾菜场等9处设施配套盲点填补，共计面积2.9万平方米。（顾怡欢　崔志飞）

【桥梁】 2021年，根据省、苏州市城市桥梁管理要求，市政公用部门对城区街道以及经开区、高新区区域内城市桥梁隐患情况进行排查，完成城市桥梁常规检测257座、结构检测80座；完成串月桥、西高木桥、三里桥、华山路中心河桥等C类桥梁维修加固工作，完成朝阳桥景观亮化提升改造，更新城市桥梁管理系统。

【照明】 2021年，按照江苏省绿色照明规划目标与建设指引，常熟市推进LED路灯节能改造项目，完成甸桥片区、香山南路（富康路—三环路）、元和路（元和桥—招商西路）、城区支路路灯补光及钠灯节能等道路照明整体改造项目，共计改造路灯及灯具907套，节电率达50%以上，节约用电42万千瓦、电费25万元；完成尚湖风景区串月桥、朝阳桥、塔弄周边区域、菱塘河亲水平台、新区医院立面、边检站和三院、12345便民服务楼等区域景观照明设施改造提升，共计改造灯具1.5万套、线路4.5万米；更换环湖南路、方塔街、北门大街、甸桥片区等路灯老旧线路16196米，共计整改照明灯具150套、光带40米、各类线路4000米。（崔志飞）

【供电】 2021年，全市全社会用电量210.16亿千瓦时，比上年增长11.42%。其中第一产业用电量6439万千瓦时，第二产业用电量170.19亿千瓦时，第三产业用电量20.58亿千瓦时，比上年分别增长18.65%、10.08%、22.74%；居民生活用电量18.75亿千瓦时，增长12.25%，其中，城镇居民生活用电量7.09亿千瓦时、农村居民生活用电量11.66亿千瓦时，比上年分别增长11.65%、12.62%。全年，常熟电网运行稳定，未发生大面积停电等影响社会稳定的安全事故，最高调度负荷330.56万千瓦，创历史新高。供电公司完成售电量179.87亿千瓦时，比上年增长13.38%。

电网建设和改造　年内，新增变电容量53.7万千伏安，输电线路长度6.8千米。投运110千伏铁黄沙、虞山输变电工程，实施220千伏昭文、110千伏元和变电站扩建改造工程，110千伏西郊、35千伏何市、杨园变电站技改工程。至2021年末，常熟电网共有35千伏及以上公用变电站82座，主变压器161台，总容量1291.9万千伏安。其中，220千伏18座，主变32台、666万千伏安；110千伏56座，主变114台、598.2万千伏安；35千伏8座，主变15台、27.7万千伏安。共有35千伏及以上输电线路238条，总长度1996.78千米。其中，220千伏59条、762.58千米，110千伏129条、980.31千米，35千伏50条、253.89千米。共有10（20）千伏配电变压器12530台，总容量415.47万千伏安；20千伏线路65条、280.08千米，10千伏线路1068条、9608.12千米。

电力供应与服务　2021年，常熟市供电公司受理用电报装申请37045户，容量230.63万千伏安；完成装接通电38174户，容量197.2365万千伏安。至2021年年末，常熟市电力用户共计727438户，总装接容量1883.37万千伏安。实施常熟万国云丰数据科技有限公司220千伏新装容量32万千伏安；弘云科技发展（常熟）有限公司110千伏新装容量16万千伏安；大金新材料（常熟）有限公司110千伏新装容量3.5万千伏安；立讯智造科技（常熟）有限公司110千伏新装容量1万千伏安等大用户工程。受理分布式光伏用户申请247家，并网141家。其中非居民项目97个，合计76578.52千瓦，居民项目44个，合计877.69千瓦。促成苏州首个行政集中办公区的能源托管项目，实现整个苏州范围零的突破。完成常熟首家公交停保场充电站建设。（徐安琦）

【供水】2021年，江苏中法水务公司完成供水2.2亿立方米，售水1.9亿立方米；自来水出厂水水质、管网水水质综合合格率均为100%。完成5408户农网改造，建设供水主管道7.3千米。城东水质净化厂、滨江水厂深度处理升级改造工程以及周行、辛庄、八字桥、虞山4个污水处理厂提标改造扩建工程竣工投用。完成常熟体育中心、海虞中学、常熟理工学院等5个直饮水点建设，其中常熟体育中心是首个投用的纯净水公共直饮点。

（陆小祥　沈　洁）

【供气】2021年，全市销售管道天然气10.2亿立方米，比上年增长12.52%，新增居民用户37952户、工商用户211户。天然气公司销售天然气9.36亿立方米；新增工商业用户264家；完成小区入户安装4万户；居民用户入户安检10.92万户；新铺设各类天然气管道367.3千米。优化天然气营业网点布局，新建客户服务中心，新增购气服务网点12个，累计235个，其中24小时服务网点41个，实现全市各行政区域基本覆盖。全市液化石油气供应量22873.14吨，比上年增加9.07%；全市汽车加气量2834.78万立方米，比上年减少23.35%。完成餐饮用户"瓶改管"73户、"气改电"203户、安装燃气泄漏安全保护装置4103户。完善智慧燃气安全监管平台功能，40辆燃气配送车辆试点安装监管设备，实现全程监管，及时记录违法违规行为。

（崔志飞　沈　洁）

2021年，城东水质净化厂建成投用，日处理能力12万吨　（市水务局　提供）

【污水处理】 2021年，江南水务公司累计巡查污水主次管网4340千米，处理污水67.26万吨，处理污泥595.18吨，规范化处置率100%。城东水质净化厂一期工程投入商业运行，二期工程完成设备调试，投入商业运行。洪洞水质净化厂取得施工许可证，完成桩基工程，土建工程全面开工。建设城镇污水处理厂配套管网及城镇控源截污管网，完成污水管网建设31千米。建设互联互通管网，洪洞水质净化厂配套转输系统新建管网17.5千米，新建转输泵站1座；城南转输泵站至城西污水处理厂应急连通管道工程共涉及管道11.2千米，已累计完成7.5千米，超额完成年度目标任务；完成城西厂内泵房改造。开展农村分散式生活污水治理四期PPP及接管项目，累计完成241个村庄、7597户农户生活污水治理。（陆小祥 沈 洁）

城市公共交通

【公交】 截至2021年年底，常熟市有公交经营主体2家，开设公交线路137条，其中城市45条、城乡36条、镇村56条，开通夜班线路59条，另外有毗邻公交4条。全市共有公交车1448辆，其中纯电公交车102辆，插电式混合动力公交车604辆，氢能源公交车36辆，清洁能源LNG公交车500辆，柴油车206辆，新能源及清洁能源公交车占比85.77%。全市公交从业人员1716人，年行驶总里程7641.93万千米，年客运总量5749.5万人次，单车日均运营里程144.59千米。现有公交枢纽站5处，公交换乘站1处，公交首末站45个，公交候车站点3562个，公交候车亭2108座，其中524个站点设置电子站牌，市区500米半径公交站点覆盖率达98%。2021年居民公共交通出行分担率24.78%（省核定2020年度居民公共出行分担率为23.2%。因2021年度仍处于疫情期，故仍应用2020年度分担率测算方式）。2021年，共投用36辆氢能源公交，打造氢能公交示范线。更新、新增新能源公交车216辆，新能源公交车占比提升至51.24%。2021年新开通公交线路6条、调整40条。

【出租车】 2021年，全市共有出租汽车企业3家，运营车辆总数759辆，汽油车11辆，双燃料车辆748辆，注册出租汽车从业人员共1236人，年行驶总里程7592.99万千米，年客运总量为1468.29万人次，单车日均运营里程274.08千米。全市累计1450辆网约车完成许可并持有效运输证。（黄心珏）

1月18日，常熟市第二批氢能源公交车投入运行 （市交通运输局 提供）

【公共自行车】 2021年，常熟市开展公共自行车一期项目更新工作，更新站点控制器181个、锁柱3120个、自行车2400辆，通过督查考核、业务指导等措施，提升公共自行车日常运营管理水平。发布《常熟市共享助力车实施指导意见》，强化全市8000辆共享助力车常态养护管理，调整优化共享助力车点位设置，提高电瓶更换和故障车辆检修频次，加强站点车辆调度，共享助力车使用数达230万次，不断丰富市民出行选择。

【交通公众服务平台】 2021年，“常熟行”整合支付宝生活号用户并上线公交智能客服。通过“常熟行”App，市民可以第一时间了解最新的交通出行信息，同时涵盖公交、路况、高速、长途、驾培、旅游等一系列交通便民服务。至年底，“常熟行”App下载量达130755次、常熟行宣传矩阵用户数为265407人次（其中服务号152719人次，支付宝生活号105009人次，订阅号4025人次，抖音号2875人次，微信视频号779人次），发布文字信息600多条，视频信息250多条。

（黄心珏）

城市管理

【概况】 2021年，常熟市查纠各类违反城市管理规定的行为11.4万起；拆除违法建设9867起、413万平方米；清除不规范设置户外广告设施5320处；办结行政处罚案件14.8万件、行政许可2030起，案件数量较2020年增长4倍；新增各类停车泊位2.3万个；清运焚烧处理生活垃圾75.1万吨，打捞河道漂浮物2.4万吨，处理炉渣19.4万吨，安全处置飞灰2.4万吨，达标处理垃圾渗滤液14.2万立方米；推进村庄环境“四提升”和高速公路、国省市道沿线环境整洁行动，清除各类环境问题12.6万处。常熟市城管局被住房和城乡建设部评为2020年度“强基础、转作风、树形象”专项行动表现突出单位，常熟市城南环境卫生管理所被江苏省精神文明建设指导委员会评为2019—2021年度江苏省文明单位，山前坊文旅创意街区入围苏州市首批“美丽街区”。

【违法建设治理】 2021年，常熟市将苏州明确的7类治理重点细化为11类，通过网格巡查、投诉举报、卫片图斑比对、无人机航拍、第三方帮查等方式，开展4轮全覆盖排查，累计摸排违法建设3.79万起、2335万平方米，全部纳入信息平台并动态更新数据。明确“每月拆违不少于25万平方米”要求，以存在安全隐患、高耗低效用地、侵占公共空间且群众反映强烈等为重点，每月滚轮式治理代表性强、规模大的项目194个，累计拆除违法建设9867起、413万平方米。

【城区停车能力建设】 2021年，常熟市对城区3个菜场、1个医院周边176个道路泊位，通过设置免费时限、安装低位视频桩和嵌入式泊位终端、应用无感支付等手段，实施智能化管理、差异化收费，泊位周转率从2次/天最高提升至20次/天，服务市民4.4万次。推进机关单位内部停车场错时开放，新增22处、659个泊位。推广智慧化停车，“江南爱停车”智慧平台累计接入263个停车场（点）泊位6.5万个，其中64处停车场完成ETC设备改造，常熟市成为省内公共停车领域首个大规模应用ETC无感支付的县级市，并创建2个苏州级停车管理示范区。加快新建小区配建泊位建设，深挖老旧小区、道路沿线停车资源，推广机械式立体停车位，累计新增各类停车泊位2.3万个。

【市容环境综合整治】 2021年，常熟市按照“外防输入、内防偷倒”原则，开展建筑垃圾（毛垃圾）专项整治，建立局镇联动、城警联动、联席会议等制度，全市组建15支常态化巡查队伍，落实蹲点设卡、高频巡查、视频监控等措施，联手张家港、昆山、太仓城管构建“常张昆太城市管理执法领域协作机制”，在苏州大市范围内首次实现四县市执法一体化，累计查处渣土运输案件689起、罚款189.3万元，20家运输企业843辆渣土车接入市级智能监管平台。推进非机动车违停、小微市容问题“五提升”、车窗抛物等系列整治，查纠乱象11.4万起，成功创建2条苏州级城市管理示范路和1个苏州市“美丽街区”，2家商户入选苏州首批市容环卫责任星级商户。推广市容环卫责任监管和户外广告动态管理“双系统”建设管理，1119条道路、2万条商户信息录入系统，落实日巡打卡和现场纠处超10万起。推进户外广告“三整治一提升”，拆除屋顶镂空字492处、高炮广告95处、不规范店招标牌3140处，清理横幅标语1600条，在重要节点、商业体打造个性化亮点8处。开展“5+2”“白+黑”靶向督查和“绣美虞城”全员督查，范围拓展至户外广告、垃圾分类、环境卫生、市政设施等领域，通过督查小程序形成处置闭环。

【垃圾分类管理】 2021年，常熟市以片区建设为抓手，配套分类处置设施建设和运行规范、突出问题挂牌督办等23项制度，通过强化督查、达标验收、黑榜清零、挂牌督办等措施，推进分类片区实现全覆盖。开展垃圾分类星级小区建设，首批获评苏州四星级小区14个、五星级小区5个。全市336个“三定一督”小区和85个垃圾处置终端数据接入，小区信息化覆盖率70.3%，超额完成苏州明确的2021年度覆盖率30%目标任务。按照“政府推动、企业运作、科学布局”原则，加快构建“小区回收站点+社区回收集中点+分拣中心”的再生资源回收体系，建成回收网点31处、收集点3处，并研究低值可回收物出路，投放544个废玻璃回收桶、废旧服装箱，推动资源利用最大化。规范大件垃圾收处，建立25支收运队伍，实行预约收运、专车收运，确定每月最后一个周日为免费集中清运日，累计收运旧家具等各类大件垃圾100多吨。启动垃圾分类“蜂巢”计划，开展市镇村三级宣讲275次，对新入学、新入住、新入职“三新”群体靶向宣传569次。

【垃圾处置】 2021年，第二生活垃圾焚烧发电厂扩建项目稳定运行，总处理能力达3330吨/日，其他垃圾实现全量焚烧且有富余。完成建筑材料再生资源利用中心竣工验收，建成投运年处理能力40万吨的处理设施，累计处置建筑装修垃圾13.8万吨，配套进场运输车辆备案制和垃圾进场网上申报制，严控垃圾成分。完成151万吨江河天绒地块存量建筑装修垃圾处置、清场。南湖垃圾填埋场生态治理项目正在加快工程勘察、地形测绘、场地调查等前期工作。47套“就地+就近+集中”厨余垃圾处置设施正常运行。绿化大件垃圾处置点总处理能力达1943吨/日。有害垃圾实行属地环卫部门收集暂存、市环卫部门统一委托有资质企业安全处置，全市落实有害垃圾归集点20个，收集家庭源有害垃圾12吨。

【城乡公共厕所提档升级】 城区实施公厕提标便民工程，改建25座公厕，全部对外开放，新建2座装配式智能环保公厕，提升市民如厕体验。落实“深度保洁+小微快修”机制，保障公厕内外环境整洁、设施正常使用，累计小修环卫公厕480处。推广“厕所开放联盟”，累计55家单位加入联盟，缓解重点区域、高峰时段“如厕难”。完成60座农村公厕建设，指导各板块在实施“千村美居”村（组）过程中参照农村三星级公厕标准建设管理。

（沈心舟）

责任编辑 李 妍

乡村振兴

农村综合改革

【农村承包土地管理】 2021年，常熟市巩固和完善农村土地承包经营权确权登记颁证成果，深化农村土地“三权分置”，进一步放活激活农村土地经营权。出台《关于推动蔬菜产业转型升级的工作方案（试行）》，至年底，全市蔬菜主产区新增土地流转面积311.83公顷，0.67公顷以上连片地块167块，面积285.81公顷，蔬菜土地流转率23%，比上年提高5.3%。

【农村集体产权制度改革】 2021年，常熟市股份经济合作社完成换届选举，组织开展农村集体产权制度改革“回头看”，确保成员身份确认及登记不重不漏、集体经济组织运行规范完善。加强股份经济合作社成员和股权证管理，完成系统成员信息录入91万人次。琴川街道琴湖社区股份经济合作社开展股权继承、转让、赠与等股权赋能工作试点。

【农村“三资”管理治理】 2021年，常熟市开发建设农村集体资产监督管理平台，全市229个村（涉农社区）的数据信息全部进入平台。全市集体经济组织到期合同挂牌13638笔、金额10.08亿元，成交13281笔、金额9.83亿元。出台《常熟市农村集体经济组织银行承兑汇票管理暂行办法》，制定《常熟市农村集体经营性建设用地入市净收益分配使用管理办法（试行）》。制定《镇级农村集体闲置房地产处置操作规程》，完成处置项目155个，涉及房屋面积17.45万平方米，土地面积21.12万平方米，实现处置收益2643.92万元。

农村经济

【概况】 2021年，常熟市229个行政村（涉农社区）村级集体经济组织可支配收入31.86亿元、村均1391万元，增幅26%；稳定性收入20.96亿元、村均915万元，增幅7%。

【村级财力建设】 2021年，全市村级财力建设联合抱团项目及村集体自主投资项目48个，项目用地面积50.34万平方米，房屋建筑物面积69.85万平方米，村级投入18.69亿元。推进“万企联万村 共走振兴路”行动，新增村企联建项目32个（分村），新增计划投资金额2.7亿元。常熟市在省“万企联万村 共走振兴路”服务平台上审定通过项目218个、计划投资金额38.2亿元，参与合作村数208个，联建覆盖率达98.11%。督促、指导老旧工业区（点）更新改造及农村集体建设用地入市试点，常熟市老旧工业区（点）更新改造项目备案22个，计划投资42.3亿元，建设用地面积67.7万平方米，预计建设房屋面积121.9万平方米。

【薄弱村巩固提升】 2021年，常熟市制定出台《关于做好集体经济相对薄弱村巩固提升工作的实施意见》，在做好巩固拓展上一轮薄弱村脱贫攻坚成果基础上开展好新一轮巩固提升工作。常熟市38个薄弱村申报载体项目14个，总投资4.23亿元，其中薄弱村投资3.25亿元，项

碧溪千步塘生态景观　　（市融媒体中心　提供）

目建成后薄弱村预计年收益达2289万元，收益率7%，村均增收60万元。

【农民增收】 2021年，常熟市实施农民收入倍增计划，做好2021年度省点农民增收监测点农户监测工作。全年常熟市农民人均可支配收入41987元，增幅10.4%。（李雯雯）

村镇建设

【村镇规划编制】 2021年，常熟市72个村镇规划项目通过专家论证，63个村镇规划项目获常熟市人民政府批复。莫城街道东青村、沙家浜镇新湖村2个实用性村庄规划获常熟市人民政府批复；碧溪街道溪南村和徐虎村、琴川街道东环村、海虞镇福山村和七峰村5个实用性村庄规划通过专家论证。（徐　勉）

【美丽城镇建设】 2021年，常熟市推进美丽城镇建设，建制镇实施项目57个，完成投资3.1亿元；被撤并镇实施项目107个，完成投资2.6亿元。白茆卫生院迁建、杨彝纪念馆修缮、梅李体育文化公园3个项目获评苏州市美丽城镇建设优秀示范项目。（艾鸣阳）

【农村公路修建】 2021年，常熟市推进农村公路（市道）大中修工程，年内投资1792万元，完成包括常梅线、虞东公路、辛张线、义虞路的基层病害修复、铣刨摊铺，以及辛张线平墅桥、项泾桥的修建。（黄心珏）

农村人居环境

【"千村美居"工程】 2021年，常熟市出台《关于进一步深入推进"千村美居"工程的补充意见》，持续推进"千村美居"工程，下达任务数800个，实际通过市级验收1055个。投资18.5亿元，完成道路铺设519.2千米，河道清淤疏浚183.5千米，河塘驳岸建设276.3千米，新（改）建公厕918座，

年内，海虞镇七峰村获评"中国美丽休闲乡村"　（市融媒体中心　提供）

215个行政村全面实行垃圾分类，农村无害化卫生户厕普及率达99.99%。《农村强弱电线路整理"小线杆"破解大难题、亮出农村"天际线"》入选第三批全国农村公共服务典型案例，《江苏常熟通过联动联促推进"千村美居"工程》被《人民日报》登载。

【农村人居环境整治】 2021年，常熟市建立市领导、市级机关部门、各板块联动联促机制，市级机关部门参与督查整治自然村庄272个，发现问题920处，下发交办单184份。持续开展"人人参与，净美家园"专项行动，各镇（街道）党政主要负责人、班子成员参与整治活动1569人次，宣传发动4080场次，动员志愿者、群众参与11万人次。常熟市长效管护机制被列入省第四轮农村改革试验任务。古里镇、董浜镇获评"苏州市农村人居环境整治提升工作示范镇"，17个自然村获评"苏州市农村人居环境整治提升工作示范村"。董浜镇《"三项机制"增活力，美丽乡村迎"蝶变"》、古里镇陈塘村《"12345"，奏响美丽乡村协奏曲！》获评苏州市农村人居环境整治提升典型案例。（李雯雯）

【特色田园乡村建设】 2021年，常熟市新增250个苏州市特色康居乡村，4044个常熟市特色宜居乡村，董浜镇"乐享田园，大美智林"特色康居示范区和尚湖镇"和美雅境 灵韵尚湖"特色康居示范区获得苏州市级命名。市委办公室、市政府办公室印发《关于推进苏州市"环阳澄湖"和"长江沿线"特色田园乡村跨域示范区建设的实施方案》，《常熟虞山风景片区特色精品示范区规划》通过市政府批复。常福街道中泾村汤巷、虞山街道三峰管理区张鸟园、沙家浜镇芦荡村章基3个村庄被命名为"江苏省特色田园乡村"和"苏州市特色精品乡村"，常福街道福圩村沉海圩、碧溪街道留下村千步塘、虞山街道三峰管理区山湾里3个村庄被命名为"苏州市特色精品乡村"。

（艾鸣阳　李雯雯）

【美丽庭院建设】 2021年，碧溪街道李袁村佳宁丽苑被评为"2021年度苏州市美丽庭院示范村"，13户家庭被评为"2021年度苏州市美丽庭院示范户"，237户家庭被评为"2021年度苏州市美丽庭院"。至年底，全市共有省级美丽家园1个，为沙家浜镇华阳村；苏州市美丽庭院510户，其中，苏州市美丽庭院示范村1个、十佳美丽庭院2户、苏州市美丽庭院示范户55户；常熟市美丽庭院280户、镇级美丽庭院4103户。市妇联推进美丽庭院建设，召开美丽庭院建设工作会，组织美丽庭院现场教学活动，开展"美丽庭院进

行时”第三季拍摄宣传工作。

（李雯雯　谢　燕）

【农村河道治理】 2021年，常熟市推进264条农村河道疏浚，疏浚土方200万立方米，整治河道长度168千米；完成中小河流治理重点县综合整治和水系连通董浜项目区、海虞项目区建设，完成投资6000万元，清淤河道14条，整治长度39千米，拆坝建涵4座，新建护岸23千米，完成植草护坡4.5千米，种植水生植物13千米；开工建设常熟市中小河流治理重点县综合整治和水系连通项目（梅李、碧溪、支塘项目区），整治河道8条，完成投资1350万元。农村生活污水治理率达到98.1%。（陆小祥）

【海虞镇七峰村获评中国美丽休闲乡村】 2021年，常熟市海虞镇七峰村以创意农业为手段，整合整村资源，形成以稻米种植、乡村旅游产业为主，茶树、花卉、林果种植为辅的现代农业体系，被农业农村部评定为2021年中国美丽休闲乡村，成为常熟市第2个中国美丽休闲乡村。（李雯雯）

乡村治理

【概况】 2021年，常熟市探索乡村治理现代化模式，各镇、街道逐步构建起政府依法治理、居民自治管理、社会自我调节的治理模式，从单纯的政府监管向更加注重社会协同治理转变，通过信息技术应用实现精准细致的乡村管理，通过共建共治实现共享共赢。

【居民自治】 2021年，常熟市打造村民理事会、民情驿站、百姓茶馆等一批议事协商载体，采取会议、对话、书面和网络等多种协商方式，常态开展村民说事、民情恳谈、百姓议事活动。常福街道小义村通过组团内部自主召集户代表会议，多轮次对农户农房位置等商议，在得到村民基本认可后，由村委会上报街道审批，并接受村民的监督。古里镇康博村打造“百姓茶馆”，让老百姓零距离参与村务。

【村规民约】 2021年，常熟市各镇、村探索签订“门前三包”责任书、村民“轮值”、积分制管理等长效举措，开展“最美庭院”“星级文明户”等新时代文明实践活动，让参与村庄环境提升成为各地农户的自觉行动。至年底，常熟229个村（社区）制定成文的《村规民约》和《居民公约》。

【梅李镇瞿巷村获评全国乡村治理示范村】 10月29日，中央农办、农业农村部、中央宣传部、民政部、司法部、国家乡村振兴局联合认定第二批全国乡村治理示范镇、村，常熟梅李镇瞿巷村获评“全国乡村治理示范村”。瞿巷村根据多年实践形成的村民自治经验，总结出“一个核心组织 +N 个社会组织、一套总法 +N 套分法、一次大会 +N 次小会、一个总菜单 +N 个分菜单”的“1+N”工作法，把党建引领作为创新乡村治理的关键，深化以“四民主一公开”为核心的村民自治实践，加强议事协商；强化法治文化宣传，树立法治和谐新理念，深入开展培育和践行社会主义核心价值观活动，利用新时代文明实践站、瞿巷“理”堂、“生态瞿巷”微信公众号等平台传递文明向上的正能量；通过“网格化”社会管理与村民自治有机结合、成立“国平书记工作室”、发挥“五支队伍”和“一个阵地”作用；以创建省级村庄规划建设示范点为契机，以农村人居环境整治为抓手，不断提升村庄环境，提高村级福利水平，增强村民的幸福感和获得感。2021年，常熟市梅李镇瞿巷村入选全国村级议事协商创新实验试点单位。

农村公共服务

【乡村义务教育】 2021年，常熟市新改扩建农村地区学校10所。农村义务教育学校专任教师本科以上学历比例达91%以上，学前三年教育毛入园率、九年义务教育巩固率均达100%。年内，全市义务教育阶段有572名教师交流支教，其中骨干教师334人，45名学生报考乡村定向师范生，创历史新高。

【乡村医疗卫生服务】 2021年，全市拥有乡村全科医生884人，拥有量达到每万常住人口5名。全年23名农村定向医学毕业生全部分配到各乡镇卫生医疗机构工作；面向高中毕业生定向招录免费培育农村医学生26人，其中本科11人、大专15人。在古里镇和常福街道随机抽取336户开展心理健康促进行动基线调查。

【农村养老服务】 2021年，常熟市建成标准化日间照料中心376家，农村养老服务设施覆盖率达100%。年内，推进养老机构提质扩容，新建成农村区域性养老服务中心2家，开工建设2家，完成改造2家。常熟市入选第三批省级居家和社区养老服务创新示范地区名单。

【农村社区综合服务平台建设】 2021年，常熟市推动“睦邻空间”项目，14个街镇实现“睦邻空间”项目全覆盖。继续推广“智慧社区”平台应用，“智慧社区”综合信息服务管理平台使用覆盖率达到100%。截至2021年年底，采集常住居民信息192万条，记录全市各村居会议信息6283次。

（李雯雯）

责任编辑　李　妍

交通·水利

交　　通

交通综述

【概况】 2021年，常熟市境内有高速公路4条，设有8处互通，普通国省道11条、县道18条，公路通车总里程达2418千米。全市铁路运营里程38千米，在建里程38千米。全市有内河航道60条，通航船闸3座，内河码头130个，通航里程527.3千米。2021年，常熟市启动制定《常熟市轨道交通四网融合规划》《常熟市县道公路网规划（2021—2025年）》，推进实施《苏州内河港常熟港区港口总体规划及岸线整合利用五年规划》，申报立项《常熟市支线航道网规划定级研究》《常熟高架桥下空间综合利用研究》《常熟市交通运输现代化示范区建设方案》等专项规划。年内，市交通运输局负责实施政府投资项目26项，其中新开工12项、续建14项，年内完成投资34.4亿元。

【交通圈建设】 2021年，常熟市继续推进“两个‘一小时’、四个‘半小时’”交通圈建设。年内，南沿江铁路推进建设，通苏嘉甬铁路开展前期工作；沪苏通铁路正常运营，342省道常熟东段改扩建工程开工建设、342省道常熟西段改线工程处于方案研究阶段；524国道莫城至辛庄段改扩建工程（即苏常快速路）主线快速路经通车；建成5条市内快速路，即三环快速路、昆承快速路、通港快速路、新世纪快速路和苏常快速路。

【常熟成为省交通运输信息化综合应用示范县（区）】 11月24日，江苏省交通运输厅公布第二批江苏省交通运输信息化综合应用示范县（区）名单，常熟市位列其中。常熟市围绕加强交通运输信息化建设规划和统筹、推进综合管理和综合服务应用系统建设、提高数据分析和决策支持能力这一主线，强化综合集成、高效协同、数字赋能，推进“大数据+交通出行”、“智慧交通”建设、“互联网+政务”、“互联网+协同办公”等各项重点工作，市级交通运输综合指挥系统（TOCC）已形成雏形。危险货物运输监测、非现场执法、智慧公交、智慧公路等交通信息化应用项目，取得一系列创新实践成果。

公　　路

【概况】 2021年，全市公路通车总里程达2418千米，其中高速公路82千米，一级公路326千米，二级公路719千米，三级公路563千米，四级公路728千米。4条高速公路（沈海高速、常合高速、常嘉高速、常台高速）组成主骨架路网，设有8处互通，常熟市95%的乡镇实现15分钟上高速公路。11条国省道（G204、G346、G524、S228、S340、S342、S359、S224、S407、S441、S604）构成干线路网，实现乡镇节点全覆盖。27条县道、1395条镇村公路构成城乡路网。

【公路建设】 2021年，新世纪大道北延常昭路至海虞镇段、524国道莫城

10月31日，苏常快速路通车　　（市交通运输局　提供）

至辛庄段高架建成通车。常熟快速路总里程达70千米，路网建设入选"2021年度苏州十大民心工程"。苏州大市首例交通建设PPP项目342省道东段（暨青墩塘路）快速化改造工程开工建设。东南大道东延通车，常台高速常熟东新收费站启用。广济北路北延、扬子江大道改扩建工程有序推进。启动沙家浜沙阳线、海虞镇人民路、支塘镇窑石线、董浜镇华烨大道4条高质量镇域道路升级改造，辛羊线、支董线、支何公路改造完成。打造"美丽农村路"77.21千米，其中常梅路等14条农路被评为2021年度苏州市"美丽农村路"。推进"阡陌农路"建设，全年累计打通"断头路""梗阻路"10.93千米，"最后1公里"项目37.85千米，各项农村公路生命安全防护工程28.89千米，总投资约8852.3万元。

【公路运输】 2021年，全市完成公路客运量645.68万人次（含全市班线、旅游、市域内包车），客运周转量55430.86万人千米；公路货运量1887.2万吨，货运周转量250589.5万吨千米。一级汽车客运站2个（汽车客运站、长途汽车客运站）。全市有道路客运企业6家，班车企业1家、包车企业5家。开设客运班线46条，其中，省际班线16条、市际班线27条、县际班线3条。全市有普货业户4344家，其中，企业1778家（物流货运企业569家），个体户2566家，普货车辆9554辆。危货运输单位30家，危货车辆614辆（含挂车242辆）。

【两条快速通道通车】 9月28日，新世纪大道北延常昭路至人民路段主线快速路系统通车。新世纪快速路全长9.8千米，总投资约43亿元，道路通车后，海虞镇至市区的通行时间缩短至8分钟。10月31日，苏常快速路通车。该快速路全长14千米，总投资约27亿元，道路通车后，常熟市区至辛庄镇通行时间缩短至约8分钟，到苏州中心城区行车时间只需30分钟。

铁　　路

【概况】 2021年，全市铁路运营里程38千米，在建里程38千米，有火车站1座。沪苏通铁路运行顺利，旅客数量稳步增长，开通常熟直达北京班线，成为常熟市民对外出行新选择。南沿江铁路完成箱梁架设，常熟段实现全线贯通。通苏嘉甬铁路完成工可评估审查，常熟段线位方案稳定，常熟西站明确落地。如通苏湖城际铁路、苏虞张市域郊铁路、苏州轨交10号线等项目深化前期研究，打造多层次轨道交通网络。

【铁路建设】 2021年，南沿江铁路常熟段完成线下主体结构工程，实现常熟段桥梁贯通，桥面系工程完成78%，开展轨道板施工。南沿江常熟站10月初开工建设，完成邻营线外桩基础工程，继续推进承台、桩基及地梁施工，对接开展站房内部装饰文创方案研究。通苏嘉甬铁路前期工作有序推进，已完成工可评估暨行业评审，常熟段线位方案稳定，明确常熟西站纳入主体同步建设，江苏段初步设计形成初稿，常熟西站综合交通规划形成初步方案。

【铁路运输】 2021年，沪苏通铁路常熟站发送旅客156.18万人次，日均发送4279人次，比上年日均客流量增长23.7%。2021年年底，常熟站每日发车105列，其中上行方向发车53列，下行方向发车52列，能与20省（自治区、直辖市）162个车站实现直达，包括：上海市6个，江苏省33个，浙江省20个，安徽省13个，河南省11个，山东省14个，湖北省9个，四川省5个，重庆市5个，陕西省5个，陕西省9个，宁夏2个，甘肃省2个，福建省8个，广东省5个，河北省5个，北京市1个，辽宁省6个，天津市2个，吉林省1个。

【南沿江铁路常熟段全线率先完成线下主体结构施工】 9月6日，白茆河大桥跨白茆塘连续梁浇筑完成并合龙，至此，南沿江城际铁路常熟段高架19处连续梁全部完工，标志着常熟段在全线率先完成线下（墩台和连续梁）主体结构施工，常熟段建设项目控制性节点工程取得新突破，为后续推进箱梁架设及桥面施工奠定基础。

内河航道

【概况】 2021年，常熟市有内河航道60条，通航里程527.3千米，总里程在苏州县市中位列第一。等级航道11条，五级航道112.76千米、六级航道37.88千米、七级航道66.67千米，等外航道309.99千米。拥有望虞河（五

11月10日，常通汽渡引进最新第四代长江汽渡船"常通汽渡18号"。"常通汽渡18号"船长近百米、宽15.7米，可容纳16个标准集装箱同时过渡（朱琪　摄）

级)、常浒线(五级)、白茆塘(七级)3条通江航道,申张线(五级)1条干线航道。

【航道建设】 2021年,常熟市七鲇线(白茆塘—东南大道)航道整治工程于11月12日通过交工验收,七鲇线(白茆塘—东南大道)段按五级航道标准进行了整治,工程里程1千米。年内,苏虞线(唐家宅基—界泾河)、申张线(东南大桥—七星桥)航道整治工程均完成工可编制;苏虞线(六里塘—申张线)航道整治工程工可正在编制中。完成申张线沙家浜南桥段航道整治工程、申张线招商城段护岸抢修工程。

【内河运输】 2021年,常熟市完成水路客运量406万人次,客运周转量2639万人千米;水路货运量176.2万吨,货运周转量173126.4万吨千米。全市有水路货物运输企业3家,2家沿海运输、1家内河运输,均为普货运输,营运船舶4艘、载重41241吨。内河码头130个,全年货物吞吐量2000万吨。虞山船闸开放15702闸次,放行各类船舶50564艘次,征收闸费963万元。 (黄心珏)

【常通汽渡】 2021年,常通汽渡有48米全回转渡轮2艘,60米全回转大型渡轮2艘。全年渡运车辆293986辆次,航次27523次,营业收入(不含税)2505.38万元。 (沈 洁)

交通运输管理

【交通运输管理体制改革】 8月9日,常熟市交通运输综合行政执法大队挂牌运行,市交通运输局完成"一大队三处五中心"的交通行业管理体系改革,实现"行政职能回归机关、执法职能综合行使、公益服务得到强化"的改革目标。原交通运输管理处、地方海事处、机动车维修管理处、客货运输配载管理所、各交通管理中心所、公路管理处路政管理、航道管理处航政管理等职能划归至市交通运输综合行政执法大队;原公路管理处职能(除路政管理外)划归至市公路事业发展中心;原航道管理处职能(除航政管理外)划归至市港航事业发展中心;原交通工程质量监督站职能划归至市绿色交通与工程质量监督中心;新组建市交通运输应急指挥中心。

【运政管理】 2021年,市交通运输局办理运输企业道路运输许可878件(普货861件,出租车17件)。办理道路运输证2834本(公交253辆,出租车533辆,货运2000辆,客运48辆)。组织"安澜"行动46次;全市运政稽查查处案件845起,运政监控中心全年处理安全监管信息54688条;全年淘汰国三及以下排放标准中型和重型柴油运输车272辆,注销柴油货车运输证1402本。

【路政管理】 2021年,市交通运输局受理并办结许可案件42起,其中受理国省道案件13起,农村公路案件29起。处理各类损坏公路路产案件71起,对损坏的公路路产及公路附属设施上报相关部门71起。受理并办结许可案件42起。开展路域环境集中整治,清除摊点301个,非标162块,封闭非法道口6处约72米。排查境内国省道桥梁桥下隐蔽部位,清理桥下堆积物处16处约1100平方米。与公安部门联合开展常态化的车辆超限整治行动,全年出动路政执法人员2920人次、公安人员4380人次,检查车辆6779辆,查处超限车辆700辆,卸载4405.13吨,公安处罚记3289分。

【地方海事管理】 2021年,常熟地方海事管理部门辖区进出船舶25万艘次左右;全年参与执法人员5153人次,巡航次数2853次,巡航16759千米,巡航时间4918.5小时;开展船舶现场监督检查500艘次;对船舶实施燃油检测106艘次;实施行政处罚191起(其中普通程序123起),罚款金额23.175万元,船员驾驶证共记74分(18人);船舶船旗国安全检查3艘次;常熟市水上110联动、水上交通事故接处数64起,救助船舶5艘次;全年危化品运输船舶报告1409艘次(装卸量356067吨),并对450多艘次船舶实施安全检查。2021年年底,全市有证码头计134家,全年开展防污染检查314次;水上加油站14家(其中常隆和华源不经营),全年检查56次;水上游览景区4家,全年检查22次,景区规模21艘客旅船检查全覆盖。全年检验船舶118艘,总吨2334吨,功率8727.86千瓦。实施行政许可2件(同时发布航行通告2个)。全年危化品装卸2859艘次,装货货量589284吨,实施违法行为行政处罚7次。内河码头接收船舶污染物30017艘次,船舶垃圾为28吨,生活污水为2964吨,油污水69.6立方米。

【航道及内河港口管理】 2021年,市交通运输局严格执行《江苏省航道管理条例》《江苏省航道财产赔补偿收费标准》,截至2021年年底对前期已批复项目建设收取赔补偿费30.11万元。完成办结11起航评项目。协助苏州港航中心完成辖区航评项目13起。开展打击建筑泥浆违法转移及水上标志标牌专项行动,全年发现和处理涉航泥浆运输违法案件4起,罚款金额0.4万元。完成巡航1882车船次,5571人次,累计里程18371千米。实施各类检查636多座次,对27家码头实施停产整顿。常熟市龙腾特种钢有限公司获评江苏省四星级绿色港口,成为常熟市首家绿色星级港口。

【沿江港口管理】 2021年,常熟港有港口经营许可企业37家,港口经营备案企业27家。年内,市交通运输局加强港口经营许可证管理,核发2家、注销2家、延续5家、变更2家,备案港口经营企业9家。对4家港口源头重点单位进行现场执法检查25次,对全港61家港口经营企业进行信息采集、自评和考评,将考评结果进行公示;全年完成督查行动60次,下发限期整改通知8份,实施行政约谈7次,对2家企业实施停产整顿处罚。全年管控外贸货轮超894艘次，管控港口作业人员超11855人次，管控货物超450万吨。开展隐患排查治理，组织第三方检查2次，覆盖所有码头、仓储企业，发现问题隐患310条，按照“五定”要求督促企业落实整改。编制完成《散杂货码头企业安全风险管控和隐患排查治理指导手册》《散杂货码头企业安全生产标准化建设基本规范》。新增重大危险源监管对象1家（宏智仓储）。

（黄心珏）

水 利

水利综述

【概况】 2021年，常熟市在苏州市首家编制完成水务基础设施空间布局规划，首家编制完成城市内涝治理实施方案并获市政府批复。省级水利重点项目—徐六泾江边枢纽工程主体结构完工。全年沿江各闸引排江水1569潮次、18.5亿立方米，保障沿江各闸全年安全通航13.2万余船次、过闸货物9164万吨。建设望虞河水情教育基地，白茆闸遗址入选江苏省首批省级水利遗产名录。常熟市被省水利厅列为省级水域保护规划编制和示范区建设“双试点”县，获评“太湖流域片县域节水型社会达标建设十佳案例”，获得“十三五”实行最严格水资源管理制度考核苏州市第一名。市水务局被省委、省政府表彰为2020年全省防汛抗洪工作先进集体。常熟市长江河道管理处通过省水利工程精细化管理考核，江苏省望虞河常熟管理所获评江苏省二级水利工程管理单位。问村小流域创建成2020年度苏州市唯一的省级生态清洁小流域。

【水务规划编制】 2021年，常熟市推进《常熟市水务基础设施空间布局规划》编制；完成《常熟市城市内涝治理系统化实施方案》编制；组织开展《常熟市水域保护规划及水域保护示范区建设实施方案》编制。水域保护规划完成编制报省水利厅待审，实施方案完成进度30%，常熟被列为省级水域保护规划编制试点和水域保护示范区建设试点，为苏州市唯一双试点县（市、区）。

水利设施建设与管理

【水利设施建设】 2021年，常熟市望虞河西岸控制工程通过竣工验收。徐六泾江边枢纽工程形象进度85%。中小河流治理—北福山塘整治工程于10月28日开工建设，至年底形象进度35%。实施城区防汛能力提升工程三期，建设内容包括长江路、碧虞路雨水管网改造、城区河道挡墙新建、张家港河道堤防除险加固、枫泾排涝站改造5项工程。长江路、碧虞路雨水管网改造、张家港河道堤防除险加固工程、城区河道挡墙新建工程全部完工；枫泾排涝站改造工程完成总体形象进度55%。完成海洋泾、昆承湖工程，七浦塘工程完成形象进度85%。实施2021年市镇两级资金水利工程，蛇泾河除险加固工程、辛安塘除险加固工程完工；元和塘沿线泵站改建工程完成总体形象进度52%；青墩塘沿线闸站改建工程完成总体形象进度51%；里睦塘整治工程完成总体形象进度55%；白茆塘沿线中小河流整治工程完成总体形象进度15%；常浒河沿线防汛提升项目完成总体形象进度15%。

【水资源调蓄】 2021年，常熟市通江节制闸引潮1006潮次，引水12.4亿立方米，排涝563潮次，排水6.1亿立方米；城区防洪大包围工程开机5786台时，全年排涝兼顾换水1.65亿立方米。

望虞河水利枢纽 （市融媒体中心 提供）

表 36　　2021 年常熟市级河道一览表

序号	河道名称	起　点	讫　点	河道长度（千米）	涉及乡镇
1	尤泾	张家港	白茆塘	11.45	沙家浜、古里
2	济民塘（西塘河）	常相界	昆承湖	5.11	高新区、沙家浜
3	辛安塘	常相界	元和塘	14.18	虞山、高新区、辛庄
4	北福山塘	望虞河	常张界	13.07	虞山、海虞
5	海洋泾	花板塘	海洋泾枢纽	12.80	虞山、海虞、梅李
6	徐六泾	古里苏家尖	长江徐六泾口	17.28	梅李、古里、碧溪
7	金泾	古里苏家尖	长江金泾口	21.92	碧溪、董浜、古里
8	护城河	西门湾	旱北门菱塘沿	4.40	虞山
9	南福山塘	护城河水北门	望虞河谢桥闸	8.68	虞山
10	青墩塘	常浒河海虞桥	古里苏家尖	11.57	虞山、古里
11	大滃	昆承湖	白茆塘	10.23	高新区、沙家浜
12	三泾	七浦塘	白茆塘	8.61	古里、支塘
13	耿泾	常浒河	耿泾口	17.89	虞山、梅李、海虞
14	环城河	元和塘三里桥	青墩塘	4.55	虞山
15	苏家滃	昆承湖	张家港	1.56	高新区、沙家浜
16	蛇泾	辛安塘	昆承湖	5.65	辛庄、沙家浜
17	花板塘	南福山塘（毛桥）	常浒河（陈泾口）	6.10	虞山
18	东环河	张家港	常浒河	8.70	高新区、虞山、古里

（资料来源：市水务局）

【河道管理】 2021年，常熟市开展河湖保护规划编制，划定全市26条骨干河湖的保护范围及岸线功能分区。开展全市河湖违法建设治理行动，全市拆除河湖违建194处，约13.2万平方米。开展长江河势水下地形监测，监测范围包括澄通河段铁黄沙整治工程下段（监测长度3千米）、河口段徐六泾（监测长度7千米）。监管常熟市境内68件涉河建设项目。

【望虞河水情教育基地】 水情教育基地由江苏省太湖地区水利工程管理处与常熟市水务局合作共建，包括望虞河工程展示馆与望虞河常熟枢纽工程等。水情教育基地规划从2021—2023年分两期实施。第一期建设望虞河工程展示馆，于11月25日启用。展示馆位于望虞河入江控制工程——常熟枢纽管理区内，展馆面积210平方米，集中展示长江、太湖流域水系水情、治水历史；望虞河及沿线工程规划建设、运行管理、效益发挥、后续发展等相关情况，以及望虞河在太湖流域发挥的功效、在长三角一体化进程及江苏省高质量发展中的作用。

【白茆闸遗址入选江苏省首批省级水利遗产名录】 2021年，江苏省水利厅公布首批省级水利遗产名录，常熟市白茆闸遗址入选。白茆闸是江南地区重要的水利设施之一，修建于1936年。白茆闸采用了当时欧美先进的建造技术，其建筑风格和装饰手法则采用了中国风格——牌坊式的建筑造型、华表状的装饰图纹和宛如白玉般的用料质感。2001年4月，老白茆闸正式报废停用，白茆闸遗址公园于2009年建成。同年，白茆闸被市政府公布为第七批常熟市文物保护单位。2010年，白茆闸被选为苏州市第三次全国文物普查十大新发现之一。

水务行政

【概况】 2021年，常熟市开展水行政监督检查暨水政执法专项行动，加强长江河道采砂管理，严格水行政执法，维护良好的水事秩序。加强对乡镇执法局的指导和培训，各镇、街道综合执法局对涉水违法行为立案24起，罚款31.3万元。查处248起涉水违法行为，清理违章占用1087平方米、拆除违章建筑619平方米，清理网簖891处。其中立案6起，罚款11.1万元。开展水利水务安全生产执法工作，巡查工地18次，形成问题清单72条，相关施工单位对照巡查问题清单在规定的期限内全部整改到位，未发生行政处罚。加强长江河道采砂工作日常宣传，贯彻《中华人民共和国长江保护法》，印发《常熟市长江河道采砂综合整治行动方案》。

【水政监察】 2021年，市水务局按照《常熟市水政监察执法巡查制度》，规范水政监察巡查，建立巡查报告制度，对重要河段及易发案河段，增加巡查密度。年内，各级执法部门出动人员8180人次，出动车辆3119车次。开展水行政监督检查暨水政执法专项行动，接受水利部长江委对长江流域水行政执法监督专项督查，常熟市水行政执法工作受到上级领导的肯定。

【水行政许可】 2021年，市水务局办理排水证207件；办理许可批文177件，办理其他事项184件；出具初审意见55份；办理即办件129件。年内，全市水资源费和水利工程水费征收9220.70万元，比上年增长11.7%；对1家2020年度自备水源超计划取水户加价征收水资源费6.87万元。完成4家国家重点监管取水户和9家其他市级以上重点监管取水户共14个取水工程（设施）规范化建设。完成苏州市首单水权交易。常熟市政府批复同意《江苏省常熟虞山高新技术产业开发区水资源论证区域评估报告》。

（陆小祥）

长江应急水库 （朱琪　摄）

责任编辑　归岳钦

生态建设

综　述

【概况】 2021年，常熟市印发《打好污染防治攻坚战年度工作计划》《生态环境保护年度工作意见》，编制实施《常熟市生态文明建设规划（2020—2025）》，出台《打造安全环保清新美景三年行动计划》。开展“首季争优”“春夏攻坚”等专项行动，污染防治攻坚战26项重点指标、19项挂牌重点任务以及20项重大环境基础设施补短项目全面完成。组织开展多轮突出环境问题大排查大整治行动，做好第二轮省生态环保例行环保督察迎检工作，上级交办环境问题完成整改销号。加强生态空间保护，启动全市生物多样性本底调查、生态价值评估与核算等工作。全面落实长江经济带“三线一单”管控要求，编制《“十四五”污染减排项目清单》，开展工业园区污染物排放限值限量管理，被生态环境部列为水生态环境质量许可排放量核定试点单位。2021年，常熟市获得省级生态文明建设示范县（市）和国家生态文明建设示范区命名，入选江苏省智能环境治理实验基地，4个镇3个村被评为省级生态文明建设示范镇村。

【常熟市获评国家生态文明建设示范区】 10月14日，在云南昆明举办的联合国生物多样性生态文明论坛上，常熟市被生态环境部授予第五批“国家生态文明示范区”称号。常熟全面落实习近平生态文明思想，积极践行“两山”理念，生态文明建设亮点丰富：构建“立体有治、施治有序”的制度体系，将“美丽常熟”建设作为全市高质量发展主轴主线，形成齐抓共管、共建共享的良好格局。形成“功能清晰、集约高效”的生态布局。打造由三大生态圈和三条绿色廊道组成的“三横三纵”大生态格局，塑造“生态优先、绿色发展”的常熟样板。以“354”产业格局为主攻方向，大力发展信息技术、生命健康等绿色新兴产业。擦亮“碧水如镜、蓝天常在”的城市底色。打好污染防治攻坚战，2015年以来累计实施水气土等污染防治项目超过5000项。在全省创新开展“驻村帮、整村治”村级污染治理新模式；投入27.1亿元实施“千村美居”工程；创新建立“绿动常熟”生态文明宣教联盟，营造“底蕴浓厚，全民参与”的生态文化。

环境质量

【空气质量】 2021年，常熟市空气环境质量优良率83%，比上年下降2%；$PM_{2.5}$年均值为27.8微克/米^3，比上年下降12.3%。

【水环境质量】 2021年，常熟市水环境质量持续改善，长江、尚湖两大饮用水源地水质达标率保持100%；13条入江支流优于Ⅲ类水比例达100%；全市100个地表水断面达标率99%，优良比例87%，分别较上年提高2.6%和0.1%；15个“国省考”断面达标率100%，优良比例93.3%，分别较上年提高10%和3.3%。

【噪声环境质量】 2021年，常熟城区交通噪声昼间平均值为67.4分贝（A），较上年下降0.1分贝（A），道路交通噪声强度符合一级要求，质量等级属于好；城市区域环境噪声昼间平均值为49.9分贝（A），较上年下降1.5分贝（A），达到城市区域环境噪声一级水平。

【土壤环境质量】 2021年，全市重点建设用地安全利用率100%，全市土壤环境总体安全。 （章　阅）

水资源保护

【概况】 2021年，常熟市实行最严格水资源管理制度，编制《常熟市2020年度实行最严格水资源管理制度自查报告》，获“十三五”苏州市实行最严格水资源管理制度考核优秀等次，位列苏州市第一。开展全市自备水源取水户和自来水重点用水户节约用水监督检查，推进水资源管理和节约用水年度各项工作，压降万元GDP用水量指标绝对值。利用节水载体创建、“世界水日”、“中国水周”、全国城市节水宣传周等契机，开展水资源和节约用水宣传。

【节水行动】 2021年，常熟市开展水资源消耗总量和强度双控行动。制定工业用水压控措施及自备水源取水户和公共供水用水户年度取用水计划，对全市自备水源取水户和年用水量5千立方米以上公共供水用水户下达年度取用水计划,自备水源计划用水率100%,公共供水年用水量5000立方米以上用水户计划用水率100%。年内,江苏常熟新材料产业园成功创建省级首批节水型工业园区,创建省级节水型企业14家、省级节水型学校1所、省级节水型社区1个、苏州市级节水型学校2所、苏州市级节水型企业14家;奇瑞捷豹路虎汽车有限公司和烨辉(中国)科技材料有限公司获评苏州市第五批水效领跑者。常熟理工学院校园智慧节水平台和江苏新凯盛企业发展有限公司回用水处理系统两个项目获评苏州市第四批合同节水管理项目。完成常熟三爱富中昊新材料化工有限公司省级节水典型示范样板申报。在全市计划用水户中建立节水专员制度,并开展节水专员培训。

【饮用水源地保护】 2021年,常熟市开展长江、尚湖饮用水水源地规范化建设,增设长江、尚湖水源地准保护区标界及警示牌。组织对尚湖湖面、堤岸、河湖两违、水质等开展巡查,及时梳理反馈督促属地政府完成整改,完成尚湖、长江水源地年度长效管理与保护评估。按照计划完成2021年度应急水库沉水植物种植,经过水库生态修复建设,水质情况达到历年最佳,Ⅱ类水达标率98%,Ⅲ类水达标率100%(执行湖库水标准)。

【问村小流域治理通过省级生态清洁型小流域验收】 8月省水利厅、省财政厅联合发文通过常熟市问村小流域省级评估工作,问村小流域治理成为当年苏州市唯一省级生态清洁型小流域。2020年1月,常熟市水务局成立问村生态清洁型小流域创建工作领导小组启动问村小流域治理工作,系统开展河道整治5条,整治长度14.1千米,疏浚土方17.4万立方米,实施水系连通11处、拆坝建桥11处;实施分散式生活污水收治2129户,4688户采用接管方式接入主管网,做到生活污水收治全覆盖;打造小流域范围内千村美居人居示范村。通过小流域创建展现小桥流水、粉墙黛瓦、碧水绕村、古香古韵的江南诗画水乡风貌。

(陆小祥)

土地资源保护

【耕地资源保护】 2021年,常熟市有耕地36179.33公顷、即可恢复耕地12783.8公顷、工程恢复耕地2245.33公顷,合计51208.46公顷。全市实施增减挂钩项目109个、面积122.6公顷,"三优三保"项目64个、面积95.4公顷,耕地占补平衡项目3个、面积3.13公顷。通过"再整理""回头看",加强土地整治后期管护,保证耕地数量和质量。通过耕地卫星遥感图片督查,巡查耕地保护存在问题,对实地未经批准移作他用的问题地块督促整改。开展永久基本农田核实整改补划,对重点项目占用永久基本农田的做好占用补划工作。 (徐 勉)

【耕地质量提升示范区创建】 2021年,常熟建成4个耕地质量提升与化肥减量增效示范区,总面积60公顷。碧溪街道横塘村和古里镇康博村在设施蔬菜土壤存在连作障碍、次生盐渍化问题的区域,各建立1个蔬菜化肥减量增效核心示范区,重点应用生物有机肥、水肥一体化等技术,优化施肥结构,改良土壤理化性状,提升土壤肥力;尚湖镇新和村在新增补充耕地、耕地质量等级低的区域以及海虞镇徐桥村在作物施肥问题突出、化肥施用强度高的区域,各建立1个稻麦化肥减量增效核心示范区,重点应用秸秆还田、增施有机肥、侧深施肥和小麦种肥同播(配方肥或缓控释肥)等技术,简化栽培方式,提高肥料利用率,促进化肥深施、节本增效、提质增效。通过示范区建设,带动全市2021年化肥使用量较上年削减0.68%。

(李雯雯)

湿地资源保护

【概况】 2021年,常熟市湿地总面积2.99万公顷,受保护湿地面积1.22万公顷,湿地保护率40.8%。自然湿地面积1.86万公顷,受保护自然湿地面积1.21万公顷,自然湿地保护率65.4%。全市建有沙家浜国家湿地公园、尚湖国家城市湿地公园2个国家级湿地公园,泥仓溇省级湿地公园、南湖省级湿地公园2个省级湿地公园及长江湿地保护小区、望虞河清水通道保护小区、昆承湖湿地保护小区3个湿地保护小区。形成南部生态屏障区、西部生态保育区和北部生态廊道构成的,以湿地为核心的城市生态格局。

【湿地监测与保护】 2021年,全市湿地鸟类有319种,其中国家一级保护

10月下旬,位于海城村长江沿岸的向日葵花海 (朱琪 摄)

鸟类7种、国家二级保护鸟类43种；湿地维管植物403种；鱼类34种；底栖动物42种。常熟市对重要湿地进行气象、水质、鱼类、底栖生物、鸟类、植物等生态因子的在线和人工监测。加强国家级、省级湿地公园和湿地保护区管理，实现建设管理自查评估常态化。

【湿地科普宣教】 2021年，全市依托市湿地保护管理站、沙家浜湿地自然学校、南大常熟生态研究院宣教团队3支专业队伍，沙家浜湿地自然学校、市湿地科普馆、市湿地生态监测中心、南大常熟生态研究院4个宣教平台，通过市自然资源和规划局、市水务局、市教育局、市科协、常熟生态环境局5部门联动的方式，建成"五四三"湿地科普宣教体系，开展"湿地科普宣教进机关、社区、学校"系列活动10余期。

【国际湿地研究交流】 2021年，常熟市先后2次分别在大义中心小学、伦华外国语学校举行中韩国际湿地城市环境教育线上交流会，常熟市和韩国昌宁郡的学生分享各自湿地研学成果。8月，"一带一路"国家湿地保护与管理研修班在杭州举行，柬埔寨、巴基斯坦等9个国家、66名学员参加，常熟市湿地保护管理站、沙家浜国家湿地公园受邀作《湿地让城市更美好——常熟湿地保护的实践与探索》和《生态沙家浜 红绿新学堂》报告。

（徐　勉）

森林资源保护

【概况】 2021年，全市有林地面积1.38万公顷，国家特别规定灌木林地面积0.13万公顷，四旁树折算面积0.52万公顷，森林覆盖面积2.02万公顷。基本构建以丘陵山区公益林为核心，沿路沿水绿色通道为骨架，森林公园、湿地公园、生态园、镇村绿化为基点的森林生态系统。虞山林场面积1500公顷，其中林地面积1133.33公顷，森林覆盖率96%，空气中负氧离子达每立方厘米2万个。虞山区域有鸟类113种、植物309种。虞山森林资源保护类投入资金688.94万元，其中森林防火646.53万元，虫害防治42.41万元。开展维摩区域林茶间作茶园林木修枝，完成虞山宝岩区域0.6公顷杉木林及20公顷林地抚育工作，改善林木生长环境，提升林分质量。年内，常熟未发生森林生物灾害，全市实施无公害防治面积85.47公顷，开展马尾松毛虫、樟巢螟、杨树舟蛾、黄杨绢野螟、重阳木锦斑蛾等林业虫害专题调查25次、调查里程600千米、踏查面积41公顷。完成在册565株古树名木坐标经纬度测量，矢量数据录入及GIS落图，形成包含空间地理分布、图片等信息的信息系统。

【森林防火】 2021年，常熟市按照《常熟市森林防火规划（2020—2025年）》，持续推进森林防火八大工程体系建设。组织全市森林防灭火业务培训，强化森林防火重点单位业务能力。虞山森林防火指挥中心投用，沿虞山设置护林防火监控云台16处、监控44处，数据接入常熟"智慧应急"系统平台，实现森林防火智能化监测预警。推广使用"防火码"，掌握入林人员基本信息，实现防火护林信息化数据化。以"清明五一""中秋国庆"等节日为重点，开展各级森林防火检查430次。在微信等新媒体投放森林防火公益宣传信息12.5万条，公交车投放公益宣传视频2000多辆次；开展现场宣传8次，接待咨询人员5000多人，发放宣传册8000余份。开展森林防火实战演练，联合市消防救援大队制定联防联训工作机制，赴虞山高新园消防中队开展全封闭联防联控训练。

【病虫害防治】 2021年，常熟市制定《常熟市松材线虫病疫情防控五年攻坚行动计划（2021—2025年）》，开展无人机航飞监测3次，监测面积1341.2公顷，实现虞山监测全覆盖。悬挂松墨天牛诱捕器443套，释放花绒寄甲8500管、肿腿蜂3500管，预防性防治面积200公顷。在虞山重点林区悬挂美国白蛾性诱捕器6套，设置高智能虫情测报灯3台，开展监测40余人次，专项踏查3次；至年末，虞山范围内未发现美国白蛾疫情。针对马尾松毛虫、日本松干蚧、樟巢螟、黄杨绢野螟等林业虫害，开展专题调查10次、踏查面积20公顷；开展橙带蓝尺蛾专题调查，踏查绿化企业1家，涉及苗圃地3.33公顷、罗汉松150余株。

（徐　勉　顾雪怡）

生物资源保护

【概况】 2021年，常熟市野生植物资源有5大类200多种；野生动物有800余种。虞山国家森林公园有鸟类15目、36科、113种，其中属国家Ⅰ、Ⅱ类保护的有8种，属《中日候鸟保护协定》保护的有46种；有两栖类动物1目、4科、7种，爬行动物3目、7科、15种，有哺乳动物6目、13科、24种；有昆虫资源300多种，其中蝶类40多种，珍品蝶种有玉带凤蝶、丝带凤蝶、碧蝶等。

【虞山植被保护】 2021年，常熟市做好虞山国家森林公园232株古树日常巡查及养护。虞山林场为虞山999公顷生态公益林购买江苏省中央财政公益林综合保险，与三峰、兴福、宝岩管理区签订管护合同。结合虞山病虫害防治在虞山中路沿线、宝岩牛角湾、兴福念亩山区域开展增绿补绿，种植美人梅、红梅、深山含笑等各类观花观叶乔木1571株，蔷薇、迎春等各类藤本1650株，完成虞山中路1.33公顷林相改造工程。（徐　勉　顾雪怡）

【野生动物保护】 2021年，常熟市自然资源和规划局持续做好陆生野生动物保护工作。开展"清风行动""打击野生动物违法犯罪行为"等野生动物保护专项执法行动，查处野生动物行政案件1起。实施野生动物救助78次，救护野生动物90只，其中国家二级保护野生动物红隼、猫头鹰等23

只。举办第三十五届“爱鸟周”主题宣传活动,在三峰管理区、七峰村开展科普宣传活动。依托沙家浜、尚湖2处监测站,做好陆生野生动物疫源疫病监测,监测候鸟等野生动物种群变化及异常情况,全年未发现陆生野生动物疫源疫病。（徐 勉）

【水生生物增殖放流活动】 6月6日,“鱼米之乡美丽常熟”2021年“放鱼日”暨常熟市水生生物增殖放流活动在沙家浜湿地公园启动。常熟长江干流、通江河道、湿地公园增殖放流点同时开展活动,分别投放鳙鱼、白鲢、银鲴870万余尾,通过“以鱼净水、以鱼养水、以鱼调水”的方式,对常熟渔业资源进行修复,改善水域生态环境。（常 融）

长江大保护

【概况】 2021年,常熟市坚持“共抓大保护,不搞大开发”,把修复长江生态环境摆在压倒性位置,践行“长江大保护”战略,坚持以生态优先、绿色发展为中心,全力打造“三带三度”生态保护圈,整体系统建设“森林带”“湿地带”“观光带”,着力提升“辨识度”“显示度”“认可度”。推进长江沿线补植复绿,构建水清地绿生态廊道,清除岸线非法占用,聚力沿江环境整治,提升生态环境质量。成立“长江大保护”党建联盟,以“红色党建”引领“绿色发展”。（陆小祥）

【长江禁捕退捕】 2021年,常熟市建立长江流域禁捕执法长效管理机制,强化社会监督。对全市91家渔具店、209家大型以上餐饮服务单位、3家在营水产品生产企业进行拉网式清查,宣传相关禁捕政策,指导经营户建立渔具销售台账;加强门店广告、招牌检查,对含有“长江活鱼”“长江野生鱼”等字样的招牌字号和菜单进行更改规范;全年清理残网160件、“三无”船4条、浮子筏5只,立案查处禁渔违法案件55件。年内,立案查处长江涉渔案件50件,案件数量比上年下降,查处内河非法捕捞案件90件、没收渔具162个(套)。（周 磊 陆小祥）

【船舶污染和港口治理】 2021年,常熟市推进长江常熟段绿色综合服务区建设,强化长江水域污染防治。开展长江常熟段水域3个锚地和1个临时停泊区的内贸船舶“一零两全四免费”服务,多功能接收船出航111航次、911.2小时,总靠泊船数1120艘次,接收生活污水485.85立方米、可回收垃圾1021.6千克、厨余垃圾1728.5千克、其他垃圾1631.8千克。在全省率先完成内河码头扬尘监测系统建设和长江常熟段水上过驳作业浮吊实现“清零”。组织港口污染防治“回头看”专项行动,开展船舶和港口污染防治三号行动。

【沿江区域生态环境保护修复】 2021年,常熟市加强沿江区域水环境质量提升,推进重点整治任务。强化通江支流水质提升工作,开展福山塘闸、徐六泾闸等通江支流断面“一断面一方案”攻坚行动,实施支流沿线生活污水收治、河道清淤等治理工程;加快推进经开区化工集中区工业污水厂建设任务,提高工业废水处理效率。开展长江和太湖流域入河(湖)排污口排查整治专项行动,完成长江流域192个排污口三级排查整治和太湖流域2982个排污口排查,完善入河(湖)排污口管理;开展全市涉水企业事故排放及应急处置设施专项督查整治工作,完成65家涉水企业现场检查工作;印发实施《常熟市水环境质量监测预警应急处置实施办法》,定期开展闸内支流水质和农田退水口监测。11条通江支流水质均达到地表水Ⅲ类标准,部分断面可达Ⅱ类。（周 磊）

【长江河道采砂管理】 2021年,市水务局加强《中华人民共和国长江保护法》宣传,与市公安局、市交通运输局、常熟海事局、长航公安常熟派出所联合印发《常熟市长江河道采砂综合整治行动方案》。制定《常熟市扫黑除恶打击非法采砂专项行动方案》,市水务局、海事局、资规局联合开展扫黑除恶打击非法采砂联合巡江行动,登船检查运砂船2艘,全年出动740人次、300车次、执法艇21艘次,未发现非法采砂行为,采砂船指定停泊点无采砂船。（陆小祥）

节能减排

【概况】 2021年,常熟市持续调整优化产业结构,推进印染高质量发展能

长江边螺蛳湾生态湿地栖息着包括国家一级保护动物东方白鹳等在内的161种鸟类（刘文忠 摄）

耗减量替代工作。全市对固定资产投资技改项目开展节前审查1个；完成市级节能技改项目50个，节能量超过11.24万吨标煤。开展绿色制造体系示范创建工作，奇瑞捷豹路虎汽车有限公司、常熟市龙腾特种钢有限公司申报工信部第六批绿色工厂名单；江苏理文化工有限公司、苏州通润驱动设备股份有限公司产品申报工信部第六批绿色产品名单；常熟非凡新材股份有限公司、江苏中利集团股份有限公司、常熟三爱富中昊化工新材料有限公司、创美工艺（常熟）有限公司4家企业入选江苏省第二批绿色工厂名单。

（徐濛溦）

【绿色建筑】 2021年，常熟市执行新建民用建筑节能强制性标准，年内新建节能居住建筑370.11万平方米、节能公共建筑112.12万平方米、绿色建筑482.23万平方米，城镇绿色建筑占新建民用建筑比重达100%。完成太阳能光热应用面积135.44万平方米、浅层地能应用面积33.24万平方米。完成既有居住建筑节能改造面积2.13万平方米、公共建筑节能改造面积6.71万平方米。（陈　伟）

【路灯节能改造】 2021年，市公路事业发展中心针对全市路灯现状探索绿色、低碳、环保的智能化改造方案。年内，204国道、338省道、常海线、压顾线、冶金线、车邓线、辛羊线7条道路5331盏路灯实施高压钠灯智能化节能改造试点。

【常熟发电煤场封闭改造工程通过验收】 2021年，常熟发电有限公司煤场封闭改造工程通过整体验收。煤场封闭改造工程是该公司重大技改工程，总改造面积8.7万平方米，总投入1.95亿元，于2020年4月开工建设，2020年底完成主体工程建设并通过省交通运输厅销号检查，2021年6月完成附属设备安装和调试。煤场全封闭改造后，每年减排粉尘近400吨，全面实现扬尘“零排放”目标。

（常　融）

污染防治

【大气污染防治】 2021年，常熟市印发实施《常熟市重点行业挥发性有机物深度治理工作方案》《关于加快解决常熟市当前挥发性有机物治理突出问题的通知》等文件，完成2354项年度大气治理重点项目，推进空气质量提升百日攻坚、工业挥发性有机物（VOCs）排查整治、印染废气深度治理等重点攻坚行动，摸清全市3685家涉VOCs企业底数清单，完成综合整治2550家，排查登记非道路移动机械超过1.1万台，与生态环境部环境规划院开展战略合作，建设城区大气环境质量精细化管理示范区建设，建成投用重污染天气应急管控系统、颗粒物公交车走航监测系统以及餐饮油烟在线监控系统。

【水污染防治】 2021年，常熟市完成80项太湖治理、阳澄湖生态优化和“水十条”年度重点任务，编制实施太湖安全度夏方案、“一断面一方案”以及汛期防范水质下降应对预案，完成长江和太湖流域1709个入河（湖）排污口的调查、监测和溯源工作，实施城镇区域水污染物平衡核算、涉水企业事故排放及应急处置设施专项整治、总磷调查等重点工作，水环境质量完成年度改善目标。

【土壤污染防治】 2021年，常熟市全面落实“土十条”年度计划，抓好各级人大《中华人民共和国土壤污染防治法》《中华人民共和国固体废物污染环境防治法》执法检查交办问题以及土壤污染防治审计问题整改，动态更新土壤重点监管单位名单，开展土壤污染隐患专项排查、关闭退出化工生产企业专项整治，完成一般工业固废和城乡有机废弃物全覆盖摸底调查，推进危险废物全生命周期环境监管。

【声污染防治】 2021年，市生态环境保护委员会办公室印发《常熟市区声环境质量改善计划》。常熟生态环境局、市住建局开展市区建筑施工噪声专项治理行动，针对市区三环路以内在建房屋建筑和市政设施基础工程，推广使用低噪声机具和工艺；督促建筑施工现场落实噪声控制措施；严格控制夜间建筑施工噪声污染；建立建筑施工噪声防治管理制度。（章　阅）

环境监管

【环保能力建设】 2021年，市委、市政府印发《常熟市生态环境保护责任清单》，责任清单四大项29条，对标近年来生态环境领域的重大方针政策和最新工作要求，聚焦污染防治攻坚、生态文明创建、人居环境整治、网格运行管理等重点领域和突出问题，逐条列出，实现“应纳尽纳”。5月，常熟市“安环联动”培训基地揭牌仪式暨“安环联动”首期培训班开班，常熟市“安全环保”联合培训基地揭牌。

【环境管理】 2021年，常熟生态环境局相继出台实施搭建服务外资企业“绿桥”工作措施、重点企业环保联络工作机制、“科普123”助企行动、培育绿色发展领军企业工作方案等惠企政策，通过上门走访、环保“企业通”信息平台、民营企业环保服务站等及时办理企业环保诉求100多个。持续推进重点企业全过程环境管理规范化建设，全市220家企业完成验收，其中23家达到环境管理优秀水平。全年围绕“世界环境日”“世界低碳日”等时段开展宣教活动500多次、覆盖10多万人次。编制上线环保领域“常见违法风险点行政提示清单”。

【环境监测】 2021年，常熟市投入120多万元，建成车载式大气颗粒物走航监测系统32套，并上线运行。其中，25套安装在公交车上、4套安装在执法车上、3套安装在省控气站上，开展低成本、大面积城市颗粒物走航监测，实现常熟城区空气质量网格化盲点补充、精准定位分析污染源、监测范围全覆盖。

【环境执法】 2021年，常熟市组织开展"寒战1号"、挥发性有机物治理、太湖安全度夏等各类集中执法行动超过70次，累计检查污染源单位超3800家，查处各类环境违法行为超过600件，其中，实施行政处罚506件，比上年增长36.7%；处罚金额5066万元、比上年增长97.5%、位居苏州市第二，移送涉刑涉拘案件11件、比上年增长38%，办理环境公益诉讼8件、生态损害赔偿超过500万元。全力做好安全生产整治"一年小灶"回头看、生态环境领域安全整治"三年大灶"等"规定动作"，完成6大类、459套重点环保设施安全风险评估和隐患排查治理，推动整改各类环境安全问题和隐患超过400个。组织开展重点环境信访领导包案化解、建筑施工噪声治理、重点区域印染废气扰民整治等专项行动，全年调处环境信访总数1519件，比上年减少27%。常熟生态损害赔偿诉前磋商工作机制（即在环境污染追究刑事责任的同时，促成行政机关与环境污染案件当事人开展磋商谈判，并签订生态环境赔偿协议）获得最高人民检察院肯定。

【固废管理】 2021年，常熟启动环太湖有机废弃物处置利用工作，推进"无废城市"建设，全面开展一般工业固废摸底调查。印发《苏州市常熟生态环境局分步推进江苏省危险废物全生命周期监控系统上线运行工作方案》，至12月20日，2402家产废企业在全生命周期监控系统中进行申报、转移。

【生态文明宣教联盟成立】 6月3日，"绿动常熟"生态文明宣教联盟成立，

6月3日，"绿动常熟"生态文明宣教联盟成立　　（生态环境局　提供）

宣教联盟由市生态环境局、市司法局联合15家相关市级部门共同成立，采用"1+2+3+4"工作体系：即形成生态文明宣传教育"一个"共同体；打造信息交流平台、宣教服务平台"二个"平台；实施定期会商交流机制、联动开展活动机制、线上信息共享"三项"机制；推进"绿动常熟"生态文明宣教联盟品牌建设、重要生态环保节日普法宣传、生态文明主题共建、特色主题阵地建设"四项"活动，打造生态文明普法宣教共同体，推进生态文明普法宣教立体化。

【工业群租企业安全环保消防专项整治】 9月27日，市委、市政府印发《常熟市工业群租企业安全环保消防专项整治工作方案》。10月11日，市政府召开全市工业群租企业安全环保消防专项整治动员部署暨业务培训视频会议，启动专项整治工作。整治分为调查摸底、全面整治和督导评估3个阶段，从出租方和承租方2个方面，围绕产业政策、安全消防、环境保护等方面明确32条具体标准。年内，常熟生态环境局会同市大数据局联合开发的专项整治信息管理平台已录入群租企业9072家，其中出租企业1661家，承租企业7411家，排查中发现安全环保消防等各类隐患26152条。

（章　阅）

【常熟市环境监测站竣工】 项目位于翡翠路与春晖路交界处，翡翠湾西侧。总建筑面积6837.46平方米，分为实验区和办公区两个区块。北侧为4层实验区，南侧为5层办公区，南北区块以楼梯连接错层，主要建设内容包括水和大气环境质量生态监测监控中心、全市生态文明建设成果展示暨宣传教育基地、生态监测监控实验楼等。项目总投资8120万元，项目于2020年8月开工建设，2021年10月完工。

（沈　洁）

责任编辑　汤　涵

科学技术

科技项目

【科技项目成果转化】 2021年，常熟市研发支出与地区生产总值之比为3.74%；全市研发投入高质量考核指标在苏州市综合排名第4，较上年度排名上升2个位次。全年到各镇、街道举办科技统计专题培训会11场次，全市重点科技型企业参会数超300家。激发中小企业创新活力，开展创新券兑现工作。2021年度向32家科技型中小企业发放65.84万元的政策奖补激励。全市技术合同成交额增速显著。全年成交额为36.74亿元，目标完成率达126.69%，在苏州大市排名第5；较上年度完成相比增幅达26.08%。完成省成果转化专项资金项目现场监督检查3项，验收项目3项。

【1个项目获国家技术发明奖】 2021年11月3日，2020年度国家科学技术奖励名单公布，常熟市企业苏州九一高科无纺设备有限公司参与完成的“高曲率液面静电纺非织织造材料宏量制备关键技术与产业化”项目，获2020年度国家技术发明奖二等奖。

【4个项目获省科学技术奖】 2021年，江苏亨通海洋光网有限公司的项目“超大容量跨洋全海域海底通信系统关键技术及工程应用”获省科学技术奖一等奖。常熟市宝沣特种纤维有限公司参与的项目“多功能高热防护有机特种纤维的关键技术与应用”，江苏常铝铝业集团股份有限公司、常熟理工学院参与的项目“动力电池用铝板带箔材的关键技术研发与产业化”和苏州宏创高频加热设备有限公司参与的项目“基于MAX相新型无Cd电触头材料的关键制备技术及应用”获省科学技术奖三等奖。

【“王淦昌科学技术奖”设立】 7月11日，2021年(第十三届)苏州(常熟)国际精英创业周开幕式上，“王淦昌科学技术奖”正式启动。该奖项旨在纪念“两弹一星”功勋科学家、常熟籍科学家代表王淦昌院士，弘扬“两弹一星”精神、科学家精神，激励在科技创新方面中作出突出贡献的组织和个人。

科技创新

【概况】 2021年，常熟市首次开展常熟市级科技创新载体认定，3家创新联合体，4家科技公共服务平台，4家孵化器、6家众创空间、21家企业研发机构等38家科技创新载体被认定为常熟市2021年度科技创新载体；年内开展孵化器提升行动，建设有产业方向、有专业运营、有投资基金、有创新平台的“四有”科创孵化载体。

【科技创新载体建设】 2021年，常熟市新增各级科技研发载体平台70余家。江苏省声学产业技术创新中心承担的“国际声学产业技术研究院建设”项目获省新型研发机构认定。2021年新增苏州市级新型研发机构2家，分别为苏州国际声学产业技术研究院和苏州思萃同位素技术研究所。新建1家苏州产业技术研究院，同武汉大学徐红星院士团队、苏州产研院、苏州国际声学产业技术创新中心在经开区共建苏州思萃声光微纳技术研究所。在尚湖镇成立尚湖镇智能仓储物流设备联合创新中心。新增认定4家常熟市级

7月11日，常熟市举办“王淦昌科学技术奖”设立仪式　（市科技局　提供）

科技公共服务平台，重点支持常熟高新区、虞山高新区、常熟经开区一站式服务中心建设。新增苏州市级科技企业孵化器1家，新认定常熟市级科技孵化器（含众创空间）10家。对新型研发机构和科技企业孵化器（众创空间）开展市级绩效评估，对推进成效显著的23家单位给予195万元绩效奖补。

【创新型企业培育】 2021年，常熟市新增认定省工程技术研究中心16家、苏州市级工程技术研究中心14家，首次开展市级工程技术研究中心培育工作，21家单位获评常熟市级工程技术研究中心；完成7项江苏省企业工程技术研究中心验收工作；江苏亨通海洋光网系统有限公司承担的“苏州市海洋信息技术与装备重点实验室”项目获苏州市企业重点实验室立项支持。

【常熟获全国科技创新百强县市第三名】 9月28日，国信中小城市指数研究院在《光明日报》《中国经济时报》等媒体发布《2021年中国中小城市高质量发展指数报告》，常熟获全国科技创新百强县市第3名。该报告主要对参评城市的创新环境、服务、融资、主体、成效等进行系统评估，并结合创新资源和发展基础，重点评估中小城市的科技创新平台建设、潜力、活力和成效4个方面情况。

【常熟创新成果入选国家“十三五”科技创新成果展】 10月26日，国家“十三五”科技创新成就展在北京展览馆举行。常熟作为全国创新型县（市）代表之一，在“推进农业科技自立自强 加快农业农村现代化”展区展出。展览展示常熟市“十三五”期间在体制机制改革、平台载体建设、科技赋能百业等方面取得的系列成果。

（顾 诚）

苏州·中国声学创新谷

【概况】 2021年，“苏州·中国声学创新谷”纳入《长三角一体化发展规划“十四五”实施方案》和《苏南国家自主创新示范区发展规划纲要》。苏州国际声学产业技术院获批省新型研发机构；5个顶尖研发团队入驻国际声学产业技术研究院；落地地球山等总投资超150亿元的80个声学产业、科创项目；国际声学技术创新中心、声谷创新加速中心、声学产业制造中心、声学人才培育中心、声学产业科技展示中心等五大中心加速成型。入驻企业200家，有人才2000人，产值281.5亿元。

【首批研发团队入驻声谷】 3月25日，国际声学产业技术研究院首批研发团队集中入驻仪式在常熟经济技术开发区举行。活动现场，首批8个声学创新研发团队集中签约，美国宾州州立大学终身教授，加拿大工程院院士等国际顶尖人才落户国际声学产业技术研究院，南京大学、哈尔滨工业大学、西北工业大学等国内顶尖团队同期入驻。“国际声学项目概念验证中心”等4个合作共建服务平台、“水下高清声学成像装备研发及产业化”等8个声学科创项目签约落户。南京大学固体微结构物理国家重点实验室“苏州·中国声学创新谷”技术转移中心、南京大学产学研合作基地“苏州·中国声学创新谷”基地、苏州市声学产业产学研协同创新基地等科研载体揭牌。

【声谷上海招商推介会】 4月29日，“产业引才、智汇声谷”“苏州·中国声学创新谷”上海招商推介会在上海举办，近30家环沪区域声学与智能制造企业的50余名企业家、高管参加活动。推介会上，常熟市围绕区位优势、人文景观、城市功能、要素支撑、营商服务等方面向各位企业家、高管介绍常熟的未来整体发展蓝图，并发出邀请。鼎经自动化工业设备智能听诊系统项目、美童科技家用超声设备项目、美耳声科技骨传导助听器项目等7个具有影响力、市场前景好的优质声学类项目围绕各自特色分别进行路演展示。

【产业发展联盟江苏基地揭牌】 5月24日，常熟市人民政府与上海音乐学院签署战略合作协议，上海音乐学院·长三角数字声音研究院和“长三角区域音乐教育与艺术产业发展联盟”江苏基地揭牌，上海音乐学院实验幼儿园落户，新时代版《长征组歌》音乐会全国巡演江苏首演签约。仪式上，上海音乐学院大师名师工作室、实习实训创作创业基地相继揭牌。“长三角区域音乐教育与艺术产业发展联盟”江苏基地，以“上海之春”国际艺术节为载体，承接举办长三角音乐会演、中国艺术歌曲国际声乐比赛、民族器乐大赛和演艺节目交易会等，合作设立“中国影视音乐学院奖”，合作拍摄忆江南戏曲及非遗系列纪录片，承接上海音乐学院师生演出季、艺术节等演出活动。

【首届全国声学创新创业大赛】 2021年，苏州双创中心与常熟市相关部门、常熟经济技术开发区组织“苏州·中国声学创新谷”首届全国声学创新创业大赛暨“双创天堂”2021苏州科技创新创业大赛“中国声学创新谷”专场赛。57个海内外优质声学及科技双创人才项目参赛，30名选手入围总决赛，进行路演展示比拼。最终AI赋能音乐项目、智能听诊器项目获一等奖；宽窄融合声码器芯片的研发和应用项目、新一代LPWAN通信系统及无线传输芯片设计项目、5G商用音频解决方案项目获二等奖；5G智能TWS耳机项目、MEMS传感器系统及AIoT工业设备数字化管理云平台项目、安芯智联物联网安全项目、企业智能化AI服务项目、基于人工智能的听力语言康复服务平台项目获三等奖。AI赋能音乐项目、车载语音交互系统及座舱内饰件表面扬声系统项目、工业设备智能听诊系统项目、宽窄融合声码器芯片的研发和应用项目、安芯智联物联网安全项目、智能声控药物的制备与生产装置项目签约落户声谷。

【喜马拉雅（常熟）声学人才培训中心揭牌】 6月26日，喜马拉雅（常熟）声学人才培训中心揭牌启用仪式在常熟经济技术开发区举行。喜马拉雅（常熟）声学人才培训中心由喜马拉雅集团与常熟经开区共同建立，是喜马拉雅在江苏省内的首个线下教育培训中心，也是喜马拉雅入围首批国家级产教融合企业后的第一个合作项目。喜马拉雅—喜播教育与滨江职校达成了具体合作项目，招收网络音频创作的三年制中职生，联合开展包括专业教材研发、师资培养、社会培训等系列项目。（年鉴编辑部）

常熟国家大学科技园

【概况】 常熟国家大学科技园由常熟市人民政府与国内多所高校合作共建，采用“企—校—园”逆向建园模式，是全国唯一设立在发达县域经济中的国家大学科技园。自建园以来累计获得省级以上荣誉32个，其中国家级荣誉6个。2021年，园区入驻企业550余家，培育高新技术企业140家，培育和引进国家级重大人才21人次，江苏省双创人才37人次、苏州市姑苏人才82人次、常熟市领军人才260人次。园区全年实现产值超27亿元，纳税超1.4亿元。

【招才引智】 2021年，常熟大科园开发“双招双引”微信小程序，借助网络平台优势，为招才引智提供平台支撑。全年举办常熟（北京）招商推介会、UWC+金融科技座谈会、上交大科技园项目路演对接会、长三角硬科技项目路演、紫竹科创企业融资路演、“智汇东南”创新创业大赛（北京站、深圳站）、第七届“i创杯”互联网创新创业大赛智能驾驶专场路演、第九届“创业江苏”科技创业大赛新能源行业赛等多场招才引智专题活动，精心准备并积极参与2021年苏州（常熟）国际精英创业周活动。全年累计筛选各类人才项目信息800多个，与200多个项目进行深度对接。全年累计组织8批次162个项目申报常熟市、苏州市和江苏省三级人才计划，其中常熟人才项目立项45个，姑苏人才项目立项19个，省双创人才项目立项2个；三级人才项目申报和立项数量均居全市第一。

【项目孵化】 2021年，常熟大科园完成40家市级以上人才项目的合同签订。跟进对接的中期检查、结题验收人才项目75个项目。开展人才项目精细化管理，依托一站式服务中心、知识产权服务广场等园区科技服务平台，为落户企业提供全方位、专业化的创新创业服务。全年组织企业参加各类创业培训活动共12场、组织企业参加多场创新创业比赛和招聘活动。组织25家企业参加常熟市科技创新创业企业联合会，推荐苏州英华特涡旋技术股份有限公司（以下简称英华特）、液晶所、苏州六幺四信息科技有限责任公司参加苏州市领军人才联合会。英华特被授予创新先锋奖，薛九枝博士获评江苏留学回国先进个人。

【科研企业】 江苏省产业技术研究院智能液晶技术研究所（以下简称液晶所） 2021年，液晶所完成实验大楼无尘室建设，开展部分中试实验；3家全资子公司，苏州萃为与国际品牌一级供应商达成前装工程样品开发协议，苏州百斯特玻研制出第三代调光玻璃，苏州聚萃以投前估值2亿元，与对标投资公司达成协议。

江苏省产业技术研究院先进金属材料及应用技术研究所 年内设立功能型金属粉体等21个研发项目，累计申请专利46项，其中发明专利31项，获省产研院纵向科研经费7190万元。

铁马营孵化器 截至2021年年底，项目引进科创企业38家，涉及汽车轻量化、航空航天材料开发等多个领域。

北京大学分子工程苏南研究院 年内招引科技型企业，落地项目4个，完成融资超3000万元；全年累计为40余家企业提供研发测试服务，比上年增长86%，平台实现产品销售和技术服务合同总额超7700万元。

上海交大常熟汽车轻量化技术研究院 年内引进十余家新材料创新创业企业和团队，申请专利124项。

【昆承湖沪苏协同创新中心】 常熟国家大学科技园与上海沪南教育科技有限公司于2021年7月签订项目合作协议，合作设立“昆承湖沪苏协同创新中心”，选址于上海市闵行区中航民用航空电子产业园，围绕航空航天产业方向，链接上海人才及创新资源，通过“产业+城际+联合孵化”的孵化新模式，打造创新创业人脉圈、企业圈、生态圈。创新中心借鉴先进孵化器管理模式，集约利用场地资源，遴选科技含量高、发展潜力大的初创企业入驻，做好配套常熟相关政策和资源孵化，促成项目产业化落地常熟。昆承湖沪苏协同创新中心11月投入试运营，至年底，有卓百文化、赫爽太阳能2家企业入驻。

【上海机器人产业技术研究院常熟创新中心成立】 2021年6月，常熟国家大学科技园与上海机器人产业技术研究院共建上海机器人产业技术研究院常熟创新中心。创新中心以常熟产业为支撑，聚焦机器人产业落地和应用场景孵化等方向，形成行业需求、创新平台与机器人产业发展联动机制。创新中心规划建设机器人展厅，包含机器人咖啡厅、产品展示交互区、项目路演中心等多个功能区域。在做好项目招引、企业培育的同时，园区举办技术培训交流、项目路演等活动。（孙梦宇）

高新技术产业

【概况】 2021年，全市实现高新技术产业产值1675.02亿元，比上年增长17.4%，占规模以上工业总产值比重40.7%。常熟市科技型中小企业入库1007家，比上年增长61.12%；完成民营科技企业资质备案441家，比上年增长180.89%；开展苏州市核心技术产品后补助资助工作，市县两级对常熟12家企业的核心技术产品给予后补助奖励，奖励总金额990.62万元。全市有1153家企业享受研发费用加计扣除优惠政策，加计扣除额达29.06亿元；高新技术企业所得税减免235家，减免额13.86亿元。2021年，科技贷款贴息申请数比上年增长28%，科技贷款贴息（含担保费补贴）266万元，科技保险费补贴37万元。

表37　　2021年常熟市入选省级工程技术研究中心企业一览表

序号	项目编号	中心名称	承担单位	镇（街道）、开发区
1	BM2021467	江苏省高强功能合纤长丝工程技术研究中心	常熟涤纶有限公司	董浜镇
2	BM2021468	江苏省智能化服装生产设备工程技术研究中心	常熟市百联自动机械有限公司	常福街道
3	BM2021469	江苏省新能源汽车总成测试系统工程技术研究中心	苏州英特模汽车科技有限公司	经开区
4	BM2021470	江苏省天然植物酚基新材料工程技术研究中心	常熟耐素生物材料科技有限公司	海虞镇
5	BM2021471	江苏省兆瓦级风电叶片及模具工程技术研究中心	苏州天顺复合材料科技有限公司	梅李镇
6	BM2021703	江苏省节能高效智能投影吸顶灯工程技术研究中心	江苏达伦电子股份有限公司	高新区
7	BM2021704	江苏省高性能电子电路基材工程技术研究中心	常熟生益科技有限公司	高新区
8	BM2021705	江苏省模块化建筑工程技术研究中心	常熟雅致模块化建筑有限公司	高新区
9	BM2021706	江苏省新型金属氧化笔杆精饰工程技术研究中心	江苏祥兆文具有限公司	高新区
10	BM2021707	江苏省新能源领域插头电源线及连接器组件工程技术研究中心	常熟利星光电科技有限公司	沙家浜镇
11	BM2021708	江苏省光伏接线盒及连接器工程技术研究中心	常熟特联精密器件有限公司	辛庄镇
12	BM2021709	江苏省高精度数控加工中心工程技术研究中心	苏州德扬数控机械有限公司	辛庄镇
13	BM2021710	江苏省非织造智能成套装备工程技术研究中心	苏州九一高科无纺设备有限公司	支塘镇
14	BM2021711	江苏省双层复纺弹性纱线工程技术研究中心	苏州维杰纺织有限公司	支塘镇
15	BM2021472	江苏省数字化柔性制造自动化生产工程技术研究中心	创美工艺（常熟）有限公司	董浜镇
16	BM2021473	江苏省高能低耗叠加型太阳能光伏组件工程技术研究中心	丽瀑光能（常熟）有限公司	常福街道

（资料来源：市科技局）

【高新技术企业】 2021年，常熟市实施高新技术企业"一号工程"，为申报企业提供全周期服务，全年申报国家高新技术企业764家，比上年增长38.16%，认定291家，认定通过率高于苏州市平均水平，高新技术企业入库322家，比上年增长11%。

【2家企业入选2021年江苏省百强创新型企业】 10月27日，"2021江苏省百强创新型企业"榜单揭晓，常熟开关制造有限公司（原常熟开关厂）和索特传动设备有限公司上榜。该榜单由江苏省科技发展战略研究院、江苏省科技情报研究所发布，主要参考创新投入、创新产出、创新绩效、创新管理4个方面要素进行综合评价。上榜企业研发经费投入大、研发人员比例高、新产品销售收入占总收入比重多，拥有自主知识产权、建有研发机构。常熟2家入选企业均为国家高新技术企业。

表38　　2021年常熟市新认证国家高新技术企业一览表

序号	企业名称	经济板块	序号	企业名称	经济板块
1	常熟星科传动科技有限公司	经开区	11	常熟国和新材料有限公司	经开区
2	达涅利冶金设备（中国）有限公司	经开区	12	常熟华澳针织机械有限公司	经开区
3	芬欧汇川（中国）有限公司	经开区	13	常熟科弘材料科技有限公司	经开区
4	江苏理文化工有限公司	经开区	14	常熟祥博精密机械有限公司	经开区
5	江苏理文造纸有限公司	经开区	15	长兴合成树脂（常熟）有限公司	经开区
6	苏州聚智同创环保科技有限公司	经开区	16	观致汽车有限公司	经开区
7	苏州铼赛智能科技有限公司	经开区	17	江苏奥首材料科技有限公司	经开区
8	依多科（常熟）汽车材料有限公司	经开区	18	江苏常明电力设备有限公司	经开区
9	英特维科技（苏州）有限公司	经开区	19	江苏成创新能源科技有限公司	经开区
10	北理慧动（常熟）车辆科技有限公司	经开区	20	江苏文理新材料科技有限公司	经开区

续表38

序号	企业名称	经济板块	序号	企业名称	经济板块
21	钦萘新能源科技（苏州）有限公司	经开区	57	常熟中佳新材料有限公司	常熟高新区
22	赛特福德（常熟）制冷设备有限公司	经开区	58	常熟卓辉光电科技股份有限公司	常熟高新区
23	苏州浩纳新材料科技有限公司	经开区	59	海力达汽车科技有限公司	常熟高新区
24	苏州美房云客软件科技股份有限公司	经开区	60	江苏法睿奥电气科技有限公司	常熟高新区
25	苏州明昊色谱技术有限公司	经开区	61	江苏天之印信息技术有限公司	常熟高新区
26	苏州普罗森美电子科技有限公司	经开区	62	江苏云才材料有限公司	常熟高新区
27	苏州市贝特利高分子材料股份有限公司	经开区	63	力度工业智能科技（苏州）有限公司	常熟高新区
28	苏州市通润机械铸造有限公司	经开区	64	茂康材料科技（常熟）有限公司	常熟高新区
29	苏州友硼光电材料有限公司	经开区	65	人马（江苏）智能科技有限公司	常熟高新区
30	苏州中顶优品科技有限公司	经开区	66	圣让汽车系统（常熟）有限公司	常熟高新区
31	西美科特种陶瓷科技（苏州）有限公司	经开区	67	苏州海德新材料科技股份有限公司	常熟高新区
32	常熟京常智能科技有限公司	经开区	68	苏州恒志汇智能科技有限公司	常熟高新区
33	常熟市精亮微医疗器械科技有限公司	经开区	69	苏州慧驰轻合金精密成型科技有限公司	常熟高新区
34	常熟通润汽车零部件股份有限公司	经开区	70	苏州江南爱停车科技有限公司	常熟高新区
35	常熟仲乐电气集团有限公司	经开区	71	苏州全波通信技术股份有限公司	常熟高新区
36	江苏亨通海洋光网系统有限公司	经开区	72	苏州赛克安信息技术有限公司	常熟高新区
37	联优机械（常熟）有限公司	经开区	73	苏州泰吉诺新材料科技有限公司	常熟高新区
38	荣超环境科技（苏州）有限公司	经开区	74	苏州芯慧联半导体科技有限公司	常熟高新区
39	苏州奥普特克自动化科技有限公司	经开区	75	苏州信美通信技术有限公司	常熟高新区
40	苏州固宜电子科技有限公司	经开区	76	苏州英华特涡旋技术股份有限公司	常熟高新区
41	苏州慧桥自动化设备有限公司	经开区	77	苏州优尼赛信息科技有限公司	常熟高新区
42	江苏京创先进电子科技有限公司	经开区	78	腾安电子科技（江苏）有限公司	常熟高新区
43	贝塔科技（苏州）有限公司	经开区	79	常熟龙创汽车技术有限公司	常熟高新区
44	常熟生益科技有限公司	常熟高新区	80	常熟市森蓝纺织有限公司	常熟高新区
45	常熟信颐智能系统集成有限公司	常熟高新区	81	常熟市桃源汽车零部件制造有限公司	常熟高新区
46	富田自动化科技（常熟）有限公司	常熟高新区	82	江苏鸿恩医疗器械有限公司	常熟高新区
47	江苏达伦电子股份有限公司	常熟高新区	83	江苏集萃分子工程研究院有限公司	常熟高新区
48	江苏佳世德检测技术有限公司	常熟高新区	84	苏州波斯特克精密电机有限公司	常熟高新区
49	江苏忠明祥和精工股份有限公司	常熟高新区	85	苏州博墨热能产品有限公司	常熟高新区
50	锐新昌科技（常熟）有限公司	常熟高新区	86	苏州久沛环保科技有限公司	常熟高新区
51	苏州博瑞尔特信息科技有限公司	常熟高新区	87	苏州市瑞川尔自动化设备有限公司	常熟高新区
52	苏州东方模具科技股份有限公司	常熟高新区	88	苏州硬木智能科技有限公司	常熟高新区
53	苏州六幺四信息科技有限责任公司	常熟高新区	89	苏州纸先生网络科技有限公司	常熟高新区
54	苏州优智软件有限公司	常熟高新区	90	常熟曼伯尔金属制品有限公司	常熟高新区
55	常熟昆仑智能科技有限公司	常熟高新区	91	常熟虞星光电科技有限公司	虞山高新区
56	常熟市精工模具制造有限公司	常熟高新区	92	江苏子扬交通科技有限公司	虞山高新区

续表38

序号	企业名称	经济板块	序号	企业名称	经济板块
93	苏州宝瑞德纳米光学材料有限公司	虞山高新区	129	苏州晓创光电科技有限公司	虞山高新区
94	苏州达尔伟力电气科技有限公司	虞山高新区	130	中科光生（苏州）智能环境科技有限公司	虞山高新区
95	苏州肯谱瑞力信息科技有限公司	虞山高新区	131	常熟市华德粉末冶金有限公司	董浜镇
96	苏州市智盈电子技术有限公司	虞山高新区	132	常熟市科安电器有限公司	董浜镇
97	百氏高涂料（苏州）有限公司	虞山高新区	133	常熟市友邦散热器有限责任公司	董浜镇
98	常熟创启智能科技有限公司	虞山高新区	134	常熟涤纶有限公司	董浜镇
99	常熟控捷智能科技有限公司	虞山高新区	135	常熟市杜尼电子有限责任公司	董浜镇
100	常熟市海川塑胶电子有限公司	虞山高新区	136	常熟祥鑫汽配有限公司	董浜镇
101	常熟市海创自动化有限公司	虞山高新区	137	常熟钰恒机械科技有限公司	董浜镇
102	常熟市菱科电器有限公司	虞山高新区	138	苏州市韦恩丹尼金属制品有限公司	董浜镇
103	常熟市迈尔斯机械有限公司	虞山高新区	139	苏州通优新材料科技有限公司	董浜镇
104	常熟市天成汽车焊接设备有限公司	虞山高新区	140	埃福贝密封技术（苏州）有限公司	董浜镇
105	常熟市雪科电器有限公司	虞山高新区	141	常熟市常新纺织器材有限公司	董浜镇
106	江苏艾智智能科技有限公司	虞山高新区	142	常熟市诚鼎无纺布有限公司	董浜镇
107	江苏邨镇水务技术服务有限公司	虞山高新区	143	常熟市弘鑫电子科技有限公司	董浜镇
108	苏州美嘉写智能显示科技有限公司	虞山高新区	144	常熟市无缝钢管有限公司	董浜镇
109	苏州威博达汽车零部件有限公司	虞山高新区	145	风范绿色建筑（常熟）有限公司	董浜镇
110	苏州雪电冷机有限公司	虞山高新区	146	苏州利来汽车配件有限公司	董浜镇
111	中交天和机械设备制造有限公司	虞山高新区	147	苏州美特福自动化科技有限公司	董浜镇
112	常熟凯博威机械制造有限公司	虞山高新区	148	江苏康诺医疗器械股份有限公司	古里镇
113	常熟市佰为网络科技有限公司	虞山高新区	149	常熟迈得医疗器械技术服务有限公司	古里镇
114	常熟市福集缓冲器有限公司	虞山高新区	150	常熟市虹桥铸钢有限公司	古里镇
115	江苏恩测检测技术有限公司	虞山高新区	151	常熟市伟恒模具铸造有限公司	古里镇
116	江苏强劲新能源科技有限公司	虞山高新区	152	常熟市兆亿金属制品有限公司	古里镇
117	丽瀑光能（常熟）有限公司	虞山高新区	153	常熟缘阳机械制造有限公司	古里镇
118	苏州安侯医疗科技有限公司	虞山高新区	154	常熟鑫利茗动力科技有限公司	古里镇
119	苏州帝航防护设施有限公司	虞山高新区	155	江苏君澜纺织品有限公司	古里镇
120	苏州极速代码智能科技有限公司	虞山高新区	156	苏州诚品抗震科技有限公司	古里镇
121	苏州强业机械有限公司	虞山高新区	157	苏州莱茵电梯股份有限公司	古里镇
122	苏州市华威电梯部件有限公司	虞山高新区	158	苏州益顺华智能装备有限公司	古里镇
123	苏州天铭磁业有限公司	虞山高新区	159	博瑞孚曼机械科技（苏州）有限公司	古里镇
124	苏州雪电通讯科技股份有限公司	虞山高新区	160	常熟市白茆金属建材有限责任公司	古里镇
125	英沃电梯有限公司	虞山高新区	161	常熟市邦泰金属制品有限公司	古里镇
126	常熟市虞华真空设备科技有限公司	虞山高新区	162	常熟市电力耐磨合金铸造有限公司	古里镇
127	多科智能装备（常熟）有限公司	虞山高新区	163	常熟市飞奥压力容器制造有限公司	古里镇
128	江苏菲利斯通信息科技有限公司	虞山高新区	164	常熟市伏尔通金属材料有限公司	古里镇

续表38

序号	企业名称	经济板块	序号	企业名称	经济板块
165	常熟市复林造纸机械有限公司	古里镇	201	常熟龙飞医药设备科技有限公司	沙家浜镇
166	常熟市江诚模具有限公司	古里镇	202	常熟市鑫华电子科技有限公司	沙家浜镇
167	常熟市维特传动技术有限公司	古里镇	203	江苏沙家浜金属科技股份有限公司	沙家浜镇
168	苏州怀德自控科技有限公司	古里镇	204	江苏圣珀新材料科技有限公司	沙家浜镇
169	苏州宇翊智能技术有限公司	古里镇	205	苏州腾晖光伏技术有限公司	沙家浜镇
170	席梦思床褥家具（苏州）有限公司	古里镇	206	苏州中来光伏新材股份有限公司	沙家浜镇
171	常熟市创新陶瓷有限公司	海虞镇	207	常熟建华模具科技股份有限公司	沙家浜镇
172	多恩生物科技有限公司	海虞镇	208	常熟市惠通机械有限公司	沙家浜镇
173	江苏强盛功能化学股份有限公司	海虞镇	209	常熟市鹰腾模具配件制造有限公司	沙家浜镇
174	苏州英芮诚生化科技有限公司	海虞镇	210	苏州贝捷环保设备有限公司	沙家浜镇
175	常熟黑石电热科技有限公司	海虞镇	211	苏州肯富维尔焊接机械有限公司	沙家浜镇
176	常熟市凯润新材料科技有限公司	海虞镇	212	苏州南新电机有限公司	沙家浜镇
177	常熟威怡科技有限公司	海虞镇	213	常熟市国华模具科技有限公司	沙家浜镇
178	江苏华益科技有限公司	海虞镇	214	常熟市荣康电子科技有限公司	沙家浜镇
179	苏州恒电能源动力科技有限公司	海虞镇	215	常熟市瑞峰模具有限公司	沙家浜镇
180	苏州慧康电子信息科技有限公司	海虞镇	216	常熟威逊织品输送风管系统有限公司	沙家浜镇
181	苏州瀚海新材料有限公司	海虞镇	217	常熟众特汽车饰件有限公司	沙家浜镇
182	常熟华新特殊钢有限公司	海虞镇	218	江苏白雪电器股份有限公司	沙家浜镇
183	常熟三爱富氟化工有限责任公司	海虞镇	219	昆山明利嘉金属制品有限公司	沙家浜镇
184	常熟市电力机具有限公司	海虞镇	220	苏州艾木自动化设备有限公司	沙家浜镇
185	常熟市巨力砂轮有限责任公司	海虞镇	221	江苏中翼汽车新材料科技有限公司	沙家浜镇
186	常熟市矿山机电器材有限公司	海虞镇	222	苏州科宝光电科技有限公司	沙家浜镇
187	常熟市强盛电力设备有限责任公司	海虞镇	223	博格曼（江苏）纺织科技有限公司	尚湖镇
188	常熟市通用电器厂有限公司	海虞镇	224	常熟市发东塑业有限公司	尚湖镇
189	常熟绣珀纤维有限公司	海虞镇	225	江苏万宝桥梁构件有限公司	尚湖镇
190	华美工程塑料（常熟）有限公司	海虞镇	226	江苏业神物流设备有限公司	尚湖镇
191	常熟三爱富振氟新材料有限公司	海虞镇	227	常熟欧泰克建筑节能科技有限公司	尚湖镇
192	常熟市江南印染有限公司	梅李镇	228	江苏浩智智能科技有限公司	尚湖镇
193	江苏振东港口机械制造有限公司	梅李镇	229	江苏虞盛设备科技有限公司	尚湖镇
194	常熟市博蕴造纸装备科技有限公司	梅李镇	230	青团子（苏州）信息科技有限公司	尚湖镇
195	常熟纺织机械厂有限公司	梅李镇	231	常熟市贝亚特商业设备有限公司	尚湖镇
196	常熟市电热合金材料厂有限公司	梅李镇	232	常熟市海洲电子材料有限公司	尚湖镇
197	江苏润山精密机械科技有限公司	梅李镇	233	常熟市亨利医疗器械有限公司	尚湖镇
198	江苏展众汽车部件制造有限公司	梅李镇	234	苏州大唐伟业金属制品有限公司	尚湖镇
199	苏州良基电子科技有限公司	梅李镇	235	苏州市睿虞电子科技有限公司	尚湖镇
200	常熟利星光电科技有限公司	沙家浜镇	236	常熟特固新材料科技有限公司	辛庄镇

续表38

序号	企业名称	经济板块	序号	企业名称	经济板块
237	苏州君驰联动机械有限公司	辛庄镇	265	苏州山林机械设备有限公司	辛庄镇
238	苏州凌骏机械制造有限公司	辛庄镇	266	苏州艾派克斯数控机械有限公司	支塘镇
239	苏州美腾炉业有限公司	辛庄镇	267	常熟市常源变压器有限公司	支塘镇
240	苏州瑞森硬质合金有限公司	辛庄镇	268	常熟舒和机械设备有限公司	支塘镇
241	苏州市海豚塑胶模具有限公司	辛庄镇	269	常熟伟盛医疗用品有限公司	支塘镇
242	常熟大象橡胶工业有限公司	辛庄镇	270	江苏岚智橡塑材料有限公司	支塘镇
243	常熟市奥迅机械制造有限公司	辛庄镇	271	苏州全泉新材料股份有限公司	支塘镇
244	常熟市南湖化工设备制造有限责任公司	辛庄镇	272	常熟市通盛电子科技有限公司	支塘镇
245	常熟市天工医药化工设备有限公司	辛庄镇	273	常熟市亿盛日用品有限公司	支塘镇
246	常熟市新明宇新材料科技有限公司	辛庄镇	274	常熟希那基汽车零件有限公司	支塘镇
247	江苏强盾消防设备有限公司	辛庄镇	275	江苏常盛帝派重工机械有限公司	支塘镇
248	苏州弗乐卡电器科技发展有限公司	辛庄镇	276	品湛自动化设备制造（苏州）有限公司	支塘镇
249	苏州惠得利电子材料有限公司	辛庄镇	277	苏州骏铁机械有限公司	支塘镇
250	苏州汇科机电设备有限公司	辛庄镇	278	苏州镁瑞电子科技有限公司	支塘镇
251	苏州吉弘能源科技有限公司	辛庄镇	279	苏州美森无纺科技有限公司	支塘镇
252	苏州微晶自动化有限公司	辛庄镇	280	苏州市瑞康特新材料科技有限公司	支塘镇
253	苏州宇度医疗器械有限责任公司	辛庄镇	281	苏州天钜格勒玛机床有限公司	支塘镇
254	英特美光电（苏州）有限公司	辛庄镇	282	欣达瑞精密塑胶（苏州）股份有限公司	支塘镇
255	常熟市长发铝业有限公司	辛庄镇	283	星隆旭自动化设备（苏州）有限公司	支塘镇
256	常熟市广达搪玻璃设备有限责任公司	辛庄镇	284	常熟市新阳无纺设备有限公司	支塘镇
257	常熟市佳恒塑胶科技有限公司	辛庄镇	285	常熟路桥工程有限公司	支塘镇
258	常熟市佳盛农业科技发展有限公司	辛庄镇	286	常熟市大通机械设备有限公司	莫城街道
259	常熟市泰宁医疗器材有限责任公司	辛庄镇	287	江苏新尚家具制造有限公司	莫城街道
260	苏州福漫精密有限公司	辛庄镇	288	苏州市博睿云霞信息科技有限公司	琴川街道
261	苏州迈科易新材料有限公司	辛庄镇	289	苏州赛奥科传媒有限公司	琴川街道
262	苏州如陆环保科技有限公司	辛庄镇	290	江苏鑫华能环保工程股份有限公司	虞山街道
263	苏州斯尔泰光伏材料科技有限公司	辛庄镇	291	江苏康虞智慧物联网科技有限公司	虞山街道
264	常熟市明吉电气有限公司	辛庄镇			

（资料来源：市科技局）

科技合作

【概况】2021年，全市组织申报省科技副总30人，其中27人获得认定；全年立项江苏省产学研合作项目14项；申报省国际合作项目3项，其中苏州腾晖光伏技术有限公司和江苏常铝铝业集团股份有限公司成功立项，获得补助180万元；申报江苏省引进国外技术、管理人才计划（以下简称“引智计划”）1项；申报江苏“外专百人计划”（以下简称百人计划）2项；申报“苏州市外国专家工作室”1项；在2021新增的外籍院士工作站中期考核中，常熟理工的外籍院士工作站通过；在苏州市外专工作室绩效评估中，全市有6家外专工作室参评，其中有2家通过评估，获得补助40万元；入选苏州海鸥计划项目12个，涉及海外人才15名。完成离岸创新中心4家企业申报。

表 39　2021 年常熟市入选江苏省科技副总项目一览表

序号	承担单位	合作高校	科技副总
1	常熟天地煤机装备有限公司	苏州大学	王晓南
2	中交天和机械设备制造有限公司	天津大学	申俊琦
3	苏州东方模具科技股份有限公司	常熟理工学院	吴　健
4	江苏长飞中利光纤光缆有限公司	江汉大学	黄丽霞
5	苏州良基电子科技有限公司	东北大学	李大宇
6	常熟市宏裕机械制造有限公司	东北大学	谢华龙
7	常熟市龙腾特种钢有限公司	东北大学	何纯玉
8	常熟市电热合金材料厂有限公司	东北大学	刘　涛
9	常熟市大发经编织造有限公司	苏州大学	冒海文
10	常熟市龙腾滚动体制造有限公司	沈阳工业大学	向青春
11	苏州享道网络科技有限公司	常熟理工学院	曹洁洁
12	天通盛邦通信科技（苏州）有限公司	南京理工大学	樊振宏
13	苏州新实达精密电子科技有限公司	南京工程学院	黄辉祥
14	罗伯泰克自动化科技（苏州）有限公司	南京工程学院	孙小肖
15	常熟市电力耐磨合金铸造有限公司	南京工程学院	董　莺
16	江苏亨通海洋光网系统有限公司	常熟理工学院	朱建江
17	苏州京高数字科技有限公司	常熟理工学院	滕谐迪
18	江苏常熟汽饰集团股份有限公司	南京理工大学	刘宗凯
19	常熟市平方轮椅有限公司	常熟理工学院	顾信忠
20	江苏振东港口机械制造有限公司	常熟理工学院	张尧成
21	苏州贝捷环保设备有限公司	常熟理工学院	戴　军
22	苏州六幺四信息科技有限责任公司	苏州大学	周　沛
23	江苏中洲检测技术有限公司	常州大学	张艳秋
24	克劳丽化妆品股份有限公司	常熟理工学院	杨　帅
25	苏州英特模汽车科技有限公司	常熟理工学院	应文豪
26	常熟纺织机械厂有限公司	东北大学	王　琪
27	常熟安智生物识别技术有限公司	常熟理工学院	乐德广

（资料来源：市科技局）

【产学研合作】 2021年，市科技局组织或参与各级产学研活动14次，收集企业技术需求98项，解决33项，为全市230所次企业提供与大院大所交流和接洽机会，全年签订有效产学研合同创新高，达350项。针对性携企业参与沪苏企业技术需求对接会，为常熟市晶州装备、新华盛节能、鑫华电子等企业提供与上海大院大所一对一深入交流机会；配合组织激光产业、农业、智能制造专场产学研对接活动。组织常熟理工学院“600博士”下企业活动，组建60余个博士团队深入企业一线“驻厂指导”，带动常熟企业合作项目287项，合同额6200万元。

表 40　　2021 年常熟市立项江苏省产学研项目一览表

序号	项目名称	承担单位	合作单位	经济板块
1	齿轮高温渗碳组织演变数值模拟及实验研究	苏州大学	常熟天地煤机装备有限公司	常福街道
2	公路网传感设备监测通信平台关键技术研发	常熟理工学院	苏州享道网络科技有限公司	高新区
3	基于人工智能的人脸检测系统研发	常熟理工学院	常熟安智生物识别技术有限公司	高新区
4	GS882/800双腔模激光喷焊脱落机理研究	常熟理工学院	苏州东方模具科技股份有限公司	高新区
5	高速智能堆垛机的稳定性研究	南京工程学院	罗伯泰克自动化科技（苏州）有限公司	古里镇
6	注塑用下料自清理式机械手系统研发与设计	南京工程学院	苏州新实达精密电子科技有限公司	古里镇
7	铸造产线智能码垛机器人的研发	南京工程学院	常熟市电力耐磨合金铸造有限公司	古里镇
8	聚四氟乙烯反应釜及光氯化反应釜仿真模拟及优化设计	常熟理工学院	常熟三爱富中昊化工新材料有限公司	海虞镇
9	无线耳机连续制造气密性检测装置的研发	常熟理工学院	苏州京高数字科技有限公司	经开区
10	电子陶瓷粉体的制备技术	南京航空航天大学	苏州锦艺新材料科技有限公司	经开区
11	黑臭河道生态修复关键技术开发与应用	常州大学	江苏中洲检测技术有限公司	常福街道
12	可移动式智能化焊接装备二氧化碳自动焊接技术研发	天津大学	中交天和机械设备制造有限公司	常福街道
13	环保设备智慧化焊接装备研发	常熟理工学院	苏州贝捷环保设备有限公司	沙家浜镇
14	克劳丽供应链数字化建设方案编制	常熟理工学院	克劳丽化妆品股份有限公司	辛庄镇

（资料来源：市科技局）

【校地融合发展】 2021年，市科技局牵头开展“常熟市—常理工”校地融合发展工作，引导学生留常就业创业，截至2021年年底，外地户籍学生留常就业717名，相较于上年留常就业人数回升超10倍。校地共建的“常熟纺织服装产业技术公共服务平台”入选国家中小企业公共服务示范平台，在全国高校中首家获批此类平台。依托新能源汽车领域合作项目建设的“江苏省车用氢燃料电池集成与应用技术工程研究中心”成功申报江苏省工程研究中心。校地共建智能网联研究院中的“智能视觉信息处理科技创新团队”，获批2021年江苏高等学校优秀科技创新团队。

2月5日，常熟市人民政府——常熟理工学院校地融合发展战略合作签约仪式举行
（市科技局　提供）

【科技镇长团】 2021年第十四批科技镇长团有省聘团员10人，其中上海高校团员占比40%，根据来自上海的常熟团团员学校构成、专业特长和地方工作实际，以其为桥梁纽带，积极链接上海引入相关创新资源，推动新材料、新能源、声学等产业在常熟的发展。组织引入上海光机所、复旦大学、上海大学、上海交大、同济大学等院所资源，并同上海市研发公共服务平台管理中心签署战略合作协议、承接科技资源，推动“沪虞共赢”。

（顾　诚）

科学普及

【概　况】 2021年，市科协举办第二十九届科普宣传周、2021年全国科普日等活动；促成中国核学会苏州科技经济融合工作站和范滇元院士工作站落户常熟。2021年，市科协被中国科协表彰为“2016—2020年度全国科普示范市总结评估工作优秀单位”，被江苏省科协表彰为“县级科协科技创新能力提升计划”优秀单位，荣获2021年中国创新方法大赛江苏赛区优秀组织奖、首届江苏省流动科技馆“小小科普讲解员”大赛优秀组织奖、“长三角地区科普漫画大赛”优秀组织单位。王淦昌故居获首批“江苏省科学家精神教育基地”称号。

【科普场馆建设】 2021年，市科协不断推动专业科普场馆扩大开放工作。支持新建扩建心理卫生科普馆、常熟中医药博物馆、苏州吉成酿造科普馆等3家科普场馆，苏州·中国声学创新谷展示中心获批苏州市科普教育基地，获得2022—2023年度省级专业科普场馆扩大开放工作三类项目，王淦昌故居获首批“江苏省科学家精神教育基地”称号。益生菌和人类健康科普教育基地等2家获评苏州市科普教育基地，虞山街道星海社区等3个社区获评苏州市科普示范社区，颜北社区获评科学养生科普教育基地等3家常熟市级科普教育基地。根据疫情防控形势，市科协继续组织实施2021年科普场馆线上或线下的公众开放日活动，全市41家科普教育基地、科普场馆、流动科普馆、科普大篷车、科研院所（实验室）面向公众开放。

【第二十九届科普宣传周活动】 活动于2021年5月启动。活动期间，开展第二届童“话”科普——小小科普讲解员大赛、第三届青少年科普创意剧巡演、常熟市第十五届青少年科技创新大赛、第五届科学体验营、广场科技咨询服务、“长三角地区科普漫画大赛”等20项主题活动和200多项科普活动。

【全国科普日系列活动】 活动于9月11—24日在全市城乡举行，活动以“百年再出发，迈向高水平科技自立自强”为主题，立足面向基层、服务发展，各地各部门上下联动，纵横融合，网络活跃，开展包括院士科普报告进校园、青少年科普联合行动、基层科普联合行动、企业科普联合行动等一系列形式多样的群众性科普宣传教育活动。整个科普日期间，全市共开展各类科普活动100多项，其中重点活动10项。

【王淦昌故居获首批“江苏省科学家精神教育基地”称号】 12月15日，王淦昌故居入选“江苏省科学家精神教育基地”试点建设单位。王淦昌故居位于常熟市支塘镇南街44号，是两弹元勋、著名核物理学家王淦昌院士青年时期居住之地。自2017年5月开馆以来，累计接待游客12万多名（含散客），其中2021年接待游客3万多名（含散客）。 （王晓理）

科技管理

【概况】 2021年，常熟市引进新一代信息技术、声学、高端装备等产业领军人才项目245项，立项114项。申报数比上年增加53%。立项上级人才项目46项，比上年增长51.6%。

【科技创新券】 2021年，市科技局为鼓励中小企业开展成果转化以及科研仪器设备共享使用，通过创新券形式对32家科技型中小企业发放奖补资金65.84万元。

【农业科技项目管理】 2021年，全市立项省级农业科技项目3项、苏州级农业科技项目12项，常熟市级农业科技项目18项，对上争取财政资金255.78万元，完成常熟市级农业科技项目验收20项，苏州市级农业科技项目验收2项、省级农业科技项目验收3项。

【招才引智】 2021年，市科技局针对重点人才企业，根据企业产业领域、发展阶段及特点，协助做好高企申报、科技项目申报、内部研发平台载体创建等工作，全年服务企业近300家。落实“双招双引”，牢固树立“人才工作就是经济工作”的发展理念，拓宽科技招商新思路，牵头开展“常熟市产创融合项目路演暨创新创业环境推介会”系列活动。携各板块招商、招才引智工作人员赴上海、杭州、天津、深圳举办产创融合路演暨常熟创新创业环境推介会5场。加速对接长三角、京津冀、珠三角科技创新产业生态圈，累计推介项目总数67个，项目领域涵盖智能制造、工业互联网、通信技术、声学、数字经济、汽车及零部件、生物医药等，10个项目完成落户，有落户意向的24个。 （顾　诚）

责任编辑　张莉莉

教　育

综　述

【概况】 2021年，常熟市有公办学校106所，其中，小学58所、初中34所、普通高中8所、九年一贯制学校1所、特殊教育学校1所、职业学校3所、高等教育学校1所；公办幼儿园76所（含15所文旅集团办幼儿园），其中独立幼儿园63所。有民办学校9所，新市民子弟学校11所，民办幼儿园49所。另有校外素质教育基地2所（青少年活动中心、少年之家）、成人教育学校1所。全市在校学生21.44万，其中公办学校、幼儿园学生168520人；民办学校（含新市民子弟学校和看护点）、幼儿园学生26172人、普通全日制在校本科生19749人。全市在编教职工11593人，备案制教师352人，其中在编专任教师11030人，备案制专任教师352人；常熟理工学院有教职工1545人。（徐东明）

【教育经费】 2021年，全市财政教育支出46.86亿元；生均公用经费标准为普通高中1200元、中等职业学校1800元、初中1300元、小学1100元、独立法人幼儿园1200元；财政扶贫帮困支出501万元；校车专业化运行财政补助649万元；非义务教育阶段学校（单位）继续参照义务教育阶段实施绩效工资。义务教育所需资金全部按时、足额到位，特殊教育继续实行全部免费，对义务教育阶段新市民子弟免除学杂费。（陈国平）

【师资建设】 2021年，常熟市深化“县管校聘”，完善新教师预分配和服务期制度、教师定期交流制度。着力缩小城乡教育资源差距，2021年，市教育局招录教师712名，其中幼儿教师71名，小学教师328名，中学教师295名（初中140名、高中155名），职业学校教师18名，新招录教师中硕士研究生和“双一流”高校本科生67人。均衡调配城乡师资，全年全市义务教育阶段交流支教572名教师，其中骨干教师334名。年内，1人入选江苏省“苏教名家”培养对象，3人获评“江苏省特级教师”，3人获评正高级教师，808人获评（复评）常熟市学科带头人，473人获评常熟市教学能手。组织开展教育系统第24期青年干部培训，提升青年干部综合素养。沈路等22人获全市事业单位工作人员脱贫攻坚记功嘉奖。制定《常熟市“昆承英才”教育人才计划实施细则》，引育名家名师，优化人才结构。（褚学萍）

2021年秋季学期，常欣小学（世茂第二实验小学）落成投用

（市教育局　提供）

【学校建设】 2021年，常熟市推进学校建设工程，秋季学期，新建王淦昌高级中学、游文中学、海虞初级中学、世茂第二实验小学（常欣小学）、启文幼儿园，迁建古里中心小学等21所中小学、幼儿园落成投用。新建红梅小学、云海幼儿园等8个项目竣工。改建石梅小学、改扩建琴湖幼儿园、新建梅李第二幼儿园等10个项目开工。扩建阳光学校、安琪小学2个新市民子弟学校提档升级项目有序推进。（徐　晨）

【校园创建】 2021年，尚湖中心小学、孝友中学获评“2020年全国青少年校园足球特色学校”，世茂实验小学获评“第三批全国中小学中华优秀传统文化传承学校”，东南幼儿园获

评“全国资源节约型绿色校园”，福山中心小学、王庄中学等49所中小学获评“2020年江苏省智慧校园”，徐市、石梅幼儿园获评“2017—2019年度江苏省体育（快乐体操）特色幼儿园”，新区小学、练塘中心小学等7所中小学获评“2017—2019年度江苏省体育特色（中小学）学校”，实验中学崇文校区获评“2021年度省级节水型学校”，江苏省常熟中学获评“江苏省中小学心理健康教育特殊学校”。（徐东明）

【教育科研】 2021年，常熟市引入多元方式，加强学科调研。各学段全年调研80多所学校，规范组织教师评优课、基本功竞赛和学科素养竞赛等活动，3名教师获得省赛一等奖。加强高中学生学科竞赛管理，获全国一等奖11人，其中5人入选省队，获得全国赛4银、1铜。完成31个省市县三级课题中期汇报论证，18个课题结题，对第11批共927个微型课题集中评审，第12批共1317个微型课题成功立项。常熟市中学《“五育融合”视阈下普通高中综合育人模式的创新研究》获全国教育科学“十四五”规划2021年度教育部重点课题立项。（陈 丹）

【教育督导】 2021年，常熟市对14所2019年接受督导的学校（园）开展回访工作，完成对森泉中心小学等4所学校的综合督导和4所幼儿园办园行为督导。健全挂牌督导常态机制，坚持一月一主题，先后开展党史学习教育、防范电信网络诈骗、加强“五项管理”“双减”和课后服务工作等专项督导；聘任第七届兼职督学177名，挂牌督导责任区调整为24个。按照“统筹兼顾、步调一致、质量为先、突出发展”的思路，完成2020年江苏省教育现代化建设监测工作。（马 骏）

表41　　2021年常熟市新建学校一览表

序号	学校（园）名称	建设类别（新建、改扩建、异地新建）	学校类别（幼儿园、小学、初中、高中）	办学规模（轨）	增加规模（轨）	增加学位数（人）	性质（公办、民办）	占地面积（公顷）	建筑面积（平方米）	投入资金（万元）	学校地址
1	湖山幼儿园	新建	幼儿园	18	18	540	民办	1.07	10887	7500	翡翠路27号
2	琴川城市公园幼儿园	新建	幼儿园	18	18	540	民办	1.1	9540	9500	宝山路10号
3	红梅幼儿园	新建	幼儿园	6	6	180	民办	0.6	3615	1800	红梅路8号及第阁12、13幢
4	金山幼儿园	改扩建	幼儿园	6	6	180	民办	0.1	2435	453	常熟市金山苑2区68幢
5	凤鸣幼儿园	新建	幼儿园	24	24	720	民办	1.53	10000	6800	碧溪街道虹桥路7号
6	星湖幼儿园	新建	幼儿园	12	12	360	民办	0.69	5312.8	3200	新沈路5号
7	苏常外国语学校幼儿园	新建	幼儿园	24	24	720	民办	1.4	15866.65	16000	海虞镇海阳路53号
8	石梅小学五爱校区	新建	小学	6	6	1620	公办	2.49	25249.2	12244.56	翡翠路29号
9	开元小学	新建	小学	5	5	1350	公办	3.31	24377	13109.21	开元大道25号
10	常欣小学	新建	小学	6	6	1620	公办	2.51	32752	38386.5	泰山北路30号
11	锦荷小学	新建	小学	4	4	1080	公办	1.23	11667	8500	金山路15号
12	公望小学	新建	小学	6	6	1620	公办	3.83	40478	32000	金湾路18号
13	古里中心小学新校区	新建	小学	6	6	1620	公办	4	34555	18900	古里镇元通路166号
14	游文中学	新建	初中	8	8	1200	公办	2.42	25870	10000	常福街道苏州路3号
15	海虞初级中学	新建	初中	8	0	0	公办	4.58	37425	34587	海棠路西侧、向阳路北侧
16	世华初级中学	新建	初中	2	2	270	民办	0.85	3608	10000	东南街道羿家路8号
17	王淦昌高级中学	新建	高中	20	4	600	公办	7.74	78827.72	37506.15	支塘镇支董路1号
18	启文幼儿园	新建	幼儿园	18	18	540	公办	9.7	100000	50000	东南街道金门路68号
	启文小学	新建	小学	8	8	2160					

续表41

序号	学校（园）名称	建设类别（新建、改扩建、异地新建）	学校类别（幼儿园、小学、初中、高中）	办学规模（轨）	增加规模（轨）	增加学位数（人）	性质（公办、民办）	占地面积（公顷）	建筑面积（平方米）	投入资金（万元）	学校地址
18	昆承湖外国语学校幼儿园	新建	幼儿园	12	12	360	民办	4.13	52149	32500	常熟莫城和莫路以西、规划二路以南
	昆承湖外国语学校小学	新建	小学	4	4	1080					
19	昆承湖外国语学校初中	新建	初中	2	2	270					
21	常熟康桥学校小学	新建	小学	6	6	1620	民办	8.85	49136.29	23808.65	经济技术开发区浦开路6号
	常熟康桥学校中学	新建	初中	6	6	810					

（资料来源：市教育局）

学前教育

【概况】 2021年，全市有公民办幼儿园125所，幼儿40189名，教师（公办）1514名。全市幼儿园园舍建筑面积62.32万平方米，年内新建约8.1万平方米，生均园舍面积21.1平方米。年内，启动运行常熟市学前教育综合管理平台，打通线上线下，强化局、镇、园三级管理，实现一体化、规范化、动态化管理。市教育局印发《关于推动常熟市民办幼儿园普惠优质发展的工作通知》。

【学前教育创建】 2021年，东南小康、金仓、滨江、梅李京师等4所幼儿园创成省优质园，衡丰幼儿园创成苏州市优质园，兴福幼儿园、东南幼儿园通过省优质园复审。全市有省、苏州市优质园78所，占比84%；普惠性幼儿园占比88.67%。2019—2021年，3所幼儿园获苏州市基础教育质量成果一二等奖、1所幼儿园获省级基础教育质量成果二等奖。

【课程游戏化建设】 2021年，市教育局从常熟课程游戏化建设实际出发，形成《基于双循环理念的区域推进课程游戏化高质量发展研究》实施方案，成功申报江苏课程游戏化区域申报项目。组织园长赴外学习调研（杭州、吴江、太仓等），开展抱团行动小组课程研究，开展名园跟岗学习活动，组织张晗张俊教授讲座，开展课程游戏化现场视导，开展民办菜单式课程培训活动等，开展卷入式、连续式、菜单式等研讨活动，加速幼儿园课程游戏化的实践与发展进程。

（张渝茜）

义务教育

【概况】 2021年，常熟市有公办和民办小学78所，学生90937名，教师（公办）4471名；有公办和民办初中学校46所，学生34017名，教师（公办）2967名。市教育局指导各校对标义务教育优质均衡发展指标，找差距、补短板，制定“一校一策”，每月开展督查，落实提升措施，创成“江苏省义务教育优质均衡发展县（市、区）”。在全省首创“引进人才子女入学一件事”“线上+线下”双服务模式。加强对省市两级内涵建设项目创建的指导和推进工作，报慈小学“旧山楼特色文化建设”成功申报2021年江苏省中小学课程基地与学校文化建设项目。

（曹　深　卢一安）

【集团化办学】 2021年，常熟市实现义务教育学校集团办学全覆盖。开展集团内、跨集团教育教学研究和实践，组织常熟市集团化办学实践案例立项

10月29日，实验小学举行秋季运动会。图为学生“风采秀”现场

（朱琪　摄）

申报和优秀案例评比，实现理念、资源、方法、成果、品牌共建共享。根据实际情况细化集团办学考核要求，对全市义务教学办学绩效绿色评价评估细则进行讨论和修订，突出对教育质量和学业质量的考核评价；在全市首批立项18个集团特色项目基础上，组织培训，邀请张家港梁丰小学校长作集团办学项目开展情况的经验分享。

（夏振君）

普通高中教育

【概况】 2021年，全市有普通高中8所，学生17826名，教师1778名。6所学校为省四星级高中，分别为江苏省常熟中学、常熟市中学、常熟外国语学校、常熟市尚湖高级中学、常熟市浒浦高级中学、常熟市梅李高级中学，常熟市海虞高级中学、常熟市王淦昌高级中学年内独立分设（原为完中）。江苏省常熟中学为省高品质示范高中首批建设培育学校，有“虞山文化”和“CPS+创造力发展”2个省级课程基地。

【高中教学】 2021年，市教育局加强高考备考研究与指导，组织普高综合调研、专项调研，关注人生理想和规划、课堂效率和氛围、学校饮食和作息、学生心理和体质，假期自学和休整，学习积累和评价。定期组织高中和高三各类教育教学工作会议，召开全市高三教育工作会议、全市高三备考工作会、全市普通高中教育工作会等，统一部署高考工作，加强备考工作研究，提高复习针对性和实效性；继续深化高三班主任中心组工作，中心组每月活动正常开展，组织高中艺术、通用技术、理化生实验操作考试。加强选科评估与指导工作，开展学业发展指导和生涯规划教育，提高学生生涯规划和自主选择能力。

【普通高考】 2021年常熟市采用新的高考模式，高考主要指标领跑苏州。全市600分以上有197人，省中3名理科考生进入全省前50名（位列全省第5、第9、第48），包揽苏州市理科前三名，1名艺术类考生获全省第一，实现历史性突破。本科上线人数再创新高，4257名考生中上线3890人，比上年增加293人，上线比例达91.38%。6名考生获清华、北大录取资格。

（夏振君）

中等职业教育

【概况】 2021年，全市有职业学校3所，在校学生10949名，夏季毕业学生2845名，中职学校毕业生双证持有率为95.2%，就业率为98.6%。2021年全市普通高校单独招生考试实考人数为329人，本科上线213人，达线率为64.74%（名列苏州各县市区第三），大专达线率为100%；转段本科67人，转段专科347人，中职注册入学452人，总录取人数为978人，总录取率为91.3%。全市“双师型”教师占专任专业教师比例为94.68%（新标准）。

【职业教育教学】 2021年，常熟市持续推行现代学徒制实践，各职业学校与三菱电机有限公司等21个企业开展现代学徒班合作；与开关制造有限公司等5家单位共建企业学院；完成在职员工培训2200多人次，聘任校企双导师120多人，推进全市17个“1+X”证书试点，促进“书证融通”，278名学生获得相关职业技能等级证书。3个现代化实训基地通过终期验收，9大实训基地完成各类培训12500人次（天）。

【职业教育创优】 2021年，在全国职业院校技能大赛中，常熟中专获得中职组现代模具制造技术金牌（第一名），在江苏省职业院校技能大赛中三校获8金、6银、24铜。2021年普通高校对口单招考试达本率为64.74%，成绩稳居苏州市前列。

（陈　飞）

【江苏省常熟中等专业学校】 2021年，常熟市中等专业学校有在校学生6021名，教职员工652名。学校有机电工程系、电气工程系、传媒艺术系、经贸管理系、汽车工程系、旅游管理系、基础部、继续教育部8个系部，有班级153个。有15个五年制高职专业，其中5个江苏省品牌专业、4个江苏省现代化专业群。校企共建2个江苏省产教融合型企业培育单位、6个苏州市现代学徒制试点项目、4个常熟市现代化实训基地、11个企业（产业）学院。年内，学校获得江苏省教育系统先进集体、江苏省教科研工作先进集体、江苏省五四红旗团委、苏州市文明校园、苏州市千亿级产业产教联合体理事长单位、常熟市教育系统先进基层党组织

9月1日，全市中小学、职业学校统一组织师生收看“请党放心强国有我”《开学第一课》

（李献　摄）

等称号。奇瑞捷豹路虎中英现代学徒制项目获评江苏省基础教育职业教育"十四五"重点对外交流合作项目。在2021年职业院校技能大赛中获全国比赛一等奖1个，省级比赛一等奖7个、二等奖4个、三等奖17个；在2021年省级职业院校教师教学大赛中，获一等奖2项、二等奖3项、三等奖5项。

（苏建青）

【常熟高新园中等专业学校】常熟高新园中等专业学校（常熟市艺术学校）为江苏省四星级中等职业学校，首批江苏省优质特色学校，江苏省职业教育先进单位。2021年，学校有机电部、服装和艺术部、旅游和商贸部、基础部4个系部。学校有教职工197人，其中常熟市级以上骨干教师108人，硕士研究生25人，中、高级职称教师占专任教师73%，"双师型"教师占专任专业教师72.05%，学生2363人。学校拥有4个省级品牌或特色专业、2个江苏省现代化专业群、工艺美术实训基地为"江苏省现代化实训基地"，服装实训基地为常熟市公共实训基地，精细木工职业体验中心为江苏省中小学生职业体验中心、江苏省家具行业协会培训基地；分别与常熟长城轴承有限公司、常熟古建园林股份有限公司、江苏金龙科技股份有限公司共建常熟市现代化实训基地。学校有5个教育部"1+X"试点项目。与杭报集团的浙江春芽学成教育科技合作国际化办学。2021年，学校在江苏省对口单招高考中本科录取率达79.2%，位列常熟市第一，江苏省学业水平考试中学生全科合格率为96.45%；技能竞赛中获得省赛二等奖1个，三等奖2个，苏州市赛一等奖2个，二等奖8个，三等奖17个。教学大赛中，获得省赛三等奖4人，苏州市赛中，获一等奖4人、三等奖7人。

（平建新）

【常熟市滨江职业技术学校】2021年，常熟市滨江职业技术学校实行二级管理，设有基础管理部、机械工程部、机电工程部、化工信息部4个系部；开设有机械、机电、工业机器人、化工、物流、汽车制造、计算机等多个专业及专门化方向。有在编在岗教职工191人，其中江苏省职教领军人才、苏州市学科带头人、常熟市学科（学术）带头人、常熟市高级"双师型"教师等县市级以上骨干教师74人，学生2565人。2021年，学校先后有7位教师获苏州市级以上表彰奖励，25位教师新获评"常熟市级及以上骨干教师"称号，各类业务技能大赛中获苏州市级以上奖项17人次。2021年，学校与友邦散热器（企业投资850万元）、苏州富纳艾尔（投资540万元）建成2个"常熟市职业教育现代化实训基地"；与新材料产业园、龙腾特钢、董浜汽配园、芬欧汇川开展的4个校企联合培养项目被立项为"苏州市职业教育现代学徒制项目"。2021年学校先后成为发那科机器人授权培训中心（C级）、中国化工类AHK专业委员会成员单位、ICDL项目2020—2021年度表现突出项目单位等。与上海石化工业学校、上海发那科工业机器人、上海喜马拉雅等单位开展长三角一体化项目运作，与德国汉斯赛得尔基金会开展国家交流合作。2021年单招高考成绩再创新高，88名考生达本科分数线，本科达线率58.28%；1108学生参加全国计算机等级考试通过率91.06%；2019级520名学生参加省学测通过率98.8%；2021年学生参加各专业工种的初、中级技能等级考核，通过率超95%。

（徐丽娟）

普通高等教育

【概况】2021年，常熟市有全日制本科院校1所。常熟理工学院（以下简称常理工）是"国家教育体制改革"试点项目高校、国家"十三五"应用型本科产教融合发展工程项目建设高校、教育部"卓越工程师教育培养计划"试点高校、全国高校质量保障机构联盟副理事长单位、江苏省首所省市共建省属本科高校。学校占地面积120多公顷，建筑面积60多万平方米，建有东湖和东南2个校区。2021年，常理工有14个二级学院（部），49个招生本科专业，涵盖工学、理学、文学、经济学、管理学、教育学、艺术学7大学科门类；普通全日制在校本科生19749人，联合培养全日制研究生100多人，继续教育学院成人学历教育在籍学生5800多人。2021年，历史不限专业组投档线523分，物理不限专业组投档线492分，录取位次居省内同类高校前列；初次就业率为93.21%，比上年提高9.45%；年终就业率达97.43%。

【学科建设】2021年，常理工5个"十三五"省重点建设学科通过验收，4个学科申报"十四五"省重点学科。完成国内硕士学位授权单位及相关学位点调研，重点针对7个硕士专业学位培育点，进行调研、统计、分析。累计拥有国家级一流本科专业建设点、教育部"卓越计划"试点专业4个、教育部本科专业综合改革试点2个、国家级特色专业建设点2个、省一流本科专业建设点7个、省高校品牌专业建设工程项目18个、省"卓越计划"试点专业（项目）5个、省重点专业（类）6项、省特色专业8个，专业通过教育部专业认证9个。

【师资队伍】2021年，常理工教职工1545人，其中专任教师1176人，高级职称704人，博士604人。入选国务院政府特殊津贴、省有突出贡献中青年专家、省"333工程""青蓝工程""六大人才高峰""省双创博士"264人次，国家级教学名师、省级教学名师4人，省优秀教学团队（科技创新团队）11个。全年引进高层次人才96人，其中正高职称人才13人、副高职称人才35人，具有博士学位78人，占引进高层次人才的81.25%。

【数学竞赛成果】2021年，常理工获得国家级高等教育教学成果奖1项，省部级高等教育教学成果奖23项。年内发布的2020年全国普通高校大学生竞赛排行榜（本科）中学校位列全国第93名，首次入围学科竞赛年度百强行列。年内，学生参加各类赛事120项，获得省级比赛一等奖273项，国家级比赛一等奖39项。组织申报并批准立项各级大学生实践创新训练项目735项，其中省级重点项目25项（推荐为国家级项目）。

【教学科研与发明专利】 2021年，常理工申请各类知识产权472项，专利授权量达到407项，其中发明专利227项，比上年增长54.4%，占总授权量的55.8%。年内，学校获得各级各类科研项目215项，其中，国家级项目11项，省部级项目56项；获得各级各类科研成果奖23项，其中，获批省部级奖项8项，市厅级奖项15项。年内新增省部级及以上科研平台3个，学校省部级及以上科研平台总数达11个。

（马志颖）

特殊教育

【概况】 2021年，全市义务教育阶段有特殊学生830名。其中，151名中重度学生就读于特殊教育学校，644名轻中度学生就读于各普通中小学校，另外为35名重度残疾少儿提供“上门送教”。全市建成融合教育资源中心126个，其中包括学前融合资源中心49个、小学（包括九年一贯制学校）融合资源中心51个，初中融合教育资源中心25个，职高融合教育资源中心1个。全市有专职资源教师20名，兼职资源教师113名。2021年全市接待全国各地学校来访交流10批次、250人。11月接受江苏省教育厅组织的2019、2020年度特殊教育发展工程融合教育资源中心建设项目的专项督导。

（朱文宝）

【融合教育】 2021年，常熟市推进融合教育资源中心建设，全市各学段融合教育资源中心有126家，实现从学前至职教4个学段的资源中心全覆盖。数量及覆盖率领先全省，为普校有效开展融合教育提供保障。在乡镇（街道）实现幼儿园建融合教育资源中心全覆盖。东南幼儿园、海虞幼儿园被江苏省教育厅遴选为学前融合教育苏台合作项目成员单位。分两批完成110名普校融合教育资源中心资源教师的省级认证持证培训，特校职业融合教育实践基地“知行家”建成投用。

（曹 深）

【常熟市特殊教育学校】 2021年，学校有在校学生151名，教职员工45名。学校分设聋部、培智部、职业高中部，有班级16个。学校结合残疾学生多样化特殊教育需要，在差异教育、教康社结合、普职融通方面进行探索。2月，在泰慈公园建成职高班烘焙实训基地——知行家残疾人服务社；9月，在五星二区将原塔前幼儿园分部改建成附属幼儿园；在古里中学建成职高班分部——波司顿缝纫班。2021年，学校获江苏省智慧校园、江苏省教科研工作先进集体、苏州市特殊教育工作先进集体、苏州市文明校园、常熟市五星级党支部、常熟市生活垃圾分类先进学校、常熟市教育系统“无诈校园”先进集体、常熟市少先队工作先进学校等称号。2021年，学校有1名学生被评为“江苏好少年”；4名学生在苏州市级绘画比赛中获奖。（朱文宝）

成人教育

【概况】 2021年，常熟市参加成人高考人数，自学考试人数以及参加计算机、英语证书考试人数比上年都有所增加。市教育局深化供给侧结构性改革，推进社区教育项目化工作。开展智慧助老，老年人智能技术专项普及工作。做好过程管理和内涵建设，组织各项创建评比，推动社区教育治理体系改革创新，实现教育惠民。（潘勇平）

【成人高考】 2021年，全市报名参加成人高考人数5528人（其中高升专2064人比上年增加173人，高升本262人，专升本3202人），申请免试333人，成绩互认5人，退役士兵197人，实际参考3855人（其中高升本262人，高升专1651人，专升本1942人），实考率为69.74%。录取人数4403人，其中高升本72人，高升专1724人，专升本2607人，录取率为79.65%。

【自学考试】 2021年，全市自学考试报考人数7551人（含增考2467人比上年增加1440人）；全年报考课次（含增考）15672门；全年301名毕业生中有本科219人，专科82人。

【资格等级考试】 2021年，全市参加计算机、英语证书考试人数13625人比上年增加4991人，其中全国计算机等级考试（NCRE）报名11590人；全国英语等级考试（PETS）报名2035人。教师资格考试报名8385人。大学英语四六级考试报名18555人。

（杨永其）

【社区教育】 2021年，全市22个项目入选常熟市2021年度社区教育项目，“一方小院自然课堂”等4个项目被定为重点项目。开展“智慧助老—老年人智能技术专项普及培训”工作，开发适合老年人学习的智能技术应用课程，开办15个常熟市老年人运用智能技术提高班，惠及400多位老年学员。构建“工业园区、常熟、张家港社区教育共同体”“常熟沙家浜—昆山巴城环阳澄湖游学联盟”，共同推动基于实践的应用性社区教育课题联合研究。梅李社区教育中心创成苏州市示范性社区教育中心，3D打印+传统造物智慧实践基地等2个基地成功立项省社区教育优质项目化基地。（潘勇平）

民办教育

【概况】 2021年，全市有民办中小学20所（其中11所为新市民子弟学校），分别为常熟伦华外国语学校、常熟市外国语小学、常熟康桥学校、常熟市世华初级中学、常熟市苏常外国语学校、常熟市昆承湖外国语学校、常熟市博文小学、常熟市凤兰小学、常熟市虞文学校、常熟市湖山学校、常熟市育才

2021年，伦华外国语学校成为全国外国语学校工作研究会正式会员　　（钱伟　摄）

学校、常熟市行知学校、常熟市东吴学校、常熟市浙浦中星小学、常熟市琼宇学校、常熟市安琪小学、常熟市皖青小学、常熟市龙华学校、常熟市立志学校、常熟市阳光学校。民办中小学在校生14369人。民办幼儿园49所，在园幼儿9038人。全市有经教育局审批的学科类校外培训机构12家。

（张爱华）

【民办教育机构管理】 2021年，常熟市停止义务教育段校外培训机构寒暑假、节假日、双休日开展学科类培训，为“双减”营造良好氛围。建立校外培训机构联席会议制度，开展校外培训机构专项治理工作，对191家学科类培训机构进行两轮500余次督查，规范培训行为。全市有义务教育阶段学科类培训机构5家，高中阶段学科类培训机构7家，转为非学科类122家，注销57家。全市学科类机构压减率达97.4%。　（董亚琴）

【常熟世界联合学院】 常熟世界联合学院（常熟UWC）创立于2015年，是一所全寄宿的国际高中，是中国内地的第一所、全世界第15所UWC（世界联合学院）。学校面向全球100多个国家和地区招生，2021年有在校学生520名、教职工154名。创校5年共培养来自124个国家和地区的1600多名学生，其中50多人被哈佛、耶鲁、普林斯顿大学等常青藤学校录取。年内，学校与常熟市联合推动UWC+项目建设，在教育发展、对外交流、社区联动和招才引智方面开展合作。（唐佳颖）

【常熟伦华外国语学校】 学校于2011年建校，由常熟市高新区政府投资兴建、伦华教育集团全面管理，是常熟首家高端民办学校。实施从幼儿园到高中十五年一贯制教育。学校占地面积5.2万平方米，建筑面积5.5万平方米。2021年，在校学生1918名，教职员工358名。9月，学校由原常熟国际学校正式更名为常熟华伦外国语学校，并被全国外国语学校工作研究理事会批准成为正式会员，是常熟地区唯一一所全国外国语学校会员单位；获评2021年度全国青少年人工智能活动特色单位、江苏省智慧校园、“苏州市青少年数字公民培育计划”项目学校、苏州市第二批智慧校园发展水平四星级学校、苏州市语言文字规范化示范校、2021年常熟市全民阅读先进单位、全国艺术教育先进单位；获2021年苏州市中华经典诵读比赛优秀组织奖、2021年长三角地区科普漫画大赛优秀组织单位、常熟市小学生信息技术应用能力竞赛优秀组织奖、2021市中学生文艺汇演一等奖；校少先队大队获“常熟市十佳少先队体”，啦啦操队连续第五年获市中小学足球啦啦操比赛一等奖第一名。

（吴佩琴）

责任编辑　张莉莉

历史文化名城保护

保护护规划

【历史文化名城保护提升总体方案修编】 2021年，针对常熟市历史文化底蕴深厚，但古城资源有待盘活；核心功能较为完备，但人居环境有待提升；文旅产业不断发展，但结构布局有待优化等现状，常熟市编制《常熟历史文化名城保护提升总体方案》，全面分析常熟古城区发展现状和存在问题，明确打造古城区精品"硬核"，坚持"一空间、两融合、三路径"的发展总定位。对琴川河、南泾堂、西泾岸、南门坛上4个历史文化街区分区确定发展定位，即琴川河历史文化街区以小桥流水、粉墙黛瓦的七弦河传统民居为特色；南泾堂历史文化街区以名人故居和传统工艺为特色；西泾岸历史文化街区以古典园林和历史文化陈列馆为特色；南门坛上历史文化街区以关厢文化和市井文化为特色。方案从"完善基础设施、改善人居环境、发展文旅产业、优化古城风貌"方面系统制定专项任务，主要包括优化综合交通体系、综合整治河道水网、分类提升居住品质、高效推动城中村改造、推进文旅产业发展、实施保护对象分类管控用6个专项任务。

【《琴川河历史文化街区保护规划》】 2021年，常熟市委托启迪设计集团股份有限公司编制《琴川河历史文化街区保护规划》。规划于5月完成调研；6月形成初稿；7—8月，召开2次成果汇报会，并根据各部门意见进行修改；9月26日，规划终期成果通过市级专家论证，至年底形成规划审查稿。规划系统梳理了琴川河历史文化街区的自然与历史文化价值及保护内容，划定并明确核心保护范围及保护要求、建设控制地带及控制要求，对空间格局和环境保护、历史文化遗产保护明确要求，从土地使用、公共服务设施、道路交通、绿化与景观、文化遗产展示利用、市政设施、防灾和环境保护等方面提出建议，并重点分析琴川河历史文化街区保护与发展面临的问题，制定与规划实施紧密结合的管理与实施机制。

【《常熟市古城区空间特色意图区（2、5、8号街坊）塑造规划》】 2021年，常熟市委托北京清华同衡规划设计研究院有限公司编制《常熟市古城区空间特色意图区（2、5、8号街坊）塑造规划》，9月召开评审会。规划总用地面积94.79公顷。其中，2号街坊东至书院街、西至新山前河、南至西城河、北至西门大街，用地面积为36.19公顷；5号街坊东至县南街、西至书院街、南至东市河、北至方塔街，用地面积31公顷；8号街坊东至环城东路、西至县南街、南至东市河、北至方塔街，用地面积27.6公顷。规划设项目背景与现状认知、特色价值识别、特色网络构建、特色塑造指引、重要节点示例、街坊特色空间塑造图则6个方面，从城市设计的角度对古城街坊空间特色进行塑造和引导，探索名城保护中的城市设计思维与方法。以文化为导向、以特色为脉络、以人本为核心、以空间为载体，明确特色空间体系构成要素与布局，提出特色空间各要素控制引导要求，为后续城市设计、街区整理提供空间规划建设指导。

表42　常熟市第二批吴文化地名保护名录一览表

类　型	地　名
自然地理实体地名	坞邱山、小山、顾山、范山、张家港、锡北运河、横泾塘、山前塘、大义塘、白龙港、里睦塘、崔浦、芦浦、高浦、里塘、官塘、市泽潭、马惊湖
行政区域地名	虞山镇、梅李镇、海虞镇、古里镇、沙家浜镇、支塘镇、董浜镇、尚湖镇、辛庄镇、碧溪街道、师德村、胜法村、天字村、寨角村、塘桥村、何村村、海城村、师桥村、河口村、邓南村、高长村、下甲村、常昆村、八字桥村、枫塘村、长桥村、旗杆村、新和村、蒋巷镇村、常兴村、张家桥村、溪西村、留下村、马桥村、小市村、中南村、白莲村、毛桥村、新红村、蜂蚁村、小义村、常隆村
纪念地和旅游地地名	之园、唐氏园、半亩园、飘香园、红豆山庄、聚奎塔、吉祥寺、福江寺、褒亲禅寺、白云栖寺、法灯寺、长毫禅寺、印应雷墓、严激墓、顾大章墓、缪仲醇墓、言子墨井、丹井、贺舍井、沈石友故居、爱日精庐、旧山楼、虹隐楼、笛在月明楼、辛峰亭、言子故里亭、雅集亭、王石谷亭、言子专祠、吴王点将台、思文书院、正修书院

【《常熟市古城区重点街坊城市设计》】 2021年，常熟市委托苏州规划设计研究院股份有限公司编制《常熟市古城区重点街坊城市设计》，于9月完成论证稿。分项目背景认知、基地现状分析、目标定位及策略、城市设计、设计导则5个部分，按照《苏州市美丽宜居城市建设试点工作实施方案》的要求，在城市发展新格局中，探索适合常熟古城实际情况的城市设计与更新规划，解决城市存在的具体问题，实现对城市格局、风貌和各类空间的精细化管理，从城市设计角度提供科学决策建议，为常熟历史街区整理更新工作提供依据。

【《西泾岸片区整理更新规划》】 2021年，常熟市编制《西泾岸片区整理更新规划》，规划由虞山街道办事处负责，分规划总则、文化策源、技术赋能3部分。规划范围北至西门大街及中巷，南到环城西路及荷香馆，东临书院街，西接白虎弄及西仓前下塘，总用地面积为17.58公顷。该规划的制定旨在稳妥推进历史街区整理更新工作，引导在试点过程中，注重科学布局、盘活更新单元、活化历史空间、明晰长效机制，从而保留历史街区文脉肌理、建筑风貌，活化街区、传承文化；划定第一块西泾岸"连线扩面"示范区，立足资源利用现状，规范引导存量空间盘活利用，腾笼换鸟提升拓展新空间，打造历史风貌浓郁、保护和利用充分、特色鲜明的历史文化街区，让历史街区既留得住传统烟火气、又能激发出当代新活力。

历史文化街区保护

【概况】 2021年，常熟琴川河、南泾堂、西泾岸、南门坛上4个历史文化街区进行挂牌标识，开展历史街区整理更新试点，完善集中权使用机制。公望·马宅民宿投入运行，为历史文化街区建筑活化利用提供经验。

【历史文化街区整理更新试点】 2021年，常熟市完善历史文化街区整理更新组织架构，制定重点片区更新策划方案，明确片区发展目标、产业定位、更新方式、实施计划、功能完善、保护传承等内容。坚持"自下而上"微改造和"自上而下"规划引导结合，因地制宜探索城市更新模式，现场走访历史街区近百个院落，完成报本、西泾岸等历史街区60个院落、350户、近千人次座谈，174户提交房屋使用权集中申请，签订房屋使用权集中协议38个院落、130户，集中建筑面积7600平方米、用地面积0.8公顷。在保护历史风貌前提下，完成修缮腾换用房19套。开展城区历史街区污水收集试点，试点真空排导技术污水收集运用，庙弄、中巷区域实现雨污分流。引入市场力量参与整理更新，与中国水务上海投资建设有限公司签订《古城更新项目合作框架协议》。

【公望·马宅民宿竣工开业】 9月9日，公望·马宅民宿竣工开业，其位于南门坛上历史文化街区上塘街85号，原为市级文保单位马宅，传统砖木结构，是一座典型的清代大院建筑。马宅修缮保护工程于2016年启动，对其原有五进的整体风貌进行恢复。2019年，在保护原建筑风貌的基础上，常熟文旅发展有限公司对马宅既有建筑实施更新改造，引入功能业态，将马宅打造成多重功能的院落式特色民宿。改造后的公望·马宅建筑面积为2263平方米，配有9间合院套房，还配套提供餐饮、茶文化、行业研讨会、人文艺术展等各类服务和艺术活动。

历史建筑保护

【概况】 2021年，常熟市有历史建筑101处，其中，市区建筑76处、乡镇建筑25处，年代跨度从明代至现代，其中清代建筑有68处。建筑类型包括民居、祠堂、行业公所等建筑物93处，牌坊2处和桥梁等构筑物6处。年内，常熟市修订出台《常熟市历史建筑保护办法》。

【历史建筑管护】 2021年，市名城办按照"确定公布—挂牌标识—测绘建档—安全评估—修缮保护—提升利用"保护工作链，开展历史建筑保护，完成历史建筑挂牌和测绘建档，开展32处历史建筑结构安全评定。编制历史建筑保护图录，介绍101处历史建筑历史价值、保存现状、保护规划、使用禁止事项等内容，修缮利用历史建筑10处。

【《常熟市历史建筑保护办法》出台】 7月31日，常熟市修订《常熟市历史建

琴川河历史文化街区一隅　　（市住建局　提供）

筑保护办法》(暂行),正式出台《常熟市历史建筑保护办法》。办法对原条文中部分主体职责进行了调整;增加了关于优秀传统风貌建筑保护的条文,加强对历史建筑后备库的建设;对被公布为文物保护单位的历史建筑的保护要求进行明确;新增历史建筑保护承诺书机制;规范历史建筑修缮的审批流程。办法于10月1日起施行。

(徐永丽)

文物古迹保护

【概况】 2021年,常熟市有各级文物保护单位173处,其中全国重点文物保护单位6处,分别是:綵衣堂、崇教兴福寺塔(方塔)、燕园、赵用贤宅、聚沙塔和言子专祠;省级文物保护单位20处、市级文物保护单位147处,控制性保护建筑87处。年内对多处文保单位进行维修,并组织文物安全检查。

【文保单位修缮】 2021年,常熟市实施"笛在月明楼修缮""文庙木结构加固""唐市繁荣街51号(杨彝纪念馆)修缮""杨沂孙故居局部维修""广嗣桥、永济桥、聚福桥及常熟城垣遗址保养维护"等修缮项目。上报2021年国家级和省级文物保护专项资金项目8个,江苏省文物安全管理实验区、綵衣堂消防工程两项目获省级专项资金扶持180万元。"王淦昌故居修缮及布展工程"入选省级红色遗产保护与展示优秀工程。

【地下文物保护】 2021年,常熟市落实建设工程项目考古前置工作,完成地块考古勘探29处,地块完成抢救性发掘并通过省局验收4处。完成渠中路等地下文物埋藏区考古勘探和抢救性发掘3处。完成环虞山周边地下文物保护前期勘探77处,抢救性发掘22处。其中明代海宁知县沈洧及其夫人陈妙净墓,出土一批重要明代服饰文物。做好辛庄平墅村施工发现地下文物后续相关工作,追回出土文物,完成勘探和抢救性发掘工作。

【文物"三防"工程】 2021年,常熟市做好文物消防、安防、防雷等安全保护工作。开展省保以上文物建筑的防雷检测。完成綵衣堂安防工程、34处文保单位监控系统提档升级,为重点文物保护单位和文物遗址现场的安全防卫保障管理提供全天候、高清晰的实时动态视频监控信息。组织开展对市级文保单位广嗣桥(退戍戊桥)、永济桥、顺民桥3座古桥安全状况的专家论证,选定永济桥桥梁安全监测方案并组织实施。

【文物建筑安全】 2021年,常熟市对南门坛上文物建筑进行消防安全专项检查,组织开展全市革命遗址安全大排查。对4处革命文物建筑实施白蚁防治及房屋安全检查,编制计划推进文保单位白蚁防治相关工作。配合苏州市文物局对常熟博物馆安全检查以及开展安全隐患大排查工作。

传统村落保护

【传统村落】 2021年,常熟市有中国传统村落1个,为古里镇李市村李市;江苏省传统村落5个,分别为古里镇李市村李市、辛庄镇吕舍村吕舍、碧溪新区李袁村问村、梅李镇沈市村沈市、董浜镇观智村天主堂。11月,古里镇李市村李市、辛庄镇吕舍村吕舍、碧溪新区李袁村问村、梅李镇沈市村沈市入选首批苏州市传统村落;古里镇铜剑北街3号铁琴铜剑楼、铜剑北街1-145号徽州会馆、文昌街2号刘氏敦厚堂和沙家浜镇北新街21-24号、东北街49号望贤楼、繁荣街34、36、38、40号入选首批苏州市村镇传统建筑组群。

【传统村落历史环境保护】 2021年,常熟市推进传统村落保护工作,研究修缮保护方法。李市村修整部分驳岸,基本恢复村内河道驳岸原有风貌;沈市村整治沈市老街周边环境,增绿补绿;吕舍村对吕舍老街及周边环境开展综合整治,改造危房和道路、种植绿化、设立停车场、增设健身设施。

【问村传统村落设计师驻村服务】 2021年,问村建立传统村落设计师驻村服务制度,在村落档案建立、规划编制、项目实施、运营管理等方面提供现场指导,严格农房翻建审批制度,规范建材颜色材质,奖补运用传统建筑特色材质的农户,促进乡村建筑风貌协调。

【天主堂传统村落保护】 2021年,常熟市编制《董浜镇观智村天主堂传统村落保护发展规划》,并通过专家论证。该规划加强对天主堂传统村落保护与发展的引导,维护村落的历史风貌,传承与彰显地方优秀传统文化遗产,保护村落传统资源、历史脉络、空间格局及自然环境风貌,改善人居环境,促进天主堂村的可持续发展,推动乡村更好地保护利用与发展复兴。

非物质文化遗产保护

【概况】 2021年,常熟市有国家级非遗项目2个,吴歌重要一脉白茆山歌、古琴艺术(虞山琴派),省级非遗项目20个,苏州级非遗项目39个,市级非遗项目7批、131项;有国家、省、苏州、常熟各级非遗传承人135人,其中,国家级非遗传承人2人,省级传承人12人,苏州级传承人30人,常熟市级传承人91人;建成白茆山歌馆、虞山派古琴艺术馆、常熟评弹艺术馆、碧溪新区非遗馆、常熟花边社等一批集展示、演出、培训、研究、交流等功能于一体的非遗特色场馆。年内,公布第六批非物质文化遗产代表性项目代表性传承人及第七批非物质文化遗产代表性项目名单。

【非遗传承保护】 2021年,常熟市配合苏作馆建设,选送《松弦馆琴谱》、翁瘦苍手抄《普庵咒》、古琴、盘金绣旗袍、文房雅韵套装、黄杨木雕《雕狮如意》等常熟特色非遗大师作品,作

表 43　　2021 年常熟市级第六批非物质文化遗产代表性项目代表性传承人名单一览表

项目名称	代表性传承人	项目名称	代表性传承人
白茆山歌	朱　利	常熟蒸菜制作技艺	王振飞
石湾山歌	胡春花	苏式糕团制作技艺	范云芬
常熟宝卷	蒋秀全	聚仙居张家烧卖制作	居樱叶
虞山琴派	季丽娟　席　行	苏派酿酒技艺	顾晓瑜
虞山派篆刻艺术	陈震瑶　全悠清　唐承熙	石梅盘香饼制作技艺	彭　胜
苏派盆景造型技艺	吉雨来	传统旗袍制作技艺	鲍洪尚　周春亚
常熟红木雕刻	钱春虞　赵耀东	朱氏中医内科	朱惠中
明式家具制作技艺	赵建国　王永刚	江氏中医儿科	邵　罡
虞山绿茶制作技艺	方志强　吴　健	三步八法大拉腰	顾云峰
铁器铸造工艺	刘祖林	邵氏中医妇科	邵亨元
香山帮传统建筑营造技艺	韩　峰	白茆蛇伤救治	徐炳兴
竹编	陆兴发	传统中医膏方制作技艺	濮建明
棕编	胡　芳	虞山蕈油面	张淑英

“常来常熟”专题展出。国家级传承人朱晞受邀参加苏作馆开幕演出。组织“非遗过大年”视频互动活动，在“常来常熟”抖音号直播，发放花边、土布、红木雕刻、棕编4个项目材料包400多个；启动“习遗为常”非遗体验活动；组织常熟花边作品参加扬州世界园艺博览会非遗展。组织开展“识遗为常”非遗暑期体验活动、家门口的暑托班活动等非遗体验活动。举办中国常熟宝卷理论研讨会，举办古琴艺术节系列活动，组织出版《半堂琴存》及CD《虞山琴韵》，在方塔园、虞见唐宅组织长三角古琴音乐会、虞山琴派传承人中秋雅集等活动，实现线上线下互动。

【第七批市级非遗项目认定】 2021年，常熟市公布第七批非物质文化遗产代表性项目名单，分别为传统旗袍制作技艺、黄麻制作技艺、古琴制作技艺、根雕、棕编、苏派酿酒技艺·米酒制作、苏州水乡木船制作技艺·手摇船制作、白茆蛇伤救治、传统中医膏方制作技艺、江氏中医儿科、邵氏中医妇科、三步八法大拉腰、朱氏中医内科、上正梁。

海虞镇“肖家桥箕箕”编制工艺始于西汉，盛于明代。5月18日，海虞镇肖桥村村民吴金元在制作竹制品盘篮　　（刘文忠　摄）

【中国常熟宝卷暨相关民俗学术研讨会】 7月10日，当今文化视野下的中国常熟宝卷暨相关民俗学术研讨会在古里镇红豆山庄召开。该活动由中国俗文学学会主办，市文体广电和旅游局、古里镇政府承办，《常熟理工学院学报》编辑部、市图书馆协办。全国18所高校和科研机构的40多名宝卷研究专家参加，共同探讨常熟宝卷及相关民俗文化的保护、传承与发展。

链接：

常熟是苏派宣卷的重要流布地区，常熟宝卷历史悠久，影响较大，现存300余种，最早的常熟宝卷有出自白茆宝卷的宋代天竺普明禅师编集的木刻本《大乘香山宝卷》及清末时新编的木刻本《目莲三世宝卷》等。常熟宝卷内容丰富，形式多样，其承载的民俗、民风、民间文化的信息量巨大，为讲唱文学、语言学、民俗学、宗教史等学科提供丰富的研究资料，具有较高的历史价值和文化价值。2013年，常熟将宝卷作为非物质文化遗产进行抢救、保护和研究。2016年1月，常熟宝卷作为吴地宝卷的一部分，被列入江苏省非物质文化遗产名录。　　（王珺健）

责任编辑　李　妍

文 化

公共文化

【概况】 2021年，常熟市按照高质量发展要求，全方位加强公共文化服务，大力提升服务效能和品质。持续完善公共文化设施网络，加强全市各级各类文化场馆管理。围绕打造江南文化，打响虞山文艺品牌，开展文化惠民活动，提升公共文体旅服务供给。2021年，常熟人均接受文化场馆服务6.11次，辖区内村（社区）综合性文化服务中心标准化建设达标率100%。

【博物馆】 常熟博物馆为国家一级博物馆、省级爱国主义教育基地，2021年，馆藏有上至马家浜、崧泽、良渚文化，下至近现代时期的各类文物20453件（套），其中以书画、陶瓷、玉器三大类为主。馆藏国家一级文物22件、二级文物283件、三级文物834件。馆内设有馆藏玉器、瓷器、书画、文玩等固定展览，设有临时展厅。受新冠疫情影响，年内闭馆54天，举办“朝霞映在阳澄湖上——常熟博物馆藏革命文物特展”等展览22次。全年接待参观人员5.86万人次。

【文化馆】 2021年，常熟市文化馆开展各项线上文化服务活动和艺术精品创作，推出舞蹈《暖暖的米糕》、小品《亲上加亲》、古筝独奏《克罗地亚狂想曲》、歌曲《一颗丹心》等原创节目。完成“情暖常熟”公益文艺巡演40场，举办“百年辉煌·艺心向党”2021年常熟市第二届民间戏曲团队展演周活动，承办第三届常熟市群众文艺“星光奖”戏剧曲艺类、音乐舞蹈类作品决赛，承办“百年辉煌 群艺飞扬”常熟市首届街头表演达人秀，活动时间贯穿全年，惠及群众万余人次。

【美术馆】 常熟美术馆建筑面积8500平方米，内设9个展厅，展厅面积3500平方米，展线长700米。馆内有多功能报告厅、贵宾厅、休闲区、艺术书店、美术图书阅览室及书画艺术培训用房。2021年，馆内有各类藏品2155件，举办15场展览、接待观众6.74万人次。12月，常熟美术馆赴澳门举办“家国情怀——中国现代设计之父庞薰琹作品展”。

【图书馆】 常熟市图书馆建筑面积1.3万多平方米，占地面积2.5万平方米。2021年，馆藏总量达到288万余册，其中古籍20万余册，被列入《国家珍贵古籍名录》馆藏约53部、古籍被列入《江苏省珍贵古籍名录》约78部。2021年，组织各类阅读活动269项（次），图书借阅49万人次、82万册次。

表 44　　2021 年度常熟市首届“基层最美文化空间”一览表

序号	空间名称	空间类型	所属镇（街道）
1	初见书房知旅共同体	商圈文化空间	古里镇
2	有书空间	商圈文化空间	虞山街道
3	常熟风禧文化艺术中心	跨界文化空间	虞山街道
4	东南街道文化中心	综合文化空间	东南街道
5	文韵李袁文化空间	美丽乡村文化空间	碧溪街道
6	虞阅书房	公共阅读空间	虞山街道
7	琴川书房	公共阅读空间	琴川街道
8	益家书房	公共阅读空间	常福街道
9	古里镇图书馆（铁琴铜剑楼纪念馆）	公共阅读空间	古里镇
10	常熟市当代苏作红木家具文化艺术馆	文博艺术空间	海虞镇

【常熟大剧院】 2021年，常熟大剧院组织演出活动114场，接待观众7万人次，打破开业以来最高纪录。4月，常熟大剧院在苏州市率先策划推出“文艺党课”红色文化活动展演，组织13个项目、14场。年内，常熟大剧院引进杨丽萍舞剧《十面埋伏》《当爱已成往事》《平凡的世界》等。做好保障政府重大文艺活动，2021年举办4场“美丽常熟艺彩江南”常熟文化大讲堂，自2018年启动起累计举办19期。

【基层文化场馆】 2021年，全市有358个基层文化场馆，其中古里镇图书馆（铁琴铜剑楼纪念馆）、文庙（言子纪念馆）政德基地入选江苏省“最美公共文化空间”打造对象，琴川书房、有书空间入选苏州市“最江南·公共文化特色空间”。年内，常熟市开展首届“最美文化空间”评选活动，10个特色文化空间入选。

【基层公益演出】 2021年，市文体旅局继续组织实施“村村演”“情暖常熟”“评弹进百村”等公益演出，创新推出“虞歌畅晚”欢乐虞城周周演，完成各类公益演出200场以上，镇（街道）级组织基层公益演出4057场，惠及全市各村、社区。 （王珺健）

【全民阅读】 2021年，常熟市举办第十四届阅读节暨第十一届少儿阅读节，以“阅读，让常熟更美丽”为主题开展25项主题活动及多项其他活动，市委宣传部为常熟329家农家书屋配送35万元的书籍，实现2021年度苏州市级全民阅读奖项门类全覆盖，获8个门类、24个奖项。 （范易成）

文学艺术

【概况】 2021年，常熟市文体旅局做好文化艺术精品生产和展示，组织开展常熟虞山文化暨沙家浜旅游节系列活动，开展文化品牌活动，深化书香城市建设，推出系列精品展览，创新文化惠民。聚焦“江南文化”品牌打造，促进优质文化赋能旅游，塑造城市精神，传承历史文脉。

【文艺创作】 2021年，市文体旅局组织创作、修改提升文艺作品13个。其中，中篇弹词1部（《党的女儿朱一凡》），短篇弹词4部（《铿锵玫瑰》《地下救护》《家宴》《报警》），复排经典大型锡剧1部（《沙家浜》），锡剧小戏2部（《家有长子》《还愿》），快板2个（《全国风险普查好》《常熟慈善凝人心》），情景表演唱1个（《城市名片要创新》），小小剧2个（《仓库出租》《同心共建幸福村》）。全年文艺作品获奖18个，其中省级奖项5个，苏州市级奖项6个，常熟市级奖项7个。在第四届苏州市群众文化“繁星奖”比赛中，全市获6金、5银、13铜，金牌总数位列苏州市各市、区第三，奖牌总数创历届“繁星奖”最好成绩。

【文艺人才】 2021年，常熟市出台《“昆承英才”宣传文化人才计划实施细则》，命名首批“江南·虞山文化新锐人物”10人。全市柔性引进文化人才2人，特邀国家一级演员、梅花奖、文华奖获得者周东亮担任锡剧《沙家浜》的艺术总监，聘请河南省濮阳市戏剧创作研究室一级编剧贾璐创作锡剧《南方夫子——言偃》剧本。新录用委托江苏省戏剧学校定向培养的锡剧表演五年制大专生20人，以“拜师学艺”“名师带高徒”和团内强化培训等方式培养。

【评弹团】 2021年，常熟市评弹团有专业演出人员18人，年内演出1387场次，听众超过8万人次。2021年，中篇弹词《党的儿女朱一凡》获评第九届江苏省文艺大奖（曲艺类节目），金慧新获表演奖、金怡晨获新人奖。

【锡剧团】 2021年，常熟市锡剧团有专业演出人员50人，年内演出150场次，观众超过6万人次。年内，创作锡剧小戏《家有长子》《还愿》等，与江苏省锡剧团合作排演大型现代红色经典锡剧《沙家浜》，“锡剧王子”周东亮领衔主演，6月底在常熟大剧院首演，7月在上海天蟾逸夫舞台演出。

（王珺健）

【首届“常熟美术奖”作品展在碧溪举办】 1月4日，首届“常熟美术奖”作品展在常熟碧溪美术馆开幕，“灵动碧溪”迎新年美术作品展同步举行。首届“常熟美术奖”作品展涵盖国画、油画、版画、水彩、水粉画等作品，既有传统中国画的山水、花鸟、人物，也有描绘当代社会风貌的生产生活

12月5日，“百年辉煌，群艺飞扬”常熟市首届街头表演达人秀总决赛在常熟大剧院举办 （市文体旅局 提供）

场景；既有对传统艺术经典的挖掘传承，也有对新艺术语言、艺术形式的探索尝试。尤知丹、赵燕青、杨敏玥、蔡煜、钱禧儿、周华明6位画家获首届“常熟美术奖”。（韩靓如）

【原创锡剧《青石鉴》首演】 6月16日，“百年辉煌·艺心向党”2021年常熟市第二届民间戏曲团队展演周第十场大型现代原创锡剧《青石鉴》在常熟大剧院首演。锡剧《青石鉴》是尚湖镇党委为庆祝中国共产党成立100周年打造的一台大型原创现代锡剧。全剧以常熟市第一个农村党支部所在地黄草荡革命旧址门前那块革命活动时期的“联络石”大青石为主线，描写了黄草荡红色革命精神在前后三代人身上的传承与接力，展示新老共产党员不忘初心、牢记使命，全心全意为人民谋幸福、为群众谋利益的崇高品德和清正廉洁的优秀品质。演出结束后举行锡剧《青石鉴》研讨会。

社会科学

【概况】 2021年，市社科联举办专题辅导报告4次。开展党史学习教育学习宣讲活动，组建“虞燕名师”“虞青说”“菁优宣讲团”以及道德模范志愿宣讲队伍，400余名宣讲员深入基层开展宣讲1900余场，受众达8万多人。健全市级哲学社会科学研究课题评审机制和优秀成果评奖办法，拟定《常熟市哲学社会科学类评奖评分细则》《常熟市哲学社会科学类评奖评审人员工作守则》，完成2019—2020年度社科应用研究课题优秀项目评选。发挥社科联动作用，组织常熟社科专家与苏州市社科联、苏州日报智库联合开展“社科专家看一线”调研活动，赴常熟市常福街道中泾村调研全面建设小康相关工作。严格要求业务主管社会组织执行《江苏省社科类社会组织意识形态引导和管理办法》，强化对社会组织报告会、研讨会和论坛等活动以及学术刊物、宣传刊物、网站、新媒体等阵地的管理。对常熟市经济学会等3家社会组织就政府财政补助资金使用、政府购买服务资金使用、兼职取酬情况等开展专项监督检查；对业务主管社团的规范化建设进行年检、考评，清理3个僵尸型社会组织。至年底，市社科联业务主管的社团26个；全市有社科普及基地13个，其中苏州市级4个，江苏省级2个，全国级1个。

【社科课题研究】 2021年，常熟市确定《“千村美居”的长效治理研究》等60项2021年度社会科学应用研究课题结项。组织专家对2019—2020年社科应用研究课题进行优秀项目评审，有108个项目参评，《在影像中丈量地域文化的历史空间》等5个项目获一等奖、《“聚沙文化”的校本构建与实践研究》等10个项目获二等奖、《关于发挥“减税降费”推动经济转型升级、促进就业民生长期效应的调查研究》等15个项目获三等奖。

【社会科学普及】 2021年，市社科联创新开展社科普及活动，加强对社科普及基地的指导，做好常熟图书馆、支塘镇蒋巷村等基地的复查考评工作。组织举办常熟市第十八届社科普及宣传周，围绕庆祝中国共产党成立100周年，结合“十四五”规划、现代化建设、党史学习教育等年度特色内容，开展社会社科普及活动。做好社科普及创新项目申报工作，“虞燕送理·春来茶馆直播间”等3个项目入选江苏省社科联社科普及资助项目，“海韵流香”楹联文化进校园等3个项目获评苏州市2021年度社科普及创新项目，数量均居苏州前列。

【“众说学习·名家说——奋斗百年路 启航新征程”系列活动】 9月7日，2021年度“众说学习·名家说——奋斗百年路 启航新征程”系列活动在常熟琴川街道新时代文明实践所举行，“众说学习·名家说”是苏州理论宣传和社科普及的重大品牌项目。活动分为名家说理、创新释理、琴理新说等三个环节，苏州市中共党史学会会长高志罡在现场做专题宣讲，围绕准确把握党史学习教育的落脚点等3个方面为大家深刻阐述如何通过“学史力行”，走好新的赶考之路。（范易成）

史志档案

方志文化

【概况】 2021年，常熟市出版镇村志、部门志、专业志7部；在编志书14部；完成《重修常昭合志》《(崇祯)常熟县志》2部旧志点校；出版地情书1本；

10月15日，市地方志办召开村志编纂座谈会　（市地方志办　提供）

出版市级年鉴1部，完成14部镇、街道年鉴编写，首次实现镇级年鉴编纂全覆盖；创建江苏省精品年鉴，市地方志办被列为2021年度省精品年鉴培育单位。年内，《常熟年鉴（2020）》被中国地方志指导小组、中国地方志学会评为第八届全国地方志优秀成果（年鉴类）二等年鉴；被江苏省地方志办评为江苏省年鉴质量评审二等奖。市地方志办申报的“实施‘三优三创’工程 提升年鉴综合价值”被省地方志办评为2021年度市县地方志特色创新项目。

【地方志书编纂】 年内，《常熟市人民代表大会志》《常熟市工商联志》2部志书通过终审；《常熟市政法志》《蒋巷村志》《常熟水利志》《中国农工民主党常熟市委员会志》《常熟市扶贫协作和对口支援志》《常熟市人民代表大会志》《常熟史志工作图志》7部志书出版；《中国名镇志・古里镇志》《梅李镇志（综合卷）》《常熟经济技术开发区志》《碧溪地名志》《常熟总工会志》《常熟市供销合作社志》《常熟司法志》《共青团常熟市委志》《常熟市文体广电和旅游志》等志书在编。年内召开村志编纂座谈会，启动《七峰村志》等5部村志编纂。

【地情书编纂】 12月，由市地方志办、市政协文化文史委共同编纂的《百年芳华——石梅人物选》由古吴轩出版社出版。全书共27.8万字，收录100位和“石梅”相关的知名人物。年内市地方志办、市政协文化文史委共同推进《常熟老牌子》编纂，召开3次座谈会，明确篇目及编纂人员，至2021年年底，完成初稿30%内容的编写。2020年度由市地方志办编写出版的《江南福地——常熟市情读本》被列入全市党史学习教育读本。

【史志文化宣传】 2021年，市地方志办持续开展史志进机关、进社区、进农村、进学校、进企业、进军营“六进”活动。至2021年年底，市地方志办向全市新时代文明实践基地、机关企事业、基层单位赠送各类史志书籍5000多本，为基层开展史志文化讲课56场，受众4000多人。7月16日，苏州方志文化系列活动在沙家浜镇举行，苏州市、常熟市史志工作者、沙家浜镇党员群众代表100多人参加。苏州市地方志办专家为现场群众作题为《红色地名》的史志专题课。苏州市、常熟市地方志办向常熟市各镇、村史志馆代表赠送方志地情书籍。

【《常熟年鉴（2021）》出版】 12月，由市地方志承编的《常熟年鉴（2021）》，由方志出版社出版。2021卷为《常熟年鉴》第26卷，共83.7万字，设43个类目、264个分目，收入条目1206条、随文图照132幅、表格56张。与2020卷年鉴相比，新增常熟服装城、历史文化名城保护类目，进一步突出地方特色；新增区域合作、建筑业・房地产业、信息服务业、乡村振兴，进一步细化门类结构。在相关类目设长三角一体化、现代农业园区建设、城市更新、农村人居环境整治、苏州・中国声学创新谷等分目，进一步突出时代特色。

【镇级年鉴编纂首次全覆盖】 1月22日，常熟市首本镇级年鉴、苏州市首本街道年鉴——《碧溪街道年鉴》举行首发式。首发式后，市地方志办召开常熟市基层史志工作推进会，进一步明确年内实现全覆盖目标，印发《镇级年鉴编纂指南》。年内，省地方志办领导2次到常熟就乡镇年鉴编纂进行调研。1—6月，全市14个镇、街道启动镇级年鉴编纂工作。至年底，14部镇级年鉴均与出版社落实书号，进入出版程序。

【即时性记录编纂】 2021年，市地方志办立足存史资政主责主业，秉持“记录当下”“知往鉴今”的原则，编印即时性记录产品《常熟季录》《常熟记录》，年内编印《常熟季录》3本、《常熟记录2021》1本。《常熟季录》为季刊，于4月创刊，设最聚焦、最前沿、最常熟3个版块；“政策”“声音”“数字”“热词”“快读”“虞说”“人物”“风情”“历史”9个栏目。《常熟记录2021》为年刊，于10月启动，12月印刷，全书共6万字，图片74张，设聚焦、政情、岁月、最美4个版块，全面回顾2021年度常熟市在政治、经济、文化、社会、生态文明建设方面取得的各项成就。

（李　妍）

档案工作

【概况】 2021年，市档案馆馆藏档案642254卷、297788件，资料26517册，馆藏数位居苏州各县市前列，库房面积近1万平方米。年内，市档案馆开展市镇两级机关档案工作年度评价；完成智慧档案馆集中式档案管理系统改进完善并重点培育了古里镇和兴福寺2个示范单位；组织基层档案人员开展业务培训，加强档案人员教育；完成政务网常熟档案业务与民生服务信息系统安全加固项目；编纂出版《红色记忆——中共常熟百年档案图集》；完成市纪委、党史工办、工商联、婚姻登记处等9家单位档案接收；全年接待查档利用7600人次；完成《档案馆安全风险评估系统》网络安全等级保护（二级）测评；围绕美丽常熟建设发展主线和“六美集大美、幸福新常熟”的发展蓝图，对城市展示馆第四展厅“迈入新时代的常熟”进行展陈内容提升。

【档案保管利用】 2021年，市档案馆查阅接待利用档案7600人次，7201卷，查阅资料26人次，1029册次，婚姻档案查阅313人次，长三角异地查阅民生档案12例，编写2021年利用效果15例，全年开展查档复核6次。全年接收档案15333卷、10280件，排架长度239米。

【档案征集编研】 2021年，市档案馆征集各类档案资料2924件，包括全国劳模陆振元档案80件、陆埮（中国科学院院士）档案300余件、1987年6月李强（原名曾培洪，中国科学院院士）致高政（曾任常熟市市长）信件、沈树民（曾任苏州市副市长）档案118件等。围绕庆祝中国共产党成立100周年，市档案馆发布红色档案征集公告，征集13件红色档案；征集10个《追寻先烈的足迹》短视频；召开展示馆展品征集现场会，征集体现常熟特色产业的各类展品45件。举行征集档案鉴定会议，对2020年9月至2021年12月期间接收到的55批次档案资料进行集中鉴定，剔除重复性资料及照片。完成《常熟市档案馆指南（2021版）》编纂任务。

【基层档案工作】 2021年，市委办（档案局）与市档案馆联合印发《2021年度常熟市机关档案工作评价标准》，并完成对88家市级机关档案工作协作组成员单位年度档案工作评价。完成76家机关事业单位2020年国家档案事业年报工作。市档案馆全面恢复机构改革后的档案业务培训，举办全市各级档案业务培训班，培训档案人员300多人。组织2021年度全市档案人员岗位资格培训350人。对沪通铁路常熟站综合交通枢纽工程项目档案及524国道通常汽渡至常熟三环段改扩建工程项目档案进行重点指导；对涉改事业单位档案处置情况开展专项检查；对交通运输系统及融媒体中心开展业务指导；联合跟踪指导全市疫情防控档案工作，做好脱贫攻坚专项档案工作；指导幼保健计划生育服务中心做好出生医学证明档案归档工作。

（倪冬梅）

大众传播

【报纸】 2021年，《常熟日报》发行量1336.5万份，全年发行297期，2604版。1月1日，《常熟日报》完成新一轮改版，对原有报头设计和专栏排布进行调整，版面布局更加简约合理，视觉效果提升；通过编排细节调整，进一步彰显《常熟日报》特色；做深做好“要闻”“综合新闻”“民生新闻”等固定版面；“虞山副刊”“虞城情感”“文娱”等周刊类版面为读者提供丰富的文化资讯服务。在网络端常熟新闻网可以浏览常熟日报电子报，在移动端“看常熟”App上可以阅读常熟日报电子报。实施《聚焦》项目，围绕社会热点，全年刊发专版30个以上。

【广播】 2021年，常熟综合广播全年播出时长6752小时，其中自办节目约占总播出量80%。10月8日，常熟广播——声动1008改版。新版节目以“声动1008，把幸福带给你听吧”为主题。除传统精品栏目《常广新闻》《午间风》等外，新版早高峰节目《1008早上好》传递新鲜资讯；晚高峰节目《1008嗨到家》播出时间从90分钟延长至120分钟，由主持人在直播室内外传递路况资讯，带领听众吃喝玩乐购；音乐节目《心动节拍》、汽车节目《爱车总动员》等节目全新呈现。适应融媒体发展、多平台传播的需要，声动1008引入视频直播设备、融媒体导播系统，在“看常熟”App开通直播互动通道，听众可在直播页面上听广播、看视频，并可通过发送文字、图片、视频等形式，与主持人互动推出。推出“温暖虞城30碗面”活动和晚高峰栏目每周五的“圆圆探店”可视化广播。年初，常熟广播在“喜马拉雅”App上线，12月1日，常熟广播声动1008入驻中央广播电视总台“云听”App。常熟广播实现国内主要网络广播客户端“蜻蜓FM”“阿基米德”“喜马拉雅”“云听”等App全上线。年内，《红色经典诵读》《“悦读虞城·书香政协”，政协委员带你探寻美学世界》等声音专辑在“阿基米德”App访问量超过百万人次。

【电视】 2021年，常熟电视新闻综合频道全年播出节目时长6867小时，其中自办节目占总播出量约50%。4月23日，原常熟电视《常熟新闻》《今日传播》《城镇联播》三档新闻栏目整合成全新的《常熟新闻》。全新的360高清全媒体直播演播室同步启用，300平方米的“360演播室”设有新闻主播区、虚拟出像区、栏目访谈区、互动点评区、导播控制区5个功能区，并配置35平方米的LED大屏、拼接屏等，提供立体实时制作手段。新版《常熟新闻》节目时长为29分钟。短视频“早安常熟：一碗炒浇面的江湖”上线新华社客户端、“百度”App、“好看视频”App平台，阅读量突破300万次；在《小康中国·千城早餐》以421.3万播放量上榜最佳传播奖；短视频“常来常熟！越来越美！”“倾听·发现精彩常熟”“我的深情为你守候MV”等经新华社客户端转载，阅读量均超100万。11月22日晚，常熟原创纪录片《明天会更好》在中央广播电视总台CGTN纪录频道播出，覆盖用户约1.06亿户；该片在CGTN官网、“CGTN”App、“央视频”App面向全球观众同步直播，在新华社客户端、国内卫视频道和主流视频网站播出。

（俞 纲）

【电影】 2021年，全市有商业影院24家，全年电影票房收入7501.96万元。年内，市委宣传部组织全市党员群众集中观看电影《守岛人》《童年周恩来》《长津湖》，推进党史学习教育和传承红色基因。2021年，市委宣传部提供30万元保障并推动全市农村电影公益放映工作，实际完成公益电影放映3195场次。

（范易成）

【融媒体建设】 2021年，市融媒体中心（传媒集团）加强“四个一体化”建设，即中心与集团一体化运作、内容一体化生产、技术一体化支撑、经营一体化统筹。实施“四化”战术运营，即推进移动化、平台化、可视化、智慧化。打造六大拳头产品，即“看常熟”App、纪录片、短视频、融屏媒、云直播、名栏目。推进六个标杆项目建设，即融伙伴计划、全媒会展活动、电视塔直播基地、一站式特色培训、新媒体运维、智媒体品牌文创。阵地建设实现新突破，形成常熟融媒五大新平台，即“看常熟”App、“102观景台”、“5G云客厅”、“2万平方米直播场”、“360演播室”。形成东区行政+商务、西区融媒内容生产、南区云产业基地功能定位，以物理整合促人员融合、业务融合；在苏州各市（区）率先成立一级国资集团，实行中心与集团一体化运行，率先执行统一的绩效分配制度。年内，市融媒体中心投入建成360电视高清演播室、全媒体指挥中心。依托新发射塔打造传媒数字文创产业园，投入建成以“小蛮腰”为标志的“102观景台”“5G云客厅”“2万平方米直播场”等新平台。承接大型直播（高端）品牌发布、高端政务商务云会议、经贸合作洽谈会等现场活动，实现全球化的多点实时视频连线和多语种同声会议。完成荔枝云省平台技术及商务对接；广播制播系统及直播室升级改造，实现移动可视服务功能；电视播出、广播制播、“看常熟”App三级等保定级及测评。在人民日报社2021全国城市传播热度排名榜上，常熟位列全国县（市）第二。市融媒体中心通过省委宣传部、省委网信办第二批县级融媒体中心省级验收。市融媒体中心获新华社新闻信息中心“媒体融合优秀案例奖”；“聚力视频生产，打造拳头产品，破题内容生产供给侧结构性改革”被省委宣传部评选为江苏省县级融媒体中心建设优秀案例。10月27日，省委常委、宣传部部长张爱军到常熟视察后给予市融媒体中心全省县级融媒体中心建设“排头兵”的评价。（俞　纲）

文化产业

【概况】 2021年，全市有规模以上文化产业单位86家，新增规模以上文化企业单位15家。全年文化产业营业收入339.7亿元，比上年增长51.5%。

【产业政策】 2021年4月，常熟市出台《关于推动常熟市文体旅产业高质量发展实施意见》《关于促进常熟市文体旅产业高质量发展的若干政策意见》，“政策意见”明确5个方面、22条具体扶持政策。年内，2020年市现代服务业发展专项引导资金（文体旅产业）项目立项32个，11月拨付扶持资金1084.7万元。

【文化产业园】 2021年，常熟市有省级文化产业园3个，分别是沙家浜江南水乡影视产业园、常熟国家大学科技园、虞山尚湖江南文化产业园，苏州市级文化产业园2个，分别是波司登（中国）服装研发设计中心、常熟同济文化科技产业园，另有古里铁琴铜剑楼知旅文化街区、江南印象童心小镇等10个常熟市级文化产业园区和基地。产业门类涵盖文化旅游、影视制作、创意设计、数字内容、健康养生等各个领域。

【文化产业项目引进】 2021年，常熟6个项目入选苏州市重点文化产业项目，计划总投资69.3亿元，全年完成投资13.48亿元。新增项目中，东吴港城市综合体、科技文创产业园（“1953”粮库项目）、UWC+创新岛项目开工建设。“互联网+定制服装面料”平台项目完成主体厂房建设。续建项目中，红豆山庄康养游综合体项目一期项目于9月5日开园营业，获评“江苏文旅消费创新案例”。年内沙家浜华侨城唐市古镇大型文旅综合体项目二期开工，土建工程基本完成。

文化市场管理

【文化市场监管】 2021年，市文体旅局常态化对娱乐场所、广播电视安全播出、版权、体育经营、文物保护等行业进行全方位监管。开展文体旅市场“百日护航”专项行动，加大监管力度。与市公安局、市市场监督管理局、属地政府等部门联合开展执法检查、监管等行动，切实维护市场秩序。做好文体旅市场疫情常态化防控，制订《疫情防控检查排班表》《互联网上网服务营业场所、娱乐场所疫情防控“十必查”表》，全体执法人员24小时待命，实行“白+黑”“5+2”轮班巡查，第一时间受理举报投诉、处理突发事件。全年出动执法人员9885次，检查经营单位3521家次，查处各类举报311件，办结行政案件47件。

【文化领域专项整治】 2021年，市文体旅局组织开展文体旅市场无证经营专项整治，对辖区范围内未取得合法经营资质的互联网上网服务营业场所、经营性歌舞厅娱乐场所、印刷企业等进行专项整治。组织召开查处无证歌舞娱乐经营行为联席工作会议，约谈经营业主。开展虞山街道、常福街道现存茶室经营情况排查摸底工作。开展无证歌舞娱乐场所（小茶室）专项整治，严厉打击各类违法违规经营行为，检查茶室147家次，出动执法人员455人次，没收设备78件。（王珺健）

责任编辑　张莉莉

卫生健康

综　　述

【概况】 2021年，常熟市统筹推进新冠肺炎疫情防控和卫生健康事业发展，深入实施医药卫生体制改革，大力开展三甲医院创建，探索创新健康为民服务机制，获评2020年度全国健康城市建设样板市、2018—2020年全国计划生育优质服务先进单位。2021年，全市有医疗卫生机构555家，全市在岗职工15088人，其中卫技人员12148人，执业（助理）医师4903人，每千人拥有执业（助理）医师2.91人；注册护士5143人，每千人拥有注册护士3.05人；全科医生884人，每万人拥有全科医生5.27人；疾控人员129人，每万人拥有疾控人员0.77人。全市医疗卫生机构拥有床位1.06万张，每千人拥有床位6.26张。全市医疗机构诊疗1291.07万人次，门（急）诊1262.60万人次，出院病人23.94万人次，出院病人对医疗服务综合满意度达99.68%。全市平均期望寿命83.73岁，其中男性平均期望寿命81.58岁，女性平均期望寿命85.79岁。　（唐建华　庞秋伊）

表45　　2021年常熟市医疗卫生机构数及床位数统计表

机构分类	机构数（家）	床位数（张）
全市总计	555	10557
一、医院	31	8360
综合医院	10	3994
中医院	1	990
专科医院	7	653
护理院	13	2723
二、基层医疗卫生机构	513	1920
社区卫生服务中心	12	357
社区卫生服务站	107	0
卫生院	20	1563
卫生室	104	0
门诊部	59	0
诊所、医务室、校医室	211	0
三、卫生机构	8	277
四、计生机构	0	0
五、其他机构	3	0

（资料来源：市卫健委）

【医疗卫生机构建设】 2021年，全市医疗卫生机构比上年增加16家，增长2.97%。其中，医院31家、基层医疗机构513家、卫生机构8家（妇保院、妇计中心、疾控、卫监、血站、医学检验所、医疗急救中心、卫生采购结算中心）、其他机构3家（白茆单采血浆站、铼健康、费森尤斯血透中心）。公立医疗机构256个，占全市医疗机构数的比例为46.13%；民营机构299个，占全市医疗卫生机构的数比例为53.87%。全市实际开放床位10557张，比上年增长4.5%，其中医院（护理院）8360张，比上年增长6.05%；社区卫生服务中心357张，比上年增长64.52%；卫生院1563张，比上年下降9.39%。公立医疗卫生机构实有床位6558张，占全市床位比62.12%；民营医疗卫生机构实有床位3999张，占全市床位比37.88%。按2021年末常住人口168.61万计算，每千人口拥有病床6.26张。

【医疗诊治服务】 2021年，全市医疗卫生机构完成总诊疗量1291.07万人次，比上年增长8.97%。其中，门、急诊诊疗量1262.60万人次，比上年增长8.97%。基层医疗机构总诊疗量749.05万人次，比上年增长8.35%，基层总诊疗人次占全市总诊疗人次的58.02%。全市医疗机构住院病人情况：入院23.81万人次，比上年增长1.95%。出院23.94万人次，比上年增长2.31%。全市医院（不包括卫生院、社区卫生服务中心）住院病人手术数77581人次，比上年增长25.87%。全市医疗机构总病床使用率77.44%，与上年基本持平；基层医疗机构病床总使用率49.48%，较上年有所下降。全市医疗机构出院者平均住院时长11.8日，2020年为11.9日；基层医疗机构出院者平均住院时长7.3日，2020年为7.1日。

【公立医院改革】 2021年，常熟市新增完善医共体内部管理制度12条，在公立医疗机构全面推行总会计师制度，加强对区域医共体财务管理中心的管理。发挥医共体管理中心、资源共享中心以及医共体绩效管理体系作用，通过专家下基层、专科共建、双向转诊等措施，推动分级诊疗，提高城乡医疗服务同质化水平。年内，全市完成双向转诊14.9万人次，各共享中心共出具影像（CT、DR）、心电、病理报告近17万例。3家市级核心医院派送263个专家团队下沉基层，全年下基层数8230次，门诊数7.98万人次，查房1068次，指导普外科、骨科、妇科手术1041台次，疑难会诊2149人次，开展讲座525次，教育查房413次。启动专科共建，在重症监护、儿科、呼吸科、消化内科、心内科、神经内科、普外科等13个专科进行全面对接共建。新增名医工作室7个，建设有区域特色的联合病房，实现辖区内乡镇卫生院、社区卫生服务中心专家工作室（联合病房）全覆盖。 （张欣玮　庞秋伊）

表46　　2021年常熟市医疗卫生机构诊疗服务统计表

机构分类	总诊疗人次数	门、急诊人次数	入院人数	出院人数
全市总计	12910734	12625962	238088	239395
一、医院	5020913	4997377	180611	181405
综合医院	3455477	3432098	126709	127344
其中：市一院	1415485	1415485	52059	52434
市二院	1308415	1308415	55180	55384
中医医院	1144001	1144001	38309	38462
专科医院	418562	418562	6815	6878
其中：市三院	238454	238454	2521	2536
护理院	2873	2716	8778	8721
二、基层医疗卫生机构	7490515	7229279	45531	46047
社区卫生服务中心（站）	2011254	1871289	3609	3643
社区卫生服务中心	1047605	945077	3609	3643
社区卫生服务站	963649	926212	0	0
中心卫生院、卫生院	3289245	3280212	41922	42404
中心卫生院	1925779	1925779	28626	28848
其中：市五院	527789	527789	9859	9952
梅李人民医院	276024	276024	5431	5409
支塘人民医院	294779	294779	5589	5619
卫生院	1363466	1354433	13296	13556
村卫生室	1018330	1013258	0	0
门诊部	364163	314164	0	0
诊所、卫生所、医务室	807523	750356	0	0
三、专业公共卫生机构	399306	399306	11946	11943
急救中心	29309	29309	0	0
妇幼保健院	369997	369997	11946	11943
四、其他机构	0	0	0	0

（资料来源：市卫健委）

【医疗人才与科技】 2021年，全市公立医疗卫生机构招聘188人，理顺占编劳动合同制人员人事管理关系17人。获省重点研发计划（社会发展）项目1个、省卫健委科研项目1个（指导性）、省医学新技术项目1个，苏州市科技局民生科技项目9个、苏州市“科教兴卫”青年项目4个、苏州市卫健委临床重点病种诊疗技术专项3个、苏州市医学新技术引进项目3个，市科技局社会发展科技项目26个、2020年度市卫生健康委医学新技术引进奖29个，确认2020年度市卫生健康委科技计划项目92个。获评第四批苏州市医学重点学科2个，首批苏州市医学重点扶持学科1个。对2019—2020年各级各类科研项目、学科建设等拨付“科教强卫”奖补资金1200万元。引进“临床医学专家团队”3个。入选苏州市继续医学教育项目114个、市继续医学教育项目100个。获评姑苏卫生柔性引进人才1人，苏州市卫生青年骨干人才“全国导师制”培训人员1人。卫生高级职称送审479人。参加全国卫生专业技术资格初中级考试1172人、卫生人才评价考试25人、护士资格考试7人、全省卫生高级专业技术资格专业实践能力考核576人。全科医师转岗培训18人。增加农村卫生人员74人。 （邵宇群）

【智慧医疗系统建设】 2021年，“常熟智慧健康”微信服务平台新增住院预缴费、各类检验检查查询、体检报告查询、新冠核酸检测预约、新冠疫苗接种登记预约、返常熟人员申报等功能。“常熟智慧健康”微信公众号关注54.09万人、注册35.41万人、实名认证25.31万人、医保签约6.91万人，通过平台就医预约挂号34.40万人次，线上支付6.71万笔746.28万元，各类检验检查和体检报告查询372.28万人次，新冠疫苗预约登记31.85万人次，新冠核酸采样预约46.30万人次。二级以上公立医疗机构向“苏周到”App提供预约挂号服务，向苏州医疗健康大数据中心提供区域影像、心电、健康档案等调阅服务。市中医院取得互联网医院牌照。智慧中医专科联盟平台在21家公立医疗机构上线应用，形成覆盖中医专科联盟内医疗机构的中医智能诊疗网络，通过平台开具处方2100多张。通过分级诊疗平台开展远程医学培训32次，实现远程会诊7.46万例、大型预约检查466人次。全市公立医疗机构通过区域电子票据监管平台开具电子发票536.33万张。财务软件更新版本在市卫健委、核心医院3个医共体和1个试点乡镇医院上线，初步实现区域医共体内统一财务管理。完善合理用药系统应用，实现对全市37家医院门急诊处方及住院医嘱的实时智能审方，抽样处方合理率由实施前的83.94%提高至91.5%。在市第二人民医院启动区域临床决策辅助系统建设。二级以上医院均开展电子病历测评，市第二人民医院电子病历五级通过省级初评，市第一人民医院、市中医院通过四级测评，市第五人民医院、梅李人民医院、支塘人民医院通过三级测评。开展疾控信息化国家试点，向省级传染病信息平台实时上传7953条传染病报卡数据（累计10036条），在省级死亡登记信息平台进行每分钟增量数据下载，2021年下载10081条（累计65960条）。 （唐建华）

疾病防控

【概况】 2021年，全市报告甲乙类法定传染病1793例，报告心脑血管疾病、糖尿病等慢性病3.15万例，报告肿瘤7372例。登记活动性肺结核患者447例。全市6个艾滋病初筛实验室艾滋病抗体检测26.2万人次。全市免疫规划疫苗接种25.38万剂次，接种率99.5%，非免疫规划疫苗接种18.01万剂次。65岁以上户籍老年人免费接种肺炎球菌疫苗5893剂次、适龄儿童免费接种水痘疫苗2.53万剂次、初三学生免费接种麻腮风疫苗7823剂次。建成市体育中心、东南职教中心、滨江职校和常福街道4个新冠病毒疫苗集中接种点。对全市229家托幼机构（含看护点）和3.06万名小学生进行预防接种证查验，托幼机构和小学查验率均100%。全市生活饮用水卫生监测水样检测合格率100%。 （薛雨星）

【新冠肺炎疫情防控】 2021年，常熟市建成省达标化发热门诊3家。成立流调溯源中心，全年累计完成密接、次密接人员调查和管理1342人次，完成重点人员排查超20余万人次，居家观察2万余人次。启动健康驿站建设、尚湖集中隔离点扩建等工程，全年集中医学观察6950人次。设立常熟市核酸检测基地，在全市规划设置1337个应急采样点，配备核酸采样人员5300余人，全年完成新冠核酸标本检测超230万管。推进新冠肺炎疫苗接种工作，建成4个集中接种点，累计接种359.34万剂次，其中接种第一剂次161.17万

4月23日，医务人员在常熟市核酸检测基地内开展工作（市卫健委　提供）

人、完成全程接种155.28万人、加强免疫41.93万人，派出疫苗接种医疗保障工作人员1.88万人次。开展对企业、学校、商超、“两站一码头”等重点单位、重点场所的疫情防控指导。完成支援南京、扬州、石家庄疫情防控任务，累计派出医务人员140人次。

（张　猛　庞秋伊）

【血寄地防治】 2021年，全市查螺面积达320.98万平方米，均未发现钉螺，连续23年未发现钉螺。本地常规病情监测8205人，有针对性监测来自血吸虫病疫区、未达到疫情阻断及消除地区的来常人员3202人，均未发现病人，连续34年未发现本地感染病人。签约管理晚血病人776名，晚血病人救治32名，发放救助金13.04万元。开展“三热”病人血检973人次，全年未发现疟疾病例。管理慢性丝虫病患者6例。监测土源性线虫病1006人，未发现阳性人员。开展零售层次和居民户碘盐监测、学龄儿童和孕妇尿碘监测，碘盐覆盖率为98％，碘盐合格率为100％，合格碘盐食用率为98％，合格碘盐覆盖率98.33％，均达到国家消除碘缺乏病标准。向社会宣传血防知识，覆盖11万人次。组织开展“4·26”全国疟疾宣传日和“5·15”全国碘缺乏病防治日主题活动。（沈　洪）

【精神障碍患者救护】 2021年，常熟市持续推进精神卫生工作规范化管理。严重精神障碍患者在册人数7033人，管理率94.37%，“双免”项目累计受惠7611人，覆盖率100%，免费服药后安全检测4531人次。7个乡镇门诊前移点全年共接诊患者4.64万人次，为682名贫困精神病患者提供免费发药服务。

【社会心理服务】 2021年，常熟市推进社会心理服务体系建设，在14个镇（街道）、332个村（社区）完成社会心理服务平台建设。成立常熟市社会心理服务指导中心，试点特色项目EAP员工关爱项目。组织开展普通人群心理核心知识知晓率调查，参与人数9172人，其中达标7306人，达标率79.66%。

（沈　虹）

社区卫生服务

【概况】 2021年，全市基层医疗卫生机构完成总诊疗749.05万（上年691.34万）人次，占全市医疗卫生机构总诊疗量的58.02%（上年58.35%）；出院病人4.6万（上年5.34万）人次，占全市医疗机构出院人数的19.23%（上年22.81%）。全面落实14大类55项基本公共卫生服务项目，累计建立健康档案143.29万份，居民建档率94.34%；完成16.85万名65周岁以上老年人健康管理工作；为16.95万名高血压患者、4.85万名糖尿病患者开展随访、健康指导、体检等健康管理服务，高血压、糖尿病患者规范管理率分别为87.25%、83.19%。

【社区卫生机构建设】 2021年，碧溪、浒浦、吴市、东张4家卫生院完成名称变更，由卫生院变更为社区卫生服务中心。白茆卫生院新院建成投用，7家社区卫生服务站完成新改扩建并投用，分别为虞山街道大湖甸社区卫生服务站，琴川街道景龙社区卫生服务站，古里镇虹桥、新桥社区卫生服务站，尚湖镇吉桥社区卫生服务站，碧溪街道阅江佳苑、溪南社区卫生服务站。

【社区卫生能力建设】 2021年，辛庄中心卫生院普外科和支塘人民医院儿科被评为江苏省基层特色科室。辛庄中心卫生院建成江苏省农村区域性医疗卫生中心，古里镇吴庄社区卫生服务站、尚湖镇新鑫社区卫生服务站、梅李镇珍大社区卫生服务站被评为苏州市推荐标准村卫生室（甲级村卫生室）。年内，新增滨江、支塘2个基层卫生人员实训基地，完成技能操作实训52期，培训1167人次。

【家庭医生签约服务】 2021年，常熟市家庭医生签约43.96万人，高血压、糖尿病两类重点人群签约率均达70%，全面推进“首诊点单式”家庭医生签约服务，签约健康管理综合服务包1.29万人次。试点开展家庭医生助理项目，由第三方为卫生院（社区卫生服务中心）配备专职家庭医生助理。徐市卫生院旗杆村家庭医生工作室被评为江苏省2021年度星级家庭医生工作室。丁坝社区卫生服务站转型为丁坝社区家庭医生工作室，新增家庭医生工作室3家。

（薛雨星）

妇幼健康

【概况】 2021年，常熟市分娩产妇7684人（按休养地统计，下同），活产7740

4月18日，市第五人民医院、南沙社区联合开展迎建党百年党史学习教育“我为群众办实事”义诊活动

（市融媒体中心　提供）

人，住院分娩率100%，孕产妇零死亡，婴儿死亡率2.45‰。

【妇女儿童保健】 2021年，常熟市加强高危孕产妇管理，高危妊娠率77.02%，高危妊娠分类管理率100%。孕产妇健康管理率90.82%，新生儿访视率99.2%，产后访视率98.04%。全市婚前医学检查率97.3%，婚前卫生指导率100%。开展妇女增补叶酸预防神经管畸形项目，完成新增叶酸补服2482人，妇女增补叶酸知识知晓率96.52%，服务对象满意度99.12%。新生儿出生缺陷发生率7.43‰。开展农村妇女“两癌”筛查，发现4例宫颈原位癌、8例宫颈癌，发现癌前病变1例、乳腺癌43例，“两癌”治疗率100%。全市注册托幼机构135家（含托育机构），全市托幼机构卫生保健合格率95.56%，萌芽保健室建成率100%。

【婴幼儿照护服务】 2021年，常熟市新增虞山街道星海社区、嵩山社区、常福街道珠海社区、琴川街道兴隆社区、藕渠社区5个科学育儿阵地。新增备案托幼机构4家，新增备案托位200多个。苏州东吴儿童发展中心、常熟市漕泾托儿所有限公司被苏州市命名为示范托育机构。 （张剑鸿）

【安馨月子中心开业】 8月6日，市文旅公司投资运营的安馨月子中心开业。该中心为常熟首家公办月子中心，位于环城南路28号，紧邻常熟市第一人民医院，项目总投资2278万元，建筑面积1万平方米，配置月子房25间及产后康复、瑜伽塑形、婴儿游泳、婴儿SPA、餐饮休闲、多功能活动室、产品营销等专业中心功能房。中心内部设施采用“芝华仕”“TOTO”“AO史密斯”等品牌及有助于女性产后哺乳、睡眠的电动家具，同时配备全屋净水软水系统、独立中央恒温空调及地暖等设备。至年底，安馨月子中心为18家客户提供母婴服务，营业收入42.89万元。

（叶　舟）

职业健康

【职业健康管理】 2021年，市卫健委开展职业病危害因素检测和体检，作业场所检测合格率90.81%；职业健康体检企业4220家，体检11.29万人次。对全市8421家企业进行职业健康告知，签订告知承诺书。对18家小微企业进行职业卫生管理帮扶。组织对全市企业负责人和职业健康管理人员专题培训28期，培训人数超4000人次。

【职业病防治申报】 2021年，常熟市职业病危害项目申报企业3335家，其中初次申报1466家，变更申报195家，年度更新1674家。4家企业创成苏州市职业病防治示范企业。

【职业病防治专项执法】 2021年，常熟市运用专项监管和重点监管方式对职业病危害重点企业开展执法检查，全市监督检查企业超3000家次，对92家企业进行立案调查，行政处罚85家企业，罚款537.35万元。 （薛　欢）

老年健康

【老年医院护理院建设】 2021年，常熟市推进老年医学科建设，设有老年医学科的二级以上综合性医院达到4家。开展老年友善医疗机构建设，34家医疗机构建成首批省级老年友善医疗机构，总数位居全省第六、苏州市第一，常熟市第一人民医院、常熟琴湖惠民老年病医院获评苏州市老年友善医疗机构优秀单位。

【老年健康管理】 2021年，常熟市做好老年人健康体检和健康管理工作，服务对象16.85万人。对14家医养结合机构开展医养结合监测，促进提升医养结合服务质量。以“关注口腔健康，品味老年幸福”为主题，开展老年健康宣传周活动。实施社区老年人心理关爱项目，为207名65周岁及以上老年人进行心理健康状况调查评估，分类开展心理干预。《健康来哉》常熟方言版电视健康栏目全年播出30期；《常熟老年》健康版，每月一版；编印发放《老年人健康读本》2万册。 （章之言）

【长期护理险国家试点】 2021年，常熟市连续3年试点开展长期护理险，年内新增享受待遇人员6312人，新增护理服务180.58万人次，支付基金约7438.62万元。试点三年来，累计享受待遇1.25万人，提供长护险护理服务323.1万人次，支付长护险基金超1亿元。 （顾　莹）

健康促进

【概况】 2021年，市卫健委推进健康中国行动，制定健康进万家、加强无烟党政机关建设等活动实施方案，落实国家卫生城市和卫生镇村长效督导督查机制。开展病媒生物集中防制255次。常熟市成为全国首批健康城市建设样板市。常熟市居民健康素养水平达到38.87%，在全国处于领先水平。

【健康城市建设】 2021年，常熟市建成省级健康镇1个，累计6个；省级健康社区（村）14个，累计68个；省级健康促进医院2个，累计6个；省级健康企业2个，累计7个；苏州市健康社区（村）19个，累计62个；苏州市健康单位13个，累计54个；常熟市健康社区（村、单位）32个，累计111个。组织参加苏州市级健康促进医院等相关培训，并对重点建设单位开展针对性督导。推进健康支持性环境建设，新建健康主题公园6个，累计47个；新建健康步道38条，累计159条；新建健康小游园33个，累计164个；新建健康自助检测点（健康小屋）46个，累计314个。

【卫生城镇建设】 2021年，常熟市围绕爱国卫生组织管理、健康教育和健康促进、环境卫生、环境保护、病媒生物防制、食品安全、传染病防治等方面，做好国家卫生城市、国家卫生镇和省级卫生村复审迎检工作。通过市新闻媒体、微信、围墙（围栏）公益广告牌、户外大型电子显示屏及其他电子显示屏等多种传播渠道加强宣传氛围。组成督查组，每月开展督导，发现各类问题并督促责任单位及时整改。列入年度复审的7个卫生镇（海虞镇、辛庄镇、古里镇、支塘镇、沙家浜镇、董浜镇、尚湖镇）、2个卫生村（碧溪街道徐虎村、辛庄镇朱家桥村）全都通过复审，全市省级卫生村保持100%。

【全民健康教育】 2021年，常熟市持续推进全民健康素养提升工程，普及中国公民健康素养66条、“三减三健”（减盐、减油、减糖，健康口腔、健康体重、健康骨骼）、烟草危害、新冠疫情防控等相关知识。调整充实健康教育和健康促进讲师团成员，成员总数365名。开展公众健康咨询服务545次，咨询10.9万人次，开展健康知识讲座1801次，听众6.79万人次。播放健康素养影像资料1300次，受众12.03万人次，组织网上健康素养学习10.91万人次，发放各种健康知识读本、健康教育处方、折页等247.28万份。“健康常熟”视频联播平台累计设置播放点184个。

【“无烟单位”创建】 2021年，常熟市持续开展“无烟单位”建设，年内新增“无烟单位”78家，累计达546家。开展室内公共场所禁控烟执法检查3338家，发放公共场所控烟告知书6345份，处罚单位36家，罚款3.79.万元。 （章之言）

【校园健康监测】 2021年，市卫健委完成全市中小学校14万名学生健康监测。以“自愿、知情、免费”为原则，完成55所学校12341名学生2.81万颗牙齿窝沟封闭。在4所幼儿园、3所初中、3个乡镇村居中开展重点人群口腔健康状况监测项目，共监测500人。对27所学校的采光、照明、黑板等教学环境进行监测。继续开展学生常见病和健康影响因素监测工作，监测学生1955名，监测教室30间。继续开展学生近视追踪队列建立及干预项目，完成监测1600人。 （薛雨星）

【全国爱国卫生月活动】 2021年，常熟市组织开展第33个全国爱国卫生月活动，开展主题宣传活动140次，举办健康知识讲座77场，参加健康知识在线答题5.98万人次，集中开展环境卫生整治活动934次，通过报纸、广播、电视、网站、微信公众号等宣传报道75条，发放倡议书、健康教育宣传手册、折页等材料14万份。 （章之言）

卫生监督

【概况】 2021年，全市办结卫生健康行政许可2468件，出动卫生监督执法人员19127人次，检查各类生产经营单位10510户次，实施行政处罚178件，罚没款763.5万元。印发《常熟市改革完善医疗卫生行业综合监管制度实施方案》，出台《常熟市卫健委公平竞争审查制度》。完成国家双随机监督抽查任务114家单位，实施行政处罚3件。完成省级抽查任务472家单位，实施行政处罚42件。“实施预防接种安全提升工程”入选法治常熟建设十件大事。市卫健委获苏州市健康卫士“531”监管能力提升先进奖。常熟市卫生监督所获评苏州市职业卫生监督工作先进集体。“江苏某电器有限公司未按照规定组织职业健康检查”等案件获选苏州市卫生健康优秀案例。

【镇域卫生监督执法】 2021年，市卫健委下放卫生健康相对集中行政处罚权权限，向4个街道（虞山、琴川、莫城、常福）下放18项权限，向其他10个镇（街道）下放32项权限。各镇（街道）对全市217家营业的沐浴场所开展专项监督检查，开展全市224家公共场所经营单位公共场所通风卫生专项监督检查。市级组织对乡镇执法人员培训4次，对乡镇现场执法监督12次，向镇（街道）综合执法局移送案件线索6件，接受镇（街道）执法咨询5次。市卫健委组织开展2021年度镇域综合执法行政处罚案卷评查，海虞镇、沙家浜镇、虞山街道、梅李镇获第一等次。2021年各镇（街道）出动卫生监督5672户次、执法人员1.2万人次，办理投诉举报77件，实施行政处罚111件，罚没款金额553.9万元。

【公共卫生监管】 2021年，市卫健委专项检查药房、母婴店、医疗机构、生活美容场所等消毒产品经营单位37户次。监督检查消毒产品经营单位23家、生产单位2家，为3家消毒产品生产企业提供相关法律法规标准及办证咨询服务。现场检查及抽检经营妇女卫生用品单位2家。检查婴幼儿卫生用品经营单位及生产企业各1家。春节、“三八”妇女节、“六一”儿童节、重阳节期间抽检卫生用品6份，专项检查抗（抑）菌制剂生产企业6家，餐饮具集中消毒服务单位2家。每季度开展集中式供水单位卫生监督检查。检查涉水产品生产企业17家，销售单位6家，查处1家单位。

表47 2021年度全市卫生健康行政处罚情况统计表（含镇域）

处罚类别	案件数（件）		处罚金额（万元）
	总数	重大行政处罚数	
医疗服务	25	12	74.1
公共场所	23	1	13.6
生活饮用水和涉水产品	1	0	1.0
传染病防治与消毒	21	0	4.8
职业卫生	92	79	532.7
放射卫生	2	0	0.3
学校卫生	0	0	0
其他（含妇幼健康和母婴保健）	14	1	137

（资料来源：市卫健委）

表 48　2020—2021 年度公共卫生监管信用评价规模统计表

类别＼年份	2020 年	2021 年
涉水产品单位（家）	13	17
餐具饮具集中消毒服务单位（家）	2	2
消毒产品生产企业（家）	4	9
住宿业单位（家）	368	383
沐浴业单位（家）	308	309
美容美发业单位（家）	920	1077
游泳场所（家）	19	23
学校卫生（家）	114	126

（资料来源：市卫健委）

表 49　2021 年度公共卫生监管信用等级评价结果统计表（一）

类别＼等级	A	B	C	不予评定
涉水产品单位（家）	1	12	2	2
餐具饮具集中消毒服务单位（家）	0	1	1	0
住宿业单位（家）	10	91	278	3
沐浴业单位（家）	2	28	274	5
美容美发业单位（家）	0	20	1024	3
游泳场所（家）	4	12	6	1

（资料来源：市卫健委）

表 50　2021 年度公共卫生监管信用等级评价结果统计表（二）

类别＼等级	优秀	合格	合计
消毒产品生产企业（家）	7	2	9
学校卫生（家）	20	97	117

（资料来源：市卫健委）

【医疗服务监管】 2021年，市卫健委实施医疗机构行政处罚案件25件，罚款119.19万元，没收违法所得27.27万元，吊销医疗机构执业许可证2起。对20家医疗机构实施记分处理，对1名医务人员实施行政处罚，罚款4.8万元。对105名存在问题的医务人员进行记分处理，其中，对累计满8分的2人进行离岗培训，另有2人涉嫌非法节育手术罪被移送司法机关。二级以上医疗机构全面完成业务部门（科室）依法执业管理员队伍组建工作。组织实施常熟市2021年度医疗机构信用评价工作，对全市191家社会办医疗机构进行信用管理现场审查，确定A级单位11家、B级单位135家、C级单位22家、D级单位1家，不予评定22家。

（周志英）

中医药事业

【概况】 2021年，全市公立医疗机构中医床位1206张（市中医院实际开放1018张），每千人拥有中医床位0.79张。基层医疗机构执业中医师492人，每千人拥有执业中医师0.57人，适宜技术推广率100%。传承发展虞山医派，成立吴门医派虞山医学流派中医心血管研究室、中医儿科研究室、中医肛肠病研究室、中医消渴病研究室、中医脾胃病研究室、中医针推研究室、中医妇科研究室、中医肺病研究室、中医脑病研究室、中医肿瘤研究室、中医急重症研究室，开设中医妇科经典病房、中医儿科经典病房、中医肾病经典病房。开展80项中医非药物治疗技术；开展中医民营医疗机构诊所依法执业和疫情防控专项检查，检查中医门诊部4家、中医（综合）诊所25家、中西医结合诊所1家、中医（备案）诊所9家。常熟市中医院通过三甲中医医院省级调研。

【中医重点专科建设】 2021年，市中医院骨伤科、肾病科通过江苏省中医重点专科复评；市中医院脾胃病科、肿瘤科，市第一人民医院肾内科通过苏州市中医重点专科复评；市中医院心病科、脑病科获评苏州市中医重点专科；市中医院中医康复科，支塘人民医院中医妇科获评常熟市中医重点专科。

【中医药宣传】 2021年，全市发放《常熟市新型冠状病毒感染的肺炎中医药预防指导》科普宣传资料1000份、针对不同体质推广预防处方3个；对长期住院老年病人给予预防方和食疗方，对儿童推荐使用防感香袋，对住院病人家属提供中药茶饮；对全市隔离点留观人员给予个性化中医辨证治疗，免费提供中药汤剂9970袋，受益人数1994人，中药预防方使用率100%。全市医疗机构举办《江苏省中医药条例》组织教育培训37场次，举办学习座谈38场次，举办普法宣传37场次，组织健康咨询、义诊42场次，参与活动1.2万人次，发放宣传资料4000余份。组织开展第十一届“中医药就在你身边”健康文化科普、“我们身边的名中医”、“千医下乡走万村”等宣传义诊活动。市中医院在古里镇设立中医药科普示范学校及中医药科普示范社区，与常熟市中医药博物馆组成三位一体的中医药文化宣传基地。

（丁　艳）

医政药政管理

【概况】 2021年，市卫健委全面推进等级医院创建，市第二人民医院完成三甲医院现场评审，市中医院完成三乙中医医院复审以及三甲中医医院省级调研，梅李人民医院、市第五人民医院通过二级乙等医院复审，古里中心卫生院、辛庄中心卫生院、东南医院通过二级乙等综合医院评审。开展专科能力建设，新增省级临床重点专科1个（市第一人民医院急诊医学科），苏州市级中医重点专科2个，常熟市临床重点专科5个，常熟市中医重点专科2个。市第一人民医院、市中医院通过中国胸痛中心认证，成功创建国家级胸痛中心，实现五大中心（胸痛中心、卒中中心、创伤中心、危重孕产妇救治中心、危重新生儿救治中心）全覆盖。2021年，常熟市继续执行国家五批、省首批药品集采结果和省五轮、苏州市首轮高值耗材集采结果，至年底，节省费用约2亿元。

（张欣玮　顾　莹）

【医疗服务能力】 2021年，市卫健委组织开展"品牌服务"评选活动，评选年度市级"服务品牌"10个、"优秀案例"10项。落实《江苏省医疗质量管理实施办法》，调整常熟市医院感染管理、口腔诊疗、放射诊断及产科质量控制中心成员。推进医疗服务信息化监管及医院信息化建设，试行医改监测平台一期功能、防疫健康电子证照系统，医改监测平台覆盖核心医院及区域医疗中心，防疫健康电子证照系统覆盖全部公立医疗卫生机构。年内完成2家规模型护理院建设。

（张欣玮）

【护理服务管理】 2021年，市卫健委对辖区内46家一级以上的医疗机构开展护理核心制度、药品耗材管理、护理临床工作能力、静脉输液、优质护理等督查3次；拍摄护士临床工作能力情景模拟视频7个；培训静脉输液、中医、急诊急救、老年专科护士110人。举办护理学术交流46次、参与5000余人。开展"护理人员科普演讲比赛"、"常熟市医务人员技能竞赛"、"儿科护理技能竞赛"、"第一届常熟市血透技能竞赛"、"优秀护理质量改善项目评比"、"常熟市临床护理人员关爱项目"、护士节表彰等活动。对基层599名护理人员进行三基理论、操作考核。对200名护理员进行长期护理保险护理服务从业人员相关培训。开展各类健康咨询义诊讲座活动169场次，惠及人群1.5万余人次。全年护理人员获得各类荣誉168项，其中国家级7项、江苏省级5项、苏州市级22项、常熟市级134项。

（张　瑛）

2021年，市第二人民医院通过三甲医院现场评审。图为11月10日，市第二人民医院三级综合医院现场评审反馈会

（市卫健委　提供）

【基本药物管理】 2021年，常熟市建立以基本药物为主导的"1+X"（"1"为国家基本药物目录、"X"为非基本药物）用药模式，结合紧密型县域医共体建设工作，逐步形成医共体内上下级医疗机构以基本药物为核心、慢性病用药为主的基本用药统一目录，保障分级诊疗制度下慢性病和康复期患者的衔接用药需求。落实基本药物配备使用通报制度，督促各公立医疗机构优化结构，逐步提升基本药物配备使用占比。建立公立医疗机构合理用药信息月上报机制，依托处方智能审核平台，定期集中开展市域内处方点评工作，并适时对点评结果进行通报，不断规范合理用药行为。持续加强药学队伍建设，积极组织药学人员参加省、市各类培训，鼓励药师积极参与临床药物治疗、多学科会诊、"互联网+"和家庭药师药学服务等工作。

（盛越锋）

【血液安全与供应】 2021年，全市累计采集全血18262人次，采血量27075.55单位；机采血小板1157人次，1806.8单位。根据临床需要供应红细胞24679单位、冷沉淀2679单位、血浆15733.5单位。无偿献血占临床用血比例100%，自愿无偿献血比例100%。一次献血300、400毫升人数比例达69.4%。血液供需平衡，采供血体系运行顺畅。血费报销及时办结，二级以上医疗机构开展"血费直免"，全年报销金额44.91万元。加强献血宣传招募，开展医院合理用血督导，推进苏州市医学会输血分会信息化学组建设。搭建商业机构参与社会公益事业平台，献血者到签约单位消费享受减免或打折优惠，截至2021年年底签约单位8家。

（毛晓芳）

医疗机构选介

【概况】 2021年，常熟市有三级乙等综合医院1家，三级乙等中医医院1家，三级医院1家，二级乙等综合医院6家，二级专科医院1家。在2021年广州艾力彼医院管理中心发布的《中国医院竞争力报告（2020—2021）》中，常熟市第一人民医院、常熟市第二人民医院、常熟市中医院（新区医院）分别位列县级医院第13、18、64名。

【常熟市第一人民医院】 2021年，市第一人民医院开放床位1422张，设置临床、医技科室46个、病区36个、诊疗科目93个。全年诊疗总量141.55万人次，手术2.46万例，出院病人5.24万人次。在职职工2023人，其中高级职称468人，博士15人、硕士287人，大学教授40人、硕士生导师12人，江苏省“333”人才2人、江苏省青年医学人才2人。有省级重点专科1个、苏州市级重点学科2个、苏州市级临床重点专科11个。多科室开展相关新型诊疗技术，年内新增二级诊疗科目34项，新申报新技术新项目16项；截至2021年年底，江苏省级限制类技术备案29项。医院设有国家级胸痛中心、国家级上消化道出血救治中心、江苏省卒中防治中心、苏州市创伤救治中心、苏州市高危孕产妇救治中心和危重新生儿救治中心。获国家实用新型专利20项。启用中心实验室，引进普外科临床专家团队1个，获批苏州市重点学科1个，苏州市重点扶持学科1个，获省部级科技进步一等奖1项，获苏州市级科技进步奖4项，苏州市双杯奖2项，苏州市新技术奖1项，江苏省社会发展类项目1项，苏州科技资助项目5项。2021年累计科研项目经费达522万。公开发表论文159篇，其中统计源期刊及以上42篇、SCI 15篇。3个项目获全国县市医院擂台赛最具影响力案例和优秀案例。医院获江苏省静脉用药集中调配中心（室）合格单位、江苏省第二批示范发热门诊、2016—2020年援黔医疗卫生对口帮扶工作表现突出的优秀帮扶集体等国家级及省级称号。医院14个专科进入全国县级医院前20强。 （徐丽宏）

6月25—27日，第三届中国健康县域大会暨新时期县域医疗高质量发展峰会在厦门召开，常熟一院被推选为“中国县域急诊急救大平台建设示范单位” （市一院 提供）

【常熟市第二人民医院】 2021年，市第二人民医院开放床位1520张，设置病区42个。全年门急诊服务145.12万人次，出院病人5.53万人次，手术2.58万例次，其中三四级手术占比70.14%、微创手术占比20.42%。有职工2220名，其中高级专业技术人才484名，硕士博士293名，江苏省“333”人才1名，“姑苏人才”4名，市高层次卫生人才9名，市卫健系统学科带头人7名，兼职教授、副教授14名，有硕士生导师资格人员20名。有江苏省临床重点专科1个、江苏省临床重点专科建设单位1个、苏州市医学重点学科3个、苏州市临床重点专科9个。建有国家级胸痛中心、国家级综合卒中中心、苏州市创伤救治中心、苏州市危重孕产妇救治分中心、苏州市“明善”眼角膜库、市眼科医院、市临床脑科医学中心、市临床骨科医学中心。有临床医学专家引进团队3个，苏州市名医工作室6个。开设专家专科门诊150个，开设房颤、起搏器随访、肺部肿瘤、睡眠呼吸疾病、运动医学、CT介入等专病门诊34个。成立肺癌诊疗一体化中心。新开设脂肪肝多学科门诊。开展临床路径管理病种达到267个，入径率55.27%。医疗技术水平得到提升，一般科室技术开展比例达到94%，重点科室技术开展比例达到70%。开展新技术、新项目43项，其中重点科室项目21项。成功开展并备案限制类技术1项（肿瘤消融治疗技术）。全年发表学术论文132篇，其中SCI论文37篇。获苏州市级以上科研立项22项，各类科研项目立项经费总额达811.15万元。消化内科《新型生物标志物在结直肠癌诊断与化疗耐药评估中的作用及临床应用研究》获得江苏省医学引进新技术奖二等奖。疫情防控工作得到政府肯定，获“集体嘉奖”奖励。完成援圭亚那医疗任务，1名队员获“记功”奖励。 （康小明 蒋廷旺）

【常熟市中医院】 2021年，市中医院开放床位1118张，设置临床科室32个，病区28个。诊疗总量114.4万人次，出院病人3.85万人次，手术1.5万例次，孕妇分娩率占全市分娩总数61%。职工1371人，其中高级职称301人，硕士生导师6人，兼职教授84人，硕士博士179人，全国基层名老中

11月1—3日，市中医院接受江苏省中医药管理局组织的三级中医医院评审工作（市中医院　提供）

医专家传承工作室指导老师1人、江苏省名中医3人、江苏省老中医药专家学术经验传承工作指导老师1人、江苏省“333”高层次人才培养对象1人、“姑苏卫生重点人才”1人、“全国导师制”培训人员3人。2021年度新增二级诊疗科目18项，新申报新技术新项目12项，审批通过9项；截至2021年底，江苏省级限制类技术已备案26项。有国家中医药管理局中医重点专科1个、省中医重点专科4个、苏州市中医重点专科4个。全国名老中医药传承工作室常熟工作站2个、全国基层名老中医药专家传承工作室1个。医院设有国家级胸痛中心、房颤中心和心衰中心、江苏省卒中防治中心、苏州市创伤救治中心建设单位、苏州市高危孕产妇救治中心和危重新生儿救治中心。完成6S精益管理项目。与苏州大学附属儿童医院共建常熟医学中心，与南京中医药大学中医学院·中西医结合学院合作共建虞山医派中医传承创新研究院，引进产前诊断超声医学团队1个，苏州市名医工作室3个。获省中西医结合学会科技奖1项，获苏州市级科技进步奖2项，苏州市双杯奖1项，工信部项目1项，江苏省中管局项目1项，苏州科技资助项目11项。2021年累计科研项目经费达308万。公开发表论文统计源及以上57篇，其中SCI论文43篇，最高影响因子11.46，获得15项专利认证，出版编著1本（《常熟地产药用植物图鉴》）。建成苏州市儿童青少年近视防治基地，全国肺栓塞和深静脉血栓形成防治能力建设项目血栓防治中心达标单位，国家PCCM规范化建设三级达标单位。7个项目获全国县市医院擂台赛最具影响力案例和优秀案例。江氏中医儿科、邵氏中医妇科、三步八法大拉腰获评“常熟市第七批非物质文化遗产代表性项目”。医院获评2018—2020年度“苏州市文明单位”、2019—2021年度“江苏省文明单位”，通过三级乙等中医医院复核评审，接受三甲创建省级调研。

（吴怡萍）

【常熟市医学检验所】2021年，市医学检验所设置1个本部、3个分部。本部设临床检验实验室、化学和免疫实验室、分子和微生物实验室、科研实验室等，3个分部派驻市第一人民医院、市第二人民医院、市中医院检验科。有市级医学重点学科1个。有职工193人，其中检验专业技术人员177人，正高职称6人、副高职称41人，硕士9人，市高层次卫生人才1人。全年检验标本总量588.42万份，标本总量比上年增长124.61%，其中市第一人民医院、市第二人民医院、市中医院三家医院检验标本量457.5万份；乡镇医院及其他医疗单位检验标本量130.29万份。全年新冠病毒核酸检测105.12万人次、抗体检测7614人次。年内，建成常熟市核酸检测基地，完成常熟市民生实事项目——常熟市医学中心实验室建设。选派5名技术骨干支援石家庄、南京开展核酸检测工作。

（黄少芝）

【常熟市医疗急救中心】2021年，市医疗急救中心设1个中心站、3个城区分站、9个镇区急救站，配备急救车47辆。各站点接受统一指挥调度，开展以现场抢救、转运途中紧急救治以及监护下紧急转运等医疗急救工作。全年接听急救电话10.59万次，派车3.2万次，救治病人2.93万例，其中危急重病人2987例。6月，急救中心医疗优先分级调度系统（MPDS）通过国际紧急调派研究院（IAED）的绩优认证，成为世界第293个、全国第28个获得MPDS绩优认证的医疗急救中心。10月，中心与上海市浦东新区医疗急救中心举行常熟——浦东长三角一体化院前急救合作签约仪式。年内完成全市重点场所100台AED（自动体外除颤器）安装及培训工作，完成“3+1”急救单元升级，中心及3个城区分站、2个乡镇分站实现急救护士上车。常熟急救培训基地通过美国心脏协会（AHA）认证，全年开展基础生命支持（BLS）培训32期、680人，其中护理人员培训12期298人，临床医生培训20期、382人；开展高级心脏生命支持（ACLS）培训21期、127人；开展面向普通民众的急救知识与技能的普及性培训39期，受训学员2443人，发放救护员证1266张。（王红英）

责任编辑　张莉莉

体 育

综 述

【概况】 2021年，常熟市拥有各级各类体育馆、训练馆和游泳馆60座、体育公园13个，体育场地总面积621万平方米，73所中小学的运动场馆对社会开放，开放比例达76%。全年组织举办常熟市第八届体育运动会、江苏首站“辉煌足迹·火炬传承”全民健身系列活动之火炬传承跑（常熟站）暨“常熟银行杯”第八届市民（职工）徒步大会、第十四届全运会男子篮球资格赛、江苏省龙舟精英赛（常熟站）等多项活动。常熟市运动员参加各级各类比赛，累计获得省级以上比赛金牌12枚、银牌14枚、铜牌16枚。年内新增备案一般体育经营单位11家。2021年，市文体旅局、常熟市体校获评“2017—2021全国群众体育工作先进集体”，市体校教练员张震获评2017—2021全国群众体育工作先进个人，常熟市获评江苏省群众体育健身示范基地，在全省2021年度县级体育重点工作督查通报中位列第四。

【常熟市列全省2021年度县级体育重点工作督查第四】 常熟市在2021年度全省县级体育重点工作督查中以95.13分获得全省第4名，较2020年上升了3个位次。全省县级体育重点工作督查涉及“全民健身”“青少年体育”“体育产业”“体育竞赛”“综合因素”5项一级指标，16项二级指标。

体育设施

【概况】 2021年，常熟市人均体育场地面积为3.71平方米，体育场地总数量为7663个，体育场地片数为9030片，万人体育健身设施拥有数为110.83件，晨（晚）练健身站点1095个，健身步道1681条，总计931.127千米。2021年，新增体育场地面积为350287平方米，增长率比上年高5%。年内，规划面积2.9万平方米的苏州奥林匹克青少年文化中心（城市艺体中心）持续推进。

11月26日，2021江苏省风筝公开赛（常熟站）在海虞镇举行 （朱琪 摄）

【体育中心】 2021年,市体育中心响应国家关于体育场馆免费、低收费开放规定,结合防疫要求,健全场馆惠民开放常态化机制;签约上海尚清公司成立常熟市翔立方体育文化产业有限公司,开展体育中心综合体改造,全面提升体育场馆开发运营、赛事策划、体育培训及健康指导能力。全年接待付费群众22.64万人次。

【体育馆】 海虞北路体育馆比赛馆于1996年开馆,建筑面积约8600平方米。训练馆于2002年建成投用,建筑面积约6070平方米。五星游泳池位于海虞北路体育馆北侧地块,2008年建成投用,建设有顶棚25米×50米标准露天游泳池一座,配套服务及设备用房2200平方米。2021年,海虞北路体育馆五星游泳池除8月因台风影响关闭3天,因疫情影响比往年提前10天左右关闭,其余场馆全年开放,累计接待市民8971人次。 (王珺健)

4月24日,第十四届全运会篮球资格赛男子U19组C组首轮比赛在市体育中心举行 (李献 摄)

学校体育

【概况】 2021年,常熟市落实体育教学任务,加强教体融合教育,开展学校体育活动和体育比赛。组织举办全市中小学跳绳、踢毽比赛,开展阳光体育大课间、眼保健操评比。制订《2021年常熟市初三毕业生体育考试的实施方案》和考试手册,完成体育中考任务,做到零投诉。年内,完成常熟市小学生运动员新增注册2024人,总计审核通过注册小学生运动员6700人;完成苏州市第十六届运动会小学生运动员注册370人。年内承办苏州市中小学生武术比赛。做好学校体育项目特色品牌建设,江苏省常熟中学、实验中学等26所中小学校被命名为“2021—2022年度常熟市体育传统项目学校”。昆承中学、梅李中心小学等13所中小学参加苏州市体育传统项目学校中期评估,10所中小学获得等级奖。常清中学、东南实验小学获评“全国青少年校园足球特色学校”;大义幼儿园、东南幼儿园创成“全国青少年足球特色幼儿园”。完成对外国语学校、实验中学、实验小学的学生体质监测工作。

【常熟市第八届运动会阳光体育比赛】 2021年,市教育局与市文体旅局联合开展常熟市第八届运动会阳光体育比赛,组织小学棋类、篮球、排球,中小学生校园足球、羽毛球、乒乓球、排球、击剑、游泳、武术等28个项目的比赛,4000多名中小学生参与,是历年参赛人数最多的一年。

【学生体育竞赛】 2021年,市教育局组织学生参加苏州市阳光体育比赛,获得金牌114块、银牌91块、铜牌101块。参加省游泳冠军比赛,夺得2金、2银、8铜。在2021年全国室内田径锦标赛和全国田径精英邀请赛中,常熟外国语学校谈梦怡均获得女子跳远冠军;在全国第十四届全运会女子跳远比赛中,谈梦怡获亚军。 (蔡 丹)

群众体育

【概况】 2021年,常熟市推行全民健身计划,加强群众体育组织管理和社会体育指导员队伍建设。组织开展第26届全民健身月活动、江苏首站“辉煌足迹·火炬传承”全民健身系列活动之火炬传承跑(常熟站)暨“常熟银行杯”第八届市民(职工)徒步大会。

【体育社会组织】 2021年,全市有市级体育协会36家和市级民办非企业单位72家,其中,AAAA级体育社团3个,AAA级体育社团8个,AA级体育社团2个。年内,新增市级体育协会1家(常熟市体操协会),新增体育俱乐部2家(琴川魔方运动俱乐部、秋声蟋蟀竞技俱乐部)。

【社会体育指导员队伍】 2021年,全年新增社会体育指导员300多名,至年底,有社会体育指导员5358名,其中国家级指导员28名,一级指导员216名,二级1961名,每万人拥有量35人。

【第26届全民健身月活动】 5月1日—6月10日,常熟市举办第26届全民健身月活动。5月1日上午,常熟市第26届全民健身月活动启动仪式暨小鲨鱼水上飞行体验中心开板仪式在尚湖风景区举行。健身月活动期间,全市范围内开展各类群众体育活动展示、比赛,体育志愿服务、社会体育指导员以及体育业务培训,并组织国民体质监测、健身知识讲座等。

2021年，小鲨鱼电动冲浪运动员在昆承湖进行水上飞行运动　（李献　摄）

竞技体育

【概况】 2021年，常熟市举办常熟市第八届体育运动会、第十四届全运会男子篮球资格赛、江苏省龙舟精英赛（常熟站）等多项活动。常熟市运动员参加省级以上比赛，获得金牌12枚、银牌14枚、铜牌16枚。常熟7名运动员参加第十四届全国运动会获得金牌1枚、银牌3枚、铜牌2枚，常熟4名运动员参加东京残奥会获得金牌4枚、银牌2枚、铜牌2枚。向苏州市级输送后备人才49名，向省级输送后备人才5名，其中，运动员3名，试训运动员2名。

【运动员培养】 2021年，市体校向省级单位输送运动员4名，向市级单位输送运动员48名。在第十四届全运会中，市体校输送运动员获得1金、3银、2铜、2个第四名、1个第六名。体校各队在疫情反复、比赛推迟或取消的情况下，全年参加省赛累计获得11金、20银、19铜，苏州市比赛累计获得51金、47银、51铜。年内，市体校副校长吴谨获评“姑苏体育重点人才”，市体校副校长张震获评“姑苏体育青年拔尖人才”。

【常熟运动员在东京残奥会获4金2银2铜】 8月24日—9月5日，受新冠疫情影响延期的第16届夏季残疾人奥林匹克运动会，在日本东京举行。作为苏州地区仅有的参赛选手，4位常熟运动员勇夺4金、2银、2铜。其中，周影获女子乒乓球TT4级单打金牌、女子乒乓球TT4-5级团体金牌；曹宁宁获男子乒乓球TT4-5级团体金牌、男子乒乓球TT5级单打银牌；谷晓丹获女子乒乓球TT4级单打铜牌；李桂芝获女子S11级100米自由泳金牌、女子S11级50米自由泳银牌、女子S11级100米仰泳铜牌。

【常熟创全国运动会参赛最好成绩】 9月15—27日，中华人民共和国第十四届运动会在陕西省举行，常熟7名运动员吴心怡、石雨豪、谈梦怡、杨雨轩、薛艳、张依瑶、边雨菲参加了跳水、田径、花样游泳、现代五项等4个大项、11个小项的比赛，共获金牌1枚、银牌3枚、铜牌2枚，创常熟市运动员参加全国运动会最好成绩。吴心怡在十四届全运会青年组女子双人跳台比赛中获得全运会首枚金牌。

【常熟市第八届体育运动会】 4月11日，常熟市第八届体育运动会启动。市运会以“健康常熟，你我同行”为主题，突出全民参与、全民共享，共设学生部、成年部2个部别，其中学生部包含小学组、初中组、高中组（含职高、中专），成年部包含系统组、街镇组、外资企业组、老年组、残疾人组，共计8个组别。4月至10月，184个单位参加足球、田径、游泳等81项次比赛，直接参赛人数1万余人次，创历届之最。

【2021第六届STC常熟尚湖铁人三项赛】 10月17日，2021第六届STC常熟尚湖铁人三项赛在常熟尚湖风景区举行，572位运动爱好者报名参加。本次赛事吸引观众超过2千人次到场。德国选手Peter Wolkowicz 和Rehr Svenja分别以1小时58分07秒和2小时25分14秒的成绩获得男、女冠军。

体育产业

【概况】 2021年，全市体育产业平稳发展，建成省级体育产业基地1个，苏州市级体育产业基地4个。产业覆盖体育场地出租、体育纪念品销售、体育用品销售和体育培训等领域。至年底，有备案一般体育经营单位28家。

【体育彩票】 2021年，常熟市中国体彩销售3.95亿元，比上年增长2.7%，居全省县（市、区）第八。年内，新建体育彩票实体网点30家，升级全玩法网点18家，常熟传统网点保有量196家，其中全玩法网点142家。新拓展行业网点天猫16家、美宜佳3家，进驻商业综合体1家，全市行业网点136家。

【常熟小鲨鱼水上飞行运动中心营业】 5月，全球首个WaveShark小鲨鱼水上飞行体验中心在常熟设立。常熟小鲨鱼水上飞行运动中心是专业的电动冲浪运动中心，电动冲浪是集竞技性和娱乐性为一体的新兴水上运动项目，无需借助风和潮汐，无需考虑季节变化，人们可以随时随地享受冲浪。10月，中心昆承湖总部正式设立，室内面积超500平方米，户外面积超1000平方米，18平方千米的冲浪水域，可满足多人同时体验冲浪乐趣，具备单日接待100人次的能力。（王珺健）

责任编辑　张莉莉

收入与消费

居民收入

【概况】 2021年，常熟市常住居民人均可支配收入65755元，比上年增长8.8%，高于“十三五”时期的平均增幅1.0%。其中，城镇常住居民人均可支配收入77325元，比上年增长8.2%；农村常住居民人均可支配收入41986元，比上年增长10.4%，分别高于“十三五”时期平均增速1个和2.3个百分点。城乡居民收入比从2020年的1.88∶1收缩至1.84∶1。

【工资性收入】 2021年，常熟市常住居民人均工资性收入41042元，比上年增加3110元，增长8.2%，占居民可支配收入的62.4%。2021年，常熟落实稳岗留工、留常补贴、来常就业补贴、技能提升补贴等引导性激励政策，加大对重点群体、困难家庭的就业指导与援助力度，城镇登记失业率从2020年的1.77%略降到2021年的1.75%。

【经营净收入】 2021年，常熟市常住居民人均经营净收入7404元，比上年增加548元，增长8%，占居民可支配收入的11.3%。2021年，常熟聚焦“创新美业”，激励企业“数改制转”，加速推进产业优化，优化企业营商环境，激发创新创业热情，提升市场主体活力，带动居民经营收入较快增长。

【财产净收入】 2021年，常熟市常住居民人均财产净收入8083元，比上年增加750元，增长10.2%，拉动居民可支配收入增长1.2个百分点。2021年，常熟市居民财产净收入增长主要因素是：各类资本要素市场更加完善，居民投资收益、利息收入、保险收益等得到稳步提升；农村集体产权制度改革持续推进，助推农民共享集体经济发展红利；住房租赁市场恢复明显，居民出租房屋收入增长较快。

【转移净收入】 2021年，常熟市常住居民人均转移净收入9226元，比上年增加908元，增长10.9%，拉动居民可支配收入增长1.5个百分点。2021年，常熟市居民财产净收入增长主要原因是：退休人员待遇稳中有增；自1月起，7.84万城乡居民养老待遇人员每人每月增加39.6元，33.36万名企业退休人员人均月增108元；社会救助托底继续加强，自7月起，城乡低保标准由1045元每月提高至1095元每月；特困人员基本生活标准从1463元每月提高至1533元每月；持续扩大医保覆盖面，实施统一的社会医疗救助制度，救助对象扩大到15类人群，门诊救助比例在限额内由70%提高至85%，减轻群众就医负担。

居民消费

【概况】 2021年，常熟市全体居民人均生活消费支出40197元，比上年增加6708元，增长20%。城镇居民人均生活消费44995元，比上年增长19.2%；农村居民人均生活消费30342元，比上年增长22.4%。从居民消费的构成看，八大类消费均呈“两位数”的快速增长态势。其中，食品烟酒10762元、衣着2098元、居住9563元、生活用品及服务2066元、交通通信5998元、教育文化娱乐5837元、医疗保健2604元、其他用品及服务八大类消费1269元，分别占26.8%、5.2%、23.8%、5.1%、14.9%、14.5%、6.5%、3.2%。

【食品烟酒支出】 2021年，全市居民食品烟酒支出占生活消费支出的比重为26.8%，比全省平均水平低0.7个百分点，比全国平均水平低3个百分点。从发展趋势看，食品消费比重比2020年下降1个百分点，比2019年下降0.4个百分点。分城乡看，城镇居民食品消费比重为26.5%，比上年下降0.8个百分点；农村居民食品消费比重为27.5%，比上年下降1.4个百分点，农村居民食品消费比重下降幅度高于城镇0.6个百分点。

【居住支出】 2021年，常熟市常住居民人均居住消费9563元，比上年增加1164元，增长13.9%，占生活消费支出的比重为23.8%。2021年，常熟市房产市场平稳增长，带动房屋租赁价格增长，同时居民改善居住的需求日渐强烈，叠加建筑装修材料价格上涨、智能家居产品迭代更新等因素，带动房屋装修支出增加和智能家居类耐用消费品支出增加。

【教育文化娱乐支出】 2021年，常熟常住居民人均教育文化娱乐支出5837元，比上年增加1448元，增长33%，占

表 51　　2021 年常熟市常住居民家庭每百户耐用消费品拥有情况统计表

指　标	单位	全体居民	城镇居民	农村居民	指　标	单位	全体居民	城镇居民	农村居民
家用汽车	辆	87.5	89.2	84.3	固定电话	部	14.0	12.3	17.1
摩托车	辆	2.0	1.5	2.9	移动电话	部	289.5	276.9	312.9
助力车	辆	163.5	143.8	200.0	接入互联网	部	237.0	230.0	250.0
洗衣机	台	118.0	111.5	130.0	计算机	台	91.0	90.8	91.4
电冰箱（柜）	台	112.0	111.5	112.9	接入互联网	台	87.5	86.9	88.6
微波炉	台	87.0	92.3	77.1	照相机	台	13.5	13.1	14.3
彩色电视机	台	216.5	204.6	238.6	中高档乐器	架	11.0	14.6	4.3
空调	台	323.0	320.8	327.1	健身器材	台	10.5	9.2	12.9
热水器	台	114.5	116.2	111.4	空气净化器（含新风系统）	台	14.0	18.5	5.7
洗碗机	台	5.0	5.4	4.3	吸尘器	台	38.0	46.9	21.4
排油烟机	台	79.5	80.8	77.1					

（资料来源：国家统计局常熟调查队）

居民生活消费支出的比重为14.5%，比上年提高1.4个百分点。年内全市疫情防控形势总体平稳，教育文化娱乐市场回暖复苏，被疫情抑制的居民家庭教育投资需求和休闲文化娱乐需求出现报复性反弹。

【医疗保健支出】 2021年，常熟市常住居民人均医疗保健支出2604元，比上年增加655元，增长33.6%，占居民生活消费支出的比重为6.5%，比上年提高0.7个百分点。随着居民保健、养生观念逐渐深入人心，以及医疗保健产品不断丰富升级，叠加中医治疗、一般医疗治疗、护理价格上调，居民用于保健器具、保健用品、营养食品、休闲健身等方面的消费支出明显增加。（杨胜娟）

【机动车消费】 2021年，全市机动车保有量556553辆，比上年增长5.55%。其中，汽车545673辆，比上年增长6.27%（私家车451284辆，比上年增长4.2%）。全市机动车驾驶人数量达到701382人，比上年增长5.35%。全市电动车保有量达到1601093辆，其中，新车标电动车66810辆。

（范炟奇）

消费价格

【概况】 2021年，常熟市居民消费价格指数为101.2。八大类消费品和服务项目价格“七升一降”，其中交通和通信类价格上涨4.4%，居住类价格上涨1.3%，生活用品及服务类价格上涨1.2%，教育文化和娱乐类价格上涨0.5%，食品烟酒类价格上涨0.3%，衣着类价格上涨0.3%，医疗保健类价格上涨0.2%，其他用品和服务类价格下降1.5%。（杨胜娟）

【价格调控】 2021年，常熟市落实价格调控目标责任制，出台《关于常熟市2021年价格调控目标责任制的实施意见》，细化分解落实发展生产、保障供给、储备调节、监测预警、价格监督等14项重点工作措施。加强价格监测预警，做好农副产品、日用品、药品、化工、农资、煤炭等重要商品和服务价格跟踪监测。探索开展夏季保淡绿叶菜价格指数保险，对全市15家农贸市场蔬菜价格每日监测。开展“米袋子”“菜篮子”等重要民生商品价格监测预警分析，强化重点时段、重要节点民生商品和疫情防控用品价格应急监测。关注大宗商品及重点工业行业价格变动，完善社会救助和保障标准与物价上涨挂钩联动机制。全年发布《重要民生商品价格信息》192期、《信息简报》24期。（李　丹）

责任编辑　汤　涵

社会保障

社会保险

【概况】 2021年，常熟市企业职工基本养老保险在职参保人数55.23万人，机关事业单位基本养老保险在职参保人数2.82万人；职工医疗保险、居民医疗保险参保人数分别达93.82万人、30.97万人，职工和居民医保基金总收入分别为32.03亿元和3.58亿元，居民医保人均实际财政补助796.85元，筹资标准达到每人每年1150.15元；职工和居民医保政策范围内住院医疗费用基金支付比例分别稳定在92.08%和78.84%；生育保险参保人数49.75万人；工伤保险参保人数60.13万人，有48.78万名职工参加失业保险，新增1.06万人；全年新增稳定就业外来务工参保人员3.9万人，净增参保7449人，基本达成常熟户籍人员参保全覆盖。

【养老保险】 2021年，常熟市全面实施企业职工基本养老保险省级统筹制度，6月在全省率先完成2021年度企业退休人员基本养老金调整工作，实现企业退休人员基本养老金17年连涨。推进城乡居民基本养老保险扶贫工作，全市符合条件的2611名困难人员全部纳入社保参保和待遇享受范围，为639名困难人员代缴保费43.38万元。

【医疗保险】 2021年，常熟市职工医疗保险、居民医疗保险、生育保险参保人数分别达93.82万人、30.97万人、49.75万人；职工和居民医保基金总收入分别为32.03亿元和3.58亿元；居民医保人均实际财政补助796.85元，筹资标准达到每人每年1150.15元；职工和居民医保政策范围内住院医疗费用基金支付比例分别稳定在92.08%和78.84%。年内，常熟市落实灵活就业人员、新市民子女参保政策，调整被征地人员参加医保政策，实现职工医保除门诊待遇外跟苏州政策接轨，优化居民医保财政补助和个人缴费结构，居民医保门诊住院待遇全面接轨苏州，实现苏州医保“一卡通”。优化大病保险待遇结构和筹资标准，实现与苏州全市统一，全年大病保险基金支出1.52亿元，大病补助11358人，人均享受待遇1.34万元。继续推行长护险试点，异地就医实现与全国所有省份互联互通，全市定点药店省内异地联网结算，省内门特、门慢、门统（门特：门诊特殊病种、门慢：门诊慢性病、门统：门诊统筹）异地就医网上“一单式”结算，跨省门特、门慢直接结算，自主转诊降比例直接结算和沪苏同城免备案直接结算。截至年末，省内直接结算2.8万人次，结算金额2866.21万元；跨省直接结算7.12万人次，结算金额2.8亿元。

【生育保险】 2021年，常熟市生育津贴（含计生津贴）支出11541.62万元，其中，男职工护理津贴998.89万元，一次性营养补助991.47万元，未就业配偶一次性医疗费用补助13.23万元。生育医疗费用支出为3506.24万元。

【工伤保险】 2021年，常熟市推进工伤保险省级统筹工作，探索新业态从业人员职业伤害险与商业保险合作事宜，推动工伤康复、工伤预防等惠企惠民政策措施落地落实。年内将超龄返聘人员和实习生2类人群纳入保障；为13家企业105名非全日制从业人员以及88家企业471名多重劳动关系从业人员办理了工伤保险参保登记手续；为符合政策的110名超过法定退休年龄人员及262名实习生办理工伤保险参保登记手续。

【失业保险】 2021年，常熟市上调失业保险金最低标准至1643元/月，上调失业保险金最高标准至2280元/月。全年向1.28万名失业职工发放失业保险金1.19亿元，向4.7万人次失业人员发放失业补助金2100多万元，向2526人次失业人员发放临时物价补贴56.25万元。延续用人单位和职工失业保险缴费比例总和阶段性降至1%的现行政策。

【基本养老保险退休业务属地管理】 4月起，常熟市全面实施企业职工基本养老保险退休业务属地管理制度，将因病或非因工死亡待遇业务受理下沉至基层村（社区），向全市15个乡镇（街道）、330余个基层村（社区）延伸下沉服务，实现高频事项100%下放，打造15分钟便民适老服务圈。全年，常熟市企业职工基本养老保险参保到龄人员1464人，符合退休条件的人员1266人，各属地经办机构受理代办1190人，对198名不符合退休条件的人员进行告知，受理率达94%。

【工伤预防五年计划】 2021年，常熟市在苏州率先启动“工伤预防五年计划”。年内，在全市重点企业、建筑行业和以董浜镇为试点乡镇，筛选工伤事故易发企业67家，针对大小隐患风险点提出改善建议1000多条，整改700多条，现场培训近2500人，实施工伤预防培训改善项目的企业工伤发生数相对减少，工伤事故数比上年下降10.5%。

【参保编外人员转企改革】 参保编外人员转企（以下简称“非编转企”）改革工作自2020年下半年启动，至2020年年底，常熟市完成对参保编外人员的摸底，确定涉改人员名册。2021年4月，常熟市审议通过改革方案，全面清算内部数据。制定非编转企人员养老保险、企业年金清算与补结算方案，统一建立全市层面的“非编转企”集合年金计划。年内，参加集合年金计划424人，占比86%，在苏州市率先基本完成参保编外人员转企工作。

【居民服务“一卡通”】 2021年，常熟在苏州市率先全面启动社会保障卡、市民卡“两卡合一”工作，探索建立以社会保障卡为载体的居民服务“一卡通”服务管理模式。12月，常熟市被列为苏州市居民服务“一卡通”试点地区。开放6家银行发行第三代社会保障卡，打造服务网点211个，发卡超38万张，基本实现居民持卡全覆盖。依托江苏省人社一体化信息平台，初步建立15分钟社会保障卡服务圈。年内，社会保障卡完成人社服务、医保刷卡、政务服务、档案管理、图书借阅等10项应用搭载。

【医保电子凭证推广应用】 2021年，常熟市实现医保电子凭证结算机构接入全覆盖。市医保部门将医保电子凭证使用情况纳入定点机构协议管理，压实定点医药机构应用责任，通过加强部门板块联动，提高医保电子凭证激活率，截至12月底，常熟市医保电子凭证激活人数达72万人。

【省一体化人社系统在常熟切换上线】 10月11日，省人社一体化信息平台在常熟市上线。2021年，常熟市在省人社平台总办件量45.72万件、网办件量8.27万件。至年底，省平台功能模块涵盖就业创业、社会保险、人才人事、劳动关系等人社政务服务事项，同时，参保单位和人员可以通过“江苏智慧人社”微信小程序、“江苏智慧人社”手机App、江苏省人力资源和社会保障厅网上办事服务大厅自助办理各项业务。 （徐莞月　顾　莹）

社会福利

【残疾人保障救助】 2021年，市残联为5325名困难残疾人发放生活补贴4292.15万元；为7539名重残人员发放重残护理补贴1265.38万元；残疾人免费乘坐市内公交和镇村公交达80万人次；为11804名0—64周岁内的残疾人、在“残疾人之家”的托养人员和工作人员办理团体人身意外保险；为335名聋人发放手机短信补贴12.11万元；14名残疾学生享受教育专项补贴6.04万元；9名残疾人享受2.7万元的自主创业补贴。年内，市残联为742名残疾人适配助听器、假肢、矫形器、人工耳蜗植入等辅助器具，辅助器具适配率和满意率均达到98%以上。设立“同心助残”残疾人轮椅公益维修点，免人工费为残疾人修理轮椅。在全市被撤并乡镇新增22个辅具免费借用点，为镇（街道）残疾人社区康复服务室提供社区康复器材17套。 （丁　力）

【困境儿童保障】 2021年，常熟市有613名儿童被纳入困境儿童基本生活保障。市儿童福利院收养孤儿19名，基本生活费标准由每人每月2640元调整为2750元。全市有社会散居孤儿12名，社会散居孤儿、事实无人抚养儿童、艾滋病感染儿童基本生活费标准由每人每月2280元调整为2450元；重病重残儿童基本生活费标准按社会散居孤儿基本生活费标准的50%发放。实施困境儿童精准排查，开展困境儿童定期跟踪和个案帮扶10例。市儿童福利院开展社会残疾儿童公益性康复服务项目，年内为11名0—6岁残疾儿童提供康复服务；联合爱心社会组织开展“最美常熟”书画展、心理健康辅导公益课堂等各类公益活动；联合常广爱心车队，长期为2名孤弃儿童提供早晚送学服务，累计接送儿童600余次、帮教超300小时。 （徐之伎）

【退管人员服务】 2021年，市人社局针对退休人员开展文化退管“三培育”工作。年内，文化退管“三培育”工作实现培育一批新试点社区，新增13个“文化退管”试点社区（村）；培育一批特色品牌社区，打造25个以“孝爱、多彩、相协、传承”为特色的文化退管品牌社区（村）；培育一批社区优质师资，在“文化退管研究基地”开设八段锦、太极拳优师培训班。 （徐莞月）

社会救助

【概况】 2021年，常熟市救助各类困难群众12.5万人次，发放资金2.48亿元。春节前，组织对2620户困难群众开展走访慰问，发放资金587.64万元。向生活困难党员、生活困难群众、优秀困难学生等对象发放党员关爱基金739.65万元。开展申请救助家庭经济状况核对工作，核查低保、特困、住房保障等各类救助申请对象7010户、13675人，预警1426户，预警率20.34%。建设救助对象信息比对系统，建立社会救助分级联审机制，年内2次对在册保障对象进行年审。

【困难人群救助】 2021年，常熟市开展低收入人口认定和动态监测，将共同生活家庭成员人均月收入低于2倍低保标准、财产状况符合条件的常熟市户籍家庭纳入低收入家庭登记范围，完善低收入家庭救助帮扶体系。将特困人员护理纳入特困人员供养范畴，制定护理标准，对散居特困人员开展居家照料护理服务。城乡低保标准由1045元/月调整为1095元/月。至年末，全市1391户2005人纳入城乡低保，552人纳入低保边缘重病困难对象救助，586人纳入特困人员救助供养。全年向1377名困难人员发放临时救助金149.6万元，为3733人发放物价补贴34.1万元。

【流浪乞讨人员救助】 2021年，常熟市开展“生活无着的流浪乞讨人员救助管理服务质量大提升”专项行动和“夏季送清凉”“寒冬送温暖”专项救助行动。建立常熟市易流浪走失人员信息库，包括历年来送返的精神障碍患者、阿尔茨海默病患者、肢体和智力残疾人员等30人，通过电话回访、上门沟通等方式做好对接，防止重复流浪。全年救助生活无着流浪乞讨人员267人次，其中未成年人39人次、老年人12人次，另护送返乡73人次。

（顾君才　徐之佼）

【医疗救助】 1月1日起，常熟市统一职工医保和居民医保医疗救助制度，实施《常熟市社会医疗救助实施细则》，社会医疗救助对象扩大至15类。截至12月底，参加基本医疗保险的困难群体7593人，居民医保保费补助金额260.37万元。全年居民医保保费资助困难群体实现全覆盖，实时救助16.58万人次，救助资金结付2208万元。

（顾　莹）

【慈善救助】 2021年，常熟市募集和接受各类捐赠10150.55万元，其中善款8851.36万元、物资1299.18万元、药品援助1441.79万元；共支出救助款物17161.1万元，其中发放善款9429.91万元、物资7731.19万元，惠及困难群众4.2万人次。

【慈善总会】 2021年，常熟市慈善总会加快建立慈善工作协调机制，配合市政府召开全市慈善工作联席会议第一次会议。拓展慈善事业发展平台，在市市场监管局和市工商联设立慈善联络处，指导成立2个冠名基金，协调向西北省份的困难群众捐赠价值400多万元的物资。与10家公益社会组织签约，创建“1+10”慈善公益联盟，与7家公益组织合作成立7个冠名基金。与市文明办合作开展“小城大爱善美家园”创评活动，首批评选命名14个示范基地。全年自发向慈善总会捐赠的企业达到620家，设立捐款冠名基金28个。举行慈善法颁布五周年纪念活动。

（顾君才　徐之佼）

住房保障

【概况】 2021年，常熟市全面落实2批次住房保障申请工作，317户住房困难家庭通过审核，其中购房补贴家庭59户、租房补贴家庭258户。保障家庭租赁补贴发放466户，补贴金额166.88万元；保障常熟市户籍中等偏低及以下收入住房困难家庭4340户，其中购买经济适用住房2345户、公共租赁住房实物配租536户、发放租赁补贴1304户、发放购房补贴155户。全市优租房年内安置入住260人次，累计入住1213户。年内，全市棚户区改造新开工1597套，基本建成1750套。

【公共租赁住房复审】 2021年，常熟市启动廉租住房复审，全市268户家庭基本满足保障条件，其中170户家庭按廉租住房租金标准执行，98户家庭超保障面积部分，按直管公房标准租金执行；2户家庭不满足保障条件，退出廉租住房。完成金枫家园88户公租房复审。

10月26日，常熟慈善文化园开园　（朱琪　摄）

【保障性租赁住房建设】 2021年，苏州市政府下达常熟市保障性租赁住房目标任务3500套，其中，新建1000套。年内常熟市上报14个项目3504套，其中新建4个项目、1248套，全市648套优租房全部去化。

【城区住宅直管公房租金调整】 2021年，常熟市按照《关于调整苏州市城区直管公有住房租金标准的通知》，对城区住宅直管公房租金标准进行调整，调整后砖混一等每月5.1元/平方米、砖混二等每月3.8元/平方米、砖木结构每月2.6元/平方米、简易结构每月1.8元/平方米。 （王 瑾）

【安置房建设】 2021年，全市竣工入库安置小区13个，入库安置房6278套，建筑面积约81万平方米。其中，城区竣工入库安置小区1个，入库安置房812套，建筑面积约11万平方米；各镇（街道）竣工入库安置小区12个，入库安置房5466套，建筑面积约70万平方米。完成选房安置2976户，交付安置房5263套。其中，城区完成选房安置408户，交付安置房855套（含三塘片区综合改造项目76套）；各镇（街道）完成选房安置2568户，交付安置房4408套。 （杨 峥）

【公积金管理】 2021年，常熟市新增公积金缴存单位4510家，新增缴存职工67177人。年末应缴单位27725家，应缴职工367812人，分别比年初增加4245家、18827人；全年归集公积金52.66亿元，比上年增加6.06亿元；年末月应缴存额4.49亿元，人均月缴存额1222元，分别比年初增加0.51万元、80元；全年办理公积金提取104.75万笔，其中线上提取102.22万笔，公积金提取金额36.67亿元，较上年增加3.18亿元；全年发放公积金贷款4110户、21.43亿元，分别比上年增加412户、2.12亿元，其中首次贷款3769户、20.03亿元，分别占比91.70%、93.47%。年末，公积金归集余额134.87亿元，贷款余额3.12万户、103.90亿元，资金利用率为77.04%，贷款逾期率为零；从增值收益中为市政府补充廉租房建设资金4844.01万元。年内，公积金基数调整2.01万家、30.35万余人，职工账户调整率为86.98%。年末，全市设有1个公积金服务大厅、3个承办银行提取服务网点、4个镇（区）街道公积金综合业务网点和14个镇（区）街道公积金业务专柜。

【灵活就业人员参加住房公积金制度试点】 4月21日，常熟市试点灵活就业人员参加住房公积金制度，将制度供给从单位职工扩大到全体劳动者。7月20日，《苏州市自由职业者参加住房公积金制度试点实施细则》正式实施。至年末，全市个体工商户参缴公积金1645人，占苏州市的38.81%；自由职业者参缴公积金112人，占苏州市的25.93%。

【城镇老旧小区既有多层住宅加装电梯提取公积金政策实施】 5月8日，常熟市实施城镇老旧小区既有多层住宅加装电梯提取公积金政策。根据凡按照常熟市对既有多层住宅加装电梯的相关规定实施加装电梯的，出资加装电梯的职工可以申请提取住房公积金，用于支付加装电梯个人分摊费用。年内，办理加装电梯提取1笔、1.35万元。

【异地个人住房公积金贷款政策实施】 6月11日，常熟市实施异地个人住房公积金贷款政策。在苏州市行政区域以外省市缴存住房公积金且符合苏州市购房、公积金贷款条件的职工，在常熟市购买自住住房时，持缴存地住房公积金管理中心证明，可以向市公积金中心申请办理住房公积金贷款。年内，全市发放异地个人住房公积金贷款70笔、4016.5万元。 （马达达）

海虞镇海洲新城 （刘文忠 摄）

责任编辑 李 妍

社会事务

人口家庭

【人口出生监测】 2021年，全市办理户籍人口生育登记5180例，其中一孩登记2829例、二孩登记2214例、三孩登记137例；现场登记4506例、网上预约登记674例。全市户籍人口出生3610人，户籍人口出生性别比为105（以女性为100）；流动人口出生4130人，流动人口出生性别比为107.43；二孩及以上占53.3%。

【计生帮扶奖励】 2021年，常熟市财政投入136.224多万元为4257名特扶人员购买住院护工险，赔付95.65万元；由慈善总会出资为1633位纯失独特扶对象购买计划生育特殊家庭扶助保险45.6万元，赔付27.48万元。计划生育特扶对象门诊2376人次、住院40人次均享受到就医绿色通道优先服务。计划生育特扶对象纳入家庭医生签约率100%。年内发生独生子女死亡家庭上门慰问率100%。“常熟市失独家庭‘连心关怀’志愿者援助项目”签约服务567户。全市对计划生育服务满意率96.1%。兑现计划生育奖励扶助政策，发放11260多万元。

【托育机构管理】 2021年，常熟市出台《关于促进3岁以下婴幼儿照护服务发展的实施意见》。年内新增备案托育机构4家，新增托位200多个。对15家原教育部门管理的具备托儿所办学许可的机构，推进机构过渡工作。新增虞山街道星海社区、嵩山社区、常福街道珠海社区、琴川街道兴隆社区、藕渠社区5个科学育儿阵地。苏州东吴儿童发展中心、常熟市漕泾托儿所有限公司被苏州市命名为示范托育机构。（张剑鸿）

【婚姻登记】 2021年，全市办理结婚登记4306对，办理离婚登记1178对。3月，常熟市民政局开通婚姻登记微信预约服务，市民通过“常熟民政”微信公众号可进行婚姻登记预约。6月1日，常熟市启动实施为期两年的内地居民婚姻登记“跨省通办”、苏州“市域通办”试点，年内全市办理“跨区域”结婚登记235对、离婚登记10对、补领结婚证1对。建立结婚登记特邀颁证员颁证制度，弘扬现代文明新婚俗。

表52　2021年常熟市婚姻登记统计表

工作总量	结婚登记（对）	补办结婚登记（对）	离婚申请（对）	撤回离婚申请（对）	离婚登记（对）	补发结婚证（件）	补发离婚证（件）	出具（无）婚姻登记记录证明（份）	撤销结婚登记（对）
8619	4306	253	1953	17	1178	988	174	3	0

说明：工作总量＝结婚登记＋离婚申请＋撤回离婚申请＋离婚登记＋补发结婚证＋补发离婚证＋出具（无）婚姻登记记录证明＋撤销结婚登记

（资料来源：市民政局）

表53　2021年常熟市结婚登记分年龄段统计表

性别	合计（人）	24岁以下		25—29岁		30—34岁		35—39岁		40—49岁		50—59岁		60岁以上	
		人数	占比（%）	人数	占比（%）	人数	占比（%）	人数	占比（%）	人数	占比（%）	人数	占比（%）	人数	占比（%）
男	4306	698	16.21	1970	45.75	650	15.1	254	5.9	310	7.2	209	4.85	215	4.99
女	4306	1106	25.69	1753	40.71	566	13.14	221	5.13	277	6.43	205	4.76	178	4.13

（资料来源：市民政局）

表 54　　2021 年常熟市初婚、复婚、再婚数量统计表

合计(人)	初婚				复婚				再婚			
	男	女	合计	占比(%)	男	女	合计	占比(%)	男	女	合计	占比(%)
8612	3284	3247	6531	75.84	244	244	488	5.67	778	815	1593	18.5

（资料来源：市民政局）

表 55　　2021 年常熟市初婚、复婚、再婚平均年龄统计分析表

结婚登记平均年龄(岁)			初婚年龄(岁)			再婚平均年龄(岁)			复婚平均年龄(岁)		
总平均	男平均	女平均	总平均	男平均	女平均	总平均	男平均	女平均	总平均	男平均	女平均
29.5	30.1	28.9	26.3	26.8	25.8	38.2	39.3	37.1	41.3	42	40.6

（资料来源：市民政局）

【殡葬管理】 2021年，常熟市殡仪馆火化遗体9823具，其中外地户籍死者遗体380具，免除基本殡葬服务费1200万元；办理遗体异地外运32例、遗体内运2例。推进殡葬基础设施建设，全市有骨灰堂19家，沙家浜镇安息堂、古里镇思亲苑、常福街道思亲苑实施改扩建，支塘镇殡仪服务中心建成投用。开展殡葬业价格秩序、公益性安葬设施建设经营专项整治行动和殡葬领域服务收费专项治理行动，规范殡葬服务市场秩序。4月，举办常熟市绿色殡葬纪念园、遗体（器官）捐献纪念园揭碑暨集体缅怀仪式，倡导绿色殡葬，推动移风易俗。开展殡仪礼炮车、遗像车安全隐患专项整治，全市7辆殡仪礼炮车、16辆遗像车均整治到位。清明期间，通过电话和网络平台预约祭扫14.5万人次，全市各祭扫场所接待现场祭扫群众76.2万人次，疏导车辆8.2万辆；建立网上祭扫纪念馆905个，网上祭扫群众11.4万人次。

（顾君才　徐之佼）

妇女儿童事务

【妇儿权益保障】 2021年，常熟市编制常熟市“十四五”妇女儿童发展规划。开展“康乃馨”行动，为15名患“两癌”贫困妇女送上2.25万元慰问金。开展“三八”维权周活动，编印《女性维权手册——走进民法典时代》，全力调解婚姻家庭矛盾纠纷，全年共接待各类信访13件，巾帼律师志愿服务团免费为9名妇女提供法律帮助。推进“平安家庭”建设。

【公共场所母婴室建设】 2021年，市妇联开展常熟市公共场所母婴室“回头看”及全面复查“回头看”，对照母婴室新标准，检查大型商场、医院、政务大厅、交通场站等处的母婴室设施和使用情况，并督查整改落实到位。编印公共场所母婴室宣传册，更新母婴室地图及名录，推进母婴室长效管理。至年底，全市累计新创（改）建公共场所母婴室83家。

（谢　燕）

【未成年人保护】 2021年，常熟市成立市未成年人保护委员会，印发《2021年未成年人保护工作重点项目》；形成未成年人保护个案处置机制，有效解决未成年人保护热线转交和基层报告的未成年人个案4例。全市镇（街道）儿童“关爱之家”和未成年人保护工作站实现全覆盖，市儿童福利院增挂“常熟市未成年人保护中心”牌子，成立市级儿童“关爱之家”。组建市、镇（街道）、村（社区）三级儿童工作专业队伍，构筑未成年人立体保护网络。

（徐之佼）

【未成年人关爱行动】 2021年，市委主要领导带队开展“六一”专题调研。市妇联开展“守护成长・童心飞扬”未成年人关爱活动。举办“童语百年・阅享盛世”儿童戏剧创作展演，开展“初夏时光里的大自然”亲子科

5月15日，“情满滨江・一‘路’幸福”常熟市第十一届家庭文化节开幕

（市妇联　提供）

普活动。聚焦暑期安全，开展防溺水“六不”和“四知”宣传教育，发放宣传画易拉宝562份，覆盖全市村（社区）。开展2021年“8·26”虞城妈妈爱心行动，为50名困境儿童送上爱心款和新学年礼物。在琴川街道百盛社区、虞枫社区，虞山街道明晖社区，碧溪街道聚和佳苑社区，辛庄镇辛庄社区试点开展“三全”社区家庭教育支持行动，建家庭档案，绘家庭地图，促家庭教育。举办“关爱儿童·护航成长”菜单式家庭教育公益巡讲（沙龙）30期，惠及群众3184人次。

（谢　燕）

老龄事务

【概况】 2021年底，全市有60周岁及以上老年人33.74万人，占全市户籍总人口的31.82%，户籍老年人口数和老龄化率均居苏州各市（区）首位。市人社部门试点推出“驻点式住院慰问”工作，增设“家门口的体检车”，打造“手掌上的云课堂”，发展成果惠及全市纳入社会化管理的42.2万名退休人员。坚持织好“待遇退管”与“文化退管”两条“民生线”。开展三项慰问惠及退休人员9.6万人次，开展健康体检惠及14.5万人，组织开展退休人员群众性文体活动4798次，24.9万人次参与。

（徐之佼　徐莞月）

【养老服务体系建设】 2021年，尊老金提标扩面至符合条件的常熟户籍年满65周岁的老年人，办理老年人尊老卡33.5万张。全市有养老机构23家，其中公办1家、民办11家、公建民营11家，共有养老机构床位6061张，护理型床位占比达100%；社会力量举办或经营养老床位5191张，各类养老床位合计1.35万张，每千名老年人拥有各类养老床位数40.02张。完成镇（街道）区域性养老服务中心布点建设，新建成1家，新开工2家，累计建有13家。完成4家符合条件的养老机构的备案登记。10家养老机构被评为三级养老机构。新建标准化村（社区）日间照料中心16家，累计建有380家，其中324家实施社会化运营。推进常熟市级、琴川街道、常福街道3家综合为老服务中心建设，试点建设社区“嵌入式”养老服务综合体。开发“常熟·愉养老”养老顾问小程序，根据需求为老人定做养老服务清单，实现线上点单服务。推进养老服务长三角一体化，成立“智库养老常熟研究院”“长三角养老从业人员实训基地”，与上海机构合作开展“常熟市养老护理员三年培训计划”。

【养老服务社会化】 2021年，常熟市“乐龄助餐”项目实现城区全覆盖，助餐点32个，助餐人数增长至270人，常熟户籍年满90周岁的老年人享有助餐费用原价50%的助餐补贴。社区居家养老服务实施分片连锁运营，居家养老政府补助对象超5.4万人。举办“美好人生 老有所享”常熟市首届九九重阳购物节。

【老年人家庭适老化改造】 2021年，常熟市老年人家庭适老化改造被列入党史学习教育“我为群众办实事”实践活动市级重点项目，改造对象由原来的经济困难老年人家庭扩面至全市老年人家庭，全年完成改造957户。该项目与老年友好社区建设和“物业+养老”服务模式相结合，通过“政府补一点、家庭付一点、企业贴一点”的方式，围绕老年人如厕洗澡安全、室内行走便利、居家环境改善、智能监测跟进、辅具配备到位等方面提供适老化改造服务。梅李镇瞿巷村、海虞镇汪桥村和虞山街道北门大街社区获评“苏州市2021年度老年人家庭适老化改造优秀社区（村）”。

（顾君才　徐之佼）

残疾人事务

【残疾人就业】 2021年，市残联举办6场专场（公益）招聘会，153家企业报名参加，提供155个残疾人工种岗位，达成就业意向残疾人122人，新增就业残疾人41人。市残联全年年审1457家用人单位，年审就业残疾人3223人。

【残疾人权益维护】 2021年，市残联组织市法律援助中心、上海融孚（常熟）律师事务所、圣益律师事务所3家助残单位到各镇（街道）残联开展法律咨询和维权工作，全年开展23场巡回法律咨询服务，解答残障人士相关法律咨询服务180余人次。接待残疾

11月12日，市残联举办苏州市第八届社区型残疾人文体活动兴趣团队（小组）展评

（市融媒体中心　提供）

人上访及咨询9次，来电咨询相关事务35次，处理市12345便民服务中心咨询信件54件次。

【残疾人职业技能提升】 2021年，市残联结合残疾人职业技能大赛，以赛代训，开设封面摄影、商业摄影、水彩绘画、服装制作等项目培训班，完成实名制培训任务370人。开设盲人保健按摩继续教育培训班，培训常熟市内有从业或创业愿望的盲人按摩师15人。组织9名残疾人参加苏州残联和省残联组织的主播、盲人医疗按摩、咖啡师等职业培训。举办常熟市残疾人职业技能比赛，104名残疾人选手参赛。组织26名残疾人参加2021年苏州市残疾人职业技能大赛，取得团体总分第一名，其中7人获第一名、1人获第二名、4人获第三名。

（丁 力）

9月2日，常熟籍军人退役返回家乡 （市融媒体中心 提供）

退役军人事务

【概况】 2021年，常熟市退役军人服务保障体系提质升级，完成所有村（社区）服务站“三型”（示范型、标准型、基础型）创建。完成2021年度计划分配军转干部安置和符合政府安排工作条件的退役士兵安置工作。

【退役军人服务保障体系建设】 2021年，常熟市完成所有村（社区）服务站“三型”创建，打造退役军人服务中心（站）“一地一品牌”。举办退役军人事务工作综合能力素质提升培训班，出台《岗位练兵方案》，组织参加岗位练兵比武，成立“红色记忆·郭建光”常熟市退役军人志愿服务大队，开展“最美退役军人”“江苏省最美拥军人物”等选树参评活动。扩大“兵支书”成果，总结推广兵支书经验，推动选派优秀退役军人到村（社区）和基层退役军人服务中心（站）担任专职工作人员。

【退役军人安置】 2021年，常熟市落实中央、省退役军人安置政策，按时间节点完成年度转业干部及符合政府安排工作政策的退役士兵安置任务，实现部队、用人单位和军转干部“三满意”。开展教育培训，对接就业创业。开展专场招聘会3场，对接公安、城管等单位，提供公益性岗位150余个，组织奇瑞捷豹路虎汽车有限公司开展专场推介会。

【优抚工作】 2021年，全市完成退役军人家庭“光荣之家”牌更换，在苏州市率先完成优抚对象年度确认试点工作，各类优抚对象抚恤补助及时调标、发放。完成全市389份残疾人员证件和12名残疾军人辅助器配发维修工作，组织开展优抚对象健康体检和重点优抚对象短期疗养。各级退役军人事务系统工作人员定期联系退役军人，各级党政领导走访慰问退役军人和其他优抚对象家庭。依托“全国困难退役军人帮扶援助服务系统”，发放援助资金，为困难退役军人申请“人保财险困难退役军人医疗救助保险”。

【烈士褒扬】 2021年，常熟市加强烈士纪念设施长效管护，发挥红色阵地宣教功能。完成全市烈士纪念设施数据校核、市烈士陵园技防建设升级、市烈士陵园革命烈士纪念馆修缮等工作。组织清明烈士祭扫、异地祭扫、烈士纪念日活动，开展未成年人主题实践活动。

【军队离休退休干部休养】 2021年，市退役军人事务局组织开展“军休故事”大讲堂，编撰军休干部“峥嵘岁月戎耀军旅”回忆录，举行军休干部“光荣在党50年”纪念章颁发仪式和金婚典礼。

（时淑玮）

新市民事务

【概况】 2021年，全市登记新市民112.80万人，即时实有80.40万人；采集出租房屋房东15.48万户、承租户36.59万户。市新市民事务中心受理入学申请17044人、入医申请1635人，分别准入15192人、1585人；申领市民卡11165人。

【新市民住宿安全】 2021年，常熟市推广数字门牌应用，通过扫描数字门牌二维码，新市民自主申报82.41万人次，房东申报8.89万人次，单位申报1.16万人次。开展“安居超市”动态管理，实施出租房屋五色分类分级管理，消除红色隐患14398处，黄色隐患31196处，全市出租房屋合规备案率保持在98%以上。挖掘“安居超市”平台功能，实施“安居超市”二期项目建设，将经纪机构（中介）纳入平台管理。

【新市民主题活动】 2021年，常熟市举办第八届“常熟是我家杯”社区辅警职业技能大赛，1名选手获“常熟市技术能手”称号。以“牵手新市民”系列主题活动为载体，开展歌唱大赛、“一站到底”挑战赛、红色活力跑等各类融入活动316次。（汤若冰）

【新市民子弟教育】 2021年，常熟市对义务教育阶段新市民子弟免除学杂费。全市有新市民子弟学校11所，年内，市教育局修改并完善新市民子弟学校百分考核细则，将指标对接义务教育优质均衡创建标准以督促学校进一步提升办学条件，同时加大教育质量考核指标权重，引导学校以质量为中心，关注内涵发展，追求品质办学。进一步加大对教师的培训力度和广度，提升学校软实力。继续开展新一轮（第六轮）语数外教师培训，组织首次学科教师教学设计、微课评优比赛，在常规班主任培训基础上启动了第一批种子班主任的培训。贯彻落实《常熟市关于支持新市民子弟学校高质量发展的实施意见》，首次对新市民子弟学校实施社会养老保险补助，对在职教师实施年度工作补助。

（张爱华）

社区建设

【概况】 2021年，全市完成第十二届村民委员会、第七届社区居民委员会换届选举，选举产生村（居）委会主任336人、村（居）委会班子成员1909人，村（社区）党组织书记全部通过法定程序兼任村（居）委会主任。完成“智慧社区”综合信息服务管理平台二期项目建设，在一期基础上新增“精准助残”“精准救助”两个子模块，整合延伸至村（社区）的35个系统平台，涉及111项应用功能，实现“一号申请、一窗受理、一网通办”。征集编印优秀村规民约、居民公约27个，开展群众议事、推进民主协商，全年开展村民议事活动973场次，参与议事群众11611人次，议事成果转化392例。推动“五社联动”（即社区、社会组织、社工、社区志愿者、社会慈善资源的联动机制），实施“睦邻空间”服务项目，20个社会工作机构承接84个项目包，开展“党建+”活动3285次、参与人数57213人次，招募和培训社区志愿者16458人，培育社区社会组织731家。

【社工队伍建设】 2021年，全市有登记注册社工机构32家、持证社工2493名，每万人（常住人口）拥有持证社工14.66人。年内，常熟市开展“心怀仁爱 携手同行”社工节系列活动。市民政局联合市总工会、市人社局、市行政审批局、团市委举办“2021年度社工技能大赛”。出台《常熟市高层次社会工作专业人才管理办法》，开展高层次专业社工人才“1+N”结对帮扶行动。结合“睦邻空间”社区服务项目，在各镇（街道）全面开展“基层社工站”建设，实现全覆盖。（顾君才　徐之佼）

社会组织管理

【概况】 2021年，全市登记注册社会组织969家，其中社会团体400家（行业性社团107家、学术性社团45家、联合性社团150家、专业性社团98家）、民办非企业单位568家（教育类140家、卫生类29家、文化类61家、科技类6家、体育类60家、人社类15家、社区服务类33家、其他类224家）、基金会1家，每万人（户籍人口）拥有登记社会组织9.13家；共有登记社会组织487家，其中AAA级以上社会组织83家，获评AAAAA级社会组织1家；已认定的慈善组织16家。全市有备案社区社会组织2642家。年内，新增社会组织59家，其中社会团体20家、民办非企业单位39家；注销社会组织559家，其中社会团体11家、民办非企业单位548家。年内，市民政局联合市纪委、监委加强社会组织党的纪律监督工作，建立健全社会组织监管体系。开展“党建1+1、服务手拉手”结对共建行动，组织7家民政局下属单位党支部和7家市社会组织党委下属党支部结对。建立社区治理领域沪常合作机制，引进2家上海社工机构，开展两地社会组织孵化基地合作共建。举办第七届“常熟公益汇”活动，推出“传统项目+创新项目”11个，涉及人群服务、社区治理、公益传播、党建工作、医务社工等多个领域。加强社会组织培育，全年以“益沙龙”“社工联盟”为平台开展各类培训10期，惠及300人；建成镇（街道）级社会组织孵化基地14家，实现全覆盖。加强对行业协会商会制定会费标准的指导，全市104家行业协会商会年内减免会费444.12万元，惠及企业757家。开展打击整治非法社会组织专项行动，引导1家社会组织依法注册，打击制止非法社会组织1家。

【流水琴川和爱社会工作发展中心获评AAAAA级】 12月31日，省民政厅发布《2021年度江苏省社会组织评估等级公告》，常熟市流水琴川和爱社会工作发展中心获评“AAAAA级社会组织”，成为全市首家AAAAA级社会组织。该中心自2016年成立以来，秉承“和合、包容、专业、仁爱”的价值理念，不断推进“社工+义工”协作模式，逐步探索出“侨爱领舍”侨眷关爱项目，“爱与陪伴”独居、空巢老人关爱项目等一系列“双工联动”品牌项目。截至2021年年底，中心累计开展党建活动500多场、“开放空间”议事会650多场，招募和培训4000多名志愿者，培育与提升社区社会组织202个，开展个案服务105个，直接受益群众5万余人次。

表 56　　2021 年常熟市核准登记社会团体一览表

序　号	社会团体名称	法定代表人	业务主管部门	登记日期
1	常熟市连云港商会	杜友志	市工商联	1月22日
2	常熟市侨商会	孟学军	市归国华侨联合会	1月22日
3	常熟市家庭室内装饰商会	方宽祥	市工商联	1月22日
4	常熟市恒秉义工协会	蔡国进	直接登记	1月26日
5	常熟高新技术产业开发区商会	金伟杰	市工商联	4月20日
6	常熟市体操运动协会	余　苇	市文体旅局	4月29日
7	常熟市仲雍文化研究会	吴建明	市文体旅局	6月25日
8	常熟市言子文化研究会	陈　颖	市文体旅局	8月11日
9	常熟市科技创新创业企业联合会	张晓良	市工商联	9月17日
10	常熟市百姓城管志愿者协会	周丽娟	市城管局	9月30日
11	常熟市大数据协会	孔晓萍	市大数据管理局	9月30日
12	常熟市梅李镇青年企业家联合会	徐　利	市工商联	9月30日
13	常熟市海虞镇新材料商会	陶惠平	市工商联	10月14日
14	常熟市党的建设学会	章桂生	市委组织部	10月26日
15	常熟市玉文化协会	顾伟良	市文体旅局	11月9日
16	常熟市养老服务促进会	宋　坚	市民政局	11月20日
17	常熟市成品油流通行业协会	童云华	发改委	11月30日
18	常熟市新一代企业家商会	陆　骏	市工商联	12月11日
19	常熟市女性就业促进会	蒋秋琴	市人社局	12月14日
20	常熟市房地产经纪业协会	屈建娥	住建局	12月23日

（顾君才　徐之佼）

劳动就业

【概况】 2021年，常熟市实现城镇新增就业30873人，比上年增加3.23%，高校毕业生就业率达98.6%，城镇登记失业率控制在1.75%。年内，市人社局落实稳岗留工、留常补贴、来常就业补贴等引导性激励政策，深入开展强化企业用工服务专项行动，建立用工监测机制和人力资源“三员”机制，并及时响应企业需求，提供“一企一策”跟进服务；分批次带领重点规模缺工企业及相关人力资源服务机构赴河南、陕西等多地开展劳务对接活动，建立合作基地18家，市领导在新媒体平台进行直播带岗；推出“虞尚美居”企业安居住房项目，惠及72家单位、720多名职工，申请351套住房。

【高校毕业生就业】 2021年，常熟市举办“校园引才”招聘活动，组织525家次企业在省内外39所高校举办常熟招聘专场或参加学校双选会，受理人才落户申请373人，其中281人落户常熟。举办2021年常熟市高校毕业生“企业直通车”活动，该活动自7月9日发车，途经5个站点，94家企业参会，提供就业岗位907个，497名常熟籍应届高校毕业生报名参加活动，178名高校毕业生投递简历。

【创业扶助】 2021年，常熟市实施创业培训“马兰花计划”，优化创业培训体系建设，做好创业培训的分类分级管理。实施创业支持政策，为49人解决融资需求，发放创业贷款1070万元；办理创业贷款贴息138.45万元；支持成功自主创业3403人，实现创业带动就业13418人。加强创业孵化基地建设，指导常熟同济科技园获得江苏省级创业孵化示范基地备案、华东理工大学常熟研究院创业园获得苏州市创业孵化示范基地称号。开展培训讲座13场、创业政策解读10场、创业指导2场、创业项目路演1场，线上信息点击逾两万次，线下参与服务人数达1700多人次。

【就业困难人员认定】 2021年，常熟市出台《常熟市就业困难人员认定操作细则（暂行）》，落实就业服务常住地登记制度，大龄、残疾、低保家庭、建档立卡低收入农户劳动力等劳动者可在常住地申请认定为就业困难人员，解决非本地户籍常住人口申请认定就业困难人员，享受社保补贴、就业援助的问题。2021年，通过市、镇（街道）、村（社区）三级联审联核，常熟市新认定就业困难人员2811人。

【惠企稳岗系列补贴政策】 2021年，市人社局向444家企业发放“留常熟补贴”1356.4万元，稳定留常熟职工27128人，向48家企业发放到常熟就业补贴14.25万元，吸纳到常熟就业285人，对51家用人单位发放社保补贴76.4万元，实现125名就业困难人员稳定就业。

【省级博士后创新实践基地】 2021年，全市有省级以上博士后科研工作站（实践基地）67家，其中国家级科研工作站区域站2个、省级博士后创新实践基地区域站3个、国家级博士后科研工作站25个、省级博士后创新实践基地37个。年内，常熟市新增5家省级博士后创新实践基地，分别是江苏航天龙梦信息技术有限公司、苏州海德新材料科技股份有限公司、江苏忠明祥和精工股份有限公司、罗伯泰克自动化科技（苏州）有限公司、加通汽车内饰（常熟）有限公司。

【“智改数转”技能人才培养】 2021年，常熟市人社部门组织全市企业“智改数转”技能人才培训。重点服务全市1500家规上工业企业，在市人资供需平台上增设“培训需求”模块，下设130个“智改数转”相关工种培训目录，及时反馈培训需求，创新培养模式，开展与智能制造相关工种的培训10372人次。认定7家机构为2021—2022年度开展常熟市项目制培训的首期承训机构，6家机构开展工业机器人系统操作员、工业机器人运维员、全媒体运营师、互联网营销师4个专业16个班次的培训。

【企业技能等级认定工作】 2021年，市人社局推进企业技能等级认定工作，鼓励符合条件的企业开展技能人才自主评价。强化校企协作，鼓励企业开展达标合规的新职业技能等级培训，推进“智改数转”技能职业的评价工作。年内，全市103家工业规上企业经省级备案可自主开展职业技能等级认定，开展自主认定9245人，其中高级工及以上高技能人才5996人。

【劳动权益保障】 2021年，市人社局贯彻落实《保障农民工工资支付条例》，全面提升工程建设领域农民工工资月结月清覆盖率，开展根治欠薪冬季攻坚行动。发动成员单位、板块，检查用人单位2597家，调处欠薪案件122起，开展“双随机”检查用人单位1733家，立案207家，清欠职工工资2997.7万元。设立案后庭前调解程序，创新开展兼职仲裁工作，推动周末仲裁庭常规化运作，劳动争议仲裁结案率96.75%，劳动争议总调解率为70.57%。组织开展常熟市劳动保障A级诚信单位的培育和评定工作，授予“江苏常明电力设备有限公司”等691家用人单位“2020年度常熟市劳动保障A级诚信单位”称号。

【和谐劳动关系评定】 2021年，常熟市累计建成省级和谐示范园区4家，市级以上劳动关系和谐企业1004家，其中省级和谐企业11家，苏州市级和谐企业229家。年内，常熟市龙腾特种钢有限公司等342家企业获2020年度“常熟市劳动关系和谐企业”称号。常熟开关制造有限公司等662家企业经复审，继续确认授予“常熟市劳动关系和谐企业”。

【“美丽常熟，就业首选”直播带岗】 2月24日，常熟市首次尝试人力资源市场“直播带岗”模式，以网络直播方式加速就业招聘服务线上化。江苏常熟汽饰集团股份有限公司、常熟长城轴承有限公司、江苏隆力奇生物科技股份有限公司、苏州英特模汽车科技有限公司、常熟阿特斯阳光电力科技有限公司5家企业参与，提供汽车制造、生物化工、工程技术、质量技术、市场营销、物联网等40多个岗位，累计需求超500人，活动参与观众累计超过30000人。常熟市省外20个劳务基地也应约连线直播本次活动，河南基地“打工直通车”直播时长40分钟，围观2413人，预约报名57人。

【常熟市职业技能大赛】 2021年，市人社局、市总工会、市人才办、团市委、妇联等单位联合组织常熟市职业技能大赛，大赛围绕空间美图、时尚美城、创新美业、清新美景、精品美游、文明美德6个方面，设立导游、数控车、工业机器人、网络直播、网络安全、污水处理等14个竞赛项目，通过以赛带练、以赛促训的形式，推动劳动者职业技能水平提升。活动从4月开始，10月底结束，由大赛组委会制定试题和竞赛细则，有关部门、行业协会、职业院校具体承办，以理论考试和技能操作的综合成绩决出最终名次。

（徐莞月）

责任编辑 李 妍

应急管理

综　　述

【概况】 2021年，常熟市统筹发展和安全，牢固树立红线意识和底线思维，创新工作举措，压紧压实各级责任，坚决遏制较大及以上事故发生，安全生产形势总体平稳。健全安全生产责任体系，加强融合监管创新，着力提升治理效能；加大安全文化宣传，普及安全理念，打造共建共治共享的治理新格局。年内先后接受省、苏州市多轮次安全生产督导，省级安全发展示范城市创建通过苏州级复核、省级评议。

【省级安全发展示范城市创建】 2021年，常熟市围绕安全发展示范城市运行监测，在城市安全源头管理、城市安全风险防控、城市安全监管、城市安全保障能力、城市应急救援体系等方面下功夫，持续夯实安全基础。市安全生产委员会办公室（以下简称市安委办）制定《常熟市创建省级安全发展示范城市创建重点任务分解表》，通过苏州市安委办现场复核，综合排名第二。7月下旬，市安委办部署创安倒计时督查工作方案，联合纪委常态化开展专项工作督导，每月12日、25日通报督导情况。10月中旬完成省安委办现场验收复核。

【参与全国第一次自然灾害综合风险普查】 2021年，常熟市对30余个部门、16个乡镇（街道、开发区）、340个村（社区）、2000余家单位进行全方位灾害信息调查。资源规划部门地质灾害普查完成率100%；住建部门完成调查房屋建筑5.2万栋，市政道路173条222千米、桥梁198座；交通部门完成调查农村公路里程2112千米、桥梁1252座、码头泊位20个、船闸2个；水务部门完成调查水闸工程473座、堤防170段927千米；气象部门完成调查中华人民共和国成立以来的重大历史气象灾害事件；应急部门完成调查582所学校、医疗卫生机构、星级饭店、大型商超等承灾体，1770个政府部门、村（社区）、社会组织、家庭等综合减灾能力信息，729起历史自然灾害事件。

【应急管理机制建设】 2021年，常熟市完善防灾减灾救灾、防汛抗旱防台、森林防灭火工作机制，有效应对多轮强对流气象灾害天气，未发生气象灾害事故。完成市级“1+34”个预案修编，完成各类应急演练524场次。分批次购置排水泵、冲锋舟、抢险运输车等37个种类应急物资装备。全市有防汛抗旱、危化救援、环境监测、医疗救护等领域专业应急救援队伍、地方政府专职消防队、森林专业扑火队和社会救援队伍41支、1503人。完成“智慧应急”一期项目建设，实现互联网、政务外网、指挥信息网“三网合一”。持续推动应急救援装备物资数字化、精细化、动态化管理，实现一张图标注、一张网通信、一键通指挥，应急救援响应速度、救援能力得到提高。（徐小祥）

防灾减灾

【防汛设施建设】 2021年，望虞河王市段和湖庄段2处挡墙修复项目、

4月28—29日，常熟市首届安全生产综合执法演练竞赛举行

（市应急管理局　提供）

东岸南湖闸上游挡墙维修项目在主汛期前完成；长江路（衡山路—泰山北路）、碧虞路雨水管网改造工程在5月底完成管网建设；完成城区河道疏浚整治15条；2020年冬至2021年春，全市完成疏浚河道304条，长度211.55千米，加高加固圩堤1.95千米，完成新（改）建排涝站10座，新（改）建三闸11座；完成中小河流治理重点县项目董浜南港塘等4条河道、海虞迈步塘等10条河道整治；蛇泾河除险加固、辛安塘除险加固、里睦塘整治、岐泾北排涝站改工程开工建设。徐六泾江边枢纽工程4月开工，汛期制定度汛预案确保区域度汛安全和工程建设的推进。

【防汛防旱防台风应对】 2021年，常熟市制定下发《常熟市2021年防汛防旱工作意见》，明确防汛工作目标，落实防汛工作要求，夯实防汛工作责任。3月，市防汛防旱指挥部发出《做好全市汛前准备工作的通知》。4月中旬，市水务局、应急管理局等单位成立6个检查组赴各镇、街道、工程管理单位检查防汛准备落实情况，要求加快城区易涝点隐患整治、完成城区骨干雨水管道疏通、加快镇村河道疏浚、加强水闸和排涝泵站维修养护。先后组织各镇、街道、工管单位开展应急演练5次。全市储备防汛物资袋类38万只、块石0.9万吨、土工布2万平方米、各类移动机泵467台套、排涝泵车2辆，柴油、木材、应急照明系统等各类物资齐全，数量充足。修订完成《防汛工作预案》，进一步优化城区易涝点“三色”防御机制，通过改造雨水管网等工程措施，完成城区26个易涝点治理核销工作。开展河道行洪清障，拆除河道坝埂64处，14处暂未拆除的已落实度汛预案。5月8日，全市防汛防旱工作会议召开，全面部署做好防汛工作，市政府与各镇（区、街道）签订防汛工作责任状。5月11日，国家防总对常熟市望虞河、低洼易涝片区防汛准备工作进行检查，对常熟市防汛工作提前谋划、细致组织表示肯定。（陆小祥）

【防震减灾管理】 2021年，常熟市住建局制定印发《常熟市2021年度震情监视跟踪方案》《关于进一步做好地震安全性评价工作的通知》，加强观测台站维护管理，获2021年度江苏省市县防震减灾工作年度综合考核优秀等次。检测雨量桶和地电阻3次，更新虞山测震台监控设施，修缮白茆中学强震台站房屋，修复支塘窑镇监测站监测设备，改造支塘窑镇地震监测站土壤气监测设备，建成大浜公园应急避难场所。全市16个地震宏观观测点运作正常，信息报送顺畅。制定《常熟市地震易发区房屋设施加固工程协调机制》《常熟市地震易发区房屋设施加固工程工作方案》，参与第一次全国自然灾害综合风险普查，在“全国房屋设施抗震设防信息采集和管理平台”采集6623项新建及加固工程抗震设防信息。11月17日13时54分，盐城市大丰区海域（北纬33.50度，东经121.19度）发生5.0级地震；12月22日21时46分，常州市天宁区（北纬31.75度，东经120.0度）发生4.2级地震，常熟均受到波及影响，震感明显，未有人员伤亡和财产损失。

【地震科普宣传】 2021年，市住建局利用“防震减灾宣传周”、“5·12”防灾减灾日、“7·28”唐山大地震纪念日等时机进行防震减灾科普宣传。开展防震减灾法制、科普知识“六进”宣传活动，枫泾社区地震科普馆全年接待参观人员1000人次；莫城街道在服装城时尚广场开展宣传活动，现场发放科普读本500份；指导义庄小学、唐市中心小学，沙家浜中学开展地震应急疏散演练；在全市主要街道悬挂防震减灾宣传横幅40条。（蒋志刚）

4月22日，市城区防洪工程管理人员检查大流量排水泵车

（市融媒体中心　提供）

安全生产监督

【概况】 2021年，全市发生各类生产安全事故13起、死亡10人，事故起数和死亡人数比上年分别下降38.1%和28.57%。其中工矿商贸领域发生7起、死亡7人，事故起数和死亡人数比上年均下降36.36%；道路交通领域发生6起、死亡3人，事故起数比上年下降40%，死亡人数持平。年内，应急、住建、市监、交通、消防等负有安全生产监督管理职责的部门事前立案2978件，处罚5079万元。其中应急系统立案899件，处罚3057万元；深化“两法衔接”工作，建议公安机关追究刑事责任7人，“肖某某非法经营储存危化品案”入选应急管理部、省应急管理厅“行刑”衔接典型执法案例。

【安全生产日常化监管】 2021年，市政府与各板块、各有关部门签订《安全生产目标责任书和重大隐患挂牌整改责任书》,市领导在重大节日和重要时间节点开展安全检查。实行事故"双归口"管理,完善党委政府统一领导,板块、部门同向发力的管理格局。深化"1+4+4"安全环保消防联动工作机制,开展联合检查4次、30余家,协同查处重大问题隐患14项,《中国应急管理报》刊登常熟"1+4+4"安环消联动工作法。市委巡察办、安委办联合开展小型建设工程和零星施工作业安全管理专项巡察,夯实小型建设工程领域责任体系。对2014年后移出特种设备名录的3吨以下起重机械、非货叉属具叉车等原特种设备进行系统排查,排查原特种设备7070台,开展评估6445台;完成全市生产型企业全覆盖安全生产告知承诺,督促企业自查自报各类风险隐患约7万条,整改率99.3%;开展工业企业风险报告巡回培训60余场,培训法人及安全员1.01万余人次,完成全市9222家企业风险报告。年初确定"三级"政府重大隐患挂牌项目124个,年中结合各领域事故情况,新增市级挂牌项目20个,均按照规定时限完成整改。

【安全生产专项整治】 2021年,市安委办印发《关于进一步深化安全生产三年专项整治工作的意见》,明确市级21项、重点行业98项、各板块80项工作任务。发挥市安委办统筹协调作用,18个专业委员会全面推进专项整治,市级层面督导检查单位6761家次,督导检查发现问题1.2万条;市、镇、村三级排查隐患14.5万余条,其中重大隐患17处,完成整改14处,关闭取缔3家,停产整顿29家,约谈警示152家,罚没金额5565万元。

【安全生产督导巡视意见整改】 2021年,常熟市对照各级督导组、巡视组移交的问题隐患清单,持续抓好跟踪督导、定期调度,逐项把关整改销号,做到问题隐患全部"清零"。对省委危化品专项巡视组反馈的28个方面、52个问题,完成整改51个,剩余1个整改中。各相关部门做好苏州督导的对接和汇报检查,反馈常熟市的30条问题隐患,已完成整改。7个市级联动督导组按照"驻地督导、机动督导、联动督导"要求,每季度对板块督导不少于7个工作日,督促整改隐患286项。

【工业群租企业整治】 2021年,市委、市政府出台《常熟市工业群租企业安全环保消防专项整治工作方案》,对出租方、承租方制定28条整治标准。全市成立专班,按照"关停淘汰一批、停产整治一批、保留提升一批"的方式实施整治,结合"一图一表"工作,同步建立长效管理机制。对位于工业保障线外的群租企业,在所在板块确定的过渡期限内,必须满足基本标准,否则实施关停,累计排查工业群租企业9082家、隐患2.6万条。承租企业纳入待关停1035家,整改中6326家,待评估1701家。

【安全生产宣传教育】 2021年,常熟市落实党管安全制度,全市各镇、街道党政主要领导率先下基层、进企业,上讲台宣传安全理念、普及安全文化。市应急管理局组织落实企业主体责任"春风行动"和"百团进百万企业"主题宣讲活动,累计开展宣讲1000余场次,受众9.5万余人次,重点企业宣讲覆盖率100%。制播首档"常安·常熟"融媒栏目,开展执法直播、广场咨询、文艺巡演、发放宣传资料等活动。开展"全国防灾减灾日""5·12"防灾减灾宣传周、防灾减灾救灾宣传教育"七进"等活动,增强社会群众自救互救技能和防灾减灾意识。发挥市安全培训中心主阵地作用,加强考试点基础建设和硬件设备设施投入,提升安全培训教育规范化、专业化、信息化水平,累计开班395期,培训3.39万余人次。 (徐小祥)

消防救援

【概况】 2021年,全市发生致灾火灾98起,死亡1人、无受伤人员,直接财产损失1099.51万元,未发生较大以上火灾,全市火灾形势保持基本稳定。市消防救援大队接报出动各类火灾扑救1117起,抢险救援715起,社会救助556起,公务执勤515起,出动车辆7939辆次,消防救援人员4.32万人,抢救被困人员112人,挽回经济损失8000余万元。制定《常熟市"十四五"消防事业发展规划》,出台《常熟市消防安全委员会成员单位工作职责》,实体化运作市消防安全委员会办公室,

11月8日,2021常熟市建筑施工消防安全培训演练云观摩直播活动举行,活动分三场进行,首场主题为建筑施工脚手架火灾事故应急救援

(市融媒体中心　提供)

细化完善成员单位消防安全工作年度考评机制。开展服装城片区消防安全专项整治行动，对27个专业市场进行拉网式排查与治理，推进消防委托执法试点工作。58人参加徐州抗洪抢险前置执勤保卫任务，12人参加支队水域救援拉练任务；开展4次地震救援轻型编队，30人参与吴江四季花园酒店辅房坍塌事故和居民房屋坍塌事故救援，完成支队地震救援轻型编队拉练。

【消防日常监管】 2021年，市消防救援大队实体化运作常熟市消防安全委员会办公室，制定《常熟市“十四五”消防事业发展规划》。与各镇、街道签订《常熟市2021年度消防工作目标责任书》，推进年度全市消防安全工作各项任务措施落地落实。推动基层消防办将消防工作纳入日常监管内容，督促指导公安派出所依法履行消防监督管理职责。组织社区基层网格力量，开展消防检查巡查、宣传教育培训工作。全年检查出租房9867处，发现隐患12856处，查处出租房消防违法案件39起；检查电动车违规停放充电共移车处理44772处，实施当场处罚616起。推广安装电气火灾监控系统915套，电动自行车智能充电装置8728套，独立式感烟火灾探测报警器12912个，简易喷淋1719套。

【消防执法管理】 2021年，市消防救援大队组织排查单位场所2948家，发现火灾隐患或违法行为4967处，督促整改火灾隐患或违法行为4944处，下发责令改正通知书2527份，下发行政处罚决定书1031份，责令“三停”2家，罚款571.87万元，拘留9人。勘查152个火灾现场，立案调查火灾事故98起，其中简易程序29起，一般程序69起，因火灾事故共拘留7人。填报火灾1747条，其中“二合一”平台火灾信息774条，新全国火灾系统973条。根据要求关联起火社会单位84家，并处罚款59.3万元。

【火灾防控专项整治】 2021年市消防救援大队开展“打通生命通道”集中攻坚行动，防范“九小场所”，开展高层建筑、大型商业综合体和医疗建筑等专项治理，启动全市工业群租企业安全环保消防专项整治行动。检查高层建筑1958栋，涉及小区232个，其中住宅建筑1856栋，公共建筑100栋，发现违法行为及火灾隐患1163处，督改违法行为及火灾隐患1108处，行政处罚28.46万元，临时查封6家。摸排梳理15家火灾隐患突出单位，确定为重大火灾隐患场所实施挂牌督办，市消防救援大队会同板块共同制定整改方案，实施分级挂牌督办，组织召开约谈会20次，现场帮扶34次，全部整改销案。

【消防能力建设】 2021年，市消防救援大队落实全年工作经费1.22亿元，车辆装备经费1415万元，新增消防车辆3辆，器材装备668件（套）。每周开设“战训理论大讲堂”，建立健全常态化的战训理论学习制度，推进学习型队伍建设，开展专题培训7次。组织各队站开展防火巡查知识要点培训，明确联勤联训工作检查重点、检查方式、工作流程及注意事项，累计开展防火巡查7045家，开展联合演练15次，督改违法火灾隐患1728处。制定《常熟大队冬季岗位练兵实施方案》《全员岗位大练兵工作实施方案》，每月组织体能对抗赛和比武竞赛，在支队2021年度“火焰蓝”杯岗位练兵比武竞赛中获团体总分第一。组织15人开展水域救援培训，并取得初级救生员证。组建化工重型编队，实地拉练4次。推动4个小型站点建设，中心河路、中天路小型站内装修进入收尾阶段，兴业路小型站在8月2日投用，华达路小型站进行内装修。完成东胜街微型站人员培训，组织34名班长骨干开展脱产培训。

【消防安全宣传】 2021年，市消防救援大队以“深刻吸取火灾事故教训 坚决夯实消防工作责任”为题，发起“全民消防我行动”等大型公益计划，组织开展“百名消防指挥长宣讲消防安全”活动、全民消防“大访谈”、消防常识“大宣传”等系列活动26场。推进消防安全宣传教育工作融入基层综合治理体系，定期开展网格员消防宣传教育活动，发放消防宣传手册20万余份，播放消防公益广告1万余条，悬挂消防安全警示条幅2千余条，设置宣传专栏和展板66处。在中央级新媒体发稿35篇，中央级报刊发稿2篇；省级新媒体、电视、报刊发稿78篇；新媒体直播2次。“常熟消防”微信公众号推送文章710篇。联合广播、电视、报纸、网络新媒体等多个平台通过全媒体矩阵进行宣传报道。 （王轶超）

责任编辑　汤　涵

街道·镇

虞山街道

【概况】 虞山街道位于常熟城区西部，北临常福街道，东连琴川街道，南靠莫城街道，西接尚湖镇。年末，区域面积48.32平方千米，下辖35个社区、6个村、3个管理区，常住人口18.76万人，其中户籍人口135475人。2021年，虞山街道完成地区生产总值70.32亿元，比上年增长6.03%；实现一般公共预算收入12.02亿元，比上年下降12.9%。固定资产投资39.5亿元，比上年下降1.86%，服务业开票销售（不含房地产）206亿元，比上年增长38.8%；限额以上批发业销售额76.16亿元，比上年增长23.72%；限额以上零售业销售额11.68亿元，比上年下降2.59%。

【经济发展】 2021年，虞山街道完成各类公共资源交易项目706个，交易额2.75亿元。村集体可支配收入8351万元，比上年增长6.1%。围绕“354”产业发展，推动城市经济转型变强，全年累计盘活存量闲置资产超7万平方米，文创园开园运营面积3.8万平方米，“山前坊”文旅创业街区开街。“蓝·原茸森林”文旅产业园、“山湾里”文化创意园、“艾克”数字文创产业园签约开工，复旦大学张江研究院（常熟）数字文化创新中心落户。

【社会事业】 2021年，虞山街道创新房屋使用权集中模式，完成西泾岸片区整理更新规划，重点核心区域使用权意向集中率过半。推进城中村自主更新，248户启动更新；315户农宅进入更新流程，放样翻建491户，超额完成全年目标23%。推进既有建筑更新项目8处，总投资2500余万元，改造面积2.48万平方米。实施农村人居环境整治和“千村美居”工程，20个自然村组通过市级验收，舜过井、鲶鱼滩、钱家村3个村组被列入苏州市第五批特色精品乡村建设试点；张乌园获江苏省特色田园精品乡村称号、山湾里获得苏州市特色田园精品乡村称号。为虞山999公顷生态公益林购买江苏省中央财政公益林综合保险，开展春季林业有害生物普查。完成尚湖环湖16.8千米林木景观更新改造工程。

【人民生活】 2021年，虞山街道5家党群服务中心提档升级，4家日间照料中心投用。全年发放各类救助保障金624万元、尊老金827.39万元、慈善慰问救助金54.18万元。发放各类优抚补助金1091.66万元。举办“春风行动”专场招聘会等活动，新增就业人数4000多人，各类职业技能培训、扶持引领项目惠及5000余人。养老、医疗等保险参保率99%以上。实现“一窗通办”综合受理16.93万件，办理“不见面审批”6349件，“一件事”集成服务980件，新设24小时政务服务自助区。2家社区卫生服务站完成提档升级。设置核酸检测应急采样点137个，集中隔离点2个。全年完成核酸采样4.07万人次。新冠疫苗首剂接种15.12万人，3—17周岁人群首针接种2.3万人。

【社会治理】 2021年，虞山街道完成污染防治挂牌督办件销号14件。推

2021年，虞山街道山湾里入选2021年度苏州特色田园乡村（特色精品乡村名单）

（虞山街道 提供）

进城区大气精细化管理示范区建设，建立污染源治理项目清单728个。完善全区域122条河道“一河一档”机制，全年污水治理投资2500多万元，开展潭泥泾、花园浜等劣Ⅴ类水体治理，完成4条河道美丽河湖建设、5个排水达标区创建。虞山森林防火指挥中心投用，森林防火预警及应急处置能力全国县级市领先。开展多元化反诈宣传，推广“国家反诈”App安装下载2.8万次，发放宣传资料8万份。全年开展骑行执勤服务活动78次，纠正商户占道经营1896起，劝阻游摊散贩256起，发放文明城市宣传册3526份。拆除各类违法建设488处、7.8万平方米。建成一体化指挥平台，通过苏州市评估考核。开展企业安全生产大检查，检查企业155家，发现隐患425处，整改率100%。完成辖区内所有工业企业风险报告网上申报，规模以下企业核查率100%。安全发展示范城市创建通过苏州、省级测评。商住两用楼、尚湖中央花园等重点隐患单位试点安装智能电梯监控系统。开展打通“生命通道”集中治理行动，检查高层83栋，大型商业综合体、公共娱乐场所、居民住宅区等1563个。排查出租房（群租房）18439家，隐患整改率100%。完成小餐饮“气改电”46家，安装自动切断阀8套。新建和升级电动自行车充电桩4151个。

【山前坊文旅创意街区开街】 6月18日，山前坊文旅创意街区开街。该项目是古城历史街区整理更新、存量资源盘活提优试点。街区占地2万平方米，集文化创意、精品民宿、生活美学、休闲娱乐、活力运动、商业综合等业态于一体。

【“蓝·原茸森林”文旅产业园项目启动】 5月10日，“蓝·原茸森林”文旅产业园项目启动。该项目位于虞山南路53号，占地1.78万平方米，建筑面积5700平方米。该项目由虞山街道与江苏蓝园签约打造，项目利用原陶瓷厂厂区，在保留工业印记和历史遗存的同时改建成以“数字文化+网红打卡”为核心，集传统文创、影视拍摄、文化交流、商务办公、数字科技、商业配套等功能于一体的综合性数字文化产业聚集区。

【天虹购物中心开业】 9月29日，常熟天虹购物中心开业。该项目位于海虞北路，建筑面积7万平方米，由裕坤置业与天虹集团合作，在原美城中心低效存量商业综合体基础上进行更新提优，打造成集购物、休闲、餐饮、娱乐于一体的大型主题街区式购物中心。更新改造后，中心品牌商户由原20余家增至200余家，并结合地域文化、商圈特质打造主题街区，融合夜经济、山水会客、儿童等主题元素，用“快节奏、慢生活”满足顾客多元消费需求。 （顾雪怡）

表57　　2021年虞山街道各村（社区）基本情况一览表

村（社区）	面积（平方千米）	户数（户）	户籍人口（人）	集体经济总收入（万元）	总资产（万元）	党组织书记	村（社区）主任
宝岩村	2.5	747	2667	863	4471	严　黎	严　黎
甸桥村	3.5	1568	5163	1764	15874	潘国良	潘国良
元和村	2	1401	4507	1381	10691	钱卫春	钱卫春
泄水村	1.8	537	1818	783	9469	蒋雪峰	蒋雪峰
大湖甸村	1.8	716	2271	922	4077	缪　钧	缪　钧
建华村	1.5	424	1742	930	12661	赵建国	赵建国
花园浜社区	0.4	916	2130	—	—	张　竹	张　竹
四丈湾社区	0.48	1198	2724	—	—	顾玉萍	顾玉萍
学前社区	0.42	1370	3099	—	—	金寅珏	金寅珏
报本社区	0.5	1672	4192	—	—	袁　静	袁　静
清和坊社区	0.46	1741	4272	—	—	张　益	张　益
北门大街社区	0.47	2071	5232	—	—	苏咏梅	苏咏梅
西泾岸社区	0.5	1618	4115	—	—	林妹萍	林妹萍
西庄街社区	0.38	1374	3616	—	—	张　恬	—
烟雨社区	0.5	1145	2787	—	—	邹　艳	邹　艳
南门社区	0.41	1374	3067	—	—	温祎炜	温祎炜
湖中社区	0.5	359	929	—	—	陆　琪	—
尚湖社区	8.7	194	529	371	1272	张明华	张明华

续表57

村（社区）	面积（平方千米）	户数（户）	户籍人口（人）	集体经济总收入（万元）	总资产（万元）	党组织书记	村（社区）主任
山前社区	0.72	1065	3092	—	—	沈　婵	沈　婵
菱塘社区	0.48	1495	4097	—	—	潘　炜	潘　炜
常福社区	1	1851	4864	—	—	秦建环	秦建环
甬江社区	0.81	1185	3214	—	—	包新羽	包新羽
泰安社区	0.5	1731	4689	—	—	陈　榀	陈　榀
五星社区	0.4	2703	7579	—	—	胡　怡	胡　怡
琴枫社区	0.6	1243	3552	—	—	陈　轲	陈　轲
闽江社区	1	2043	6018	—	—	钱美珠	钱美珠
张坝社区	1	568	1967	678	8846	冯国强	冯国强
星海社区	0.5	1880	4889	—	—	蒋艳兰	蒋艳兰
李桥社区	1.5	1005	3334	812	5650	张志文	张志文
兴福社区	0.36	406	1365	528	2785	钱　勇	钱　勇
明晖社区	0.48	1355	3485	—	—	陈晓雯	陈晓雯
报南社区	0.35	1087	2934	—	—	陈幼兰	陈幼兰
报北社区	0.48	1745	4925	—	—	吴　辉	—
华山社区	0.3	1156	2815	—	—	叶　澄	叶　澄
南沙社区	0.4	1291	3187	—	—	宋陶星	宋陶星
枫林社区	0.5	954	2627	—	—	冯爽英	冯爽英
虞北社区	0.45	288	766	—	—	王　怡	王　怡
望湖社区	1.02	190	434	—	—	王　薇	王　薇
梅园社区	0.38	374	1045	—	—	钱　雯	钱　雯
福泰社区	0.3	1239	1086	—	—	徐建明	—
嵩山社区	0.3	2471	3629	—	—	周文澜	周文澜
兴福管理区	5.5	517	1828	969	1566	邹冠宇	邹冠宇
三峰管理区	4	516	1793	748	1970	吴瑞石	吴瑞石
宝岩管理区	3.34	421	1401	576	1759	戴卫东	戴卫东

（资料来源：虞山街道）

常福街道

【概况】 常福街道位于城市北部，东连海虞镇，南与琴川街道、虞山街道相接，西邻尚湖镇，北与张家港市凤凰镇交界。年末，区域面积86.6平方千米，下辖21个村、11个社区（含1个撤村建居单位），户籍人口87017人。2021年，常福街道完成地区生产总值156亿元，比上年增长8.3%；完成一般公共预算收入16.9亿元，比上年增长4.7%；完成工业开票销售收入403.9亿元，比上年增长4.7%；服务业开票销售收入（不含房地产）176.5亿元，比上年增长33.5%。

【经济发展】 2021年，常福街道开工建设164.67公顷高标准农田、118公顷高标准池塘、166.67公顷优质稻米高质量发展示范区及98.33公顷田美乡村示范区。22个村联合入股虞丽能源科技有限公司，首个1.5兆瓦光伏屋顶并网发电。在苏州市首创“线上评估”模式，开发村级集体资产租赁价格测算智慧平台，确保资产保值增值，村均稳定性收入1135万元。围绕“一图一表”，结合2035国土空间规划编制，城镇开发边界基本划定。开发边界外145.53公顷拆旧地块全部完成3D建模及“区块链公证”，探索试行“八个一律”监管方案，累计完成拆旧复垦近23.33公顷。启动实施“一地一策一景”土地整理项目,首批试点改造规模113.33公顷。制定开发边界内企业更新计划,全年盘活存量建设用地44公顷。

【社会事业】 2021年,常福街道开展“千村美居”和集中居住区优化提升工程,启动苏州特色康居示范区、特色田园精品区建设,中泾村汤巷获评江苏省特色田园乡村,福圩村沉海圩获评苏州市特色田园乡村。提升生活垃圾分类“三定一督(定时定点定人督导)”模式,入选2021年首批苏州市生活垃圾分类四星小区1个。落实“一事一办”工作清单,启动“碧水一号”专项行动,实施张家港大义光明村省考断面综合整治,省考以上断面水质优Ⅲ类比例100%。推进“333”行动提质增效达标区创建,整治非雨出流及直排口,高新园、老街区域达标区通过验收。钱底巷幼儿园、大义卫生院开工建设,江河天绒、五新花园四期安置房以及青松苑改扩建工程加快实施。

【人民生活】 2021年,常福街道推动新冠病毒疫苗大规模集中接种,常住人口首针接种12.7万多人,接种率74.6%;全程接种12.2万多人,接种率71.7%。游文中学竣工投用,全市首家少儿图书分馆开馆。推进学校优质均衡发展,大义中心小学获评江苏省体育特色学校,游文幼儿园获评苏州市教师发展示范基地学校。推进街道社会工作站建设,村(社区)“睦邻空间”社会服务项目及日间照料中心均实现全覆盖。落实各项惠民政策,发放各类救助金、慰问金、尊老金等近3000万元。新增就业岗位4300多个,实现困难人员和失业人员就业近5000人,常熟户籍高校毕业生就业率超98%。实施全民参保计划,养老保险参保率92%、养老保障覆盖率超98%、医保参保率超96%,住房公积金扩面超4900人。拓展文明实践阵地,万达“文明商圈”新时代文明实践点建成投用,新增市级新时代文明实践点2个。少儿舞蹈《豆腐娃》获苏州市繁星奖银奖,原创评弹《鲜花盛开翻身村》获常熟市星光奖金奖,累计开展公益文化惠民服务活动超400场。

【社会治理】 2021年,常福街道深化“1+24”重点领域专项整治,推进“厂中厂”整治,“331”机制办实体化运作,16个三级重大事故隐患挂牌整改项目完成“摘牌”。加快推进企业标准化建设和风险报告,完成二级标准化签约4家、三级标准化创建79家、小微标准化创建209家,工业企业风险报告实现全覆盖。完成挥发性有机物治理37家、活性炭提质增效35家、产业集群内(外)企业整治152家、天然气锅炉低氮改造21家。推行“常福前哨”工程,运用“大数据+网格化+铁脚板”社会治理模式,开展“虞城无诈”专项行动,打击电信网络新型违法犯罪。

2021年,常福街道勤丰村以种植稻田画的方式,庆祝中国共产党成立100周年 (朱琪 摄)

【第四届阅读节家庭文化节】 4月17日,常福街道“书香润常福,阅读浸心田”第四届阅读节、家庭文化节开幕。活动现场发布常福街道2021年全民阅读特色项目。市图书馆东吴少儿图书分馆同时开馆,该馆藏书5000余册,涵盖绘本、儿童文学、少儿科普、传统文化、启蒙益智类等百种图书类型。开幕式还设置分会场,开“史”学吧——常福街道党史学习教育宣讲、全民阅读在线问卷调查、全民阅读特色推广活动、体验活字印刷、书签制作、植物拓印等6项全民阅读特色活动。

【常福街道社会工作站启动】 5月30日,常福街道社会工作站启动。工作站以“常福聚能站”为品牌,紧扣“服务功能、培训功能、集散功能”,以“汇爱心”为核心,提供社会救助、居家养老、儿童关爱、社区治理服务;统筹社工队伍建设,培养辖区内专业化社工。通过“三聚一汇”建设,以社工站“小阵地”打造社会治理“大舞台”。在提升民政服务能力、推进基层社会治理现代化、建设社会工作专业人才队伍方面,开展惠及居民的高质量社会工作服务,探索社会工作参与社会治理的“常福模式”。

【全市首个“一图一表”区块链公证】 11月30日,常福街道在市公证处、苏州同济区块链公司的监督和技术支持下,在全市首创“一图一表”区块链公证。该项目利用区块链技术设计将“一图一表”拆旧底册加密传输并固化到“苏州公证链”网络云平台,实现“图表线上跑、数据指纹链上存、公证书线上出”的一站式服务,实现跨链数据联通和共享。 (殷梦怡)

表 58　　2021 年常福街道各村（社区）基本情况一览表

村（社区）	面积（平方千米）	户数（户）	户籍人口（人）	集体经济总收入（万元）	总资产（万元）	党组织书记	村（社区）主任
合丰村	2.2	534	2086	1506	11087	薛建国	薛建国
联盟村	1.25	372	1502	1586	14219	李保全	李保全
顶山村	1.36	396	1518	900	4500	赵丽亚	赵丽亚
毛桥村	6.02	1526	5637	2039	23364	陈　俭	陈　俭
明晶村	4.16	1087	3992	1278	5241	吕　飞	吕　飞
勤丰村	6.15	1767	6780	3332	48881	张建昌	张建昌
翻身村	3.14	597	2362	782	8909	丁　科	丁　科
永红村	4.6	790	3208	1257	6801	徐　威	徐　威
常福村	2.6	619	2453	903	8491	归燕青	归燕青
新红村	2.63	654	2585	993	4865	徐建锋	徐建锋
福圩村	2.63	666	2542	1244	7606.72	何正祥	何正祥
方浜村	6.04	1810	6748	1858	22493.88	鱼利锋	鱼利锋
小山村	2.66	928	2931	1817	1276	宗顺林	宗顺林
五新村	3.5	540	1759	816	7172	吴　刚	吴　刚
压路机村	5.76	1041	3792	1245.7	13269	王志荣	王志荣
蜂蚁村	5.58	1081	4249	1400	8739	范　斌	范　斌
东联村	6.1	1213	4161	1134	12101	张　益	张　益
光明村	4.74	953	3255	1400	9845	范永平	范永平
小义村	6.18	1330	4943	1442	9910	殷文元	殷文元
中泾村	5.542	1022	3681	1354.5	14712.7	范益民	范益民
常隆村	4.9	897	3025	1274	10722	陆静忠	陆静忠
丁坝社区	0.45	426	1629	1278.16	13363.05	顾志敏	顾志敏
谢桥社区	1.2	840	1702	—	—	陈明珠	陈明珠
绿地社区	0.6	1059	2531	—	—	周　幸	钱红燕
景泰社区	0.56	289	648	—	—	章彩萍	章彩萍
碧海社区	0.53	1106	2711	—	—	钱莉娜	钱莉娜
大义社区	1.95	1258	2472	—	—	陆卫中	陆卫中
珠海社区	0.4	187	444	—	—	钱　瑜	钱　瑜
游文社区	0.36	255	535	—	—	钱洲洋	钱洲洋
怡馨社区	0.23	94	261	—	—	庞晓晔	庞晓晔
新义社区	0.5	133	330	—	—	黄礼花	黄礼花
景华社区	0.4	230	545	—	—	张俊达	—

（资料来源：常福街道）

莫城街道

【概况】 莫城街道位于常熟市南部，东濒昆承湖，南接辛庄镇，西隔元和塘与辛庄之杨园接壤，西北和尚湖镇相邻，北部与虞山街道、琴川街道接壤。年末，区域面积40.8平方千米，下辖14个村和4个社区，常住人口13.1万人，其中户籍人口39749人。2021年，莫城街道完成地区生产总值142.5亿元，比上年增长3.07%；实现一般预算收入4.6亿元，比上年增长16.72%；服务业开票销售收入（不含房地产）119亿元；外贸出口总额超16亿美元，到账外资3024万美元；服装城市场交易额超1600亿元。

【经济发展】 2021年，莫城街道新增私营企业2031家，占全市24%；数字经济链主企业衫数科技总部落户、飞榴科技总部落户签约，引进冰洁等一批全国知名品牌，阳光印网、数动智能等一批生产性服务企业集聚，南瓜谷、U.S.Polo等品牌总部投入运营，长三角时尚供应链枢纽、中通商业总部等一批物流项目开工，其中城市配送中心一期已建成投运，“运融通”平台开票金额约5亿元，注册企业236家；“市采通”成为全国首个市场采购贸易综合服务平台，打通全国出口口岸54个，出口额超15亿美元。实施直播电商“万千百十”工程，全年开通抖音小店700多家，实施直播培训6700人次，产业带直播销售额70多亿元。新开工计划内重点产业项目4个，总投资超27亿元；新开工计划外重点产业项目3个，总投资超1.8亿元；新竣工重点产业项目3个，全年完成服务业投资（不含房地产）23亿元、比上年增长59%；实施“万企联万村，共走振兴路”，启动老旧工业区更新改造项目4个、村企合作建设项目15个，联建率100%，总投资2亿元。通过“云上”+“线下”方式，组织辖区企业参加上海CHIC展、广交会、义博会等国内外知名展会7场；举办第二十二届中国江苏（常熟）服博会，邀请省内外近30多个商圈近1000位产业集群代表、买手、设计师到常熟交流；举办新年购物节、五五购物节等活动，拓展4个省、12座城市专业市场，举办各类论坛、沙龙、培训等活动200多场，服务企业2000家。全年粮食产量8299吨，农业总产值7834万元。

【社会事业】 2021年，莫城街道落实“一图一表”工作任务，累计完成拆旧任务42.33公顷，原地盘活26.67公顷。修改完成服装城控规和东青村、长瑞村村庄规划，并取得市政府批复。完成马泾路、商城西路、规划二路、规划三路和南浜路二期道路工程建设，启动年度村道改造24条，已开工14条。推进“千村美居”工程，72个村（组）开工，51个村（组）通过市级验收，和甸村毛家廊点位获全市最高分。加快现代农业发展，新增高标准农田43.33公顷，改造高标准池塘80.87公顷。完成623.53公顷绿色水稻优质基地建设，获批绿色食品一个，新增绿色食品面积33.33公顷。推进“万企联万村，共走振兴路”项目，村企联建合作行政村覆盖率100%。首批3个老旧工业区点位更新改造竣工。开展村庄人居环境长效管理，疏浚整治完成15条农村河道，岳泾浜、黄家巷、三介村河、夹娄浜完成生态美丽河湖建设。云裳小镇核心区景观提升工程基本完工，物流园区配套道路开工建设。完成安定和莫城集镇片区2.68平方千米达标区创建工作，完成25家企事业单位和10个小区雨污分流改造，做好200多家小散乱和15家企业排水整治工作，消灭污水入河直排口80个。

【人民生活】 2021年，莫城街道做好常态化疫情防控，新冠疫苗接种11万多人，首针接种率79%。街道综合执法局、行政审批局（为民服务中心）迁址投用。完成卫生服务中心专科医共体建设2个，基本建成分级诊疗及中医馆特色诊疗服务体系。新建常熟昆承湖外国语学校，满足多元教育需求。新增街道区域性养老服务中心（燕巷护理院），并纳入苏州市市级重点项目。累计投入近1000万元，建设日间照料中心19个，并全部实现社会化运营。建成街道文体中心“城市书房”、服装城“尚城书廊”、聆湖社区“三味书廊”、东始村“黄金书屋”等22个公益读书空间。《家在水乡》《南方夫子》《暗斗》等一批文艺作品获“星光奖”“繁星奖”等奖项，服装城江南虞韵合唱团获全国第二届“群星杯”歌舞模特合唱电视大赛金奖。

【社会治理】 2021年，莫城街道开展“331”专项行动，排查隐患980处，开具整改文书196份，临时断电查封273

9月28日，莫城街道和甸村毛家廊以全市最高分92分通过“千村美居”验收

（莫城街道　供稿）

家，出租房屋合格备案率98%；开展服装城区域消防安全专项整治，对区域内市场进行消防安全评估，对27个市场开展两轮专项联合检查，发现安全隐患1417处，整改闭环1283处；对4847户出租房、3248户"九小场所"滚动开展消防安全排查抽查，消除显性隐患1881个；完成创建三级标准化企业10家、小微标准化企业45家，工业企业安全生产风险报告工作完成率100%，立案处罚24起，处罚金额79万元，9个重大隐患挂牌项目完成整改销号；推进7家企业开展VOCs综合整治，完成6家企业活性炭更换，推进4家企业挥发性有机物深度治理。加强危险废物监管，完成58家产废企业规范建设。开展"散乱污"企业（作坊）专项整治"回头看"工作，排查企业272家。深化"河长制"工作，下发河长令48份，全部整改完成。完成辛安塘三环路至莫干路段护岸除险加固工程，共建生态木桩护岸1271米。开展矛盾纠纷排查和化解工作，化解重大信访积案29起。开展"扫黑除恶""虞城无诈"专项行动。新增各类治安监控点位66个，完成和睦家园、碧桂园2个"智慧小区"建设。开展"八五"普法工作，完成市"村规民约履约机制"试点。

【"绿色优质水稻基地"获省级认定】2月1日，省农业农村厅公布2020年江苏省绿色优质农产品基地名单，莫城街道"绿色优质水稻基地"入选。至年末，辖区有绿色优质水稻基地623.53公顷。2019年10月，街道开始创建省绿色优质农产品基地，组建专项工作领导小组、成立专项工作办公室、设立专项工作资金，落实"五统一"生产管理制度（即统一优良品种、统一操作规程、统一投入品管理和使用、统一田间管理、统一收获收购）。同时，在加大培训基础上，开展绿色优质水稻基地宣传工作，通过"城镇农业"专题播出相关内容；推荐3家企业参加省市县举办的农产品展销会。

【"锋领尚城"党建品牌发布】6月30日，莫城街道"锋领尚城"党建品牌发布，海棠直播间品牌项目启动。"锋领尚城"寓意"先锋引领，时尚莫城"，分为"队伍建设"品牌——莫尚先锋、"城乡党建"品牌——城乡融绘、"两新组织"品牌——"两心"领航、"四新经济"品牌——数智新生、"先锋阵地"品牌——海棠满城。莫城街道坚持"培育党建品牌、展示特色亮点"和"打造一批、提升一批、巩固一批"的思路，推进党建示范点建设，形成"横向到边、纵向到底、各具特色、覆盖全面"的党建工作体系。打造"海棠直播间"品牌项目，将"领雁功能"叠加"网红"效应，形成"产业融合、党群联动、营商优化、助推发展"的数字党建引领发展格局。"海棠直播间"将推出在线促学、在线招聘、在线游学、在线红色故事寻访等系列活动。

【首家智慧用电监控中心成立】11月9日，全市首家智慧用电监控中心——莫城街道智慧用电监控中心在服装城消防救援中队揭牌成立。该中心服务街道辖区电气火灾智慧监控系统用户3000余户，其中小作坊2200余户，群租房100余户，企业集宿500余户，"九小场所"、批发市场等100余户。电气火灾智慧监控系统由检测装置、无线报警装置等组成，实时监测用电单位的电流、导线温度以及电流的数据变化。发现漏电、过载等异常情况，监控系统将通过各种渠道提醒用户，并能实现后台切断、自动切断等安全保障功能。使用单位负责人、电工和安全管理人员还可以通过手机App了解电气线路工作状态，自主开展隐患治理。（刘　珏　陈文艳）

表59　2021年莫城街道各村（社区）基本情况一览表

村（社区）	面积（平方千米）	户数（户）	户籍人口（人）	集体经济总收入（万元）	总资产（万元）	党组织书记	村（社区）主任
青莲村	1.78	591	2642	1175	9590	夏志良	夏志良
湖泾村	1	426	1556	1101	6253	周建新	周建新
新建村	1.1	412	1607	1131.24	7304.74	石心刚	石心刚
安定村	1.73	621	2390	1482.72	8410.77	周雪强	周雪强
言里村	3.2	918	3508	1444.35	11381.39	张永刚	张永刚
三塘村	4	1002	3939	1355	6358.43	祝　庆	祝　庆
燕巷村	2.3	577	2282	2471	16015	陈艳婷	陈艳婷
和甸村	1.59	287	1188	751.59	5460	戴福根	戴福根
湖鹤村	2.3	676	2537	1232	8522	顾文云	顾文云
东青村	3.88	665	2590	644.02	6497.67	顾丽新	顾丽新

续表59

村（社区）	面积（平方千米）	户数（户）	户籍人口（人）	集体经济总收入（万元）	总资产（万元）	党组织书记	村（社区）主任
东始村	3.2	736	2745	1498	5744.55	唐　军	唐　军
长瑞村	3.1	559	2061	1011.27	9597.67	时小兵	时小兵
三和村	4	712	2598	1181.33	6810.51	戈全龙	戈全龙
三星村	6.7	1142	4265	1428.18	11462.4	钱志方	钱志方
琴南社区	1.2	2611	1109	—	—	陶雪琴	陶雪琴
山湖社区	1	593	1277	—	—	王　欢	王　欢
莫城社区	1.16	615	1300	—	—	朱　敏	朱　敏
聆湖社区	2	1684	155	—	—	陈静君	陈静君

（资料来源：莫城街道）

琴川街道

【概况】 琴川街道位于常熟城区东部，北倚常福街道、海虞镇，西与虞山街道相邻，东联古里镇，南至东南街道，濒临昆承湖。年末，区域面积48.7平方千米，下辖34个社区和22个行政村（含7个撤村建居社区），其中4个为村居合一，常住人口21.5万人，户籍人口131055人。2021年，琴川街道完成地区生产总值292.34亿元，比上年增长18.4%；实现一般公共预算收入25.46亿元，比上年下降4.4%；服务业开票收入494.43亿元，比上年增长18.5%，规模以上工业企业产值38.42亿元，比上年增长18.3%。

【经济发展】 2021年，琴川街道世茂天空之城、凤凰城竣工交付。云视觉文化科技产业园开园，陶山路电商园2.0版迭代升级，专精特新中小型科技企业和平台总部型企业集聚区正在成型。实施村级老旧工业项目更新改造，推进庞浜金山路段、渠中工业坊、兴隆塑料厂等一批老旧厂房项目储备。成立村级经济联合发展公司，依托街道级平台实现资源共享，带动村级集体共同发展和村民增收。发展消费服务业，打造具有集聚和规模效应的夜间文化消费街区，参加“五五购物节”“双11”等消费活动，举办“琴川嗨吃节”“世茂星空集荟”等特色夜经济主题活动。

【社会事业】 2021年，琴川街道完成花溪片区一到五期及海虞南路延伸段443户民宅新开工项目，启动并完成渠东片区、富康路东延企事业单位等49宗地块搬迁收储。花溪片区企事业项目、藕渠片区民宅项目实现全部“清零”。完成“千村美居”在库项目5个，制定落实“一带多点”（即沿东三环高架人居环境示范带、环内每个行政村两个以上重点打造点位）年度目标，开展农村人居环境整治。推进城中村自主更新，完成前漕泾一单元基础设施配套，启动前漕泾二单元和三里桥东房屋建设。推动陈家市31号老旧公寓住宅更新，实施院落使用权集中流转和修缮改造。开展大气精细化管理示范区建设。实施22条河道美丽河湖建设，完成南横泾河、景龙村寺泾溇河、西牌楼河河道清淤，完成219户农村生活污水收治和6个城镇污水处理提质增效达标区建设。推进违建治理专项行动，清除违法建设407处，面积超19万平方米。

【人民生活】 2021年，琴川街道完成再就业6000多人，发放慈善救助金26.64万元，养老、医疗等保险参保率均为99%以上，累计完成公积金扩面5000多人。推进为民服务综合窗口改革，新增服务窗口17个，启用自助服务区，实现24小时便民服务，推出98项帮办代办清单，打造“10分钟政务服务圈”。推动琴川医疗综合体建设，实施景龙社区卫生服务站提升性迁建计划，完成健康小游园建设2个，启用健康自助检测点7个。推进基础设施完善更新，完成景新路大修、莲花桥东侧周边环境整治等实事工程。开展城区市容市貌、交通秩序、农贸市场、商圈周边等整治提升。创新推出“小蓝”系列城市微治理项目，加强城市精细化治理。

【社会治理】 2021年，琴川街道完成“三整合”改革（街道整合审批服务执法力量）工作，实现审批、服务、执法力量融合。开展共建共治社区自治提升行动，发布公益创意项目11项。完善社会工作发展中心“一站一联一中心”服务平台建设（即建设街道社会工作服务站，组建琴川街道社会组织联谊会，建设街道社会工作发展中心），启用街道社会工作站。开展文明城市建设常态长效十项重点行动，首创文明治理“四+模式”，落实文明典范创建工作。落实“1+3”年度安全生产任务，6个安全生产三级挂牌督办项目和3个“331”重点隐患挂牌督办项目“销号”，完成规模以上工业企业安全风险报告和省级安全示范城市验收。调优网格机制和人员队伍，推进“达标网格”建设。拓展“智在生活”项目，打造环湖社区、琴湖家园、金桂家园三期3个升级版智慧社区。开展“虞城无诈”专项工作，电信网络诈骗警情比上年下降23.47%。　　（全　宏）

【城市之光物业服务获评省级示范点】 3月5日，江苏《2020年度党建引领物业管理服务工作省级示范点名单》公布，琴川街道城市之光小区获评全市首个物业管理项目。城市之光小区有住户906户，居民近3000人，自2018年试点实施“先锋管家”项目以来，突出党建引领、坚持问题导向、健全工作机制、实现常态长效。2021年，街道党工委将“先锋管家”项目提升为“海棠管家”，构建“党建领航、上下联动、多元共治”的小区治理格局。在社区、业委会、物业公司三方融合基础上，融入综合执法队员、联动网格员、社会组织、“大党委”成员单位等，壮大“海棠管家”合力、完善服务网络、提升项目内涵。同时，将党建引领城乡治理三级议事机制引入小区，为居民解决操心事、烦心事。 （蒋丽雅）

【首届“虞歌畅晚”琴川嗨吃节】 5月19日，2021年“中国旅游日”常熟市主题活动暨首届“虞歌畅晚”琴川嗨吃节在世茂商圈开幕。琴川嗨吃节系列活动以夜经济为主线，打造具有集聚和规模效应的夜间文化消费街区，倡导文化、休闲、时尚、舒适的嗨吃新风，提升市民夜生活品质。活动总计有超百家商户参与，提供优惠措施150余项，街道联合商家推出2000份“琴川嗨卡”向市民免费发放。嗨吃节持续到10月底，其间在世茂商圈美食广场陆续推出嗨玩音乐季、嗨玩足球月、嗨玩电竞月、嗨玩戏剧节四大主题嗨吃配套文娱特色活动。

6月28日，琴川街道庆祝中国共产党成立100周年主题晚会举行

（市融媒体中心　提供）

【云视觉数字科技文化产业园开园】 6月26日，琴川街道云视觉数字科技文化产业园开园。产业园位于梦兰村，是以影视前期策划、影视投资、剧本创作、影视拍摄、数字特技效果、VR技术、动态捕捉、后期剪辑、动漫制作为基础的产业配套服务园区。园区与50多家科技文化企业商务洽谈，入驻18家，拟入驻26家。

【凤凰城商业中心开业】 12月25日，凤凰城商业中心开业，项目集餐饮、购物、娱乐、文体、居住于一体，建筑面积17万平方米，服务型公寓7.8万平方米，商业面积5万平方米，总投资6.8亿元。该项目建设可共享的商业配套和空中花园景观，设置洄游性的沿街商业系统。凤凰城以“首店经济”为特色，引入全国首店、江苏首店等。除千家惠、美谷美购，入驻的“华为智选汽车+终端”二合一门店是常熟首家华为数码、新能源汽车零售店，蔚来SPACE店也是常熟首店。 （周胜洁）

【“小蓝系列”城市治理品牌打造】 2021年，琴川街道综合行政执法局创新基层社会治理举措，推出以“小蓝伞”“小蓝位”“小蓝板”为代表的“小蓝”系列便民服务措施。“小蓝伞”规范便民服务点位、“小蓝位”巧解百姓停车难题、“小蓝板”整治垃圾堆放乱象，为文明城市长效管理再创新样板。建成“小蓝伞”便民服务点16个、施划可变式“小蓝位”10个、制作装修垃圾挡板——“小蓝板”55套。“小蓝系列”创新项目获“常熟市2021年度创新‘特别奖’”。 （陈　渊）

表60　　2021年琴川街道各村（社区）基本情况一览表

村（社区）	面积（平方千米）	户数（户）	户籍人口（人）	集体经济总收入（万元）	总资产（万元）	党组织书记	村（社区）主任
渠中村	4	834	3716	2482	26834	冯振中	冯振中
戈庄村	1.1	370	1506	587	14558	颜永刚	颜永刚
湖圩村	2.5	591	2666	899	13166	陈瑞明	陈瑞明
新厍村	1.7	310	1502	2743	20125	朱元生	朱元生
梦兰村	0.96	201	973	820	39497	陈　平	陈　平
泯泾村	1.9	812	3092	1518	17237	卢文东	卢文东

续表60

村（社区）	面积（平方千米）	户数（户）	户籍人口（人）	集体经济总收入（万元）	总资产（万元）	党组织书记	村（社区）主任
泰慈村	1.2	565	2436	881	11993	汪建新	汪建新
泰安村	1	448	1912	923	10737	范建康	范建康
东环村	1.5	540	2289	1314.97	11489	陈　良	陈　良
大虹桥村	1.63	549	2098	779	6544	盛晓明	
景龙村	2.86	824	3307	939	5978	顾　忠	顾　忠
九里村（星茂社区）	2.5	1189	3614	761	7503	徐忠祥	徐忠祥（村） 刘　明（社区）
石墩村（竞文社区）	3	1234	3944	1403	17790	高根祥	高根祥
浦浜村（金桂社区）	1.5	585	2006	1219	14081	顾耀东	顾耀东
新造村（静海社区）	1.69	486	1885	893	12964	周春华	周春华
荷花社区	1.1	329	1490	773	7420	陆永元	陆永元
环湖社区	0.33	245	1072	1697	12457	钱伟平	钱伟平
花溪社区	1.42	480	1916	807	12906	何卫东	何卫东
庞浜社区	1	1731	1954	611	4543	季　琼	—
青龙社区	1.17	315	1399	1066	10525	张真荣	张真荣
杨荡社区	1.25	549	2123	672	9013	陶　义	陶　义
漕泾社区	0.8	567	2087	665	5901	程　莉	程　莉
绿源社区	0.9	2035	2967	—	—	唐妹心	唐妹心
洪泾里社区	0.83	2277	3385	—	—	张燕芳	张燕芳
漕湖社区	0.4	1253	1900	—	—	曹卫娟	曹卫娟
湖苑社区	0.46	1221	2457	—	—	胡　玫	—
迎春社区	0.6	2106	3544	—	—	周　瑜	—
花溪苑社区	0.873	3101	2955	—	—	马丽亚	马丽亚
藕渠社区	1.2	7535	1806	—	—	叶文娟	叶文娟
锦荷社区	0.9	4940	4076	—	—	唐丽芳	—
金山社区	0.89	2722	2477	—	—	顾浩军	顾浩军
富阳社区	0.5	6322	1630	—	—	赵　娜	赵　娜
胜湖社区	0.95	2252	4051	—	—	吴　燕	吴　燕
百盛社区	0.36	2070	1645	—	—	孙浩英	孙浩英
枫泾社区	0.47	1297	3019	—	—	周虞军	周虞军
颜北社区	0.2	2216	3519	—	—	邵秋萍	邵秋萍
阜湖社区	0.3	2137	3166	—	—	张　青	张　青
昭文社区	0.66	1624	3525	—	—	薛　萍	—
衡山社区	1	2099	3363	—	—	陈薇薇	陈薇薇
虞东社区	0.6	2654	4061	—	—	缪玉兰	缪玉兰
虞园社区	0.5	2897	3962	—	—	刘　义	刘　义

续表60

村（社区）	面积（平方千米）	户数（户）	户籍人口（人）	集体经济总收入（万元）	总资产（万元）	党组织书记	村（社区）主任
兴隆社区	0.83	2485	1304	—	—	李凤竹	李凤竹
泰山社区	1	2404	2689	—	—	朱文婷	朱文婷
世茂社区	0.6	2969	2639	—	—	徐文洁	徐文洁
润欣社区	0.5	3725	2749	—	—	徐　娟	徐　娟
珠江社区	0.8	1561	3568	—	—	邹　洁	邹　洁
虞枫社区	0.54	426	958	—	—	陈　英	陈英
衡泰社区	0.3	2504	2937	—	—	邵志红	邵志红
中南南苑社区	1	3191	2716	—	—	汪　伶	汪　伶
锦丰社区	0.9	2992	1713	—	—	郭　欢	—
凯文社区	1.3	6507	1180	—	—	潘琴芬	潘琴芬
陈家市社区	0.45	2352	2107	—	—	崔红平	—

（资料来源：琴川街道）

碧溪街道

【概况】 碧溪街道位于常熟市东北部，北濒长江，东邻太仓璜泾镇，南与支塘镇、董浜镇交界，西与梅李镇接壤。年末，区域面积113.94平方千米，下辖22个行政村、8个社区，其中2个为村居合一。户籍人口103861人，外来暂住人口6.59万人。2021年，碧溪街道实现地区生产总值48.51亿元，比上年增长6.57%；全社会固定资产投资5.54亿元，比上年增长10.35%，其中工业固定资产投资额3.28亿元、服务业投资额2.22亿元。完成规模以上工业总产值95.2亿元，比上年增长23.26%，利税4.44亿元，比上年下降2.66%，实现规模企业营业利润2.38亿元。

【经济发展】 2021年，碧溪街道申报省高新技术企业17家，净增有效发明专利量5件，企业研发费用超1亿元，完成规模以上工业战略性新兴产业总产值16亿元，技术合同成交额1亿元。完成智能化数字化项目备案37家，17家企业获评星级上云，新增工业机器人184台（套）。规划总建筑面积6万平方米、总投资额1.8亿元的李袁创智小微产业园施工基本完成。全年完成增减挂钩11.33公顷，复垦地块通过苏州市级验收。与江苏省农科院蔬菜所续签战略合作协议，在龙桥村设立亚夫科技服务工作站。与农业农村部南京农业机械化研究所开展项目合作，“机械换人”加快推进，举办省级农机技术研讨及观摩会2期。基本完成龙桥村、溪南村蔬菜高质量发展基地建设。完成江苏省绿色优质蔬菜（菠菜）基地认证0.21万公顷，新增绿色食品12个，完成水稻有机转换期认证500公顷，绿色高质量发展比重达90%。

【社会事业】 2021年，碧溪街道完成碧溪美丽城镇、浒浦文旅品牌策划规划编制，完成《碧溪污水规划》专家论证，启动浒西村多规合一实用型村庄规划编制。推进“一图一表一方案”，成立工作专班，出台实施意见，细化工作流程，启动2021—2022年60.2公顷拆旧复垦和企业评估工作，全年完成土地增减挂钩验收13.53公顷。启动并完成三期安置房周边地块、“苏州·中国声学创新谷”南塘地块及万年塘以东地块280多户民宅，常浒河国际生态廊道4家企业的项目拆迁。完成声谷核心区、通港路高架出入口地块和万年塘以西地块30户动迁扫尾工作。扬子江大道快速化改造启动。江峰桥完成修复并正式通车。完成“333”达标区建设6个，涉及面积12.34平方千米。完成天然

滨江新城　　　　（碧溪街道　提供）

气管网入户1085户。实施新溪中路2号泵站改扩建项目。李袁中路、娄石路、金泾路等18条镇村道路竣工交付，改造危桥7座、金高路停车位50个，完成聚和佳苑社区智慧电梯和高空抛物智能抓拍建设。121个自然村组通过“千村美居”验收，惠及农户4284户，留下村千步塘通过省级“绿美村庄”验收，为街道首个苏州市特色田园乡村。总投资2500万元的“两湖两线”特田跨域示范区项目基础框架初步形成。健全人居环境长效管理体制，李袁村“1230”、港南村“三员合一”等人居环境工作法得到上级肯定。新增垃圾分类“三定一督”住宅小区5个，公共场所分类收集容器实现全覆盖。

【人民生活】2021年，碧溪街道推进大病困难对象医疗救助，为261名大病困难对象发放救助金158万余元。继续开展老年人家庭适老化改造和低收入残疾人家庭无障碍改造，居家养老服务签约率99%，发放老年人尊老卡3.8万张。开展慈善捐款活动，筹集善款201.7万余元。扩大医疗保险参保范围，累计参保人数2.7万人。碧溪幼儿园竣工，凤鸣幼儿园投用；新建阅江佳苑社区、滨江社区卫生服务站；碧溪街道社会工作站、社会组织服务中心投用。实施东张区域性养老服务中心改造提升工程，浒浦银龄公寓、留下村日间照料中心投用。受理新市民入学、入医、入市民卡申请1256人次。审核批准翻建房屋383户，开展“动迁新村”“解危解急”对象三级确认登记发证工作，累计完成7085户。落实“路长制”“河长制”“小区督导制”等制度，开展各类文明城市志愿服务活动1500余次，惠及近5万人次。经开区（碧溪街道）党群服务中心建设投用。制定《新时代文明实践“站站结对·融合发展”项目实施方案》，开展新时代文明实践活动。举办“灵动碧溪”第三届文创夜市暨第五届上鹞灯节、碧溪街道党史学习教育宣讲启动仪式等大型文化活动。碧溪之路展览馆、碧溪美术馆等馆接待参观人员203批次、3.6万人次。

【社会治理】2021年，碧溪街道成立海城花苑、香塘苑社区工作站，实施海城花苑商业区基础设施升级改造和智慧社区建设，完成滨江社区迁建、卫生服务站建设。推进滨江新城、海城花苑和东张集宿区385家商业街门店排查整治，完成32家餐饮商铺“瓶改管”“气改电”改造，滨江新城实现“无气瓶”。推进高层建筑消防安全整治行动，提升区域住宅小区安全管理水平。开展安全生产大检查，检查企业4081家次，发现并整改隐患1万余条，完成重大隐患三级挂牌项目9个，完成工业企业安全生产标准化建设运行审计667家。开展工业群租企业安环消专项整治行动，完成企业排摸并启动整改。开展危险化学品安全专项整治、违规登高作业专项执法整治和目录外特种设备专项整治，立案处罚63起。推进违法建设治理，拆除点位1208个，拆除面积17.02万平方米。成立街道“331”机制办，开展夜间抽查56次、联合执法165次，立案处罚45起，处理“安居超市”平台各类隐患553条。1—11月，街道国省考断面优Ⅲ比例达100%，空气质量优良天数比例达87.7%，$PM_{2.5}$平均浓度控制在23.7微克/米³。与南京大学常熟生态研究院、江苏环保产业研究院签订战略合作协议。开展“河长制”工作，完成生态美丽河道创建32条，河湖两违整治河道21条。问村小流域成为苏州市唯一成功创建“省级生态清洁小流域”地区，李袁中心河获评苏州市级生态美丽河湖。完成重点村（社区）污染防治帮扶专项行动，整改问题82条。推进“数字法人”建设，完成法人主体数据录入1.4万余条。开展既有建筑排查整治和改造监管，完善控违拆违流程，利用航拍三维成像技术赋能社会治理。创新“一镇一品”特色项目，打造聚和佳苑高层公共安全体系，推进新市民小积分治理创新项目。持续推进“虞城无诈”“扫黑除恶”专项行动，打造李袁“无黑”乡村。启动“八五普法”。

【碧溪街道入选全国“一村一品”示范村镇】10月20日，农业农村部公布第十一批全国“一村一品”示范村镇名单，碧溪街道（蔬菜）入选。碧溪街道拥有菜地面积1696公顷。产品以甘蓝、青菜、菠菜、西兰花、松花菜为主，还包括豆类、茄果类、瓜类等各类蔬菜60多个品种，年产量10.68万吨。拥有农业企业11家、家庭农场2个、专业合作组织16个、规模化种植大户30个，总经营面积占到蔬菜总面积的80%以上。以常熟市碧溪街道现代设施农业科技示范园区为重点，街道与江苏省农业科学院蔬菜研究所、南京农业大学等多个涉农科研院所合作，实现技术研发到田间应用的无障碍快捷高效传递。通过蔬菜收购、蔬菜直销、净菜配送、农超对接、网络平台等销售体系，碧溪蔬菜除满足常熟市市场的需求，还供应苏州、上海等国内市场，出口美国、澳大利亚、日本、欧洲、中东等国家和地区。

（韩靓如）

表61　2021年碧溪街道各村（社区）基本情况一览表

村（社区）	面积（平方千米）	户数（户）	户籍人口（人）	集体经济总收入（万元）	总资产（万元）	党组织书记	村（社区）主任
溪东村	4.18	1784	6571	1127.05	6277.15	陈　健	陈　健
溪南村	4.33	946	3325	1073.05	4169.95	施仲辉	施仲辉
港南村	4.3	1631	5793	3007.23	10578.76	殷政军	殷政军

续表61

村（社区）	面积（平方千米）	户数（户）	户籍人口（人）	集体经济总收入（万元）	总资产（万元）	党组织书记	村（社区）主任
周泾村	3.4	997	3541	1466.66	6675.81	戴伟华	戴伟华
徐虎村	4	700	2629	1026.05	4480.95	王　振	王　振
李村村	2.6	572	2076	1251.16	5349.22	钱志光	钱志光
浒西村	4.13	1395	4858	1455.44	10644.62	王　俊	王　俊
留下村	2.4	604	2195	1352.87	6405.89	季利峰	季利峰
李袁村	4.08	1237	4380	2537.1	13402.15	袁新春	袁新春
浒东村	2.8	1546	4925	1091.11	5984.22	薛　锋	薛　锋
泗湖村	1.4	1249	4297	710.51	4275.04	夏文虎	夏文虎
三湾村	4	1477	4890	1757.2	6636.71	黄国明	黄国明
周家桥村	4	802	2874	1467.71	4888.39	杨卫江	杨卫江
太平桥村	2.1	277	944	495.41	7237.94	尤　军	尤　军
万福村	0.8	1035	3501	1109.04	6778.55	张卫星	张卫星
龙桥村	4.32	830	3094	1444.27	5342.48	龚爱东	龚爱东
中南村	4.36	2753	10270	2131.14	10414.18	秦建飞	秦建飞
白莲村	2.65	1470	5665	1719.09	9348.37	王建新	王建新
新苑村	3.21	530	2060	886.75	7021.29	徐向阳	徐向阳
横塘村	4.43	863	3246	1475.21	8808.58	顾志杰	顾志杰
碧溪社区	2.5	394	871	—	—	陈建军	陈建军
聚福苑社区（溪西村）	6.9	2357	8183	1349.68	5629.83	曹继军	曹继军
聚和佳苑社区（小市村）	1.99	1354	4844	2135.35	14468.35	陈　健	陈　健
浒浦集镇社区	2.9	1997	5461	—	—	陈　燕	陈　燕
浒浦渔业社区	0.9	369	1051	—	—	倪建新	倪建新
滨江社区	4.3	556	1332	—	—	陈　怡	陈　怡
吴市市镇社区	0.5	266	473	—	—	阮利强	阮利强
东张社区	1.2	275	512	—	—	陆建华	陆建华

（资料来源：碧溪街道）

东南街道

【概况】东南街道位于常熟高新技术产业开发区内，北倚琴川街道，东联古里镇，西傍昆承湖与莫城街道相望，南接沙家浜镇。年末，区域面积27.98平方千米，实际管理区域78.03平方千米，下辖4个行政村和3个社区，户籍人口20866人，外来人口94801人。

【社会事业】2021年，东南街道统筹推进老旧工业坊更新改造与违法建设治理，围绕乡村振兴、“千村美居”工程，进一步提升城市能级。先后启动完成协同创新产业园二区、金峰科技园一期、智联产业园一期的拆迁清退工作，拆除建筑8万多平方；排查发现违法建设682处，违法建设面积共71.32万平方米，拆除违法建设180余处，拆除面积21万平方米，完成年度任务的148%。全面攻坚历史遗留问题，七星桥区域41.75公顷土地收储、中汇生态园46.98公顷土地收回、常昆公路两侧搬迁清零。完善民生基础建设，推进河道疏浚，投资3000万元对丰田环河、金门河、南中心河13条河道进行河道整治，整治长度15千米，清除淤泥19万方，新建挡墙和生态护岸7.1千米。投资8000万元实施小康村污水管网升级改造工程，铺设污水管网约47.9千米，涉及居民及商户2923户，实现全面收治村民生活污水。完成小康村商业街污水管网改造工程、小三家村及渔乐新村污水管道改造工程和苏锋新村综合管线改造工程，铺设污水管网、雨水管网、天然气管网、弱电管道约49千米，实现全区生活污水接管全覆盖。完成银东排涝站、丰田环河（二期）整治工程等项目建设。规范村级资产运行程序，在重点整顿转租行为的基础上调整出租价格，确保2022年村级财力增长15%以上。启动小康村喜事服务中心、苏锋人才公寓建设。首年试点实施“千村美居”工程，添置村庄路灯73只，规划停车位1000余个，新增绿化面积3.8万平方米，惠及村民645户。推进农村环境提升行动，开展小康村河道综合整治、南中心河生态河道建设。

【人民生活】 2021年，东南街道结合“我为群众办实事”及“两在两同”建新功行动，深入开展党史学习教育系列活动。其中，“微微心愿”行动，被列为省级特色创新项目。结合新市民管理与城市基层治理融合特点探索新市民小区治理新模式，开展“海棠管家·红润4+”基层党建书记项目建设，以东湖京华京润苑为试点，搭建“小区功能型党支部”。严格落实境内中高风险地区和入境人员各项管控措施，实行全程闭环管理。设置采样点12个，全区新冠疫苗累计接种25.86万剂次，首针接种11.48万针，接种率164.03%。规范集体聚餐行为，全年上报各村的农村集体聚餐信息登记报告81次、21950人。加强对民间厨师管理，督促7个东南民间厨师团队办理营业执照、食品经营许可证、健康证等。年内，启文学校投用，实现幼儿园、小学临时用房学生的过渡，消除了大班额现象，完成东南实小、启小义务教育优质均衡发展专项督导检查。在省级社区教育中心标准化建设基础上，作为市推荐板块创建苏州市示范性社区教育中心，被列为培育单位。完成村（居）民委员会换届选举；完成尊老金提标扩面发放工作，为年满60周岁的老人发放尊老卡，完成高龄老人养老服务保障覆盖。

【社会治理】 2021年，东南街道围绕“1+4”改革重点任务，完成“三整合”工作。加强社区工作用房和居民公益性服务设施建设，完善社区服务内容，规划辖区治理体系。实施区域技防全覆盖工程，投入近200万元，推进世纪华庭“智能化小区建设”试点工作。金仓菜场技防街区建设投入40多万元，即将完成。新增苏锋村、昆承村技防入户178个点位，消除监控盲区。落实文明城市常态长效建设，提升城市管理质量。组织摊贩专项整治45次，取缔擅自摆摊设点摊贩230名。督查区域内1000多家餐饮商铺，落实油烟排放，油污处理等问题的整改。推进反诈工作，开展面对面宣传5.2万余人，安装“国家反诈中心”App 3.3万余人，警情比上年下降15.3%，损失比上年下降24.6%。开展物流园区、燃气安全、校园安全等专项治理行动，督促各领域共同完善危化品使用信息系统，将工贸企业、燃气餐饮、文化娱乐、校园等领域239家经营单位危化品使用情况纳入监管。开展物流园区安全综合整治，排查整改各类隐患750余条。全年开展工贸企业安全检查325家次，发现并整改一般隐患1790余条；完成4家重点挂牌整改单位摘牌整改及476家工业企业风险报告系统风险报告销号工作。

【新时代文明实践·电影党史课启动】 4月22日，“观红色影像 忆百年初心”常熟市新时代文明实践·电影党史课在东南街道启动。全市14个板块340个新时代文明实践所、站组建“红色放映室”联盟，首批推出《野火春风斗古城》《上甘岭》等10部党史主题的经典影片，并邀请大学教授、退休村书记、文艺骨干组成“红色影像”志愿宣讲队，以志愿授课、现场观影、学习交流为形式组织开展不少于100场活动。启动仪式上，14个板块的志愿宣讲队骨干发表领学宣讲誓言，接受“志愿宣讲领学任务卡”；苏州干部学院讲授首场宣讲示范课；学员们观看电影《夺冠》。 （汪新月）

4月22日，“观红色影像 忆百年初心”常熟市新时代文明实践·电影党史课在东南街道启动，“红色影像”党史学习教育宣讲团成立 （东南街道 提供）

表62 2021年东南街道各村（社区）基本情况表

村（社区）	面积（平方千米）	户数（户）	户籍人口（人）	集体经济总收入（万元）	总资产（万元）	党组织书记	村（社区）主任
小康村	19.45	2614	11444	3568	23903	邹　斌	谭国民
苏锋村	2.33	380	1755	1969	16621	季金华	谭志锋

续表62

村（社区）	面积（平方千米）	户数（户）	户籍人口（人）	集体经济总收入（万元）	总资产（万元）	党组织书记	村（社区）主任
东渔村	1.51	267	1197	1823	9919	顾永明	顾永明
昆承村	0.57	461	2152	2277.8	16304.94	顾　星	季黎明
东湖社区	1.5	813	1936	—	—	周文燕	周文燕
启文社区	0.9	7291	1650	—	—	钱林亚	钱林亚
湖畔社区	0.507	5200	732	—	—	赵　丹	邵建明

（资料来源：东南街道）

海虞镇

【概况】 海虞镇位于常熟市北部，北枕长江，东与梅李镇接壤，南与古里镇和常福街道相邻，西与张家港市塘桥镇交界。年末，镇域面积109.97平方千米，下辖1个棉花原种场、7个社区和17个行政村，户籍人口11.49万人，暂住人口89688人。2021年，海虞镇实现地区生产总值138.21亿元，比上年增长28.26%；一般公共预算收入13.84亿元，比上年增长18.69%；规模以上工业产值331.32亿元，比上年增长39.64%；工业开票销售收入394.63亿元，比上年增长42.21%；服务业开票销售收入135.07亿元，比上年增长28.42%；全社会固定资产投资55.35亿元，比上年增长12.27%，其中工业投资35.21亿元，服务业投资（不含房地产）18.37亿元。完成到账外资6680万美元。2021年入选全国千强镇前百强。

【经济发展】 2021年，海虞镇完成签约项目40个，总投资158.38亿元；纳入市级重点产业项目38个，总投资101亿元。拥有规模以上氟材料、精细化工、生物医药等企业65家，实现产值243.74亿元，比上年增长47.22%。江苏高科技氟化学工业园（江苏常熟新材料产业园）入选国家级绿色化工园区。推进汪桥村、徐桥村、棉花原种场等老旧工业区更新改造。结合“整优清零”与“工业载体更新”规划，完成110家企业30.6公顷拆迁任务。电子商务产业园入驻商家162户。打造省级智能制造示范车间1个、苏州市级智能制造示范车间4个和常熟市智能制造示范企业11家，获评姑苏创新创业领军人才计划项目2个，“昆城英才”项目5个，市级及以上人才企业有11家。耐素生物、大金氟化工等企业获评江苏省星级上云企业、苏州市示范智能车间。全镇3467公顷农田全部建成高标准农田，建成省级绿色优质农产品基地2560公顷，虞盛农产品专业合作社入列2021年中国农民合作社500强，虞盛大米入选2021年江苏农业品牌。德康生猪养殖场、申福奶牛场获评省级畜牧生态示范场。

【社会事业】 2021年，海虞镇海洲新城二期、聚福佳苑二期安置小区交付使用。福山、周行被撤并镇整治提升三年行动收官。常熟市实验中学海虞校区、苏州外国语学校常熟校区（幼儿园）竣工启用。医养中心土建工程主体完工。新世纪大道北延至海虞镇人民路通车。中新路、王市路、海棠路等主干道优化贯通。花庄公交首末站建成投用。实施“千村美居”工程，累计完成验收83个自然村、3045户，创建苏州特色康居村庄25个点位。邓市村获评苏州市人居环境整治提升工作示范村。完成1个四星级、3个三星级、8个二星级垃圾分类小区创建，村（社区）四分类设施设置全覆盖。17个村全面开展文明有“礼”积分管理。完成铁黄沙生态岛绿化种植43公顷，节点开放铁黄沙花世界。2021年首届“中国新农民故事会”在海虞镇铜官山举办。“江海风光，田园农趣，体验之旅”被评为2021年度苏州市乡村旅游精品线路。七峰村入列2021年中国美丽休闲乡村名单。

【人民生活】 2021年，海虞镇实现失业人员再就业3386人。居民社会养

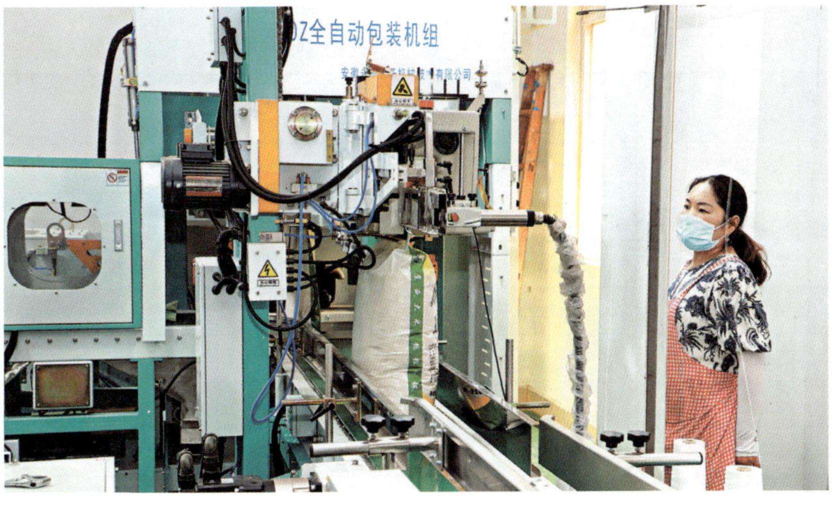

2021年，江苏省常熟市现代农业产业示范园稻米加工智能化升级工程通过竣工验收

（刘文忠　摄）

老保险和医疗保险参保实现全覆盖，外来人员参保人数达外来职工总数的80%。住房公积金扩面新增开户单位345家、1410人。新市民积分排名入学514人，入学率95%。向2640位残疾人、困难群众和特殊人群发放救助金及补贴700多万元。惠老政策和居家养老服务全面实施，服务率83.79%。镇区域性养老服务中心土建工程主体完工。海福新城社区创建“苏州市残疾人社区康复服务示范点”，26家标准化老年人日间照料中心建成投用。九君艺术馆、铜官山历史文化馆、吴方言馆等建成启用，“生态铁黄沙 志愿一小时”项目入选常熟市“我为群众办实事”重点扶持志愿服务。开展惠民演出20多场，公益课堂200课时，“红杉树书场”演出50多场。“自然妙趣世界 遇见田野童心”申报新时代苏州儿童“幸福港湾”实践项目，“巾帼向党盛世花开”入围常熟市第六届妇女儿童家庭公益项目微创投项目，“海乐万家”百姓公益课堂入围2021年常熟市公共文化创新项目，龙墩村健康公园升格为全民健身中心并入选2021年苏州市美丽乡村健身公园。

【社会治理】 2021年，海虞镇开展村庄环境提升行动和道路沿线环境整洁行动，清除脏点死角3600多处，清除垃圾2000多吨，完成周行垃圾填埋场封场工作。安全生产实行“一月一重点”执法行动，检查企业2227次，整改隐患4165个。常态化推进“安居超市”隐患清零，完成3个镇级隐患挂牌项目摘牌验收。创建二级安全生产标准化企业9家、三级41家、小微108家，完成可视化创建481家，安全风险网上报告560家，89家规上企业开展双重预防机制建设。全镇平均$PM_{2.5}$浓度保持在26.5微克/米^3，空气质量优良天数比率88.2%，推进31条生态美丽河湖建设，国、省考断面水质指标均达标。挥发性有机物综合治理6批企业通过验收。查出违建897处，全部拆除。全年立案1052件，结案1052件，未发生行政复议和行政诉讼情况。镇联动中心升格为集成指挥中心，村（社区）分中心均建成。全年接收市级及以上平台下派各类工单6655件，按时办结率97.69%。287项行政审批和公共服务事项实现“不见面”审批，全年办理4089件。在全市率先启动综合窗口前移改革，59项服务事项可在村级直接办理。

【首届“中国新农民”故事会在海虞镇开幕】 10月24日，2021年中国农民丰收节重点活动——首届“中国新农民”故事会在海虞镇七峰村铜官山乡村乐园开幕。该活动由中国农民丰收节组织指导委员会办公室、农业农村部市场与信息化司和农民日报社指导，中国人民大学中国乡村振兴研究院主办，海虞镇人民政府和常熟市农业农村局承办。活动中，与会人员观看“中国新农民”故事会宣传片，部分嘉宾围绕“数字时代的乡村发展”作主旨发言，11位“中国新农民”在活动中分享乡村振兴实践的故事。

【七峰村入选中国美丽休闲乡村】 11月12日，农业农村部办公厅公布2021年中国美丽休闲乡村名单，海虞镇七峰村入选。七峰村位于常熟市西北隅，全村总面积7.941平方千米，耕地面积359公顷，51个村民小组分布于38个自然村落。近年来，七峰村立足“现代农业和乡村休闲旅游相结合”的定位，以铜官山乡村乐园为切入点，整合整村资源，集规模生产、观光旅游、农产品种植研发展示、创业孵化、新村示范、农庄体验等于一体，形成以水稻种植、设施农业、乡村旅游产业为主，茶树、花卉、林果种植为辅的现代农业体系。该村围绕铜官山进行规划设计，挖掘历史文化、茶文化、苏作文化、红色文化、民俗民间文化，建成农耕文化园、党史广场、乡村振兴学院、历史文化馆等点位，修缮原彤山中学，保持原有风貌，保留原有建材，建成新时代文明实践中心，亮出乡村振兴的文化名片。七峰村先后获评苏州市“十佳”休闲农业和乡村旅游精品村、“江苏省特色田园乡村”“国家森林乡村”等称号。

（袁海坤）

表63　2021年海虞镇各村（社区）基本情况一览表

村（社区）	面积（平方千米）	户数（户）	户籍人口（人）	集体经济总收入（万元）	总资产（万元）	党组织书记	村（社区）主任
府东村	4.98	1484	5563	947	8625	陆志君	陆志君
河口村	7.12	1485	5307	1161	7510	张东青	张东青
望虞村	4.48	1073	3697	1012	4653	肖学峰	肖学峰
龙墩村	4.65	1146	4082	929	9435	朱志刚	—
东泾村	3.59	1030	3977	626	5052	彭利峰	彭利峰
邓市村	5.75	1298	4890	1029	9219	李　进	李　进
聚福村	4.86	1232	4319	954	8112	奚文裕	奚文裕
福山村	8.53	2042	7055	1345	9156	时朝阳	时朝阳
七峰村	7.94	1416	5676	1584	16511	程　刚	程　刚

续表63

村(社区)	面积(平方千米)	户数(户)	户籍人口(人)	集体经济总收入(万元)	总资产(万元)	党组织书记	村(社区)主任
徐桥村	5.69	1061	4247	1590	14276	朱　健	朱　健
郑家桥村	4.82	855	3351	727	5874	傅　桥	傅　桥
肖桥村	7.97	1668	6427	1422	12567	袁保中	袁保中
新州村	5.46	1508	5478	823	9276	朱志洋	朱志洋
虞南村	4.03	992	3727	1014	9643	钱　江	钱　江
汪桥村	1.65	524	2060	1542	17009	钱晓东	钱晓东
里泾村	3.9	1230	4740	1137	11705	金利峰	金利峰
香桥村	5.03	1553	5776	1170	11126	叶　彪	叶　彪
王市社区	4.5	2124	4155	—	62.74	周伟刚	周伟刚
福山社区	0.75	1304	2536	—	67.76	王志忠	王志忠
周行社区	1	562	1870	—	55.88	季丽明	—
海福新城社区	0.24	1133	345	—	90.57	徐月红	徐月红
南塘社区	3	1681	170	—	45.18	黄　逸	黄　逸
海洲社区	0.5	1538	49	—	6.02	赵明霞	—
丽都社区	0.405	1451	191	—	—	王梦雷	—

(资料来源:海虞镇)

梅李镇

【概况】 梅李镇位于常熟东北部,北依长江,分别与海虞镇、古里镇、董浜镇和碧溪街道接壤。年末,区域面积80.84平方千米,辖15个行政村,3个社区,户籍人口80088人,外来人口4万人。2021年,梅李镇实现地区生产总值89.82亿元,比上年增长9.46%;完成一般公共预算收入11亿元,比上年增长11.0%;工业开票销售收入510亿元,比上年增长25.6%;规模以上工业总产值475亿元,比上年增长28.6%;工业投资30亿元,比上年增长33.3%;服务业投资(不含房地产)2.17亿元,比上年增长26.9%;到账外资1921万美元,比上年增长33.4%。

【经济发展】 2021年,梅李镇完成各类“智改数转”项目196个,实际投资11.6亿元;完成改造类项目83个,完成率193%。新增智能化示范项目5个,数字化示范项目6个;星级上云完成45家,位列全市第一。申报省科技副总项目8人、姑苏创新创业领导人才计划项目1个、常熟“昆承英才”领军人才项目3个。启动实施老旧工业小区更新改造2个,星塘第一工园智能制造产业园交付,申报零地增长项目14家,盘活土地29公顷。推进“一图一表”工作,完成腾退土地14.6公顷。全镇农业总产值6.5亿元,农作物播种面积5485公顷,其中粮食作物播种面积2183公顷。粮食总产量2.47万吨,蔬菜总产量17.01万吨,肉类总产量1298吨,水产品总产量170吨。

【社会事业】 2021年,梅李镇实施农房翻建常态化管理,审批576户、验收366户。深化生活污水治理“333”行动,建成排水达标区3.39平方千米。高标准实施“千村美居”工程,开工自然村组138个,通过验收85个,完成强弱电线路整理90个,同步做好农村人居环境整治和“千村美居”长效管理工作。按照“统一规划设计、统一建设施工、统一环境打造、统一过渡安置、统一监理监管”的标准,率先启动聚沙村西村整组翻建。紧扣“两湖两线”跨域示范区建设,创建海城村青洋塘特色田园乡村。推进苏州市特色康居乡村建设,建成“怡人乡村,水韵赵市”特色康居示范区。开展生活垃圾分类工作,建成“三定一督”分类小区33个。

【人民生活】 2021年,梅李镇开展核酸检测应急演练,设置核酸采样点80个。常住人口疫苗首剂接种9.4万人,重点人员加强针接种率92%。城保农保全民参保率99%。实现城乡失业人员就业4176人,高校毕业生就业率96%。60周岁以上老年人尊老卡办理发放率100%,80周岁老年人居家养老服务实现全覆盖。持续开展惠民演出,重塑“龙园书场·龙园会书”文化品牌。推进梅李第二幼儿园建设。落实义务教育阶段“双减”政策,做好课后延时配套服务。推进“一件事”套餐改革,率先推出“残疾人补贴一件事”“身后待遇一件事”改革项目。完成省级“15

2021年，梅李镇加强农村人居环境整治和“千村美居”长效管理。图为梅李镇聚沙公园区域 （梅李镇 提供）

分钟医保服务圈”示范点建设。深化“美赞梅李”文明城市创建“1+6+18”工作品牌，辐射聚沙园2千米范围，构建“15分钟文明实践圈”。以“一圈一计划N点位”为民办实事，创新打造“文明连连看·幸福从头来”等志愿品牌。充实“孝爱书香”文化内涵，培育民间公益阅读空间2家，杏慧书房获评苏州市优秀阅读推广组织。

【社会治理】 2021年，梅李镇深入打好污染防治攻坚战，完成年度主要指标任务22个、挂牌督办重点任务5个、环境基础设施重点项目1个，相关约束性指标全部达标。落实“河长制”工作，拆除河湖两违2400平方米，清淤河道14.5千米。深化23个行业领域安全生产专项整治，完成市、镇两级重大隐患挂牌整改项目8个、安全生产督导组反馈问题整改41项。常态推进消防安全“331”治理机制，完成三级挂牌重大隐患整改6家。完成首轮既有建筑安全隐患整治排查。推进违法建设治理，拆除违建54万平方米。开展城镇综合治理，拆除户外广告2000平方米，关停取缔废旧物资回收站74家。推动村级民主自治，援法议事实现全覆盖，天宇村“四联”模式入选苏州市市域社会治理现代化创新案例。

【龙腾特钢人才公寓投用】 1月18日，龙腾市龙腾特种钢公司自建人才公寓——龙腾特钢“金蓝领工程”入住启动仪式举行，龙腾人才公寓投用。为缓解员工住宿难题，公司启动人才公寓建设，项目总投资3.5亿元，建有三栋住宅楼、837套精装修公寓，包含50平方米、80平方米以及120平方米三种房型。外地员工可根据自身需求进行申请，审核通过后，即可入住。公司通过规范化、精细化、安全化管理，打造全市企业集宿“2+N”疏导模式建设亮点和建设模板。

【华能常熟太阳能光伏项目开工】 6月19日，中国华能集团华能江苏能源开发有限公司与常熟市龙腾特种钢有限公司新能装备科技中心战略合作项目签约暨华能常熟太阳能光伏项目开工仪式在龙腾科技服务中心举行。签约仪式前，常熟市龙腾特种钢有限公司和华能江苏能源开发有限公司在龙腾原料码头举行华能常熟龙腾31兆瓦分布式光伏项目开工仪式。该项目由华能江苏能源开发有限公司全资在梅李设立华能常熟能源开发有限公司，并负责华能公司在常熟新能源项目的研发投资开发营运。华能江苏能源开发有限公司将在梅李投资3.8亿元建设光伏电站项目，首期装机容量为31兆瓦，并网电压等级为10千瓦。二期建设25兆瓦光伏电站。

【“15分钟医保圈”全覆盖】 10月26日，梅李镇举行“15分钟医保服务圈”全覆盖启动仪式。5月，梅李镇为民服务中心入选首批省级“15分钟医保服务圈”示范点建设单位，梅李镇32项镇级权限内的医保服务事项全部纳入为民服务中心服务范围，并将22项高频服务事项延伸至15个村、3个社区。在此基础上，将常熟农商银行三个支行以及“医保长护险定点”服务单位——梅李人保服务网点联合纳入医保服务圈范围，实现镇、村（社区）医保经办服务全覆盖，成为苏州市首个实现医保经办服务全覆盖的乡镇。

【梅李蔬菜产业园区获评“全国农村创业创新园区”】 11月12日，农业农村部《全国农村创业创新园区（基地）目录（2021）》公布，梅李镇高效设施蔬菜产业园区入选。产业园区主要位于梅李镇新丰村、珍北村、聚沙村和海明长江基地，总面积875.87公顷，以优质精品蔬菜瓜果生产供应和设施园艺技术应用推广为主，先后被认定为首批苏州市级现代农业园区、江苏省“菜篮子”工程生产基地。 （顾文娟）

表64 2021年度梅李镇各村（社区）基本情况表

村（社区）	面积（平方千米）	户数（户）	户籍人口（人）	集体经济总收入（万元）	总资产（万元）	党组织书记	村（社区）主任
胜法村	5.5	1630	6603	1103.8	14395.8	温利芬	温利芬
聚沙村	4.22	1247	5183	1159	9540	胡俊芳	胡俊芳
天宇村	5.53	1820	6422	2360	14164	戴志健	戴志健

续表64

村（社区）	面积（平方千米）	户数（户）	户籍人口（人）	集体经济总收入（万元）	总资产（万元）	党组织书记	村（社区）主任
寨角村	5.98	1236	5184	2264	9970.55	高建锋	高建锋
梅南村	3.3	889	3645	860	5434	陈立新	陈立新
塘桥村	3.13	896	3334	1131	5090	闻　娟	闻　娟
沈市村	7.29	1360	5266	1078	5892	赵　俊	赵　俊
珍南村	4.883	992	3618	597	4356	李志欢	李志欢
珍北村	6.58	1407	5127	1180	8647.69	计建刚	计建刚
新丰村	4.8	1002	3735	531.6	4422.49	董志军	董志军
圩港村	4.43	1440	4838	556	5286	龚　旭	龚　旭
海城村	5.64	1206	4608	1740	5631	鞠庆华	鞠庆华
赵市村	6.81	1842	6817	1950	11769	戈学峰	戈学峰
瞿巷村	0.78	407	1592	668	8609	邵国平	邵国平
师桥村	7.35	1900	7064	1297	5743.18	张建军	张建军
梅李社区	5.5	2363	5852	—	—	袁玉芳	袁玉芳
珍门社区	1.8	271	606	—	—	张俊峰	张俊峰
赵市社区	2.5	297	594	—	—	唐爱花	唐爱花

（资料来源：梅李镇）

辛庄镇

【概况】 辛庄镇位于常熟市西南部，东接沙家浜镇，南毗苏州市相城区，西邻无锡市锡山区，北与尚湖镇、莫城街道接壤。年末，区域面积104.26平方千米，辖20个行政村，3个社区，户籍人口76782人，常住人口75952人。2021年，辛庄镇实现地区生产总值83.37亿元，比上年增长5.2%；完成一般公共预算收入8亿元，比上年增长12.2%；实现工业开票销售收入410.5亿元，比上年增长28.4%；规模以上企业138家，实现规模以上工业总产值298.86亿元，比上年增长23.4%，实现利润总额16.85亿元；完成服务业开票销售收入61亿元，比上年增长46.5%；进出口总额完成13.3亿元，比上年增长7.7%；到账外资1600万美元。

【经济发展】 2021年，辛庄镇完成战略性新兴产业产值193.7亿元，比上年增长34.8%，占规模以上工业产值比重64.8%。新增高新技术企业14家，高企有效拥有有76家，省科技型中小企业72家。全年累计完成超千万技改项目150个，新增工业机器人1000台（套），工业技改投资超过20亿元。辛庄镇创晋（辛庄）智能制造产业园入驻企业19家，实现开票销售收入9亿元，入库税金3450万元，亩均税收实现34.5万元。获评“省双创”科技副总项目1家、姑苏创新创业领导人才计划项目1个、“昆承英才”人才项目6个。与常熟理工学院签订合作协议，共建教学实习基地2家，签订产学研合作7项。推进“智改数转”，启动光伏企业专项诊断，新增省企业上云36家，获批工信部“两化融合”企业1家、省“两化融合”企业7家、省“专精特新”8家、省首台（套）4家、苏州智能车间10个，克劳丽公司获评省工业互联网标杆工厂、长三角G60科创走廊工业互联网标杆工厂，阿特斯公司获批工信部绿色工厂，特联、德扬数控获评省级工程技术中心，晶洲装备科技有限公司获评苏州工业互联网典型应用企业。漕河泾绿洲“芯”城项目开工，被纳入国家《长三角一体化发展规划“十四五”实施方案》。完成高标准农田及池塘建设621.13公顷，创建朱家桥优质稻米示范区、桃园村沧泾外里浜“田美乡村”示范点，对173.33公顷草皮种植田进行农田改造。实施厂房租赁“整优提效”专项行动，规范租赁点位112个，腾退低端低效企业62家，腾出厂房面积8.5万平方米，引入企业54家，亩均税收从5.4万元增加到23.4万元。全镇20个村实现村级稳定性收入1.17亿元，比上年增长6%。

【社会事业】 2021年，辛庄镇初步完成全镇国土空间总体规划，制定苏州高铁北城功能结构规划与用地布局整体方案。完成广济路北延道路工程、白鹤滩特高压工程2个市级搬迁项目。辛庄中学一期、辛庄中心卫生院改扩建、桐辛园颐养中心等一批实事工程竣工，渔民新村二期主体结构封顶。办理行政审批10.86万件，服务满意度100%。制定《关于新一轮集体经济相对薄弱村帮扶工作的意见》，推动“屋顶分布式光伏电站”建设，盘活闲置低效资产，累计新增标准厂房、集宿楼等2.5万平方米。

【人民生活】 2021年，辛庄镇锡剧小戏《还愿》《夙愿》，分别获评“星光奖”戏剧类金奖、铜奖；根据非遗项目谢方樽传说，编排少儿评弹《喜鹊桥》，获“星光奖”曲艺类铜奖。提供就业岗位11600个，实现再就业人数3200人，城乡就业困难人员实现就业316人，提供高校毕业生就业岗位1499人。全镇累计发放各类救助慰问金、优抚安置金1315万元，养老保险覆盖率99.6%，医疗保险覆盖率99.6%。推进“千村美居”工程及村庄环境长效管理，金荡村获评苏州市农村人居环境整治提升工作示范村。

【社会治理】 2021年，辛庄镇对（群）租房屋开展“回头看”检查6805处，下发出（群）租房屋安全长效管理告知书7000余份，查实隐患出租户405户，并限期整改。对284户未整改到位或拒不整改的出租房单位实施联合执法63次，对76户违反农民建房规定的违法建设、改变用途的房屋、存在“三合一”隐患未整改的房屋实施断电清租；对全镇“9+1”场所（指小商店、小学校、小医院、小餐馆、小旅馆、小棋牌室、小歌舞厅、小网吧、小美容及小微企业）开展大排查，暂扣并处置液化气钢瓶334个，新增“气改电”小餐饮场所45家，“自动报警+自动切断”燃气泄漏双联动装置220套，“九小场所”及小微企业整改78家，对物流寄递、直播带货等场所开展联合检查21家，梳理消防安全隐患24条，对隐患进行现场指导业主整改24个；依托镇村网格对违规设置的易燃品仓库开展排查，对涉及“散乱污”“多合一”、火灾风险较高的点位告知限期搬离15处；组织各类消防安全培训67场、消防疏散逃生演练43次，印发消防安全“331”知应会宣传手册、“331”领域“9876”整治标准折页13500余份，分类组织社会群体集中观看消防安全教育警示片20余场次，利用公共屏幕滚动播放各类警示教育片时长达370余小时，在主干道路、居民小区悬挂标语横幅120余条；结合“一联七助”（一联指密切联系群众，七助指助力安全生产、助力文明创建、助力人居环境、助力“千村美居”、助力垃圾分类、助力“三网融合”、助力疫情防控）机关干部下沉，开展消防宣教走访30次，走访出租房屋、“9+1”场所2700余处。

【辛庄镇与常熟理工学院开展校地合作】 1月28日，辛庄镇与常熟理工学院举行校地合作签约仪式。双方将在产学研、行业学院、教学实习、师资队伍建设等方面开展合作，促进校地双方互为基地、互相渗透、融为一体。活动现场，常熟理工学院与辛庄镇部分企业签订产学研合作意向、定向人才培养项目、乡村振兴合作项目等协议。

【卫氏义庄开馆】 12月22日，辛庄镇举行卫氏义庄修缮落成启用暨江南义庄文化研究联盟成立仪式。卫氏义庄是常熟市级文保单位、苏州市文物控保古建筑，建筑坐北向南，硬山顶，砖木结构。有东西轴线两组各五进，庄房有正厅、仓厅、对照厅等多所厅堂，共54间，占地1073.69平方米。2019年，辛庄镇以文物抢救性保护为原则，修旧如旧，恢复卫氏义庄原貌。为更好地保护卫氏义庄，发扬江南义庄文化，辛庄镇与苏州市范仲淹研究会、常熟市委党校、常熟市翁同龢纪念馆、辛庄镇德善文化研究会等单位共同成立江南义庄文化研究联盟。活动现场，卫家塘村云庆公益社揭牌成立，古今对话·《千年云庆》栏目、卫家塘村“四库”项目同步启动。 （方天宇）

12月22日，卫氏义庄开馆 （辛庄镇 提供）

表65 2021年辛庄镇各村（社区）基本情况一览表

村（社区）	面积（平方千米）	户数（户）	户籍人口（人）	集体经济总收入（万元）	总资产（万元）	党组织书记	村（社区）主任
金荡村	3.85	603	2116	490	4711	谢 芳	—
潭荡村	5.47	879	3298	1064	4203	朱 芳	张学良
辛中村	2.89	682	2305	856	3254	朱冬春	朱冬春
张港泾村	4.2	866	2972	753	5994	沈伟中	沈伟中

续表65

村（社区）	面积（平方千米）	户数（户）	户籍人口（人）	集体经济总收入（万元）	总资产（万元）	党组织书记	村（社区）主任
常南村	4.67	854	2996	887.6	5544	潘　琪	潘　琪
吕舍村	5.52	1163	4010	826.22	7129.77	陶晓春	—
华欣村	6.22	854	3187	1160.64	6535.38	钱卫良	钱卫良
合泰村	4.82	636	2389	1157	5035	周文明	周文明
双浜村	4.18	1007	3648	427.12	3302	陆建华	陆建华
洄港泾村	8.64	1874	6593	1213	7299	巫优通	巫优通
桃园村	1.62	587	1863	517	5652	张文兵	张文兵
杨中村	6.8	1482	4952	1647	6841	毛国明	毛国明
朱家桥村	5.6	922	3352	710.96	5913.49	唐志军	唐志军
沈浜村	4.2	765	2606	514.03	3581.95	程龙斌	—
旺倪桥	5.76	1060	3867	881	7681	顾洪英	顾洪英
平墅村	4.97	859	3254	1405	6331	陈　荣	陈　荣
东旺村	4.2	623	2501	486.92	4636.27	王建东	王建东
张家桥村	5.2	1019	4442	714	9442	平新峰	平新峰
嘉菱村	6.14	1125	3365	1003	11523	李　刚	李　刚
卫家塘村	8.13	1652	5929	947	14500	杨建忠	杨建忠
辛庄社区	2.68	1016	2403	—	—	胡锦峰	胡锦峰
杨园社区	0.83	983	2146	—	—	周冠毓	周冠毓
张桥社区	2.68	856	2588	—	—	张立新	张立新

（资料来源：辛庄镇）

古里镇

【概况】 古里镇位于常熟市东郊，毗邻东与支塘镇、董浜镇接壤，南与东南街道毗邻，西与琴川街道接界，北与梅李镇、海虞镇为邻。年末，区域面积96.4平方千米，下辖18个村（社区），其中1个为村居合一，常住人口10.3万人，其中户籍人口67252人。2021年，古里镇实现地区生产总值120亿元，比上年增长3.7%；实现一般公共预算收入12.1亿元，比上年增长超20.33%，增幅位列全市第一；完成全社会固定资产投资34.2亿元，其中工业投资23.5亿元；实现规模以上工业总产值275亿元，工业开票销售收入420亿元，比上年分别增长18.5%、23.8%；服务业开票销售收入145亿元，比上年增长32.8%；完成到账外资2000万美元。2021年，入选“2021年全国千强镇”。

【经济发展】 2021年，古里镇泓冠光电、佳顺智能等19个项目签约落地，总投资超35亿元；久杰汽车、强硕科技等22个年度重点项目开工，聚鑫堂生物、荣瑞灭菌等23个产业项目竣工达产。启动“智改数转”项目61个，总投资4.2亿元，创成标杆项目51项，新增高新技术企业10家、星级上云企业32家。出台全市首个镇级人才购房补贴政策，获批市级以上领军人才9项，3家企业获省“科技副总”立项。继续实施村级工业整优行动，完成工业用地复耕复垦26.87公顷；10家企业开展“零地增长”，新增产业载体26万平方米；推进老旧工业点更新改造，在全市首创多主体联合自主更新模式，康博智能制造产业园成为全市首个竣工项目，全年累计新增高标准载体33万平方米。知旅街区锦龙国乐传习馆、中医药博物馆建成投用，西港十连廊完成主体建设；红豆山庄景区开园，累计接待游客访客18万人次，获评省文旅消费创新案例。完善农业设施，新增高标准农田16.67公顷，启动高标准池塘改造266.67公顷。承办第四次常熟农民丰收节开幕式，《书香飘古里 田园跃锦鲤》案例获评中国乡村文化产业创新·影响力文化品牌。

【社会事业】 2021年，古里镇启动新桥、淼泉片区概念性规划编制，完成古里集镇北片区、白茆工业园区等重点片区规划修编。琴东路、文学街西延等5条道路建成通车，金域蓝湾小游园等建成开放；金源佳苑二期完成市级立项；古里体育公园获评江苏省最美健身公园；兑付房源988套，完成农户安置561户，办理安置房权证1200套。完成农房翻建审批417户、在建398户、验收582户；完成农宅“三级确权”3480户。建成污水达标区6个，全镇生活污水治理率超98%；推进“千村美居”工程，完成村庄优化提升73个，惠及农户3400余户，打造南小泾等高分优秀点位5个；获评苏州市人居环境整治提升工作示范镇，国家卫生镇通过省市县三级复审，创成苏州市生活垃圾分类全覆盖片区。与常熟农商行签约乡村振兴共建合作，建成村级普惠金融服务点17个；启动白茆塘南集宿楼项目，建成投用芙蓉集宿楼。伦华外国语附属古里小学揭牌投用，白茆小学改扩建项目一期、京师幼儿园装饰工程竣工；古里中心卫生院创建二级综合医院，白茆卫生院新院区竣工投用；推进古里思亲堂扩建工程，古里护理院二期改扩建工程完成验收。

【人民生活】 2021年，古里镇社会发放各类补助救助资金760余万元，完成各类救济600余人次，城镇养老保险基本实现全覆盖；推荐就业4138人次，新增住房公积金缴存职工2300余人次，获评省创业型乡镇；12家农村合作社实现股权分红，增加农民收益1300多万元，村级稳定性收入、农民人均纯收入比上年分别上升8%、6%；完成新市民落户、入学、入医、入市民卡申请1058人次，公办学校新市民吸纳率超93%。完成新冠肺炎疫苗接种9.35万余针次。推进文明城市常态长效管理，组建城镇管理工作委员会，实现高效率管理；近70%的康居宜居村庄实现村庄环境村民自治，陈塘村“12345工作法”高分入选苏州市农村人居环境整治十大典型案例；开展“十大最美”评选；完成《书香江南》创作，获评苏州市群众文化“繁星奖”金奖。

【社会治理】 2021年，古里镇开发镇级安全生产一体化监管云平台，全镇年度重伤及以上事故数比上年下降22.6%；推进“331”整治，拆除违法建设61.3万平方米；全省首个县级消防战勤保障中队和战勤保障仓库建成投用。持续推进“散乱污”专项整治，完成燃煤锅炉、工业窑炉整治淘汰，空气优良率提升至86%；落实“河湖长制”，完成劣Ⅴ类水体治理3条，建成美丽河湖34条，严方塘获评苏州市级美丽河湖，白茆塘等7个断面水质稳定向好，成功创建省生态文明建设示范乡镇。深化基层“三整合”改革，企业登记0.5天发证率超60%，全程电子化率超84%；全市首创“法治护航千村美居”调解机制，农宅翻建矛盾纠纷减少90%以上，古里镇获“法治苏州”先进集体，镇人民调解委员会获评省优秀人民调解委员会；开展“虞城无诈”专项行动，建成苏州市创建全国禁毒示范城市示范点，获评苏州市创建无毒社区示范单位。

【全市首个镇级人才购房补贴政策出台】 2月5日，古里镇印发《常熟市古里镇人才购房补贴实施细则（试行）》，优化留才环境。该细则共6条，明确适用对象、补贴经费使用范围、经费来源、购房补贴标准以及相关考核、监管措施。补贴标准实行分档次补助。具体补助标准分为4个档次，对于不同补助对象分别给予1万—10万元补助。经过个人申报、企业推荐、政府审核等程序，年内共有20人获补贴资格，累计补贴金额103万元。

【红豆山庄品牌发布会举行】 6月12日，古里红豆山庄品牌发布会暨白茆山歌馆、钱柳纪念馆落成仪式举行。发布会以开启书香古里农文旅新篇章为主题，展示红豆山庄品牌内涵及未来发展蓝图。红豆山庄旅游度假区位于古里镇芙蓉村，由古里镇联合苏汽集团原址重建，总规划面积约115.53公顷，总投资约10亿元，一期项目已竣工运营。项目以“休闲旅游+田园综合体”为基本模式，以白茆山歌、钱柳情缘、禅文化为核心元素，打造以文化观光、亲子度假、游乐体验、团建拓展为特色的“一站式”休闲度假目的地。

【智能移动机器人项目落户古里】 8月21日，总部位于深圳市龙华区的深圳市佳顺智能机器人股份有限公司与古里镇签约落户总部及智能导航机器人和自动化系统集成解决方案生产基地项目。项目位于古里镇淼虹路以南、泉兴路以东，入驻老旧工业点更新改造园区——开元智造产业园，一期占地2公顷，新建AGV/AMR研发及调试中心、智能化生产工厂、办公配套用房等3.6万平方米，定位企业总部运营。一期项目计划总投资2亿元，达产后预计年产值5亿元、年税收超3000万元。 （陆逸冰）

1月14日，古里镇新园泾路（文学街东延）正式通车 （李献 摄）

表 66　　2021 年古里镇各村（社区）基本情况一览表

村（社区）	面积（平方千米）	户数（户）	户籍人口（人）	集体经济总收入（万元）	总资产（万元）	党组织书记	村（社区）主任
新桥村	6.89	1251	5414	1661	9523	张进峰	张进峰
双港村	5.5	1582	4402	1112	6154	密春华	密春华
湖东村	2.24	546	2424	1238	10766	朱振江	朱振江
琴东村	7.16	687	2879	1477	5486	孙益军	孙益军
苏家尖村	6.01	1055	4223	1716	7738	马　健	马　健
高长村	5.99	1004	4210	1490	6248	姚志高	姚志高
下甲村	3	1379	5136	1887	5118	祝俊峰	祝俊峰
吴庄村	7.1	1563	6123	2336	9378	姚建东	姚建东
陈塘村	7.28	1621	6021	2254	9408	张雪燕	张雪燕
康博村	2.5	432	1705	1145	13047	高晓东	高晓东
紫霞村	6.8	1051	4320	2347	7986	丁亚军	丁亚军
芙蓉村	7.31	816	3442	1620	5056	王冬明	王冬明
坞坵村	7.06	948	3814	1927	11960	唐　青	唐　青
联泾村	3.63	595	2436	1145	4320	徐　健	徐　健
李市村	5	667	2522	1115	5351	张利刚	张利刚
淼泉社区	7.06	674	3103	1430	3550	周　锋	周　锋
紫芙社区	2.24	1447	4673	1158	6561	陈　明	陈　明
金湖社区	1.4	5600	405	—	—	唐　鹤	唐　鹤

（资料来源：古里镇）

支塘镇

【概况】 支塘镇东连太仓市璜泾镇、沙溪镇，南接昆山市周市镇，西靠古里镇、沙家浜镇，北邻董浜镇、碧溪街道，是国家卫生镇、国家环境优美镇、中国非织造布及设备名镇。年末，区域面积128.96平方千米，下辖3个社区居委会和16个行政村，常住人口81629人，外来人员23203人。2021年，支塘镇实现地区生产总值88.06亿元，比上年增长15.03%；完成一般公共预算收入6.21亿元，比上年增长12.64%；完成工业总产值192.45亿元，比上年增长16.62%，其中规模以上完成产值117.59亿元，比上年增长8.43%；完成工业投资17.42亿元，比上年增长2.8%；完成工业开票销售收入201.1亿元，比上年增长19.5%；到账外资1743万美元，比上年增长8.9%。

【经济发展】 2021年，支塘镇完成签约科瞬电梯智能制动、名茜高端无纺、伍享新能源汽车配件等重点项目，总投资45.4亿元。金泉新材料、华顶精密组件、灵丰纺织等13个项目序时推进；飞龙无纺机械、万利康精密组件、艾尔法节能科技、司昊机械、长康新材料、欣达瑞电子科技、台联盛机械、富荣环保科技等17个项目竣工。集贤商贸中心主体完工，招商完成80%以上。展开国土空间“一图一表一方案”工作，完成腾退低效用地26.67公顷，原地盘活工业用地16.67公顷；八字桥村73户农宅预置换项目签约；高新区第十产业园（一期）、高新区第十一产业园（一期）、乐虞产业园一期、康博供应链4个高标准载体基本建成，新增高标准厂房近50万平方米。启动“智改数转”项目95个，完成智能化数字化改造企业62家，新增应用工业机器人632台。获评1家省智能制造示范车间，3家苏州智能车间；培育2家省两化融合贯标试点企业，2家省专精特新小巨人企业，1家省专精特新产品；获评省星级上云企业（三星级）11家、常熟市专精特新产品1家；培育2家苏州市工业互联网示范企业。完成高新技术企业培育入库20家、科技型中小企业入库55家、省民营科技企业认定28家，授权发明专利24个。长桥、支东、项桥3个省级高标准农田完成验收，累计投入1237万元，完成八字桥、任南、枫塘等5个村41.67公顷生态化池塘改造以及窑镇村、蒋巷村、何北村3个“粮食生产全程机械化+综合农事服务中心”建设。实现村级总收入2.79亿元，比上年增长7.48%；村级稳定性收入1.47亿元，增长5.48%。

【社会事业】 2021年，支塘镇乡村规划全域统筹，试点编制《支东村、长桥村、徐政村、任南村实用性村庄规划》，出台《农村住宅定位方案》，推进村庄归并整理。王淦昌高级中学、支塘医院发热门诊工程等竣工投用，王淦昌初级中学改造、任阳小学改扩建、何市幼儿园新建工程加快推进；新改扩建长浜路、思成路、常生路、凯诚路等7条道路，通车6.2千米，支川路、古湫路东延伸等3条断头路贯通，窑石线

2021年，王淦昌高级中学竣工投用（支塘镇 提供）

改建工程启动；推进“千村美居”工程，全年开工建设126个村组，通过市级验收105个，完成弱电线路入地改造村组7个。累计投入资金1800多万元，镇村两级干部、志愿者、群众参与农村人居环境整治1.06万人次，清理各类垃圾3.65万吨、河塘沟渠2302处。消除Ⅴ类水体，建成6个生态美丽河湖点位，提升全镇河湖水安全系数、水环境质量。七浦塘美丽河湖特色花海、运动公园、滨水健身步道、小微湿地等陆续建成。

【人民生活】 2021年，支塘镇镇级养老保险覆盖率99%，年度失业登记率保持在2.15%以内；全年累计发放社会救助、社会福利生活补助及慈善救助资金864.33万元。建成村居日间照料中心26家，实现全覆盖；完成为民窗口综合化改造，新建24小时自助服务大厅，首创政务服务“跨村通办”，被编入《常熟市“10分钟政务服务圈”改革工作实施方案》。在常熟市第八届体育运动会中获“团体总分第一、奖牌总数第一”。镇人均公共文化场馆面积达0.3平方米，民间博物馆、特色场馆服务超15万人次，培育“四色游”品牌（即以王淦昌故居为核心的“红色游”、以盐铁塘风光带为特色的“绿色游”、以蒋巷生态园为基地的“蓝色游”、以千村美居为载体的“彩色游”）。

【社会治理】 2021年，支塘镇开展安全生产专项整治行动，完成重大隐患挂牌整改销号，开展镇村工业集中区安全生产综合整治，督促企业落实安全生产主体责任。全年安全生产事故起数下降3.6%。建立出租厂房备案准入机制，梳理出租厂区309个，涉及租赁企业827家，整治厂区74个，整治企业295家，涉及安全生产立案47起，处罚金额约206万元，低效高风险企业退出近40家。完成“无散乱污村（社区）”创建全覆盖。推进“零碳数字蒋巷”乡村振兴项目。创新“1+3+N一案多查”制，打破条线信息壁垒，实现条线融合。设立市镇社区孟泾、东馨工作站，加强重点区域日常管理。“互联网·无人律所”为群众提供24小时在线视频法律咨询。开展扫黑除恶斗争，试点创建“无黑”村。在全市乡镇首家推广无物业小规模小区联合招标管理。

【蒋巷村与中电国际签署智慧能源建设协议】 4月27日，支塘镇蒋巷村与中国电力国际发展有限公司签署美丽乡村智慧能源开发建设战略框架协议。中国电力国际发展有限公司将帮助蒋巷村提高综合能源利用效率，改善用能环境，降低能耗指标，实现节能减排，构建绿色、低碳的能源开发体系，打造以太阳能等可再生能源为主体、多能互补的综合智慧能源项目，逐步建成“农光旅”生态示范区。该公司还将加强蒋巷村智慧能源服务、数字化乡村建设研究，构建统一的大数据平台，建成涵盖民生、经济等美丽乡村基础建设方面的智能微电网，谋求项目开发建设多种运营模式，推动蒋巷村数字美丽乡村建设。（邹巨豪）

表67 2021年支塘镇各村（社区）基本情况一览表

村（社区）	面积（平方千米）	户数（户）	户籍人口（人）	集体经济总收入（万元）	总资产（万元）	党组织书记	村（社区）主任
支东村	7.2	1202	4522	1886	5018	董　杰	董　杰
枫塘村	9.6	1216	4838	2663	7767	高拥军	高拥军
徐政村	9.3	718	2858	1153	3886	王文清	王文清
蒋巷村	2.4	194	878	3275	40853	蒋玉英	蒋玉英
任南村	10.7	1131	4121	1706	6266	葛春庭	葛春庭
长桥村	6.8	1126	4310	1653	6768	顾卫东	顾卫东
项桥村	8.3	1030	4092	1610	6625	周　慧	周　慧
何北村	10.7	1712	5842	1686	6068	李　平	李　平
何东村	9.3	1234	4658	1537	5081	姚利军	姚利军

续表67

村（社区）	面积（平方千米）	户数（户）	户籍人口（人）	集体经济总收入（万元）	总资产（万元）	党组织书记	村（社区）主任
窑镇村	8.2	847	3285	1910	8155	刘军良	刘军良
八字桥村	7.9	1217	4676	2534	6750	陆庆丰	陆庆丰
丰联村	8.8	890	3704	3581	9502	王建刚	王建刚
凤泾村	10.5	822	3468	1949	7767	王利娟	王利娟
盛泾村	8.2	654	2546	957	5162	周宇衡	周宇衡
何南村	7.8	1175	4345	1552	5084	马庆峰	马庆峰
阳桥村	7.2	371	1516	1632	5266	密建青	密建青
市镇社区		1890	5236				黄军英
何市社区	2	906	2435	—	—	刘志平	刘志平
任阳社区	5	1557	4063	213.4	1066	任建平	任建平

（资料来源：支塘镇）

沙家浜镇

【概况】 沙家浜镇位于常熟东南部，与昆山市接壤，南濒阳澄湖。年末，区域面积65平方千米，下辖13个村、2个社区，其中1个为村居合一，总人口约8万人，其中户籍人口44973人。2021年，沙家浜镇实现地区生产总值81.28亿元，比上年增长1.68%；实现一般预算收入6.9亿元，比上年增长10.97%；规模以上工业总产值173亿元，比上年下降3.9%，工业开票销售收入242亿元，完成工业投资18亿元；到账外资1200万美元。

【经济发展】 2021年，沙家浜镇抓好25个市级重点项目，远大住工、高雅玻璃三期等12个新开项目开工，推进正恒新、精工模具等13个续建项目，全年竣工项目17个，新增慈聚新材料、和飞精密等计划外开工项目7个，总开工率158%。融入全市“354”产业格局，配合组建玻璃模具产业专班，指导企业优化产业内部竞争模式。全年完成“智改数转”重点项目48个，通过省星级上云企业19家，省“两化融合”管理体系贯标试点企业2家，苏州市级智能制造车间3个。抓好“一图一表”工作，推进“三优三保”“增减挂钩”，做好要素保障，完成土地复垦11.4公顷。围绕“精品美游”，推出“横泾不夜天”夜游项目，启动横泾老街民宿改造等工程，完善餐饮、住宿配套。完成沙家浜革命历史纪念馆改陈布展，入选全国“建党百年红色旅游百条精品线路”、江苏省20条“永远跟党走”红色旅游线路，获评“江苏省红色地名”。加快实施唐市古镇保护修缮，推进田园板块下段泾民宿区。完成高标准农田建设113.33公顷，获评苏州市级农业产业化龙头企业1家，“金唐市”水产品通过绿色食品认证，沙家浜镇获评苏州市农业农村现代化先进集体。

【社会事业】 2021年，沙家浜镇28个村（组）通过“千村美居”市级验收，芦荡村黄桥章基获评苏州市级特色田园乡村，沙南村裴家庄、横泾村泾西全面启动整村（组）移位翻建试点。全面推行“路长制”，提升农路管养质量，全年改造、修复危桥4座，修复路面6670平方米。开展垃圾分类片区化建设，创建省级达标小区3个、星级小区17个。开展新时代文明实践示范建设，实施“最美芦花”志愿者“一十百千万”工程，呈现“芦荡”八大系列新时代文明实践新气象。建立文明城市创建“五个一”机制，推出“转角文明+”三维传导专项行动，通过江苏省文明村镇、苏州市文明镇复评。开展“芦荡四季，时光集市”系列活动，串联江抗东路司令部筹备会议旧址、新时代文明实践所、芦荡村“新四军养伤处”，形成可定制的红色研学线路。

【人民生活】 2021年，沙家浜镇通过线上、线下招聘，提供就业岗位1000余个，实现再就业2003人，新增高技能人才315人。开展适老化改造和残疾人亮居工程，帮扶困难群体，全年发放救助金469万元、尊老金234万元，获评苏州市养老服务先进集体。提升教育医疗等公共服务水平，沙家浜中心小学改扩建工程一期完工投用，二期推进实施，唐市中心卫生院康复综合楼改扩建项目完成土建。应对新冠疫情常态化防控，累计核实、排查人员信息1.6万余人次，新冠疫苗累计接种15.5万剂次，常住人口首针接种率96%，全程接种率87%。为民服务中心完成24小时自助服务区和智能化大厅改造，全年办理便民服务事项6.9万件。完成全年征兵，落实双拥优抚各项政策，退役军人服务站获评全省“百家红色精品退役军人服务站”。

【社会治理】 2021年，沙家浜镇推打造“春来治和”社会治理特色品牌。开展风险防控四项机制，建立健全社会心理服务体系。加强扫黑除恶常态化工作，创建“无黑”乡镇。推进“虞城无诈”专项整治，辖区内电信网络诈骗发案数下降10%。开展安全生产专项整治三年行动、安全发展示范城市创建等

2021年，芦荡村黄桥章基获评苏州市级特色田园乡村　　（沙家浜镇　提供）

各项工作，检查企业（场所）6357家次、整改隐患8345条，11个三级政府挂牌督办项目全部整改到位、完成销号。开展消防管理和"331"专项行动，唐市中学消防安全"校园心防"通过验收，试点实施常昆村彭介段出租房VR可视化项目，南新路、北新路等18个重点路段实现消防设备升级。落实"满电下班"工作要求，新建电动自行车充电桩1000个，提档升级427个。开展生态环境突出问题大排查大整治，完善联动工作机制，提升区域环境质量。开展工业源挥发性有机物专项整治，落实网格化监管。开展入湖支流支浜专项整治，建设陆申泾、鱼连泾等生态美丽河湖31条，完成劣Ⅴ类水体整治4条，制定南塘河、西塘河、蛇泾河等"一断面一策"，断面水质稳定在Ⅲ类以上。

【"芦荡薪火、书韵飘香"文明实践行】 4月26日，沙家浜镇党史学习教育宣讲暨"芦荡薪火、书韵飘香"文明实践行启动仪式在江抗东路司令部筹备会议旧址举行。活动以"芦荡薪火、书韵飘香"为主题，把多读书、读好书、善读书的理念融入党史学习教育，结合新时代文明实践，推出红色阅读空间、绿色阅读空间、乡村田园阅读空间、"邂逅芦花"阅读空间、古镇阅读空间等，辐射全镇农家书屋、职工书屋、读书长廊等各类阅读阵地，举办书香空间评比、红色故事导游技能讲解赛、"你点单我送书"沙家浜四季云书香、"芦荡薪火、书韵飘香"云盘发布等一系列活动，开展"六进四到"文明实践行服务。启动仪式现场播放"芦荡薪火、书韵飘香"特色宣讲文明实践行视频，发布"芦荡薪火、e心向党"红色宣讲云菜单，赠送党史学习教育图书，并向"芦荡薪火、书韵飘香"党史学习教育特色宣讲队授旗。实践行于年底前结束。

【沙家浜镇社会工作站启用】 11月25日，沙家浜镇社会工作站揭牌启用。工作站以汇聚社工力量，助力乡村振兴为理念，建立以社区为平台、以社区志愿者为辅助、以社会组织为载体、以社会慈善资源为补充、以社会工作者为支撑的"五社联动"工作模式，以助人自助的价值观为指导，更好地解决辖区存在的社会问题，提升社区的服务能力和水平。工作站围绕"1+5+N+X"的特色功能开展专业化和精细化的社工服务，将服务的触角延伸到各个领域和各类人群。（马静怡）

表68　　2021年沙家浜镇各村（社区）基本情况一览表

村（社区）	面积（平方千米）	户数（户）	户籍人口（人）	集体经济总收入（万元）	总资产（万元）	党组织书记	村（社区）主任
新湖村	5.2	780	2544	729	3726	张红杰	张红杰
华阳村	5.4	917	3300	625	3683	周纪忠	周纪忠
唐东村	5.4	670	2560	934	4436	张忆妍	张忆妍
唐北村	9.1	835	3318	1015	6762	胡雪强	胡雪强
朗城村	3.99	630	2563	621	4236	姚志江	姚志江
常昆村	5.1	898	3978	1193	5680	平敏佳	平敏佳
沙南村	5.2	595	2266	1121	6617	吴卫良	吴卫良
横泾村	4.94	789	2958	1019	5618	金建新	金建新
昆承湖村	4.6	491	1921	709	5816	苏国明	苏国明

续表68

村(社区)	面积(平方千米)	户数(户)	户籍人口(人)	集体经济总收入(万元)	总资产(万元)	党组织书记	村(社区)主任
昆南村	4	739	2694	861	6441	袁文中	袁文中
芦荡村	6.5	585	2158	976	6880	张耀明	张耀明
红石村	5.2	689	2832	576	3541	赵志明	赵志明
苏南村(社区)	4	2621	8312	803	5227	王春雷	王春雷
芦荡社区	2.81	1268	3569	235	1025	奚　杰	奚　杰

(资料来源:沙家浜镇)

董浜镇

【概况】 董浜镇位于常熟东部,沪武高速、沈海高速、常台高速、苏通长江大桥"三路一桥"在此交汇,沪苏通铁路穿境而过。区域面积62.5平方千米,下辖14个行政村、2个社区,户籍人口51388人,常住人口6.6万人。2021年,董浜镇完成一般公共预算收入3.25亿元,比上年增长7.6%;规模以上工业产值100.64亿元,比上年增长26.5%;全社会固定资产投资21.54亿元,比上年增长29.9%,其中工业投资17.68亿元,比上年增长15%;服务业投资3.86亿元,比上年增长221.7%;到账外资1500万美元。

【经济发展】 2021年,董浜镇全年计划内外新开工项目28个,综合开工率187%,计划总投资33.9亿元,当年完成投资17.1亿元。产业项目在建工地28个,全年竣工项目14个。新落户"专精特新"项目10个,与中国欧盟商会签订战略合作协议,上海市级科创载体东锦"侨帮侨"创业基地加速器落户董浜。启动实施"智改数转"项目154个,建成苏州金属成型智能制造创新中心。新增省级工程技术研究中心2家、省级企业技术中心2家、省级两化融合贯标试点3家、苏州市级以上示范智能车间5家,净增高新技术企业10家。加速老旧工业区更新改造,经开区第十产业园一期成为全市首个竣工投用的老旧更新园,恒泰智造董浜产业园第一期开工建设。建成高标准农田600公顷,高标准蔬菜基地2333.33公顷,基本实现高标准农田和高标准蔬菜基地全覆盖,常熟现代农业产业园区获评全国农村创业创新园区。举办首届农文旅节,董浜黄金小玉米国家级农产品地理标志保护工程获评"江苏地标农产品品牌优秀实践案例"。

【社会事业】 2021年,董浜镇结合"数字乡镇"建设试点,开发"一图一表"模块,构建数据图层交互、三维立体"一张图"。全球首家PODW影像数字化中心落户董浜。完成拆旧复垦23.87公顷,率先通过苏州市级第一批验收。打造宅前屋后"四小园"(小游园、小菜园、小花园、小果园),获评苏州市农村人居环境整治提升工作示范镇,"三项机制"入选"首批苏州市农村人居环境整治十大典型案例",杜桥村、杨塘村获评苏州市农村人居环境整治提升工作示范村。以连片"千村美居"为基础,新建成苏州市特色田园乡村1个,获评首批苏州市特色康居示范区。

【人民生活】 2021年,董浜镇社会保险参保总人数19162人,新增公积金扩面1103人。开展就业指导培训1925人,举办培训惠企、就业招聘8场,解决企业用工缺口1200人次。友邦实训基地通过苏州市级验收。完成全国文明城市复评迎检工作,通过国家卫生镇复审、省级健康镇验收。实施社会救助,发放各类救助金528万元;区域性养老服务中心完成主体建设。

【社会治理】 2021年,董浜镇实施中小河流治理,完成南港塘等4条河道综合整治、里睦塘整治工程一期项目建设。按照"广覆盖、普惠性"思路,深化"千村美居"建设,通过验收105

董浜田园风光　　(董浜镇　提供)

个，任务完成率173%，创建村庄覆盖率65%。“数字董浜”一网统管平台上线试运行，“数字乡镇”董浜应用试点示范建设向全市推广。推进违建治理，首创“三次过堂法”“三色管理法”，完成治理点位722个，拆除违建面积25万平方米。加快盘活存量资源，通过零地增长、老旧更新、发放“三函”等方式分类盘活存量土地31.4公顷。

【首届董浜农文旅节暨第五届黄金小玉米节】 6月12日，“党建引领乡村振兴，百年风华‘玉’见董浜”——首届董浜农文旅节暨第五届黄金小玉米节在董浜镇泥仓溇水稻公园开幕。开幕式现场发布“董浜更懂你”农文旅路线，首发“董浜更懂你”沪上家庭游，揭牌成立“新农组织创业实践基地”、“乐百姓”专业扶持基金和常熟理工学院乡村振兴研究院董浜实践基地，颁布董浜黄金小玉米国家农产品地理标志，并进行董浜黄金小玉米国家农产品地理标志授权签约和“童颜”黄金小玉米渠道商、物流承运商签约。

【苏州金属成型智能制造创新中心在董浜揭牌】 10月30日，苏州金属成型智能制造创新中心在董浜镇揭牌。董浜镇是苏州金属成型特色产业基地，该创新中心运行后，将发挥特色产业基地和平台融合优势，加快全镇经济高质量发展，打造具备方案汇集、案例展示、交流服务等功能的线下载体；建成以工业互联网服务平台为核心的线上载体，打造公共系统，共享人员技术，降低单个企业投入成本。同时，董浜镇还将依托该创新中心，开展产学研合作和技能人才培养等工作，形成“特色产业集群+公共服务平台+技能实训基地”的“智改数转”特色服务链。

【董浜两村入选全国亿元村】 11月20日，农业农村部公布2021年全国乡村特色产业亿元村名单，董浜镇东盾村、里睦村入选。东盾村通过“创建一个示范社、打造一个服务基地、形成一个农业品牌、带领一群农民致富”模式，发展农产品规模种植、运输、营销一条龙产业服务链，打造“蔬香”东盾。里睦村辖区内有1家省级农业龙头企业、1家省级农民合作社示范社、1家常熟市级合作社示范社，各类新型农业经营主体集聚。依托新合作常客隆冷链配送中心，里睦村发展“订单农业”，借助蔬菜的冷链配送、加工、贮藏，实现“农超对接”“农企对接”“农校对接”。

【首家PODW影像数字化中心落户董浜镇】 12月7日，全球首家PODW影像数字化中心落户董浜镇，该中心由位于董浜镇的悦庄生态园和丹麦Phase One公司合作共建，与区域内民宿、餐饮、采摘协作配套，形成相互补充、功能配套的特色项目。影像数字化中心拥有1.5亿像素镜头及整套修复设备，可翻拍修复失真老照片、老影片。PODW影像数字化中心落地后，悦庄生态园和丹麦Phase One公司将联合开展数字化与中画幅摄影培训班、中画幅文化摄影活动，并提供自助或老照片输入的数字化服务，打造全球首个Phase One数字化基地。（肖海云）

表 69　　2021年董浜镇各村（社区）基本情况一览表

村（社区）	面积（平方千米）	户数（户）	户籍人口（人）	集体经济总收入（万元）	总资产（万元）	党组织书记	村（社区）主任
北港村	3.4	907	3307	754.49	5565.78	马　悦	马　悦
东盾村	4.09	1006	3576	746.92	7833.74	谢　磊	谢　磊
里睦村	3.35	774	2847	561.53	4076.86	顾　雁	顾　雁
黄石村	3.1	663	2347	801.08	4491.01	徐恩庭	徐恩庭
智林村	4.62	1106	3843	1149.59	9141.46	姚贤军	姚贤军
陆市村	4.26	1069	3630	1353.19	7143.96	钱晓斌	钱晓斌
杨塘村	3.75	1074	3706	592.65	7067.71	庾卫平	庾卫平
旗杆村	4.16	600	2076	734.40	5165.19	姚雪军	姚雪军
天星村	4.68	1240	4653	610.03	4698.45	唐拥军	唐拥军
新民村	4.88	744	2800	615.75	7370.18	王　飞	王　飞
永安村	3.45	826	3084	575.98	5588.66	沈志强	沈志强
杜桥村	5.36	822	3464	653.81	5662.19	朱振荣	朱振荣
红沙村	3.1	623	2571	735.11	6819.81	王　进	王　进
观智村	4.6	847	3484	712.12	5768.19	何　军	何　军
市镇社区	2.7	548	1154	109	60	赵丽红	赵丽红
徐市社区	2.7	1728	4846	155	65	沈晓波	沈晓波

（资料来源：董浜镇）

尚湖镇

【概况】 尚湖镇东靠虞山街道、莫城街道，北邻常福街道，南接辛庄镇，毗邻无锡、江阴、张家港。年末，区域面积112.50平方千米，下辖1个水产养殖场、22个行政村、3个社区，户籍人口80121人，外来人口4.47万人。2021年，尚湖镇实现地区生产总值82亿元，比上年增长2.24%；实现一般公共预算收入5.87亿元，比上年增长7.37%；工业开票销售收入216.88亿元，比上年增长21.16%；服务业开票销售收入99.97亿元，比上年增长42.75%；工业总产值突破200亿元大关，其中规上工业产值145.07亿元；完成全社会固定资产投资28.24亿元，其中工业投资17.27亿元；实现到账外资1205万美元；进出口总额4.93亿元。

【经济发展】 2021年，尚湖镇智能货架产业园两期11.3万平方米厂房建成投用。常熟激光产业研究院（筹）揭牌成立，嘉强、创轩、首镭等7个总投资8亿元的激光项目签约落地，因达孚新材料入选苏州市“独角兽”培育企业。推进“三优三保”“增减挂钩”，整合存量低效土地143.33公顷。新增省、苏州市、常熟市智能示范车间（工厂、企业）6个，新增省两化融合贯标试点示范企业2家，新增苏州市、常熟市工业互联网应用企业4家、省星级上云企业21家，新增工业机器人519余台（套）。拥有高新技术企业42家，省、苏州市科技创新平台15个，开展产学研活动74项，拥有发明专利246件，尚湖（中和）科创产业园、创星智谷智能制造加速器等创新载体投入运营。全年落户高层次创新创业团队8个，立项常熟市级科技创新创业领军人才计划1个、姑苏创新创业领军人才计划1个，新增取得国家职业资格等级证书高级工以上人才178人、初级工以上200人。

【社会事业】 2021年，尚湖镇推进“一图一表”工作，统筹违建治理、拆旧复垦等系统工作，全年整出低效用地22.53公顷，拆除违建28万平方米。启动尚湖中学扩建项目，完成一期商业门面、农宅拆搬迁签约工作。完成六里塘、练塘河等21条镇级生态美丽河湖建设。完成“千村美居”联合审图200个，验收点位130个，惠及农户近5000户，乡贤捐资捐物近460万元。“和美雅静 灵韵尚湖”特色康居示范区建成投用。深化“万企联万村 共走振兴路”行动，新增村企联建项目8个，总投资6361万元。村均稳定收入897万元。完成高标准农田建设380公顷，新增农业机械339台（套），全镇农业综合机械化水平达95%以上；认定新型职业农民202人。

12月20日，尚湖镇获评江苏“味稻小镇”称号。图为农民喜获丰收

（尚湖镇　提供）

【人民生活】 2021年，尚湖镇开展疫情防控，累计排查、核实人员信息近3万条，完成新冠疫苗接种超19万剂次。完成王庄中心小学、王庄中学、练塘中心小学整修改造工程。开展14大类、55项基本公共卫生项目，举办“尚湖名医家乡行”等大型义诊活动。大型原创现代锡剧《青石鉴》在常熟大剧院首演。城乡社区“三社”联动机制、社区服务社会化“睦邻空间”项目实现全覆盖。新和等5个村级安息堂完成扩容提标建设。梳理并落实158项审批服务事项，实现“进一门、到一窗、办一次”。就业困难人员实现就业274人，提供高校毕业生就业岗位854个。

【社会治理】 2021年，尚湖镇制定《班子领导及安委会成员单位职责清单》，落实重点行业领域安全监管责任。开展企业钢结构平台专项整治，累计整治企业241家；完成装卸车作业安全专项整治，并落实长效管理。推进工业群租企业综合整治，清退低效承租企业68家。推进“331”“飓风”行动，查处“四类”案件22起。落实$PM_{2.5}$和臭氧“双降双控”目标；加快省考断面官塘水质达标率和优Ⅲ率双提升，完成4项346个年度水污染防治任务；抓好耕地和建设用地安全利用两大重点，土壤和地下水质量总体保持稳定。开展工业园区综合整治，颜巷工业园东片区秩序得到改善。开展风险防控“四项机制”建设，推进“9445”专项行动。落实扫黑除恶常态化工作，推进“虞城无诈”专项整治，遏制电信诈骗高发势头。人民调解委员会累计调解矛盾纠纷600多起，妥善化解重大矛盾纠纷7起。

【常熟激光产业研究院（筹）揭牌】 6月12日，常熟激光产业研究院（筹）揭牌仪式暨常熟（尚湖）激光产业园推介会在常熟会议中心举行。活动介绍常熟激光产业研究院筹建方案，推介常熟（尚湖）激光产业园，宣读技术咨询委员会决议。技术咨询委员会聘任仪式、上海工程技术大学和上海市激光先进制造技术协同创新中心研究生实践基地、常熟理工学院本科生实践基地揭牌仪式同步举行。筹建中的常熟激光产业研究院将打造研究院、产业园、专业基金三位一体的创新产业生态，聚焦激光在航天、人工智能、高端装备等行业的应用，形成以先进激光技术为核心的产业集群，带动千亿级的产业链升级。计划孵化5家以上具备上市资格的企业、10家以上"隐形冠军"企业、50家以上高新技术企业，形成多个省级工程中心、技术研发平台和省级科创中心，并力争成为国家级的科创基地。研究院将同步建成激光产业人才培养基地，每年培训50名以上含研究生在内的专业和技能人才。

【"虞澄张"一体化党建协作区启动】 11月13日，"虞澄张"一体化党建协作区启动暨项目发布仪式在江阴市顾山镇举行，尚湖镇与江阴顾山镇、张家港凤凰镇三镇签署合作协议，开展三镇党建协作区建设。年内，尚湖镇党委响应苏州市委、市政府"深化长三角城市共赢合作""共建苏锡常都市圈"号召，联合江阴顾山镇、张家港凤凰镇以"毗邻党建"为引领，探索跨界协同治理、区域协调发展的新路径。现场发布的十大党建协作项目中，不仅涉及党建协作领域结对共建、构建跨区域党建示范带等内容，还从产业发展到城乡融合，从民生工程到生态保护，从监管协同到联防联治，进行多维度赋能提升和多角度难题破题。

（杨曼珺）

表70　　2021年尚湖镇各村（社区）基本情况表

村（社区）	面积（平方千米）	户数（户）	户籍人口（人）	集体经济总收入（万元）	总资产（万元）	党组织书记	村（社区）主任
河金村	2.34	589	2246	1094	4349	钱　云	钱　云
车路坝村	4.05	833	3050	1317	4661	夏士江	夏士江
福寿村	6.01	932	3592	1371	7734	钱　华	—
东桥村	4.02	742	2522	1213	5013	张　斌	张　斌
张村村	1.90	452	1635	991	5332	陆伟新	陆伟新
家鑫村	5.10	834	2970	1293	5883	丁　锋	丁　锋
南村坝村	1.52	324	1145	990	3572	钱建国	钱建国
山鑫村	3.04	637	2413	1074	4581	顾新伟	顾新伟
大河村	4.80	1109	3859	1405	7647	王学忠	王学忠
湖庄村	5.30	1547	5405	1255	8366	沈国英	沈国英
新和村	3.50	976	3416	1263	5333	查志明	查志明
新鑫村	5.60	784	2858	1237	5031	邵满保	邵满保
新巷村	4.01	777	2659	837	6143	周小江	周小江
蒋巷镇村	3.58	919	3437	970	9185	陈　江	陈　江
新裕村	6.20	1302	4386	1530	6778	徐敬国	徐敬国
常兴村	4.03	1048	4064	1493	7735	高立锋	高立锋
鸳鸯桥村	3.62	813	3247	1293	7309	殷建忠	殷建忠
吉桥村	5.46	1708	5954	2763	8298	孙　仁	孙　仁
罗墩村	6.70	1550	5490	1551	7560	陆　军	陆　军
练南村	4.20	840	2970	1450	7104	浦明华	浦明华
颜巷村	2.84	849	3162	1683	4123	金卫良	金卫良
翁家庄村	7.32	1548	5248	2419	11460	蒋斌雄	蒋斌雄
王庄社区	27.98	460	1085	—	91	贡卫东	贡卫东
冶塘社区	32.99	556	1151	—	313	屠雪华	屠雪华
练塘社区	34.17	1002	2157	—	691	张建平	张建平

（资料来源：尚湖镇）

责任编辑　汤　涵

新闻人物

沈政昌 常熟人，1960年6月生，矿物加工专家。2008年毕业于北京科技大学，获博士学位。矿冶科技集团有限公司首席科学家。从事选冶过程技术研究、设计及工程化。开发拥有自主知识产权的系列大型浮选装备，实现我国“贫矿”资源的规模利用。开发浮选流程水平配置和宽粒级浮选技术，推动中国复杂难处理矿物高效回收及冶金固废的资源化。开发系列专属浮选装备及技术，支撑中国战略矿产资源高效开发。丰富和发展浮选技术研究和开发的基础理论，创建和完善中国浮选装备体系，实现浮选技术和装备大型化、高效化、专属化，满足不同矿物和不同规模选矿厂的要求。获国家科技进步二等奖2项、部级科技成果一等奖14项，出版专著6部，发表论文130余篇。获何梁何利奖、全国杰出工程师奖、全国杰出专业技术人才等荣誉。2021年当选中国工程院院士。

（摘自中国工程院网站）

葛玲莉 女，南通人，1986年10月出生，中共党员，常熟市天银机电股份有限公司技术部技术员。2021获全国五一劳动奖章。2009年大学毕业后，葛玲莉进入常熟市天银机电股份有限公司工作，担任总经理助理兼海外业务翻译。她参与新产品的开发与匹配工作，与公司研发部人员完成无功耗启动器检测设备的设计、制作及后续的优化工作。葛玲莉协助优化各项知识产权管理制度和管理流程，逐步形成具有天银特色的知识产权管理体系，并于2017年通过知识产权管理体系监督审核，2018年通过知识产权管理体系再认证并获得再认证证书。参与制订国家标准1项，行业标准2项。共负责的无功耗起动器项目的核心技术“互感式无触点起动器”获得欧洲、美国、日本、韩国、澳大利亚等国家授权的PCT发明专利14件，葛玲莉因此获得“常熟市优秀专利进步奖”一等奖，2020年江苏省五一劳动奖章和2020年度苏州“时代新人”称号。

（韩靓如）

陈　斌 苏州人，1967年11月出生，大学学历，无党派人士，苏州市政协委员，江苏特别特服装有限公司董事长，高级经济师，2021年获全国纺织工业劳动模范称号。1996年，陈斌开始创业，经过20多年不懈努力，公司逐步由一家传统服装加工企业发展成为集设计开发、生产加工、自主品牌加外贸为一体的大型服装制造企业，被中国服装协会授予“中国服装优质制造商”称号。20多年间，陈斌累计捐款捐物近千万元，用于村级道路建设、村老年活动室重建，资助贫困儿童，以及慰问敬老院、派出所、消防队等。先后获评中国休闲装产业年度人物、苏州市五一劳动奖章、常熟市劳动模范。

（钱亚娟）

端木银熙 常熟人，1947年8月生，大专学历，中共党员、推广研究员，常熟市人民政府农业特别顾问、常熟市农业科学研究所总农艺室主任。主持承担了30多项国家高技术研究计划及部、省、市重大科研项目，潜心培育水稻良种，育成“太湖粳系列”“常优系列”“常农粳系列”“常香粳系列”等38个水稻新品种，特别是三系杂粳组合选育方面，达到国内领先水平，有5个杂交粳稻品种通过国家、江苏省二级审定，育成品种中米质达国标一级优质米标准的品种4个，有7个水稻新品种被列入2020—2021年苏州市水稻主推品种推介目录。常香粳1813获第二届中国好米榜银奖，获评江苏省因地制宜试种的优良食味品种、2020第三届“稻味常熟”优质大米评选金奖；常农粳11号、常农粳12号入选江苏好品种参展品种。至2020年，育成的水稻新品种在江、浙、沪、皖、鄂五省（市）累计推广面积约466.67万公顷，增产粮食20.6亿千克，增加社会经济效益约30亿元。端木银熙先后获得全国粮食生产先进工作者、全国粮食生产突出贡献科技人员、中国好人、江苏省道德模范、江苏省劳动模范、江苏省“感动农民”十佳农技推广人物等称号，2019年9月获得“庆祝中华人民共和国成立70周年”纪念章。2021年6月获评“江苏省优秀共产党员”，7月获评江苏“最美基层共产党员”。（李雯雯）

责任编辑　汤　涵

重要文献

高起点启新程 高质量开新局
为建设美丽幸福新常熟而奋斗

——在中国共产党常熟市第十四次代表大会上的报告

中共常熟市委书记 周勤第

（2021年7月25日）

各位代表，同志们：

中国共产党常熟市第十四次代表大会，是在“两个一百年”奋斗目标的历史交汇期、推动常熟高质量发展的关键窗口期召开的一次承前启后、开拓奋进的重要会议。大会的主题是：紧密团结在以习近平同志为核心的党中央周围，继续解放思想、奋发进取，奋力开启全面建设社会主义现代化新征程，为建设美丽幸福新常熟而奋斗！

现在，我代表中共常熟市第十三届委员会向大会报告工作。

无惧风雨 克难攻坚
我们用心血和汗水换来累累硕果

市第十三次党代会以来的五年，常熟走过了极不平凡的奋斗历程。在中央、省委和苏州市委的坚强领导下，市委团结带领全市广大党员干部群众，在抢抓机遇中乘势而上，在转型攻坚中砥砺前行，在从严治党中凝心聚力，较好完成了市第十三次党代会确定的主要目标任务。特别是今年以来，全市上下抢抓机遇、乘势而上，高质量发展的活力和潜力不断释放。上半年，实现地区生产总值1286.1亿元、增长14%；完成一般公共预算收入135.1亿元、增长17%，增速苏州第三；完成规上工业总产值2113.6亿元、增长30%，增速四县一区第二；完成固定资产投资372.5亿元、增长20.3%，其中工业投资162.9亿元、增长16.4%，总量和增速苏州第一；完成社会消费品零售总额604.8亿元、增长34.1%，增速苏州第一，为开启“十四五”新篇章奠定了坚实基础。

——这五年，全市上下踏过荆棘、走过坎坷，在复杂形势中保持强大战略定力，始终以最大的心思抓经济发展，努力克服全球市场震荡影响，全力顶住经济下行和新冠疫情双重压力，抓经济、促发展的脚步越走越坚定、越走越踏实。地区生产总值实现1千亿级到2千亿级的跨越，“十三五”末达到2365.4亿元；一般公共预算收入累计完成1042.7亿元，较上个五年增长44.9%；社会消费品零售总额累计达到4783.7亿元、年均增长8.7%。2020年规上工业总产值突破3695亿元，利润总额243.6亿元、较2015年增长44.5%。金融机构本外币存款余额3843亿元、五年增长48%，贷款余额3162亿元、五年增长55%，银行不良贷款率从1.63%下降至0.55%，中国县域金融生态环境指数排名第一。进出口总额五年累计突破1113亿美元，市场采购贸易平台打通全国47个口岸。新增市场主体15.2万户，较上个五年增长98%，新增跨国公司地区总部或功能性机构6家。坚持外防输入、内防反弹，抓紧抓实常态化疫情防控，截至今年6月底，重点人群疫苗接种率超97%，实现疫情防控和经济社会发展两手抓、两手硬、两手赢。

——这五年，全市上下奋起直追、迎头赶上，真正把扩大有效投入作为头等大事，一着不让抓招商、想方设法抢开工、争分夺秒赶进度、毫不放松促竣工，把项目建设的每一个环节都盯到最紧、压到最实，有效投入增速跑出了由负转正的上扬曲线、工业投资总量实现从跟跑到领跑的逆势超越。2020年全社会固定资产投资突破630亿元，增速从2016年的-13.7%提升到20.8%；工业投资超过300亿元，总量和增速连续两年苏州第一；战略性新兴产业投资完成214亿元，总量及增速苏州第一。五年累计落地项目550个，投资总额超4018亿元，成功引进立讯科技等超百亿项目，天顺风能、恺博座椅等32个超十亿项目，每日优鲜、弘云科技、路捷鲲驰等47个超亿美元外资项目。近两年工业项目开工建设1156万㎡，竣工验收396万㎡，项目开工率从2016年的80%上升到137%。近三年累计新入库超5000万工业项目431个，较上一个三年增加235个。五年供应建设用地3.7万亩，争取流量空间指标2.8万亩，年均盘活存量建设用地10000亩，首创“零地增长”试点，改扩建存量建筑293万㎡，获评省自然资源节约集约利用模范县（市）。

——这五年，全市上下把握大势、坚定前路，进一步明确产业发展方向、加快转型升级步伐，支柱产业稳中有进，新兴产业快速壮大，特色优势产业迈向高端，一批重点产业链逐步成型，产业发展动能正在加速重构。明确“354”产业发展方向，产业结构不断优化，2020年“三大支柱产业”规上企业产值达到1985亿元，保持稳定增速，其中汽车及零部件、装备制造产业占规上产值比重超42%、提升16个百分点。技改扩面提质，五年奖补总额超3亿元，拉动企业投入超100亿元，新增工业机器人1.4万台（套）、增长超200%，新增市级以上智能示范车间（工厂）262个，新增苏州智能工厂数位列第一。加速新兴产业引进培育，锦艺新材料、臻迪科技等头部企业相继落户，“苏州·中国声学创新谷”规划建设，氢燃料电池产业生态初步形成，获评省内首个车联网先导区，2020年新兴产业产值突破2千亿元，占规上产值比重56.3%，较2016年提升11.3个百分点。坚持创新驱动，2020年全社会研发投入占比3.6%、位列四县一区首位，发明专利综合排名苏州第一，连续两年被省政府通报表扬；高新技术企业五年净增427家、增长142%，入围国家首批创新型县（市）名单，高新区获评国家新型工业化示范基地，经开区获评省首批“互联网+先进制造业”特色产业基地。

——这五年，全市上下大刀阔斧、攻坚克难，下定决心盘活低效资源，花大力气引进高端要素，通过大胆改革、试点探索、扩面推进，高效率推动老旧更新、高水平开展城市建新，城乡面貌实现了来之不易的美丽蜕变，城市能级有了令人欣喜的巨大提升。“两个一小时、四个半小时”交通通道初步成型，沪苏通铁路开通，常熟站每日发车105列，直达20省162站，南沿江、通苏嘉甬铁路加快推进，“环射衔接”快速路网成效正在凸显，城区4条高架55公里总里程数全国县（市）第一，G524高架年内通车，青墩塘路高架年内开工，新建改建城区道路117条、打通断头路11条，16条镇际道路列入计划逐年推进，交通建设被省政府通报表扬。高端功能载体加速引进，康桥、世华等5所优质民办学校陆续投用，日航国际等4家高端酒店相继开工，招商力宝等优质医疗资源逐步集聚，城市配套日益完备。科学决策推动城市更新，“千村美居”工程实施村组2498个，惠及农户8.6万户，连续两年获评苏州十大民心工程，获中央政治局常委批示肯定；城中村自主更新改造累计在建15个单元436户、建筑面积近10万㎡，村民自治作用有效发挥；实施既有建筑更新改造项目138个、竣工91个，面积超100万㎡，华联宾馆、绣衣厂等老建筑正在焕发新生机；老旧工业区改造建筑面积超150万㎡，33个特色产业园区相继落成；历史街区有机更新启动实施，以唐宅、山前坊为代表的文旅融合新业态唤醒老城新经济、新生活。

——这五年，全市上下不忘初心、心系群众，用最浓的情感惠民生，解决了一大批涉及群众切身利益的教育、医疗、养老、停车等热点难点问题，有条不紊强化普惠保障、推动均衡发展、引进高端供给，一桩桩民生实事看得见、摸得着，人民群众有了实实在在的获得感。五年间，财政支出783亿元用于民生事业。“十三五”末，居民人均可支配收入超6万元、年均增长9%，新增就业人数超13万人。五年累计新建改扩建学校47所、新增学位2.5万个，校安工程基本完成，普通高考主要指标实现苏州大市“十连冠”，新模式高考首战首捷，职业学校实现省示范校、特色校全覆盖。综合医改纵深推进，二院北部院区建成投用，全市医疗机构床位过万，与上海华山医院、南京医科大学等35家高端医疗机构建立合作，健康主题公园、健康自助检测点、健康步道等健康支持性环境达到597个，苏州第一。五年新增区域性养老中心6家、日间照料中心210家，每千名老人拥有养老床位数超40张，社区养老实现全覆盖。累计支出困难群众保障资金8.2亿元，中华慈善总会药品援助项目累计发放4680万元，户籍养老保险覆盖率达99.6%，大病补助水平达62.5%，医保“一卡通”全面实施，住房保障体系不断完善，房地产市场保持稳定。挖掘整合各类停车资源，城区新增车位6.7万个。自来水深度处理实现全覆盖，农村供水管网改造受益3.3万户，新增天然气用户13.7万户、增长71.8%。生活污水日处理能力新增10.5万吨，尾水全部达到排放限值，生活垃圾日处理能力新增1830吨，实现全量处理，苏州县（市）唯一。全面建成城区防洪大包围、望虞河西岸控制等重大水利基础工程，完成畅流活水、河道疏浚、生态美丽河湖等河道建设1156条。助力思南打赢脱贫攻坚战，对口帮扶工作取得阶段性成果。先后荣获全国文明城市“两连冠”、全国双拥模范城“五连冠”、普法先进市全国唯一“七连冠”、首批全国健康城市建设示范市等荣誉。

——这五年，全市上下动真碰硬、敢打敢拼，在无数个与困难较劲的日日夜里，广大干部以勇于担当、甘于奉献的无私情怀，在安全环保各类专项整治中挑最重的担子，在征收搬迁扫尾清零中碰最硬的钉子，在解决历史遗留问题时攻最难攻的堡垒，一批长期制约发展的瓶颈问题取得重大突破。努力守住安全生产底线，推进“331”和“一年小灶”“三年大灶”专项行动，全力消除“9+1”场所、出租房安全隐患，拆除违章建筑超1000万㎡，整改隐患出租房3.7万户，率先推行“1+4+4”安全环保消防联动，全省首创“数字门牌”系统，创新推出“安居超市”工程，扎实推进平安常熟建设，较上个五年，火灾起数下降78.4%，生产安全事故“双下降”幅度位居苏州前列。深入推进长江大保护、“263”专项行动、污染防治攻坚战，五年累计投入生态环保治理资金超300亿元，关停整治“散乱污”企业7591家、淘汰低端低效企业940家。城东净水厂启用、洪洞净水厂开工，新建城镇污水管网392公里，农村生活污水治理惠及5087个自然村、19.2万户农户。饮用水源地水质达标率、水功能区达标率和主要入江支流水质优Ⅲ率保持100%，空气环境质量优良率85%、近十年最佳，荣获全球首批国际湿地城市、国家生态园林城市，生态文明建设有力推进。坚决捍卫社会公平正义，推动拆迁扫尾清零，结存超15年的碧溪转盘、超10年的琴湖片区等62个拆迁攻坚项目彻底清零，县南街、新茂星河湾等破产重组顺利实施，一大批历史遗留问题得到有效解决。

——这五年，全市上下经受磨砺、百炼成钢，党的建设不断向中心聚焦、向大局聚力，广大干部奋斗在经济发展的主战场，拼搏在城市建设的第一线，奔忙于服务群众的最前沿，充分彰显了大抓落实、大干实事的工作导向，汇聚起奋勇前行的磅礴力量。持续加强党的全面领导，严格落实意识形态工作责任制，将“两学一做”学习教育、“不忘初心、牢记使命”主题教育以及党史学习教育的成果体现在发展实践中。出台激励担当“1+N”系列文件，建立年轻干部“三池六制”，选派415名年轻干部“上下内外”联动挂职，建立“五位一体”干部激励保护机制，实施改革创新风险备案、容错纠错118例，为敢于担当的干部鼓劲撑腰。虞山镇行政体制改革顺利实施，全国首创包机接日企高管回常复工，既有建筑更新列为国家试点、全省县级市唯一，实施省长江沿线国土空间生态修复试点，全省首创“水域银行”占补平衡机制，一系列硬核举措推动工作落实。4000多个行动支部建在一线，6.7万名党员干部冲在一线，党建引领社会治理的工作格局初步形成。创新开展“服务民企360”活动，精英创业联盟大会三年累计吸引投资近千亿。制定“抓落实八项机制”，“否决事项领导负责制”入选《江苏省优化营商环境条例》，获评苏州“对标找差”先进地区。五年累计立案查处违纪违法案件1940件，不敢腐、不能腐、不想腐的体制机制加速构建。

五年的砥砺奋进，充分展现了常熟广大干部群众昂扬向上的精神风貌，展示了全市上下团结拼搏的巨大力量。我们取得的一切成就，是中央、省委、苏州市委坚强领导的结果，是在历届市委打下的工作基础上各级党组织接续奋斗的结果，是全市人民辛勤创造的结果。在此，我代表中共常熟市委，向全市广大党员和干部群众，向各民主党派、各人民团体和各界爱国人士，向长期关心支持常熟发展的各界朋友们，致以崇高的敬意和衷心的感谢！

肯定成绩的同时，我们也清醒地看到，面对百年未有之大变局，不稳定不确定因素还在增加，保“稳”求“进”的压力依然较大，经济社会发展仍然面临许多困难挑战，发展能力和水平亟须提高。乘大势、抓机遇的能力有待提升。对经济形势、市场环境、政策导向的研判不足、理解不深，抢机遇、抓机遇的底气不足、胆气不够，重大战略的赋能效应未能有效凸显，要素集聚能力和配置水平仍然不高。破瓶颈、解难题的能力有待提升。面对当前空间资源日趋紧张、产创融合程度不高、品质服务供给不足、经济动能调整不快等发展瓶颈，我们的紧迫性不强、主动性不够，推动产业转型、老旧更新、安环治理等重点难点工作的制度办法还需进一步优化完善。抓落实、促成效的能力有待提升。领导干部思想作风和能力水平仍需改进，走出舒适区的信心决心还是不够，党员先锋模范作用有待进一步发挥，面对新要求、新问题、新挑战，创造性落实的能力和水平需要继续提高，抓落实、督落实的制度还要进一步深化。

高原之上　再攀高峰
乘势而上迈入高质量发展新征程

时代赋予重任，未来催人奋进。当前，常熟正处于重大发展机遇最为集中的时期，处于各类比较优势最为凸显的时期，处于新旧动能转换最为关键的时期，处于赶超跨越提升最为有利的时期。站在新的历史方位，我们完全有理由、也有能力走出一条具有时代特征、彰显常熟特色的高质量发展新路。

今后五年，全市工作的指导思想是：高举中国特色社会主义伟大旗帜，坚持以习近平新时代中国特色社会主义思想为指导，全面贯彻党的十九大和十九届二中、三中、四中、五中全会精神，深入贯彻习近平总书记在庆祝中国共产党成立100周年大会上的重要讲话精神，以及视察江苏重要讲话指示精神，立足新发展阶段，贯彻新发展理念，融入新发展格局，按照省委、苏州市委工作部署，以推动高质量发展为主题，以供给侧结构性改革为主线，注重需求侧管理，以改革创新为根本动力，以开放为路径，以人民为中心，始终聚焦美丽常熟建设，在稳增长中实现经济转型升级和城市能级提升，深度融入长三角区域一体化发展，统筹推进空间美图、时尚美城、创新美业、清新美景、精品美游、文明美德建设，推动各项事业发展和党的建设再上新台阶，人民群众共同富裕迈出坚实步伐，以“争当表率、争做示范、走在前列”的使命担当，奋力开启全面建设社会主义现代化新征程。

今后五年的奋斗目标是：

——经济实力显著增强。经济保持健康快速发展，经济增长速度高于苏州平均水平，主要经济指标排名在全国百强县实现赶超进位。转型升级取得明显成效，产业高地形成集群效应，支柱产业实现提质增效，重点产业实现规模扩张，特色优势产业实现迭代升级，经济动能完成结构性调整，与上海、苏州等地的产业协同取得实质性进展。产业链比较优势更加凸显，重点产业链发展水平和竞争力攀升至同行业前列。

——创新要素有效赋能。创新生态体系建设迈出重大步伐，高能级创新平台载体加速赋能，依托产业形成的人才磁场效应充分释放，优质的产教资源、创新团队、科技成果走进企业，产创融合、产教融合、产才融合进一步做实。创新型领军企业快速成长，企业自主创新意识和能力双提升，科技型中小企业和高新技术企业成为重要增长极。创新链与产业链深度关联，创新引领发展的水平走在全国县级市前列。

——城市能级快速提升。外联内畅、多层次、立体化综合交通运输体系基本成型，枢纽赋能效应更加凸显；产城融合的片区开发实现重点突破，城市功能要素向高端化、现代化方向提升；老旧更新提质扩面、深入推进，功能形态全面提档升级，城乡面貌焕然一新；文体旅产业深度融合发展，新业态、新消费活力迸发。城市标识度和影响力在全省乃至全国打响品牌，城市能级和竞争力保持长三角同类城市前列。

——民生事业全面进步。更好地满足人民群众对美好生活的新期待，教育、医疗、养老、就业、社保、住房在均等化的基础上实现高品质提升，农村人居环境和公共服务短板有效补齐，高端人才的品质需求和外来人口的基本保障均得到有效满足，人口吸引力显著增强，建成适老温情、青年发展、儿童友好的协调型城市。宜居宜业的城市魅力更加鲜明，小城大爱的城市品格更加彰显，群众生活水平和幸福指数稳居全国前列。

——治理体系更加有效。以党建为引领，群众自治共治的社会治理体系发挥基础性作用；生态环境质量稳定向好，低碳绿色发展成效明显；生产安全事故总量持续下降，城市安全治理水平明显提高；民主法治更加健全，社会公平正义更加彰显；市民文明素质和城市文明程度全面提升，营商环境持续优化，力争创成全国文明典范城市。城市治理的科学化、精细化、智能化、法治化水平显著提升，市域社会治理现代化走在前列。

把蓝图变为现实，是一场新的长征。要实现这些目标并不容易，但也并非实现不了，需要我们携手奋进、共同努力。全市上下必须在思想上同心同德、在目标上同心同向、在行动上同心同行，努力为美丽常熟建设而奋斗。

要以更加前瞻性的眼光谋划工作。进入"十四五"，我们面对的变量更多、变化更快，知识迭代、技术升级的速度前所未有。以往的工作中，我们常常习惯于缺什么补什么，但实际上，"补"就已经意味着落后，"补"就已经出现了问题。如果我们缺乏前瞻性思维、战略性眼光，那么我们就永远只能做"跟跑者"。面对"不进则退、慢进也是退"的竞争态势，全市上下必须更加注重科学谋划、前瞻布局，为"十四五"发展培育更多的经济爆发点、能级爆发点、优势爆发点，力争在未来3—5年内实现城市综合实力的指数级提升。通过对经济形势、发展走势的研判，强化经济调度的科学性；通过对供需结构、市场风向的研判，强化产业转型的精准性；通过对中央政策、立法精神的研判，强化政策执行的创造性；通过对工作流程、落实情况的研判，强化工作推动的实效性。要在工作过程中善于学习、善于观察、善于总结，把困难估计得更充分一些、把挑战认识得更深刻一些、把措施制定得更务实一些，把牢主动权，打好主动仗，永远站在时代发展的潮头。

要以更加高标准的要求检视工作。进入新发展阶段，习近平总书记视察江苏提出了"争当表率、争做示范、走在前列"的殷切希望；省委强调，苏州要用创新创造打造向世界展示社会主义现代化的"最美窗口"；苏州"十四五"规划明确提出，未来五年苏州将建设成为"四高城市"。这些要求落实到具体工作，核心要义就是高起点、高水平、高标准，以最高质量完成好每一份工作。从发展的形势来看，在资源趋紧、区域协同的背景下，城市之间呈现出竞争加剧、合作加速的双重性特征，既是"逆水行舟"又是"百舸争流"，没有一流的发展成效就没有竞争的资本，只能被人甩开，没有过硬的工作成果就没有合作的空间，只能被人抛弃。全市上下必须树立起"过得去就是过不去、差不多就是差得多"的精品意识、工匠精神，破除"小胜即满"的思想观念，以更高的工作标准、更强的责任意识、更极致的敬业精神去对待每一项工作，与工作较劲、与自己较劲，拿出锚定人先、力拼第一的姿态状态，取得赶超人先、位居第一的实绩业绩。

要以更加开放性的视野推动工作。开放带来进步，合作才能共赢。对于常熟来说，必须跳出县域纵向思维，在更大的横向坐标系内寻求伙伴、寻找差距。由内而外来看，我们需要"攀高峰"，持续放大现有的产业优势、体验优势、存量优势，打造更具影响力、标识度的发展高地。主导产业要做强做优，放大对市场的配置作用；特色文化要挖潜挖足，放大对城市的赋能作用；亮点工作要提标提档，放大对发展的撬动作用；部门板块要打破行政壁垒、共享发展资源，形成十指成拳的集成合力。由外向内来看，我们需要"攀高亲"，以更强的机遇意识主动向外借势借力。当前，新发展格局正在重构市场供需关系，沪苏同城化将加速推动与上海的要素链接，我们要通过更大范围、更宽领域、更深层次的开放，促进更多区域合作、产业合作、科技合作、商贸合作，借力成为长三角人流、物流、资金流、信息流最活跃的区域，为未来发展提供更有力的要素支撑。

要以更加创造性的思维落实工作。美丽常熟建设如何落实落地，如何把政策效应最大限度地发挥出来，关键在于创造性地抓好贯彻落实，要在实事求是上做更深文章。要善于透彻理解政策精神，本着实事求是的原则，发扬基层首创精神，大胆闯、主动改，拿出“敢为天下先”的勇气、“学会游泳渡江”的本领、“善于借船出海”的智慧，打破条条框框、坛坛罐罐，推动上级各项政策要求在本地得到细化、具体化、可操作化，加快走出一条具有自身特色优势的发展道路。创造性地落实离不开各级干部的担当作为，没有点突破瓶颈的魄力，没有点改变现状的勇气，就闯不出新路子、试不出新办法。全市上下要根据形势、问题、任务、要求的变化，顺时而动、因势而为，多谋划促进发展的创新、多推动解决问题的创新，用实践来检验创新的成效，切实练就一身抓落实的真功夫。

科学谋划精准落实
确保美丽常熟建设见行见效

今后五年，既是常熟爬坡过坎的攻坚期，更是我们大有作为的窗口期。做好今后五年工作，要立足全局、突出主题、把握重点，着力抓好五个方面工作：

一、聚焦经济实力的持续壮大，打造产业层次更高、发展动能更强的美丽新常熟

对照“三增三进”发展目标，确保到2022年，完成工业投资三年1000亿元目标任务，确保全市一般公共预算收入超过250亿元，经济发展的质量和效益显著提升。

1.稳中有进保增长。始终把制造业作为立市之本，落实我市推进“苏州制造”品牌建设三年行动计划，不断提高经济的规模、质量和效益，力争到2025年，工业总产值超6000亿元，规上工业总产值超5000亿元，工业增加值占比稳定在50%左右。加快推动智能化改造和数字化转型，围绕三年规上全覆盖目标，引导企业持续投入、不断优化，形成滚动式的智改数转格局，打造一批在全国具有示范意义的智能化标杆项目和智能制造服务示范平台。围绕“354”产业方向，加快推动转型升级，力争到2025年，“三大支柱产业”产值占工业总产值比重超65%，其中高端装备制造占比超30%，经济“压舱石”作用更加明显；“五大重点产业”营收突破2000亿元，新兴产业产值占规上工业总产值比重提升10个百分点；“四大特色优势产业”产值突破500亿元，在细分领域占据行业话语权。完善以“亩产论英雄”为导向的工业企业综合评价机制，切实抓好产业用地更新“双百”行动，确保到2025年工业用地亩均税收年均增长率超过5%，规模以上工业全员劳动生产率年均增长5%。招引更多央企、外企、民企功能总部落户常熟，推动科技服务、研发设计、现代金融、租赁服务、人力资源、知识产权等生产性服务业业态升级，构建工业互联网服务商集群，力争到2025年生产性服务业占服务业比重提高到55%。完善金融服务实体经济考核机制，构建“虞城上市通”服务体系，力争到2025年，苏州综合金融服务平台累计授信超1100亿元，新增上市企业15家。

2.量质并举抓投入。树牢“项目为零、一切为零”理念，更好发挥有效投入的关键作用，力争未来五年重大项目数量只多不少、投资只增不减、质量只升不降。坚持高质量导向，围绕“产业高地”战略，对接跨国公司、重点央企、知名民企、大院大所、海内外常熟精英，引进一批有利于做强做优产业链的基地型产业项目、园区型平台项目，布局一批成长性高的产业化项目，落地一批增长潜力大的科创类项目，力争到2025年，引进2个以上百亿级项目，战略性新兴产业投资占比超80%，技改投资规模持续扩大。加快项目建设，把早落地、早竣工、早达效作为项目推进的最强逻辑，确保未来五年项目综合开工率保持100%以上、未来三年达产项目超200个，工业投资总量保持苏州领先。用好模拟审批、容缺后补、风险备案等系列举措，拓展网上办、指尖办、自助办、帮代办，探索开发区区域评估试点，对符合门槛的项目实现“零审批”直接落地。深入落实“一图一表一方案”，推进建新指标有偿调剂，促进要素向优势地区集中、向优质项目集聚，力争未来五年每年盘活土地超10000亩、每年建新工业用地超2500亩。

3.打造高地蓄动能。产业高度标注城市高度，明确未来五年为“产业高地建设年”，紧紧围绕“五大产业高地”，着力提升产业集群化、高端化发展水平。到2025年，确保每个产业高地至少引进形成5家“链主式”企业、启动建设1个共享技术平台、产业规模增长40%以上。一是打造新能源汽车产业高地。督促“两台整车”加快新车型投放、扩大有效产能以及新能源整车研发布局，支持正力新能、法雷奥西门子等核心零部件企业做大做强，发挥氟材料企业在锂电池制造行业的原材料市场份额优势，加快构建头部车企供应、“三电”系统研发制造、核心部件验证测试的新能源汽车产业集群，力争到2025年产值突破300亿元；抢抓央企战略布局、长三角“氢走廊”规划、上海燃料电池汽车城市群建设等发展机遇，聚焦氢燃料电池汽车核心零部件、电堆集成和储氢运氢基础装备等领域，加大与国家能源集团合作力度，推进中欧氢能创新研究院建设，发挥丰田、重塑、捷氢等龙头企业影响力，集聚更多上下游企业，打造多领域全面发展的氢能产业生态，力争到2025年产值突破100亿元。二是打造新一代信息技术产业高地。发挥立讯、科森等重点项目牵引作用，加大与华为、西门子、百度、小米等头部企业合作力度，在新兴电子材料、新型显示材料、印制电路板和终端组装方面形成规模优势；抢抓汽车智能化、网联化、电气化转型机遇，加速本土汽车产业与前沿信息技术融合发展，在汽车电子信息领域形成集成突破，力争到2025年产业规模超千亿。三是打造声学产业高地。聚焦医疗超声、材料声学、工程声学、信息声学、电声学、海洋声学六大产业方向，每年引进30个科创项目、落地30个产业项目，攻克转化一批产业共性关键技术，加快推动声学科技产业化进程，“苏州 · 中国声学创新谷”形成国际声学产业技术研究院、声谷创新加速中心、声学人才培育中心、声学产业制造中心、声学会展中心五大阵地，到2025年产值突破300亿元，成为全国体系最完整、技术最领先的声学产业集聚区。四是打造生命健康产业高地。聚焦创新药及高端改良药、特色专利原料药及制剂一体化，拓展植介入材料、体外诊疗、智能检测、康复设备等领域，发挥诺华、药明康德等头部企业优势，主动承接上海、苏州等地生物医药产业溢出效应，形成特色医药、高端器械、健康养生三轴联动的生命健康产业集群，力争到2025年产值突破200亿元。五是打造数字经济产业高地。聚焦人工智能、平台经济、工业互联网等领域，加快人工智能产业园、数字科技新城、UWC+创新岛等产业载体建设，推动软件企业集聚发展，实现“产业×数字”的跨界融合。支持贝塔科技、罗伯泰克、莱茵电梯、飞榴科技、京东鲲鹏等企业大力发展“制造+数字+服务”业务，培育一批平台型独角兽企业。积极打造数字产业新业态，深化直播电商“万千百十”工程，持续巩固网络零售额苏州大市第一位置，力争到2025年累计交易额超4000亿元，数字经济产业营收规模突破400亿元，建成国家级数字经济创新示范区。

二、聚焦创新活力的全面释放，打造要素更加充沛、生态更加完善的美丽新常熟

1.*激活科技创新引擎，加快转变发展方式*。坚定实施创新驱动战略，持续深化国家首批创新型县（市）建设、省科技综改试点，聚焦“三大工程”建设，构建以创新为导向的要素配置模式，推动经济发展从投资驱动向创新驱动转变。实施企业自主创新能力提升工程。强化企业创新主体地位，推动规上工业企业和高新技术企业建立研发机构，支持龙头企业牵头实施重大科技项目、参与国家级重大科创平台建设，支持创新技术、创新产品首购首用、示范推广。力争到2025年，高新技术企业数量翻番、高新技术产业产值占规上工业总产值比重超46%，规上企业研发投入强度达2.5%，全社会研发投入占GDP比重超4%。实施产创融合平台建设工程。按照“十条战略性产业链的重大创新平台、百个支撑性平台载体、千个企业研发机构”的目标要求，引导各类创新载体、创新资源深度链接“354”产业体系，加快中小企业联合创新中心建设，促进产业链上下游、大中小企业融通创新，加快联动大资本、大基金，推动金融赋能科技创新，打通基础研究、应用开发、成果转化链条，力争到2025年，引进建设声学、氢燃料电池等产业领域的重大创新平台5家以上，科技进步贡献率达到70%。实施产业创新人才集聚工程。落实苏州“人才制度改革十五条”，深入推进产才融合，实施人才牵引工程，争取五年内高技能人才总量突破11万人。做大青年人才底盘，完善住房、住宿、医疗、子女教育、社会保障等配套政策，建设“青年发展型城市”。集成部门服务和市场资源，全力支持人才企业做大做强，加快培育优秀企业家后备人才梯队，力争到2025年，全市领军人才总量翻番，5家人才企业科创板上市，培育10家（准）独角兽企业与细分行业单打冠军，人才企业对产业发展的带动作用更加凸显。

2.*激活改革创新引擎，突破体制机制瓶颈*。发挥改革突破和先导作用，破除制约发展的思想观念和体制机制障碍，全面深化“三大改革”，充分释放发展的动力活力潜力。全面深化要素市场化配置改革。深化土地资源要素配置改革，探索工业、研发、商务、商业复合利用供地模式，推动土地要素向产出效率更高的地区配置，优化生产、生活、生态空间，提高土地资源节约集约利用水平；协调推进人才发展体制机制改革和政策创新，推动更大限度放开落户限制，着力发展智力密集型产业；深化资本要素配置改革，构建金融、科技、产业深度互动关系，更好发挥股权投资基金等市场化机构的桥梁纽带作用，畅通资金直达实体经济通道。全面深化行政体制机制改革。持续深化“放管服”改革，推进证照分离改革、一业一证改革和“一件事一次办”，加快完善基层政务服务体系建设，持续营造国际一流营商环境；加速推进国资国企改革，优化完善企业治理模式和经营机制，深化混合所有制改革，推动国资国企做优做大做强；持续推进开发区管理体制改革，适当扩大开发区管辖范围；抓好苏州自贸区联动创新区建设，先行先试、复制推广自贸片区改革措施，构筑联动发展机制。全力争取省级以上改革试点。持续深化市场采购贸易方式试点、既有建筑改造利用审查验收试点、农村集体经营性建设用地入市试点、长江沿线国土空间生态修复试点等改革成果；聚焦发展亟须突破的政策障碍、机制瓶颈，力争每年落地至少5个省级以上改革试点，切实解决一批发展面临的难题。

3.*激活开放创新引擎，拓展更大发展空间*。开放是推动发展的重要动力，创新驱动离不开开放、也必须开放，要推动创新、改革、开放相互促进、相得益彰。构建一体化发展格局。按照“南融苏州主城区、对接沪杭产业带”思路，加强与工业园区、高铁新城的合作互动，深化与上海在汽车零部件、生物医药、新材料等领域产业合作，借力杭州在数字经济、平台经济领域的一线资源，积极融入沿沪宁产业创新带、G60科创走廊，推动更多沪杭科创成果、产业项目在常落地转化。提升开放型经济水平。持续推进中日、中德、中挪等开放平台建设，支持外企增资扩股、深耕常熟，力争五年内引进各类外资功能性总部5家以上，累计使用外资突破50亿美元。加快推进服务贸易、跨境电商等新业态发展，推动市采通平台全省推广，全力促进线上线下消费高效对接、大中小商贸企业协同联动，确保服务贸易进出口额年均增速10%以上。构建开放型物流枢纽。以“常熟港振兴”为总抓手，按照“存量资源激活、码头空间优化、物流贸易集聚、基础设施提升”四步走战略，到2025年岸线有效利用率超85%，港口亩均税收提升40%。深化与上海港、宁波港、洋山港等港口联动合作，打造国际纸制品、化工品、煤炭、生鲜冷链贸易枢纽港，持续放大服装城商贸服务型物流枢纽功能，创建国家级商贸服务型物流枢纽。

三、聚焦城市能级的加速跃升，打造功能更加完善、品质持续提升的美丽新常熟

1.*高标建设城市片区*。聚焦人、产、城的联动发展，重点打造功能完备、特色鲜明的“六大片区”。完成琴湖片区建设，形成集运动康体、观光消费、高端住宅、城市经济为一体的城市新门户、人才新客厅。推动昆承片区规划建设，修编昆承片区规划，拓展发展空间和腹地范围，加速构建"一轴两带双核六岛"总体空间格局，建设以总部经济、人工智能、"研发+服务+产业"为核心的沪苏协同创新发展示范区。推动声谷片区尽快成型，以争创国家技术创新中心为愿景，围绕"科技新城的滨水客厅、创新人才的栖居典范、声景融合的生态水岸、品质生活的活力空间"四大特色，打造世界声学产业发展"引擎"、全球领先的声学科技创新"尖点"和人才"高地"。推动辛庄南部片区开发建设，谋划接受虹桥国际开放枢纽和苏州高铁北站国家级综合交通枢纽的功能辐射，建设苏州高铁北城。加快两大城铁片区建设，利用高铁站点资源，常熟站片区重点发展数字经济、共享数字生活、集聚数字人才，建设"数字科技新城"，高铁西站片区用活虞山尚湖生态资源，打造"2+3+X"产业体系，建设"生态科技新城"。同时，启动南湖荡片区、铁黄沙片区利用规划，为优质生态资源的保护利用奠定基础。

2.聚力提升城市功能。加速构建现代化交通体系，完善现代化城市功能，绘就山水人城和谐相融新画卷。要让交通优势更鲜明。以"两个一小时、四个半小时"通道建设为统领，加快重大交通基础设施项目建设，切实保障南沿江铁路、通苏嘉甬铁路、常熟西站建设，加快推进常熟东互通、常熟北互通、高新区互通、青墩塘快速路、G524高架等交通骨干工程建设，有序推进翁庄路、草荡路等16条镇际道路建设，精致实施城区道路提升改造，全面对接如苏湖城际铁路、海太跨江通道、苏州轨道交通10号线等重大交通项目。力争到2025年，高速铁路里程超64公里，高速公路互通增加至10个，快速路网里程超100公里，通过市域内外交通节点的联动建设，提升区位比较优势，放大"枢纽+节点"互动效应。要让高端载体更集聚。加快推进重点城市载体建设，确保雅高美居年内投用；招商力宝、苏州奥林匹克青少年文化中心2022年投用；日航国际、波司登凯悦、龙腾希尔顿、工人文化宫、海吉亚医院2023年投用；UWC+创新岛、哈佛BI医疗2024年投用。根据城市发展进程和消费升级趋势，持续提升商业载体、引进一线品牌，不断提高城市服务水平。要让文体旅赋能更显著。聚焦文化产业倍增计划，加快培育新兴文体旅业态，精心打造"四色"旅游品牌，推出"琴文化"特色IP，推动华侨城、原葺森林、山湾里等文旅载体建设，打造昆承湖水上运动基地，放大新古里知旅街区、红豆山庄等文旅综合体影响力，助推"江南文化"品牌建设，力争到2025年，文化产业增加值占GDP超10%，成功创建国家级旅游度假区和国家全域旅游示范区。

3.深入推进城市更新。聚焦存量空间释放和功能形态提升，持续开展更大范围、更高品质的城市更新。统筹推进农房翻建更新和农村基础设施更新，结合各村实际，分层分类开展美丽乡村建设行动，到2025年实现"千村美居"全覆盖；加快推进苏州"两湖两线"特色田园乡村跨域示范区建设，确保到2025年累计建成127个特色康居乡村、2个特色康居示范区、6个特色精品乡村组团。稳步推进城中村自主更新，科学规划配套基础设施，形成"插花式"区域自主更新政策体系，力争到2025年累计实施50个以上、完成20个以上单元，建成10个左右美丽幸福新社区。扎实开展老旧小区整治更新，扩面推进增设电梯工作，到2025年整治老旧小区建筑面积达60万㎡，改造房屋超350幢，增设电梯50部以上，进一步提升老旧小区居住条件和生活品质。加快推进历史街区有机更新，落实房屋使用权集中，先试行、后推进，尽快形成有效机制，五年内主要区域基本更新完成。持续扩面既有建筑更新改造，聚焦经济效益、人文效用和城市效应的协调发展，到2025年确保新纳入试点项目超60个，累计实施试点项目超200个。高标推进老旧工业区更新改造，加快一、二期项目建设，启动三、四期项目摸排，探索打造市域一体的智慧园区管理平台，差异化导入特色产业项目，力争到2025年更新改造累计超5000亩。加快实施城区和景区绿化景观整理更新，推动城区道路景和绿的有机结合、交替呈现，到2025年完成20条道路绿化景观品质的美化提升；推动景区绿化景观疏密有度、通风透光，年内完成16.8公里尚湖环湖绿化景观品质优化，实现景区景观整理全覆盖。加快被撤并镇有机更新，结合区域综合实力和区位特征，推动被撤并镇优化空间结构、融入产业发展、提升建筑形态，因地制宜打造一批小巧、干净、悠闲的美丽城镇。

四、聚焦群众向往的美好生活，打造获得感更多、幸福感更强的美丽新常熟

1.持续推动民生事业改善。以扎实推动共同富裕为目标，让发展的成果更多更公平惠及全体人民，促进人的全面发展和社会全面进步。全力办好民生实事项目，确保民生支出占比不低于80%。加快推进教育资源优质均衡发展，构建公办教育为主、民办教育为辅的协调发展格局，未来五年，新建、改扩建39所学校，新增学位超3.8万个，推动新市民子弟学校提档升级全覆盖，创建江苏省义务教育优质均衡发展县（市、区），确保学前三年毛入园率、义务教育巩固率100%，确保70%以上的学生能入读普通高中，努力让每个在常熟工作的家庭，都能享受公办教育待遇。整合职业教育资源，推动职教中心建设独立设置的五年制高职院校，建设10个现代化实训基地，培养超2万名技术技能型人才。坚持医疗、医保、医药联动改革，建立健全现代医院管理制度，到2025年市域内就诊率稳定在90%以上，创建2所三甲综合医院、1所三甲中医医院，独立设置妇幼保健院。完善综合救助体系，实现兜底性基本民生保障适度普惠、均等覆盖。聚焦"一老一小"服务需求，深化养老、托育服务供给，让有需求的老人住得起、住得进养老院，让年轻人生得起、养得好子女。持续关注重点群体就业，提升各类群体就业、再就业能力，实现年新增就业2.1万人，高校毕业生就业率超95%，困难家庭高校毕业生就业率100%。落实"房住不炒"原则，抓好市场调控和风险预警，促进房产市场平稳健康发展。

2.全面推进乡村振兴战略。以创建省级农业高新技术产业示范区为引领，深入推进现代农业高质量示范片区建设，推动高标准农田提档升级，加快数字农业农村建设，智慧农业生产场景、智慧农村加快覆盖，力争到2025年，累计建成连片标准化养殖池塘8万亩以上，高标准蔬菜基地实现全覆盖，省级农业龙头企业超12家，农民合作社示范率超15%，家庭农场示范率超20%，绿色优质农产品比重保持全省领先。以“千村美居”工程为统领，持续推进环境优美、充满活力、和谐有序的新时代乡村建设，更加注重农村人居环境长效治理，到2022年基本实现美丽宜居乡村全覆盖。推动农村集体经济向更高质量、更可持续方向发展，到2025年全市村均集体可支配收入达到1220万元。推进农业农村重大项目实施，深化“万企联万村、共走振兴路”行动，吸引更多资本、人才、技术投入乡村振兴。深化“三农”人才队伍培育，每年培养在校涉农大学生100名、培育高素质农民1000名，推动农民综合素质普遍提升。

3.涵养小城大爱城市品格。持续推进精神文明建设，大力倡导文明健康、文明交通、文明旅游、绿色生活、诚实守信等文明理念，到2025年县级以上文明村镇占比超90%，文明城市测评结果排在全国前列，争创全国文明典范城市。深化拓展新时代文明实践中心建设，健全新时代文明实践志愿服务工作机制，精心推出一批贴近百姓、贴近生活的志愿服务项目，挖掘一批有热心、有技能的志愿者队伍，培育一批公信度高、带动力强的志愿者组织，打造一批有影响力的公益慈善项目，努力建设“小城大爱、文明常熟”的精神家园。通过政策引导、市场引流、宣传引路，拿出具有吸引力、竞争力的实惠和诚意，优化创新创业环境、降低创新创业成本，以开放包容的姿态，全力打造契合产业趋势、满足企业需求的人力资源体系，确保未来5年至少引进10000名大学生。

五、聚焦治理效能的显著提升，打造体系更加健全、机制更加高效的美丽新常熟

1.构建全域覆盖的公共安全体系。统筹发展和安全，建成安全发展示范城市。毫不放松抓好常态化新冠肺炎疫情防控，加快推进疫苗接种，尽快形成全民免疫屏障，提升公共卫生应急处置能力。健全安全生产责任体系，落实“三管三必须”制度，巩固安全生产专项整治“三年大灶”成果，推动安全生产形势根本性好转，确保生产安全事故总量持续下降。放大“331”新治理机制效应，拓展“数字门牌”在安全监管领域的应用，力争彻底消除“9+1”场所、出租房屋安全隐患。开展既有建筑隐患排查整治，实施危险建筑解危整治，健全既有建筑安全管理常态长效机制。全面提升网络综合治理能力，提升网络舆情态势感知、监测预警、风险评估和管控处置能力。落实精准研判、源头管控、积案化解等工作机制，常态化推进扫黑除恶，防范化解突出风险隐患。加快城市盾牌和动态巡防体系建设，升级完善信息化立体化治安防控体系，确保刑事案件、治安案件、交通事故“三下降”，群众安全感达98%，平安城市建设取得新进步。

2.构建绿色低碳的生态治理体系。围绕“碳达峰、碳中和”目标，因地制宜开发可再生能源，构建高效清洁、绿色低碳的能源结构。实施差别化环境准入政策，制定实施碳排放达峰行动计划，加快产业园区绿色循环化改造，建设一批“近零碳”试点企业，推动产业绿色化发展。深入打好污染防治攻坚战，加大重点断面达标、小微水体治理、污水处理提质增效等工作力度，到2025年完成400条生态美丽河湖建设、国省考断面优Ⅲ比例力争达100%。大力推进重点行业节能减煤、重点领域精准治理等工作，到2025年，$PM_{2.5}$年均浓度降至30微克/米^{3}以下、空气质量优良率超85%。健全土壤污染联防联控机制，完善生活垃圾分类“大分流、细分类”常熟模式，补齐厨余垃圾、建筑垃圾处置短板。高质量推进环境基础设施建设，2022年完成康博固废处置扩建工程，2024年完成洪洞水质净化厂一期工程，2025年实现全市农村生活污水治理全覆盖，全面消除劣Ⅴ类水体。加大绿化造林和湿地保护力度，打造“一岛一湾一江滩”等生态保护工程，到2025年全市林草覆盖率不低于18%、自然湿地保护率不低于65%。

3.构建广泛参与的群众自治体系。以推进市域社会治理现代化为契机，以“一网统管”深化数字政府建设，加强和创新基层社会治理，打造共建共治共享的基层治理新格局。建立示范引领、自主参与、多元监督、考核奖惩四项机制，充分发挥村民自治在人居环境长效治理中的关键性作用，全面建立村（居）民协商议事组织，协商覆盖面扩大至80%，推动建设协商共治“友好社区”，实现城乡社区议事组织、议事活动覆盖率100%。深化“党建+网格”建设，引导社会力量多元服务村居自治，实现网格党建覆盖率100%、网格服务满意率超92%。探索实施村规民约履约评议制度，通过社会公德评议方式提升村规民约执行力。夯实基层自治体系的法治保障，加大“八五”普法力度，建设“一站式”矛盾纠纷化解综合服务中心，实现村（社区）援法议事制度覆盖率100%，法治建设满意度达93%。

聚焦中心服务大局
以党的建设激活高质量发展的澎湃动能

党建只有与发展深度融合，才能充满生机活力。各级党组织要始终把党建工作作为高水平推进美丽常熟建设的重要抓手，牢固树立“围绕发展抓党建、抓好党建促发展”的鲜明导向，切实把组织优势转化为发展优势，把组织资源转化为发展资源，把组织活力转化为发展活力。

一是凝聚奋勇向前的磅礴力量投身发展。全市广大党员干部肩负着将美丽常熟蓝图变成美好现实的重大使命和责任，要把学习贯彻本次党代会精神作为重要政治任务，切实发挥党委（党组）理论学习中心组示范带动作用，强化理论武装，把全市干部群众的思想和行动统一到党代会精神上来。要及时研究意识形态领域出现的新情况新问题，积极应对可能出现的风险挑战。要推动媒体深度融合发展，加快构建广覆盖、全方位、立体化的宣传工作新格局。要巩固和发展党委统一领导，人大、政府、政协各司其职，各方面各尽其责，公众广泛参与的局面，有效助推经济社会高质量发展。要持续认真做好老干部工作，加快构建大统战工作格局，着力深化党管武装工作质效，支持工会、共青团、妇联等人民团体积极参与地方经济社会发展，为美丽常熟建设凝聚人心、凝聚智慧、凝聚力量。

二是营造大抓落实的干事氛围服务发展。健全完善“抓落实”保障机制，深入落实《关于营造干事创业氛围的意见》，持续推行“市委市政府年度重点工作”制度，建立健全重大事项决策机制，深化完善高质量发展的综合考核体系，不断提高把方向、谋大局、定政策、促改革的能力。坚持组织路线服务政治路线的基本定位，把推动市委中心工作贯彻落实作为组织工作的重要职责任务，以“海棠”系列党建品牌建设为牵引，全面加强各层级各领域党组织建设，着力提高党的组织覆盖和工作覆盖质量，形成上下贯通、执行有力的严密组织体系，自觉向中心大局聚焦用力。认真落实“三个区分开来”要求，深入拓展“三项机制”内涵，鼓励探索、支持创新、宽容失误，持续营造“为担当者担当、让有为者有位”的浓厚氛围。

三是锻造素质过硬的干部队伍推动发展。着眼美丽常熟建设需要，进一步优化干部选育管用工作，优化班子年龄结构，改善专业结构，完善来源、经历结构，选树专业契合全市经济社会发展需要、专业能力跟得上时代发展步伐、专业精神与岗位职责相匹配的年轻干部，发挥好各年龄段干部积极性，让整个干部队伍都有干劲、有奔头、有希望。建立健全源头培养、跟踪培养、全程培养的素质培养体系，把思想理论武装、理想信念教育、知识结构改善、能力素质提升贯穿干部成长全过程。注重在招商引资、项目建设、社会治理等发展一线岗位培养锻炼干部，着力提升干部本领、拓宽干部眼界，加快锻造一支公心办事、解放思想、敢于担当、开放包容的领导干部队伍。

四是涵养风清气正的政治生态护航发展。立足政治监督，强化督查督办，确保推动发展的各项大事、难事、要事落实见效。督促各级党委（党组）加强“四项监督”统筹衔接，压紧压实管党治党政治责任。全面加强对“一把手”和领导班子监督，通过抓好“关键少数”带动“绝大多数”。大力推进清廉常熟建设，深化政商交往“三张清单”，加快企业诚信体系建设，坚决杜绝增加企业负担、破坏营商环境、引发廉政风险等问题。持之以恒加强作风建设，深入实施改革创新备案激励保护机制，以更大决心推进重点领域改革、以更大力度保护鼓励创新、以更硬举措打通执行梗阻，激发党员干部干事创业内生动力。科学制定新一届市委巡察规划，建立系统集成协同高效监督体系，推动市委各项决策部署落实落地。坚定不移深化反腐败斗争，严肃查处各类违纪违法行为。

同志们，历史的车轮永远向前。过去，勤劳勇敢的常熟人民锐意进取、开拓创新，谱写了一段段催人奋进的奋斗史、发展史。今天，美丽常熟建设的重任落在了我们肩上，使命光荣、责任重大。让我们更加紧密地团结在以习近平同志为核心的党中央周围，在省委和苏州市委坚强领导下，以一往无前的精神状态和实干担当的奋斗姿态，向建设美丽幸福新常熟的目标奋勇前进，奋力书写“争当表率、争做示范、走在前列”的常熟答卷！

名词解释

1.“354”产业：“3”是“三大支柱产业”，即汽车及零部件、装备制造、纺织服装三大千亿级支柱产业；“5”是“五大重点产业”，即新一代信息技术、生命健康、物流物贸、数字经济、氢燃料电池产业；“4”是“四大特色优势产业”，即智能货架、高端无纺、玻璃模具和现代氟材料。

2.“两个一小时、四个半小时”：一小时到达南京和杭州两大省会城市，半小时到达虹桥、硕放两个国际机场，半小时到达苏州主城区，半小时到达市域各板块。

3.“9+1”场所：小商店、小学校、小医院、小餐馆、小旅馆、小棋牌室、小歌舞厅、小网吧、小美容等“九小场所”及小微企业。

4.“1+4+4”安全环保消防联动：成立安全环保消防联动工作组，建立定期会商、信息共享、线索移送、培训教育四项联动机制，落实联合推进源头把控、联合开展专项整治、联合加强执法监管、联合做好应急处置四项联动措施。

5.年轻干部“三池六制”：“三池”是指构建干部源头池、干部资源池、干部调配池，“六制”是指编制审核、科学选录、精准发现、综合培养、常态提拔、交流轮岗六项工作机制。

6.“五位一体”干部激励保护机制：容错纠错机制、改革创新风险备案机制、不实信访举报澄清正名机制、谈话函询采信告知机制、构建清亲政商关系系列举措。

7.“四高城市”：苏州“十四五”规划明确提出，未来五年将建设成为经济更“高质量”、生活更“高品质”、城市更“高颜值”、治理更“高效能”的“四高城市”。

8.“三增三进”发展目标：“三增”即工业增投资、产业增载体、财政增收入；“三进”即全市高质量发展考核“进等次”、开发区“进位次”、乡镇（街道）“进级次”。

9.产业用地更新“双百”行动：即苏州市产业用地更新“双百”行动，在苏州大市范围内，划定100万亩工业和生产性研发用地保障线，实现100平方公里产业用地更新。

10.“一图一表一方案”：一图，即生产、生活、生态三大空间现状图和规划图；一表，即生产、生活、生态三大空间涉及的相关资源要素指标表；一方案，即各板块空间布局调整实施方案。

11.“万千百十”工程：至2022年，集聚10000名带货达人，引进1000个新零售品牌、100个网红经济运作机构，建设10个以上直播电商示范基地。

12.“一轴两带双核六岛”总体空间格局：“一轴”指串联昆承湖西创新研发核与湖东中央商务区的中央发展轴；“两带”指依托G524与昆承快速路构建的两条综合服务带；“双核”指湖东、湖西科创研发核；“六岛”指镶嵌在环湖廊带之中的六个岛（六个片区），即UWC+创新岛、零碳科技岛、研学游智慧岛、时尚创意岛、未来科技岛、数字产业岛。

13. “2+3+X”产业体系：根据高铁西站片区发展需求，以大健康和现代服务业为主导产业，同步发展智慧城市、文旅休闲、会议会展等相关产业。

14. “四色”旅游：革命文化“红色游”、山水人文“绿色游”、康体健身“蓝色游”、江畔体验“彩色游”。

15. “两湖两线”：苏州大力推进特色田园乡村建设，打造“两湖两线”跨域示范区。“两湖”即环阳澄湖片区、环澄湖片区，“两线”即太湖沿线、长江沿线。

16. “一岛一湾一江滩”：“一岛”，即铁黄沙半岛；“一湾”，即螺蛳湾生态湿地；“一江滩”，即沿江特色田园江滩。

锚定新方位　起航新征程
加快建设更高品质“江南福地”

——在市委十四届二次全体（扩大）会议上的报告

中共常熟市委书记　周勤第

（2021年12月30日）

同志们：

这次全会的主要任务是，以习近平新时代中国特色社会主义思想为指导，全面贯彻党的十九大和十九届历次全会、中央和省市委经济工作会议精神，认真落实省市党代会部署和苏州市委全会要求，回顾总结今年工作，研究部署明年任务，动员全市上下鼓足干劲、奋勇前行，不懈推进美丽常熟建设，加快打造更高品质“江南福地”，以优异成绩迎接党的二十大胜利召开。

下面，我根据常委会讨论精神，讲四个方面意见：

乘势而上　大步迈进
“十四五”发展实现高质量开局

2021年是“十四五”开局之年，面对更趋复杂严峻的外部环境和艰巨繁重的发展任务，市委团结带领全市广大党员干部群众，立足新发展阶段、贯彻新发展理念、服务构建新发展格局，聚焦美丽常熟建设主轴主线，统筹推进疫情防控和经济社会发展，各项目标任务高水平完成，“三增三进”中期攻坚取得决定性成效，“十四五”实现良好开局。

这一年，全市上下高处谋势、实处落子，擘画了未来发展的新图景。围绕“六美集大美、幸福新常熟”，制定“十四五”规划，部署“五个前列”奋斗目标，美丽常熟建设内涵不断深化、路径更加清晰。聚焦更高品质“江南福地”建设，制定三十项具体任务，进一步拉高发展定位、明确使命担当。强化规划引领，全域实施“一图一表一方案”，推动五年拆旧复垦任务落图落表，有序调剂用地指标、加快调优“三生”空间，获评省自然资源节约集约利用模范县。积极主动融入大战略、大格局，精心谋划六大片区，明确定位昆承湖沪苏协同创新发展示范区，“苏州·中国声学创新谷”、漕河泾绿洲芯城、长三角时尚供应链纳入上位规划，实施高新区“扩容提质”，统筹协调、蓬勃发展的城市新格局正在形成。

这一年，全市上下锚定高标、加压奋进，跑出了超出预期的新速度。预计实现地区生产总值2700亿元、增长10%，增速高于苏州平均；一般公共预算收入230.8亿元、增长8%；规上工业产值4500亿元、增长22%，增速苏州第二；全社会固定资产投资725亿元、增长15%，连续两年保持两位数增速；社会消费品零售总额1205亿元、增长16.8%；实际利用外资10亿美元、增长7%；进出口总额235亿美元、增长22.8%，重点指标任务完成实现“满堂红”。金融机构本外币存贷款余额分别增长3.5%、13.1%，银行业贷款不良率0.53%、处于历史低位，普惠贷款余额占比水平指标苏州第一，淘宝女装第一股日禾戎美A股上市，富士莱医药过会，英华特涡旋等4家企业报会。“市采通”打通全国54个口岸、出口增长87%。“五五购物节”“双12购物节”推动消费潜力充分释放，“双十一”网络直播量占苏州55%，网络零售交易额苏州第二，直播电商发展指数全国第五、苏南第一。

这一年，全市上下抢抓风口、乘势而上，迈上了产业发展的新台阶。三大支柱产业稳住“基本盘”，产值、利润占规上比重分别提高到56%、45%。五大重点产业卡入“新赛道”，预计完成产值1447.2亿元、增长26.9%。新能源汽车零部件产业预计年产值超900亿元、增长35%，48家企业进入特斯拉、蔚来、理想等龙头车企供应链；动力电池新材料领域预计产值增长87.1%，长春化工锂电池用铜箔国际市场份额突破48%、全球第一，阿科玛、索尔维等3家企业生产的锂电池新材料国内市场份额突破90%。氢燃料电池产业产值增长185.2%，产业竞争力全国同类城市前三，12家企业在细分领域进入全球前五，治臻新能源的燃料电池双极板国内市场份额突破90%，重塑科技的燃料电池动力系统装机量占全国40%。生命健康产业快速发展，瑞博制药的抗心衰和抗癌药出口订单迅速增长、产值增速超90%。

这一年，全市上下向内挖潜、向外拓源，积蓄了转型升级的新动能。完成工业投资325亿元，连续三年苏州第一；新开工项目273个，计划内外开工率153%；新兴产业、高技术产业投资分别增长26%、47%，占比达77%、34%，创历史新高；技改投资增幅35.5%、苏州第一；森松生物、正力新能、捷胜科技等总投资879亿元的238个新项目相继落地。"智改数转"全面提速，完成项目1732个、苏州第一，覆盖60%以上规上企业；新增省级智能示范车间10个、全省县市第一，新增苏州示范智能车间38个、苏州第二；2家企业入选长三角G60工业互联网标杆工厂、苏州第一。创新驱动深入推进，科创能力进入全国科技创新百强县市前三；全社会研发经费支出占比3.7%、苏州第三；新增省潜在"独角兽"企业4家、"瞪羚"企业27家；新增省"专精特新"小巨人企业（产品）19个、苏州第三；入选省产学研合作项目14个、苏州第二；新增国家级人才5人、苏州第三；"苏州·中国声学创新谷"落地57个产创项目、8个院士和国家级人才团队，声学产业技术创新中心获批省级新型研发机构；高新区集聚氢能项目40个，国家能源集团中欧氢能创新研究院落地，UWC+成果丰硕、引进新技术项目40个。营商环境不断优化，全省首创工业项目远程"不见面"验收，创下"一天四证"新速度，实现"0.5天、零成本"开办企业。盘活存量建设用地超1.2万亩，工业用地亩均税收11.2万元、增长12%。

这一年，全市上下大处着眼、小处着力，推动了城市能级的新跃升。南沿江城际铁路常熟段贯通，青墩塘路高架开工，新世纪大道北延、G524苏常快速路通车；扬子江大道开工，支董线、支何线通车；13条城区道路改造完成；获评省交通运输信息化综合应用示范县。高端载体加快推进，天虹购物中心、江南美好汇、凤凰城竣工投用，日航国际主体结构封顶，龙腾希尔顿、波司登凯悦、现代工人文化宫加速建设，海吉亚医疗、日本永远幸医疗签约落地。扩面实施城市更新，既有建筑改造纳入全国试点，老旧住宅小区改造17万㎡、覆盖5个小区、惠及居民1890户，城中村自主更新完成199户，老旧工业区改造163万㎡，整理提升城区绿地2.8万㎡，新增口袋公园5个，尚湖环湖景观梳理更新、亮出沿湖四季美景，历史街区整理更新入选省美丽宜居城市试点，华联宾馆、绣衣厂、山前坊等一批老建筑、老地标有序更新，唤醒城市记忆。深化文明城市精细管理，67处机关部门开放错时停车，新增各类车位2.3万个，重点区域"停车难"有效缓解；垃圾分类实现全覆盖；拆除违法建设超400万㎡。

这一年，全市上下用心用情、实事实干，实现了民生事业的新提升。坚持人民至上、生命至上，把疫情防控作为头等大事，全面提升流调、集中隔离、核酸检测等"八种能力"，坚决做好排查管控，规范口岸防疫管理，大力开展疫苗接种工作，投用市级核酸检测基地，设置集中隔离点23个，全员核酸检测登记演练覆盖率95.8%。持续增进民生福祉，居民人均可支配收入6.6万元、增长9.2%，新增就业2.4万人，登记失业率1.6%，困难群众实现医保全覆盖。新高考主要指标领跑苏州，包揽苏州理科前三，6人达线清北、686人录取"双一流"高校；王淦昌高中等20个学校建设项目竣工、新增学位1.9万个；普通高中招生比例超65%；现代化实训基地培训超2万人次；创成省义务教育优质均衡发展市。提升医疗服务能力，二院接受三甲医院评审，中医院通过三级中医院复评，成立苏大附属儿童医院常熟医学中心。完成适老化改造952户，居家养老品质有效改善，创成省级居家和社区养老服务创新示范市；新建日间照料中心16家、村（社区）实现全覆盖。住房保障应保尽保，农民工工资支付保障平稳有力。中华慈善总会药品援助项目累计发药5300万元。残奥会、全运会常熟健儿创历史佳绩，勇夺5金5银4铜、全省领先，获评省全民健身示范基地。"千村美居"验收通过1055个村组、累计覆盖面61%，新增省、苏州特色田园乡村9个，美丽乡村扮靓幸福生活；农村强弱电线路整理获省主要领导批示肯定，入选农村公共服务全国典型案例；15万头生猪养殖项目竣工投产，高标准农田建设获省政府督查激励，获评全国县域农业农村信息化发展先进县、绿色高质高效行动县。深化安全生产"三年大灶"，事故起数、亡人数分别下降33.3%和18.1%。推进污防攻坚，城东水质净化厂建成投用，新增生活污水日处理能力16.5万吨，农村生活污水治理率达97.5%，国省考断面达标率、优Ⅲ率分别达100%、93.3%，空气优良率83.1%，$PM_{2.5}$平均浓度27.2微克/米^3，获评国家生态文明建设示范区。推进市域社会治理现代化，完善"331"体制机制，"数字法人"入选苏州创新案例，全国普法先进实现"七连冠"、全国唯一。

这一年，全市上下凝聚力量、团结奋进，焕发了干部队伍的新气象。精心组织庆祝建党百年系列活动，扎实开展党史学习教育，深入学习贯彻党的十九届六中全会和省市党代会精神，沙家浜革命历史纪念馆改陈布展，获评省基层党员冬训工作示范市。严守意识形态主阵地，融媒体中心通过省级验收，"两中心一平台"建设水平进一步提升。全面完成市镇两级党委、村（社区）"两委"换届，新一届党委领导班子年龄结构、功能结构全面优化提升，班子队伍焕发新气象；深入实施"三池六制"，选派81名年轻干部"上下内外"联动挂职，持续培养"好苗子"、锻强"后备军"。坚定不移推进全面从严治党，在苏州率先建立"廉"通企业机制，实施"五位一体"激励保护71例，十三届市委巡察全覆盖，立案查处违纪违法案件427件，市纪委监委获评全省纪检监察系统先进集体。

在肯定成绩的同时，我们也要清醒认识存在的问题和短板：在经济发展上，产业转型任务依然繁重，产业链供应链韧性和竞争力还需增强，新兴产业发展壮大还需加快，科技创新与产业融合度还要进一步提升。在民生事业上，教育、医疗、养老、公共卫生等领域优质供给仍需加大，城市老旧更新、生态环境改善、安全生产等方面短板还要加速补齐。在社会治理上，城市治理精细化水平有待提升，农村人居环境常态长效治理还要巩固深化，基层民主自治意识还要进一步强化。在队伍建设上，领会上级决策意图还要更加深入精准，应对风险挑战的能力水平还需加快提高，干事创业的精神状态还要不断提振。

认清新形势　把握新要求　扛起新使命
在现代化新征程中建设更高品质“江南福地”

“江南福地”，自古就是对常熟这座江南小城独一无二的美誉，风调雨顺、鱼米丰收，百姓富足、安居乐业，曾是最精当的注解。进入新时代，“江南福地”的内涵定位已难以满足人民日益增长的美好生活需要。苏州市党代会提出常熟“要绘就‘六美集大美’精彩画卷，在现代化新征程中建设更高品质的‘江南福地’”。这不仅是时代赋予的命题、苏州授予的课题，更是常熟百姓给予的考题。更高品质“江南福地”，应该是体现现代化和高质量发展要求，有阶梯式递进、高水平提升、实质性飞跃的，是经济实力更“强”、产业层次更“高”、开放程度更“大”、创新活力更“足”、城市建设更“美”、舒适体验更“优”、百姓福祉更“多”的“江南福地”升级版。全市上下要提高站位、精准把握，充分认清形势，不断提振精神，以美丽常熟建设为根本路径，加快建设更高品质的“江南福地”。

*要清醒认识到，当前经济发展面临着更趋复杂严峻的形势和多重压力挑战。*建设更高品质“江南福地”，必须迎难而上、加倍努力，把稳增长、促转型作为基本要求。中央经济工作会议深入研判国内外大势，指出：“外部环境更趋复杂严峻和不确定”“我国经济发展面临着需求收缩、供给冲击、预期转弱三重压力”。从世界看，疫情仍然是最大不确定因素，对全球生产和物流造成严重冲击，大国博弈和地缘风险加剧了全球供应链紧张，通胀压力不断加大，全球面临能源紧张甚至危机，单边主义、保护主义、孤立主义上升，发达国家在高技术领域肆意设防，充满各种可以预料和难以预料的风险。从国内形势看，发展面临的困难和挑战明显增多，受疫情影响，消费和投资势头可能减弱，同时随着更多经济体重启经济，出口替代效应也会减弱，大宗商品价格持续高位，缺煤、缺电、缺芯、缺柜、缺工等问题短期内难以明显改观，这些对外贸增长、产业链供应链稳定、产业培育、企业经营带来不利影响。但我们也要看到，我国经济长期向好的基本面没有变，支撑常熟高质量发展的基础条件没有变，发展比较优势持续凸显、有利因素不断汇聚的态势没有变。全市上下要认清形势、坚定信心、未雨绸缪，坚持稳字当头、稳中求进、全面向好，坚持高质量发展不动摇、不偏向，坚持改革创新“双轮驱动”，坚持统筹协调、系统推进，全力以赴确保支柱产业稳定、新兴产业稳定、工业投资稳定、内外贸易稳定、产业链供应链稳定，在“稳”的基础上努力实现质量、结构、效益等各方面的“进”，力争涌现更多符合高质量发展要求的“好”，为建设更高品质“江南福地”提供支撑保障。要确保“稳”“进”“好”，绝不是简简单单就能实现的，必须清醒认识形势的复杂性、挑战的严峻性，必须付出比以往更为艰巨、更为艰辛的努力，以最“沸”的状态争取最“好”的结果。

*要清醒认识到，我国已经进入扎实推动共同富裕的历史阶段。*建设更高品质“江南福地”，必须坚持以人民为中心的发展思想，把促进共同富裕作为根本着力点。共同富裕是社会主义的本质要求，是中国式现代化的重要特征。党中央提出，到“十四五”末，全体人民共同富裕迈出坚实步伐；到2035年，全体人民共同富裕取得更为明显的实质性进展；到本世纪中叶，全体人民共同富裕基本实现。省党代会提出的“六大显著提升”目标任务和九个方面重点工作，都专门对共同富裕作出部署。建设更高品质“江南福地”，共同富裕是重要内涵，也是根本着眼。常熟作为全国经济最发达县域之一，百姓富裕程度高，发展均衡性好，既有推动共同富裕的基础优势，又有探索共同富裕的空间潜力。必须始终坚持以人民为中心的发展思想，时刻关注“大多数”，始终牵挂“极少数”，加快提升“平均数”，全力服务好“一老一小”，用心办好打基础、惠民生的要事难事实事，努力创造更多“微幸福”“小确幸”，协同推进富民增收多渠道、生活降本多元化、公共服务均等化、慈善作用最大化，让老百姓充分感受到更高品质“江南福地”的民生温度和幸福质感。

*要清醒认识到，踏上新征程、担当新使命对工作提出的新要求。*建设更高品质“江南福地”，必须鼓足攻城拔寨的勇气，把开拓创新、紧抓快干作为党员干部的行动自觉。现在，我们已经踏上实现第二个百年奋斗目标新的赶考之路。省党代会要求坚决扛起“争当表率、争做示范、走在前列”三大光荣使命、奋力谱写“强富美高”新江苏现代化建设新篇章。苏州市党代会提出“建设展现‘强富美高’新图景的社会主义现代化强市”。常熟也肩负着建设更高品质“江南福地”的使命担当。这绝不是轻轻松松、敲锣打鼓就能完成的。全市上下都要认真思考，奋进新征程，我们该以怎样的精神状态焕发新的气象？担当新使命，我们又该以怎样的奋斗姿态谱写新的篇章？必须进一步解放思想、站位全局，跳出常熟看常熟，对标一流看常熟，面向未来看常熟，在融入长三角一体化发展、片区开发、平台建设、通道建设等方面，以大格局、大视野、大手笔来谋划推动。进一步开拓创新、攻坚克难，面对难题不回避，在城市更新、社会治理等方面始终保持改革锐气、破难勇气，敢闯无人区，善答无解问。进一步振奋精神、紧抓快干，走出“舒适区”、步入“赛车道”，摆脱凭着惯性“空挡滑行”的庸态，提振开足马力奋力直冲的状态，以奋进姿态扛起新使命、展现新担当。

排定时间表　画清路线图
加快落实更高品质“江南福地”建设各项任务

明年是党的二十大召开之年，也是“三增三进”收官之年、建设更高品质“江南福地”关键之年。我们必须直面困难、守正创新，努力在抢抓机遇中乘势而上，在攻坚克难中砥砺前行，加快呈现更高品质“江南福地”的现实模样。

明年工作的总体要求是：坚持以习近平新时代中国特色社会主义思想为指导，深入贯彻党的十九大和十九届历次全会、中央和省市委经济工作会议精神，坚决落实省市党代会部署和苏州市委全会要求，弘扬伟大建党精神，坚持稳中求进工作总基调，坚持稳字当头、全面向好，坚持改革创新，把握新发展阶段，完整、准确、全面贯彻新发展理念，加快服务构建新发展格局，着力推动高质量发展，统筹疫情防控和经济社会发展，统筹发展和安全，扎实抓好“六稳”“六保”工作，持续改善民生，保持经济运行在合理区间，保持社会大局稳定，决战决胜“三增三进”收官之战，加速绘就“六美集大美”精彩画卷，在现代化新征程中建设更高品质的“江南福地”，以优异成绩迎接党的二十大胜利召开。

明年主要预期目标是：地区生产总值增长6%以上、力争3000亿元；一般公共预算收入增长6%以上、力争250亿元；全社会固定资产投资700亿元以上，其中工业投资300亿元以上；到账外资8.8亿美元；进出口总额235亿美元；规上工业产值增长7%以上、力争5000亿元，战略性新兴产业产值占比达48%，规上工业核心增加值率提升0.2个百分点；社会消费品零售总额1278亿元、增长6%；企业研发投入增长8%以上；居民人均可支配收入增速与GDP增幅同步；安全生产事故起数、亡人数继续下降；节能环保等各类约束性指标达到上级要求。

重点抓好八项任务：

*一、主动融入国家重大战略，加快构建更大范围、更宽领域、更深层次的开放格局。*以高水平开放融入一体化格局，以高能级平台集聚优质资源，以高效率通勤强化互联互通，着力推动资源一体化配置、产业一体化发展、交通一体化推进。一是深度融入区域一体化进程。加快融入苏州市域一体化发展，加强与苏州工业园区等地合作互动，积极贡献长板、深化协同联动；主动参与省内全域一体化发展，落实苏锡常一体化等任务，加强和省内城市合作交流，推动区域协调发展；深度融入以上海为龙头的长三角城市群一体化发展，积极承接虹桥国际开放枢纽创新资源，引入上海科创、产业、金融、人才等资源，深化与杭州数字经济、平台经济等方面的合作；依托上海国际化高端平台实现一体化发展，对接国际资源、寻求国际合作，加快集聚高端资源要素。二是加快搭建高水平开放平台。全力推进“苏州•中国声学创新谷”建设，聚焦“五大中心”，围绕声滤波器、数字扬声器、汽车声学、声学材料等细分领域，落地产创项目100个，打造具有国际影响力的创新型产业发展高地。高标规划建设昆承湖沪苏协同创新发展示范区，打造以“新能源+数字科技管理”为支撑的昆承片区和以“高端制造+双创产业”为方向的苏州高铁北城，构建“双核”驱动的创新发展格局。推动新能源材料产业平台、新能源汽车零部件产业示范基地等建设，壮大氢能创新研究院、海洋装备重点实验室、同位素研究所、激光产业研究院等创新载体，加快漕河泾绿洲芯城、UWC+创新岛等重点项目建设和资源导入。三是持续优化综合交通格局。加快轨道交通建设，南沿江铁路常熟段完成铺轨，常熟站北广场竣工，通苏嘉甬铁路常熟段开工建设。推进公路干线提升，贯通G524地面工程，建成新世纪大道北延人民路至海虞北路段，持续实施青墩塘路快速化改造、广济路北延、常台高速高新区互通等工程，启动常熟西站枢纽连接线、黄山路南延等项目，构建外联内畅的城市快速路网。持续推动常熟港振兴，建设特色产业港、物流物贸港、科技创新港、绿色生态港。

*二、统筹规划全域土地要素，加快形成资源高效配置、产业集聚增效的国土空间布局。*立足资源禀赋和发展条件，科学布局、统筹调配，形成协同联动、高效集约的良性发展格局。一是加快全域空间规划。按照“双轴五片”全域规划思路，逐步构建以国土空间规划为主体的全域规划体系，形成全空间、全要素、全过程的发展蓝图。完成国土空间总体规划编制，有序推进镇级国土空间规划、城镇开发边界内详细规划、“多规合一”实用性村庄规划编制以及各类专项规划编制。二是抓实“一图一表”推进。加快建立市级层面土地预算制度，有序实施增减挂钩指标有偿调剂使用，完成2021—2022年拆旧复垦任务，拆除违法建设超300万平方米。深化巩固“双合同”用地监管机制，探索混合产业用地、新型产业用地（M0）、弹性用地供给，用好集体土地入市试点政策，推进土地集约高效利用。编制产业用地热力图，推动产业要素和土地要素的精准匹配。三是高标打造专业园区。牢固树立“产业园思维”，建成立讯智能科技、中德（常熟）智能制造、人工智能、智车城等产业园载体103万平方米，启动建设世嘉创新、金峰科技、智慧能源创新中心等产业园载体53万平方米，加速优质产业资源导入，推动苏虞生物医药产业园提档升级，打造一批“形态现代、主题鲜明、功能完善”的产业园区。加快完成第一、第二批老旧工业区更新改造项目，结合“一图一表”统筹谋划推进存量老旧工业区资源盘活。

*三、重点培育壮大一批特色优势产业，加快打造规模效应凸显、特色标识鲜明的产业高地。*立足“354”产业体系，突出“五大产业高地”建设，坚持引育并举、量质齐升，全面提升产业标识度和综合竞争力。一是建强产业链集群。聚焦重点产业链，大力实施强链补链行动，力争风口产业链产值增长30%以上。新能源汽车产业要全力构建头部车企供应、“三电”系统研发制造、核心部件验证测试的优质产业集群；服装产业要向市场预测、数字智造、网络销售一体化转型，同时加快品牌塑造；氢燃料电池产业要抓住燃料电池汽车示范应用上海城市群快速发展窗口期，在核心零部件制造、氢气制备储运、加氢基础设施等领域加速发展；氟材料产业要支持新泰、吴羽等优势企业扩大锂电池材料高端市场份额。培育壮大工业互联网、生命健康、智能终端、智能网联汽车等产业链，突出关键环节、关键产品，发力引育一批“链主”企业和“专精特新”中小企业，推动产业规模加速扩容，产业能级加快攀升。建立“重点成长企业重

点服务机制”，协调解决高成长性企业的个性化诉求，助力企业抢抓发展风口、迈入行业头部。二是加快数字化转型。充分发挥专业诊断的把脉问诊作用、成功案例的示范带动作用、重要平台的赋能增效作用和金融工具的精准扶持作用，纵深推进“智改数转”，探索“一镇一特”精研行动，实施“智改数转”项目750个，规上企业覆盖率达75%，新增苏州市级以上标杆荣誉150个。推动百度、西门子等数字科技头部企业在赋能传统产业的同时，发展壮大数字科技产业。三是抢抓新经济风口。推动直播电商、跨境电商、生鲜电商等新消费新零售高质量发展，持续实施“万千百十”工程，推动线上和线下融合发展，争创跨境电子商务综合试验区。支持衫数科技、飞榴科技、贝塔科技等企业大力发展“制造+数字+服务”新模式，推动“运融通”赋能传统物流产业，培育一批平台型独角兽企业。探索外贸新业态新模式，持续扩大“市采通”带动效应，市采贸易出口达20亿美元。引导企业抓住RCEP协定实施契机，拓展国际市场，提升贸易和投资发展水平。

四、全力提升投资质效，加快构筑增长稳、结构优、动能强的项目支撑。聚焦高质量投资驱动，持续稳总量、提速度、优质量，不断积蓄转型发展强劲动能。一是加快项目建设进度。围绕签约项目落地生根、在建项目开花结果、竣工项目茁壮成长，严格监管用地准入、开工竣工、投产达效等重要环节，完善全周期管理服务，确保新开工项目三季度100%开工，完成工业投资300亿元以上、三年1000亿元目标。着眼达产达效、强化跟踪监管，明确项目整改和退出机制，倒逼提升投资实效。二是狠抓投资质量提升。把好项目引进和准入关，对5000万元以上项目严格把关、纳统入库，重点核实厂房投资、设备投资等信息，确保项目引进质量。研判产业先进性、设备投资比重等关键点，推动投资与产业转型升级相适应，确保把有限的资源用到回报高、收益高的投资项目上来，力争战略性新兴产业投资占比超35%。三是保持项目储备充足。推进招商引资体制改革，全力拓展产业链、资本链、创新链等招商路径，充分利用北欧、日本、德国等境外招商平台，加强多元化招商、专业化招商，落户一批跨国公司地区总部和投资较大、产出较高的项目，力争引进超10亿元项目30个。深入推进特色产业园招商，吸引“专精特新”企业集聚落地。

五、更加凸显创新引领作用，加快培育产创融合、近悦远来的创新大生态。坚持科技自立自强，推动创新资源要素加速集聚，充分整合现有研发机构平台，加快形成以产业规模为支撑、以技术优势为主导的高水平产业创新集群。一是放大“产创融合”裂变效应。构建“孵化器+加速器+产业园区”接力式孵化体系，推动大院大所、企业、地方共建创新联合体，探索科学灵活的利益分配机制，促进科技创新与产业发展深度融合，推动更多科技成果转化落地。发挥载体平台创新策源功能，加快资源导入、主体培育、技术攻关和生态打造，加大科创载体建设力度，新增孵化载体面积20万㎡，孵化、引入科创项目100个，新认定高企300家。二是放大“产金融合”撬动效应。充分发挥新动能基金、常创基金的引导作用，吸引股权投资、创业投资集聚发展，畅通资本与产业对接渠道，提升基金对本地科创产业的发展贡献度。加快培育本地高精尖企业上市，做好“贴身式”服务，新增上市企业4家。深入实施国企改革三年行动计划，推动国企对接资本市场，积极参与长三角区域国企合作，提高国有资本市场化、专业化运作能力，在推进重大战略、片区开发、智改数转、老旧更新等方面扛起责任担当，力争国有企业资产总额突破2300亿元、营业收入突破100亿元。三是放大“产才融合”磁场效应。坚持人才优先，加强“双招双引”，常春藤国际人才创“芯”港开工建设，常熟（虹桥）国际人才港加大资源导入，打造高质量人才社区和创新高地，力争高层次人才总量超3.4万人，新增市级以上领军人才项目200个，以人才链的“强”，激发创新链的“活”，托举产业链的“优”。深化产业工人队伍建设，培养技术技能人才4000人、智能制造人才5000人，纾解企业用工难题。

六、聚焦城市功能面貌双升级，加快展现古今交融、宜居宜业的现代都市魅力。着力焕新城市风貌，优化城市功能，厚植城市底蕴，持续增强城市舒适度。一是滚动实施存量更新。实施“道路黑化”和“绿化整理”工程；融合市场力量推进西泾岸等历史街区有机更新，加快形成首成案例；深度实施既有建筑更新改造、城中村自主更新、老旧小区综合整治，提升城市宜居品质。二是加快推进片区开发。声谷片区，声谷会展中心、国际社区加快开工建设，艺体中心建成投用，道路框架基本形成，常浒河滨河景观一期工程完工。昆承片区，加快形成规划成果、明确片区功能，启动基础设施建设。苏州高铁北城片区，确定合作单位及开发模式，编制片区概念规划、城市设计方案和控制性详细规划，启动片区地块整理。常熟站片区，加快核心区产业载体、配套载体建设，推动产业项目实质性进驻。高铁西站片区，完成控规编制，启动一期土地整理。琴湖片区，基本完工、逐步投用，持续引进高层次商业资源。三是深入推动文旅赋能。加快创建国家全域旅游示范区、国家级旅游度假区，推进沙家浜华侨城、支塘风物街区、尚湖爱必依度假村等项目，启动红豆山庄二期、铜官山乡村乐园二期建设，打响长三角知名旅游目的地“新名片”。推动“小鲨鱼”水上运动全球布局，打造国际性电动滑板总部，培育水上动力滑板特色体育赛事品牌，形成“科技+文体旅”的“蓝色游”爆发点。

七、坚持共建共享促进共同富裕，加快彰显更有获得感、最具幸福感的民生成色。进一步聚焦人民群众关切，尽力而为、量力而行，创造更多看得见、摸得着、感受得到的共同富裕成果。一是健全社会保障，让群众更暖心。着力完善覆盖全民的多层次就业保障、养老保障、医疗保障和社会救助体系。支持和规范发展新就业形态，鼓励创业带动就业和多渠道灵活就业，全年新增就业2.1万人，城镇登记失业率控制在2.5%以内，高校毕业生就业率超95%。持续推进“社保扩面”，新增养老保险参保人数3万人以上，加快实现苏州大市医疗生育保险同城同卡同服务，新增住房公积金缴存职工3万人。二是增加优质供给，让群众更舒心。把“群众没有不满意”作为工作目标，着力提升公共服务水平。实施农村老旧管网改造、防汛水利设施建设等民生实事项目。健全常住人口基本公共服务制度，推动公共服务均等化。倾力守护“一老一小”，建成综合为老服务中心3家，完成适老化改造1000户，镇（街道）区域性养老服务中心实现全覆盖；多元发展婴幼儿照护托育服务，认真做好“双减”工作，推进实施琴湖幼儿园等29个学校建设项目，逐步推动新市民子弟学校办学水平达到公办水准。高效推进职教中心升格独立设置五年制高职院校，探索职业教育和技能培训、学校和企业互通衔接机制，促进技能人才供给精准适配企业用工需求。建立完善覆盖城乡、层级清晰的医疗卫生服务体系，以医共体建设为抓手深化综合医改，居民自助检测点社区（村）覆盖率超80%。实施“停车难综合治理”民心工程，综合运用规划新建、立体改建、智能改造等多元方式增加有效供给，进一步缓解“停车难”。加快筹建保障性租赁住房和城区安置房，满足市民合理住房需求。三是推进乡村振兴，让群众更称心。聚焦农村宜居宜业，深度融入“两湖两线”跨域示范区建设，验收通过“千村美居”村组700个，建设苏州特色康居示范区2个、苏州特色精品乡村6个、省级特色田园乡村3个，基本实现美丽宜居村庄全覆盖。聚焦农业高质高效，建设高标准农田（池塘）2万亩、现代农业高质量发展示范片区10个，推进省级农业高新技术产业示范区建设，持续培育壮大新型农业经营主体，率先基本实现农业农村现代化。四是深化自治共治，让群众更顺心。推进“村规民约”履约评议制度，打造可复制易操作的“村规民约”，夯实群众自治基石。围绕基层治理热点难点，深化村民议事活动，发挥党员表率作用，妥善化解农房翻建、人居环境、邻里纠纷等治理难题。深化社区慈善志愿文化建设，鼓励支持新乡贤、社会组织等参与社区治理，形成共建共治合力。推进网格化社会治理联动，平安建设覆盖率100%。全面深化拓展新时代文明实践中心建设，争创全国文明典范城市。

八、精准把牢发展底线，持续夯实绿色环保、安全安心的城市基石。践行总体国家安全观，统筹发展和安全，深入推进市域社会治理现代化，努力推动高质量发展与高水平安全良性互动。一是构筑疫情防控坚实屏障。慎终如始抓好“外防输入、内防反弹”，盯牢重点人员管理、口岸码头防疫、集中隔离点管理、快速溯源流调、全员核酸检测等关键环节，进一步完善预案、理顺流程、强化协同，全面提升应急处置和实战能力。继续做好新冠病毒疫苗接种工作，确保“应接尽接”。二是提升安全生产本质水平。持续深化安全发展示范城市创建，把安全发展理念贯穿城市规划、建设、管理全过程，构建系统性、现代化城市安全保障体系，打造韧性城市。纵深推进安全生产“三年大灶”，持续深化危化品、既有建筑、“331”等领域专项整治，完善自然灾害风险普查、工业企业风险报告和市镇村三级应急管理等工作机制，开展“智慧应急”信息化建设，确保“不出大事故、少出小事故”。三是厚植绿色生态本底优势。聚焦臭氧防治和劣Ⅴ类水体整治两大重点，深入推进蓝天、碧水、净土保卫战，空气质量优良率达85%，$PM_{2.5}$均值低于28微克/米^3，消除劣Ⅴ类水体57条，完成生态美丽河湖建设100条，国省考断面达标率、优Ⅲ率分别达100%、93.3%。坚定不移抓好长江大保护，完成长江主江堤防洪能力及景观提升工程，保护好一江清水、两岸葱绿。认真抓好第二轮省生态环保例行督察交办问题整改，做好第二轮中央生态环保督察迎检准备。推进环境基础设施建设，洪洞水质净化厂、工业固体废弃物集中处置项目完成土建，启动南湖生活垃圾填埋场生态治理，农村生活污水收治完成4000户。编制实施碳达峰行动方案，推进低碳社会、低碳园区和低碳企业建设，推动产业绿色转型。四是防范化解各类风险挑战。落实风险防控“四项机制”，每月对突出隐患风险主动排查、深入研判、精准拆弹，统筹推进各领域安全稳定，坚决守住不发生区域性、系统性风险的底线。开展“信访突出问题攻坚化解年”行动，以更大决心解决一批遗留问题、攻坚一批信访积案、消除一批风险隐患，维护群众合法权益。常态化开展“扫黑除恶”“虞城无诈”“治欠保支”专项行动，抓好新一轮雪亮技防工程建设，营造安全稳定的社会环境。

深入学习贯彻党的十九届六中全会和省市党代会精神 凝聚加快建设更高品质“江南福地”的强大动力

建设更高品质“江南福地”，重任在肩，使命光荣。要认真落实新时代党的建设总要求，纵深推进全面从严治党，为起航新征程、担当新使命提供坚强政治保证。

一、坚定不移强化政治引领，坚决捍卫“两个确立”、坚决做到“两个维护”。坚持把党的政治建设摆在首位，坚持不懈用习近平新时代中国特色社会主义思想武装头脑、指导实践、推动工作，深入学习贯彻党的十九届六中全会和省市党代会精神，引导全市各级党组织和广大党员干部从一百年来党走过的光辉历程中汲取奋斗力量，从习近平总书记赋予江苏的三大光荣使命中明确奋斗指向，从习近平总书记对苏州发展的巨大关怀中砥砺奋斗追求，坚决捍卫“两个确立”、坚决做到“两个维护”，不断提高政治判断力、政治领悟力、政治执行力，严守政治纪律和政治规矩，始终胸怀“两个大局”、牢记“国之大者”，切实把习近平总书记关心的事、强调的事，党中央和省委、苏州市委部署的事、交办的事，作为最应该干、必须干好的事，创造无愧于党、无愧于人民、无愧于时代的新业绩。

二、始终坚持强化党的领导，广泛汇聚团结奋进磅礴伟力。巩固深化党史学习教育成效，进一步融合推进“两在两同”建新功行动与“我为群众办实事”实践活动，引导广大党员干部在与全市人民齐奋斗、共奋进中建功新时代。落细落实意识形态工作责任制，用好用活“两中心一平台”，加强各类阵地建设。充分发挥党委总揽全局、协调各方的领导核心作用，全力支持人大、政府、政协依法履职，巩固壮大最广泛的爱国统一战线，强化党管武装、做好双拥工作，深化全民国防教育和后备力量建设，更好发挥工青妇等群团组织桥梁纽带作用，形成同心同德干事业、群策群力谋发展的良好局面。

三、持之以恒强化组织保障，推动基层党组织和干部队伍全面过硬。全面落实新时代好干部标准，大力选拔使用谋事讲政治、干事有激情、做事高标准、处事能坚韧、遇事敢担当、成事守规矩的干部。以加强新一届领导班子建设为契机，深入实施干部现代化建设能力提升工程，深化年轻干部“三池六制”，着力打造思想淬炼、政治历练、实践锻炼、专业训练平台载体，锤炼提升“八项本领”“七种能力”。用好考核“指挥棒”，加大对懒政庸政、不担当不作为干部的组织处理力度，推动各级干部实干担当、争先创优。坚持大抓基层的鲜明导向，围绕基层党建“五聚焦五落实”深化提升行动，创新实施基层治理“根系工程”，建强建优基层带头人队伍，引导广大党员发挥先锋作用、永葆先进本色。以“海棠”系列党建品牌为统领，坚持一个品牌一个方向，不断延伸服务半径、扩大覆盖范围，打响特色党建品牌矩阵。

四、驰而不息强化正风反腐，涵养风清气正良好政治生态。坚持把政治监督和服务大局结合起来，聚焦项目建设、片区开发、产业转型、老旧更新等重点工作，紧盯常态化疫情防控、污染防治、安全生产等重点领域开展监督，确保政令一贯到底、部署落地见效。健全完善监督体系，常态化开展政治生态监测分析，加强对“一把手”和领导班子的监督，推动“四项监督”贯通协同。严格落实“三个区分开来”，用足用好“三项机制”，持续释放澄清正名、风险备案正向效应，不断激发党员干部干事创业的澎湃活力。扎实推进清廉国企建设，打造企业“廉洁生态圈”，全面构建亲清政商关系。稳步推进十四届市委巡察，充分发挥党内监督利剑和密切联系群众纽带作用。

同志们，时代考题需要务实作答，全新征程更要全新作为。让我们更加紧密地团结在以习近平同志为核心的党中央周围，全面贯彻习近平新时代中国特色社会主义思想，在苏州市委的坚强领导下，昂扬争先之志，凝聚奋进之力，埋头苦干、勇毅前行，加速推进“六美集大美”，奋力谱写更高品质“江南福地”的崭新篇章，以优异成绩迎接党的二十大胜利召开！

政府工作报告

——在常熟市第十六届人民代表大会第一次会议上

常熟市人民政府代市长 秦 猛

（2022年1月7日）

各位代表：

现在，我代表常熟市人民政府，向大会报告工作，请予审议，并请市政协委员和其他列席人员提出意见。

本届政府工作回顾

2017年以来，市政府坚持以习近平新时代中国特色社会主义思想为指导，在上级党委、政府以及市委的坚强领导下，在市人大、市政协的监督支持下，开拓奋进、真抓实干，较好地完成了市十五届人大历次会议确定的各项目标任务，谱写了跨越发展的精彩篇章。

五年来，我们主动作为，集中精力调结构、促转型，闯出了发展新天地。科学应对内外环境变化，顶住复杂多变的外部形势和突如其来的新冠肺炎疫情等不利影响，保持定力、苦练内功，脚踏实地办好转型升级大事，综合实力稳居全国百强县（市）第一方阵。经济运行稳中有进，地区生产总值预计迈上2700亿元台阶、年均增长6.6%，增速高于苏州平均；一般公共预算收入克服短期波动，成功跨越200亿元大关、达230.8亿元，五年增长32.9%；规上工业总产值突破4500亿元、年均增长7%；社会消费品零售总额突破1200亿元、年均增长7.3%；新增境内外上市公司5家、新三板挂牌企业9家、省级跨国公司地区总部和功能性机构7家。农业发展更稳。农业总产值保持稳定，高标准农田基本实现全覆盖，主要粮食作物耕种收综合机械化率达100%，粮食连年丰收，绿色优质农产品比重超80%，“常熟大米”等5个农产品喜获“国字号”认证，获评全国农村创业创新典型县。工业结构更优。确立“354”产业发展体系和“三区一园”为主导的工业布局，汽车及零部件、装备制造、纺织服装三大支柱产业规上产值2500亿元，占规上工业总产值比重达56%，五年提高5.3个百分点。新兴产业规上产值突破2300亿元、年均增长6.2%，培育国家级单项冠军企业（产品）5个、省级以上专精特新“小巨人”企业（产品）45个，工业机器人累计突破2.5万台、位居全省前列。服务业质量更高。服务业增加值年均增长7%，对经济增长贡献率达50.2%，生产性服务业占服务业增加值比重超50%，新增省现代服务业集聚区2家、省物流示范园（基地）

2家。新经济新业态快速发展，全国首创“市采通”平台，通过54个口岸出口货物至128个国家和地区；县域直播电商发展指数全国第五、苏南第一。打造“虞歌畅晚”夜经济品牌，红豆山庄、铁黄沙等“新晋网红”成功出圈，创成省级全域旅游示范区。

五年来，我们争先勇为，全力以赴谋创新、蓄后劲，点燃了增长新引擎。坚持把创新驱动放在发展首位，高度重视有效投入和要素保障，有力推动经济发展向高质量迈进。创新更有“浓度”。位列全国科技创新百强县市前三，五年政府科技投入114.7亿元、年均增长8.3%，全社会研发经费投入占地区生产总值比重达3.66%、五年提升1.1个百分点，企业研发经费投入占主营业务收入比重达2.22%、领跑苏州四县一区，创新型县（市）建设案例入选国家“十三五”科技创新成就展。常熟理工学院校地融合发展进入新阶段，“科技镇长团”模式持续深化，新增产学研合作1582项，全市技术合同成交额近百亿元。新增省级新型研发机构38家，位居全省前列。万人有效发明专利拥有量五年增长83.4%、达44.68件，高于全省平均水平。经开区走上了以声学产业驱动高质量发展的转型之路；高新区形成了新能源汽车核心零部件为主的创新型产业集群，全国综合排名69位、五年跃升57位；虞山高新园获批筹建省级高新区。投资更有“强度”。坚持大抓项目、抓大项目，形成金秋经贸洽谈会、精英创业联盟大会等招商活动品牌，五年引进重点产业项目682个、总投资2530亿元，工业投资超1200亿元。要素保障更有“力度”。坚持向存量要空间，在全省率先探索“零地增长”等路径，实施33个老旧工业区（点）更新改造、规划新增工业载体520万平方米，盘活存量建设用地近6万亩，制定资源利用“一图一表一方案”，为产业高质量发展提供关键保障，获评省自然资源节约集约利用模范县。金融机构本外币存款、贷款余额为3980亿元和3577亿元，五年分别增长36.6%和58.1%，银行不良贷款率从1.63%大幅降至0.53%。新增各类人才8万人，其中高层次人才1万人。

五年来，我们担当有为，统筹兼顾抓建设、精管理，重塑了城乡新风貌。坚持建设与管理并重、建新与更新同步，城乡面貌实现了美丽蝶变。城市建设日新月异。组团推进新城开发，文化片区、琴湖片区跃然崛起，昆承湖沪苏协同创新发展示范区被苏州第十三次党代会明确为对接虹桥国际开放枢纽建设的重要载体。系统推进老城更新，城中村自主更新面积超10万平方米，绣衣厂等119万平方米既有建筑焕发生机，唐宅、山前坊等城市遗存在历史街区整理更新中融入时代，被撤并镇经过三年整治提升明显。有序推进农村人居环境改善，持续健全农宅翻建、农村强弱电线路整理等机制，累计实施“千村美居”等各类美丽乡村建设2890个村（组），投入资金32.7亿元，惠及农户10.4万户。城市交通更加顺畅。百万市民圆梦高铁，常熟站累计输送旅客460万人次；三环、通港、昆承等5条快速路实现“环射衔接”，70公里通车里程数在全国县级城市遥遥领先；新建改建城区道路115条，打通“断头路”11条，1039个“组团式”村庄全部通达等级公路；持续优化市镇村三级公交服务体系，市民出行选择更多、效率更高。城市体验显著提升。琴湖“小蛮腰”、世茂“天空之城”成为城市新地标，永旺梦乐城、雅高美居酒店等高端配套接踵呈现。从“牛皮癣”治理、烟花爆竹禁放、垃圾分类、黑臭水体治理等细节入手，狠抓城市精细管理，实现全国文明城市“两连冠”。

五年来，我们善作善为，用情用力办实事、解难题，绘就了幸福新底色。每年实施一批民生实事项目，样样关乎民生、件件深入民心。民生事业累计支出851亿元，占一般公共预算支出比重达79.4%。居民人均可支配收入预计达6.6万元、年均增长7.9%，城乡居民收入比缩小至1.9∶1、低于全省平均水平。公共服务全面提升。新改扩建学校、幼儿园47所，提供学位6.4万个，学位供需基本平衡，成功创建省义务教育优质均衡发展县（市、区），普通高考主要指标“苏州十连冠”，新高考首战告捷、包揽苏州理科前三，职业学校实现省示范校、特色校全覆盖。市二院、中医院陆续启动三甲创建，医共体运行机制不断优化，新改扩建市二院北部院区、支塘人民医院等医疗机构14家，新增床位2575张，中华慈善总会药品援助项目常熟发药点三年累计发药5300多万元、服务4400余人次，居民人均期望寿命83.36岁、五年提升0.93岁，获评全国健康城市建设示范市。新冠肺炎疫情防控有力有效，实现口岸疫情防控“零输入”和本地疫情防控“零院感、零死亡”。文化事业发展水平全面提升，市博物馆获评国家一级博物馆、省内县级馆唯一，言子专祠成功入选全国重点文物保护单位，马家浜文化考古发现将常熟人类活动史前移了千年。社会保障更加健全。新增就业超13万人，城镇登记失业率稳控在2%以内。新增城镇养老保险参保人数18.8万人，基本医疗保险参保率99%以上，大病最低报销比例达60%，低保标准提升至1095元/月，五年支出困难群众保障资金10亿元。村（社区）日间照料中心实现全覆盖，创成省级居家和社区养老服务创新示范市。住房保障体系持续完善，1万余户住房困难家庭实现住有所居。建成退役军人三级服务保障体系，蝉联全国双拥模范城“五连冠”。对口帮扶思南县脱贫摘帽，南北挂钩成果丰硕、常泗工业园获批建设省级南北共建特色园区。发展大局和谐稳定。扎实推进省级安全发展示范城市创建，驰而不息抓好安全生产、扫黑除恶、信访维稳等工作，建成投用城区防洪大包围，全省首创“数字门牌”系统，刑事发案数持续下降，城市本质安全度大幅提升，群众安全感保持在98%以上，获评全国信访工作“三无”县。生态环境显著改善。坚决打好污染防治攻坚战，投入生态环保治理资金超300亿元，工业污水实现100%收集处理，城镇、农村生活污水处理率分别达99%和97.5%，具备生活垃圾全量焚烧能力，获评全国农村生活垃圾分类和资源化利用示范县。空气质量优良率提高至83%，$PM_{2.5}$平均浓度下降40%，国省考断面水质达标率、优Ⅲ率分别提高30和

43.3个百分点，获评全球首批国际湿地城市、国家生态园林城市。

五年来，我们笃行敢为，持之以恒强作风、优服务，展现了政府新担当。坚持先行先试、深化改革，新承担省级以上改革试点任务12项；顺利实施机构改革、事业单位分类改革、城区街道行政管理体制改革和基层审批服务执法力量“三整合”改革，市镇（街道）综合行政执法实现全覆盖，行政效能进一步提升。相对集中行政审批权改革成效明显，“一枚印章管审批”成为现实，全省首创“水域银行”占补平衡、“否决事项”领导负责等机制，深入推进工程建设项目审批、“一件事一次办”等改革，创下了“一天四证”的审批新速度，新增市场主体15.4万户、五年增长83%，获评国际化营商环境示范县。坚持依法行政，在苏州率先实施民生实事项目人大代表票决制，获评省法治政府建设工作先进单位，实现普法工作“七连冠”、全国唯一。认真落实党风廉政建设主体责任，严格贯彻中央八项规定精神，厉行勤俭节约，“三公”经费五年压降46%，干部作风更加扎实，担当氛围更加浓厚。

各位代表，刚刚过去的2021年是本届政府收官之年，也是“十四五”规划开局之年。一年来，我们以提高发展质效为主线，凝心聚力、狠抓落实，圆满完成了年度各项目标任务。

一是科学应对形势，经济实力明显增强。精准实施电力需求响应，最大限度保障企业生产，预计地区生产总值增长10%、增速高于苏州平均；规上工业总产值增长22%以上，增速位列苏州四县一区第一；一般公共预算收入增长8%；全社会固定资产投资725亿元、增长15%；实际利用外资10亿美元、增长7%；进出口总额235亿美元、增长22.8%。180个重点产业项目竣工投产，工业投资连续三年位列苏州大市第一。完成“智改数转”项目1732个、新增省级智能车间10个、累计建成智能工厂10家，均居苏州首位。亨通海洋光网获评国家制造业单项冠军示范企业，新增省级以上专精特新“小巨人”企业（产品）21个、数量创历史新高。用好“揭榜挂帅”机制，产学研协同攻关“卡脖子”技术难题27项。新认定高新技术企业290家、企业工程技术研究中心51家、科技型中小企业1007家、瞪羚企业27家、省潜在“独角兽”企业4家、苏州“独角兽”培育库企业8家，新增国家级人才5人、科技创新创业领军人才160人。“苏州•中国声学创新谷”应运而起，声学产业技术创新中心登记为省级事业单位、获评省级新型研发机构，累计签约落地产创项目57个、投资超115亿元，声学产业实现了从无到有的聚变发展。氢燃料电池产业创新生态初步形成，集聚项目超40个，丰田、重塑等10个项目在行业细分领域排名国内前三。围绕声学、新能源汽车、服装电商三大方向，深化与常熟理工学院校地融合发展，成效明显。消费市场逐步恢复，社会消费品零售总额增长16.8%，海虞电商园被评为省级电子商务示范基地，服装城跨境电商集聚区被评为省跨境电子商务产业园。文旅产业发展态势良好，获评首批长三角高铁旅游小城。新增农业产业园面积2万亩，获评省绿色蔬菜产业特色县。

二是坚持统筹发展，城市品位明显提升。南沿江城际铁路常熟段桥梁贯通，通苏嘉甬铁路完成工可审查，沪苏通铁路常熟站经停车次增加至每日105列、直达20个省162个车站。新世纪大道北延常昭路至海虞段快速路、524国道莫城至辛庄段快速路、常台高速公路常熟东互通移位工程、支董线、支何线等道路建成通车，13条城区既有道路改造完成，道路交通综合评分排名苏州四县一区首位，获评省交通运输信息化综合应用示范县。功能配套逐步完善，天虹购物中心、江南美好汇新装开业，日航国际主体结构封顶。“六大更新”扩面提质，既有建筑消防设计审验纳入全国试点，历史街区整理更新入选省“美丽宜居城市建设综合类试点”，完成城中村自主更新199户，综合改造老旧小区17万平方米，整理提升城区绿地2.8万平方米，建成“口袋公园”5个。市容环境、户外广告、违法建设等专项整治持续推进，拆除违建超400万平方米。垃圾分类片区建设实现全覆盖。实施停车综合治理，新增停车泊位2.3万个，部分区域“停车难”有效缓解。创新城区易涝点“微改造”治理模式，中心城区实现汛期无内涝。新增省、苏州特色田园乡村9个，海虞镇七峰村获评中国美丽休闲乡村，农村分散式污水治理项目运维、“千村美居”生态建设入选省农业标准化试点。

三是突出共建共享，民生福祉明显增进。竣工学校项目20个。市二院完成三甲医院创建现场评审，市中医院通过三级中医院复评和三甲中医院省级专家组现场调研。建成市级核酸检测基地和4家规范化发热门诊，累计接种新冠肺炎疫苗360万剂次。市图书馆、评弹馆完成提升改造，建成江南小书场5个、江南小剧场3个。慈善文化“五个一”工程获得“中华慈善品牌”项目奖。精心办好市第八届体育运动会，常熟体育健儿在东京残奥会、第十四届全运会勇夺5金5银4铜，创历史最佳成绩，获评省全民健身示范基地、省内唯一。开展职业技能培训2.4万人，新增就业2.4万人，本市籍高校毕业生就业率达98.6%。农民工工资支付保障有力。深化安全生产三年专项整治，工业企业安全风险报告完成率100%，事故起数、死亡人数分别下降38.1%和28.6%。完成“331”机制改革，升级“安居超市”平台，出租房屋合规备案率保持在98%以上。常态化开展“扫黑除恶”斗争，推进“虞城无诈”专项行动，涉诈警情、案件“双下降”。做好第二轮省生态环境保护例行督察迎检，开展工业群租企业安全环保消防专项整治，坚决淘汰低端低效产能。在苏州率先建立“河长+检察长”协作机制，开展“消劣争优”攻坚行动，建成生态美丽河湖272条，获评国家生态文明建设示范区。

2021年，政府系统还高度重视自身建设，扎实开展党史学习教育，不断提高政治判断力、政治领悟力、政治执行力。高质量完成“十四五”规划编制工作。办复人大建议123件、政协提案177件，办结率、满意率首次实现“双百”。

顺利实施高新区“扩容提质”改革,促进了南部区域协同发展。此外,工会、共青团、妇女儿童、残疾人、红十字等事业加快发展,民族宗教、侨台事务、人民防空、气象、外事、档案、供销、地方志等工作取得了新的进步。

各位代表!艰难方显勇毅,磨砺始得玉成。回顾五年的发展历程,我们深深地体会到:只有勠力同心、团结一致,才能把“压力”变成“动力”。这五年,面对经济下行压力加大和标兵渐远、追兵渐近的竞争态势,我们迎难而上、奋起直追,全力推进“三增三进”,用自身发展的确定性对冲外部形势的不确定性,多项工作重回苏州第一梯队,工业投资更是持续领跑,为未来发展奠定了坚实基础。只有动真碰硬、克难攻坚,才能把“难点”变成“亮点”。这五年,面对市民群众对城市品质和发展安全的更高追求,我们出于公心、真抓严管,举全市之力轰轰烈烈推开“散乱污”“331”、系列拆迁清零百日攻坚等行动,彻底化解了一批结存多年的重大隐患、重点矛盾,为未来发展腾出了宝贵空间。只有脚踏实地、真抓实干,才能把“短板”变成“样板”。这五年,面对农村区域广、传统产业占比大等实际情况,对标乡村振兴和产业高质量发展等新形势、新要求,我们不等不靠、主动求变,率先实施“千村美居”工程和制造业“智改数转”,将资源存量转化为发展增量,成功打造农村人居环境整治和传统产业转型“常熟样板”,为未来发展营造了良好环境。只有敢争敢拼、先行先试,才能把“起势”变成“优势”。作为国家首批创新型县市和省科技综改试点市,我们抢抓机遇、率先突破,深化“厅市会商”机制,首创苏州“伙伴计划”,聚力创新和产业融合发展,在氢燃料电池、声学等领域实现抢跑、领跑,为未来发展赢得了硬核优势。

各位代表!五年接力奋进、风雨兼程,奋斗历程令人难忘,发展成果催人奋进。这些成绩的取得,离不开市委的举旗定向和坚强领导,离不开市人大、市政协的有效监督和鼎力支持,离不开全市上下的团结拼搏和共同奋斗。在此,我代表市人民政府,向全市人民,向各位人大代表、政协委员,向离退休老同志,向各民主党派、工商联和无党派代表人士、人民团体,向驻常部队、武警官兵,向所有关心、支持和参与常熟经济社会发展的海内外朋友,表示衷心的感谢和崇高的敬意!

船到中流浪更急,人到半山路更陡。肯定成绩的同时,我们也清醒看到,当前全球疫情仍在持续演变,外部环境更趋复杂严峻,高质量发展稳中承压;产业链创新链融合度不高、传统产业转型较慢、新兴产业尚未成势,产业结构调整任重道远;城市空间布局、功能配套、管理水平有待优化,城市能级需要进一步提升;民生领域的供给和服务还不够精准,不能完全满足人民群众对美好生活的新期待;政府治理体系和治理能力现代化水平仍不高,少数政府工作人员的服务意识、担当精神还需进一步强化。对这些问题,我们将高度重视、加倍努力,采取有力举措,切实加以解决。

今后五年的主要目标和任务

今后五年,是常熟加快高质量发展的关键五年,既面临错综复杂的发展形势,又处于大有可为的战略机遇期。

放眼全局,以国内大循环为主体、国内国际双循环相互促进的新发展格局正加快构建,长三角一体化重大战略正加速推进,为常熟打造比较优势、增强发展动能带来了多重利好。立足自身,“六大重点片区”“五大产业高地”承载力、引领力持续增强,交通区位、生态环境、教育文化等优势日益凸显,尤其是历届市委市政府积累下来的奋斗精神和良好基础,为未来发展凝聚了人心、创造了条件。站在承前启后、继往开来的历史新起点,我们既要增强忧患意识、更要坚定必胜信念,因势而谋、顺势而为、乘势而上,坚持干字当头、勇立潮头,一年一个新台阶、五年实现大突破,奋力开创常熟经济社会高质量发展新局面!

根据市十四次党代会部署,今后五年政府工作的指导思想是:以习近平新时代中国特色社会主义思想为指导,全面贯彻党的十九大和十九届历次全会精神,深入学习贯彻习近平总书记系列重要讲话精神,坚持稳中求进工作总基调,坚持稳字当头、全面向好,坚持改革创新,完整、准确、全面贯彻新发展理念,加快服务构建新发展格局,着力推动高质量发展,坚持以供给侧结构性改革为主线,统筹疫情防控和经济社会发展,统筹发展与安全,扎实抓好“六稳”“六保”工作,持续改善民生,保持经济运行在合理区间,保持社会大局稳定,加速绘就“六美集大美”精彩画卷,在现代化新征程中建设更高品质的“江南福地”。

今后五年,全市经济社会发展的主要预期目标是:地区生产总值年均增长6%左右,一般公共预算收入年均增长6%左右,居民人均可支配收入与经济增长基本同步,全社会研发经费支出占地区生产总值比重达4%,城镇登记失业率控制在2%以内,空气质量优良天数比例超86%,国省考断面水质优Ⅲ率达100%,全面完成节能减排降碳目标任务。

今后五年,全市经济社会发展的主要任务是:

1.围绕更高品质的“江南福地”建设,以产创融合为路径,发展更具动能、更具韧性的经济。坚持先进制造业立市不动摇,在优化土地、资金等传统要素配置的基础上,加快创新、人才等要素导入,加速产业链、创新链、人才链、资本链“四链融合”,打造支撑经济高质量发展的要素保障体系,培育壮大数字经济时代产业的创新集群,力争每年新认定高新技术企业300家,五年后高新技术产业产值占规上工业总产值比重超45%,规上工业全员劳动生产率超过40万元/人,规上工业总产值跃过6000亿元台阶。围绕产业链部署创新链、围绕创新链布局产业链,紧扣“354”产业发展,从供给和需求两端出发,加快十个产创融合重点领域战略性产业创新基地、百个支撑性产业创新平台、千个高质量企业研发载体建设,基本形成产创融合“十百千”平台载体矩阵,通过创新提升优化产业质量、结构和效益;把加快推进数字产业化、产业数字化作为主攻方向，持续推动企业通过“智改数转”跑出发展“加速度”，打造更多“链主”企业和“专精特新”中小企业，力争五年后汽车及零部件、装备制造、纺织服装三大支柱产业规上产值占规上工业总产值比重达60%左右，新一代信息技术、生命健康、数字经济、氢燃料电池、物流物贸五大重点产业形成若干个“百亿级”“千亿级”新兴产业创新集群，智能货架、高端无纺、玻璃模具、现代氟材料四大特色产业在高附加值领域实现“深耕突围”；全力推进“五大产业高地”建设，重点抢跑氢燃料电池和声学产业“新赛道”，打造国内领先的氢燃料电池技术创新中心、产业制造高地和示范应用基地，打造全国体系最完整、技术最领先的声学技术创新和产业集聚区；聚焦品牌服装、工业互联网、智能终端、智能网联车等八大产业链，大力实施强链补链延链，做大做强特色优势产业集群，力争各条产业链产值年均增长10%左右。围绕产业链、创新链锻造人才、资本、载体等支撑链，持续完善多层次人才服务保障体系，精准引才聚才，高度重视创新创业人才尤其是企业家队伍建设，力争五年后人才总量跻身苏州大市第一梯队，领军人才数量翻番，技能人才成为产业发展的重要支撑，用人才链的“强”，激发创新链的“活”，托举产业链的“优”；大力发挥基金撬动作用，通过股权投资基金、创业投资基金等渠道，吸引社会资本助力产业高质量发展，力争五年后新增境内外上市公司18家、金融机构本外币贷款余额突破4500亿元；加快推进“苏州•中国声学创新谷”、昆承、苏州高铁北城、常熟站、高铁西站和琴湖“六大重点片区”建设，为重点产业精准招商提供更多优质平台载体，引导企业择木而栖，促进产业集群发展。围绕实体经济转型，大力发展信息技术服务、现代供应链管理等生产性服务业，力争五年后生产性服务业占服务业比重提高至55%。强化农业科技和装备支撑，实现主要农产品稳产保供，推动蔬菜产业转型升级，全力建设省级农业高新技术产业示范区。

2.围绕更高品质的“江南福地”建设，以协同发展为引领，打造更高能级、更高品位的城市。坚持紧抓长三角一体化最大战略机遇不松手，全面深化与上海、苏州等城市的互利共赢、错位发展，借势借力打造长三角一体化发展先导区和高质量发展样板区，以城市高端化引领产业高质量和民生高品质。交通要从满足基本出行转换到适应现代生产生活的外联内畅上来，加快建设南沿江城际、通苏嘉甬、如通苏湖城际、苏虞张、苏州轨道10号线等轨道交通，沿江高速公路扩建、锡太高速公路新建等干线公路，以及海太过江通道等重点工程，打通市域“断头路”、提升公路网络等级，补齐西部等区域交通突出短板，形成“一环八射”城乡快速路网，全面实现两个“一小时”、四个“半小时”目标，持续推进常熟港振兴，做好“公铁水”联运文章，构筑更加立体、综合的交通体系。城市要从满足基本需求转换到更高品质上来，持续优化常熟主城、滨江新城和南部新城“一主两副”城市布局，着力打造主城区、先进制造核心区、昆承湖沪苏协同创新发展示范区、国际湖荡文旅区和传统产业提升区“五大功能区”；加速老城复兴，系统谋划历史文化名城保护更新，实施一批文化创新和修复保护工程，做好古城建筑、街巷、遗迹保护利用和非物质文化遗产保护传承工作，科学谋划市博物馆新馆建设，持续扩大城中村、老旧小区、既有建筑更新改造范围，让古城风貌与现代生活、原住民与外来游客相互交融，让千年古城的历史和文脉展现出江南文化的独特魅力；加快新城崛起，基本完成昆承、常熟站等重点片区开发，着力引进更多高端化、现代化的城市功能配套，同步布局5G网络、新能源汽车充电桩等“新基建”，探索推进智慧出行、智慧社区等“新城建”，全力打造产城人融合示范区；全面推进存量违法建设清零，基本解决“停车难”等城市治理问题，持续提升市民文明素质和社会文明程度，努力创建全国文明典范城市；着力推进乡村振兴，持续开展充满活力、和谐有序的新时代乡村建设，实现“千村美居”全覆盖，建成高质量“两湖两线”跨域示范区，全面形成现代乡村治理的制度框架和政策体系，真正让“农村成为城市里的公园，农房成为公园里的别墅”。用好铁黄沙资源，结合望虞河拓浚和水利枢纽外移，加快铁黄沙生态农业发展，推动空间资源有效利用。

3.围绕更高品质的“江南福地”建设，以优质均衡为导向，创造更有温度、更有质感的民生。坚持保障和改善民生不缺位，以共同富裕为目标，探索按照实有人口，尽力而为、量力而行精准布局基础设施、提供基本公共服务，让发展成果更多更公平惠及虞城百姓。持续完善就业创业服务体系，创造更多市场化、社会化就业机会，让每一位劳动者在城市发展中都能找到体现价值的空间。持续推进教育综合改革，动态化解学位局部供需矛盾，促进基础教育更优质均衡，创成全国义务教育优质均衡发展县（市、区），推动高中教育更特色多样、职业教育更匹配产业发展，支持常熟理工学院建设高水平应用型大学，提高学生综合素质和成长竞争力，让每一位在常学子都有人生出彩的机会。持续深化综合医改，着力提升医疗机构服务能力，做强重点学科、特色专科，传承发展虞山医派，新增三甲医院3家、二级医院2家、社区医院3家，不断优化“分级诊疗”制度设计，稳妥推进三甲医院、二级医院、基层医疗机构的资源整合与功能互补，让市民群众都能享受更加优质便捷的医疗健康服务。统筹文化事业和文化产业发展，完善公共文体资源配置，大力发展群众性体育，五年后人均体育场地面积超5平方米、人均接受文化场馆服务次数达8次，完成文化产业倍增计划、文化产业增加值占地区生产总值比重超10.8%。擦亮“四色”旅游品牌，创成国家级旅游度假区和国家全域旅游示范区。聚焦“一老一小”，全面提升养老服务、儿童福利的供给水平，逐步完善三孩生育配套政策，加快构建多层次养老服务体系，不断织密“老有颐养、孩有优护”的民生保障网。健全多层次社会保障体系和综合救助体系，促进各类医疗保障互补衔接，完善疾病预防控制网格体系和重大公共卫生应急体系，发挥慈善事业在第三次分配中的主渠道作用，稳步推进住房保障供给侧结构性改革，让每一位市民生活都后顾无忧。更好地统筹发展和安全,构建群众广泛参与的社会共治共享体系,常态化抓好安全生产和疫情防控,有效保障食品药品安全,系统推进城市生命线安全工程建设,增强突发公共事件应急处置和防灾减灾抗灾救灾能力,建设更高水平的"平安常熟"。牢固树立绿色发展理念,精准实施能耗控制,坚决遏制"两高"项目盲目发展,向碳达峰、碳中和迈出坚实步伐,实现主要污染物排放总量持续减少、能源资源配置更加合理、利用效率不断提高、减污降碳协同增效,让常熟的水更清、地更绿、空气更清新。

4.围绕更高品质的"江南福地"建设,以人民满意为标准,构建更加透明、更加高效的政府。坚持与时俱进、自我革命不懈怠,注重集成、联动、务实、高效,做好该做的事、负起该负的责,以发展实绩践行使命担当。推进城市数字化建设,拓展"互联网+监管"和"远程监测+智能感知"等应用场景,加快构建市场主体和自然人全生命周期管理服务体系,摸清城市底数,利用信息化和大数据手段,实现对城市运行状态的实时掌控和有效分析,提升政府治理精细化、服务精准化、应急快速化、决策科学化水平。持续优化营商环境,不断降低制度性交易成本和企业经营成本,更好维护公平竞争的市场秩序,加大政府信息公开和数据开放力度,着力提升行政管理透明度和政府公信力。坚持加强顶层设计和系统谋划,持续推动政府职能转变和职责体系优化,强化条块结合、上下联动、左右协同,加大资源调配和统筹力度,不断增强工作的整体性和系统性,降低政府行政成本、提高治理效能。始终把抓执行、抓落实作为政府工作的生命线,用好督查"利剑"和考核"指挥棒",让实干担当成为政府系统的行动自觉,确保政府工作定一件、干一件、成一件。

2022年重点工作安排

各位代表!今年是新一届政府的开局之年,是"三增三进"的决胜之年,也是更高品质"江南福地"建设的关键之年,面对需求收缩、供给冲击、预期转弱三重压力,我们必须未雨绸缪、妥善应对,牢牢把握工作主动权。新的一年孕育新的希望,新的起点昭示新的辉煌,2022年全市经济社会发展的主要目标为:地区生产总值增长6%以上、力争3000亿元;一般公共预算收入增长6%以上、力争250亿元;全社会固定资产投资超700亿元,其中工业投资超300亿元;到账外资8.8亿美元;进出口总额235亿美元;规上工业总产值增长7%以上、力争5000亿元,战略性新兴产业产值占比达48%,规上工业核心增加值率提升至19.2%;社会消费品零售总额增长6%;企业研发投入增长8%以上;居民人均可支配收入增速与地区生产总值增幅同步;完成节能环保等各类约束性指标。

围绕上述目标任务,我们将重点抓好四方面工作。

一、聚焦提档升级,着力增强经济"硬实力"

始终坚持以经济建设为中心,以开放、创新为路径,以转型、投入为抓手,加速产业结构优化,确保经济实现质的稳步提升和量的合理增长。

1.促进开放融合。坚持"跳出常熟看常熟"的开放发展理念,加快融入苏州市域一体化发展,深化与苏州工业园区在生物医药产业、沪苏协同创新发展示范区规划建设等方面的对接合作;主动参与省内全域一体化发展,持续深化与泗洪的挂钩合作,加强与省内城市的合作交流;深度融入以上海为龙头的长三角城市群一体化发展,积极参与虹桥国际开放枢纽、国家首批燃料电池汽车示范应用上海城市群建设,加快建设漕河泾绿洲芯城、苏州(常熟)智车城、长三角时尚供应链枢纽等重点载体,建成投用中国汽研华东区氢能研发测试基地,不断丰富沪苏协同创新发展示范区建设内涵;依托上海国际化高端平台实现一体化发展,加大区域全面经济伙伴关系协定(RCEP)等19个自贸协定的推广应用,对接国际资源、寻求全球合作,大力拓展"一带一路"等新兴市场,新增省级跨国公司地区总部或功能性机构1家以上,AEO高级认证企业4家以上。通过"区港联动"整合常熟港与常熟综合保税区的政策优势,推动常熟港向特色产业港、物流物贸港、科技创新港、绿色生态港转型,提高港口使用效率,完成货物吞吐量6200万吨。深化服务贸易创新发展试点,加快推进市场采购、跨境电商等外贸新业态融合发展,力争实现市采贸易出口20亿美元。持续推动"运融通"赋能传统物流产业,力争开票超10亿元。

2.强化创新驱动。大力推动产创融合发展,落实"厅市会商"协议,探索省产创融合高质量发展示范县建设路径。出台产创融合"十百千"平台载体建设工程行动计划,推进江苏省声学产业技术创新中心、中欧氢能创新中心和人工智能科技产业园等重大产创融合基地建设,新建产业创新支撑性平台10家、高质量企业研发载体超30家。加大科创型企业培育力度,新认定科技型中小企业900家、高新技术企业300家,建立高成长企业"培育库",推行"订单式"集成服务,新认定"独角兽""瞪羚"等科创型企业30家。新增科技成果转化项目超20项,技术合同成交额超40亿元。持续推进"苏州·中国声学创新谷"建设,高标准打造国际声学产业技术研究院,办好首届中国声学产业创新发展大会,优化配置创新型声学人才团队,招引高质量产创项目超100个。探索试点苏州高品质人才社区,启动建设常春藤国际人才"创芯港",新增市级以上科技创新创业领军人才超200人。

3.加速产业转型。以"智改数转"为重要抓手,推进数字经济时代产业的创新集群建设,进一步激发市场主体尤其是民营经济、中小微企业发展活力,鼓励和支持化工、纺织服装等传统企业改造提升,增强产业链的内生动力和市场竞争力。持续开展"智改数转"结伴、"一镇一特"精研等行动,确保完成项目750个、规上企业项目覆盖率75%以上,新增工业机器人2000台、标杆荣誉150个。推进质量强市战略,制修订国家、行业标准12项,新增"江苏精品""苏州制造"认证产品各3个。深化"百企引航"计划,新增“专精特新”企业（产品）30个、小微进规企业100家。深入开展工业企业资源集约利用综合评价工作，严格落实差异化政策。持续推进印染行业高质量发展，过半企业综合验收达标。完成国企改革三年行动任务，强化市场化经营理念，探索央地共建、“1＋10”项目等合作新路径，力争国有资产总额突破2300亿元、营业收入突破100亿元，不断提高服务全市重大战略的能力。深化招商体制改革，实体化运作投促中心，完善重点产业招商图谱，引进超20亿元内资项目4个、超10亿元内资项目8个、超亿美元外资项目3个。紧盯项目建设，确保173个重点产业项目如期开工、100个重点产业项目按期竣工。用好农村集体经营性建设用地入市试点政策，贯彻落实“一图一表一方案”，确保2021—2022两年拆旧复垦不少于1万亩、原地提升盘活不少于1.5万亩。加快推进产业载体建设，新开工老旧工业区（点）更新改造300亩、建筑面积40万平方米。筹建现代产业学院，开展补贴性职业技能培训1万人，新增高技能人才5000人、智能制造人才5000人。持续优化人力资源市场秩序，实现规上企业缺工10人以上响应率100%。完善“虞城上市通”服务体系，新增境内外上市企业4家，股权融资额超25亿元。

4.推动消费提振。持续拓展消费场景，深化“五五购物节”“双12购物节”等促消费活动，创建“汇聚常熟”线上消费品牌，努力促进线上线下消费双向提速。大力发展首店经济、首发经济、夜经济，提升改造世茂、方塔等重点商圈以及汽车、家具、服装等专业市场，让老城商业再放光彩、新城商业增添活力。深化直播电商“万千百十”工程，确保网络零售额保持苏州前列。推动城市商业资源下沉，推进早餐工程建设，打造城市“一刻钟便民生活圈”试点社区2个。加强预期引导，促进房地产业良性循环和健康发展。整合文旅资源，推进环虞山文化走廊建设，建成“蓝•原葺森林”“山湾里”等文创产业园，新增市级以上文化产业园区（基地）3家，规上文化企业营收增速超40%。

二、聚焦提质扩容，着力增强城市“竞争力”

始终坚持以“工匠精神”抓建设，以“绣花功夫”抓管理，科学谋划城市布局，建好新片区、抓好旧改造，全力打造更具颜值、更显气质的魅力城市。

1.高标打造重点片区。集聚全市力量与资源，推进“六大重点片区”建设，加快打造“产城融合”新样板。“苏州•中国声学创新谷”片区加快推进“一区五中心”建设，创新加速中心、声谷大剧院投用，声谷会展中心、国际社区、立讯生活服务中心开工，核心区民宅、企业搬迁全面完成，路网骨架基本形成，常浒河滨河区域景观一期工程竣工。昆承湖沪苏协同创新发展示范区加快构建“双核”驱动的发展格局，其中昆承片区完成规划编制，明确合作开发模式，完善道路、公共配套建设，推进零碳数字科技岛、昆承湖国际生活社区等重要载体建设，加快协同创新项目招引；苏州高铁北城片区确定合作单位及开发模式，明确产业导向，编制片区概念规划、城市设计方案和控制性详细规划，启动地块整理。常熟站片区加快推进小型示范数据中心和站南“数字生活样板区”功能性载体建设，推动松下中城数字智慧中心等产业项目实质性进驻，站北区域启动土地一级开发，不断壮大数字经济规模，逐步形成以数字化引领全市产业转型升级的良好态势。高铁西站片区确定合作单位并成立合资公司，明确产站城一体化开发方案，加快产业招商和资源导入，启动核心区土地整理。琴湖片区基本建成，道路、公园、水系全面投用，持续引进高层次商业资源，繁荣、优美的城市会客厅启幕绽放。

2.全面提升功能品质。科学推进全域规划编制，形成国土空间总体规划编制成果。苏州奥林匹克青少年文化中心、招商力宝医院试运行，工人文化宫、龙腾希尔顿酒店主体结构封顶。启动一批道路黑化、路景绿化工程，打造“口袋公园”4个。持续推动老旧更新，全面启动西泾岸历史文化街区核心区更新；完成城中村自主更新单元10个；新增既有建筑更新改造项目20个、竣工15个；完成老旧小区综合改造17万平方米、启动15万平方米，有序推进物业管理服务；增设既有多层住宅电梯10部。拆除违建超300万平方米，确保违建“零新增”。进一步加强停车综合治理，同步推进打通“生命通道”专项整治和重点区域停车便利化工程，接入智慧停车平台停车场超300个，新增停车泊位收费道路30处，利用价格杠杆等手段提高停车泊位周转率。规范建筑装修垃圾清运处置市场收费管理，推进南湖生活垃圾填埋场生态治理。

3.持续完善交通体系。通苏嘉甬铁路常熟段开工建设，南沿江城际铁路常熟段完成铺轨，推进常熟站站房扩建、北广场竣工投用，稳定常熟西站设计方案，同步推进西三环快速化工程。524国道莫城至辛庄段改扩建、新世纪大道北延、常台高速高新区互通竣工投用，青墩塘路快速化改造、广济路北延加快建设。修缮城区道路5条、农村公路4条、桥梁3座，实施一级公路中分带护栏工程35公里。提升绿色交通发展水平，新能源公交车占比提升至70%以上。持续优化公交线网，建设经开区兴港路、常福街道高新园公交首末站，通过省城乡公交一体化达标县验收。

4.加快推进乡村振兴。提高农业综合生产能力，新建高标准农田（池塘）2万亩，粮食产量稳定在23万吨以上。加快推进“两湖两线”跨域示范区建设，完成长江主堤防洪能力及景观提升工程，推动农村人居环境治理常态长效，验收通过“千村美居”村组超700个，建成省特色田园乡村3个、苏州市特色精品乡村6个、特色康居示范区2个，基本实现美丽宜居村庄全覆盖。拓宽村级财力增长渠道，新增苏州市级以上农业龙头企业2家，新认定示范社、示范家庭农场20家，招录涉农委培大学生50名，村均集体可支配收入超1400万元。

三、聚焦提标补短，着力增强民生“惠及力”

始终坚持以人民为中心，立足发展实际和群众需求，不断提升关键民生领域的服务和供给标准，加快补短补软，全力提升市民群众的获得感、幸福感和安全感。

1.优化公共服务。竣工学校项目14个、开工5个，推动新市民子弟学校提档升级全覆盖。持续完善课后服务“5+2”模式，提升“双减”工作成效。完成学前儿童看护点综合整治，普惠性幼儿园覆盖率超90%，争创省学前教育普及普惠市。优化职教资源整合，争创独立设置的五年制高职院校，新增现代学徒班20个，培养技术技能人才3000名。完成市二院、中医院三甲创建，启动市一院三甲和2家医院二甲创建，通过全国基层中医药工作示范市（县）复审。科学精准做好常态化疫情防控，着力加强健康驿站、核酸检测等疫情防控应急处置能力建设，持续推进疫苗接种工作。启动实施“江南文化”常熟品牌塑造八大工程和22个重点项目，举办虞山文化暨沙家浜旅游节，实施海虞北路体育馆、常熟大剧院及市文化馆建筑维修，新建图书馆分馆、流通点5家，建成市级以上最美公共文化空间10个，推动山地户外、昆承湖水上等主题运动基地建设。

2.强化社会保障。实施就业服务能力提升工程，新增就业2.1万人，城镇登记失业率控制在2%以内，本市籍高校毕业生就业率达95%以上。实现基本医疗保险苏州市级统筹，新增基本养老保险参保人数超3万。新增综合为老服务中心3家，每千名老年人拥有养老床位数达41张，完成老年人家庭适老化改造1000户，镇（街道）区域性养老服务中心实现全覆盖。新增托育机构5家，苏州市示范托育机构1家。优化住房保障供给，筹建保障性租赁住房4650套，建成城区安置房1726套，新增公积金缴存职工3万人。

3.深化社会治理。深入开展“三年大灶”专项整治行动，持续推进工业群租企业、既有建筑、城镇燃气等专项整治，完成大型商业综合体消防安全达标创建工作，完成全国第一次自然灾害风险普查并实现结果应用，全口径安全事故起数和死亡人数实现“双下降”。经开区化工集中区升级为化工园区，安全风险评估达到D级水平。建成徐六泾江边枢纽，改建青墩塘沿线闸站，增强防洪排涝能力。持续推进市域社会治理现代化，加强专职网格员队伍建设，纵深推进“扫黑除恶”斗争、“虞城无诈”专项行动，建成社会矛盾纠纷调处化解中心，争创全国信访工作示范县，实现平安建设覆盖率100%。坚持分类施策、精准拆弹，抓好金融、债务、房地产等领域风险处置工作，牢牢守住不发生系统性风险的底线。配合做好第二轮中央生态环保督察工作，抓好反馈问题整改。制定碳达峰工作方案，优化能源供应布局，大力实施整市屋顶光伏试点，光伏发电并网容量不低于4万千瓦。聚焦$PM_{2.5}$和臭氧浓度“双减双控”，大力推进挥发性有机物、扬尘治理等工作，空气质量优良天数比例达85%，$PM_{2.5}$平均浓度低于28微克/米^3。加大入河（湖）排污口排查整治力度，推动昆承湖心等重点断面水质提优，消除劣Ⅴ类水体57条，建成生态美丽河湖100条，完成农户生活污水收治4000户、供水管网改造5000户，国省考断面水质优Ⅲ率93.3%。持续推动长江大保护，坚决落实“十年禁渔”重大任务。加大土壤污染防治力度，创建“无废城市”。

四、聚焦提速增效，着力增强政府“公信力”

始终坚持担当作为、锐意进取，深化改革创新，加强依法行政，强化作风建设，全力推动政府治理提质提速、政府服务提能提效。

1.坚持深化改革不停步。持续优化开发区管理体制机制，深入推进事业单位改革，提升乡镇（街道）治理能力。统筹推进“数字政府”建设，建成市场主体全生命周期管理服务平台，加快实现“一网通用”“一网通办”“一网统管”，全面提升政府服务与监管的精准度。持续深化“放管服”改革，丰富“中介超市”内涵，大力推行“预先审+容缺办+承诺制”审批模式，全力服务项目建设。扎实开展“证照分离”改革，新增“一件事”套餐10个、“一业一证”改革15个、“无证明”事项20个，累计归集电子证照150类，基本实现企业类事项网上办、个人类事项掌上办。

2.坚持依法行政不放松。推动法治政府建设走深走实，推进行政执法规范化建设，完成行政复议体制改革，争创全省第一批行政复议规范化建设单位。高标准推进“八五”普法，建成“法治乡村实训教育基地”，探索“村规民约”履约评议机制，夯实基层法治基础。不断加强规范性文件管理，严格重大行政决策程序，全面推行政务公开，自觉接受人大、政协、纪委监委监督和社会各界舆论监督，持续抓好人大议案、建议和政协提案办理工作，确保党和人民赋予的权力始终用来为人民谋幸福。

3.坚持作风建设不懈怠。深入学习贯彻党的十九届六中全会精神，提高政治站位，坚决捍卫“两个确立”，增强“四个意识”、坚定“四个自信”、做到“两个维护”，胸怀“国之大者”，对党忠诚、听党指挥、为党尽责。坚持把纪律和规矩挺在前面，不折不扣落实全面从严治党要求，严格落实意识形态工作责任制，推动政府系统党风廉政建设取得新成效。树牢过“紧日子”观念，加强财政预算管理和审计监督，进一步压缩一般性支出。大力弘扬求真务实工作作风，巩固深化作风建设成果，做到人人勇担当、层层用真功、级级抓落实。

各位代表！蓝图绘就，惟有奋斗；扬帆破浪，正当其时。我们坚信，有习近平新时代中国特色社会主义思想的引航定向，有市委的坚强领导，有一支想干事、能干事、会干事、干成事的干部队伍，有167万多勤劳智慧的常熟市民，一定能够把美好蓝图变为生动现实，创造出无愧于党、无愧于人民、无愧于时代的崭新业绩，以优异成绩迎接党的二十大胜利召开！

常熟市国民经济和社会发展第十四个五年规划纲要

序 言

“十四五”时期，是我国全面开启社会主义现代化建设新征程的第一个五年，也是常熟在新起点上高水平推进美丽常熟建设，打造全国现代化建设县级标杆城市的关键五年。谋划好“十四五”期间经济社会发展规划纲要，对常熟加快高质量发展，全面提升城市发展能级，高水平推进社会主义现代化建设，具有重大现实意义和深远历史意义。为此，根据《中共常熟市委关于制定常熟市国民经济和社会发展第十四个五年规划的建议》，编制实施《常熟市国民经济和社会发展第十四个五年规划纲要》。

第一章 牢牢站稳发展新起点，积极应对发展新变局

第一节 发展基础

“十三五”时期，面对错综复杂的国际形势、艰巨繁重的发展任务，特别是新冠肺炎疫情的严重冲击，全市上下坚持以习近平新时代中国特色社会主义思想为指导，深入贯彻省、苏州重要指示精神，全力打好“三大攻坚战”，奋力推动常熟高质量发展走在前列。

一、发展成效

经济结构优化升级，综合实力显著增强。地区生产总值从2015年末的1743.2亿元增长到2020年末的2360亿元，一般公共预算收入从157.7亿元增长到213.7亿元，年均分别增长6.25%和6.26%；“十三五”期间，累计实现固定资产投资2697.9亿元，其中工业投资1177.7亿元，近两年工业投资总量位居苏州第一；累计利用外资36.9亿美元。产业结构持续优化，服务业增加值占地区生产总值比重达49.6%，较2015年末提高3.2个百分点。金融本外币各项存、贷款余额较2015年末分别增长51%和54%，全社会研发经费支出占地区生产总值比重提高1.3个百分点，高新技术企业增加427家、累计达718家，入围全国首批创新型县（市）建设名单。

城乡统筹深入推进，城市能级稳步提升。“两个一小时、四个半小时”通道建设加快推进，沪苏通铁路常熟段开通运行，南沿江城际铁路开工建设，通苏嘉甬铁路站位基本稳定，建成城市快速路网55公里，群众交通出行更加便捷。开展既有建筑更新、老旧工业区更新、城中村自主更新等老旧更新，实施“千村美居”工程和农村人居环境整治，城乡环境面貌得到历史性改善。希尔顿、凯悦、日航等一批高端酒店开工建设，国际教育发展势头愈发强劲，城市功能显著优化。

绿色发展深入人心，生态质量持续优化。空气质量优良率提高19.5个百分点，PM2.5平均浓度下降46个百分点，断面水质优Ⅲ率提高40个百分点。环保基础设施建设累计投入123亿元，自来水深度处理率达100%，建成10座污水处理厂，生活污水日处理能力达32.7万吨，生活垃圾日处理能力达3300吨，非电行业耗煤量削减76万吨、下降20.5%，获评全国农村生活污水治理示范县、全国首批节水型社会建设达标县以及全球首批国际湿地城市。

社会事业繁荣发展，民生福祉不断增进。持续开展文明创建，荣膺全国文明城市。民生支出占一般公共预算支出比重保持在75%以上，居民人均可支配收入从2015年末的4.15万元增加到6.04万元。教育发展水平实现新提升，新建各类学校88所，成功创建省社区教育示范区，通过全国责任督学挂牌督导创新县省级考核评估，普通高考主要指标实现苏州大市“十连冠”，职业教育实现省示范校、特色校全覆盖。深入推进综合医改，新（改扩）建各类医院8家，新设护理院6家，新（改扩）建社区服务站58家，获评紧密型县域医共体建设试点县、首批全国健康城市建设示范市和国家慢性病综合防控示范区。每万人全科医生数5.43人，居苏州首位。新增养老床位3561张，人均预期寿命83.13岁。城镇职工基本医疗保险参保人数逐年上涨，本地户籍养老保险参保覆盖率始终保持在99%以上。

二、存在问题

“十三五”时期的发展成效有目共睹，但也要清醒认识到，经济社会发展还存在一些问题有待解决。

制造业转型升级难度大，服务业发展能级较低。新兴产业薄弱，加上国际形势变化的影响，制造业发展速度开始放缓。龙头企业匮乏，中间产品为主，产业链条偏短，行业影响力和话语权不足。制造业土地产出效益偏低，土地资源、生态环境、人力资源等制约显著。服务业小而散、产业集聚度不高、效益偏低，传统服务业比重大。服务业与制造业融合程度不高，总部经济、平台经济、数字经济等新经济业态以及金融服务、现代供应链管理、商务服务等生产性服务业发展不足，对制造业发展和转型升级的支撑作用有限。

开放经济优势逐步减弱，科技创新带动作用不强。外资投资结构有待优化，过于偏重制造业，生产性服务业和高端生活性服务业投资相对较少。外资企业溢出效应低，全产业链缺乏足够的创新与研究能力，培育和挖掘发展潜力大、竞争能力强的本土企业有一定困难。科技创新基础薄弱，高等级载体、高层次人才还不多，新兴产业占比仍然

不高，无法充分发挥带动引领作用。信息技术服务、科技服务、科技金融等新兴服务业比重低，创新对服务经济的贡献度亟待提高。领军型企业、创新型示范企业偏少，品牌化不够。

生态环境压力仍较突出，文体旅融合发展水平不高。经济发展与生态环境保护矛盾仍较突出，部分高污染、高排放的产业给生态环境保护带来不小压力，产业结构调整任务重，"厂夹居""散乱污"的土地利用和空间布局问题仍然存在，能源消耗居高不下。文化产业发展水平与产业结构有待提升优化，文化体育带动旅游、旅游赋能经济的作用有待增强，以文体旅融合推动城市能级提升的战略举措有待筹划。

公共服务供给相对不足，城市建设水平有待提升。社会保障、医疗保障的区域一体化进程缓慢，制约人才要素自由流动。市域范围内医疗卫生资源布局不尽合理，医疗向健康服务转变还不快，缺乏三甲医院。机构社区相协调、医养康养相结合的养老服务体系还有待进一步完善。学前教育普惠率需进一步提高，义务教育阶段资源配置的均衡度、不同区域的服务水平有待进一步提升。公共文化设施普遍陈旧，缺乏地标性城市文化会客厅等文化空间场馆。"新基建"有待加快，市政基础设施管网建设任务仍较繁重，农村基础设施建设存在短板。交通通达性水平有待进一步提升，铁路网络和节点建设相对滞后，枢纽地位相对较弱，高速公路干线运输能力接近饱和，港口航运短板突出，机场规划选址不确定性较大。

第二节　发展环境

"十四五"时期是向第二个百年奋斗目标进军的第一个五年，同时也将是国内外形势最为错综复杂的五年，机遇与挑战的内涵发生重大变化。

一、国际形势

世界百年未有之大变局深度演化，全球发达经济体复苏不明显，叠加新冠疫情大流行，未来世界经济下行或滞涨风险不断加大。"十四五"规划可能是受"逆全球化"思潮深刻影响下编制的第一个五年规划，外部条件存在发生结构性变化的重大风险。

全球保护主义和单边主义上升改变国际经贸环境。全球保护主义和单边主义有所抬头，"十四五"时期，以美国为代表的一些国家可能会继续人为设置各种有形和无形障碍，影响经济技术合作交流，导致国际经贸环境发生显著变化。

制造业回流叠加新冠疫情促使全球产业链面临重组。不同于以往高度自由化的全球产业链，不少发达国家以国家安全为由，力推"制造业回归"和"再工业化"战略，全球产业链分工有向区域产业链分工转变的趋势，从相对集中的产业分工转化为相对分散的分工。

新一轮科技革命和产业变革加快全球创新版图和经济结构重构。AI、大数据、量子通信、新一代信息技术和5G商用将引领传统生产、生活方式的改变。各国围绕颠覆性技术、产业制高点、高端创新要素竞争空前激烈，以美国为首的西方发达国家对我国科技创新和关键高科技产业不断制约，迫切要求我国提升"关键技术、关键设备和零部件、关键材料"的掌控力和领先度。

二、国内环境

"十四五"时期，中国经济发展从高速增长阶段进入高质量发展阶段，制度优势显著、治理效能提升，经济长期向好趋势不会改变。

扩大内需着力构建新发展格局。新冠疫情冲击下，推动形成以"国内大循环为主体、国内国际双循环相互促进"的新发展格局成为我国经济发展的重大战略部署。立足扩大内需这个战略基点，更多依托国内需求、国内市场牵引供给，促进国民经济高水平动态平衡和高质量发展。

高水平开放叠加多重国家战略。长三角一体化、"一带一路"建设、长江经济带、自由贸易试验区等多重战略机遇叠加，将促进多层次、多元化、全方位开放格局的构建。同时，区域协调发展战略和乡村振兴战略的提出，将有助于加速盘活区域资源，释放区域一体化发展新动力。

新型城镇化和"新基建"带来持续动力。以人为核心的新型城镇化，将促进大中小城市和小城镇协调发展，释放城乡一体化、区域一体化新动力。以5G为代表的"新基建"项目将会大规模启动，以数字经济为代表的新经济将加速发展，以医疗为代表的新公共服务将加速完善，产业科技变革为城市产业赋能升级、培育形成新增长点带来新机遇。

三、机遇与挑战

在纷繁复杂的国际环境和我国第二个百年奋斗目标指引下，常熟的挑战与机遇并存。

从面临的挑战来看，首先，在国际经贸环境发生转折性变化背景下，"十四五"期间对外贸易和招商引资面临一定的挑战，我市作为外向度较高城市，如何尽快融入新发展格局至关重要。其次，在全球经济下行和国内经济增速放缓背景下，面临在稳增长中实现经济转型和城市能级提升的双重压力。最后，在土地零增长、部分产能过剩、环境约束趋紧多重压力下，面临做强传统产业和做大战略性新兴产业的双重挑战。

从潜在的机遇来看，首先，以国内大循环为主的新发展格局将进一步放大国内需求，加速产业链重组。长三角一体化将激发创新链和产业链深度融合，区域交通条件改善为常熟推动产业转型升级、深度融入长三角区域一体化提供了机遇。其次，"一带一路"交汇点建设、长江经济带、自由贸易试验区等多重战略机遇叠加，为提高对内对外开放水平、提升城市能级和核心竞争力、营造最具活力和效能的高质量发展环境提供了重大机遇。再次，国土空间规划、乡村建设、转型升级全面实施将加快城乡资源均衡配置、优化调整产业布局。最后，疫情下国家加大"新基建"和医疗卫生服务体系投入，为提升城市现代化治理能力提供新契机。

第二章　开启现代化新征程，建设美丽幸福新常熟

第一节　指导思想

以习近平新时代中国特色社会主义思想为指导，贯彻党的十九大和十九届二中、三中、四中、五中全会精神，落实省委、苏州市委各项部署要求，以“创新、协调、绿色、开放、共享”新发展理念为引领，坚持稳中求进工作总基调，以高质量发展为主题，以供给侧结构性改革为主线，注重需求侧管理，以改革创新为根本动力，以开放为路径，以人民为中心，以美丽常熟建设为抓手，聚焦经济转型升级和城市能级提升，深度融入长三角区域一体化发展，积极融入以“国内大循环为主体，国内国际双循环相互促进”的新发展格局，在社会主义现代化建设新征程中“争当表率、争做示范、走在前列”。

第二节　发展原则

站在新的历史起点上，“十四五”时期，常熟要切实贯彻新发展理念，融入新发展格局，需注重“四个坚持”，即坚持高质量发展、坚持开放创新引领、坚持民生福祉为本、坚持生态绿色为先。

坚持高质量发展。深入贯彻五大新发展理念，将高质量发展作为开启现代化建设征程的新准则，提升经济体系能级与水平。抓住“新基建”机遇，高水平建设智慧城市，创造高品质生活，打造现代化建设的县级标杆城市。

坚持开放创新引领。解放思想，以开放促改革、促创新、促合作。深化体制机制改革，对标国际打造一流营商环境。深度融入长三角区域一体化，抓准全球产业链与消费市场转移中的合作开放机遇，推进高水平开放，从更大空间谋创新要素支撑，提高区域自主创新能力。

坚持民生福祉为本。以人民为中心，增进民生福祉。全面推进民生改善，在就业、社保、教育、医疗、文化、健康、社会治理等方面持续用力，全方位提升社会公共服务能力与水平，促进城乡公共服务均等化，不断满足人民对美好生活的需要。

坚持生态绿色为先。全面推动绿色发展方式和生活方式，继续实行最严格的生态环境保护制度。实施蓝天、碧水、净土保卫战，切实提升生态环境质量。优化生产、生活、生态功能布局，推动城市精细化管理和现代化治理，提升城市宜居水平。

第三节　发展目标

“十四五”期间，按照习近平总书记考察江苏提出的“两争一前列”新要求，围绕“经济强、百姓富、环境美和社会文明程度高”的总目标，统筹推进空间美图、时尚美城、创新美业、清新美景、精品美游、文明美德建设，全力打造高质量经济、高品质生活、高颜值城市、高效能治理，初步形成“六美集大美，幸福新常熟”发展格局，重大战略和重大改革取得关键突破，经济社会发展迈上新台阶、实现新跨越，走出一条体现时代特征、展现区域特色、符合常熟特点的高质量发展之路。

集约高效的空间美图。生产、生活、生态空间形态显著优化，集约高效的土地利用模式基本成型，各板块按照既定的开发强度对土地结构、空间布局调整到位，土地资源对经济社会发展的保障能力趋于稳定，空间规划对经济结构和发展方式转变的推动作用更加明显，集约高效、宜居宜业的空间布局基本成型。

功能完备的时尚美城。外联内畅、多层次、立体化综合交通运输体系基本成型，新片区开发建设见行见效，开发区城市形态日渐清晰，老旧更新改造基本实现全域覆盖。教育、医疗、酒店、消费、公务等城市现代服务功能明显增强，“一网通办”高效运转，数字化、精细化、治理机制更加完善，综合配套能力显著增强，城市能级和竞争力进入长三角同类城市前列。

绿色发展的创新美业。新发展理念得到全面深入贯彻，在质量效益明显提升的基础上，实现经济运行稳中有进，亩均产值和税收、规模以上工业核心增加值率等指标保持苏州前列，达到长三角先进水平。实体经济、数字经济深度融合发展，智能化改造、数字化转型实现规上企业全覆盖，构建形成具有国际竞争力的战略性新兴产业集群，成为全国工业互联网发展示范区。区域创新体系不断完善，人才集聚优势加速形成，创新支撑能力显著提升，发展新动能不断壮大，现代化经济体系建设取得积极进展。

安全环保的清新美景。大气、水、土壤等生态环境质量稳定向好，生产生活方式绿色转型成效显著，能源资源配置更加合理、利用效率大幅提高，生态环境保护和污染防治能力稳步提升。安全生产主体责任落实到位，安全隐患排查和安全预防控制体系有效完善，城市安全重大风险全面管控，事故总量和较大事故数持续下降，重特大事故有效遏制，安全生产整体水平明显提高。

非凡体验的精品美游。优秀传统文化影响力显著提升，名城保护利用水平全面加强，公共文化服务体系更加健全，文化产业完成三年倍增计划，群众体育、赛事旅游、体育传媒等产业全面发展，建成全国著名的旅游目的地、长三角旅游首选地。城市软实力、吸引力显著提升，文体旅融合发展走在长三角前列，对经济的赋能效应充分彰显。

小城大爱的文明美德。文明创建引领能力进一步提高，文明创建为人民的理念更加突出，政府治理、居民自治良性互动，以党建为引领的基层社会治理水平持续提升，人居环境长效治理机制基本完善。民主法治更加健全，社会公平正义更加彰显，行政效率和公信力显著提高，市民文明素质和城市文明程度全面提升，社会主义核心价值观深入人心，人民精神文化生活更加丰富，群众共建共治共享的积极性有效激发，城市凝聚力进一步加强。

建设幸福新常熟。以美丽常熟建设作为高质量发展的

支撑点，不断满足人民群众美好生活需要，实现更高质量、更可持续的发展。民生福祉不断改善，居民人均可支配收入稳定增长，城乡收入差距进一步缩小，教育、医疗、养老、就业、社保在均等化的基础上实现高品质提升，数字化、多样化、个性化公共服务供给更加丰富便利，人民群众获得感、幸福感、安全感明显提升。

表 71　　常熟市"十四五"经济社会发展主要指标一览表

类别	序号	名称	2025年目标	属性
高质量经济	1	地区生产总值年均增长率（%）	6	预期性
	2	全员劳动生产率年均增长率（%）	5	预期性
	3	研发经费支出占GDP比重（%）	4	预期性
	4	科技进步贡献率（%）	70	预期性
	5	每万人口拥有高价值发明专利数（件）	20	预期性
	6	制造业增加值占比（%）	45	预期性
	7	高新技术产业产值占规模以上工业总产值比重（%）	46	预期性
	8	数字经济核心产业增加值占地区生产总值比重（%）	30	预期性
	9	生产性服务业增加值占服务业增加值比重（%）	54.9	预期性
	10	文化产业增加值占地区生产总值比例（%）	10.8	预期性
高品质生活	11	居民人均可支配收入增长率（%）	与GDP增长同步	预期性
	12	城镇登记失业率（%）	2	预期性
	13	人均期望寿命（健康预期寿命）（岁）	84	预期性
	14	每千人口执业（助理）医师数（人）	4	预期性
	15	城乡基本养老保险参保缴费率（%）	90	预期性
	16	每千人拥有0—3岁婴幼儿托位数（个）	1.5	预期性
	17	社区养老服务设施覆盖率（%）	100	预期性
高颜值城市	18	单位地区生产总值能源消耗降低（%）	完成上级下达任务	约束性
	19	单位地区生产总值二氧化碳排放降低（%）	完成上级下达任务	约束性
	20	非化石能源占一次能源消费比重（%）	完成上级下达任务	约束性
	21	地表水国考断面达到或优于Ⅲ类水比例（%）	100	约束性
	22	空气质量优良天数比率（%）	完成上级下达任务	约束性
	23	林木覆盖率（%）	18.5	约束性
高效能治理	24	法治建设满意度（%）	93	预期性
	25	劳动年龄人口平均受教育年限（年）	12.6	预期性
	26	美丽社区覆盖率（%）	90	预期性
	27	社会文明程度测评指数	>90	预期性
	28	人均接受公共文化场馆服务次数（次）	15	预期性
	29	粮食综合生产能力（万吨）	23	预期性
	30	生产安全事故发生数下降（%）	完成上级下达任务	约束性
	31	公众安全感（%）	>98	预期性
特色指标	32	一般公共预算收入年均增长率（%）	6	预期性
	33	工业用地亩均税收收入（万元/亩）	15	预期性
	34	亿元工业投入产出比例	2.5	预期性
	35	实施智能化和数字化改造的规上企业数占规上企业总数比重（%）	100	预期性
	36	年均盘活存量建设用地（亩）	8000	预期性
	37	新增国际品牌宾馆客房数（间）	1000以上	预期性
	38	游客满意度（%）	90	预期性
	39	职业教育发展水平	与产业发展需求相适应	预期性

第三章　推动全方位双向开放，塑造开放合作新优势

聚焦强化国内国际互联互通通道、培育开放型产业链、提升区域竞争力等重点领域，加快形成高标准、差异化、全方位开放型经济新局面，构建苏州高水平扩大开放新高地和长三角高质量开放型经济新标杆。

第一节　深度融入长三角一体化

立足自身特色优势，抢抓长三角一体化、沪苏同城化战略机遇，全面接轨沪杭，融入苏州主城区，强化与长三角城市群的有效对接，为进一步提升城市能级注入强劲动力。

*加快推进与长三角互联互通建设。*统筹推进铁路、公路、航运等基础设施与长三角区域“大通关”协作建设，提升基础设施互联互通水平。以“驿站—配送中心—物流港”为路径，有机衔接苏锡常中小城市及小城镇，建立物流企业资源集聚区，打造高效物流平台。加快“长三角商品贸易港”建设，构建“大商贸、大市场、大物流”现代商贸流通体系。深入推进“常熟港振兴”战略，深度链接上海港等周边优势港口，拓展与长江经济带城市的通关协作，提升常熟港口岸辐射能力。

*主动对接长三角高端产业和高级生产要素。*强化高端产业对接，加快融入上海“半小时经济圈”，加大承接以汽车整车制造和改装、新能源汽车三电系统、汽车饰件、汽车核心零部件为重点的汽车及零部件产业，推动发展全链产业集群。依托长三角时尚供应链枢纽建设，实现行业上下游赋能共生。加强经开区、高新区与上海漕河泾新兴技术开发区、张江高科园、临港集团等的交流对接，加快临港常熟科技产业园建成运营，强化服装城与杭州数字经济产业链上下游的赋能共生，谋划布局一批重大项目、重大工程、重大平台，鼓励和支持更多孵化成熟的企业落户。强化长三角区域创新资源对接，主动融入上海科技创新中心协同圈，把常熟建设成为上海高科技成果转化的重要基地。深度参与苏州海外离岸创新中心、海外项目在岸创业基地建设，主动对接材料科学姑苏实验室，搭建共享实验平台，推动材料科技在汽车、5G通讯、医疗器械等产业的研发应用。

第二节　抓住多重战略叠加机遇

抢抓国家战略叠加的制度红利，以大开放推动大发展，不断拓展新兴市场，探索先行先试，以“新基建”为抓手，面向长三角、面向国际打造高质量发展所需的信息基础设施、融合基础设施、创新基础设施，提升常熟开放型经济的竞争力。

*加速“一带一路”新兴市场拓展。*支持纺织服装、汽车零部件、装备制造等优势产业开拓市场，发挥龙头企业、核心园区、重点行业协会商会的牵头作用，联合推进优势产能、资本品牌、技术标准和管理经验输出，培育壮大境外产业链。以服装城市场采购试点为核心，重点推进与“一带一路”沿线国家的人才培训、物流通道等项目建设，扩大在服装设计、国际物流、数字经济等领域的经贸合作。丰富和完善中小微企业“走出去”信保平台建设，加强为“走出去”企业提供海外投资风险、法律支持等顾问服务。做强中欧班列陆路口岸功能，打造“一带一路”资源要素集散地。支持中欧班列经过常熟港，探索推进常熟国际物流港建设，打造战略运输大通道。

*加快苏州自贸片区常熟联动创新区建设。*抓住RCEP协定签订机遇，制定常熟联动创新区“先行先试”“复制推广”“自主创新”三张清单，争取苏州自贸片区改革创新经验率先在常熟复制推广。探索在苏州自贸片区、上海自贸片区及新片区设立科技创新和智能制造共建合作区，研究自贸区、综保区与口岸等对外开放平台的协同发展，争取在前沿技术和高端人才流动等方面先行先试。推进金融领域开放创新及科技创新，引导银行类金融机构推广科技企业专营金融产品，设立专项风险资金池，通过风险共担、息费补贴等方式，支持制造业企业转型升级、实施绿色和智能技术改革。昆承湖片区布局UWC+创新岛，主动承接上海自贸区等国内外金融科技产业创新需求，打造云计算、大数据、人工智能、区块链与金融业紧密结合的金融科技服务业态。

第三节　推动外资外贸提能增效

坚持招商引资与扬帆出海相结合，面向全球搭平台、育生态、培土壤，借力发展、借智转型，培育开放型产业链，形成全方位高水平开放新格局。

*加大外资利用力度。*加大主导产业和新兴产业外资利用力度，支持利用外资改造提升传统产业，引导外资投向重点发展产业。拓展引进境外战略投资、境外上市返程投资、并购重组和股权投资等新渠道，鼓励外资以参股、并购、融资租赁等方式参与本土企业的改组改造和兼并重组。强化产业链招商，重点加强对世界500强、著名跨国公司、行业龙头企业的招商引资，充分发挥产业配套的滚雪球效应。实行灵活多样的鼓励政策，支持在金融、科研和技术服务、环境治理、节能减排等重点领域加大对外开放力度。

*提升服务业对外开放水平。*加快吸引外资进入研发设计、软件信息服务、现代供应链管理等先进制造业与现代服务业深度融合领域。支持利用外资拓展基于制造业服务化的高技术装配调试、系统集成和技术支持服务。鼓励外资进入金融保险、商贸物流、电子商务、研发检测、创意设计等生产性服务业以及健康养老、旅游等生活性服务业。加大总部经济发展力度，依托新经济总部大厦、中科创新大楼等总部经济载体，加快引导外资设立各类综合性总部、区域总部、大数据项目总部和分支机构、研发中心、营运基地等。

*打造中外合作产业园。*全方位推进中日创新合作产业园建设，争取列入省级中日（苏州）地区合作示范区，增强

日资企业聚集度，重点培育“丰田系”“三菱系”“日立系”等集团企业集约化规模化发展，打造新能源汽车制造示范区、智能制造试验区。加快建设中日先进应用技术交易中心、创新孵化中心、招才引智与实用型人才实训基地、创新合作金融服务中心等平台。全力推进立讯智能科技产业园、亨通国际海洋产业园、人工智能科技产业园等一批高端产业园区（载体）建设，重点探索在新一代信息技术产业、研发创新、海洋经济产业、科技研发、人工智能、科技金融等领域合作。

放大外贸新业态带动效应。立足特色贸易新城，放大服装城市场采购贸易试点“溢出效应”，推动跨境电商和数字贸易发展。依托“市采通”“跨境通”“运融通”等几大平台，打造“市场采购+跨境电商+外贸综合服务平台”相叠加的贸易新模式，将市场采购海关作业区打造成综合性仓储物流中心，建立“数字贸易+平台经济”的常熟服装城模式，打造数字贸易港。加快建设长三角生鲜电商产业园，做大做强生鲜电商产业链，布局生鲜跨境电商功能区。加大扶持外贸综合服务企业，加强与长三角地区优质外综服务企业战略合作，孵化培育本土龙头外综服务企业，打造外贸服务生态圈。

第四节　打造国际一流营商环境

对标国际营商环境评价标准，全面落实《优化营商环境条例》，打造“审批最快、效率最高、成本最低、服务最优、活力最强”的一流营商环境。

进一步提升贸易便利度。加快落实外商投资企业国民待遇和负面清单管理制度，营造各种所有制主体平等使用资源要素、参与竞争、受到保护的市场环境，使外资企业成为链接双循环的纽带和推动双循环相互促进的重要力量。全面放开竞争性行业和领域，除法律法规禁止或限制的行业外，投资领域一律向外商和民营资本开放。加快市场主体退出便利化改革，推动投资环境更加开放公平。协同推进长三角通关一体化，加快完善配套制度和监管体系，充分利用国际贸易“单一窗口”，大幅提升通关效率，促进跨境贸易便利化。

进一步深化“放管服”改革。扩大简政放权范围，持续开展“减证便民”行动，推动简政放权的覆盖范围从经济领域向教育、卫生等民生和公用事业领域拓展。完善权力清单，清理有碍市场公平竞争的区别性歧视性优惠政策，以及不当干预市场主体生产经营行为的规定和做法。创新行政审批方式，深化“不见面审批”改革、套餐式“一件事”集成服务改革、工程建设项目审批制度改革，推进我市政务服务与长三角一体化深度融合，加强事中事后监管。减轻企业负担，以“减负、解难、放活”为重点，持续优化企业全生命周期服务。拓展长三角“一网通办”综合服务窗口，实现尽可能多的企业服务事项和个人服务事项“全网通办、异地可办”。

加快数字政府建设。借助大数据、人工智能和区块链等新技术，打造便捷、优质、高效的智慧政务服务系统，开发以移动设备为主要终端的公共服务查询、申请、办理、评价全流程体系。完善“互联网+监管”平台建设，推进电子证照库、人口库和法人库建设，运用大数据分析方法为法人和个人提供精准服务。打通审批部门与监管部门数据共享、工作互补的通道，实现对市场主体的全过程、全覆盖监管。

第四章　融入区域创新网络，提高科技创新能力

以国家创新型县（市）建设和厅市会商机制为抓手，聚焦创新主力军、创新主阵地和创新主方向，强化创新策源、创新应用和创新协同，营造创新发展的城市氛围，加快打造科技创新引领的全国先行城市。

第一节　突破科技创新体制机制瓶颈

坚持科技创新和体制机制创新“双轮驱动”，加快推进政府职能转变，营造有利于创新的政策环境，为创新发展注入活力。

优化创新资源配置。强化规划引导和政策供给，实施多元化的土地供应政策，对高新技术企业用地给予优先支持。完善科技人才引进和培育机制，基于核心产业技术面向产业链上下游靶向招才引智。深化投融资体制创新，完善多元化、多层次、多渠道科技投融资体系。

健全科技创新管理机制。强化科技创新组织领导，完善政府创新服务职能，深化落实创新工作例会制度，发挥科技创新办公室统筹协调职能。完善科技镇长团工作制度，探索县域产学研合作新模式。改革科技计划项目管理，健全科技计划体系，建立以产业化为导向的科研投入评价制度，促进审核更简、监管更强、服务更优。

完善科技成果转化机制。聚焦产业重点领域关键核心技术和产业发展急需的科技成果，创新“揭榜制”等新型科技项目组织方式。构建科技项目接续支持机制，吸引一批项目在常熟开展延展性研究和产业化应用。深化大学研究院机构的市场化改造，支持新型研发机构通过市场化运作，加速科技成果转移转化和科技企业孵化。

第二节　促进多元创新主体共生发展

以招新和更新并举，培育创新主力军，打造更具活力的创新矩阵，构建多元创新主体协同共生的生态群落，形成县域最具吸引力的科技型企业创业成长栖息地。

夯实企业科技创新主体地位。强化创新型企业梯队培育，加快高新技术企业倍增提质，探索建立高新技术企业后备库，建立高新技术企业培育统计监测制度。深入实施科技“小巨人”培育计划，围绕重点产业领域，培育具有高成长性的科技型中小企业，争创一批具有国际竞争力的创新型领军企业，培育更多瞪羚企业、独角兽企业。支持融合新

技术、新模式和新业态开展技术创新，鼓励创新型领军企业牵头实施国家、省、市重点研发计划，采取“一企一策”方式给予支持。

着力提升企业创新能力。组织实施若干重大科技专项，围绕产业链部署创新链，聚焦产业发展方向，攻克一批关键核心技术，加快形成新的产业特色和竞争优势。设立政府牵头、企业参与的联合技术攻关资金，开展产业技术基础、关键基础材料、核心基础零部件等攻关和产业化。提升企业自主创新能力，联合本土科研创新平台，围绕智能货架、高端无纺等领域打造共享实验室，形成“创新联合体”。

促进其他多元创新主体发展。壮大各类创新主体队伍，加快培育新型研发机构、创新创业服务机构和科技类社会组织，打造定位明确、功能强化、各司其职的战略科技力量体系。推进龙头骨干企业建设企业研究院，引进长三角地区高校院所的创新团队在我市成立新型研发机构。探索多种产学研用合作模式，加强研发机构绩效管理。

第三节 打造优质科技创新生态系统

以全力打造人才集聚高地为主攻方向，以推进科技金融深度融合为重点，以提升创新平台和载体能级为支撑，打造优质科技创新生态系统。

汇聚各类科技创新人才。拓宽人才引进渠道，强化“人才+项目”的培养模式，加大对重点产业领域领军人物、海外留学人员、国内重点高校人才以及技术型、应用型人才引进力度。在医疗、教育等专业服务领域鼓励“季节性住常熟、定期服务常熟”等灵活的人才引进措施。加强人才梯队建设，实施“昆承英才”科技领军人才引进培养计划，深化重点产业紧缺人才薪酬补贴等政策。拓展人才服务维度，完善高层次人才“一站式”服务平台，建立常态化的高层次人才交流联谊机制。全面提高人才礼遇，解决人才住房、绿色就医、子女入学等后顾之忧。

完善科技金融服务体系。优化政府科创基金管理，拓宽市级科创基金支持覆盖面，设立UWC+创新发展基金，探索建立市级科创基金创业投资与创新产业项目对接机制。提升科技金融供给水平，加快推进“信保贷”“集合信贷”工作，试点开展“专利质押贷款”业务，建立省科技企业融资路演服务中心常熟分中心，高效对接创新型企业金融服务需求。加大政策扶持力度，制定我市企业上市三年规划，在“354”优势产业中挖掘一批符合条件的创新产业公司，推动企业上市发展。抢抓资本市场改革机遇，建立健全以市场为导向的遴选和培育机制，进一步夯实上市后备企业梯队中科技型企业的储备，壮大“科创板”“创业板”后备军。完善“众创板”服务功能，强化与江苏股权交易中心等创新型金融平台的合作，为未上市科技型企业的资本服务需求搭建区域股权交易市场。

优化创新功能平台体系。坚持以“三区一园”为创新主阵地、以特色产业园区为载体，布局一批高端研发平台。结合南京大学苏州校区“国际声学工程创新研究院”建设，加快建设集人才培养、技术创新、产业集聚、产城融合发展于一体的“苏州•中国声学创新谷”，打造具有全球影响力和竞争力的产业技术高地。发挥常熟理工学院在地优势和应用技术教育优势，强化校企合作、校地合作，着力培养高水平应用型创新人才，推动校区、园区、城区“三区联动”，夯实人才和产业支撑。引导和培育科技中介服务机构，推进科技公共服务平台功能多元化、专业化、数字化，支持区域间合作共建创新平台。

营造创业创新氛围。出台并完善创业贷款、资金扶持和融资服务等系列政策，建设一批公共创业实训基地、创业园、创业示范孵化基地等形式的创业空间载体，打造“常熟创客会”等活动品牌。发挥学会、商会、行业协会的积极作用，开展各类科技创新活动和公益性科普服务，实施全民科学素质行动计划，不断提高公民科学文化素质。落实知识产权服务战略，提升知识产权申请质量，增强创新主体的知识产权创造和运用能力。加强科研诚信建设，营造诚实守信的科研环境。

第四节 提升科技创新开放协同水平

加快融入区域创新合作体系，精准吸引和集聚全球高端创新资源，发挥区域创新链、产业链、价值链协同配置作用。

融入长三角城市创新合作体系。加快融入长三角创新联盟和科技资源共享服务平台，积极参与G60科创走廊联席会议和专题会商，融入上海—南京—合肥创新发展链。建立长三角区域技术交易市场联盟常熟分中心，在上海等知识、人才密集的中心城市建设更多的“创新飞地”，支持有条件的企业设立“实验室飞地”。构建重点领域精准对接机制，围绕新材料产业发展方向，依托上海、宁波以及省产研院在常新型研发机构等创新资源，打造长三角（常熟）新材料产业研发基地。围绕智能汽车产业不同研发测试内容，打造嘉定—无锡—常熟智能汽车产业协同创新基地。围绕承接上海高新技术企业整体转移的需求，建立上海新技术企业（常熟）基地。

强化协同创新政策支撑。推动与上海等城市共同开展科技创新券通用通兑试点，探索企业需求联合发布和财政支持科技成果的共享利用机制。发挥科技招商作用，支持各产业园区积极加入长三角开发区协同发展联盟、企业加入长三角相关产业联盟，积极对接上海等长三角城市的高校科研院所和创新型产业园区，促进科技创新成果引进与转化，共建若干科技产业集聚区。

打造区域创新品牌活动。唱响“京常来”等高规格、品牌化活动，推动世界创新资源在常熟汇聚。设立“常熟企业家日”，建立企业家信息直报快报制度，构建“亲清连心”的良好政商关系，重点宣传优秀创新创业企业家典型，弘扬企业家精神和工匠精神。开展“百企千才高校行”“创新创业院所行”等品牌活动，促进科技成果向现实生产力转化，提升高校院所科技成果向企业转移、转化水平。

促进国际创新合作和资源集聚。利用好“一带一路”

海外侨商分享对接会、纺织服装高峰论坛等品牌活动，搭建海内外合作交流平台，探索设立国别合作计划。依托UWC+资源，吸引更多的全球知名高校、科研院所、科技组织和科技服务机构来常设立分支机构，吸引跨国公司在常设立地区总部，以及决策中心、研发中心、结算中心等功能型机构。

第五章 坚定推进转型升级，提升经济发展质效

坚持传统产业升级与新兴产业培育并重，存量优化与增量扩大并举，推进先进制造业与现代服务业深度融合，吸引和培育有核心竞争力的独角兽企业和头部企业，构建绿色开放的创新美业。

第一节 构建新型产业发展体系

以创新为支撑，以五大重点产业为突破口，引进培育战略性新兴产业，围绕支柱产业和特色产业升级，提升传统优势产业竞争力，构建高质量发展特征更加鲜明的“354”现代产业体系。

表72 “十四五”期间产业发展体系分布表

产业类型	产业门类
三大支柱产业	汽车及零部件、装备制造、纺织服装
五大重点产业	新一代信息技术、生命健康、物流物贸、数字经济、氢燃料电池
四大特色产业	智能货架、高端无纺、现代氟材料、玻璃模具

做大做强三大支柱产业。汽车及零部件产业重点聚焦汽车整车制造和改装、新能源汽车三电系统、汽车饰件、汽车核心零部件、智能网联车等领域，积极打造形成“一中心三基地”（汽车研发中心、整车生产基地、零部件配套基地、汽车物流基地）的全链产业集群，争创国家级汽车零部件出口基地，建设常熟智能网联车测试基地，到2025年产业产值规模突破1600亿元。装备制造产业着重发展海洋工程装备、工程机械、智能电气机械、智能装备四大领域，重点引育核心龙头企业，着力突破整机产品、基础件技术、关键配套产品和关键技术，到2025年产业产值规模突破1200亿元。纺织服装产业以秋冬装产业集群、高端面料为重点，打造以消费者为中心的全域数据智能平台，将传统服装销售向制造研发服务延伸。依托云裳小镇和常熟时装周等载体，推动服装城打造具有全国影响力的服装时尚风向标，到2025年产业产值规模突破1000亿元。

大力培育五大重点产业。加快培育发展“雁阵型”产业集群，以五大重点产业为突破口，形成一批各具特色、优势互补、结构合理的战略性新兴产业。新一代信息技术产业，积极布局5G通讯、智能终端、电子信息材料、新型电子元器件等产业，大力发展系统集成、技术咨询、网络安全检测、智能终端检测等信息技术服务业，到2025年产业产值规模突破1000亿元。生命健康产业，重点打造苏虞生物医药产业园、古里生物医疗和大健康产业园、华复医疗器械产业园，集聚一批生物医药、医疗器械、医疗服务、医疗康养产业，到2025年实现产业营收规模200亿元。物流物贸产业，发挥经开区、服装城等区域物流基础优势，加快向综合性物流服务的转型升级，推动物流物贸、线上线下深度融合发展，争创商贸服务型国家物流枢纽，到2025年实现产业营收规模300亿元。数字经济产业，在产业数字化的基础上，放大工业互联网赋能效应，依托强大的制造业基础，培育数字产业生态，到2025年实现产业营收规模400亿元。氢燃料电池产业，引进落地一批掌握电堆、储罐领域核心技术的企业，加快构建完整产业链条，积极拓展场景应用，基本形成氢燃料电池产业链条，到2025年产业产值规模突破100亿元。

改造提升四大特色产业。智能货架特色产业集群，推动自动化、智能化改造，加快拓展智能立体仓库和智慧物流配送等高端市场，力争到2025年产业集群总产值超100亿元。高端无纺特色产业集群，鼓励企业向医疗卫生、安全防护、美容母婴等高附加值领域转型升级，加快建设高端无纺产业示范引领区，力争到2025年产业集群总产值超100亿元。现代氟材料特色产业集群，重点发展新一代HFOs产品、前沿新材料，力争到2025年产业集群总产值超200亿元。玻璃模具特色产业集群，提升拓展云服务平台运用，支持骨干企业提升技术水平、扩大市场份额，力争到2025年产业集群总产值超30亿元。

加快发展生产性服务业。紧扣信息技术服务、研发设计、金融服务、检验检测认证、知识产权服务、节能环保服务、人力资源服务、现代供应链管理、商务服务等领域，培育新业态、新模式、新产业，提升生产性服务业发展水平。面向传统产业转型需求，加快以5G、云计算、物联网、大数据等为代表的信息技术应用服务，延伸产业链条。深挖中交天和等制造企业“后市场服务”，探索融资租赁服务装备制造业发展新模式，培育产业链租赁资产交易市场。

优化提升商业服务业。优化全市商业设施布局，在高铁片区建设集商业、商务功能于一体的地标性商业综合体，在琴湖片区、文化片区、经开区等建设若干个区域性商业中心，借助常客隆进一步完善社区商业布局。大力发展电子商务，提升电商园区载体建设水平，支持现有零售企业拓展线上平台，鼓励每日优鲜、云杉美菜等新零售平台开设线下体验店。

第二节 高质量推进农业农村现代化

坚定不移推进农业农村优先发展，以农业生产体系、农业经营体系和农业产业体系为着力点，加快提升农业现代化水平，建设长三角地区农业现代化示范县，率先基本实现农业农村现代化。

促进农业农村生产体系现代化。实现“三高一美”全覆盖，全市常年菜地最低保有量稳定在8.5万亩以上，猪肉自给率稳定在30%左右，养殖池塘尾水达标排放或循环利用。加大农机装备与技术推广应用，加快现代农业“机器换人”步伐，到2025年全市主要农作物耕种收综合机械化率达97%。加强智慧农业建设，建立农业大数据信息管理系统，鼓励和培育涉农企业积极开展农产品电子商务平台建设，着力构建智慧农业生产经营体系、管理服务体系、决策应用体系和智慧农业示范园区。建设应用物联网技术，形成一批节本增效、成熟可复制的农业物联网新模式，扩展农业生产智能化应用场景。提高农业科技创新水平，推进产学研合作，支持特色优势农业技术研发和产业化，打造农业科技创新集聚区。推动农业园区高质量发展，力争建成国家农业高新区。

促进农业农村经营体系现代化。巩固粮食区土地经营权流转成果，推进蔬菜区和水产区土地经营权流转，提高土地适度规模经营比重。积极构建以农业龙头企业和农民合作社为核心，以家庭农场和种养大户为基础的农业经营体系，加强产前、产中、产后的有机衔接和优势互补。鼓励龙头企业发挥带动作用，更好地整合产业链，提升品牌引领示范效应。做优农村传统产业和地方手工业，传承农耕文化，推出更具市场竞争力的创新产品。充分发挥新型集体经济在增加农民财产性收入方面的促进作用，持续深化农村集体产权制度改革，推进集体资产集中经营、委托管理等资产运营新机制，鼓励农村集体经济组织联合抱团发展。深化农村“三块地”改革，巩固农村承包地确权登记颁证成果，加强农村土地经营权流转管理，完善农村集体经营性建设用地产权制度，促进村级集体可支配收入和经营性收入增长，集体资产保值增值。实施“万企联万村、共走振兴路”行动，推动工商企业和村级集体发挥资本、人才、技术优势，构建工农互促、城乡互补、深度融合、共同繁荣的新型工农城乡关系。

促进农业农村产业体系现代化。加快转变农业生产方式，大力发展绿色农业。主要农作物测土配方施肥技术覆盖率达95%以上。扩大农药零差率集中配送覆盖面，粮油类、果蔬类农药配送率分别达到95%和90%以上，化肥农药施用量保持负增长。严格畜禽养殖管理，实现规模养殖场治理全覆盖，优先推广畜禽粪污资源化利用。建立健全农业生产标准化体系和农产品质量可追溯体系，拥有3—5个国家地理标志农产品品牌和国家地理标志证明商标。完善加工、储存、运输、销售等产业链条，打造农产品精品加工、绿色加工的集聚区和示范区。在进一步做强“常熟大米”等传统名特优农产品品牌的基础上，重点围绕大米、水产、蔬果等主导产业，引导和鼓励农业企业开展绿色食品、有机农产品认证，规范标准，提升品质，打响常熟农产品品牌。通过建立农业人才多层次培养体系，探索培育农业职业经理人，推动农业创新创业，提高农业综合产出。统筹整合各类涉农基金，形成规模集聚效应，试点设立乡村振兴产业发展基金。

第三节 坚定推进产业升级融合

推动先进制造业和现代服务业转型升级，促进两业相融相长、耦合共生，形成一批创新活跃、效益显著、质量卓越、带动效应突出的深度融合发展企业、平台和示范区。

推动“两业”深度融合。做优传统优势制造业，做大战略性新兴产业，把制造业服务化作为促进制造业向产业链和价值链高端转移的重要路径，推动制造业与服务业的融合发展。鼓励企业经营模式转型，补齐研发设计、市场营销、品牌管理等环节的短板，深化拓展业务关联、链条延伸、技术渗透，积极探索新业态、新模式、新路径。完善汽车制造和服务全链条体系，加快汽车由传统出行工具向智能移动空间升级，拓展汽车消费市场。推动纺织服装消费品工业和服务业深度融合。注重差异化、品质化、绿色化消费需求，突出时尚性，发展规模化、个性化定制，重新打响常熟服装品牌。

推动智能化改造数字化转型。以创新为支撑、智能化为导向、数字经济为突破口，加快推动传统产业智能化改造、数字化转型，分行业明确目标企业，争取每年实施改造企业1000家以上，三年实现规上工业企业全覆盖。完善贴息政策，加快组建专门团队和专业力量，为企业提供精准诊断、综合评估和改造升级服务，力争在智能工厂和智能车间数量上有大突破。坚持引进和培育相结合，扶持菱创、华为云、悠扬云等本地工业互联网企业发展，同步引进沪杭等地头部企业，为企业改造升级提供最佳方案。

做活新经济新业态新模式。深入实施直播电商“万千百十”工程，加快对接行业头部企业，引导特色园区创建数字品牌孵化基地，力争引进品牌互联网营销总部100个以上，引进培育数字品牌100个以上，新增市场主体超2万户，打造全国知名的产业直播电商城市。做强全国首个市场采购贸易综合服务平台“市采通”，支持发展跨境电商。推动平台型企业集群式发展，支持“运融通”“头等仓”“梦想小店”等平台企业孵化成长，引导有条件的项目引进战略投资，释放新经济模式强大潜能。

做大做强企业主体。大力培育和引进龙头企业，着力吸引头部型企业，加快集聚国内企业总部及总部型机构，鼓励有优势的企业实施跨地区、跨行业、跨所有制的兼并重组，打造一批主业突出、跨界融合的企业集团。促进中小微企业蓬勃发展，大力培育和壮大“专精特新”“单打冠军”和“隐形冠军”企业的数量和规模。大力发展平台经济，鼓励龙头企业搭建新型研发、销售服务、质量技术服务平台。

第四节 全面提升产业发展保障

重塑产业链，全面加大科技创新和进口替代力度，提升产业链现代化水平。实施产业用地更新“双百”行动，保障优质项目发展空间，促进产业集聚发展、布局集中优化、资源高效配置。

提升产业链现代化水平。锻造产业链供应链长板，持续增强汽车及零部件、纺织服装、装备制造等领域的全产业链优势，巩固提升优势产业的区域领先地位。完善质量基础设施，加强标准、计量、专利等体系和能力建设，深入开展质量提升行动。补齐产业链供应链短板，实施产业基础再造工程，聚焦产业发展体系中的基础零部件、基础材料、基础工艺、基础技术和基础软件，发展先进适用技术，推动产业链供应链多元化。加强区域产业安全合作，形成具有更强创新力、更高附加值、更安全可靠的产业链供应链。

构建高等级产业载体。以战略性新兴产业集聚区和老旧工业区改造为引领，加快提升园区综合承载能力，推进园区复合用地改革，进一步提高园区容积率，完善商业、生活设施配套，着力打造一批产业特色鲜明、园区承载力高的特色产业园区。加快建设UWC+创新岛、中德（常熟）智能制造产业园、欧洲绿色产业示范园、中挪北欧节能与环保创新产业园、临港常熟科技产业园等特色产业园，积极推进苏州产业技术研究院同位素技术研究所、苏州智慧医疗创新中心等创新载体建设，形成一批高等级产业和创新载体集群。

第六章　加快城乡融合发展，全面提升城市能级

深度融入长三角一体化、上海大都市圈协同和苏州市域一体化发展等区域战略，全面优化空间发展战略导向和城乡全域空间功能格局，勾勒一幅集约高效的空间美图。提升城市能级和资源要素吸引力，强化城乡基础设施综合服务和保障能力，打造一座功能完备的时尚美城。

第一节　全面优化城乡空间格局

对接国家和区域发展战略，明确新形势下的空间发展战略导向，优化全域国土空间资源布局，落实“一图一表一方案”，推动各板块均衡、协调、差异化发展，提升城乡空间资源的综合利用效率。

优化空间发展战略导向。积极响应苏州市域一体化发展战略，全面向南融入苏州主城区。充分考虑西南部地区的功能布局与苏州相城区的有机融合，在一体化视角下布局公共服务设施体系，全方位融入苏州市区生活圈。融入上海大都市圈协同发展，积极发展关键要素承载区。结合交通区位等条件，发展承接上海人才、科技创新、教育、医疗等多种资源要素流动的多层级、多类型空间载体。发挥东南部地区的区位优势和后发优势，作为对接上海发展的战略储备区。

推动差异化的全域均衡发展。推进新型城镇化建设，做强、做优主城区，引导主城区功能多样性发展，提升要素集聚度和经济密度。充分挖掘历史文化资源优势，结合山水园林城市特色，打造主城公共活动集聚区。以“常熟港振兴再提升”为契机，发挥港口物流和航运服务两大核心功能，打造特色产业港、物流物贸港、科技创新港、绿色生态港，提升口岸辐射能力，发挥港口推动片区乃至全域发展的强劲引擎作用。加快港区、产业园区、生活片区功能的高质量融合，实现港产城相互促进发展，不断提升滨江地区的城市功能内涵和发展质量。推进碧溪、海虞等生活片区与产业园区的功能融合发展。发挥西南部地区的区位衔接和生态资源优势，做好尚湖、辛庄、沙家浜区域内交通网络和枢纽节点的完善。提升东南部地区的基础设施建设水平，激发后发优势。依托苏州沙家浜机场（研究）等区域性交通基础设施，提升周边地区公共服务水平。

集约高效利用城乡空间资源。以国土空间规划编制实施为引领，引导形成布局错落有致、网络复合协同的空间图景。优化全域空间和生态格局，明确生态保护红线、永久基本农田、城镇开发边界三条控制线的空间布局和管控要求，有序引导城镇空间、农业空间、生态空间的保护与开发。积极探索建设用地规划“留白”机制和配套措施，为空间发展预留弹性空间。集约高效利用存量建设用地，重点做好乡村工业用地的拆旧、腾挪、置换工作，结合产业转型升级，提高土地利用绩效，适度提升工业用地开发强度和经济密度。

稳步推进镇村布局优化。坚持节约集约用地，加强乡村地区建设引导与管控，锁定建设规模、推进低效建设用地减量整优。依托国土空间综合整治与生态修复，完善村庄规划编制，适度推进村庄归并，优化乡村生产生活空间布局，严格保护生态空间。引导农村地区在生活圈尺度适宜和服务功能完善之间取得平衡，让乡村居民过上更加有品质的生活。编制土地征收成片开发方案，促进镇域经济社会可持续发展。

第二节　切实改善城乡人居环境

优化城乡生产生活空间布局，补齐基本公共服务和基础设施短板，倾心打造靓丽城区，悉心呵护美丽乡愁。

推进城乡建设空间更新提质。突出“更新与建新并举、保护与利用融合”理念，持续推进既有建筑更新改造、提升老建筑改造的设计水平，在新的场所空间中培育新功能、新产业、新业态。科学处理好历史建筑等文化遗产保护与利用的关系，鼓励在实践中因地制宜探索多元的保育和活化利用模式。稳步推进历史街区整理更新和城中村自主更新，实施旧城区改建，完善更新改造模式，深度融入城市社区与空间肌理。加快推进老旧工业区改造，注重完善生产生活配套功能，提升园区的空间风貌与环境品质。有序开展老旧小区综合整治，稳步推进小区功能配套完善、环境整治提升等工作。

推进全域美丽村庄高质量提升。注重传统历史文化和自然禀赋特色的彰显，培育特色精品乡村和特色精品示范区，实现“千村美居”全覆盖和全域美丽村庄的可持续发

展。有效实施农村环境综合整治工程，开展既有村庄建设更新。持续推进高标准农田示范片区、高标准池塘、美丽菜园和美丽生态牧场示范基地建设。深化农村人居环境整治提升，深入推进畜禽养殖污染治理，实施养殖水域滩涂规划，促进美丽乡村提档升级。

*补齐乡村基本公共服务和基础设施短板。*结合村庄空间布局和居民需求，合理优化乡村公共服务设施布局，加快提升农村教育、医疗、卫生、社会保障、文化体育等公共服务水平，大力推进乡村能源、通信、给排水、环境卫生等工程设施建设。开展农村房屋安全隐患排查治理，继续实施高质量镇域交通道路升级改造、镇村公路提档升级、农村公路大中修等工程，持续缩小城乡基本公共服务和基础设施水平的差距。

第三节　优化综合交通运输体系

积极打造“空铁水公”等形式多样、空间协调、功能融合的现代综合交通体系，重点加强高速铁路、高速公路、城市快速路等交通干线和枢纽节点的建设，加速从交通节点城市向枢纽门户城市跨越。

*规划布局重大交通枢纽。*配合上级深化研究苏州机场沙家浜选址方案，提前谋划高速公路、快速路、干线公路、轨道交通等配套交通基础设施布局，全力争取尽快落地。建成南沿江城际铁路常熟站，推进通苏嘉甬铁路常熟西站工程。

*持续完善交通干线网络。*建成南沿江城际铁路，开工建设通苏嘉甬铁路，配合上级推进如苏湖城际铁路和苏虞张市域铁路工程前期工作。积极配合上级过江通道规划，稳定苏通第二、第三过江通道线位，配合推进沿江高速公路扩建和锡太高速公路新建工程。完善市域干线公路网络，持续推进快速路网体系建设，提升路网综合保障能力。完善农村地区交通路网建设，注重撤制镇集镇主次干路的提升改造。实施内河干线航道综合整治，提升内河航运网络运输保障能力。通过打通区域“断头路”、提升衔接公路等级、加密区域连接通道的方式，逐步实现与苏州城区交通通勤的“同城化”，进一步加强与无锡市区、江阴、张家港、太仓、昆山等毗邻地区的交通衔接便利度。

*积极发展绿色智慧交通。*发展以公共交通为主体，自行车、步行等慢行交通为辅的多元融合绿色交通体系，依托苏州轨道交通10号线、苏虞张市域铁路、如苏湖城际铁路、虞昆太市域铁路等构建常熟轨道交通多网融合体系，开辟主要片区至火车站等交通枢纽的快速公交，形成轨道交通、快速及常规公交协调发展的公共交通体系。打造常熟站旅游集散中心，开发旅游专线产品，构筑满足全域旅游需要的交旅融合发展新模式。补齐片区公交线网和场站基础设施短板，优化提升城乡公交线路布局，提高公交线网覆盖率和综合服务水平，同步推进新能源公交车辆更新。加快智慧交通建设，建立常熟交通大数据中心，构建更为健全的交通感知和分析体系，推进公交车辆向新能源与智能化方向更新。

第四节　完善市政基础设施建设

加强与中国铁投、中国建筑、中交集团、光大集团等央企国企及下属企业的合作，推动交通、城市功能载体等基础设施提档升级。

*建立多元化能源供应体系。*维护好现有电源点和供电设施，有序推进新电力和新能源汽车充换电等设施建设。多渠道拓展气源，逐步实现主干管网间互联互通，增强天然气保供能力。完善城镇天然气管网，基本实现全市范围内天然气管网全覆盖，逐步减少液化石油气供应量。扩大光伏、生物质等清洁能源利用规模，探索发展风能发电、天然气楼宇式能源站等分布式能源利用形式，实现能源供应途径多元化。推进热电联产基础设施建设，加快建设中电常熟燃气热电项目及配套天然气管道，在经开区规划布局4台9H级燃气调峰机组，不断削减煤炭消费量。

*提升供水综合保障能力。*加强长江水源地保护力度，确保长江应急水库生态系统安全。结合城镇建设完善供水管网布局，确保供水安全。配合苏州市开展相邻供水区域出水厂互连互通建设，加强应急供水能力。推进居民住宅二次供水设施“统建统管”，推进城乡老旧供水设施改造和智能化管控。促进优水优用，进一步提高饮用水供水质量，学校、图书馆、体育场等有条件地区率先开展直饮水试点建设。在部分区域建设中水回用工程系统，实现水资源高效利用。

*加快城乡环卫及防灾基础设施建设。*完善垃圾处理设施的布局，优化、加密城乡公共厕所布局。按照水务一体化的要求，统筹城乡污水处理与雨污排水工程建设。推进海绵城市建设，完善防洪除涝基础设施，加快推进长江堤防防洪能力提升工程及沿江闸站工程。注重人民防空平战结合，布局规划与建设覆盖全市域的应急避难场所。积极做好地震监测预报和震灾防御工作。推进全市森林防灭火设施配置，提高森林火灾综合防控能力。完善气象防灾减灾设施建设，争创全国综合减灾示范县。

第七章　全面推动绿色发展，共建生态宜居家园

践行社会主义生态文明观，牢固树立“两山”理念，坚持绿色发展，坚持系统治理、综合治理、依法治理和源头治理，协同推动经济高质量发展和生态环境高水平保护，加快构建绿色发展体系，推进全国生态文明示范区建设，打造安全环保的清新美景。

第一节　全力推进环境污染治理

紧紧围绕环境质量提升，深入推进水、大气、土壤污染防治，不断满足市民对环境质量的期盼和要求。

*加强水环境治理。*坚持长江生态修复和保护提升相结

合，严控长江岸线开发利用，持续推进长江船舶污染防治工作，建设高质量水上绿色综合服务区，确保长江干流水质稳定为Ⅱ类，主要通江支流水质全部达到Ⅲ类。加强城乡小微水体治理，扎实推进国、省考断面水质达标提升工程。全面推进城乡生活污水治理，按照“省城镇污水处理提质增效示范城市”要求，完成提质增效达标区建设，构建城乡污水收集处理新格局。继续推进畅流活水，开展城区河道清淤整治及农村河道轮浚，加强河湖水系畅通性，建设生态美丽河湖，实施“开闸行动”，提升低洼圩区水体流动性与圩内外水系交互性。

加强大气环境治理。强化煤炭消费总量控制，适度提高电煤使用比重，切实巩固非电行业减煤成果，推动火电、钢铁等重点用煤行业的节能工作，严控煤炭消费增量。加强工业废气深度治理，持续推进燃气锅炉低氮改造、生物质锅炉提标改造，强化重点行业监管，对汽修等重点行业企业全面执行最新排放标准中的特别排放限值。开展VOCs治理专项行动，坚持源头控制、综合治理，全面推进源头替代，有效控制无组织排放，深化改造治污设施，持续推动行业治理提升。加强扬尘综合治理，强化秸秆综合利用和农业源氨排放控制。加强移动源污染防治，优化公铁水运输比例，倡导绿色出行，加快高排放老旧车辆淘汰，加强非道路移动机械污染防治，推进船舶岸电使用。强化区域联防联控，通过错峰、豁免等手段，实现差异化、精准化管控，有效应对重污染天气，开展区域性和局域性多污染物协同控制。

加强土壤环境治理。有序开展建设用地土壤污染调查，推进受污染耕地生态修复、安全利用与风险管控。加强固体废物信息化监管，建立完善联防联控机制，坚决打击和遏制固体废物非法转移倾倒等环境违法犯罪行为。加强危险废物申报、收集贮存、转移管理，巩固危险废物规范化达标建设整治成果。依据“减量化、资源化、无害化”的原则，强化一般工业固废处置利用，积极争创省级“无废城市”。

第二节　加快完善绿色发展体系

坚持绿色、循环、集约发展，健全绿色发展决策体系，统筹经济发展与资源环境保护，构建清洁低碳高效能源体系，发展优质高效的生态经济。

构建绿色发展空间格局。推动生态保护红线落地上图，严守城镇开发边界。严格执行“三线一单”环境分区管控要求，实施差别化环境准入，扎实开展“双百行动”，保障优质项目发展空间，集聚发展一批战略性新兴产业，打造新型产业集群，推动乡镇工业集约集聚发展。

加快产业绿色化发展。推动传统产业绿色化转型升级，加大落后低端产能整治力度，引导重点企业节能降耗、重点行业清洁生产，促进制造业绿色转型。提升化工产业安全环保水平，推动印染行业高质量发展。积极培育绿色新兴产业，支持率先整合产业链资源，依托现有开发区，建设环保产业园区。鼓励中小型环保企业集中发展，形成具有较强辐射带动作用的龙头骨干企业。对符合国家建设管理规定、安装环保设施的燃煤发电机组全面落实脱硫、脱硝、除尘等环保电价政策。对污水处理、垃圾处理设施运行企业生产用电给予大工业用电政策。支持符合条件的污水处理、垃圾处理设施运行企业参与电力市场交易。

发展绿色低碳循环经济。推进实施产业园区绿色循环化改造，提升园区绿色循环发展水平，全面开展镇级工业集聚（中）区生态工业园区建设，打造以循环化园区企业为骨干、辐射全市的制造企业绿色供应链。结合智能制造、中国制造2025，建立设计、制造、销售、服务全流程绿色体系，积极推广节能产品，鼓励支持新能源汽车使用，推动生产、消费领域绿色革命。

第三节　积极打造生态宜居环境

坚持山水林田湖草共同体理念，深入推进湿地、河湖、长江、水源地等生态保护建设，构建“一圈一带一廊道”为主体的区域生态保护和修复格局，建设生态优美常熟，争创美丽江苏建设的示范县（市）。

加强重点生态区域管护。按照生态红线及生态空间管控区域，实施分级分类管理，严格守住永久基本农田保护线、生态保护红线和城镇开发边界三条底线。以沙家浜国家湿地公园、尚湖国家城市湿地公园、南湖省级湿地公园、昆承湖、长江常熟段等地方重要湿地保护为重点，实施退耕退渔退养、还林还湖还湿地等工程，提高湿地保护质量。根据望虞河、白茆塘等骨干工程进度，同步开展生态岸线整治。完善湿地保护框架，形成“湿地公园—湿地保护小区—湿地小镇—湿地乡村（湿地社区）—其他形式（森林公园、风景名胜区等）”五级架构的“湿地城市”。

推进山水林田湖草保护。全面提升山体生态环境，对铜官山等废弃矿山开展修复治理，还青山美景。积极打造美丽河湖，围绕水安全保障、水环境治理、水生态保护与修复、水景观建设、水文化传承与保护、水管护强化等方面开展系统治理，创建省级美丽示范河湖。坚持绿地、林地、湿地“三地融合”，统筹山水林田湖草一体化保护和修复，引入高效农产品种植业，严格落实永久基本农田保护。加大生物多样性保护力度，全面开展全市域生物多样性本底调查，加强原生动植物种质资源保护，防范外来物种入侵。

推进绿化生态公共空间建设。推进道路河道绿化美化工程、郊野公园规划、植树造林、城市公园和公共绿地建设，打造市民休憩、休闲的绿化公共活动空间。围绕“三纵三横”大生态格局，加快高标准建设铁黄沙生态岛，结合螺蛳湾生态湿地，在沿江区域打造成带成网、应绿尽绿、林相丰富的长江生态防护林绿色长廊，全力打造北部沿江生态屏障。

第四节　构建现代环境治理体系

深化环境治理领域改革创新，加快形成政府主导、企业主体、公众参与的环境治理体系，争创环境治理体系和能力现代化示范县（市）。

健全环境治理政府责任体系。健全领导干部生态文明实绩考核，推进自然资源资产离任审计，健全生态环境损害责任追究制度。落实省市自然资源资产产权制度与用途管制，健全规划（战略）环境影响评价机制，建立健全污染物排放许可制，尽快实现生活污水和各类垃圾全量化、无害化处理。充分运用5G、物联网和大数据手段，构建跨部门环境信息平台，探索"互联网+监管"非现场执法模式。推进环境质量、污染源与生态状况监测深度融合，建成覆盖全市的生态环境监测监控体系。完善四级环保监管网格体系和镇域综合执法，探索执法监管第三方服务模式。

健全环境治理公众参与体系。健全政府及企业环保信息公开公告制度，严格落实规划和建设项目环评公众参与制度。

健全企业环境行为信息管理系统，建立企业生态文明考核指标体系和责任报告制度，完善企业环境信用评价制度，开展企业环境管理标准化建设工作。扶持和培育环保社会组织，加大环境公益广告宣传力度，研发推广环境文创产品，提高公民环保素养。践行绿色生活方式，倡导绿色出行、绿色消费。全面推进生活垃圾四分类，建立完善全程分类体系，形成长效机制。

健全环境治理经济政策体系。落实差别电价、水价政策，全面实行居民阶梯水价制度，非居民用水超定额、超计划累进加价收费制度。全面开征建制镇污水处理费，实行差别化污水处理收费政策，落实节能环保、新能源、再生资源、生态建设和环境友好型企业税收优惠。探索建立排污权交易制度，配合苏州市开展碳排放权交易市场对接建设，建立完善碳强度降低目标责任考核评估机制，与周边区域协同推进碳数据管理系统平台运行及应对气候变化部门统计体系建设。建立融合资金、技术、智力、实物等于一体的多元化生态补偿机制，加强生态补偿资金的监督和管理。大力发展绿色金融，结合企业环境信用评估，实施差别化绿色信贷政策，探索地方政府和社会资本联合设立绿色发展基金，发挥环境风险辅助管理功能，优化环境污染责任保险制度。

第八章　加快文体旅深度融合，建设江南文旅名城

重塑文化地理，实施"文化+"创新发展战略，发挥人文底蕴与山水生态优势，持续提升江南文化品牌，以国家级旅游度假区和全域旅游示范区创建为引领，以"蓝色游"为重点，加快打造"四色游"品牌，推动形成"精品美游"全域旅游新格局，力争文体旅发展进入苏锡常经济圈第一方阵。

第一节　持续提升江南文化品牌

坚持文化事业和文化产业共通、保护和开发兼顾、资源要素共享、产业提质升级的原则，深入挖掘名城文化资源，彰显江南文化气质。

提升"吴文化"辨识度。发挥常熟山水生态、人文底蕴和场馆资源优势，打造一批辨识度高、影响力大、引领性强的文化品牌。着力打响苏州两大古城之一——常熟古城的文化品牌，打造以虞山文化为主题的文化场所，建立吴文化资源数据库，切实加强文化遗产保护工作。引导扶持基层特色文艺示范基地，重点创作一批具有浓郁社会生活风情、反映普通百姓所思所想的优秀作品。完善"文化常熟云"数字平台，对接国家文化信息资源共享工程网络和江苏文化云资源平台，组织举办"云上常熟"系列活动。

加强公共文化设施建设。围绕虞山、尚湖、古城、琴湖等重点区域，打造地标性的城市文化建筑群和文化带，体现江南文化名城意象。积极推动公共文化服务标准化、均等化、社会化、数字化发展，培育文化类社会组织，进一步丰富群众文化艺术生活。不断加强镇级文体公共服务设施的投入力度，推动市级设施的存量提升，在对城市既有建筑的更新中植入文体旅元素。加快推进全市文化馆总分馆建设，创新推动一批文旅小剧场、乡村特色文化空间、文化体验式场馆等新颖文化空间建设。

打造文化产业集聚区品牌。持续发挥中心城区优势，重点培育和引入动漫游戏、现代传媒、设计服务、广告会展、演艺娱乐等产业，丰富中心城区文化产业业态，完善产业链，打造全市文化产业高地。着力打造服装服饰研发设计、指数发布、品牌运营和新媒体营销为重点的时尚服饰文化产业集聚区。依托国家级大学科技园，打造创意文化产业集聚区。结合全市汽车制造企业集中分布的特色，以建设最年轻的汽车城为目标导向，推动建设集研发、展示、科普等多种功能于一体的汽车主题文化产业集聚区，拓展建设汽车主题文化公园。

开发常熟特色文创产品。挖掘常熟历史文化、红色文化和民俗文化内涵，开发不同主题的文创产品和特色IP产品。借势"苏作"品牌打造，深入开发红木雕刻、花边、印石篆刻、古琴制作、经编、纬编等传统工艺，打造高端工艺精品、虞山茶品、图书音像等文创系列产品。支持常熟文博单位与动漫游戏、影视传媒等企业合作。通过高新技术和创意设计手段，将乡村山水特色元素应用于虚拟文化产品，培育重量级的网红IP产品。

第二节　唱响历史文化"红色游"

以沙家浜革命历史题材为核心，突出红色旅游"沉浸式"体验，不断丰富红色旅游的内涵和形式，让常熟成为长三角寻根红色初心的"首选城市"。

打造系列红色文化旅游路线。深度挖掘红色文化资源，以沙家浜5A级旅游景区为核心，围绕革命历史故事，推动沙家浜成为民众接受红色文化熏陶和爱国主义教育的首选之地，擦亮常熟红色文化传承地、纪念地和发扬地"金字招牌"。将红色文化地串珠成链，策划与中共常熟党史馆暨李强革命历程展示馆、支塘镇王淦昌故居等全市30个红色遗址、场馆联动互动的红色经典旅游路线。结合

"微营销"模式,精准把握旅游热点和游客兴趣点,发展定制旅游。

积极打造红色文化演艺品牌。以沙家浜景区爱国主义教育实景演出项目为重点,积极开发演艺消费市场的新热点,加强景区演艺全渠道、多平台、线上线下相结合的品牌宣传塑造,提升演艺新空间的数量和服务能级。引进和培育演艺产业上中下游的重点企业和新锐企业,打造完整的演艺产业链条和良好的产业生态。

加快科技赋能红色旅游项目。推动新型数字基础设施、信息技术应用、场景体验与演艺产业的融合发展,以沙家浜红色IP开发为核心,通过5G、VR环境下新一代信息技术、智能技术的创新应用,将全息投影、智能导览、语音交互、虚拟漫游、情境再现等全面运用到红色旅游项目中,构建新颖独特、文化内涵丰富、技术含量高的体验式文旅新业态、新产品、新服务和新场景。

第三节　打造山水人文"绿色游"

依托常熟山水湿地和历史人文资源,开发山水与人文、历史与现代高度融合的旅游线路,打造以绿色为核心的山水人文旅游品牌。

做浓人文氛围。整合"虞山画派""虞山诗派""虞山琴派"等文化资源,深挖常熟历史名城内涵。持续开展古城历史文化街区综合整治,集中打造以方塔、琴川河、文庙、博物馆等市区文化旅游资源为核心的常熟古城文化地标。深度挖掘和弘扬常熟地方历史文化,提升史志文化信息化水平。加强文化遗产保护和旅游开发,以南泾堂、西泾岸、南门坛上等历史街区保护复兴、完善功能为重点,打造古城文化旅游展示区,挖掘培育文创产业项目。

做强文化旅游产品。聚焦古城商圈振兴,配合体验型、沉浸式的江南演艺,建设若干"江南小剧场"。统筹推进梅李古镇、支塘古镇和书香古里等特色古镇打造旅游品牌,组合推出常熟古城·古镇·古村的江南文化旅游产品。依托数字化技术,推动影视、出版、文化艺术等传统文化产业转型升级,培育龙头文旅企业和文旅产品。加快夜间文化消费场景的聚集,形成"夜文化生活圈",推进高品质的夜购、夜游、夜食、夜秀、夜读等一站式文体旅消费产业。

做优山水品牌。以创建虞山尚湖国家级旅游度假区为契机,串联古城内翁同龢纪念馆、曾赵园、燕园、言子故居等多处文物保护单位,打造"一城山水,自在生活"。将尚湖景区打造为"时尚水滨,湿地休闲空间",将剑门景区、兴福景区、三峰景区发展为"禅氧森林,自然游览空间",将虞山公园、小城巷、护城河景观带等塑造为"闲居古城,文化感悟空间",打响"春看尚湖牡丹、夏摘宝岩杨梅、秋赏虞山红枫、冬听古刹钟声"四季节庆品牌。

第四节　做强健康养生"蓝色游"

发挥文体旅赋能优势,依托市体育中心和基层公共体育设施,常态化举办各类体育赛事、文艺演出、旅游节庆等活动,推动赛事与旅游、会展、艺术、设计、教育等产业的融合发展。开展全民健身运动,发展城市体育品牌,打造蓝色健康旅游新名片。

打造现代化体育健身基地。依托丰富的户外体育健身资源,吸引承办各类市场主体的党建、团建等活动,高质量办好尚湖国际马拉松、STC大铁联赛、卡亚克舟钓鱼赛、长三角龙舟赛等精品赛事,打造集健身运动、竞技运动、时尚娱乐、休闲购物、医疗康养、特色餐饮、公共文化服务等功能于一体的配套设施,争创省级群众体育健身基地。

培育优质"体育+"文旅项目。引进专业体育运营商,依托"三湖"资源,发展水上运动,吸引高层次、高净值人群来常创业、休闲,满足百姓时尚健身需求,带动常熟文体旅消费。探索设立体育产业投资基金,积极引进头部企业和新锐企业,培育体育产业优质项目。深入推动产教结合,促进体育人才培育体系建设。

加快医养旅游产业智能化发展。以虞山文化旅游度假区为主,专注于智慧健康、智慧旅游等智慧生活产业,加快建设智慧医养社区,引入一批辅助诊疗、健康管理等智慧健康研发应用企业,提升旅游信息化、智能化、便捷化服务水平,推动综合监管系统、资讯服务系统等智慧旅游产品的研发应用,打造智慧生活产业生态体系。

第五节　扮靓诗意乡愁"彩色游"

发挥常熟国家生态市、国际湿地城市优势,依托长江岸线独特自然风貌,通过沿江四季景观打造、特色田园乡村建设,演绎"花开一世界、满江并蒂红"的多彩江景。

开发乡村多彩深度游路线。以"千村美居"工程为引领,统筹推进特色田园精品村、康居村、宜居村建设,因地制宜打造农耕渔事妙趣横生、田园村舍相映成趣的乡土景观,开发"美丽乡愁""江南诗话"主题性的深度旅游产品。依托铁黄沙生态岛建设,围绕"一岛一湾一江滩",通过传统种植或套种、现代生物技术,以不同的排列组合方式,形成多个特色鲜明、多彩休闲的观光美景,构建"江海交汇七彩洲"。依托长江沿岸生态风貌,打造长江沿岸风光带。结合不同区段特色、功能要求,设置不同旅游主题项目,开发风采各异的文娱活动、乡村庆典、农业观光旅游等。

打造多形态的乡村体验场景。持续支持蒋巷村旅游业转型升级,围绕南湖湿地公园、辛庄佳盛农业综合示范区、罗墩良渚文化遗址、红豆山庄等特色资源,开发融养生、休闲、娱乐、会展、教育为一体的多种形态的生态旅游景观,重点建设传统农事体验类、现代农业生产观光类、田园休闲类和乡土民俗类特色旅游项目。根据常熟乡村地形地貌特征,突出民俗特色,充分考虑目标游客的住宿需求,打造风格鲜明的精品度假民宿。结合文化科技卫生"三下乡""村村演""情暖常熟""评弹进百村"等文化惠民工程,开发特色乡村戏台、露天电影、说书场等项目。

第九章　筑牢社会民生底线，努力创造高品质生活

筑牢社会民生保障网络，注重社会文明和公民道德建设，努力为全体常熟居民提供满足日益增长的美好生活所需的硬件和软件条件，彰显小城大爱的文明美德。

第一节　加快公共服务一体化

积极借鉴长三角生态绿色一体化发展示范区在推进公共服务共建共享、要素流动、管理服务创新等方面的先行先试经验，推进民生社会事业接轨上海大都市圈协同发展，让人民群众充分享受到一体化带来的福利。

加强人力资源的跨区域协作。尊重人才需求与人才发展规律，通过建立完善人才跨区域流动机制、搭建跨区域人才交流协作平台，运用大数据等新兴技术精准化识别人才需求，实现与周边区域人才工作的协同发展。积极对接长三角人才资源共享机制，实现常熟人才资源库、专家数据库与其他地区的共享互通。开展劳动监察和劳动人事争议仲裁合作，融入区域调解仲裁合作共同体，共同维护区域和谐稳定的人才环境。

加强公共服务领域的双向合作。加强与上海市金山区等地的基础教育合作的广度和深度。加强与上海、南京、苏州等地的医疗机构在技术交流、团队协作、资源共享等方面的合作。以“互联网+医疗服务”“常熟智慧医疗”项目为抓手，推进卫生领域数据共享交换，实现卫生健康信息互联互通。强化公立医院与大城市医疗机构优势专科的合作，创新会诊方式，畅通双向转诊渠道，实现专家资源的共享。

强化社会保障体系的互联互通。配合做好养老、医疗、失业等保险的跨省市转移接续工作，保障参保人员跨区迁移的权益。提升跨区域医疗保障服务便利水平，配合做好长三角地区异地结算和监管，为常熟转外病人提供诊疗便利，为异地来常熟就医人员提供结算便利。深化长三角区域工伤保险合作，进一步实现工伤保险医疗费用异地结算。积极响应长三角区域养老一体化，逐步破除养老服务发展障碍，在区域供需视角下布局建设养老设施，在养老服务标准、从业资质互认等方面实现与周边地区的衔接。弘扬新时代慈善精神，发展慈善等社会公益事业。

第二节　完善公共保障体系

实施就业富民工程。做好高校和职业学校应届毕业生就业工作，实施困难人员就业援助。强化招商引资、金融、税收、贸易等经济政策与就业政策的配套衔接，提升就业岗位多元化程度，为小微企业和个体经济创造更加宽松的发展环境。加快“互联网+”人力资源市场建设，完善基层公共就业服务体系，建立健全就业服务管理信息系统，实现就业情况实时监测、风险预警，提升就业管理服务能力与水平。拓宽城乡居民增收渠道，实现可支配收入的稳步提升，逐步缩小收入差距。完善工资指导线和最低工资标准制度，将最低工资标准稳定在江苏省一类水平。

实施全民参保计划。完善社会保险业务基础数据库，建立未参保、中断参保人员的清零机制，落实长期动态管理。着力解决灵活就业人员、农民工、中小微企业和各类新业态就业群体以及中断缴费人员的参保续保问题，针对疫情等重大事件建立并完善参保政策的弹性实施与参保费率的优惠机制。完善城乡居民养老保险待遇确定机制和正常调整机制，协同推进多层次的养老保险体系建设。

提升住房水平质量。构建多样化的住房保障体系，保障基本居住需求，改善居住条件。推进棚户区改造工作，“十四五”期末基本完成城镇棚户区（危旧房）改造，完善交通、商业、教育、医疗等配套设施。实施新一轮老住宅小区综合整治，基本实现主城区老小区综合整治工程全覆盖。在满足条件的住宅小区积极开展既有多层住宅增设电梯工作，完善实施和管理，维护房地产市场持续健康运行。

健全医疗保障体系。做实医疗保险苏州市级统筹，实现与苏州同城一体待遇。实施医保支付方式改革，完善基本医疗保险筹资和待遇调整机制，增强制度的可持续性。完善和优化医疗保险公共服务体系，落实异地就医结算。完善大病保险、医疗救助制度，加大对困难人群的精准帮扶。鼓励发展商业补充医疗保险，探索长期护理保险试点，健全多层次医疗保障体系。加强基金监管，保持打击欺诈骗保高压态势。

第三节　推动教育事业发展

推进各类教育协调发展。进一步规范办学行为，构建公办教育为主、民办教育为辅的良好发展格局。高质量发展15年基础教育，促进各类教育协调发展。推动学前教育普惠优质发展，达成广覆盖、保基本、有质量的学前教育公共服务体系，实现学前三年毛入园率100%。推进义务教育优质均衡发展，优化教育资源配置，进一步缩小城乡义务教育差异，确保义务教育巩固率100%。公益延伸发展特殊教育，推动实现特殊教育全服务，巩固提高适龄特殊教育需要少儿15年免费教育普及水平。高品质发展普高教育，推进江苏省高品质示范高中建设，继续创建2所省四星级普通高中。加快推进职业教育现代化，响应产业发展需求，强化产教融合、校企合作，发展特色鲜明的职业教育品牌。推动发展高等教育，支持常熟理工学院发展建设，加强常熟国家大学科技园和科创园的建设，争取国内外知名高校和科研院所来常熟设立分支机构。

加快推进教育现代化。大力发展继续教育，完善终身学习网络，提高社区教育水平，放大继续教育资源，提高社会用语用字能力和水平。提升教育理念和技术手段，按照《教育信息化2.0行动计划》，加快教育信息化基础设施升级改造，注重教育网络安全，推进智慧校园建设，促进信息技术与教育实践深度融合。提升教育国际化水平，深化教

育国际交流与合作，增进中小学国际理解教育，支持中国常熟世界联合学院办学。加强专业化师资队伍建设，坚持正确的师德师风引导方向，加强交流支教力度，完善义务教育阶段新招录教师预分配制度，健全教师发展激励保障机制。

第四节　积极建设健康常熟

优化医疗资源布局。推进公立医院布局优化，构建由核心医院、区域医疗中心、基层卫生院、社区卫生服务中心组成的四级医疗设施体系。稳妥推进医疗资源整合和提质升级，推进一院、二院、中医院建设三级甲等医院，提升公立医院硬件和软件条件，实现医疗服务较高水平全覆盖。进一步完善中医服务体系、妇幼健康体系，发展特色专科与专家团队，推进专业化、特色化医疗服务。规范民营医院的准入管理，鼓励大型民营医疗机构来常熟创办分支机构。

健全公共卫生体系。实施"健康常熟"工程建设，落实健康市民"531"系列行动计划。大力提升信息技术在卫生健康系统中的应用，有序推进苏州市智慧医疗创新中心的建设，面向移动医疗、医疗大数据和高端医学影像诊疗等产业领域进行前瞻性研究。强化公共卫生工作，建立健全严重精神障碍综合管理长效机制，巩固国家级慢性病综合防控示范区建设成果，推进全人群、全生命周期的慢性病防治管理。做好重点传染病监测、防控和突发公共卫生事件应急处置工作，优化传染病院区基本独立运行功能，推动公共卫生和疾病预防控制体系改革发展。落实好全面两孩政策和配套政策措施，推进3岁以下婴幼儿照护服务体系建设，构建支持家庭生育的制度体系和社会环境。深入开展爱国卫生运动，巩固提升卫生城市（镇、村）创建成果。预防控制病媒生物，推行室内公共场所、室内工作场所、公共交通工具全面禁烟，广泛开展全民健康教育与健康促进，提升全市居民健康素养水平。

发展全民体育事业。在市域西南部地区打造部分体育场馆和产业集聚区，做好体育中心智慧场馆、健身步道、体育公园等设施建设，实施全民健身设施提档升级。加强基层体育设施建设，实现城市社区和行政村体育健身设施全覆盖，逐步缩小体育健身资源的城乡差距。发展形式多样、参与度高、覆盖面广的全民体育活动，做好公益性体育场馆免费和低收费开放，开展各类体育锻炼和健身指导服务。

提供优质养老服务。充分调动各类主体参与养老服务体系建设的积极性，发挥家庭、社区和机构各自优势，促进各种养老服务方式融合发展，建成以居家养老为基础、社区养老为依托、机构养老充分发展、医养有机结合、覆盖全体老年人的多层次养老服务体系。加强养老服务精准供给，细分养老服务受众群体，提供医疗、旅游、养生、教育等多元化服务，满足多层次、多样化养老服务需求。持续推进养老服务设施建设，建成"养老机构、社区综合为老服务中心、社区日间照料中心、居家养老服务站"全覆盖、一体化服务网络，打造"十五分钟"养老服务圈。到2025年，建成各类养老服务设施超过500个，床位超17000张。

第五节　提升社会服务水平

加快公共服务提质增优。在主城区打造15分钟步行可达的社区生活圈，配置基本公共服务功能，涵盖行政服务、教育、文化、医疗卫生、养老、体育、休闲及就业创业等方面。在开发区和镇区根据人口空间分布特征，因地制宜适当扩大社区生活圈范围。在乡村区域打造以行政村为基本空间单元的社区生活圈，配置基本保障性公共服务设施和公共活动场地。

推动重点群体共享发展。优化妇女儿童发展环境，提升妇女政治经济参与度和贡献力，完善支持妇女儿童发展的服务体系，推进维权"五项机制"的落地落实。促进青年发展，深入实施青年人才"储备工程"，围绕青年人才培养开发、评价发现、选拔任用、流动配置、激励保障等方面，创新完善青年人才管理机制，深入实施校园引才活动。帮助贫困残疾人就学、就业、平等参与社会生活，实施精准康复服务，提升残疾人生存和发展能力。提升退役军人服务保障水平，完善双拥工作和军民共建机制，连创省、全国双拥模范城。

推进社会救助体系全覆盖。建立面向全域所有常住人口的现代化社会救助政策保障体系，实现低保、特困供养、低保边缘、受灾、医疗、教育、住房、就业和临时救助等救助保障体系的全覆盖。实施一批社会福利设施重点工程建设，提升社会福利事业发展水平。

建立疫情常态化防控机制。抓紧抓实抓细常态化疫情防控，持续紧盯关键节点，进一步排查风险隐患，巩固来之不易的防控成果。坚持"可知可控、精准防控"，完善"大数据+网格化+铁脚板"治理机制，坚持"人""物"同防，以外防输入为重点，强化全流程轨迹跟踪，落实全链条闭环管理。加强公共卫生应急管理体系建设，健全防控救治体制机制，开展新时代爱国卫生运动，标本兼治提高疫情防控意识和能力。

第六节　提高社会文明程度

倡导科学、文明、健康的生活方式。以社会主义核心价值观引领社会发展，推动理想信念教育常态化、制度化。弘扬时代新风、培育时代新人，深入贯彻新时代爱国主义教育和公民道德建设实施纲要，广泛弘扬民族精神和时代精神。大力倡导移风易俗，坚决反对铺张浪费，推广科学、文明、健康的生活方式。

常态长效巩固全国文明城市创建成果。坚持人民城市人民建，不断完善文明城市建设常态长效工作机制，推进社会治理精细化、智能化、品牌化，持续提升群众参与度和满意度。高水平全域推进新时代文明实践中心建设，推进诚信建设和志愿服务制度化，强化社会责任意识、规则意识、奉献意识。坚持用正确的舆论引导人，进一步深化融媒体改革，讲好常熟故事，展现常熟形象，凝练城市精神，彰显城市品格。

第十章 优化市域治理体系，推动治理能力现代化

坚持依法治市，着力推进治理体系和治理能力现代化，将市域治理的制度优势转变为治理效能。提升城市应急能力，打造安全发展示范之城。

第一节 深化重大领域改革

激发市场主体活力。扎实推进国资国企改革，深化“产业招引、载体建设、金融投资、城市运营、民生保障”五位一体服务体系，持续推进资产资源整合，探索行政事业单位经营性国有资产统一监管。支持民营经济健康发展，全面开放竞争性行业和垄断行业竞争性业务，打破民间资本进入的各类隐形壁垒，清理和规范涉企行政事业性收费。

强化发展要素保障。加快要素市场体系建设，推进市场化配置资源要素改革，稳步建立城乡统一的建设用地市场。

推动土地综合利用改革，探索试行二级市场平台预登记制度，推进集体经营性建设用地入市试点工作，细化土地收益分配及调节金提取制度，强化新增用地产业项目全程监管，积极稳妥推进农村乱占耕地建房问题专项整治。加强金融创新改革，强化债务风险监测预警，进一步加快资本市场建设，提升资本市场第三方服务水平，积极融入金融科技创新监管试点，推动辖区内金融机构上线试点。

深化食品药品监管改革。加强基层监管机构建设，补足城乡食品药品监管体系短板，完善覆盖全过程的监管流程及信息披露制度。鼓励人民群众和社会力量参与食品药品监管，建立健全第三方机构独立发布食品药品安全信息机制，强化对发布信息规范性、真实性的管理和监督。

第二节 深入推进民主法治

发展社会主义民主政治。完善人民代表大会制度，加强人民当家作主制度保障，健全“一府两院”由人大产生、对人大负责、受人大监督的制度。健全人大讨论、决定重大事项制度，落实各级政府重大决策出台前向本级人大报告。加强人大预算决算审查监督、国有资产监督职能。完善人大常委会同代表、代表同人民群众联系制度，进一步发挥人大密切联系人民群众的优势。加强和改进人民政协工作，发挥人民政协专门协商机构作用，加强思想政治引领、广泛凝聚共识，不断强化委员责任担当。围绕团结和民主两大主题，把协商民主贯穿政治协商、民主监督、参政议政全过程。加强人民政协民主监督，重点监督党政重大方针政策和重要决策部署的贯彻落实。增强人民政协界别的代表性，加强委员队伍建设。

推进法治政府建设。深化重大决策程序规定，落实《法治政府建设与责任落实督查工作规定》，推动决策流程科学化、民主化、法治化。制定政府工作部门权力清单动态调整常态机制。深化行政执法体制改革，实施综合行政执法，打造市、镇（街道）两级综合执法队伍，推进执法重心下移。建设高素质行政执法队伍，完善行政执法程序及三项制度，强化行政执法人员培训，规范引入社会第三方力量参与行政监管与执法。深化司法体制综合配套改革，全面落实司法责任制，真正实现谁办案、谁负责。

推进法治社会建设。深化法治宣传教育，按照“谁执法、谁普法”的总体要求，实现法治宣传的“协同化、责任化、项目化”。建设全国性普法教育实践基地，争创“八五”普法八连冠。健全公共法律服务体系。加快完善自然人和法人社会信用数据库，试行违法、违纪、失信与社会信用挂钩机制。建立矛盾纠纷分级制度，推进调解工作室标准化建设，完善人民调解与司法调解、行政调解的对接机制。畅通和规范群众诉求表达，打造阳光信访、责任信访、法治信访。积极培育和引导社会组织参与社会治理，发挥人民团体和社会组织在法治社会建设中的积极作用，提高社会治理法治化水平。

第三节 推动社会治理创新

强化基层组织建设。以基层党组织建设为抓手，建设管理有序、治安良好、友善和谐的社会生活共同体。选优配强基层党组织带头人，通过强化培训、提升待遇等措施，推动基层骨干队伍能力素质整体优化提升，打通村居干部上升通道，重视后备力量培育，保障基层队伍稳定。

创新城乡社区治理。打造“市、镇（街道）、村（社区）、网格”四级网格化服务管理体系，全面规范社会治理现代化综合指挥中心（网格化服务管理中心）和综治中心建设。以共建共治共享为导向，拓展“数字门牌”应用，纵深推进数据赋能攻坚行动，加快推进警务和综治网格融合，进一步夯实基层基础工作。完善城市、农村、社区治理“三治”融合机制，推进居民自治实践。稳步推进居民小区综合治理，加快打造“红色物业”，推动与网格化服务管理机制紧密融合。建立系统性的“城中村”安全和风险防范体系。

推进专业社会治理。完善社会组织管理流程，深化诚信体系建设。强化专业社会工作者和志愿者队伍建设，将社会心理服务纳入城乡基本公共服务体系，推进服务队伍和机构建设。开展社会心理服务和教育进机关、进企业、进学校、进农村、进社区、进家庭等“六进”活动。加大对社会组织的扶持力度，采取政府购买服务、设立项目资金、补贴活动经费等措施，重点培育发展公益慈善类、行业协会类和社区服务类社会组织。

破解基层治理顽疾。创新利益补偿机制，着力解决群众反映强烈的农村土地征用、城镇房屋拆迁、物业管理、环境污染等问题。通过民意调查、信息公开、社会公示、公众听证、协商谈判等多种形式，拓宽民意表达渠道，倾听群众呼声、解决群众最关心的实际问题。进一步完善道路交通

安全管控体系与协同治理机制，解决交通违法、乱放乱停等社会治理顽症。

第四节 高水平建设平安常熟

推进安全生产领域发展。完善领导带头抓统筹、行业分工抓落实、改革引领抓基础的县域安全发展工作体系，积极推进省级安全城市创建，夯实安全生产企业主体责任。指导企业严格执行全员安全生产责任制，建立健全隐患排查治理、重大隐患治理情况“双报告”等制度。强化基层消防安全基础设施建设，推进消防安全教育全覆盖，打造县级安全发展示范城市。

防范化解突出风险隐患。落实精准研判、源头管控、积案化解等工作机制，提高发现问题、解决问题、防范化解风险的能力，维护社会稳定。持续深化“331”专项行动，固化标准、优化机制，全力消除“9+1”场所、出租房屋安全隐患。持续聚焦道路交通领域基础设施改造提升，加大重点车辆路面管控，严查酒驾、毒驾、超限超载等严重违法行为，全力压降交通事故。完善信访矛盾综合治理机制，维护社会安全稳定，服务保障平安常熟建设。

筑牢社会治安防控体系。扎实做好城市盾牌、动态巡防和“雪亮技防”工程体系建设，进一步升级完善信息化立体化治安防控体系，构建全市域覆盖、整体性联动、情指巡一体、快速化反应的动态巡防新格局。推行“即时破案”工作机制，更好更快侦破民生案件。深入推进扫黑除恶专项斗争，严厉打击各类违法犯罪。积极开展“虞城无诈”专项行动，加强电信网络诈骗宣传防范和打击。深化“平安社区”“平安校园”“平安企业”“平安场所”等系列平安工程，不断增强人民群众安全感。

推动城市管理精管善治提能。推动社会综合治理网格与城市管理职能的有效叠加，推进重点领域城市管理标准化建设，统筹协调解决制约城市管理工作的重点难点问题。推进物联感知设施建设，形成以“云、网、端”为核心的新一代智能化基础设施，为智慧城市建设运行提供计算存储、网络传输和感知监测等基础支撑。完善城市大脑建设，提升城市公共安全常态化防范水平，保障城市安全有序运营。

完善城市应急体系建设。运用现代信息化手段，建立突发自然灾害、突发事故灾难、突发公共卫生事件、突发公共安全事件的协同应对机制，形成“统一指挥、专常兼备、反应灵敏、上下联动、平战结合”的应急管理体系。健全应急物资储备制度，明确应急信息权威发布渠道，完善镇（区）应急体系建设。实施安全生产和自然灾害综合风险评估工程，组织城市建成区内重点区域和重点行业领域的风险评估，形成安全风险“一张图”。强化应急管理组织体系建设，提升应急管理队伍专业化水平，引入社会救援力量，完善不同领域防灾减灾救灾专家库，开发“互联网+应急知识”线上培训平台，建设应急管理综合保障基地。

第十一章 完善制度落实规划，积极推进重大工程

第一节 制度保障

全面加强党的领导。以习近平新时代中国特色社会主义思想为指导，认真贯彻落实中央、省、苏州市委决策部署，始终与以习近平同志为核心的党中央保持高度一致，切实增强“四个意识”、坚定“四个自信”、做到“两个维护”。加强党对经济工作的全面领导，形成定期分析经济形势、研究重大方针政策的工作机制。健全决策咨询机制，提高党委和领导干部决策科学化水平。着力加强日常管理，持续改进干部纪律作风，从严从实管理干部队伍。加强党对统一战线和群团等工作的领导，广泛凝聚社会各界智慧和力量，形成推动规划实施的强大合力。

强化总规划对全市全局工作的统领。本规划是国民经济和社会发展的总体规划，是战略性、纲领性、综合性规划。各板块和各部门制定专项规划、年度计划、审批核准重大项目、安排政府投资和财政支出预算、制定特定领域相关政策，要严格贯彻落实本规划的战略意图和主要任务，维护规划的严肃性和权威性。强化规划实施管理，形成以国民经济和社会发展规划为统领，以空间规划为支撑，各类规划定位清晰、功能互补、统一衔接的规划体系。

推进各规划编制与实施的衔接融合。积极推进国民经济和社会发展规划、国土空间总体规划等规划相互协调，确保总体要求一致、空间配置和时序安排协调有序。专项规划、镇（街道）规划必须在发展理念、战略路径、主要目标和重点任务等方面做好与本规划的衔接，突出行业和区域特点。

第二节 规划实施

加强组织领导。市政府统一组织本规划的实施工作，建立“十四五”规划纲要实施协调管理机制，成立由分管市领导牵头，发改、商务、工信、财政、资源规划等相关部门负责人组成的联席会议制度，围绕规划纲要目标和任务，加强分工合作和经济社会政策的统筹协调。以规划纲要为统领，加快其与国土空间规划和生态环境保护规划等多规融合。

完善管理制度。制定规划实施方案，落实牵头单位和工作责任，明确实施进度和推进措施，逐项落实目标任务。本规划提出的重点任务和重大项目，应纳入经济社会发展年度计划，并分解到市有关部门和各板块。围绕规划提出的目标任务，加强经济社会发展政策的统筹协调，注重政策目标与政策工具、短期政策与长期政策的衔接配合。围绕经济社会发展重点领域，研究制定一系列能够有效解决突出矛盾、营造公平环境、激发社会活力的重大政策举措，为实现规划确定的目标任务提供有力支撑。

健全实施评估。开展“十四五”规划纲要年度跟踪监

测、中期评估和末期全面评估，视评估情况报市人大同意后进行动态修订调整。开展市级专项规划中期评估。完善规划主要指标监测、统计、评估、考核制度，强化对约束性指标完成情况的评价考核。将本规划确定的约束性指标纳入各部门、各板块综合评价和考核体系，与政府目标管理挂钩。

第三节 重大工程

一、基础设施升级工程

围绕提升城市能级，按照加快推进与长三角互联互通建设，全面接轨上海的战略思路，建成南沿江城际、推进通苏嘉甬铁路等国铁干线建设。研究如苏湖城际铁路、苏虞张铁路、苏州轨道10号线等轨道交通方案。推进沿江高速扩容、锡太高速、苏通第二和第三过江通道、通常高速、常熟西站综合交通枢纽等项目落地。完成苏嘉杭高速公路常熟东互通改扩建，新增苏嘉杭高速公路高新区互通，实施广济路北延（常熟段）等区域间“断头路”打通工程。完成新世纪大道北延、524国道常熟莫城至辛庄段改扩建、342省道常熟东段（青墩塘路）改扩建。实施沙洞线北延、黄山路南延工程，研究224省道、604省道、虞东公路快速化改造、开元大道东延项目建设方案。完善西部路网规划，建设通苏嘉甬铁路常熟西站枢纽连接线工程。实施七鲇线、白茆塘航道整治等工程，配合上级深化研究望虞河集装箱通道建设方案。稳定苏州机场常熟沙家浜选址方案，力争纳入国家规划。

围绕完善能源保障体系，系统布局建设电网设施，不断完善220千伏、110千伏网状架构，推进苏州谢桥、书台、尚湖等已有项目能级提升，推进苏州新港、昭文、铁黄沙等新建项目落地，提升供电保障能力。进一步拓展天然气气源，完善长输天然气管道基础设施建设，建成投用中电常熟燃气热电项目配套天然气管道，开工建设江苏省沿海管道常熟段。

二、经济转型升级工程

围绕传统产业提升和提质增效，全面开展新一轮技术改造，依托政策、环境、要素、服务等方面的优化和改善，突出项目技术含量和产业链价值，推动龙腾高强度特种焊丝、索特传动、庞源起重机、延锋安道拓车用座椅部件、日禾戎美现代制造服务业基地、江苏帝航安防等项目实施，助推传统产业改造升级，打造具有常熟特色先进制造业体系。

围绕战略性新兴产业发展，重点建设常熟立讯智能科技产业园、大众机器人等智能制造项目，加快推进长春化工铜箔五期、大金新材料、锦艺5G新材料等新材料项目建设，开工建设埃眸科技纳米光刻机、苏州5G车联网城市级验证与应用等新一代信息技术项目，建成投用正力新能等新能源汽车项目，力推药明康德、费森尤斯、智享生物等生物医药项目工程投运。

围绕提升创新创业发展能力，加快培育创新型企业和科创载体，促进板块联动，打造新时代“大众创业、万众创新”升级版。依托“苏州•中国声学创新谷”建设，加快实施启弘声学产品、中科创新广场、中德产业园、欧洲绿色产业示范园等项目；依托南部新城建设，加快推进UWC+创新岛、华复医疗器械、中挪产业园、联东U谷智能制造产业园、智建医疗科技产业园、一能科技园等项目；依托融入苏州优势，加快推进辛庄镇临港常熟科技产业园、中新宏泰产业园、启迪智汇谷等项目落地建设；依托新材料产业优势，加快推进三爱富中昊有机氟材料研究院等项目建设，逐步形成科技创新示范带动效应。

围绕新经济发展，推进每日优鲜冷链仓储项目、鲲美供应链、长三角时尚供应链枢纽、城市配送中心、中通智慧物流园、康博供应链等现代物流枢纽建成。推进万国常熟数据中心、弘云云计算数据交互中心、神州通智能科技、昆承湖日航国际创新人才中心、红豆山庄康养游综合体、沙家浜华侨城大型农文旅等新经济项目建成。

三、生态环境升级工程

围绕美丽常熟建设，扎实推进“千村美居”、高标准农田建设、养殖池塘高标准改造工程，确保农村人居环境提升，农业基础设施提质。围绕绿色发展和提升环境治理能力，落实长江堤防防洪能力提升工程及沿江闸站、望虞河拓浚及东岸堤防险工应急加固，推进白茆塘、元和塘、锡北运河、北福山塘、徐六泾、官塘、尤泾等河道整治，实施主城区河道疏浚轮浚及固定淤泥处理点建设、农村河道疏浚、中小河流治理重点县等工程。

围绕清新美景建设，强化城市水环境治理能力，提升主城区易涝点防洪排涝能力，推进虞山东片区泄洪引蓄、城区市政雨水管网改造、圩区达标建设、铁黄沙生态涵养保护、生态美丽河湖建设等生态工程。以城镇污水处理提质增效示范城市创建为抓手，推进洪洞水质净化厂一期、城东水质净化厂二期、虞山污水厂三期扩建、农村分散式污水治理四期PPP项目、城镇污水收集系统等工程建设落地。着力提升固体废弃物处理能力，推进南湖生活垃圾填埋场封场、两座大型垃圾转运站、中电环保（常熟）固废处理有限公司二期、江苏康博固废处置扩建等项目工程建成落地。

四、公共服务升级工程

围绕发展社会事业，推进清晖中学、常熟康桥学校、苏常外国语学校、春霁小学（含幼儿园）、言里小学（含幼儿园）等优质教育项目建成。推进南部新城专科医院、尚湖医院迁建，推进琴川、海虞、莫城、辛庄、碧溪、董浜等镇（街道）区域性养老服务中心建设，完善康养医疗资源。推进博物馆、图书馆功能提升、工人文化宫重建、城市艺体中心等社会民生设施升级。

围绕夯实民生基石，推进老旧小区改造工程，实施西浜斗小区、花溪家园一期、海丰家园一期、元丰园二区二期、南湖苑安置小区四期、新和佳苑安置小区扩建、五星花园四期A区等安置房项目建设。

组织机构及负责人名录

（2021年12月31日）

常熟市四套班子领导机构及市纪委监委领导机构

中共常熟市第十四届委员会

书　　记　周勤第
副 书 记　秦　猛
　　　　　潘志嘉（12月任）
常　　委　薛　啸　王建国
　　　　　潘　浩　宋　刚
　　　　　吴晓红（女）　陈国栋
　　　　　周　晓（女）
　　　　　万晓军（12月任）

常熟市第十五届人民代表大会常务委员会

党组书记　王建国（12月任）
主　　任　杨崇华
副 书 记　吴　军　张建强（7月任）
副 主 任　吴　军　陶　理（女）
　　　　　朱兴元
　　　　　浦梅萍（女，1月任）

常熟市人民政府

党组书记　秦　猛（7月任）
市　　长　秦　猛（代，7月任）
党组副书记　吴晓红（女，12月任）
副 市 长　吴晓红（女，12月任）
　　　　　万晓军　张月明
　　　　　杨晓峰　史　纲
　　　　　于腾飞（挂职）
　　　　　李汉中（挂职）
　　　　　王志军（12月任）
　　　　　徐　正（12月任）

中国人民政治协商会议常熟市第十四届委员会

党组书记　沈晓东（12月任）
主　　席　王建国
党组副书记　周　晓（女，12月任）
　　　　　姚丽英（女）
副 主 席　姚丽英（女）
　　　　　邓国华（1月任）
　　　　　阚国良（1月任）
　　　　　金健峰（1月任）

中共常熟市纪律检查委员会

书　　记　薛　啸
副 书 记　沈剑峰　李　燕（女）
常　　委　周志新　李彦久
　　　　　张　戟
　　　　　戴　丹（女，4月任）

常熟市监察委员会

主　　任　薛　啸
副 主 任　沈剑峰　李　燕（女）
委　　员　李彦久　戴　丹（女）
　　　　　万晓峰（4月任）
　　　　　廖旭辉（4月任）

常熟市人民武装、审判、检察机构

市人民武装部

政治委员　宋　刚
部　　长　杨海生

市人民法院

党组书记　祁　锋（12月任）
院　　长　祁　锋（代，12月任）
党组副书记　庾　晨
副 院 长　庾　晨
　　　　　张志强（8月任）
　　　　　周　薇（女）
政治处主任　俞惠中

市人民检察院

党组书记　明文建（12月任）
检 察 长　明文建（代，12月任）
党组副书记　胡　烨（女）
副检察长　胡　烨（女）　邢桂霞
　　　　　姜兆军（5月任）
政治部主任　邓　樱（女，5月任）

中共常熟市委工作机构及部门管理机构

市委办公室

（挂市委研究室、市委机要局、市国家保密局、市国家密码管理局、市档案局牌子）

主　　任　徐惠东（5月任）
副 主 任　朱　钰（女）
　　　　　王越飞（12月任）
　　　　　张　伟（11月任）

市委研究室

副 主 任　刘　祎（兼）
　　　　　王越飞（兼）

市委机要局

副 局 长　俞进锋

市国家保密局

副 局 长　马志强

市档案局

副 局 长　刘　祎

市委组织部

（挂市委非公有制企业和社会组织工作委员会、市委市级机关工作委员会、市委党建工作领导小组办公室、市公务员局牌子）

部　　长　潘　浩
副 部 长　潘　伟
　　　　　丁建刚
　　　　　王正国（兼，11月任）
部务委员　余盛州
　　　　　于　珂（女，9月任）

市委非公有制企业和社会组织工委

书　　记　潘　伟
副 书 记　于　珂（女，9月任）

市委市级机关工作委员会

书　　记　（空缺）

市委党建工作领导小组办公室

主　　任　（空缺）
副 主 任　周　赟

市公务员局

局　　长　丁建刚
副 局 长　余盛州

市委宣传部

（挂市政府新闻办公室、市精神文明建设指导委员会办公室、市新闻出版局（市版权局）、市互联网信息办公室牌子，市哲学社会科学界联合会挂靠）

部　　长　周　晓（女，12月任）
副 部 长　奚　坚　王　燕（女）
　　　　　方　宇　程　立

市精神文明建设指导委员会办公室

主　　任　王　燕（女）
副 主 任　朱宇骋

市新闻出版局

局　　长　方　宇

市互联网信息办公室

主　　任　奚　坚
副 主 任　王启罡

市哲学社会科学界联合会

主　　席　程　立（9月任）
副 主 席　徐　雯（女）

市委统一战线工作部

（挂市委台湾工作办公室、市政府台湾事务办公室、市民族宗教事务局、市政府侨务办公室牌子）

部　　长　周　晓（女，12月任）
副 部 长　吴文进
　　　　　贾宇烨（11月任）
　　　　　戴亚芳（女，11月任）
　　　　　赵　军（兼，11月任）

市委台湾工作办公室

主　　任　朱国清
副 主 任　刘益举

市民族宗教事务局

局　　长　戴亚芳（女，11月任）
副 局 长　顾文婷（女，4月任）

市政府侨务办公室

主　　任　贾宇烨（11月任）

市委政法委员会

书　　记　潘志嘉（12月任）
副 书 记　王志军（兼，12月任）
　　　　　许晓东　柯志刚
政治处主任　钱闻波

市委机构编制委员会办公室

（挂市事业单位登记管理局牌子）

主　　任　陆　珩（女，11月任）
副 主 任　葛　刚
副 局 长　王　晴（女，9月任）

市委巡察办

主　　任　周志新
副 主 任　王　臻
　　　　　徐懿亭（5月任）

市委巡察组

组　　长　王　曦　李　艳（女）
　　　　　陆志强（11月任）
　　　　　蔡晓军（11月任）
副 组 长　毛建锋　薛　政
　　　　　钱敏霞（女）
　　　　　马可玮（女）　赵庆锋
　　　　　陈　燕（女）　汤　涌
　　　　　陈韦勤　吴夏阳（9月任）

市纪委监委派驻纪检监察组

派驻市委办公室纪检监察组组长
　　褚卫东
派驻市委组织部纪检监察组组长
　　郑　霞（女，9月任）
派驻市委宣传部纪检监察组组长
　　陆　坚（女）
派驻市公安局纪检监察组组长
　　尹春华
派驻市发展和改革委员会纪检监察组组长　韩世林
派驻市教育局纪检监察组组长
　　王志明
派驻市财政局纪检监察组组长
　　张培新
派驻市住房和城乡建设局纪检监察组组长　魏少鹏（9月任）
派驻市交通运输局纪检监察组组长
　　朱洁琼（女）
派驻市农业农村局纪检监察组组长
　　唐文俊

派驻市卫生健康委员会纪检监察组组长　陈建良
派驻市行政审批局纪检监察组组长　邵　燕（女）
派驻市市场监督管理局纪检监察组组长　汤　涌（9月任）
派驻市人民法院纪检监察组组长　朱云涛
派驻市人民检察院纪检监察组组长　陆　斌
派驻市城投公司纪检监察组组长　王雪军

市委老干部局

局　　长　王正国（11月任）
副 局 长　马建新

市委离退休干部工作委员会

书　　记　王正国（11月任）

常熟市人大常委会工作机构

市人大常委会办公室
（挂市人大常委会研究室牌子）

党组书记、主任　陆益斌（11月任）
副 主 任　梁　盾（11月任）
　　　　　卜蕾蕾（女，11月任）
　　　　　陈　玲（女）

市人大常委会研究室

主　　任　梁　盾（11月任）

市人大社会建设委员会

主任委员　邹燕兰（女，1月任）
副主任委员　杨　林

市人大常委会人事代表联络工作委员会

主　　任　费卫东（11月任）
副 主 任　宗　霞（女）

市人大常委会监察和司法工作委员会

主　　任　戴玉华（女）
副 主 任　张　英（女，11月任）

市人大常委会财政经济工作委员会

主　　任　沈　军（11月任）
副 主 任　顾军明（11月任）

市人大常委会农业农村工作委员会

主　　任　范国华
副 主 任　曹　华（女）

市人大常委会城建环保工作委员会

主　　任　王　维（11月任）
副 主 任　章伟东（11月任）

市人大常委会教科文卫工作委员会
（挂市人大常委会外事民宗侨台工作委员会牌子）

主　　任　浦明霞（女，11月任）
副 主 任　华　胜

常熟市人民政府工作部门及派出机构

市政府办公室
（挂市政府研究室、市政府外事办公室、市大数据管理局牌子）

党组书记、主任　须亚军（11月任）
副 主 任　王　刚　洪　卫
　　　　　高　宇（11月任）
　　　　　许　杰
　　　　　费春明（11月任）

市政府研究室

主　　任　（空缺）

市政府外事办公室

主　　任　王　刚

市大数据管理局

局　　长　须亚军（11月任）
副 局 长　张井明

市发展和改革委员会
（挂市粮食和物资储备局牌子）

党委书记　温献民（4月任）
主　　任　温献民（5月任）
副 主 任　陈　岚（女）　殷　伟
　　　　　王　陶　姚　胜
　　　　　秦剑霞（女，挂职）
总工程师　水　淼（5月任）

中共常熟市委教育工作委员会

书　　记　赵明华（11月任）

市教育局

局　　长　杨俊达（11月任）
副 局 长　赵明华　顾　泳（女）
　　　　　邹科惠（女）

市政府教育督导室

主　　任　杨俊达（11月任）
副 主 任　潘一兵

市科学技术局

党组书记、局长　顾晓丹（女）
副 局 长　彭卫国　王　天
　　　　　田雪峰　花雪东（4月任）
　　　　　张　飞（9月任，挂职）

市工业和信息化局

局长、党委书记　马建峰
副 局 长　周　伟　邵志达
　　　　　俞　平（女，5月任）
　　　　　曹　滨（11月任）

市公安局

党委书记、局长、督察长　王志军（12月任）
政治委员　吴　宏
党委副书记　吴　宏
　　　　　李伟国（5月任）

副 局 长　管卫东　许　琦（6月任）
张　达　朱　翔（4月任）
唐　宇（4月任）
政治处主任　李伟国（6月任）

市外来人员服务和管理办公室
（挂市新市民事务中心牌子）

主　　任　吴　伟
副 主 任　殷志江　沈　午
平　江（4月任）

市民政局

党委书记、局长　王　钢
党委副书记　徐　健
副 局 长　姚彩莲（女，11月任）
袁　丰（女）

市司法局

党组书记　唐剑锋
局　　长　唐剑锋（5月任）
副 局 长　高　虎　王　强（12月任）
孙　玮
政治处主任　汤　妍（女）

市财政局
（挂市政府国有资产监督管理办公室牌子）

党组书记　范立军
局　　长　范立军
副 局 长　殷新勇　钱　瑛（女）
周宇峰　胡国平

市政府国有资产监督管理办公室

主　　任　范立军
副 主 任　王　蓝（女）

市人力资源和社会保障局

党委书记、局长　陈晓宇（11月任）
党委副书记　沈建新
副 局 长　沈建新
顾文杰（11月任）
刘颂东　姚　亮（女）
杨　晨

市自然资源和规划局
（挂市林业局牌子）

党组书记　董国新（12月任）
局　　长　俞　翔
副 局 长　徐雪峰　吴志平
邹云英（女）
严丽萍（女）
总规划师　陈　雷

市林业局

局　　长　俞　翔（9月任）

市绿化委员会办公室

主　　任　胥保石（9月任）

市土地储备中心

主　　任　（空缺）
副 主 任　姚晓锋　冯　可

市住房和城乡建设局
（挂市人民防空办公室牌子）

党委书记、局长　钱建平
党委副书记　陈　立
副 局 长　陈　立
仲春剑（4月任）
陆志明　王海晖
总工程师　姚文龙

市人民防空办公室

主　　任　钱建平
副 主 任　季建宏

市房产管理处

主　　任　仲春剑（4月任）
副 主 任　刘顺根

市城市建设基金管理中心

主　　任　姚文龙
副 主 任　徐婷婷（女）

市房屋征收管理办公室

主　　任　顾利东

市历史文化名城保护管理办公室

主　　任　王　奕

市城市管理局
（挂市综合行政执法局牌子）

党委书记、局长　薛建伟
副 局 长　陆卫民　周　政

市环境卫生指导中心

主　　任　（空缺）
副 主 任　朱明华　浦晓峰
秦　怡（9月任）

市交通运输局

党委书记、局长　陈　义（5月任）
党委副书记　黄若葵（女）
副 局 长　周宜军　杨　燕
殷文新（6月任）

市港口管理处

主　　任　陈　义（5月任）
副 主 任　姚哲翊　顾炜标
邵　峰（4月任）

市水务局

党委书记　瞿文明（4月任）
局　　长　瞿文明（5月任）
副 局 长　闻振东　金　辉（9月任）
总工程师　周　锷

市农业农村局

党委书记、局长　乔小力（5月任）
副 局 长　陈　宏（9月任）
邹拥军　陆　益
时利锋（11月任）
顾维嘉

黄晓敏（9月，挂职）
市乡村振兴局副局长　吴　俊
市委农村工作领导小组办公室
副主任　高　飞
总畜牧师　王　中
总农艺师　钱　彪

市商务局
（挂市口岸办公室牌子）

党委书记、局长　徐国强（11月任）
党委副书记　张　毅（4月任）
副局长　张　毅　张　雷
李　薇（女）
吴文超（4月任）

市口岸办公室

主　任　徐国强（11月任）
副主任　金　红（女）

市文体广电和旅游局
（挂市文物局牌子）

党委书记、局长　钱　强（11月任）
副局长　戚晓维（女，12月任）
王洪良　余　阳　王纪渊

市文物局

局　长　钱　强（11月任）
副局长　陆　晗

市卫生健康委员会

党委书记、主任　黄晓东
副主任　唐佩军　徐晓萍（女）
马汉青

市退役军人事务局

党组书记、局长
施珉珏（女，11月任）
副局长　秦建明　陆培新

市应急管理局

党组书记、局长　姚卫东
副局长　蒋永卫　应正球　王　诚
罗来一（4月任）　顾宇飞
总工程师　李　铭
市安委办专职副主任
周　剑（4月任）

市审计局

党组书记、局长　王海燕
副局长　张军波　袁建军（4月任）
查银华　王裕安（9月任）
总审计师　陈志英（4月任）

市行政审批局
（挂市政务服务管理办公室牌子）

党委书记、局长（主任）　桑国成
党委副书记　柴　畅
副局长（副主任）　苗卫东
吕　松
总工程师　浦方勇

市市场监督管理局
（挂市知识产权局牌子）

党委书记、局长　潘　健（11月任）
副局长　朱建中　沈　琴（女）
张旦红（女）　吴　东
陆建峰
食品安全总监　王　文

市知识产权局

局　长　潘　健（11月任）
副局长　吴东陆建峰

市统计局

党组书记、局长　（空缺）
党组副书记、副局长
吴　鹏（11月任，主持工作）
副局长　章　虹　张　惠
总统计师　周建峰

市医疗保障局

党组书记　（空缺）
局　长　钱向前（女）
副局长　李　军

市信访局

党组书记　刘恩原
局　长　刘恩原
副局长　徐家农
信访督查专员　阮　超

市地方金融监督管理局
（挂市政府金融工作办公室牌子）

党组书记、局长　顾　麟
副局长　顾　晨　黄　伟

市政府金融工作办公室

主　任　顾　麟
副主任　顾　晨

常熟市政协工作机构

市政协秘书处

秘书长　施　晨
副秘书长　沈靖波（12月任）
朱立新（12月任）
衡成军（12月任）
项　颖（女）

市政协办公室
（挂市政协研究室牌子）

主　任　沈靖波（12月任）
副主任　朱立新（12月任）
衡成军（12月任）
项　颖（女）

市政协研究室

主　任　衡成军（兼）

政协委员服务联络工作办公室

主　任　朱立新（兼）

市政协提案委员会

主　任　钱晓东

副 主 任　顾永忠（12月任）

市政协经济科技和农业农村委员会

主　　任　徐学东（12月任）
副 主 任　陆敏学

市政协城乡建设委员会

主　　任　陈向忠
副 主 任　陈建刚（12月任）

市政协社会事业委员会

主　　任　季建农（12月任）
副 主 任　张建华（12月任）

市政协港澳台侨（民族宗教）委员会

主　　任　唐建军

市政协文史委员会

主　　任　李　忠（12月任）
副 主 任　何君良

常熟市委、市政府直属事业单位

市合作交流中心

主　　任　朱一鸣（女）
副 主 任　庄明明

市档案馆

党组书记、馆长　唐　坚（11月任）
副 馆 长　殷　红（女）　朱凤伟
　　　　　钱棣华（女）

市委党校

（挂市行政学校牌子）

校　　长　潘志嘉（12月任）
常务副校长　时映光
副 校 长　王永前　陈云水
　　　　　邵　镭

市行政学校

校　　长　时映光

市委党史工作办公室

（市地方志编纂委员会办公室）

党组书记、主任　潘志英（女）
副 主 任　金国锋　归岳嵚
　　　　　张　军

市级机关事务管理中心

党组书记、主任　丁　雷（11月任）
党组副书记　王剑江
副 主 任　王剑江　韩丽亚（女）
　　　　　石建东　谈晓枫

市供销合作总社

党委书记、理事会主任
　　　　　顾雪峰（11月任）
理事会副主任　许　柳　徐国兴
监事会主任　桑建刚（4月任）

市融媒体中心

党委书记、主任　陆　清
党委副书记、总编辑　夏玲慧（女）
副 主 任（副总编辑）
　　　　　戚晓峰　巴泽民
　　　　　陶　胜　杨　绮（女）
纪委书记　王振荣

市检验检测中心

党组副书记、副主任
　　　　　赵洲洋（11月任，主持工作）
党组副书记　诸雪梅
副 主 任　龚　阶　孔　巍

市便民服务中心

（市社会治理现代化综合指挥中心）

主　　任　沈卫东
副 主 任　张　健　邹　瑛（女）

常熟市民主党派、工商联及社会团体

中国民主同盟常熟市委员会

主　　委　俞　翔（9月任）
副 主 委　金振飞（9月任）
　　　　　唐佩军（兼，9月任）
　　　　　徐丽娟（女，兼，9月任）

中国民主建国会常熟市委员会

主　　委　张月明
副 主 委　胡益梅（女，9月任）
　　　　　屈建龙（兼）
　　　　　陈　梅（女，兼，9月任）

中国民主促进会常熟市委员会

主　　委　金健峰
副 主 委　缪晓东
　　　　　王筱虹（女，9月任）
　　　　　朱　震（9月任）

中国农工民主党常熟市委员会

主　　委　钱向前（女，9月任）
副 主 委　徐醒尉（9月任）
　　　　　韩　冷（兼）
　　　　　王俊良（兼，9月任）

中国国民党革命委员会常熟市基层委员会

主　　委　查银华
副 主 委　杨怡芳（女）
　　　　　杨　刚　章　虹（女）

九三学社常熟市支社委员会

主　　委　施　杨
副 主 委　杨秀云（女）

市工商业联合会（市总商会）

党组书记　赵　军
主　　席　王春华（兼）

副 主 席　赵　军　陈芳勇（11月任）
王金良（11月任）
罗卫刚（4月任）

市总工会

党组书记　贺勇胜（11月任）
主　　席　贺勇胜（11月任）
副 主 席　朱　炬（5月任）
龚春霞（女，11月任）
朱文勇　黄晓刚（11月任）
王志强（挂职）

共青团常熟市委员会

党组书记、书记　吴　晓（5月任）
副 书 记　杨潇澜（12月任）

市妇女联合会

党组书记、主席　周　燕（女）
副 主 席　秦雅红（女，5月任）
毛　华（女）
高　怡（女）

市科学技术协会

党组书记、主席　戴庆仁
副 主 席　吕廷钧　祝　丹（女）

市文学艺术界联合会

党组书记、主席　张　怡（女，5月任）
副 主 席　苏映红（女）　李向东

市归国华侨联合会

党组书记、主席　贾宇烨（12月任）
副 主 席　杜建刚
冯文澜（女，兼，11月任）

市残疾人联合会

党组书记、理事长　童建清
副理事长　孙坚（4月任）
姚连保　吴　洁（女）
钱卫定（挂职）
曹　深（兼）

市红十字会

会　　长　张月明（兼）
常务副会长　陈伟娟（女，4月任）
副 会 长　顾明月（女，）

市关心下一代工作委员会

主　　任　俞惠良
副 主 任　沈秋农

常熟市无党派知识分子联谊会

会　　长　戚晓维（女）
副 会 长　章伟东　邢桂霞（女）
龚　政　吴颖锋

开发区、高新区、度假区、口岸管理机构

常熟经济技术开发区党工委

书　　记　周勤第
副 书 记　陈国栋（12月任）
委　　员　顾伟明　陆利兵
贺永胜　徐国强
唐志军　徐　峰

常熟经济技术开发区管理委员会

主　　任　（空缺）
副 主 任　陈国栋（12月任）
贺永胜　徐国强
唐志军　徐　峰

常熟经济技术开发区纪工委

书　　记　陆利兵

常熟经济技术开发区党政办公室

副 主 任　陈维佳
周莲珠（女、5月任）

常熟经济技术开发区财政局

局　　长　黄熙枚

副 局 长　冯　静（女）　王　佳（女）

常熟经济技术开发区组织人事劳动局（党群工作办）

局长（主任）　陈正东
副局长（副主任）　吴燕婷（女）
王　宏（4月任）
黄晓红（女，挂职，4月任）

常熟经济技术开发区经济发展局

局　　长　蔡恒宇
副 局 长　黄一鼎　王亚南
张　波（挂职，9月任）

常熟经济技术开发区招商局

局　　长　郑　健
副 局 长　周军丽（女）　吴　健
仲建军　倪佳慧
钱以临（女）

常熟经济技术开发区规划建设局

局　　长　马　新
副 局 长　盛振琪　孙　磊

常熟经济技术开发区安全生产监督管理和环境保护局
（社会综合治理办公室）

局长（主任）　鞠庆丰（9月任）
副 局 长（副主任）　沈建康
副 局 长　陈　璇（女）　严　涛

常熟经济技术开发区行政审批局

局　　长　王井刚

常熟经济技术开发区科技创新局

局　　长　钱　韧
副 局 长　蒋　伟　唐建峰

常熟化工集中区管理办公室

主　　任　鞠庆丰（9月任）

副 主 任 陈 璇（女）

常熟科创园管理服务中心

副 主 任 葛 龙 应春雷
杨传奇（挂职，9月任）

江苏省常熟高新技术产业开发区党工委

书 记 王建国
副 书 记 芮卫国
委 员 张宁江 沈建平
顾志强 蒋向阳
王晓东（4月任）

江苏省常熟高新技术产业开发区管委会

副 主 任 芮卫国 张宁江
顾志强 蒋向阳
王晓东（4月任）

江苏省常熟高新技术产业开发区纪工委

书 记 沈建平
副 书 记 高向军

高新技术产业开发区党政办公室

主 任 毛雨东
副 主 任 李 斌

高新技术产业开发区组织人事劳动局

局 长 俞 敬
副 局 长 袁学文 陆秀芳（女）

高新技术产业开发区规划建设局

局 长 张国庆（4月任）
副 局 长 沈建刚

高新技术产业开发区招商局

局 长 陶传龙

高新技术产业开发区经济发展和统计局

局 长 沈 阳
副 局 长 王 娴（女）
黄 莺（女，4月任）

高新技术产业开发区安全生产监督管理和环境保护局

局 长 钱晓东
副 局 长 曹仁明 李 俊

高新技术产业开发区科技与知识产权局

局 长 张 健
副 局 长 杨 晋 钱芝英（女）

高新技术产业开发区财政局

局 长 李军良
副 局 长 刘耀东 王 琳

高新技术产业开发区服务业发展局

局 长 李索一（6月任）

高新技术产业开发区社会事业局

局 长 （空缺）
副 局 长 李 梅（女）

常熟国家大学科技园党工委

副 书 记 王奇峰（4月任）
委 员 董国新（4月任）

常熟国家大学科技园管委会

主 任 王奇峰（4月任）
副 主 任 董国新（4月任）

大学科技园科技招商部

部 长 王 翼
副 部 长 罗 丽
徐 旖（4月任）

大学科技园企业服务部

部 长 梁红梅
副 部 长 徐志良 张亚明（4月任）

大学科技园综合事务部

部 长 沈晓明
副 部 长 章 晖
杜 亮（挂职，9月任）

大学科技园投融资管理部

副 部 长 吴志鹤

大学科技园琴川分园综合管理办公室

主 任 王 峰

常熟虞山高新技术产业开发区（筹）

党工委书记 程 锋
党工委副书记 韩晓诚 姚 君
党工委委员 蔡 胜
管委会主任 韩晓诚
副 主 任 袁卫东

江苏高科技氟化学工业园（江苏常熟新材料产业园）党工委

书 记 朱惠明
副 书 记 金永青 凌建东
委 员 马卫江 俞建军
王 成

江苏高科技氟化学工业园（江苏常熟新材料产业园）管委会

主 任 金永青
副 主 任 凌建东 马卫江
陈 荣 俞建军 王 成

常熟服装城

党工委书记 许晓挺
副 书 记 章一帆
党工委委员 唐国林 李 艳（女）

顾辛辛（5月任）
纪工委书记　李　艳（女）
管委会主任　章一帆
副　主　任　唐国林　顾辛辛

沙家浜旅游度假区

党工委书记　沈育军
副　书　记　吴　颖（女，11月任）
管委会主任　（空 缺）
副　主　任　吴　旭　金天文
王　倩（女，9月任）

常熟国家农业科技园区管委会

主　　任　（空缺）
副 主 任　王志平
朱方明（5月任）
王文青

中华人民共和国常熟海关

党委书记、关长　吴　敏
副 关 长　陈玉福
王淑军（5月任）
李信军　陈 葵

中华人民共和国江苏常熟海事局

党委书记、局长　武　骁（4月任）
政委、党委副书记、纪委书记
黄　梅（女、11月任）
副 局 长　周　勇　方志成
杨宗保（4月任）
曹志章（挂职）

中华人民共和国常熟出入境边防检查站

党委书记、政治委员　吴　勇
党委副书记、站长　张　莉（女）
副 站 长　李正林　张文勇
纪委书记　李正林

长江引航中心常熟引航站

副 站 长　赵留旗
书　　记　朱学文

镇、街道（场）机构

虞山街道

党工委书记　苏利刚（11月任）
党工委副书记　石　君　高　平
周春阳（11月任）
张文广（挂职，9月任）
党工委委员　常晓晨（5月任）
陈晓华（女）
李媛媛（女）　朱　徵
曾昊清　蒋　丰（挂职）
金　卫（挂职，4月任）
纪工委书记　陈晓华（女）
人大工委主任　朱卫东
办事处主任　石　君
副　主　任　常晓晨（5月任）
支晓东　邵雪明
钱佳倩（女，5月任）
朱敏敏（女，9月任）
政协工委主任　周春阳（11月任）

常熟虞山文化旅游度假区管理办公室

副 主 任　高　平（12月任）

虞山林场

场　　长　石　君
副 场 长　邹红斌　秦剑霞（女）
邓志英（女，9月）

常福街道

党工委书记　程　锋
党工委副书记　韩晓诚　姚　君
高延君（女，5月任）
党工委委员　陆建青（5月任）
蔡　胜
顾　玮（女，5月任）
邹建安
陈莉莉（女）
孔丹枫
黄之雄（5月任）
石　益（女，挂职，4月任）
纪工委书记　陆建青（5月任）
人大工委主任　邹　捷（女，11月任）
办事处主任　韩晓诚
副　主　任　袁卫东　贝宝芬（女）
陈　杰
钱　洁（女，5月任）
朱　剑（11月任）
政协工委主任　高延君（5月任）

莫城街道

党工委书记　许晓挺
党工委副书记　凌志勇　常　旭
周　青（女，5月任）
党工委委员　李　艳（女）
钱志国（12月任）
顾亿春
江　夏（女，11月任）
朱仪沁（5月任）
吕　军（挂职）
李　健（挂职，4月任）
纪工委书记　李　艳
人大工委主任　张建明
办事处主任　凌志勇
副　主　任　张志军
姚　蕾（女，5月任）
金宇恒（11月任）
政协工委主任　常　旭

琴川街道

党工委书记　顾　锋
党工委副书记　刘　飞（5月任）
张蔼琦（女，5月任）
党工委委员　颜　容（女）　罗文中
王浩强　胡敏钰（女）
钱敏亚（女，5 月任）
王庭相（挂职）
沈怡萍（女，挂职，4月任）
纪工委书记　王浩强（5月任）
人大工委主任　汪　群（女）
办事处主任　刘　飞（5月任）
副　主　任　徐　强　吴宇昇
薛文磊
叶文光（9月任）
政协工委主任　张蔼琦（女，11月任）

碧溪街道

党工委书记　赵　斌

党工委副书记 王伟东
沈　成（11月任）
党工委委员 黄晓红（女）
范惠清
吴　飞（5月任）
陆海空（5月任）
张　波（11月任）
邓　雪（女，5月任）
支国光（挂职）
曹敏丹（女，挂职，4月任）
纪工委书记 陆海空（5月任）
人大工委主任 袁建军（11月任）
办事处主任 王伟东
副　主　任 季黎明　夏　健
陶培雄　朱　慧
尤　军（11月任）
盛振琪（挂职，4月任）
严　涛（挂职，9月任）
政协工委主任 沈　成（11月任）

东南街道

党工委书记 吴　勇（11月任）
党工委副书记 李　梅（女）　郭晓峰
党工委委员 周丽芳（女，11月任）
陈燕薇（女）
俞晓燕（女）
郎　平（女，4月任）
刘　强（11月任）
胡　耀（挂职）
张秋霞（女，挂职，4月任）
纪工委书记 陈燕薇（女）
人大工委主任 郭晓峰（11月任）
办事处主任 李　梅
副　主　任 陈建良
邹　斌（11月任）
政协工委主任 郭晓峰

海虞镇

党委书记 朱惠明
副 书 记 李志刚（11月任）
李春洪
党委委员 吴　江　周雯霞（女）
沈　彬
黄亦范（5月任）
钱敏蕾（女，11月任）
俞灵芝（女，5月任）
曹寅骁（5月任）
张　飞（挂职，9月任）
李　丰（挂职，9月任）
顾为红（女，挂职，9月任）
纪委书记 黄亦范（5月任）
人大副主席 王卫东（7月任）
窦卫东
镇　　长 （空缺）
副 镇 长 钱志国
钱敏蕾（女，1月任）
唐　亿　苏剑峰
余振荣（1月任）
吕　宏
政协工委主任 李春洪（11月任）

梅李镇

党委书记 许晓波
副 书 记 褚宏伟（11月任）
冯利明（5月任）
石　梅（女，5月任）
党委委员 陆超群　周琴花（女）
朱志春　秦　珺（女）
朱志春
许永峰（5月任）
徐　斌（5月任）
艾　萌（5月任）
曾维忠（挂职）
陆　铭（挂职，4月任）
纪委书记 朱志春
人大主席 （空缺）
副 主 席 仲建东
镇　　长 （空缺）
副 镇 长 陆超群　薛建国
陆建东
陆瑜雯（6月任）
刘兴刚（挂职，9月任）
政协工委主任 冯利明（11月任）

辛庄镇

党委书记 周　晓（女）
副 书 记 周振洪　龚　强
吴利锋（5月任）
党委委员 章晓熠　姚　成（5月任）
王　吉（女）
吴文龙（5月任）
奚新科（5月任）
彭谏明（5月任）
顾　辰（女，5月任）
季子牛（挂职）
潘利江（挂职，4月任）
纪委书记 奚新科（5月任）
人大主席 范建新
镇　　长 周振洪
副 镇 长 章晓熠（5月任）
陈伟忠　陈琰新
仇　雷
王　熙（1月任）
包建东（挂职，9月任）
政协工委主任 吴利锋（11月任）

古里镇

党委书记 谈晓华
副 书 记 俞　铁　许　俊
查仁芳（女，11月任）
闫国栋（挂职，9月任）
党委委员 刘　呈
尹　伟（11月任）
何静芬（女）
金晓燕（女，5月任）
徐　强（5月任）
邹辰平（5月任）
刘　喆（11月任）
黄建良（挂职）
潘　宁（女，挂职，5月任）
纪委书记 尹　伟（11月任）
人大主席 顾小燕（女，7月任）
镇　　长 俞　铁
副 镇 长 刘　呈（6月任）
万拥东　管国军
陈新华　陈　琦
政协工委主任 许　俊（11月任）

支塘镇

党委书记 周志坚（11月任）
副 书 记 张志强　付春秀（女）
党委委员 黄　剑　李晓明
陈虎刚　陈　军
石　星　李　庆（5月任）
徐佳瑜（女，5月任）
夏　强（挂职）
顾春燕（女，挂职，4月任）
纪委书记 陈虎刚

人大主席　沈振新
副 主 席　陈建中
镇　　长　(空缺)
副 镇 长　黄　剑　顾　俊
　　　　　吴启帆
政协工委主任　周大利

沙家浜镇

党委书记　沈育军
副 书 记　徐　玉
　　　　　沈建环(11月任)
　　　　　于　宙(5月任)
党委委员　朱惠江(5月任)
　　　　　田菊芳(女)　钱英杰
　　　　　冯文澜(女)
　　　　　马伟宇(11月任)
　　　　　文　平　陆建双(5月任)
　　　　　沈敏芳(女,挂职,4月任)
纪委书记　钱英杰
人大主席　夏　冬
镇　　长　徐　玉(1月任)
副 镇 长　朱惠江　陈　剑(7月任)
政协工委主任　于　宙(5月任)

董浜镇

党委书记　朱晓峰
副 书 记　倪烨敏(女,11月任)
　　　　　叶　斌
　　　　　袁　瑜(女,8月任)
党委委员　陆耀光　聂加敏(女)
　　　　　姚玉婷(女,5月任)
　　　　　袁英杰(5月任)
　　　　　张怡冬(女,11月任)
　　　　　王建国(挂职)
　　　　　杨文晓(挂职,4月任)
纪委书记　姚玉婷
人大主席　顾建东
镇　　长　(空缺)
副 镇 长　陆耀光(5月任)
　　　　　王静良
　　　　　杨　萌(1月任)
政协工委主任　叶　斌(11月任)

尚湖镇

党委书记　金　晓(12月任)
副 书 记　葛昊旻(11月任)
　　　　　吕　刚　顾丽娟(女)
　　　　　杨尚磊(挂职,9月任)
党委委员　金雪良　浦利明
　　　　　沈　锋　王丽红(女)
　　　　　王　一(女)
　　　　　尹　睿(5月任)
　　　　　张征宇(5月任)
　　　　　朱奕骏(挂职,5月任)
　　　　　翁远妍(女,挂职4月任)
纪委书记　尹　睿(5月任)
人大主席　吕　刚(6月任)
镇　　长　(空缺)
副 镇 长　金雪良　陆任协
　　　　　陶文军　王晓楠(女)
　　　　　王平平(1月任)
政协工委主任　顾丽娟(女,5月任)

市属企业

市城市经营投资有限公司

党委书记、董事长　钱瑞龙
总 经 理　田维兴
党委副书记　田维兴　沈架飞
副总经理　黄延飞　金　科
　　　　　陶立雄

市保障房开发建设有限公司

董 事 长　钱瑞龙
总 经 理　田维兴
总经理助理　王志强(9月任)

市发展投资有限公司

党委书记、董事长　徐学峰
副总经理　倪　佳(女)
纪委书记　曹　俊

江苏江南商贸集团有限责任公司

党委书记、董事长　游立志
总 经 理　钱晓锋
党委副书记　钱晓锋　陈剑江
副总经理　杨世怡
纪委书记　王建平
总经理助理　周宏雷

市水务投资有限公司

党委书记、董事长　石伟江
党委副书记、总经理　顾洪良
副总经理　鲁　成
总经理助理　汪叶枫

常熟文旅发展有限责任公司

党委书记、董事长、总经理　陈　勇
党委副书记　支建新
副总经理　支建新　顾晓强
　　　　　叶永盛
纪委书记　许卫明

市城市经济发展有限公司

党委书记、董事长、总经理　陆小强
副总经理　史晓滨　徐　键
　　　　　姜楠姣
总经理助理　程　璐

条线管理机构

国网江苏省电力有限公司常熟市供电分公司

党委书记　陆　斌
总 经 理　胡　军
党委副书记　胡　军
副总经理　陆　斌　严伟佳
　　　　　黄建刚　吴　晔
纪委书记　钱建兵

常熟邮政管理局

局　　长　郝　磊

中国邮政集团公司江苏省常熟市分公司

党委书记、总经理　高陆军
副总经理　姚峰明　陆　磊
　　　　　孙　亮(11月任)
纪委书记　陆　磊

中国电信股份有限公司常熟分公司

党委书记、总经理　郑　军
副总经理　曹唯一　孔　俊
　　王震远（12月任）
　　王春明
纪委书记　曹唯一

中国移动通信集团江苏有限公司常熟分公司

总 经 理　袁新龙
副总经理　夏国良
　　陆志红（3月任）
　　赵　项（3月任）

中国联合网络通信有限公司常熟市分公司

总 经 理　陈　军
副总经理　周　锋　张志伟
　　平　辉（8月任）
片区专职纪检员　高　波

江苏有线网络发展有限责任公司常熟分公司

党委书记　杨　伟
总 经 理　杨　伟
副总经理　刘　强　陶希峰
　　孙炎冰
纪委书记　艾俊兴

国家税务总局常熟市国家税务局

局长、党委书记　陶　枫
副 局 长　俞　羚
　　龚婷瑜（女，8月任）
　　包军英（女）
　　陆　强（7月任）
纪检组组长　孙　军（8月任）

国家税务总局苏州常熟经济技术开发区税务局

党委书记、局长　丁　锋（2月任）
副 局 长　王　玮（9月任）

苏州市常熟生态环境局

党组书记　王晓东
局　　长　王晓东
副 局 长　刘家鹏　刘　玮
　　时晓波（12月任）
　　张金宗（9月任）

江苏省统计局常熟调查局

局　　长　徐冰炎（女，6月任）

苏州市住房公积金管理中心常熟分中心

主　　任　冯　超
副 主 任　沈利亚（女）
　　瞿丽霞（女，4月任）

市消防救援大队

大 队 长　姜修德（7月任）
党委书记、政治教导员　钟移峰
副大队长　赵　帅　孙朗彤

中国人民银行常熟市支行
（国家外汇管理局常熟支局）

党组书记、行（局）长
　　钱晓萍（女，7月任）
副 行 长　金耀良　蔡　铭
纪检组组长　金耀良

中国银行保险监督管理委员会苏州监管分局常熟监管组

组　　长　魏　军

中国农业发展银行常熟市支行

行　　长　汪　峰（3月任）

中国工商银行股份有限公司常熟市支行

党委书记、行长　顾　韬（9月任）
纪委书记　周之皓（4月任）
副 行 长　张学忠　邢　华
　　李周雁（女）
　　汪晓峰

中国农业银行股份有限公司常熟分行

党委书记、行长　徐于蓝（女）
党委副书记、纪委书记　季玉珍（女）
副 行 长　王志明（7月任）
　　徐仁刚（12月任）
　　高　燕（女）　陈　悦（女）
　　高黎红（女，12月任）

中国银行股份有限公司常熟支行

党委书记、行长　祈德元
副 行 长　黄佳莹（女，10月任）
　　王　艳（女）
行长助理　汪建刚　吴耀亮
苏州分行纪委派驻纪检第五组组长
　　刘　鸣（11月任）

中国建设银行股份有限公司常熟支行

党委书记　徐　哲（9月任）
行　　长　徐　哲（11月任）
副 行 长　芦育文　章　莉
　　王叶红
驻行纪检组组长　印　磊（12月任）

交通银行股份有限公司常熟分行

行　　长　何畏（6月任）
副 行 长　路忠强　陈小茹（女）
　　杨敏芳（女）
行长助理　孙　洁

江苏常熟农村商业银行股份有限公司

党委书记　庄广强
董 事 长　庄广强（1月任）
党委副书记　薛　文　黄勇斌
行　　长　薛　文（1月任）
监 事 长　黄勇斌（1月任）
副 行 长　付　劲　陈　稔

尹宪柱
吴铁军（2月任）
包　剑（2月任）
纪委书记　张康德

中国邮政储蓄银行股份有限公司常熟市支行

行　　长　张　玲（女，3月任）
副 行 长　徐国兴　朱　霖

中国人民财产保险股份有限公司常熟中心支公司

总 经 理　钱红兵（3月任）
副总经理　钱力飞　陈莉娟
总经理助理　霍　佳

中国人寿保险股份有限公司常熟支公司

经　　理　王京忠（4月任）
副 经 理　张　晨
经理助理　蔡　玮　高　超
王敏倩（女，4月任）

中国太平洋财产保险股份有限公司常熟中心支公司

党委书记、总经理　许兴达
副总经理　秦卫刚　时东鹰
王宇峰（7月任）
张正元

中国太平洋寿险股份有限公司常熟中心支公司

总 经 理　俞永东（4月任）

常熟市烟草专卖局（苏州市烟草公司常熟分公司）

局长、经理　徐黎明
副 局 长　刘　杰　王　彤
副 经 理　高　琪

常熟市盐业有限公司

经　　理　邓　逾（10月任）

常熟市气象局

局　　长　孟祥飞
副 局 长　郭　倩（女）

驻常企业

江苏常熟发电有限公司

党委书记　李东卫
总 经 理　奚林根
副总经理　杭桂男　陈嘉昕
吴　勇（5月任）
纪委书记、工会主席
郭凤娜（女，6月任）
总会计师　卢　平（女）

高等学校、中专、省重点中学及市直属医院

常熟理工学院

党委书记　朱士中
院　　长　江作军
党委副书记　江作军　沈宗根
周　宏
副 院 长　沈宗根　钱素平（女）
张根华　李俊峰
王　任（女，5月任）
常　　委　钱素平　张根华
张德高　李俊峰
王爱华（女）
王　任（女）
纪委书记　张德高

江苏省常熟职业教育中心校

校长、党委副书记　苏建青

江苏省常熟中学

党委书记、校长　龚胜强

常熟市中学

党委书记、校长　马　宁

市第一人民医院

党委书记　（空缺）
院　　长　陈　波

市第二人民医院

党委书记　吕卫华
院　　长　王志强

市中医院（新区医院）

党委书记　叶文华（5月任）
院　　长　邓正泊（5月任）

说明：名录由市委组织部、各单位等提供并审核，如有误，一律以正式文件为准。

统 计 资 料

2021年常熟市国民经济和社会发展统计公报

2021年，面对复杂严峻的国际形势和国内疫情散发等多重考验，全市上下坚持以习近平新时代中国特色社会主义思想为指导，全面落实党的十九大和十九届历次全会精神，牢牢把握稳中求进工作总基调，聚焦"三增三进"工作目标，紧扣"促发展、补短板、解难题、精管理、抓落实"工作主线，扎实做好"六稳"工作，全面落实"六保"任务，全市经济稳步向好、转型升级持续深化、城市能级持续提升，民生福祉持续增进，谱写了跨越发展的精彩篇章。

一、综 合

综合实力显著增强。全年实现地区生产总值2672.04亿元，按可比价计算比上年增长9.2%。其中：第一产业增加值39.68亿元，比上年增长0.5%；第二产业增加值1341.71亿元，增长10.2%；第三产业增加值1290.65亿元，增长8.5%。三次产业比例调整为1.49∶50.21∶48.30。按常住人口计算，人均地区生产总值158889元。

财政收入稳步增长。全年实现一般公共预算收入230.75亿元，比上年增长8.0%。其中，税收收入完成198.17亿元，比上年增长7.6%，税收收入占一般公共预算收入的比重为85.9%，比上年下降0.3个百分点。全年实现一般公共预算支出273.39亿元，比上年增长19.0%。

物价水平温和上涨。全年居民消费价格比上年上涨1.2%。八大类消费品和服务项目价格"七升一降"，其中交通和通信类价格上涨4.4%，居住类价格上涨1.3%，生活用品及服务类价格上涨1.2%，教育文化和娱乐类价格上涨0.5%，医疗保健类价格上涨0.2%，食品烟酒类价格上涨0.3%，衣着类价格上涨0.3%。其他用品和服务类价格下降1.5%。

就业形势保持稳定。全年开发公益性岗位181个，新增就业人数30873人。年末城镇登记失业率1.75%。本市籍高校毕业生就业率达98.6%。

二、农林牧渔业

农业结构持续优化。全年粮食总产量23.47万吨，比上年增长1.4%。其中，夏粮产量6.17万吨，比上年增长7.0%；秋粮产量17.30万吨，下降0.4%。全年肉类总产量2724吨，比上年下降15.1%；禽蛋产量1004吨，下降22.2%。水产品产量24572吨，比上年增长0.1%。

农业现代化有序推进。新增现代农业园区面积2万亩。高标准农田提档升级2.72万亩，实现动态全覆盖。养殖池塘高标准改造1.79万亩。支持农机装备转型升级，全市主要农作物耕种收综合机械化率达98.7%。推广高效、低风险农药及综防技术，建成4个省级绿色防控示范区，全年累计实现绿色食品115个、有机农产品50个、绿色优质农产品比重达74.99%。

表73 2021年主要农产品产量及其增长速度

产品名称	计量单位	产量	比上年增长%
粮食	吨	485778	1.4
#夏粮	吨	204150	7.0
#小麦	吨	200100	8.1
秋粮	吨	281628	−0.4
#水稻	吨	271088	0.4
蔬菜	吨	731277	0.6
茶叶	吨	32.2	−2.7
生猪出栏	万头	2.44	−23.5
家禽出栏	万只	26.19	−6.6
牛奶	吨	15381	−20.2
水产品	吨	24572	0.1

三、工业和建筑业

工业经济迈上新阶。全年实现规模以上工业总产值4632.12亿元，比上年增长25.3%。按企业规模分，大型企业产值1338.94亿元，占规上工业总产值的比重为28.9%；中型企业产值1475.06亿元，占比31.8%；小微企业产值1818.11亿元，占比39.3%。按注册类型分，内资企业产值2526.32亿元，占规上工业总产值的比重为54.5%；外资及港澳台企业产值2105.79亿元，占比45.5%。

从行业来看，全市规模以上工业33个大类行业产值均保持增长，其中23个行业增速超过20%，占行业总数的69.7%。规上工业前十大行业合计实现产值3711.04亿元，占规上产值的80.1%。

表74 2021年规上工业前十大行业产值及其占规上工业总产值的比重

指 标	产值（亿元）	占比%
电气机械和器材制造业	740.00	16.0
汽车制造业	601.20	13.0
化学原料和化学制品制造业	545.51	11.8
黑色金属冶炼和压延加工业	425.72	9.2
计算机、通信和其他电子设备制造业	338.33	7.3
纺织业	312.50	6.7
通用设备制造业	272.43	5.9
金属制品业	185.95	4.0
专用设备制造业	145.72	3.1
橡胶和塑料制品业	143.67	3.1

支柱产业增势强劲。全市三大支柱产业实现产值2511.43亿元，比上年增长16.9%。其中，装备制造产业产值1058.89亿元，增长14.4%；汽车零部件产业产值934.59亿元，增长18.9%；纺织服装产业产值517.95亿元，增长18.4%。

建筑行业平稳增长。全年资质以上总承包和专业承包建筑业企业实现建筑业总产值218.99亿元，比上年增长9.9%；竣工产值170.91亿元，增长10.3%。资质以上总承包和专业承包建筑业企业房屋施工面积1404.80万平方米，比上年下降19.1%，其中新开工面积431.50万平方米，下降35.6%；竣工面积432.41万平方米，下降13.7%。

四、固定资产投资

投资规模持续攀升。全年完成全社会固定资产投资704.09亿元，比上年增长11.6%。分行业看，工业投资完成324.95亿元，比上年增长8.1%；服务业投资完成377.34亿元，增长14.3%。分投资主体看，国有投资完成119.62亿元，比上年下降7.3%；港澳台及外商投资完成86.54亿元，下降1.0%；民间投资完成497.93亿元，增长20.1%，民间投资占全社会投资的比重为70.7%。

投资结构优化升级。全年完成制造业投资310.56亿元，比上年增长8.5%，占工业投资的比重为95.6%；高技术产业投资完成126.81亿元，比上年增长65.9%，占全社会投资的比重为18.0%；新兴产业完成投资257.97亿元，比上年增长20.5%，占全社会投资的比重为36.6%。

房产市场健康发展。全年完成房地产开发投资292.89亿元，比上年增长22.7%；房屋施工面积1111.68万平方米，增长7.3%。全年实现商品房销售面积260.17万平方米，比上年增长12.1%；销售额342.54亿元，增长18.4%。

表75　2021年房地产开发和销售主要指标完成情况及其增长速度

指　标	计量单位	绝对数	比上年增长%
投资额	亿元	292.89	22.7
#住宅	亿元	253.49	19.3
房屋施工面积	万平方米	1111.68	7.3
#住宅	万平方米	830.93	8.2
房屋新开工面积	万平方米	295.12	107.9
#住宅	万平方米	239.99	148.5
房屋竣工面积	万平方米	182.60	1.1
#住宅	万平方米	150.26	4.5
商品房销售面积	万平方米	260.17	12.1
#住宅	万平方米	247.60	14.1
商品房销售额	亿元	342.54	18.4
#住宅	亿元	332.60	19.0

五、国内贸易

消费市场释放活力。全年实现社会消费品零售总额1214.22亿元，比上年增长17.7%。按行业分，批发和零售业零售额1158.08亿元，比上年增长18.1%；住宿和餐饮业零售额56.13亿元，比上年增长9.2%。

限额以上批发零售贸易企业零售额中，家用电器和音像器材类增长91.0%，石油及制品类增长52.7%，粮油、食品类增长26.7%，服装、鞋帽、针纺织类增长14.4%，汽车类增长2.2%，日用品类下降7.3%，通信器材类下降8.3%，建筑及装潢材料类下降30.4%，化妆品类下降36.7%。

六、开放型经济

利用外资较快增长。全年新增注册外资11.35亿美元，比上年下跌63.8%，其中新设项目69个，注册外资7.93亿美元；实际使用外资7.59亿美元，增长20.4%。

对外贸易提速向好。全年实现进出口总额237.84亿美元，比上年增长24.3%。其中，进口81.03亿美元，比上年增长23.1%；出口156.81亿美元，同比增长24.9%。进出口差额（出口减进口）75.78亿美元，比上年增长16.01亿美元。分出口方式看，加工贸易出口38.32亿美元，比上年增长1.7%；一般贸易出口100.84亿美元，增长30.9%。

外经外包有效拓展。全年新增境外企业18家，新批中方境外投资额3918.49万美元。全年新签境外劳务及承包工程合同额2.55亿美元，完成营业额2.25亿美元。全年服务外包接包合同额4.46亿美元，比上年增长12.7%；离岸接包执行额2.65亿美元，增长6.7%。

七、交通、邮电和旅游

交通运输恢复欠佳。全年旅客运输量661万人次，比上年下降71.5%；旅客周转量5.53亿人公里，下降28.8%。全年货物运输量2063万吨，比上年增长0.1%；货物周转量42.4亿吨公里，下降12.1%。全年常熟港货物吞吐量达6536万吨，比上年下降25.2%。其中，外贸货物吞吐量1297万吨，比上年下降10.4%；集装箱吞吐量20.86万标箱，下降11.1%。年末民用汽车保有量达54.57万辆，比上年增长6.3%，其中私家车保有量47.95万辆，增长6.3%。

交通体系提档升级。南沿江城际铁路建设、通苏嘉甬铁路前期工作有序推进。新世纪大道北延常昭路至海虞镇人民路段、常台高速公路常熟东互通连接线工程（东南大道东延）、常台高速公路常熟东互通改扩建工程（常熟东互通）建成通车，持续推进524国道常熟莫城至辛庄段改扩建工程和常台高速公路常熟高新区互通新建工程建设，开工建设342省道常熟东段改扩建工程（青墩塘快速路）。常福街道高新园公交首末站建设工程开工建设，完成常昆路公交首末站建设工程。

邮电业务平稳增长。全年实现邮电业务总收入61.43亿元，比上年增长3.4%。其中，邮政业务收入36.43亿元，比上年增长1.6%；电信业务收入25.00亿元，比上年增长6.1%。

旅游市场有所回暖。全年接待境内游客1437.73万人次，比上年增长2.5%；实现旅游收入293.13亿元，比上年增长1.1%。全力打造“虞歌畅晚”特色夜经济品牌，常熟获评首批长三角高铁旅游小城。

八、金融、证券和保险业

金融信贷运行稳健。年末全部金融机构本外币各项存款余额4082.62亿元，比年初增加239.56亿元，其中人民币存款余额3890.19亿元，增加229.74亿元。年末全部金融机构本外币各项贷款余额3608.13亿元，比年初增加446.19亿元，其中人民币贷款余额3541.95亿元，增加434.26亿元。

表 76 2021 年全部金融机构本外币存贷款余额及其比年初增长速度

项 目	年末数（亿元）	比年初增长%
各项存款	4082.62	6.2
#住户存款	1979.29	11.2
#人民币住户存款	1966.19	11.3
非金融企业存款	1496.02	4.8
广义政府存款	495.74	-8.5
各项贷款	3608.13	14.1
境内贷款	3607.64	14.1
#住户贷款	1100.82	13.4
短期贷款	233.10	7.2
消费贷款	62.01	4.6
经营贷款	171.09	8.1
中长期贷款	867.72	15.2
消费贷款	776.84	12.5
经营贷款	90.89	45.5
非金融企业及机关团体贷款	2501.77	14.2
#短期贷款	1006.96	3.6
中长期贷款	1358.20	24.9
境外贷款	0.49	6.9

证券交易运行良好。年末证券交易股票开户总数54.78万户，比上年增长5.4%；全年各证券营业点股票交易额6936.13亿元，比上年增长9.1%。年末证券机构托管股票市值528.63亿元，比上年增长9.1%。

保险业务有所下滑。全年保险机构保费收入63.82亿元，比上年下降5.5%。其中，寿险业务保费收入31.76亿元，比上年下降9.7%；财产险业务保费收入22.70亿元，比上年下降3.6%。全年支付各类赔款及给付19.12亿元，比上年增长9.7%。

九、科学技术和教育

创新动能加速培育。全社会研发经费支出占地区生产总值比重达3.85%，企业研发经费投入占主营业务收入比重达2.2%，居苏州领先位次。推动徐红星院士团队、范滇元院士团队分别与地方共建微纳光声研究所、激光产业技术研究所。新认定高新技术企业290家、科技型中小企业1007家、“瞪羚”企业47家、苏州市“独角兽”培育企业8家。

科技创新成绩斐然。全市专利授权量达11552件，其中发明专利授权量为1098件，比去年增加457件，增幅达到71.29%。年末拥有有效发明专利7578件，按常住人口计算的万人发明专利拥有量达45.19件，比上年增加0.98件。

人才资源日益集聚。2021年末，全市人才总量为40.51万人，其中高层次人才3.26万人，高技能人才9.87万人，比上年分别增长9.0%、8.0%和10.0%。教育供给持续加大。王淦昌高中等20个学校建设项目竣工、新增学位1.9万个、开工6所。新高考主要指标领跑苏州，包揽苏州理科前三，6人达线清北、686人录取“双一流”高校；普通高中招生比例超65%；现代化实训基地培训超2万人次；创成省义务教育优质均衡发展市。年末拥有各类学校126所，在校学生数17.00万人，毕业生数3.61万人，专任教师1.22万人；拥有幼儿园120所，在园幼儿数4万人。

表 77 2021 年各类学校在校生及专任教师情况

指 标	所数（所）	在校生数（人）	毕业生数（人）	专任教师（人）
合 计	126	169963	36114	12244
普通高等学校	1	19749	5285	1176
普通中等专业学校	3	8242	2312	975
高中	9	17824	5519	1678
初中	41	33306	10590	2934
小学	71	90692	12386	5441
特殊教育	1	723	197	–
特殊教育学校本校	1	150	22	40
小学随班就读	–	288	52	–
小学送教上门	–	22	7	–
初中随班就读	–	247	108	–
初中送教上门	–	16	8	–
附：幼儿园（含民办）	120	39998	13198	2720

十、文化、卫生和体育

文化事业繁荣发展。建成村（社区）综合性文化服务中心334个，实现全覆盖。举办2021虞山文化暨沙家浜旅游节、《常熟文库》北京首发活动、第三届常熟市群众文艺“星光奖”评奖活动等重大活动。年末全市共有博物馆1个，艺术表演场馆2家，美术馆2个；公共图书馆1个、其中图书分馆29个，流通点51个，24小时开放点18个，总流通126.1万人次；文化馆1个，文化站（文社中心）14个，社区文化活动室121个，村文化活动室213个。

卫健事业蓄能发展。建成常熟市核酸检测基地、省标准化发热门诊3家，全年完成疫苗接种近360万剂次。常熟市建成全国健康城市建设样板市，全年新增123处（个）健康支持性环境。市二院完成三甲医院现场评审，市中医院完成三甲中医院省级调研、与上级合作共建苏州大学附属儿童医院常熟医学中心，市一院新增省级临床重点专科1个，全市新增3家二乙医院。34家医疗机构建成首批江苏省老年友善医疗机构，总数位居苏州大市第一。常熟市获评2018—2020年全国计划生育优质服务先进单位，全年新增备案托育机构6家。年末拥有各类医疗卫生机构555个，拥有床位10557张。年末拥有卫生技术人员12148人，其中执业医师（助理）4903人，注册护士5143人；乡村医生和卫生员229人。

表 78 2021 年医疗卫生机构基本情况

指 标	个数（个）	床位数（张）	卫生技术人员（人）
合 计	555	10557	12148
医院（含民营医院、护理院）	31	8360	6966
乡镇卫生院	20	1563	2195
社区卫生服务中心	12	357	801
村卫生室	104	—	20
社区卫生服务站	107	—	301
门诊部	59	—	536
诊所（卫生所、卫生室、校医室）	211	—	696
专业(其他)卫生机构	8	277	586
其他机构	3	—	47

体育事业蓬勃发展。成功举办第十四届全运会男子篮球资格赛、2021第六届常熟尚湖铁人三项赛、江苏省龙舟精英赛（常熟站）、常熟市第八届体育运动会等赛事。建成昆承湖小鲨鱼水上飞行体验中心。大力推广全民健身活动，举办群众性体育活动150次，参加人数达28万人次。全市步道总长931.13公里，全市免费向社会开放的公办中小学校达72所，人均体育场地面积3.71平方米，万人拥有体育健身设施数110.83件。省级以上比赛获金牌13枚、银牌17枚、铜牌18枚；苏州市级竞赛获金牌114枚、银牌91枚、铜牌101枚。

十一、环境保护、节能降耗和安全生产

环境质量持续改善。全年空气质量优良率83.0%，PM2.5平均浓度27.8微克/立方米。各省考重点断面优于Ⅲ类水的比例达到90%，长江干流常熟段水质达到Ⅲ类水标准。林木覆盖率达17.8%，新增成片林面积998.9亩，城区新增绿地面积4.9公顷。持续推进“千村美居”工程，全年下达任务数800个，实际通过市级验收1055个，超额完成目标任务，完成投资18.5亿元。全年新增苏州市特色康居乡村250个，累计建成1100个。全市行政村全面实行垃圾分类，自然湿地保护率达65.4%。

资源利用效率提升。扎实开展化工产业安全环保整治提升，关闭退出化工生产企业4家，异地迁建2家。完成劣Ⅴ类水体整治109条。完成城东水质净化厂二期扩建工程，新增污水处理能力6万吨/日；完成25公里互联互通管网、31公里污水主管网，完成6663户农户生活污水治理，城镇生活污水集中处理率达99.2%、农村生活污水治理率达98.1%。加大盘活力度，全年盘活存量建设用地13103亩。

安全生产事故有效压降。全年发生各类安全生产安全事故13起，死亡10人，比上年分别下降38.1%和28.6%。其中，工矿商贸领域发生生产安全事故7起，死亡7人，同比事故起数和死亡人数均下降36.4%；道路交通生产安全事故6起，死亡3人，事故起数分别比上年下降40%。亿元GDP生产安全事故死亡人数为0.0037人。

十二、人口、人民生活和社会保障

人口总量基本稳定。年末全市户籍人口106.10万人，比上年末减少0.31万人。全年出生4470人，人口出生率4.21‰；死亡9533人，人口死亡率8.97‰；人口自然增长率为-4.76‰。年末常住人口168.61万人，比上年末增加0.89万人，城镇化率为73.7%，比上年末提高0.33个百分点。

城乡收入差距缩小。全年城乡居民人均可支配收入65755元，比上年增长8.8%。其中，城镇常住居民人均可支配收入77325元，比上年增长8.2%；农村常住居民人均可支配收入41986元，增长10.4%；城乡居民收入比为1.84∶1。全年城乡居民人均生活消费支出40197元，比上年增长20.0%。其中，城镇常住居民人均生活消费支出44995元，比上年增长19.2%；农村常住居民人均生活消费支出30342元，增长22.4%。

社保体系加快完善。民生支出占一般公共预算支出比重达81.0%，较上年提升0.4个百分点。年末城镇职工基本养老保险参保人数(含参保离退休人员)91.23万人，城镇职工基本医疗保险参保人数(含参保离退休人员)93.82万人，失业保险、工伤保险、生育保险参保人数分别达48.78万人、49.49万人、49.75万人。年末城乡居民基本养老保险参保人数（含参保退休人员）7.99万人，城乡居民基本医疗保险参保人数30.97万人。主要险种保险覆盖率均超99%，居民基本医疗保险（含大病补充医疗保险）人均筹资标准达到1150.15元。大病保险报销比例达66.1%。城乡低保标准提高至1095元/月，发放各类救助帮扶资金2.4亿元，优租房累计安置648套1213人次。新增实际缴存住房公积金职工4.76万人。

养老事业平稳发展。尊老金提标扩面至符合条件的本市户籍65周岁及以上的老年人。全面完成镇（街道）区域性养老服务中心布点建设，新建成1家，新开工建设2家，累计建有13家，其中6家已建成运营。全市拥有各类养老床位数达1.35万张，每千名老年人拥有养老床位数超40张。创新实施社区居家养老服务分片连锁运营，居家养老政府购买服务对象超5.4万人。新建成标准化日间照料中心15家，累计建有376家，其中347家实施社会化运营，打造“15分钟”养老服务圈。推进老年人家庭适老化改造项目，改造对象由原来的经济困难老年人家庭扩面至全市老年人家庭，全年完成改造957户。“乐龄助餐”实现城区全覆盖，纳入配送餐体系的助餐点32个。完善智慧养老服务平台，打造常熟·愉养老服务品牌。成功创建第三批省级居家和社区养老服务创新示范地区。

注释：

（1）本公报中部分数据因四舍五入的原因，存在着与分项合计不等的情况。

（2）地区生产总值、各产业增加值和人均地区生产总值绝对数按现价计算，增长速度按不变价格计算。

（3）新兴产业包括新能源产业，新材料产业，生物技术和新医药产业，节能环保产业，集成电路产业，智能电网和物联网产业，平板显示产业，高端装备制造产业。

（4）高技术制造业包括医药制造业，航空、航天器及设备制造业，电子及通信设备制造业，计算机及办公设备制造业，医疗仪器设备及仪器仪表制造业，信息化学品制造业。

（5）邮政业务收入统计口径包含邮政（不含邮政储蓄银行直接营业收入）、EMS和规模以上社会快递公司。

（6）各类学校统计口径包含新市民子弟学校，幼儿园统计口径包含社会办幼儿园。普通中等专业学校在校学生数只包括普通中专一至三年级。

（7）总流通人次是指本年度内到图书馆场馆接受图书馆服务的总人次，包括借阅书刊、咨询问题以及参加各类读者活动等。

（8）常住人口是指实际经常居住在某地区一定时间（半年以上，含半年）的人口。常住人口城镇化率是指一个地区常住于城镇的人口占该地区常住总人口的比重。

（9）养老床位数统计口径包含机构和社区养老床位数。

常熟市第七次全国人口普查公报[1]

常熟市统计局　常熟市第七次全国人口普查领导小组办公室

2021年6月1日

根据常熟市第七次全国人口普查结果，现将2020年11月1日零时我市常住人口[2]的基本情况公布如下：

一、全市人口情况

全市常住人口为1677050人。

1.人口增长

全市常住人口与2010年我市第六次全国人口普查的1510453人相比，十年共增加166597人，增长11.03%，年平均增长率为1.05%。

2.户别人口

全市共有家庭户[3]541027户，集体户56591户，家庭户人口为1493268人，集体户人口为183782人。平均每个家庭户的人口为2.76人，比2010年我市第六次全国人口普查的2.94人减少0.18人。

3.城乡[4]人口

全市常住人口中，居住在城镇的人口为1230599人，占73.38%；居住在乡村的人口为446451人，占26.62%。与2010年我市第六次全国人口普查相比，城镇人口增加301475人，乡村人口减少134878人，城镇人口比重上升11.87个百分点。

表 79　　全市人口年龄构成统计表

（单位：人、%）

年龄	人口数	比重
总　计	1677050	100.00
0—14岁	185163	11.04
15—59岁	1137744	67.84
60岁及以上	354143	21.12
其中：65岁及以上	267996	15.98

二、人口性别构成情况

全市常住人口中，男性人口为872242人，占52.01%；女性人口为804808人，占47.99%。总人口性别比（以女性为100，男性对女性的比例）由2010年我市第六次全国人口普查的100.86上升为108.38。

三、人口年龄构成情况

全市常住人口中，0—14岁[5]人口为185163人，占11.04%；15—59岁人口为1137744人，占67.84%；60岁及以上人口为354143人，占21.12%，其中65岁及以上人口为267996人，占15.98%。

与2010年我市第六次全国人口普查相比，0—14岁人口的比重上升1.88个百分点，15—59岁人口的比重下降6.64个百分点，60岁及以上人口的比重上升4.76个百分点，65岁及以上人口的比重上升5.02个百分点。

四、人口受教育情况

1.受教育程度人口

全市常住人口中，拥有大学（指大专及以上）文化程度的人口为288987人；拥有高中（含中专）文化程度的人口为237464人；拥有初中文化程度的人口为695669人；拥有小学文化程度的人口为346035人（以上各种受教育程度的人包括各类学校的毕业生、肄业生和在校生）。与2010年我市第六次全国人口普查相比，每10万人中拥有大学文化程度的由9199人增加为17232人；拥有高中文化程度的由16941人减少为14160人；拥有初中文化程度的由38716人增加为41482人；拥有小学文化程度的由28524人减少为20634人。

2.平均受教育年限[6]

与2010年我市第六次全国人口普查相比，全市常住人口中，15岁及以上人口的平均受教育年限由9.14年上升至10.09年。

3.文盲人口

全市常住人口中，文盲人口（15岁及以上不识字的人）为27851人，与2010年我市第六次全国人口普查相比，文盲人口减少15286人，文盲率[7]由2.86%下降为1.66%，下降1.20个百分点。

注释：

[1]本公报数据均为初步汇总数据。

[2]常住人口包括：居住在本乡镇街道且户口在本乡镇街道或户口待定的人；居住在本乡镇街道且离开户口登记地所在的乡镇街道半年以上的人；户口在本乡镇街道且外出不满半年或在境外工作学习的人。

[3]家庭户是指以家庭成员关系为主、居住一处共同生活的人组成的户。

[4]城镇、乡村是按国家统计局《统计上划分城乡的规定》划分的。

[5]0—15岁人口为196246人，16—59岁人口为1126661人。

[6]平均受教育年限是将各种受教育程度折算成受教育年限计算平均数得出的，具体的折算标准是：小学=6年，初中=9年，高中=12年，大专及以上=16年。

[7]文盲率是指全市常住人口中15岁及以上不识字人口所占比例。

年度荣誉

表 80　　2021 年常熟市获国家级集体荣誉一览表

受表彰单位	荣誉名称	表彰单位
常熟市	第五批国家生态文明建设示范区	生态环境部
	2021年绿色高质高效行动整建制县	农业农村部
	2020年度健康城市建设样板市	全国爱卫办
	2018—2020年全国计划生育优质服务先进单位	国家卫健委
	2021全国公益广告大赛文明城市推荐奖	中央文明办
常熟(“小线杆”破解大难题 亮出农村“无线美”)	第三批全国农村公共服务典型案例	农业农村部、国家发改委、国家乡村振兴局
常熟法治宣传教育领导小组	2016—2020全国普法工作先进单位	中央宣传部、司法部、全国普法办
常熟市统计局	第七次全国人口普查先进集体	国务院第七次全国人口普查领导小组
常熟市民政局　常熟市纪委	节约型机关	国家机关事务管理局等
常熟市农业农村局	全国农业综合行政执法示范单位	农业农村部
	2016—2020全国普法先进单位	中央宣传部、司法部、全国普法办
常熟市综合行政执法局	2020年度“强基础、转作风、树形象”专项行动表现突出单位	住建部
常熟市文体广电和旅游局 常熟市体育运动学校	2017—2020全国群众体育先进单位	国家体育总局
常熟市卫生健康委员会	2020年度健康城市建设样板市	全国爱卫办
常熟市工商联	2020—2021年度全国“五好”县级工商联	全国工商联
国家税务总局常熟市税务局	2021年全国工会职工书屋示范点	中央文明委
董浜镇东盾村　董浜镇里睦村	2021年全国乡村特色产业亿元村	农业农村部
碧溪街道(蔬菜)	第十一批全国“一村一品”示范村镇	农业农村部
常熟服装城集团有限公司	全国纺织行业先进单位	人社部、中国纺工会
支塘镇蒋巷村　琴川街道梦兰村	2021年全国示范性老年友好型社区	全国老龄办
颜北社区	全国红十字模范单位	中国红十字会总会
沙家浜镇芦荡村	2021年推动红色村组织振兴建设红色美丽村庄试点村	中央组织部、财政部
支塘镇蒋巷村	2021年全国示范性老年友好型社区	国家卫健委、全国老龄办
新合作常客隆购物广场有限公司海虞北路店	全国巾帼文明岗	全国妇联
常熟市医学检验所	2018—2020年改善医疗服务先进典型	国家卫健委
支塘人民医院	2020年“优质服务基层行”活动中表现突出、成效显著机构	国家卫健委
农工党常熟市委 农工党一院支部委员会	脱贫攻坚先进集体	农工党中央

表 81　　2021 年常熟市获省级集体荣誉一览表

受表彰单位	荣誉名称	表彰单位
常熟市	2020年落实有关重大政策措施真抓实干、取得明显成效的地方	省政府办公厅
	实施知识产权战略成效明显的地方	
	完成高标准农田及高效节水灌溉建设任务较好的地方	
	第三批省级生态文明建设示范县	省生态环境厅
	江苏省义务教育优质均衡发展县（市、区）	省教育厅
	江苏省美丽宜居城市建设第二批试点城市	省美丽宜居城市建设工作领导小组办公室
	第四批大众创业万众创新示范基地（精益创业方向）	省发改委
	首批江苏省绿色蔬菜产业特色县	省农技推广总站
	2021年度江苏省农业生产全程全面机械化示范县（试点）	省农业农村厅
	2020 年度全省基层党员冬训工作示范县（市、区）	省委宣传部、省委组织部
	第三批省级居家和社区养老服务创新示范地区	省民政厅
	江苏省社区社会组织培育发展观察点	
	2020年预算单位采购贫困地区农副产品先进地区	省财政厅、省政府扶贫办
	2020年度财政重点工作绩效考核先进市县二等奖	省财政厅
	2020—2021年度全省社会保险基金预算绩效管理工作考核先进地区（三等奖）	
常熟市农业农村局	全省脱贫攻坚暨对口帮扶支援合作先进集体	省委省政府
常熟市人力资源管理服务中心		
常熟市龙腾特种钢有限公司	江苏省先进基层党组织	省委
东南街道	2020年度全省基层党员冬训工作示范乡（镇、街道）	省委宣传部、省委组织部
梅李镇　尚湖镇	第三批江苏省生态文明建设示范乡镇（街道）	省生态环境厅
碧溪新区留下村　古里镇李市村 辛庄镇合泰村　支塘镇蒋巷村	第三批江苏省生态文明建设示范村（社区）	
常熟职业教育中心校团委 常熟发电公司团委 常熟理工学院师范学院团委	江苏省五四红旗团委	共青团江苏省委
常福街道绿地社区团支部 常熟市人民法院团总支	江苏省五四红旗团支部	
徐市中心小学	江苏省第十九批“绿色学校”	省生态环境厅、省教育厅
常福街道绿地社区	江苏省首批民族工作“红石榴家园”	省民宗委
苏州恒洋澳龙农业科技有限公司	2021年度江苏省农业科技型企业	省科技厅
常熟市圣百合食品有限责任公司	2021年度江苏省健康企业	省卫健委、省爱卫办
江苏波司登科技有限公司	江苏省重点物流企业	省发改委
常熟市市级机关事务管理中心	2021年度江苏省公共机构节能低碳示范单位	省机关事务管理局等
海虞电子商务产业园	2021—2022年度江苏省电子商务示范基地	省商务厅

续表81

受表彰单位	荣誉名称	表彰单位
海福新城社区退役军人服务站	2020年度全省优秀退役军人服务中心（站）	江苏省退役军人事务厅
海虞妈妈孤贫儿童关爱志愿服务团	2021年度江苏省巾帼志愿服务十佳组织	省妇联
常熟东南塑料有限公司 苏州富士莱医药股份有限公司	2021年江苏省两化融合管理体系（升级版）贯标试点企业	省工信厅
苏州天顺复合材料科技有限公司	2021年度省级工程技术研究中心	省科技厅
常熟市标准件厂有限公司	省级企业技术中心	省工信厅
常福街道方浜村　莫城街道新建村 海虞镇七峰村　古里镇陈塘村 沙家浜镇昆承湖村　支塘镇长桥村 董浜镇旗杆村　辛庄镇洞港泾村 尚湖镇常兴村	省健康村	省爱卫办
虞山街道梅园社区　琴川街道锦丰社区 碧溪街道江枫苑社区　东南街道启文社区 梅李镇梅李社区	省健康社区	
颜北社区博爱家园	2021年度优秀博爱家园	省红十字会
沙家浜镇关工委	省关工工作优秀集体	省关工委
沙家浜镇退役军人服务站	江苏省“百家红色精品退役军人服务站”	省退役军人事务厅
沙家浜镇红石村企业联合工会	第二批全省工会劳动法律监督工作示范单位、先进单位	省总工会
虞山街道	2020年度全省信访系统“人民满意窗口”建设质量提升工程示范单位	省信访局
虞山街道总工会 户外劳动者服务站点	2021年度全省“最美工会户外劳动者服务站点”	省总工会
虞山司法所	江苏省优秀司法所	省司法厅
琴川街道第七次全国人口普查领导小组办公室 碧溪街道第七次全国人口普查领导小组办公室 海虞镇第七次全国人口普查领导小组办公室	江苏省第七次全国人口普查工作成绩显著集体	省第七次全国人口普查领导小组办公室、省统计局
常熟市市场监督管理执法大队	2021年度全省药品稽查执法暨“雳剑2021”专项行动先进集体	省药品监督管理局
常熟市财政局	全省财政系统先进集体	省人社厅、省财政厅
常熟市财政局	全省法治财政标准化管理2020年度优秀单位和连续三年以上先进单位	省财政厅
	2020年度市县财政部门预算绩效管理考核结果优秀的县（市）财政部门	
	2020年度行政事业性国有资产报告工作表扬单位	
	2020年国有企业财务会计决算先进单位以及2021年国有企业经济效益月报先进单位	
大义储备粮库有限公司	江苏省粮食安全宣传教育基地	省粮食和物资储备局、省农业农村厅等
苏州江南爱停车科技有限公司	第29届智能交通大会创新大赛暨第二届“姑苏杯”青年智能交通创新技术应用大赛特等奖	省交通运输厅、省人社厅
常熟市应急管理局	2020年度全省危险化学品安全生产工作先进集体	省应急管理厅
	2020年度全省安全生产执法工作先进集体	
	2021年全省安全生产月活动先进单位	

续表81

受表彰单位	荣誉名称	表彰单位
常熟市农业农村局	2020年高标准农田建设成效显著单位	省农业农村厅
常熟市农业农村局	2021江苏省数字农业农村基地	省农业农村厅
中国联合网络通信有限公司常熟市分公司	2021年度江苏省放心消费创建示范企业	江苏省放心消费创建活动办公室 江苏省市场监督管理局
常熟人力资源和社会保障局	2020年度全省“法治人社”建设亮点工作	省人社厅
苏州市烟草公司常熟分公司	江苏省工会“职工书屋”示范点	省总工会
常熟文庙	2021年度江苏省“最美公共文化空间”	省文旅厅
常熟博物馆	江苏省文化和旅游系统先进集体	省人社厅 省文旅厅
常熟市科学技术协会	2021年中国创新方法大赛江苏赛区优秀组织奖	省科协 省科技厅
常熟市卫生健康委员会	2016—2020年援黔医疗卫生对口帮扶工作优秀帮扶集体	贵州省卫健委
常熟市第三人民医院	江苏省健康促进医院	省卫健委
常熟市卫生健康委员会	2020年度“安康关爱行动”先进单位	省老龄办
常熟市纪委监委机关	全省纪检监察系统先进集体	省纪委、省监委、省人社厅
九三学社常熟市支社	2021年度先进集体	九三学社江苏省委
中国民主建国会常熟市委员会	社情民意信息工作优秀直报点	民建江苏省委
中国民主同盟常熟市委员会	2020—2021年度宣传工作先进集体二等奖	民盟江苏省委
农工党常熟市委“农工之家”	农工党江苏省“示范农工之家”	农工党江苏省委
苏洁家庭、侯慕容家庭	2021年度江苏省最美家庭	省妇联等
常熟市海虞妈妈孤贫儿童关爱志愿服务团	2021年江苏省巾帼志愿服务十佳组织	省妇联
常熟市科学技术协会	2021年中国创新方法大赛江苏赛区优秀组织奖	省科协、省科技厅
常熟理工学院红十字会	江苏省红十字会基层组织工作先进集体	省红十字会
常熟市公安局政治处	全省公安机关抗击新冠肺炎疫情成绩突出集体	省公安厅
常熟市公安局指挥中心调度科	全省公安机关成绩突出党员集体	省公安厅
常熟市司法局	2020年度“高质量发展先进司法局”	省司法厅
	全省法治督察先进集体	
常熟市司法局虞山司法所	江苏省优秀司法所	省司法厅

表82 常熟市2019—2021年江苏省文明乡镇、文明村（社区）、文明单位一览表

受表彰单位	荣誉名称	表彰单位
海虞镇 辛庄镇 梅李镇 支塘镇 沙家浜镇 董浜镇 尚湖镇 古里镇	2019—2021年度江苏省文明乡镇	省文明委
虞山街道大湖甸村 虞山街道元和村 海虞镇汪桥村 梅李镇瞿巷村 古里镇康博村 琴川街道梦兰村 支塘镇蒋巷村 莫城街道言里村 沙家浜镇华阳村 支塘镇项桥村 常福街道小义村 常福街道勤丰村	2019—2021年度江苏省文明村	
琴川街道新造村 海虞镇七峰村 尚湖镇新裕村 碧溪街道溪西村 梅李镇天字村 梅李镇塘桥村 东南街道东渔村 辛庄镇张家桥村 辛庄镇桃园村 辛庄镇潭荡村 常福街道小山村 董浜镇旗杆村	2019—2021年度江苏省文明村	

续表82

受表彰单位	荣誉名称	表彰单位
海虞镇海福新城社区　虞山街道北门大街社区　虞山街道琴枫社区 琴川街道兴隆社区　常福街道绿地社区　常福街道景泰社区 碧溪街道聚和佳苑社区　辛庄镇辛庄社区	2019—2021年度江苏省文明社区	省文明委
常熟市财政局　常熟市行政审批局　常熟市公安局　常熟海事局 国家税务总局常熟市税务局　常熟市人民政府琴川街道办事处 常熟市人民政府虞山街道办事处　常熟市人民政府常福街道办事处 中国建设银行股份有限公司常熟分行　常熟市中医院（常熟市新区医院） 常熟阿特斯阳光电力科技有限公司　常熟市市场监督管理局 常熟市第五人民医院　江苏迎阳无纺机械有限公司 苏州市烟草公司常熟分公司　常熟市城南环境卫生管理所　常熟海关	2019—2021年度江苏省文明单位	
波司登股份有限公司　江苏中法水务股份有限公司　常熟市人民检察院 常熟市人民政府碧溪街道办事处　常熟市天然气有限公司 常熟琴湖惠民老年病医院　江苏有线网络发展有限责任公司常熟分公司 常熟涤纶有限公司　中国联合网络通信有限公司常熟市分公司 中国邮政集团有限公司江苏省常熟市分公司　常熟市青少年活动中心 常熟风范电力设备股份有限公司 国网江苏省电力有限公司常熟市供电分公司 中国移动通信集团江苏有限公司常熟分公司 常熟市顺盛印刷包装厂有限公司　中国人民银行常熟市支行 中国电信股份有限公司常熟分公司	2019—2021年度江苏省文明单位	
常熟市报慈小学　常熟市实验小学　常熟市外国语初级中学 江苏省常熟中学	2019—2021年度江苏省文明校园（中小学）	

表83　　2021年国家级个人荣誉一览表

姓　名	荣誉名称	表彰单位
曹映红	中国好人	中央文明办
葛玲莉	全国五一劳动奖章	中华全国总工会
陈　斌	全国纺织工业劳动模范	人社部、中国纺工会
冯利明	全国优秀河（湖）长	水利部
叶静芳	全国司法所模范个人	司法部
宗建东	全国粮食生产先进个人	农业农村部
张　震	2017—2020全国群众体育先进个人	国家体育总局
吴心怡	2021年第十四届全国运动会女子跳台跳水“U14组女子双人跳台”第一名	第十四届全国运动会组委会
吴心怡	2021年第十四届全国运动会女子跳台跳水“U14组女子单人”第二名	
谈梦怡	2021年第十四届全国运动会女子跳远第二名	
石雨豪	2021年第十四届全国运动会男子4×100接力第二名	
薛　艳	2021年第十四届全国运动会女子田径链球团体第三名	
丁力进	民盟反映社情民意信息工作先进个人	民盟中央
张承欢	2020年度中国红十字会总会报刊宣传先进个人三等奖	中国红十字会总会
李卓钰　王　科　唐　凯	个人嘉奖	公安部
宋卫峰	全国公安机关扫黑除恶专项斗争成绩突出个人	公安部

表 84　　2021年常熟市获省级个人荣誉一览表

姓名	荣誉名称	表彰单位
沈忠明　钱瑞龙　吕纪永 窦祥龙　浦明华　戴月青	江苏省劳动模范	省委　省政府
王珍妮	江苏省先进工作者	省委　省政府
周　明	全省脱贫攻坚暨对口帮扶支援合作先进个人	省委　省政府
苏咏梅	江苏省优秀党务工作者	省委
孙　昊　曹志刚	第九届江苏省农业技术推广奖二等奖	省政府
邵国平	全省"百名示范"村(社区)书记	省委组织部
苏咏梅	百名示范村(社区)书记	
顾旻辰　吴　静	江苏省优秀共青团员	共青团江苏省委
陆瑜雯　马　猛　王爱青	江苏省优秀共青团干部	共青团江苏省委
张丽新	全省关心下一代工作优秀个人	省关工委　省文明办
徐志娅　卢建新	全省建设档案管理工作先进工作者	省住建厅
马卫江	危险化学品安全生产先进个人	省应急管理厅
章利亚	民进全省社会服务暨脱贫攻坚工作先进个人	民进江苏省委
顾志锋	江苏省优秀统计人	省统计局
陈立宇	2019—2020年全省红十字会基层组织工作先进个人	省红十字会
赵苗苗	省巾帼建功标兵	省城镇妇女"巾帼建功"活动领导小组等
李志刚　章　虹　张　惠等241人	江苏省第七次全国人口普查工作成绩显著个人	省第七次全国人口普查领导小组办公室 省统计局
陶丽霞	江苏省第三届百佳孝星	省文明办　省老龄办　省老龄协会
张家豪	江苏省青年岗位能手	共青团江苏省委
张家豪	江苏省巾帼建功标兵	省妇联
田志文	江苏省技术能手	省人社厅
范立元	"科创江苏"企业创新达人、"科创江苏"企业创新达人宣讲代表	省科协
姚卫东	2020年度全省危险化学品安全生产工作先进个人	省应急管理厅
陆　强	2020年度全省应急指挥工作先进个人	
常洪良	2020年生态环境保护执法大练兵省级表现突出个人	省生态环境厅
祁　琦	江苏省2021年"大气2号"专项执法行动中表现突出个人	
卢建新	全省城建档案先进工作者	省住建厅
郝　磊	2021年度全省邮政管理系统监管标兵	省邮政管理局
付　利	2021年度全省邮政管理系统邮政管理标兵	省邮政管理局
范玉慧	2021年江苏乡村优秀青年教师培养奖励计划人选	省教育厅　省教育科技工会

续表84

姓名	荣誉名称	表彰单位
张　卫　曹卫星	江苏省教育系统先进个人（优秀教师）	省人社厅　省教育厅
陆振华	江苏“最美教师”	省委宣传部　省教育厅
陆振华	江苏省道德模范	省文明委
吴心怡	个人记大功奖励	省委办公厅
尤　晨　徐国民	2016—2020年援黔医疗卫生对口帮扶工作优秀帮扶个人	贵州省卫健委
殷丽梅	江苏省第三届百佳孝星	省文明办　老龄办　老龄协会
陈建新	全省红十字会系统抗击新冠肺炎疫情优秀志愿者	省红十字会
沈剑峰	全省纪检监察系统先进工作者	省纪委、省监委、省人社厅
严敏亚	2020年度全省政务信息工作先进个人	省政府办公厅
杨　帆	2021年度全省服务贸易统计工作先进个人	省商务厅
殷依群	2020—2021年度宣传工作先进个人	民盟江苏省委
张卫东	2020—2021年度社会服务先进个人	民盟江苏省委
丁力进	2020—2021年度参政议政先进个人	民盟江苏省委
何　添	2020年度参政议政工作先进个人	农工民主党江苏省委
陈敏新	2020年宣传思想工作优秀成果奖	农工民主党江苏省委
陶毅烈	2020年优秀理论研究成果奖一等奖	农工民主党江苏省委
江燕华	2020年社会宣传先进个人	农工民主党江苏省委
赵文健　陈敏新	2020年度专职党务工作先进个人	农工民主党江苏省委
周丽娟	2020年度江苏省三八红旗手标兵	省妇联
赵苗苗	2021年度江苏省巾帼建功标兵	省妇联等
蔡轶萍	江苏省五一劳动奖章 在困难职工解困脱困工作中做出优异成绩的个人	省总工会
董　萍	全省红十字会系统抗击新冠肺炎疫情先进个人	省红十字会
冯志强	全省政法先进典型	省委政法委
戴　俭　王海威　郝岗位	个人三等功	省公安厅
龙俊宏　朱禹锡　曹登峰	个人嘉奖	省公安厅
杨晓峰　宋卫峰	全省公安机关抗击新冠肺炎疫情成绩突出个人	省公安厅
宋卫峰	江苏公安“百优刑警”	省公安厅
陈　励	2020年度信息工作先进个人	省司法厅
朱　聘	全省法律援助工作先进个人	省司法厅
王　詠	全省社区矫正和安置帮教工作先进个人	省司法厅
邢桂霞	全省检察机关“守正有为检察人”	省检察院
姚伟波	2020年度全省检察机关信息工作先进个人	省检察院

（各单位提供）

媒体聚焦

常熟市实施“千村美居”率先探路农村现代化观察

陈希希　赵　鼎

在全面建设社会主义现代化国家新征程中，中央赋予江苏“争当表率、争做示范、走在前列”的重大使命。江苏省委书记娄勤俭在讲话中提出要把解决突出民生问题作为开启现代化的重要落点。

作为全国经济百强县，常熟市自2020年起着力打造“千村美居”工程，并以此为抓手探索构建起“党委统筹、居民自治、法治保障、德治涵养”的乡村善治格局，实现了政府依法治理、居民自治管理和社会自我调节的良性互动，精准刻画了既有“仓廪实衣食足”的物质生活，又有“崇礼节知荣辱”的文明风气的农村现代化画卷。在全省2020年度乡村振兴战略实绩考核中，常熟以全省第三、苏州第一位列县级综合排名第一等次。

调研发现，“千村美居”是一项长期工程，也是一项民心工程，既改善了人居环境，提升了百姓的幸福感，也密切了干群关系，锤炼了一支能扛事、会做事的干部队伍，已连续两年被评为“苏州市十大民心工程”，为江苏率先探索乡村治理现代化做出了先行示范，其中折射出的基层政府转变治理理念和角色定位，提升管理智慧引领治理嬗变的经验启示值得关注。

党委统筹引领
回应百姓关切打开治理“缺口”

在江苏省常熟市，“千村美居”工程正让一批村庄焕发新生，变身“绿富美”，年轻人“回流”家乡、社会资本开始聚集。一场更深刻的乡村善治格局悄然发生：村民主动管起了村务、干群关系升温、社会力量协同管理……

作为全国百强县“明星城市”，常熟市还保留着大量农村风貌，是苏州市最大的农村板块。截至2020年底，当地共有5111个自然村落，农村人口逾70万，占全市常住人口近一半。

同许多苏南城市一样，当地农村在村办企业时期遗留下来的违章建筑拆除问题重重，周遭环境脏乱不堪，老百姓“很有意见”，上访不断，基层干部应对无策；而对比周边县市，常熟农村基础设施相对滞后，老百姓对于改善居住环境、提升基础设施的现实诉求强烈。

常熟市委书记周勤第说：“广大农村是美丽常熟建设的基础所在，只有促进广大农民充分享受发展成果，才能有效调动群众支持发展、参与发展的积极性；只有持续提升乡村治理水平，才能为高质量发展营造更加和谐的发展环境。”

2018年11月，常熟市委、市政府出台了《常熟市村庄人居环境“两创建三优化三提升”专项行动实施意见》，2020年3月，又在上述文件的基础上，出台了《关于实施“千村美居”工程的工作意见》，回应百姓关切，并以此为抓手深入实施乡村振兴战略，率先探路农业农村现代化。

根据意见，常熟将用三年时间实施全域美丽宜居村庄优化提升工程，持续推进环境优美、充满活力、和谐有序的新时代乡村建设，使农村成为提升城市能级的生态“后花园”。

科学布局、因地制宜，扎实做好顶层设计。意见出台前期，常熟市委、市政府多次召开专题会议研究部署，深入基层调研摸排，并多次带队走访周边地区学习先进经验；伴随工程由“点”向“面”铺开，不断完善细则，相继出台《关于加强“千村美居”长效管理工作的指导意见》《常熟市“千村美居”长效管理考核实施方案》等，力求科学、富有前瞻性。

同时，实施细节上彰显人本理念，如在“千村美居”设计上，统筹建设农村基础设施，因地制宜编制“多规合一”实用性村庄规划，实行“一村一策”，力求留住乡俗、乡味、乡愁，更好满足广大农民多层次、差异化、个性化的需求，这些举措极大提升了村民参与工作的意愿和信心。

在顶层设计的牵引下，一年多以来，“千村美居”美的有标准亦有个性、别具“乡”味……如在推进村民“组团式翻建”过程中，常福街道小义村聘请了专业规划单位，通盘考虑用地布局、生态保护、历史文化传承等，把挖掘原生态村居风貌和引入现代元素结合起来；在碧溪街道李袁村，曾经的一块“散乱污”区域，如今变身为李袁历史名人馆（黄人纪念馆），问村老街、楹联文化交流基地等点缀在村庄中。

党委统筹引领，人大政协等督导，健全机制保障。常熟市充分发挥党委统筹引领作用，坚持“一把手”抓民生改革，建立完善市主要领导抓重点民生改革、镇（街道）分管领导抓分管领域民生改革、村级领导抓“微民生”改革的三级领导责任体系。

在“千村美居”中，常熟市四套班子主要领导带头参与，全面落实挂钩联系基层工作制度，定期或不定期走村入户，现场查看指导。各市机关部门、各镇（街道）和村干部发挥带头人作用，广大党员纷纷响应，亲自参与农村环境整治，落实“宅前屋后三包”，各级党政主要领导累计参加村庄清洁行动257次，发动参与人数达68.98万人次以上。

一年多来，市党员带头共帮助老百姓清理垃圾超过43万吨。“起初老百姓以为我们是做做样子，时间一长也相信我们是真干的了，现在主动跟我们边干活边拉家常，关系可好了。”一位市直机关部门同志说。他每月定期去该部门挂钩联系的潭荡村帮助清扫垃圾，共去了6次。

建立人大、群团组织等分片联系指导督察制度，常熟市纪委监委创新优化乡村建设监管机制。其中，市政协牵头引导“两代表一委员”，组织乡镇（街道）工委围绕长效管理开展“有事好商量”基层协商活动，使民心工程真正深入人心。

截至目前，一组数字见证了“千村美居”工程工作力度——各地完成道路铺设745.6公里，河道清淤疏浚240.8公里，河塘驳岸建设357.5公里，拆除违章建筑138万平方米，新（改）建公厕1213座。目前，全市“千村美居”工程实施村组入库1649个，惠及农户5.5万户，通过验收1440个。

构建“三治融合”格局
共建共治推动共享共赢

常熟市委副书记、市长焦亚飞说：“‘千村美居’是一项整体性、系统性工程，要实现常态长效关键在于广泛发动群众参与和社会监督，将村民纳入长效管理体系，形成共建共治的乡村治理格局。”

基层治理源于基层创新。常熟市各地逐步构建起政府依法治理、居民自治管理、社会自我调节的治理模式，从单纯的政府监管向更加注重社会协同治理转变，通过信息技术应用实现精准细致的乡村管理，通过共建共治实现共享共赢，为探索乡村治理现代化做出了先行示范。

——提升居民自治，构建长效机制。

创新议事协调机制，让群众的事情群众做主。打造了村民理事会、民情驿站、百姓茶馆等一批议事协商载体，采取会议、对话、书面和网络等多种协商方式，常态开展村民说事、民情恳谈、百姓议事活动。

在推进“千村美居”过程中，常福街道小义村充分发挥村民主体作用，通过组团内部自主召集户代表会议，多轮次对农户农房位置等商议，在得到村民基本认可后，由村委会上报街道审批，并接受村民的监督，这就实现了村民自我管理、自我服务、民主决策和民主监督，真正做到了集体的事让群众举手。

古里镇康博村创新打造“百姓茶馆”，让老百姓零距离参与村务。如针对村民反馈“现存的网球场总体利用率不高，无法满足需求”问题，村委会通过实地调查后，与社工一起组织党员代表、村民代表和小区区长等召开开放空间议事会，通过扩建换新方式，最终给村民一个崭新的运动场所。

探索村规民约、积分制等方式，让群众的事群众管理。伴随“千村美居”创建点位越来越多，长效管理需求愈发突出，还存在不少“干部干、群众看”现象，如何引导老百姓主动参与、珍惜这来之不易的成果考验着基层治理智慧。

一年多以来，各镇、村积极探索签订“门前三包”责任书、村民“轮值”、积分制管理等长效举措，开展“最美庭院”“星级文明户”等新时代文明实践活动，让参与村庄环境提升成为各地农户的自觉行动。

在梅李镇瞿巷村，《村规民约》及其补充规定已成为当地引导村民积极参与村务长效管理的“智慧法宝”。一户人家一年的自来水费差不多288元，只要做到宅前屋后和房屋四周干净整洁就能获得对应奖励……家家户户的小账背后，是村干部算的一笔大账。“过去请保洁员打扫，一年要30多万，现在我们把这些钱以奖励评比的形式发给大家，既能美化环境，又能提高村民收入。”瞿巷村党总支副书记毛宇说。

据介绍，常熟的229个村（社区）已全部制定成文的《村规民约》和《居民公约》，在规范和约束村民行为的同时，促进了村居有序发展。

——强化法治保障，实现精细管理。

深化全要素网格治理，推进执法力量下沉。加快构筑“一个终端采集、一张地图指挥、一个后台管理”等全要素网格治理体系，全面摸清网格内“人、房、地、事、物、组织”，不断推进网格+警格、网格+综合执法、网格+民生服务，实现内容集成拓展。

在古里镇康博村，80后网格员陆闵文每次遇到违规摆摊、车辆乱停等情况，就通过手机APP拍下照片传到古里镇集成指挥中心。后台系统会根据情况快速派遣城管、环保、安监等部门人员处置，整个过程都记录在案，方便系统不断学习改进，有效提升了乡村治理水平和精细化管理水平。

社会力量下沉，加强乡村法治体系建设。在基层推广律师、公证、法律援助等自助服务，引导社会组织、律师、法律顾问等参与治理，不断创新模式，护航村居环境稳定。

常熟坚持以“七五”普法为引领，深入推进村（社区）法律顾问工作，部署“法润村居”“法进家庭”等专项活动，实现法治宣传“零死角”，推动法治良序蔚然成风。

“法律顾问在政府重大民生法律事务处置中发挥参谋助手的作用。”常熟市委政法委副书记、市综治办主任许晓东介绍，2017年以来，全市矛盾纠纷调解率、调解成功率保持在99.8%以上，刑事发案数量“十连降”，公众安全感达96%。

——聚焦德治涵养，弘扬“新时代”乡贤文化。

发挥乡贤榜样力量。农村是熟人社会，发挥乡贤威望、企业家等新时代乡贤的引导作用，是乡村治理的重要方面。在“千村美居”中，一批心系家乡的乡贤作出了榜样示范。

从尚湖镇周巷村走出去的周晓东，自掏腰包198万元支持村子改造提升，还带头一户户商讨改造方案，推进工程建设。董浜镇智林村的钱建东，在村里当起了保护环境宣传员，不仅每天在村里转悠，给乱丢乱放的村民发出提醒，还在探索新经济作物种植，带领村民共同致富。

培育乡风文明风尚。实施乡村振兴战略特别要注重提升农民的精神风貌，培育乡风文明风尚。辛庄镇潭荡村建设“辛”风礼堂践行节俭办事，设立“德善孝爱日”提倡孝老敬亲，发布村规民约漫画推动移风易俗，建立德善基金帮扶困难群体；海虞镇海福新城社区“劝住一张牌”劝导居民抵制赌博、“甩干一滴水”劝诫高层居民不要带水晾晒等“七个一”行动引领农村新风尚，获评苏州市乡风文明先进。

沙家浜镇华阳村　　（沙家浜镇　提供）

“千村美居”实施一年以来，农村基础设施得到极大提升，群众的自治意识也显著加强，真正体现了工程的系统性。村民由不理解到理解，全村容貌不断优化提升，越来越多农户申请翻建房屋，越来越多的年轻人回村居住，广大群众高度认可，主动配合参与建设、主动维护成果成为自觉风尚。

常熟市农业农村局局长邓国华说：“‘千村美居’已成为常熟深入实施乡村振兴战略、率先探索乡村治理现代化的有效抓手，通过共建共治推动共享共赢，不仅给村民带来‘看得见’的幸福感，也有效改善了干群关系，锤炼了一支能扛事、会做事的干部队伍。”

目前，“千村美居”工程已连续两年被评为“苏州市十大民心工程”。《中共江苏省委农村工作领导小组关于2020年度乡村振兴实绩考核情况的通报》中，常熟位列县级综合排名第一等次。

常熟率先探索农村治理现代化的启示

常熟市委市政府积极主动回应老百姓期待关切的住房问题，以“千村美居”为切口，撬动乡村善治大格局的探索与经验也给人深刻启迪与思考：

启示一：坚定树立以人民为中心思想，注重强化民生实事改革，增进民生福祉。

十九届五中全会提出，“十四五”时期经济社会发展要以满足人民日益增长的美好生活需要为根本目的。中央赋予江苏“争当表率、争做示范、走在前列”的光荣使命，江苏省委书记娄勤俭在讲话中提出要把解决突出民生问题作为江苏开启现代化的重要落点。

作为全国经济百强县第一方阵“常客”，常熟市自觉履行使命担当，在探索经济社会领域改革的同时，对于老百姓期待热切的“民生改革”予以足够的重视，在2020年初率先启动“千村美居”工程，解决老百姓人居环境问题，以小见大、见微知著，深受老百姓以及社会各界好评就是例证。

启示二：既要注重改革的整体性、协调性、系统性，还要增强改革的主动性、积极性和超前性。

住房改造、人居环境提升是人人知晓的“老话题”，为什么能够在常熟取得示范效应，并引领构建乡村善治格局？此次“千村美居”工程，从调研到设计、从组织到实施处处彰显了常熟市、镇（街道）和村三级各部门的主动性、积极性。同时，伴随着工程由点扩面深入推进，常熟从顶层设计到实施路径都加强对未来发展的分析、预测和判断，从而保障民生工程常态化、长效化。

启示三：推动构建乡村善治格局，既要发动村民及社会力量参与，还要强化党的核心引领、政府主导。

实践证明，共建共治，需要党的核心引领，离不开政府主导，人大及有关部门参与；通过发动居民积极响应，社会力量互动参与，互惠互利，才能在共享中实现共赢。常熟市充分发挥党委统筹引领作用，回应百姓关切，通过共建共治的路径搭建协商议事平台，激发多元主体内生动力，力促民生实事落地见效，不仅有效改善农村人居环境，提升百姓幸福感，还撬动了乡村治理格局嬗变，其价值难以估量。

启示四：新时期加强农村治理，既要尊重客观实际，还要不断转变思维和工作方式。

改革最大目标就是增强群众获得感、满意度，这就要求深入了解实际，呼应群众的需求。常熟市广大干部群体牢固树立“以人民为中心”的发展理念，通过“挂钩联系基层”工作机制、党员带头参加“宅前屋后三包”等，实现从“管理者”向“服务者”、从“被动服务”向“主动服务”的转变；通过积分制、村规民约等工作方法，引导群众自觉参加长效管理，这些举措都获得了群众信任支持，融洽干群关系，比“扣”“罚”效果更好、更有效。

（摘自新华社《江苏要情动态》2021年08月16日）

表85　　2021年国家级主流媒体对常熟市报道一览表

时　间	媒　体	标　题
1月15日	人民日报	工程措施与生态措施同步实施，开展小流域综合治理——岸线治理守护生态（倾听·关注江河生态保护）
3月3日	新华社	110本《共产党宣言》亮相苏城！背后这位宝藏爷爷的“初心”亮了
4月2日	人民日报	江苏尚湖搭建百姓戏曲大舞台
4月7日	人民日报	十六大代表常德盛——“全面小康是我们的最大心愿”（亲历者说）
4月8日	光明日报	常熟理工学院生物与食品工程学院——能力导向、实践驱动、循环递进打造专业人才培养新模式
4月21日	中央广电总台国际在线	邮储银行常熟市支行党总支扎实推进党史学习教育
4月25日	新华社客户端	常熟，红色沃土！
4月26日	人民网	苏州常熟多形式推进青少年党史学习教育 传承红色基因
4月26日	新华网	童心向党 江苏常熟开展“五百行动，献礼建党百年”
4月26日	新华网	江苏常熟：老党员为垃圾分类注入“新力量”
4月27日	新华网	江苏常熟：“香樟树下”学党史，“美丽乡村”添动力
4月28日	新华社客户端	常博革命文物特展暨党史学习教育融媒新闻行动启动
4月28日	中央广电总台国际在线	苏州常熟博物馆藏革命文物特展开幕
4月28日	中央广电总台国际在线	92岁常熟离休老党员 回忆往昔感恩当下
4月28日	新华网	常熟党史学习教育大型融媒新闻行动启动
4月28日	新华社客户端	江苏常熟：“香樟树下”学党史，“美丽乡村”添动力
4月28日	新华网	江苏常熟：“香樟树下”学党史，“美丽乡村”添动力
4月28日	新华网	铭记初心再出发 常熟举行基层党员冬训工作成果汇报会
4月28日	新华网	吹响学史铸魂号角，培育支塘时代新人
4月29日	新华网	江苏常熟：老党员为垃圾分类注入“新力量”
5月1日	新华网	常熟：传承发展沙家浜精神 推动党史学习接地气见实效
5月2日	新华网	江苏常熟市开展“我为群众办实事——五一面对面”实践活动
5月2日	人民网	江苏常熟市开展“我为群众办实事——五一面对面”实践活动
5月2日	央广网	江苏常熟市开展“我为群众办实事——五一面对面”实践活动
5月7日	新华社客户端	江苏常熟市开展“我为群众办实事——五一面对面”实践活动
5月13日	光明日报	江苏常熟沙家浜镇党史书籍“六进四到”深化学习教育
5月13日	新华网	常熟梅李镇定制“红色+”名片献礼建党百年
5月13日	光明网	江苏常熟沙家浜镇党史书籍“六进四到”深化学习教育
5月14日	新华网	创新文艺工作 赓续“红色基因”——常熟推动党史学习教育“活起来”
5月14日	新华网	常熟：以党史学习教育提升监督执纪质量
5月15日	光明日报	筑牢信仰基石 汲取前进力量 江苏常熟市纪委监委扎实推进党史学习教育
5月18日	新华网	上好党史“必修课” 常熟海虞学思践悟“练内功”
5月19日	新华网	江苏常熟：“党史红信箱”点燃“两新”组织服务新引擎
5月19日	光明网	江苏常熟：挖掘红色资源 赋能党史学习教育

续表85

时 间	媒 体	标 题
5月27日	新华网	赓续红色基因 新时代版《长征组歌》全国巡演江苏首站常熟开唱
5月28日	新华网	常熟携手长三角多地开展联合直播活动 探寻红色足迹
5月31日	光明日报	那一抹最亮的红，融入城市血脉——江苏常熟依托红色资源深入开展党史学习教育
6月1日	央广网	常熟打造“虞燕送理”宣讲品牌 百年党史践初心
6月3日	光明日报	江苏常熟常福街道：“党史红信箱”点燃“两新”组织服务新引擎
6月3日	光明日报	聆听革命历史感受中国发展 外籍教师走进江苏常熟沙家浜了解党史
6月3日	光明日报	江苏常熟常福街道：“党史红信箱”点燃“两新”组织服务新引擎
6月4日	新华网	外籍教师走进沙家浜了解党史 感受中国发展
6月4日	新华网	常熟世界联合学院组织中外教师开展非遗传承红色游
6月5日	新华网	常熟：“沉浸式”课堂让党史学习教育浸润人心
6月5日	光明日报	新时代版《长征组歌》音乐会全国巡演江苏首演走进常熟
6月7日	中央广电总台国际在线	苏州常熟梅李镇：“沉浸式”课堂让党史学习教育浸润人心
6月8日	新华社	从“老模范”到“新榜样”
6月8日	新华社	江苏常熟以文艺促党史学习教育走深走实
6月8日	新华社	江苏常熟海关学史力行办实事 解决企业急难愁盼问题
6月8日	新华网	从“老模范”到“新榜样”
6月8日	央广网	新时代版《长征组歌》音乐会江苏首演走进常熟
6月9日	央广网	常熟市塔前小学积极探索青少年党史教育实践
6月9日	央广网	五地融媒开展“勿忘来时路——长三角地区探寻红色足迹”联合直播活动
6月11日	央广网	常熟梅李镇创新打造“沉浸式”实景课堂
6月13日	央广网	常熟“场景再造+共情体验”组织田间地头学党史践行动
6月13日	央广网	常熟：“邮”说党史 方寸之间见证百年历程
6月13日	央广网	常熟团市委慰问事实无人抚养儿童 传递温暖爱心
6月13日	央广网	常熟虞山办实事解难题 一枝一叶总关情
6月13日	央广网	常熟：智能公安搭建高效诉求流转“我为群众办实事”无“微”不至
6月13日	央广网	常熟：国有企业“起承转合”四步走 推动党史学习教育走新走心
6月13日	央广网	常熟开展不可移动革命文物白蚁防治、房屋使用安全大检查
6月13日	央广网	常熟：两封感谢信凸显司法关怀 切实为群众办实事解难题
6月17日	中央广电总台国际在线	苏州常熟尚湖镇“三小、三大见三真”掀起党史学习教育新高潮
6月21日	央广网	常熟梅李镇按需配送“三个套餐”
6月22日	央广网	常熟尚湖镇“三小、三大见三真”掀起党史学习教育新高潮
6月22日	央广网	常熟东南：上好青少年“拔节孕穗期”党史教育“必修课”
6月22日	央广网	江苏常熟烟草开展“我为群众办实事”实践活动 让城市更美丽
6月22日	新华网	常熟市公安局：上心服务解决群众“心上事”
6月22日	央广网	常熟东南：上好青少年“拔节孕穗期”党史教育“必修课”
6月22日	光明网	让青少年上好“党史必修课”

续表85

时间	媒体	标题
6月24日	央广网	常熟:用心、用情、用力提升群众幸福指数
6月24日	央广网	常熟东南街道:让青少年上好"党史必修课"
6月24日	央广网	常熟市公安局列出四类17件"我为群众办实事"惠民清单
6月24日	新华社客户端	献礼建党百年!《我的深情为你守候》MV唱响常熟
6月25日	中央广电总台国际在线	苏州常熟梅李镇推出"我为群众办实事"重点服务项目
6月28日	中央广播电视总台	儿童广播剧《武工队长朱阿八》首播
6月29日	中央广电总台国际在线	苏州常熟碧溪:"五聚五和"情暖百姓心
7月1日	新华网	常熟海虞:用好党史学习教育老年"领读者"
7月1日	光明网	常熟思南40名学生"云端"结对 线上联学共谱"山海情"
7月1日	新华网	常熟琴川街道 让党史课堂"声"入人心
7月2日	光明网	情理相融走进群众心里 银发光辉闪耀基层治理
7月2日	央广网	常熟开展家庭适老化改造 用小改造构筑大幸福
7月2日	央广网	常熟"小农人"科普实践站 为孩子开启学史知农之旅
7月2日	光明网	小小广播站 让党史故事更鲜活
7月2日	央广网	常熟海虞特色公益暑托班带来"七彩夏日"
7月5日	新华网	立足三个阵地,推进党史学习教育走深走实
7月6日	新华网	江苏常熟开启"芦荡薪火+"接力赋能模式
7月6日	央广网	2021常熟文旅产业(上海)推介会今天(6日)在沪举行
7月6日	新华网	江苏常熟开启"芦荡薪火+"接力赋能模式
7月7日	人民网	民生百事践初心|苏州常熟:家门口的免费暑托班来了
7月7日	央广网	常熟科技局:青春心向党 创新助发展
7月7日	央广网	常熟东南:党史学习教育移动课堂飞入流动党员家
7月7日	央广网	大型融媒体直播行动走进常熟 赓续百年初心
7月7日	央广网	常熟:"三个强化"奏响新时代文明实践"红色旋律"
7月7日	央广网	常熟市原创中篇评弹《党的女儿朱一凡》正式公演
7月7日	央广网	大型原创舞台剧《我们永远在路上》在常熟首演
7月7日	央广网	民生百事践初心|常熟:家门口的免费暑托班来了
7月7日	光明网	"沙家浜大舞台"红色文艺精品展演周:红色经典剧目的"老故事新质感"
7月7日	央广网	大型融媒体直播行动走进常熟 赓续百年初心
7月9日	新华网	常熟古里:念好"三字诀"推动党史学习教育走深走实
7月12日	新华网	常熟东南:"流而有学"党史学习教育移动课堂飞入流动党员家
7月14日	光明网	"亩"字法开启为民办事新路径
7月16日	光明网	常熟梅李:党史学习教育展现"文艺范儿"
7月16日	光明网	从高雅剧场到田间地头长沙 常熟架起文艺党课"发电机"
7月16日	光明网	常熟东南街道:暑期公益托管课堂 助力青少年党史学习教育

续表85

时 间	媒 体	标 题
7月21日	新华网	常熟莫城破解停车难 扎实提升群众幸福感
7月22日	央广网	常熟创新"亩"字法 赋能"美丽田园·幸福董浜"建设
7月22日	新华网	常熟莫城：吴侬软语吟唱水乡风情
7月24日	央广网	江南曲艺为常熟蓝图绘就鲜红底色
7月24日	央广网	常熟琴川农家书屋：家门口的红色加油站
7月26日	新华网	锻造红色资源 常熟党史学习教育落地有痕
7月29日	光明网	《红色印迹——常熟市党史教育阵地巡礼》记录常熟红色资源
8月1日	光明日报	村里有钱，老百姓跟着享福——讲述人：江苏省常熟市支塘镇蒋巷村村民蒋德明
8月1日	央广网	常熟高新区："星火"赋能高质量发展
8月1日	央广网	常熟东南街道筑牢基层红色阵地
8月1日	央广网	常熟琴东村用红色赋能"千村美居"工程
8月1日	新华网	常熟古里："红色大餐"补"精神之钙"
8月2日	央广网	常熟"用好红色资源传承红色基因"系列活动发布
8月2日	央广网	常熟琴川：初心回忆录讲好身边的"活党史"
8月3日	新华网	常熟莫城党群同心抗疫 筑牢海棠堡垒
8月3日	央广网	常熟持续深耕"党建+自治"试验田
8月3日	央广网	常熟地方金融监管局助力打造"美丽社区"
8月3日	央广网	常熟谢桥社区：打造"舌尖上的养老"服务
8月4日	央广网	常熟辛庄：打出学习党史组合拳
8月4日	央广网	常熟东南：联组共建聚合力谋新篇
8月4日	央广网	常熟琴川：读百份旧报里的"红色记忆"
8月5日	人民网	常熟海事局"暖企行动"助力停产三年码头复工
8月6日	光明网	我家乡的红色"传家宝"——《吴家市·红家事》
8月6日	光明网	初心回忆录，讲好身边的"活党史"
8月7日	央广网	常熟虞山："琴"学堂暑托班为群众办实事
8月7日	央广网	常熟为困境青少年的成长定向领航
8月7日	央广网	常熟梅李：培养青少年成为党史学习教育的多面手
8月8日	央广网	常熟支塘"跨村通办"打通便民服务"最后一公里"
8月8日	央广网	常熟沙家浜镇唐北村试点引进智能停车项目
8月9日	央广网	常熟古里"三字诀"推动党史学习教育走深走实
8月9日	央广网	常熟梅李以"两点一线"引导青少年学史明理
8月12日	央广网	常熟水利人初心如磐 奋楫笃行
8月12日	央广网	常熟：田埂学习社掀起农村四代人学党史热潮
8月12日	新华网	常熟海虞"一业一证"优化审批流程获实效
8月12日	央广网	常熟："聚沙共学"再发力 政银合作振乡村
8月12日	新华网	常熟市残联开展"三心"服务全力为群众办实事

续表85

时间	媒体	标题
8月13日	央广网	常熟东南街道:为民办实事谱写服务群众进行曲
8月13日	央广网	常熟:为民服务做实事 融媒热词展实效
8月14日	央广网	常熟碧溪:点燃党史学习教育精神火种
8月14日	央广网	常熟东南:家门口有了红色暑托班
8月16日	光明日报	江苏,这样讲好红色故事
8月16日	新华社·江苏要情动态	常熟市实施“千村美居”率先探路农村现代化观察
8月16日	新华网	常熟莫城基层防疫:止不住的汗水,停不下的脚步
8月16日	党史学习教育官网	江苏常熟:打造党史学习教育“15分钟学习圈”
8月17日	央广网	常熟尚湖镇:红色教育筑牢“精神防护林”
8月17日	央广网	常熟虞山:谱写基层社区依法治理新篇章
8月18日	央广网	常熟开启“辛享巴士”特色美游研学
8月18日	央广网	常熟:红色书房变身精神“粮仓”
8月19日	央广网	常熟:全力打造五个一 用好本地红色资源
8月19日	央广网	常熟高新区:靠前服务“促发展”
8月22日	新华网	海纳万家“铜”心共治 常熟海虞协商议事室启用
8月23日	人民日报	江苏常熟通过联动联促推进“千村美居”工程——乡村治理大家管一年一个新变化
8月24日	央广网	常熟辛庄镇:办实事做好事点亮群众“微心愿”
8月25日	央广网	常熟虞山“乡音收音机”让社区老党员不掉队
8月25日	央广网	常熟琴川:先锋领治 在职党员“码”上有为
8月26日	央广网	常熟蒋巷精神引领新农村建设
8月26日	央广网	常熟海虞:锻造红色资源 让党史学习教育落地有痕
8月27日	央广网	常熟古里创新打造党史学习教育“悦读驿站”
8月27日	央广网	常熟董浜镇:挖掘“董浜记忆”开展青少年党史“深研学”
8月31日	央广网	常熟碧溪:点燃青少年党史学习教育精神火种
8月31日	新华网	常熟“党建+自治”2.0模式畅通基层社会治理“毛细血管”
9月1日	央广网	常熟经开区:“云”上惠企 精益求精
9月1日	央广网	常熟“1小时+”助力老干部老党员学践党史
9月1日	央广网	常熟琴川:让党旗在基层一线飘扬
9月1日	央广网	常熟尚湖:党史阅读点燃农民读书节
9月1日	央广网	苏州常熟:公益暑托让孩子开心、家长放心
9月1日	央广网	常熟“单品战略”促进特色农业发展
9月1日	央广网	常熟古里:三道“红色大餐”补“精神之钙”
9月2日	央广网	常熟梅李镇“单品战略”促进特色农业发展
9月2日	央广网	常熟教育系统师生共筑信仰之基
9月3日	央广网	常熟“书香门‘递’”让居家阅读“不打烊”
9月3日	央广网	常熟古里新时代文明实践站创新基层教育形式

续表85

时　间	媒　体	标　题
9月3日	央广网	常熟试点实行“一照多址”为企业减负
9月3日	央广网	常熟：共庆丰收 收获“硕果”
9月3日	央广网	实现集成联动最优解 提升常熟古里“智治”水平
9月6日	央广网	常熟四招“组合拳”筑牢环保安全“防护网”
9月6日	央广网	常熟：“送文化”到“种文化”办好群众心头事
9月6日	央广网	常熟东南街道：用好“开学第一课”撒播“红色种子”
9月6日	央广网	常熟梅李镇：廉勤监督拓宽便民之路
9月9日	央广网	常熟古里“红色剧本杀”用沉浸式体验学党史
9月13日	央广网	常熟：叩开党史学习教育“四扇窗”
9月13日	央广网	常熟“海棠党建联盟”激活基层治理“一池春水”
9月14日	央广网	常熟“三站三青”照亮青年学践党史“奋进路”
9月14日	央广网	常熟怡馨社区 打造怡馨“六点半”特色课堂
9月14日	央广网	江苏常熟先锋网格力量奏响基层治理“最强音”
9月14日	央广网	“我为群众办实事”助力实现常熟梅李镇美好愿景
9月14日	新华网	常熟支塘：挖掘红色资源 赋能党史学习教育
9月14日	新华网	常熟理工学院商学院云上开启新学期
9月14日	新华网	常熟支塘新时代文明实践 让党史学习教育“活起来”
9月18日	央广网	常熟高新区：生态车位打通上班路的“最后一米”
9月18日	央广网	常熟“锋领尚城·数智新生”构建“数智党建”新形态
9月18日	央广网	常熟：“1小时+”映照老干部老党员学践党史“晚霞红”
9月22日	央广网	常熟海虞汪桥村 探索农村养老服务新模式
9月22日	央广网	常熟圆梦“微心愿”用心用情办好群众身边事
9月22日	央广网	常熟教育系统师生根植红色热土 筑牢信仰之基
9月22日	央广网	常熟：跑出“一图一表”加速度 让“锈带”变“绣带”
9月23日	央广网	常熟尚湖镇：红色故事点评会，打造党史宣讲“新阵地”
9月26日	央广网	常熟古里：用好“加减乘除”法“聚焦聚力”办实事
9月26日	新华网	常熟支塘：“六个确保”提升违法建设治理成效
9月29日	央广网	常熟市新时代文明实践中心联席会议暨现场推进会在常福街道举行
9月29日	央广网	常熟财政局“三惠”办实事 当好民生“保障员”
9月29日	央广网	常熟尚湖镇：红色故事点评会打造党史宣讲“新阵地”
10月2日	央广网	常熟：“三优三聚”筑基石 做好群众贴心人
10月2日	央广网	常熟支塘镇：乡村振兴“丰”景如画
10月2日	央广网	常熟用光影筑梦　开启党史学习教育新篇章
10月6日	人民日报	今日沙家浜 处处好风光（红色之旅·百年记忆）
10月8日	央广网	常熟：切实为民办实事 让文化融入百姓生活
10月8日	央广网	常熟四举措推动“工学党史”出新出彩

续表85

时 间	媒 体	标 题
10月8日	光明网	用活红色资源传承红色基因
10月8日	光明网	活用党史教科书 春风化雨育新人
10月8日	光明网	“辛享巴士”特色美游研学 开启党史学习教育“辛”路径
10月8日	光明网	“听、说、读、写”推动未成年人红色实践教育
10月8日	光明网	用文艺党课解读“红色密码”
10月8日	光明网	“三站三青”照亮青年“奋进路”
10月8日	光明网	打造“舌尖上的养老”服务
10月8日	光明网	红色书房变身精神“粮仓”
10月12日	光明网	常熟高新区:实事实干 建好群众家门口的共享“小园”
10月12日	光明网	常熟董浜镇“银杏·青苗”计划激活“青老”力量
10月12日	光明网	四举措推动“工学党史”出新出彩
10月12日	光明网	“三大课堂”孕育“红色希望”
10月13日	光明网	圆梦“微心愿”用心用情办好群众身边事
10月14日	央广网	常熟“两清两治”解难题“千村美居”促振兴
10月14日	新华网	江苏常熟:重阳节情系抗美援朝老兵
10月14日	人民网	常熟烟草:助力乡村振兴 打造“致富之路”
10月15日	光明网	用实事 筑幸福
10月18日	光明网	让文化融入百姓生活
10月18日	新华网	常熟海虞:“净美六必治”补齐社区创建短板
10月18日	光明网	巧用“乡音收音机”掀起学习新热潮
10月18日	光明网	让文化融入百姓生活
10月19日	光明网	根植红色热土筑牢信仰之基
10月22日	央广网	常熟支塘:党史学习教育中善做“加减乘除”
10月22日	央广网	常熟小小自行车装载党史学习教育“大智慧”
10月22日	光明网	学史力行在为民服务上书写华章
10月22日	光明网	听说读写为城市展示馆升温赋能
10月25日	光明网	常熟梅李镇“支梅连理”2.0版正式运行
10月25日	央广网	常熟学史力行 在为民服务上书写华章
10月26日	光明网	“新声音”唱响新的红色故事
10月29日	央广网	常熟:彰显文化魅力 讲好本土故事
10月29日	央广网	常熟推动商会党史学习教育全覆盖出实效
10月29日	光明网	放下农具进“课堂”
10月29日	光明网	用行动点亮群众“微心愿”
10月29日	光明网	用光影筑梦 开启学习新篇章
10月29日	光明网	常熟市地方金融监督管理局开展党史学习教育
11月1日	央广网	常熟扩容“妈妈驿站”拓展为民办实事新模式

续表85

时 间	媒 体	标 题
11月1日	新华网	常熟海虞首批“红色雏雁”顺利结业
11月1日	央广网	常熟：“三式”联学深挖党史学习教育动能
11月1日	光明网	常熟“两新”党组织党史学习教育“好戏连台”
11月1日	光明网	扩容“妈妈驿站”“安康驿站”拓展为民办实事新模式
11月1日	光明网	用活“沙家浜精神”文旅融合传承红色基因
11月2日	央广网	常熟“廉”通企业发展 构建亲清政商关系
11月2日	央广网	常熟开创党史学习教育“银龄版”系统
11月2日	新华网	常熟海虞全力打好农村人居环境“冲刺战”
11月3日	央广网	常熟：打造“尚湖模式”解决群众烦恼
11月3日	央广网	常熟董浜镇打造统战成员党史学习教育品牌
11月4日	央广网	常熟推出便民消防小红箱 为老旧小区除隐患
11月4日	央广网	常熟：以经办服务答好医保民生“答卷”
11月7日	央广网	常熟沙家浜：芦荡里的“小童星”红色宣讲趣味足
11月9日	央广网	常熟琴川：打出青年干部“墩苗式培养”组合拳
11月9日	央广网	常熟董浜“小小烽语者”推进青少年党史学习教育
11月15日	央广网	常熟：树高质量发展董浜志愿新风
11月15日	央广网	常熟高新区：打好三套“拳”为群众守好一片蓝天
11月17日	央广网	江苏常熟深化服务 为高质量发展提供金融支撑
11月17日	央广网	常熟“三分合一”积分管理 推动党史学习教育走深走实
11月18日	光明网	打卡红色地标云上漫游红色经典
11月18日	央广网	常熟引领违法建设治理跑出惠民“加速度”
11月18日	央广网	常熟东南：将党史学习教育成果切实转化为办实事成效
11月19日	央广网	常熟：心怀为民宗旨 扛起肩头重任
11月19日	央广网	常熟：“三站三青”照亮青年“奋进路”
11月19日	光明网	师生根植红色热土筑牢信仰之基
11月19日	光明网	学习教育“好戏连台”
11月19日	光明网	放下农具进“课堂”掀起学习热潮
11月19日	光明网	打卡红色地标 云上漫游红色经典
11月22日	央广网	常熟打造“三雪社团”天寒不减热度
11月22日	央广网	常熟：“分”出美丽乡村“新名片”
11月24日	光明网	黄草荡里话百年红色阅读入人心
11月24日	央广网	常熟以“听说读写”推动未成年人红色实践教育
11月24日	央广网	江苏常熟：破解“农转居”社区治理难题
11月25日	央广网	江苏常熟：为企业办实事 让群众得实惠
11月25日	央广网	常熟纺织服装行业党建联盟成立

（市委宣传部提供）

文件目录

表 87　　2021 年中共常熟市委员会部分文件目录一览表

日　期	文　号	标　题
1月4日	常发〔2021〕1号	关于推进美丽常熟建设的实施意见
1月12日	常发〔2021〕2号	关于成立常熟市推进美丽常熟建设工作领导小组的通知
2月18日	常发〔2021〕4号	关于2020年度综合考核情况的通报
3月2日	常发〔2021〕5号	关于印发《常熟市全面推进乡村振兴加快实施农业农村现代化工作意见》的通知
3月2日	常发〔2021〕6号	关于2020年度常熟市推进农业农村现代化工作先进集体和先进个人的通报
3月4日	常发〔2021〕7号	印发《关于推进文明城市常态长效建设彰显小城大爱文明美德的行动纲要（2021—2023）》的通知
3月5日	常发〔2021〕8号	关于转发《政协常熟市委员会2021年工作要点》的通知
3月6日	常发〔2021〕9号	关于转发《常熟市人大常委会2021年工作要点和工作安排》的通知
3月8日	常发〔2021〕10号	批转《常熟市人大常委会关于组织代表评议部门工作的实施意见》的通知
3月22日	常发〔2021〕12号	关于印发《中共常熟市委常委会2021年工作要点》的通知
3月25日	常发〔2021〕14号	关于成立市委党史学习教育领导小组及办公室的通知
3月25日	常发〔2021〕15号	印发《中共常熟市委关于开展党史学习教育的实施方案》的通知
4月14日	常发〔2021〕17号	关于转发《苏州市优化营商环境创新行动2021的通知》的通知
4月19日	常发〔2021〕18号	关于印发《2021年全市党委（党组）理论学习中心组专题学习计划》的通知
5月6日	常发〔2021〕19号	中共常熟市委关于中国共产党常熟市第十四次代表大会代表选举工作的通知
5月31日	常发〔2021〕20号	关于给予皇甫越芳等256名同志记个人三等功的决定
6月28日	常发〔2021〕21号	关于命名表彰常熟市“优秀共产党员楷模”“新时代共产党员标兵”和“优秀共产党员、优秀党务工作者、先进基层党组织”的决定
7月7日	常发〔2021〕23号	关于授予2021年第一批常熟市“昆承英才”科技创新创业领军人才称号的决定
7月7日	常发〔2021〕24号	关于授予2021年第一批常熟市“昆承英才”高层次人才称号的决定
7月29日	常发〔2021〕25号	批转《常熟市人大常委会关于对法官检察官开展履职评议的实施方案》的通知
8月11日	常发〔2021〕27号	关于市委常委工作分工的通知
8月19日	常发〔2021〕28号	印发《关于加快推进常熟高新区“扩容提质”的工作方案》的通知
8月26日	常发〔2021〕29号	关于市慈善总会创新服务、精准服务、优质服务的情况通报
8月27日	常发〔2021〕30号	关于调整中共常熟市委巡察工作领导小组成员的通知
8月30日	常发〔2021〕31号	印发《关于在全市党员干部中开展“两在两同”建新功行动的实施方案》的通知
9月27日	常发〔2021〕32号	转发《中共常熟市人大常委会党组关于做好市、镇两级人民代表大会换届选举工作的意见》的通知
10月14日	常发〔2021〕34号	关于印发《常熟市贯彻落实〈新时代爱国主义教育实施纲要〉及江苏省〈行动方案〉的工作计划》和《常熟市贯彻落实〈新时代公民道德建设实施纲要〉及江苏省〈行动方案〉的工作计划》的通知

续表86

日 期	文 号	标 题
11月17日	常发〔2021〕35号	关于印发《常熟市法治社会建设实施方案（2021—2025年）》的通知
11月17日	常发〔2021〕36号	关于印发《法治常熟建设规划（2021—2025年）》的通知
11月22日	常发〔2021〕37号	转发《市委宣传部、市司法局关于开展法治宣传教育的第八个五年规划（2021—2025年）》的通知
11月21日	常发〔2021〕38号	关于印发《常熟市建设更高品质“江南福地”重点工作任务》的通知
11月29日	常发〔2021〕39号	关于印发《关于进一步深入推进“千村美居”工程的补充意见》的通知
12月29日	常发〔2021〕41号	关于授予2021年第二批常熟市“昆承英才”科技创新创业领军人才称号的决定

（市委办提供）

表88　2021年常熟市人民政府部分文件目录一览表

日 期	文 号	标 题
1月28日	常政发（2021）1号	市政府关于印发《常熟市国民经济和社会发展第十四个五年规划纲要》的通知
1月6日	常政发（2021）3号	市政府印发《关于进一步做好涉农资金统筹整合聚力推进农业农村现代化的实施意见（试行）》的通知
1月8日	常政发（2021）4号	市政府关于印发《关于加强工业企业自建自用液化天然气设施安全管理工作的指导意见（暂行）》的通知
1月24日	常政发（2021）5号	市政府关于印发《2021年常熟市民生实事项目建设计划书》的通知
1月26日	常政发（2021）6号	市政府关于印发《常熟市农村集体经营性建设用地入市试点实施方案（试行）》的通知
1月26日	常政发（2021）7号	关于表彰2020年度征兵工作先进单位和先进个人的通报
2月2日	常政发（2021）8号	市政府印发《关于推进制造业智能化改造和数字化转型的若干措施》的通知
2月8日	常政发（2021）9号	市政府关于印发《常熟市建设用地使用权二级市场转让试行方案》的通知
2月7日	常政发（2021）10号	市政府关于2020年度纳税百强企业、亩均税收50强工业企业和纳税十强金融企业的通报
2月10日	常政发（2021）11号	市政府关于印发《首批赋予常福街道市级经济社会管理权限事项清单》的通知
2月19日	常政发（2021）12号	市政府关于落实《政府工作报告》2021年主要目标任务分工方案的通知
3月1日	常政发（2021）13号	市政府关于下达2021年常熟市房屋征收搬迁计划任务的通知
3月3日	常政发（2021）14号	市政府关于印发《常熟市“十四五”科技创新规划》的通知
4月1日	常政发（2021）15号	市政府关于对2021年安全生产（消防）重大隐患进行挂牌整改的通知
4月9日	常政发（2021）16号	市政府关于印发《2021年度常熟市高标准池塘改造项目（任务）》的通知
4月15日	常政发（2021）17号	市政府关于印发《常熟市生态文明建设规划（2020—2025）》的通知
5月25日	常政发（2021）18号	市政府印发《关于进一步完善生态环境质量通报考核机制、压实“两长”责任的意见》《常熟市镇（街道、开发区）空气质量补偿实施办法》《常熟市水环境区域补偿工作方案》的通知
6月3日	常政发（2021）19号	关于印发《常熟市2021年民兵组织整顿方案》的通知
6月24日	常政发（2021）20号	关于印发《常熟市2021年基干民兵军事训练计划》的通知
6月23日	常政发（2021）21号	市政府关于将常熟市梅李农副产品交易市场有限公司等2家单位列入2021年重大火灾隐患进行挂牌整改的通知
7月22日	常政发（2021）23号	市政府印发《关于调整和完善全市基本财力保障机制的意见》《关于进一步明确虞山街道和琴川街道财政管理办法的通知》《关于进一步明确常福街道和莫城街道财政管理体制的通知》的通知

续表87

日期	文号	标题
8月6日	常政发(2021)24号	市政府关于明确于腾飞副市长(挂职)分工的通知
8月11日	常政发(2021)25号	市政府关于对2021年第二批安全生产重大隐患进行挂牌整改的通知
8月11日	常政发(2021)26号	市政府关于印发《长江常熟段水上搜救应急预案》的通知
8月25日	常政发(2021)27号	市政府关于授予董国军等4人"常熟市见义勇为先进个人"荣誉称号的决定
9月1日	常政发(2021)28号	市政府关于印发《常熟市开展镇域(街道)相对集中行政处罚权调整工作实施意见》的通知
9月9日	常政发(2021)29号	市政府印发《常熟市"数字法人"建设工作方案》的通知
9月23日	常政发(2021)30号	市政府关于印发《赋予常福街道、莫城街道市级经济社会管理权限和公共服务事项清单》的通知
10月19日	常政发(2021)31号	市政府关于表扬近三年贡献突出外企的通报
11月11日	常政发(2021)32号	市政府关于公布《常熟市第二批吴文化地名保护名录》的通知
11月12日	常政发(2021)33号	市政府关于公布常熟市第七批非物质文化遗产代表性项目名录和第六批非物质文化遗产代表性传承人名单的通知
12月20日	常政发(2021)34号	市政府关于印发《常熟市超标粮食处置实施细则》的通知
12月20日	常政发(2021)35号	市政府关于"9·30"常熟市海虞镇福山村22组寺前5号亡人火灾事故的调查报告
12月23日	常政发(2021)36号	市政府印发《常熟市"十四五"现代物流业发展规划》的通知
12月27日	常政发(2021)37号	市政府关于表彰2018—2021年度常熟市群众体育先进单位和先进个人的决定
12月30日	常政发(2021)38号	市政府关于下达2022年常熟市房屋征收搬迁计划任务的通知

(市政府办提供)

责任编辑　汤　涵

常熟市部分机构全称、简称对照表

表 89

全 称	简 称	全 称	简 称
中国共产党常熟市委员会	市委	常熟市统计局	市统计局
常熟市人民代表大会常务委员会	市人大常委会	常熟市退役军人事务局	市退役军人事务局
常熟市人民政府	市政府	常熟市医疗保障局	市医保局
中国人民政治协商会议常熟市委员会	市政协	常熟市信访局	市信访局
中共常熟市纪律检查委员会	市纪委	常熟市地方金融监督管理局	市金融监管局
常熟市监察委员会	市监委	常熟市档案馆	市档案馆
中共常熟市委办公室	市委办	中共常熟市委党校	市委党校
常熟市人大常委会办公室	市人大办	中共常熟市委党史工作委员会办公室	市委党史工办
常熟市人民政府办公室	市政府办	常熟市地方志编纂委员会办公室	市地方志办
政协常熟市委员会办公室	市政协办	常熟市市级机关事务管理中心	市机关事务中心
常熟市人民武装部	市人武部	常熟市供销合作总社	市供销合作总社
常熟市人民法院	市法院	常熟市融媒体中心	市融媒体中心
常熟市人民检察院	市检察院	常熟市检验检测中心	市检验检测中心
中共常熟市委组织部	市委组织部	常熟市新市民事务中心	市新市民事务中心
中共常熟市委宣传部	市委宣传部	常熟市房屋征收管理办公室	市征收办
中共常熟市委网络安全和信息化委员会办公室	市委网信办	常熟市总工会	市总工会
中共常熟市委统一战线工作部	市委统战部	共青团常熟市委员会	团市委
中共常熟市委政法委员会	市委政法委	常熟市妇女联合会	市妇联
中共常熟市委机构编制委员会办公室	市委编办	常熟市科学技术协会	市科协
中共常熟市委巡察工作办公室	市委巡察办	常熟市文学艺术界联合会	市文联
中共常熟市委老干部局	市委老干部局	常熟市归国华侨联合会	市侨联
常熟市发展和改革委员会	市发改委	常熟市残疾人联合会	市残联
常熟市教育局	市教育局	常熟市红十字会	市红十字会
常熟市科学技术局	市科技局	常熟市工商业联合会	市工商联
常熟市工业和信息化局	市工信局	常熟市关心下一代工作委员会	市关工委
常熟市公安局	市公安局	常熟市哲学社会科学界联合会	市社科联
常熟市民政局	市民政局	中国国民党革命委员会常熟市基层委员会	民革常熟基层委
常熟市司法局	市司法局	中国民主同盟常熟市委员会	民盟常熟市委
常熟市财政局	市财政局	中国民主建国会常熟市委员会	民建常熟市委
常熟市人力资源和社会保障局	市人社局	中国民主促进会常熟市委员会	民进常熟市委
常熟市自然资源和规划局	市资规局	中国农工民主党常熟市委员会	农工党常熟市委
常熟市住房和城乡建设局	市住建局	九三学社常熟市支社委员会	九三学社常熟支社
常熟市城市管理局	市城管局	常熟市无党派知识分子联谊会	市知联会
常熟市交通运输局	市交通运输局	常熟经济技术开发区	常熟经开区
常熟市水务局	市水务局	常熟高新技术产业开发区	常熟高新区
常熟市农业农村局	市农业农村局	常熟国家大学科技园	常熟大科园
常熟市商务局	市商务局	江苏省常熟虞山高新技术产业开发区	虞山高新区
常熟市文体广电和旅游局	市文体旅局	江苏常熟新材料产业园	新材料产业园
常熟市卫生健康委员会	市卫健委	常熟市消防救援大队	市消防大队
常熟市应急管理局	市应急管理局	国家税务总局常熟市税务局	市税务局
常熟市审计局	市审计局	国家税务总局苏州常熟经济技术开发区税务局	经开区税务局
常熟市行政审批局	市行政审批局	苏州市常熟生态环境局	常熟生态环境局
常熟市市场监督管理局	市市场监管局	中国人民银行常熟市支行	常熟人行

索　　引

说明：

一、本索引依照国家标准《索引编制规则（总则）（GB/T 22466—2008）》的相关规则进行编制。

二、本索引分为主题索引和表格索引。

三、主题索引，以题目、条目和正文的主题为标目和主要来源进行标引；中文标目按汉语拼音排序，阿拉伯数字和外文标目按数字或字母排序；标目后的阿拉伯数字是主题内容所在的页码，页码之后的字母a、b、c分别表示从左至右第一、二、三栏的栏号；重复出现的标目只排列一次，按顺序排列，页码之间以“，”分隔；标目为原文中一级标题时，以粗体字表示。

四、表格索引，以表格题名为标目，标目后的数字表示表格所在的页码。索引按照表格在全书中的先后顺序排列。

主题索引

C

D

E

F

G

H

J

T

Y

Z

表格索引